文白对照精华版·精选精译

《二十四史》编委会·编

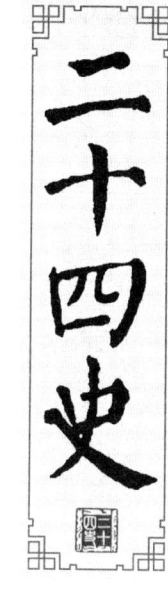

第四册 汉书

线装书局

传

汉书卷三十一

陈胜项籍传第一

陈 胜

陈胜字涉，阳城人。吴广字叔，阳夏人也。胜少时，尝与人佣耕。辍耕之垄上，怅然甚久，曰："苟富贵，无相忘！"佣者笑而应曰："若为佣耕，何富贵也？"胜太息曰："嗟乎，燕雀安知鸿鹄之志哉！"

秦二世元年秋七月，发闾左戍渔阳九百人，胜、广皆为屯长。行至蕲大泽乡，会天大雨，道不通，度已失期。失期法斩，胜、广乃谋曰："今亡亦死，举大计亦死，等死，死国可乎？"胜曰："天下苦秦久矣。吾闻二世，少子，不当立，当立者乃公子扶苏。扶苏以数谏故不得立，上使外将兵。今或闻无罪，二世杀之。百姓多闻其贤，未知其死。项燕为楚将，数有功，爱士卒，楚人怜之。或以为亡。今诚以吾众为天下倡，宜多应者。"广以为然。乃行卜。卜者知其指意，曰："足下事皆成，有功。然足下卜之鬼乎！"胜、广喜，念鬼，曰："此教我先威众耳。"乃丹书帛曰"陈胜王"，置人所罾鱼腹中。卒买鱼享食，得书，已怪之矣。又间令广之次所旁丛祠中，夜构火，狐鸣呼曰："大楚兴，陈胜王。"卒皆夜惊恐。旦日，卒中往往指目胜、广。

胜、广素爱人，士卒多为用。将尉醉，广故数言欲亡，忿尉，令辱之，以激怒其众。尉果笞广。尉剑挺，广起夺而杀尉。胜佐之，并杀两尉。召令徒属曰："公等遇雨，皆已失期，当斩。藉弟令毋斩，而戍死者固什六七。且壮士不死则已，死则举大名耳。侯王将相，宁有种乎！"徒属皆曰："敬受令。"乃诈称公子扶苏、项燕，从民望也。袒右，称大楚。为坛而盟，祭以尉首。胜自立为将军，广为都尉。攻大泽乡，拔之。收兵而攻蕲，蕲下。乃令符离人葛婴将兵徇蕲以东，攻铚、酂、苦、柘、谯，皆下之。行收兵，比至陈，兵车六七百乘，骑千余，卒数万人。攻陈，陈守令皆不在，独守丞与战谯门中。不胜，守丞死。乃入据陈。数日，号召三老豪桀会计事。皆曰："将军身被坚执锐，伐无道，诛暴秦，复立楚之社稷，功宜为王。"胜乃立为王，号张楚。

于是诸郡县苦秦吏暴，皆杀其长吏，将以应胜。乃以广为假王，监诸将以西击荥阳。令陈人武臣、张耳、陈余徇赵，汝阴人邓宗徇九江郡。当此时，楚兵数千人为聚者不可胜数。

葛婴至东城，立襄强为楚王。后闻胜已立，因杀襄强，还报。至陈，胜杀婴，令魏人周市北徇魏地。广围荥阳，李由为三川守守荥阳，广不能下。胜征国之豪桀与计，以上蔡人房君蔡赐为上柱国。

周文，陈贤人也，尝为项燕军视日，事春申君，自言习兵。胜与之将军印，西击秦。行收兵至关，车千乘，卒十万，至戏，军焉。秦令少府章邯免骊山徒、人奴产子，悉发以击楚军，大败之。周文走出关，止屯曹阳。二月余，章邯追败之，复走黾池。

十余日，章邯击，大破之。周文自刭，军遂不战。

武臣至邯郸，自立为赵王，陈余为大将军，张耳、召骚为左右丞相。胜怒，捕系武臣等家室，欲诛之。柱国曰："秦未亡而诛赵王将相家属，此生一秦，不如因立之。"胜乃遣使者贺赵，而徙系武臣等家属宫中。而封张耳子敖为成都君，趣赵兵亟入关。赵王将相相与谋曰："王王赵，非楚意也。楚已诛秦，必加兵于赵。计莫如毋西兵，使使北徇燕地以自广。赵南据大河，北有燕、代，楚虽胜秦，不敢制赵，若不胜秦，必重赵。赵承秦、楚之敝，可以得志于天下。"赵王以为然，因不西兵，而遣故上谷卒史韩广将兵北徇燕。

燕地贵人豪桀谓韩广曰："楚、赵皆已立王。燕虽小，亦万乘之国也，愿将军立为王。"韩广曰："广母在赵，不可。"燕人曰："赵方西忧秦，南忧楚，其力不能禁我。且以楚之强，不敢害赵王将相之家，今赵独安敢害将军家乎？"韩广以为然，乃自立为燕王。居数月，赵奉燕王母家属归之。

是时，诸将徇地者不可胜数。周市北至狄，狄人田儋杀狄令，自立为齐王。反击周市。市军散，还至魏地，立魏后故宁陵君咎为魏王。咎在胜所，不得之魏。魏地已定。欲立周市为王，市不肯。使者五反，胜乃立宁陵君为魏王，遣之国。周市为相。

将军田臧等相与谋曰："周章军已破，秦兵且至，我守荥阳城不能下，秦军至，必大败。不如少遣兵，足以守荥阳，悉精兵迎秦军。今假王骄，不知兵权，不可与计，非诛之，事恐败。"因相与矫陈王令以诛吴广，献其首于胜。胜使赐田臧楚令尹印，使为上将。田臧乃使诸将李归等守荥阳城，自以精兵西迎秦军于敖仓。与战，田臧死，军破。章邯进击李归等荥阳下，破之，李归死。

阳城人邓说将兵居郯,章邯别将击破之,邓说走陈。铚人五逢将兵居许,章邯击破之。五逢亦走陈。胜诛邓说。

胜初立时,淩人秦嘉、铚人董緤、符离人朱鸡石、取虑人郑布、徐人丁疾等皆特起,将兵围东海守于郯。胜闻,乃使武平君畔为将军,监郯下军。秦嘉自立为大司马,恶属人,告军吏曰:"武平君年少,不知兵事,勿听。"因矫以王命杀武平君畔。

章邯已破五逢,击陈,柱国房君死。章邯又进击陈西张贺军。胜出临战,军破,张贺死。

腊月,胜之汝阴,还至下城父,其御庄贾杀胜以降秦。葬砀,谥曰隐王。

胜故涓人将军吕臣为苍头军,起新阳,攻陈,下之,杀庄贾,复以陈为楚。

初,胜令铚人宋留将兵定南阳,入武关。留已徇南阳,闻胜死,南阳复为秦。宋留不能入武关,乃东至新蔡,遇秦军,宋留以军降秦。秦传留至咸阳,车裂留以徇。

秦嘉等闻胜军败,乃立景驹为楚王,引兵之方舆,欲击秦军济阴下。使公孙庆使齐王,欲与并力俱进。齐王曰:"陈王战败,未知其死生,楚安得不请而立王?"公孙庆曰:"齐不请楚而立王,楚何故请齐而立王!且楚首事,当令于天下。"田儋杀公孙庆。

秦左右校复攻陈,下之。吕将军走,徼兵复聚,与番盗英布相遇,攻击秦左右校,破之青波,复以陈为楚。会项梁立怀王孙心为楚王。

陈胜王凡六月。初为王,其故人尝与佣耕者闻之,乃之陈,叩宫门曰:"吾欲见涉。"宫门令欲缚之。自辩数,乃置,不肯为通。胜出,遮道而呼涉。乃召见,载与归。入宫,见殿屋帷帐,客曰:"夥,涉之为王沈沈者!"楚人谓多为夥,故天下传之"夥涉为王",由陈涉始。客出入愈益发舒,言胜故情。或言"客愚无知,专妄言,轻威"。胜斩之。诸故人皆自引去,由是无亲胜者。以朱防为中正,胡武为司过,主司群臣。诸将徇地,至,令之不是者,系而罪之。以苛察为忠。其所不善者,不下吏,辄自治。胜信用之,诸将以故不亲附。此其所以败也。

胜虽已死,其所置遣侯王将相竟亡秦。高祖时为胜置守冢于砀,至今血食。王莽败,乃绝。

译文:

陈胜,字涉,阳城人。吴广,字叔,阳夏人。陈涉年轻时,曾和别人一起被雇佣耕田,一次休息在田埂上,他不平抱怨很久,说:"要是富贵了,彼此都不要忘了谁。"受雇的伙伴们笑着应声问道:"你被雇佣来耕田,有什么富贵可言?"陈胜叹息说:"唉,燕子、麻雀这些小鸟哪里能知道大雁、天鹅的志向啊!"

秦二世元年(公元前209年)七月,政府征调聚居里巷左侧的民户戍边去渔阳的有九百人,陈胜、吴广都担任屯长。走到大泽乡,这时正好天下大雨,道路不通,估计已误了报到期限,误了期限,据法律都要斩首。陈胜、吴广就合计说:"如今逃走也是死,起义干一番大事业也是死,同样是死,死于国事好吗?"陈胜说:"天下人受苦于暴秦统治好久了。我听说二世皇帝是少子,不应当继位,当继位的才是公子扶苏。扶苏以多次劝谏的缘故,始皇帝派他到外边领兵。如今有人听说他无罪,二世杀害了他。老百姓都听说扶苏贤能,还不知道他已死去。项燕为楚国将军,多次立功,爱护士兵,楚国人都爱戴他。有的人以为他死了,有的人以为他外逃躲藏起来。现在要是我们假冒扶苏和项燕,为天下人带个头,应该会有许多人响应。"吴广以为说的对。于是便去卜卦,卜卦人明白他们的意图,说:"你们的事都成,有大功。然而您要向鬼神问卜啊!"陈胜、吴广很高兴,心里琢磨透了问鬼的事,便说:"这是教我们先借鬼神在众人中取得威望。"于是,他们用朱砂在帛上写了"陈胜王"三个字,偷偷塞进人家用罾网捞起来的鱼肚中,戍卒买鱼烹着,得到鱼肚中的帛书,这本来就感到奇怪了。陈胜又私下让吴广到驻地树丛的神祠中,夜间点起火堆,装作狐狸嗥叫呼喊道:"大楚兴,陈胜王。"戍卒们夜间惊恐不安。次日早晨,戍卒中间到处谈论着这事,都指指点点瞧着陈胜、吴广。

吴广一向体贴人,戍卒中很多人乐意听他使唤。押送戍卒的将尉喝醉了,吴广故意多次扬言要逃跑,以激怒将尉,让他当众侮辱自己,借以激怒众人。将尉果然鞭打了吴广。当将尉拔剑之际,吴广奋起,夺剑杀死将尉。陈胜也前来协助,合力杀死两个将尉,召集并号召下属说:"你们遇雨,都误了期限,误期应当杀头。假如就不杀,戍边而死的人本来就有十之六七。况且壮士不死则已,要死就要举世留下大名声,王侯将相哪有天生的种啊!"下属都说:"恭敬地接受命令。"于是便冒称公子扶苏、项燕举行起义,顺从民意。戍卒们都裸露右臂,号称大楚。他们修筑高坛盟誓,祭品用将尉的头。陈胜自立为将军,吴广为都尉。攻下大泽乡,招兵扩军进攻蕲县,蕲县攻下后,就派符离人葛婴带兵攻略蕲县以东地区。他们进攻铚、酂、苦、柘、谯等县,全都攻下。行进中不断招兵扩军。等到达陈县时,已有战车六七百辆,骑兵千余人,步兵数万人。攻打陈县城时,郡守、县令(其实陈县并无郡守)都不在,只留下守丞在谯门中抵抗。不胜,守丞战死,便入城占领陈县。过了几天,陈胜下令召来乡官三老、地方豪绅都来集会议事。三老、乡绅们都说："将军您身披铠甲、手执锐利武器，讨伐无道，产除暴秦，重建楚国，论功应该称王。"于是陈胜就被拥立为王，号称张楚。

在这时，各郡县苦于秦吏暴政的，都惩处其官吏，杀死他们以响应陈涉。于是任命吴广为代理王，督率各将领向西进攻荥阳。命令陈县人武臣、张耳、陈余攻占赵地，命令汝阴人邓宗攻占九江郡。当此时，楚地义军数千人聚集一起的，无法数清楚。

葛婴到达东城，立襄强为楚王。葛婴后来听到陈胜已立为王，就杀死襄强，返回汇报。一到陈县，陈王便诛杀葛婴，陈王命令魏国人周市向北攻占魏地。吴广包围荥阳。李由任三川郡守，守荥阳，吴广不能攻下。于是陈王征召国内豪杰名人商讨对策，任命上蔡人房君赐为上柱国。

周文，是陈县的贤人，曾任项燕军中占卜望日官，也曾侍奉春申君，自称熟习军事。陈王授给他将军印，命他率军西向攻秦。沿途招募兵马直至函谷关，时有战车千乘，士兵几十万，到达戏亭，驻扎下来。秦二世命少府章邯赦免郦山服役的刑徒、奴婢之子，全都遣发以攻击楚军，全都打败了他们。周文兵败，退出函谷关，屯驻曹阳。两个多月，章邯带兵追击打败了周文，他们又退走驻屯渑池。十多天，章邯进击，大败他们。周文自杀，军队丧失战斗力。

武臣到邯郸，自立为赵王，陈余任为大将军，张耳、召骚为左右丞相。陈胜恼怒，捕捉关押了武臣等人家眷，打算杀掉他们。柱国蔡赐建议说："秦朝未灭而杀赵王将相家属，这等于又增加了一个秦朝为敌，不如就势封立他。"陈王就遣使者至赵祝贺，然后转移软禁武臣等人的家属到宫中，而封张耳之子张敖为成都君，催促赵兵疾速进军函谷关。赵王与将相们商议说："大王称王于赵,不是楚国本意。楚灭秦后,必然兵加于赵,妙计莫如不向西进军,遣将北取燕地以扩充我们的土地。赵国南面据守黄河,北面有燕、代广大地区,楚国虽然胜秦,也不能征服赵国。如果楚国不能胜秦,必定会重视赵国。赵国乘秦、楚之衰,可以得志于天下。"赵王认为对,因而不向西出兵,而派原上谷郡卒史韩广率军北上攻取燕地。

旧燕国的豪门贵族劝韩广说:"楚地立了王,赵地也立了王。燕地虽小,也是万乘兵车之国,希望将军自立为燕王。"韩广说:"我的母亲住在赵国,使不得呀!"燕人说:"赵国正西边担心秦,南面担心楚,他的力量不能限制我们。况且,凭楚国那样强大,尚不敢加害赵王将相的家属,只是赵国岂敢加害将军的家属!"韩广认为说得对,于是自立为燕王。过了几个月,赵国护送燕王的母亲和家属归到燕国。

正在这时,各地将领攻城略地的,数不胜数。周市向北进军到狄县,狄县人田儋杀死狄县令,自立为齐王,在齐地起兵,进攻周市,周市军溃散,回到魏地,打算立原魏王后裔宁陵君咎为魏王。当时咎在陈王那里,不能到魏地。魏地平定后,人们想共立周市为魏王,周市不肯。使者先后五次往返于陈王与魏之间,陈王才答应立宁陵君咎为魏王,并遣送他回魏国。周市最后做了丞相。

将军田臧等共同策划说:"周章(即周文)的军队已经溃散,秦兵早晚要来,我们包围荥阳城久攻不下,秦军一到,必定吃大败仗。不如留下少量部队,足以包围荥阳,调动全部精兵迎击秦军。现在代理王吴广骄横,不懂兵家权谋,无法和他共事,要不杀了他,大事恐怕败坏。"因而他们一道假借陈王命令而诛杀吴广,把吴王的头献给陈王。陈王派使者赐给田臧楚国令尹的大印，任命他为上将军。田臧就派部将李归等驻守在荥阳城外，自己带领精兵西进，在敖仓迎击秦军。双方交战中，田臧战死，军队溃散。章邯进军攻击荥阳城，击溃了他们，李归等人战死。

阳城人邓说率军驻在郯县，被章邯的另一支部队击败，邓说率军溃逃到陈县。铚县人伍徐率军驻扎在许县，章邯击溃了他，伍徐军都散逃到陈县。陈王把邓说杀了。

陈胜初立王时，陵县人秦嘉、铚县人董䌡、符离人朱鸡石、取虑人郑布、徐县人丁疾等都独立起兵，率军队把东海郡守包围在郯县。陈王听说了，就委派武平君畔为将军，督率郯城下的各路军队。秦嘉拒不受命，自立为大司马，不愿隶属于武平君。他告诉军吏们说："武平君年轻，不懂军事，不要听他的！"因而假传陈王命令杀了武平君畔。

章邯已击溃伍徐，进攻陈县，上柱国房君蔡赐战死。章邯又进兵攻击陈县西的张贺军。陈胜亲自上阵督战，军队被击溃，张贺战死。

十二月，陈王到汝阴，转至下城父，他的车夫庄贾杀害了他后投降秦军。陈胜葬在砀县，谥号为"隐王"。

陈胜旧时侍臣吕臣后来当了将军，建立了一支青巾裹头的"苍头军"，起兵新阳，攻克了陈县，杀死庄贾，又以陈县为楚都。

当初陈王初到陈县时，曾命令铚县人宋留率军平定南阳，进入武关。宋留攻占南阳后，听到陈王死讯，南阳又被秦军攻占。宋留不能入武关，就往东到新蔡，又遇上秦军，宋留带领部队降秦。秦军押解宋留到咸阳，车裂示众。

秦嘉等听说陈王军队兵败逃走了，就立景驹为楚王，率军到了方与县，准备袭击在定陶城外的秦军。派公孙庆到齐王那里，想联合一道进兵。齐王说："听说陈王战败，至今生死不明白，楚国怎么能不请示我就立王呢？"公孙庆说："齐王不请示楚国而立王，楚国为什么要请示齐国才能立王呢？况且，楚国首先起事，理当号令天下。"于是田儋诛杀了公孙庆。

秦左右校尉率军再次进攻陈县，县城被攻下。吕臣军败走，招兵再聚结，与鄱阳为盗的当阳君黥布的兵马相遇，又进击秦军左右校尉，在青皮击破他们，再度以陈县为楚都。恰好此时项梁立楚怀王的孙子心为楚王。

陈胜称王共六个月。称王后，以陈县为王都。他的旧友曾与一道佣耕过的人听到此事，就赶来陈县，敲着宫门说："我要见陈涉。"宫门长官要把他捆起来。经他一再解说，才给予宽赦，仍不给他通报。等陈王出门时，他拦路高喊陈涉的名字。陈胜听到喊声，就召见了他，和他同车回宫。进了王宫，看到了殿堂房屋、帷幕帐帘，客人说："真多啊！陈涉做了王，深宫大宅这样阔气！"楚国人叫"多"为"夥"，所以天下流传开来，"夥涉为王"这句话，由陈涉开始。这位客人进进出出越发放肆无拘，任意谈论陈王的往事。有人劝陈王说："你这个客人愚昧无知，专门胡言乱语，有损您的威严。"陈王便杀了那位客人。于是，所有陈王的老熟人都自动离去，从此便没有亲近陈王的人了。陈王任用朱房做中正官（主持官吏的任免升降），任胡武为司过官，专门督察群臣过失。将领们攻占城邑，回到陈县复命时，办事不合朱房、胡武命令的人，就抓起来治罪，以苛刻、烦琐挑剔为对陈王忠诚的表现。凡是跟这两人关系不好的，不交有关官吏审问，他俩就亲自任意惩治。陈王信任此二人，诸将以上此缘故不亲附陈王。这就是陈王所以失败的原因。

陈王虽然死了，但他所封立、所派遣的王侯将相终于灭亡了秦朝。高祖时为陈涉安置守坟的有三十家，至今仍按时宰牲畜祭祀他。王莽失败后，便断了祭祀。

项　籍

项籍字羽，下相人也。初起，年二十四。其季父梁，梁父即楚名将项燕者也。家世楚将，封于项，故姓项氏。

籍少时，学书不成，去；学剑又不成，去。梁怒之。籍曰："书足记姓名而已。剑一人敌，不足学，学万人敌耳。"于是梁奇其意，乃教以兵法。籍大喜，略知其意，又不肯竟。梁尝有栎阳逮，请蕲狱掾曹咎书抵栎阳狱史司马欣，以故事皆已。梁尝杀人，与籍避仇吴中。吴中贤士大夫皆出梁下。每有大繇役及丧，梁常主办，阴以兵法部勒宾客子弟，以知其能。秦始皇帝东游会稽，渡浙江，梁与籍观。籍曰："彼可取而代也。"梁掩其口，曰："无妄言，族矣！"梁以此奇籍。籍长八尺二寸，力扛鼎，才气过人。吴中子弟皆惮籍。

秦二世元年，陈胜起。九月，会稽假守通素贤梁，乃召与计事。梁曰："方今江西皆反秦，此亦天亡秦时也。先发制人，后发制于人。"守叹曰："闻夫子楚将世家，唯足下耳！"梁曰："吴有奇士桓楚，亡在泽中，人莫知其处，独籍知之。"梁乃戒籍持剑居外侍。梁复入，与守语曰："请召籍，使受令召桓楚。"籍入，梁眴籍曰："可行矣！"籍遂拔剑击斩守。梁持守头，佩其印绶。门下惊扰，籍所击杀数十百人。府中皆慴伏，莫敢复起。梁乃召故人所知豪吏，谕以所为，遂举吴中兵。使人收下县，得精兵八千人，部署豪桀为校尉、候、司马。有一人不得官，自言。梁曰："某时某丧，使公主某事，不能办，以故不任公。"众乃皆服。梁为会稽将，籍为裨将，徇下县。

秦二年，广陵人召平为陈胜徇广陵，未下。闻陈胜败走，秦将章邯且至，乃渡江矫陈王令，拜梁为楚上柱国，曰："江东已定，急引兵西击秦。"梁乃以八千人渡江而西。闻陈婴已下东阳，使使欲与连和俱西。陈婴者，故东阳令史，居县，素信，为长者。东阳少年杀其令，相聚数千人，欲立长，无适用，乃请陈婴。婴谢不能，遂强立之，县中从之者得二万人。欲立婴为王，异军苍头特起。婴母谓婴曰："自吾为乃家妇，闻先故未曾贵。今暴得大名，不祥，不如有所属，事成犹得封侯，事败易以亡，非世所指名也。"婴乃不敢为王，谓其军吏曰："项氏世世将家，有名于楚，今欲举大事，非将其人，不可。我倚名族，亡秦必矣。"其众从之，乃以其兵属梁。梁渡淮，英布、蒲将军亦以其兵属焉。凡六七万人，军下邳。

是时，秦嘉已立景驹为楚王，军彭城东，欲以距梁。梁谓军吏曰："陈王首事，战不利，未闻所在。今秦嘉背陈王立景驹，大逆亡道。"乃引兵击秦嘉。嘉军败走，追至胡陵。嘉还战一日，嘉死，军降。景驹走死梁地。梁已并秦嘉军，军胡陵，将引而西。章邯至栗，梁使别将朱鸡石、余樊君与战。余樊君死。朱鸡石败，亡走胡陵。梁乃引兵入薛，诛朱鸡石。梁前使羽别攻襄城，襄城坚守不下。已拔，皆坑之，还报梁，闻陈王定死，召诸别将会薛计事。时沛公亦从沛往。

居鄛人范增年七十，素好奇计，往说梁曰："陈胜败固当。夫秦灭六国，楚最亡罪，自怀王入秦不反，楚人怜之至今，故南公称曰'楚虽三户，亡秦必楚'。今陈胜首事，不立楚后，其势不长。今君起江东，楚蜂起之将皆争附君者，以君世世楚将，为能复立楚之后也。"于是梁乃求楚怀王孙心，在民间为人牧羊，立以为楚怀王，从民望也。陈婴为上柱国，封五县，与怀王都盱台。梁自号武信君，引兵攻亢父。

初,章邯既杀齐王田儋于临菑,田假复自立为齐王。儋弟荣走保东阿,章邯追围之。梁引兵救东阿,大破秦军东阿。田荣即引兵归,逐王假,假亡走楚,相田角亡走赵。角弟閒,故将,居赵不敢归。田荣立儋子市为齐王。梁已破东阿下军,遂追秦军。数使使趣齐兵俱西。荣曰:"楚杀田假,赵杀田角、田閒,乃发兵。"梁曰:"田假与国之王,穷来归我,不忍杀。"赵亦不杀角、閒以市于齐。齐遂不肯发兵助楚。梁使羽与沛公别攻城阳,屠之。西破秦军濮阳东,秦兵收入濮阳。沛公、羽攻定陶,定陶未下,去,西略地至雍丘,大破秦军,斩李由。还攻外黄,外黄未下。

梁起东阿,比至定陶,再破秦军,羽等又斩李由,益轻秦,有骄色。宋义谏曰:"战胜而将骄卒惰者败。今少惰矣,秦兵日益,臣为君畏之。"梁不听。乃使宋义于齐。道遇齐使者高陵君显,曰:"公将见武信君乎?"曰:"然。"义曰:"臣论武信君军必败。公徐行则免,疾行则及祸。"秦果悉起兵益章邯,夜衔枚击楚,大破之定陶,梁死。沛公与羽去外黄,攻陈留,陈留坚守不下。沛公、羽相与谋曰:"今梁军败,士卒恐。"乃与吕臣俱引兵而东。吕臣军彭城东,羽军彭城西,沛公军砀。

章邯已破梁军,则以为楚地兵不足忧,乃渡河北击赵,大破之。当此之时,赵歇为王,陈余为将,张耳为相,走入巨鹿城。秦将王离、涉閒围巨鹿,章邯军其南,筑甬道而输之粟。陈余将卒数万人军巨鹿北,所谓河北军也。

宋义所遇齐使者高陵君显见楚怀王曰:"宋义论武信君必败,数日果败。军未战先见败征,可谓知兵矣。"王召宋义与计事而说之,因以为上将军;羽为鲁公,为次将,范增为末将。诸别将皆属,号卿子冠军。北救赵,至安阳,留不进。秦三年,羽谓宋义曰："今秦军围巨鹿，疾引兵渡河，楚击其外，赵应其内，破秦国必矣。"宋义曰："不然。夫搏牛之䖟不可以破虮。今秦攻赵，战胜则兵罢，我承其敝；不胜，则我引兵鼓行而西，必举秦矣。故不如先斗秦、赵。夫击轻锐，我不如公；坐运筹策，公不如我。"因下令军中曰："猛如虎，佷如羊，贪如狼，强不可令者，皆斩。"遣其子襄相齐，身送之无盐，饮酒高会。天寒大雨，士卒冻饥。羽曰："将戮力而攻秦，久留不行。今岁饥民贫，卒食半菽，军无见粮，乃饮酒高会，不引兵渡河因赵食，与并力击秦，乃曰'承其敝'。夫以秦之强，攻新造之赵，其势必举赵。赵举秦强，何敝之承！且国兵新破，王坐不安席，扫境内而属将军，国家安危，在此一举。今不恤士卒而徇私，非社稷之臣也。"羽晨朝上将军宋义，即其帐中斩义头，出令军中曰："宋义与齐谋反楚，楚王阴令籍诛之。"诸将詟服，莫敢枝梧。皆曰："首立楚者，将军家也。今将军诛乱。"乃相与共立羽为假上将军。使人追宋义子，及之齐，杀之。使桓楚报命于王。王因使使立羽为上将军。

羽已杀卿子冠军，威震楚国，名闻诸侯。乃遣当阳君、蒲将军将卒二万人渡河救巨鹿。战少利，陈余复请兵。羽乃悉引兵渡河。已渡，皆湛舡，破釜甑，烧庐舍，持三日粮，视士必死，无还心。于是至则围王离，与秦军遇，九战，绝甬道，大破之，杀苏角，虏王离。涉闲不降，自烧杀。当是时，楚兵冠诸侯。诸侯军救巨鹿者十余壁，莫敢纵兵。及楚击秦，诸侯皆从壁上观。楚战士无不一当十，呼声动天地。诸侯军人人惴恐。于是楚已破秦军，羽见诸侯将，入辕门，膝行而前，莫敢仰视。羽由是始为诸侯上将军。兵皆属焉。

章邯军棘原，羽军漳南，相持未战。秦军数却，二世使人让章邯。章邯恐，使长史欣请事。至咸阳，留司马门三日，赵高不见，有不信之心。长史欣恐，还走，不敢出故道。赵高果使人追之，不及。欣至军，报曰："事亡可为者。相国赵高颛国主断。今战而胜，高嫉吾功；不胜，不免于死。愿将军熟计之。"陈余亦遗章邯书曰："白起为秦将，南并鄢、郢，北坑马服，攻城略地，不可胜计，而卒赐死。蒙恬为秦将，北逐戎人，开榆中地数千里，竟斩阳周。何者？功多，秦不能封，因以法诛之。今将军为秦将三岁矣，所亡失已十万数，而诸侯并起兹益多。彼赵高素谀日久，今事急，亦恐二世诛之，故欲以法诛将军以塞责，使人更代以脱其祸。将军居外久，多内隙，有功亦诛，亡功亦诛，且天之亡秦，无愚智皆知之。今将军内不能直谏。外为亡国将，孤立而欲长存，岂不哀哉！将军何不还兵与诸侯为从，南面称孤，孰与身伏斧质，妻子为戮乎？"章邯狐疑，阴使候始成使羽，欲约。约未成，羽使蒲将军引兵渡三户，军漳南，与秦战，再破之。羽悉引兵击秦军污水上，大破之。

邯使使见羽，欲约。羽召军吏谋曰："粮少，欲听其约。"军吏皆曰："善。"羽乃与盟洹水南殷虚上。已盟，章邯见羽流涕，为言赵高。羽乃立章邯为雍王，置军中。使长史欣为上将，将秦军行前。

汉元年，羽将诸侯兵三十余万，行略地至河南，遂西到新安。异时诸侯吏卒繇役屯戍过秦中，秦中遇之多亡状，及秦军降诸侯，诸侯吏卒乘胜奴虏使之，轻（重）折辱秦吏卒。吏卒多窃言曰："章将军等诈吾属降诸侯，今能入关破秦，大善："即不能，诸侯虏吾属而东，秦又尽诛吾父母妻子。"诸将微闻其计，以告羽。羽乃召英布、蒲将军计曰："秦吏卒尚众，其心不服，至关不听，事必危。不如击之，独与章邯、长史欣、都尉翳入秦。"于是夜击坑秦军二十余万人。

至函谷关,有兵守,不得入。闻沛公已屠咸阳,羽大怒,使当阳君击关。羽遂入,至戏西鸿门,闻沛公欲王关中,独有秦府库珍宝。亚父范增亦大怒,劝羽击沛公。飨士,旦日合战。

羽季父项伯素善张良。良时从沛公。项伯夜以语良。良与俱见沛公,因伯自解于羽。明日,沛公从百余骑至鸿门谢羽,自陈"封秦府库,还军霸上以待大王,闭关以备他盗,不敢背德。"羽意既解,范增欲害沛公,赖张良、樊哙得免。语在《高纪》。

后数日,羽乃屠咸阳,杀秦降王子婴,烧其宫室,火三月不灭;收其宝货,略妇女而东。秦民失望。于是韩生说羽曰:"关中阻山带河,四塞之地,肥饶,可都以伯。"羽见秦宫室皆已烧残,又怀思东归,曰:"富贵不归故乡,如衣锦夜行。"韩生曰:"人谓楚人沐猴而冠,果然。"羽闻之,斩韩生。

初,怀王与诸将约,先入关者王其地。羽既背约,使人致命于怀王。怀王曰:"如约。"羽乃曰:"怀王者,吾家武信君所立耳,非有功伐,何以得颛主约?天下初发难,假立诸侯后以伐秦。然身披坚执锐首事,暴露于野三年,灭秦定天下者,皆将相诸君与籍力也。怀王亡功,固当分其地王之。"诸将皆曰:"善。"羽乃阳尊怀王为义帝,曰:"古之王者,地方千里,必居上游。"徙之长沙,都郴。乃分天下以王诸侯。

羽与范增疑沛公,业已讲解,又恶背约,恐诸侯叛之,阴谋曰:"巴、蜀道险,秦之迁民皆居之。"乃曰:"巴、蜀亦关中地。"故立沛公为汉王,王巴、蜀、汉中。而三分关中,王秦降将以距塞汉道。乃立章邯为雍王,王咸阳以西。长史司马欣,故栎阳狱吏,尝有德于梁;都尉董翳,本劝章邯降。故立欣为塞王,王咸阳以东至河;立翳为翟王,王上郡。徙魏王豹为西魏王，王河东。瑕丘公申阳者，张耳嬖臣也，先下河南，迎楚河上。立阳为河南王。赵将司马卬定河内，数有功。立卬为殷王，王河内。徙赵王歇王代。赵相张耳素贤，又从入关，立为常山王，王赵地。当阳君英布为楚将，常冠军。立布为九江王。番君吴芮帅百粤佐诸侯，从入关，立芮为衡山王。义帝柱国共敖将兵击南郡，功多，因立为临江王。徙燕王韩广为辽东王。燕将臧荼从楚救赵，因从入关。立荼为燕王。徙齐王田市为胶东王。齐将田都从共救赵，入关。立都为齐王。故秦所灭齐王建孙田安，羽方渡河救赵，安下济北数城，引兵降羽。立安为济北王。田荣者，背梁不肯助楚击秦，以故不得封。陈余弃将印去，不从入关，然素闻其贤，有功于赵，闻其在南皮，故因环封之三县。番君将梅鋗功多，故封十万户侯。羽自立为西楚伯王，王梁、楚地九郡，都彭城。

诸侯各就国。田荣闻羽徙齐王市胶东，而立田都为齐王，大怒，不肯遣市之胶东，因以齐反，迎击都。都走楚。市畏羽，乃亡之胶东就国。荣怒，追杀之即墨，自立为齐王。予彭越将军印，令反梁地。越乃击杀济北王田安。田荣遂并王三齐之地。时汉王还定三秦。羽闻汉并关中，且东，齐、梁畔之，大怒，乃以故吴令郑昌为韩王以距汉，令萧公角等击彭越。越败萧公角等。时，张良徇韩，遗项王书曰："汉王失职，欲得关中，如约即止，不敢东。"又以齐、梁反书遗羽，羽以此故无西意，而北击齐。征兵九江王布，布称疾不行，使将将数千人往。二年，羽阴使九江王布杀义帝。陈余使张同、夏说说齐王荣，曰："项王为天下宰，不平，今尽王故王于丑地，而王群臣诸将善地，逐其故主，赵王乃北居代，余以为不可。闻大王起兵，且不听不义，愿大王资余兵，使击常山，以复赵王，请以国为扞蔽。"齐王许之，因遣兵往。陈余悉三县兵，与齐并力击常山，大破之。张耳走归汉。陈余迎故赵王歇反之赵。赵王因立余为代王。羽至城阳，田荣亦将兵会战。荣不胜，走至平原，平原民杀之。羽遂北烧夷齐城郭室屋，皆坑降卒，系虏老弱妇女。徇齐至北海，所过残灭。齐人相聚而畔之。于是田荣弟横收得亡卒数万人，反城阳。羽因留，连战未能下。

汉王劫五诸侯兵，凡五十六万人，东伐楚。羽闻之，即令诸将击齐，而自以精兵三万人南从鲁出胡陵。汉王皆已破彭城，收其货赂美人，日置酒高会。羽乃从萧晨击汉军而东，至彭城，日中，大破汉军。汉军皆走，迫之榖、泗水。汉军皆南走山，楚又追击至灵辟东睢水上。汉军却，为楚所挤，多杀。汉卒十余万皆入睢水，睢水为不流。汉王乃与数十骑遁去。语在《高纪》。太公、吕后间求汉王，反遇楚军。楚军与归，羽常置军中。

汉王稍收散卒，萧何亦发关中卒悉诣荥阳，战京、索间，败楚。楚以故不能过荥阳而西。汉军荥阳，筑甬道，取敖仓食。三年，羽数击绝汉甬道，汉王食乏，请和，割荥阳以西为汉。羽欲听之。历阳侯范增曰："汉易与耳，今不取，后必悔之。"羽乃争围荥阳。汉王患之，乃与陈平金四万斤以间楚君臣。语在《陈平传》。项羽以故疑范增，稍夺之权。范增怒曰："天下事大定矣，君王自为之！愿赐骸骨归。"行未至彭城，疽发背死。于是汉将纪信诈为汉王出降，以诳楚军，故汉王得与数十骑从西门出。令周苛、枞公、魏豹守荥阳。汉王西入关收兵，还出宛、叶间，与九江王黥布行收兵。羽闻之，即引兵南。汉王坚壁不与战。

是时，彭越渡睢，与项声、薛公战不邳，杀薛公。羽乃东击彭越。汉王亦引兵北军成皋。羽已破走彭越，引兵西下荥阳城，亨周苛，杀枞公，虏韩王信，进围成皋。汉王跳，独与滕公得出。北渡河，至修武，从张耳、韩信。楚遂拔成皋。汉王得韩信军。留止，使卢绾、刘贾渡白马津入楚地，佐彭越共击破楚军燕郭西，烧其积聚，攻下梁地十余城。羽闻之，谓海春侯大司马曹咎曰："谨守成皋。即汉欲挑战，慎毋与战，勿令得东而已。我十五日必定梁地，复从将军。"于是引兵东。

四年，羽击陈留、外黄，外黄不下。数日降，羽悉令男子年十五以上诣城东，欲坑之。外黄令舍人儿年十三，往说羽曰："彭越强劫外黄，外黄恐，故且降，待大王。大王至，又皆坑之，百姓岂有所归心哉！从此以东，梁地十余城皆恐，莫肯下矣。"羽然其言，乃赦外黄当坑者。而东至睢阳，闻之皆争下。

汉果数挑楚军战，楚军不出。使人辱之，五六日，大司马怒，渡兵汜水。卒半渡，汉击，大破之，尽得楚国金玉货赂。大司马咎、长史欣皆自刭汜水上。咎故蕲狱掾，欣故塞王，羽信任之。羽至睢阳，闻咎等破，则引兵还。汉军方围钟离眛于荥阳东，羽军至，汉军畏楚，尽走险阻。羽亦军广武相守，乃为高俎，置太公其上，告汉王曰："今不急下，吾亨太公。"汉王曰："吾与若俱北面受命怀王，约为兄弟，吾翁即汝翁。必欲亨乃翁，幸分我一杯羹。"羽怒，欲杀之。项伯曰："天下事未可知。且为天下者不顾家，虽杀之无益，但益怨耳。"羽从之。乃使人谓汉王曰："天下匈匈，徒以吾两人，愿与王挑战，决雌雄，毋徒罢天下父子为也。"汉王笑谢曰："吾宁斗智，不能斗力。"羽令壮士出挑战。汉有善骑射曰楼烦，楚挑战，三合，楼烦辄射杀之。羽大怒，自被甲持戟挑战。楼烦欲射，羽瞋目叱之。楼烦目不能视，手不能发，走还入壁，不敢复出。汉王使间问之，乃羽也，汉王大惊。于是羽与汉王相与临广武间而语。汉王数羽十罪。语在《高纪》。羽怒，伏弩射伤汉王。汉王入成皋。

时，彭越数反梁地，绝楚粮食，又韩信破齐，且欲击楚。羽使从兄子项它为大将，龙且为裨将，救齐。韩信破杀龙且，追至成阳，虏齐王广。信遂自立为齐王。羽闻之，恐，使武涉往说信。语在《信传》。

时，汉关中兵益出，食多，羽兵食少。汉王使侯公说羽，羽乃与汉王约，中分天下，割鸿沟而西者为汉，东者为楚，归汉王父母妻子。已约，羽解而东。五年，汉王进兵追羽，至（故）〔固〕陵，复为羽所败。汉王用张良计，致齐王信、建成侯、彭越兵，及刘贾入楚地，围寿春。大司马周殷叛楚，举九江兵随刘贾，迎黥布，与齐、梁诸侯皆大会。

羽壁垓下，军少食尽。汉帅诸侯兵围之数重。羽夜闻汉军四面皆楚歌，乃惊曰："汉皆已得楚乎？是何楚人多也！"起饮帐中。有美人姓虞氏，常幸从；骏马名骓，常骑。乃悲歌慷慨，自为歌诗曰："力拔山兮气盖世，时不利兮骓不逝。骓不逝兮可奈何！虞兮虞兮奈若何！"歌数曲，美人和之。羽泣下数行，左右皆泣，莫能仰视。

于是羽遂上马，戏下骑从者八百余人，夜直溃围南出驰。平明，汉军乃觉之，令骑将灌婴以五千骑追羽。羽渡淮，骑能属者百余人。羽至阴陵，迷失道，问一田父，田父绐曰"左"。左，乃陷大泽中，以故汉追及之。羽复引而东，至东城，乃有二十八骑。追者数千，羽自度不得脱，谓其骑曰："吾起兵至今八岁矣，身七十余战，所当者破，所击者服，未尝败北，遂伯有天下。然今卒困于此，此天亡我，非战之罪也。今日固决死，愿为诸军快战，必三胜，斩将，艾旗，乃后死，使诸君知吾非用兵罪，天亡我也。"于是引其骑因四隤山而为圜陈外向，汉骑围之数重。羽谓其骑曰："吾为公取彼一将。"令四面骑驰下，期山东为三处。于是羽大呼驰下，汉军皆披靡。遂杀汉一将。是时，杨喜为郎骑，追羽，羽还叱之，喜人马俱惊，辟易数里。与其骑会三处。汉军不知羽所居，分军为三，复围之。羽乃驰，复斩汉一都尉，杀数十百人。复聚其骑，亡两骑。乃谓骑曰："何如？"骑皆服曰："如大王言。"

于是羽遂引东，欲渡乌江。乌江亭长舣船待，谓羽曰："江东虽小，地方千里，众数十万，亦足王也。愿大王急渡。今独臣有船。汉军至，亡以渡。"羽笑曰："乃天亡我，何渡为！且籍与江东子弟八千人渡而西，今亡一人还，纵江东父兄怜而王我，我何面目见之哉？纵彼不言，籍独不愧于心乎！"谓亭长曰："吾知公长者也，吾骑此马五岁，所当无敌，尝一日千里，吾不忍杀，以赐公。"乃令骑皆去马，步持短兵接战。羽独所杀汉军数百人。羽亦被十余创。顾见汉骑司马吕马童曰："若非吾故人乎？"马童面之，指王翳曰："此项王也。"羽乃曰："吾闻汉购我头千金，邑万户，吾为公得。"乃自刭。王翳取其头，乱相轥蹈争羽相杀者数十人。最后杨喜、吕马童、郎中吕胜、杨武各得其一体。故分其地以封五人，皆为列侯。

汉王乃以鲁公号葬羽于穀城。诸项支属皆不诛。封项伯等四人为列侯，赐姓刘氏。

赞曰：昔贾生之《过秦》曰：

秦孝公据殽、函之固，拥雍州之地，君臣守而窥周室，有席卷天下，包举宇内，囊括四海，并吞荒之心。当是时也，商君佐之，内立法度，务耕织，修守战之备，外连衡而斗诸侯。于是秦人拱手而取西河之外。

孝公既没，惠文、武、昭襄蒙故业，因遗策，南取汉中，西举巴、蜀，东割膏腴之地，收要害之郡。诸侯恐惧，会盟而谋弱秦，不爱珍器重宝肥饶之地，以致天下之士。合从缔交，相与为一。当此之时，齐有孟尝，赵有平原，楚有春申，魏有信陵。此四贤者，皆明智而忠信，宽厚而爱人，尊贤重士，约从离横，兼韩、魏、燕、赵、宋、卫、中山之众。于是六国之士有宁越、徐尚、苏秦、杜赫之属为之谋，齐明、周最、陈轸、召滑、楼缓、翟景、苏厉、乐毅之徒通其意。吴起、孙膑、带他、兒良、王廖、田忌、廉颇、赵奢之朋制其兵。常以十倍之地，百万之军，仰关而攻秦，秦人开关延敌，九国之师逡巡而不敢进。秦无亡矢遗镞之费，而天下已困矣。于是从散约败，争割地而赂秦。秦有余力而制其弊，追亡逐北，伏尸百万，流血漂卤，因利乘便，宰割天下，分裂山河；强国请服，弱国入朝。

施及孝文、庄襄王，享国之日浅，国家亡事。

及至始皇，奋六世之余烈，振长策而驭宇内，吞二周而亡诸侯，履至尊而制六合，执敲扑以鞭笞天下，威震四海。南取百粤之地，以为桂林、象郡。百粤之君俯首系颈，委命下吏。乃使蒙恬北筑长城而守藩篱，却匈奴七百余里，胡人不敢南下而牧马，士不敢弯弓而报怨。于是废先王之道，焚百家之言，以愚黔首。堕名城，杀豪俊，收天下之兵聚之咸阳，销锋镝铸以为金人十二，以弱天下之民。然后践华为城，因河为池，据亿丈之城，临不测之川，以为固。良将劲弩，守要害之处，信臣精卒，陈利兵而谁何。天下已定，始皇之心，自心为关中之固，金城千里，子孙帝王万世之业也。

始皇既没，余威震于殊俗，然而陈涉，瓮牖绳枢之子，甿隶之人，迁徙之徒也，才能不及中庸，非有仲尼、墨翟之知，陶朱、猗顿之富。蹑足行伍之间，而崛起阡陌之中，帅罢散之卒，将数百之众，转而攻秦。斩木为兵，揭竿为旗，天下云合向应，赢粮而景从，山东豪俊遂并起而亡秦族矣。且天下非小，弱也；雍州之地，殽、函之固，自若也。陈涉之位，不齿于齐、楚、燕、赵、韩、魏、宋、卫、中山之君；鉏櫌棘矜，不敌于钩戟长铩；適戍之众，不亢于九国之师；深谋远虑，行军用兵之道，非及曩时之士也。然而成败异变，功业相反，何也？试使山东之国与陈涉度长絜大，比权量力，不可同年而语矣。然秦以区区之地，致万乘之权，招八州而朝同列，百有余年，然后以六合为家，殽函为宫。一夫作难而七庙堕，身死人手，为天下笑者，何也？仁谊不施，而攻守之势异也。

周生亦有言，"舜盖重童子"，项羽又重童子，岂其苗裔邪？何其兴之暴也！夫秦失其政，陈涉首难，豪桀蜂起，相与并争，不可胜数。然羽非有尺寸，乘势拔起陇亩之中，三年，遂将五诸侯兵灭秦，分裂天下而威海内，封立王侯，政繇羽出，号为"伯王"，位虽不终，近古以来未尝有也。及羽背关怀楚，放逐义帝，而怨王侯畔己，难矣。自矜功伐，奋其私智而不师古，始霸王之国，欲以力征经营天下，五年卒亡其国，身死东城，尚不觉寤，不自责过失，乃引"天亡我，非用兵之罪"，岂不谬哉！

译文：

项籍，字羽，下相人。当初起兵时，二十四岁。他的叔父叫项梁，项梁的父亲就是楚国名将项燕。项家世代作楚将，封在项城县，所以姓项。

项籍年少时，学习识字、写字，没有成就，便放弃了；学习剑术，无成就，又放弃了。项梁很生他的气。项籍说："认识文字够记个姓名罢了。剑术对抗一个人，不值得学习。我要学习能抵抗上万人的本事。"项梁惊奇他的意志，便教项籍兵法，项籍大喜，略微知道一点内容后，又不肯学完。项梁曾被栎阳官吏追捕，就请蕲县监狱的办事员曹咎写信给栎阳监狱的办事员司马欣，因此事情才算了结。项梁杀了人，和项籍到吴中避仇。吴中贤士大夫的才能都在项梁之下。每当吴中有大徭役和丧事，项梁常给主办，暗地用兵法组织宾客、子弟，借此了解他们的才能。秦始皇东游会稽，渡过浙江，项梁和项籍一起观看。项籍说："那个家伙，我们可以取而代之！"项梁捂住他的口，说："别胡说，会灭族哩！"项梁因此认为项籍有奇志。项籍身高八尺二寸，力能举鼎，才能和胆气过人，吴中子弟都畏惧项籍。

秦二世元年七月，陈涉等人在大泽乡起义。这年九月，会稽代理郡守殷通对项梁说："大江以西的地方都反了，这是上天要灭亡秦朝的时候啊。先下手就能制服人家，后行动就被人家制服。"殷通叹息说："听说先生是楚将世家之后，举大事只有靠足下了！"项梁说："吴地有奇士桓楚，逃亡在湖泽之中，人们不知道他的去处，只有项籍知道。"项梁就走出去，嘱咐项籍拿着剑在外面等候。项梁再进去，对郡守说："请召见项籍，让他接受使命召唤桓楚。"项籍进来，项梁向项籍使了个眼色，说："可以行动了！"于是项籍就拔剑斩了郡守的头。项梁提着郡守的头，挂着郡守的印。郡守左右随从大惊失色，项籍砍杀了百十来人。满衙门的人都吓得趴在地上，没有谁敢站起来。项梁就召集以前所熟悉的干练官吏，讲明这样做是要起大事，于是调集吴中兵员。派人征集下属各县丁壮，得到精兵八千，项梁任命吴中豪杰担任校尉、军侯、司马。有一个有未得任用，亲自跟项梁争辩。项梁说："前些时候某人死了，让您主办某件事，没能办成，因此不任用您。"众人都佩服。于是项梁担任会稽将军，项籍担任副将，巡视下属各县。

秦二世二年，广陵人召平在这时替陈王攻打广陵，没有攻下。他听说陈王败逃，秦将章邯马上来到，就渡江假托陈王的命令，赐封项梁为楚王上柱国，并说："江东已经平定，你迅速带兵西进攻打秦军。"于是，项梁带领八千人渡江西进。这时，听说陈婴已经占领东阳，项梁派遣使者要求跟他联合，一起西进。陈婴原是东阳县功曹，住在县城，素来诚实谨慎，人们尊为长者。东阳的年轻人杀死县令，聚集几千人，想推举首领，没有适宜的人，就敦请陈婴。陈婴以没才能为借口来辞谢，于是大家就强立陈婴为首领，县里跟随起义的有两万人。年轻人想拥立陈婴称王，用表布裹头，标明他们是新起的军队。陈婴的母亲对他说："自从我作陈家的媳妇，没有听说你家祖先有过显贵人物。现在突然获得大名，不是好兆头。不如归属别人，事情成功了还能封侯，事情失败了容易躲避，因为不是社会上数得上的名人。"陈婴便不敢称王，对他的军官们说："项姓世世代代是将门，在楚国很有名望。现在要想办大事，主帅非这等人不行。我们依仗名家大族，灭亡秦朝是肯定的。"于是大家听从他的话，让部队归项梁统率。项梁渡过淮河，黥布、蒲将军也带了军队来归附他。总共六七万人，驻军下邳。

这时，秦嘉已拥立景驹为楚王，驻军彭城东面，想抵抗项梁。项梁对军官们说："陈王首先起事，作战不利，不知道下落。现在秦嘉背叛陈王而拥立景驹，大逆不道。"于是进兵攻打秦嘉，秦嘉军队败逃，项梁追击到胡陵。秦嘉回军交战一天，秦嘉战死，军队投降。景驹逃跑，死在梁地。项梁兼并了秦嘉的军队，驻军胡陵，将要领兵西进。章邯的军队到达栗县，项梁派另统一军的将领朱鸡石、余樊君迎战。余樊君战死，朱鸡石的军队溃败，逃奔胡陵。项梁就率领军队进入薛县，杀了朱鸡石。项梁先前派项羽另外攻打襄城，襄城官兵坚守，一时攻不下。在攻克之后，项羽把他们全部活埋了，然后回来报告项梁。项梁听说陈王确实死了，就召集各部将领到薛县商量军务大计。这时沛公也在沛县起兵，赶来参加会议。

居鄛人范增，七十岁了，一向善出奇计，前去游说项梁说："陈胜失败是必然的。秦朝灭亡六国，楚国最为无辜，自从怀王到秦国一去不返，楚国人怀念他一直到如今，因此楚南公说：'楚国即使只剩三户人家，灭亡秦国的还必定是楚国。'现在陈胜首先起事，不拥立楚王的后代而自立为王，他的势力不能久长。现在您在江东起兵，楚地蜂拥而起的将领都争着追随您的原因，是由于您家世世代代是楚国的将领，能够重新拥立楚王的后代。"于是项梁就从民间找到楚怀王的孙子名叫心的，正在替人家放羊，拥立他作楚怀王，以顺从人民的愿望。陈婴担任楚国上柱国，赐封五县，跟怀王建都盱台。项梁自称为武信君，率军攻打亢父。

当初，章邯在临淄杀了齐王田儋，田假又自立为齐王。田儋弟田荣退守东阿，章邯追击包围了田荣军。项梁领兵援救东阿，在东阿大败秦军。田荣就带着部队回去，驱逐齐王田假。田假逃奔楚国。田假的相国田角逃奔赵国。田角的弟弟田闲原是齐国的将军，居留在赵国不敢回去。田荣拥立田儋的儿子田市做齐王。项梁打垮了东阿一带的秦军，并进行追击。几次派使者催促齐军，想要跟他们一起西进。田荣说："要是楚国杀掉田假，赵国杀掉田角和田间,我们才出兵。"项梁说:"田假是盟国之王,穷困时来投奔我,不忍心杀他。"赵国也不肯杀死田角和田间去跟齐国做交易。齐国最终不肯出兵帮助楚军。项梁派项羽和沛公从另一路攻打城阳,屠灭了全城。再向西进,在濮阳东面打败了秦军,秦军收缩退入濮阳城里。沛公、项羽就进攻定陶。定陶没有攻下,便撤走,往西攻占地盘,到达雍丘,大败秦军,杀死李由。回军攻打外黄,外黄没有攻下。

项梁从东阿出发,等到达定陶,再次打垮秦军,项羽等人又杀死了李由的部将,更加轻视秦军,显出了骄傲的神色。宋义就规劝项梁说:"打了胜仗,如果将领骄傲、士兵怠惰就会失败。现在士兵有些怠惰了,秦兵又一天天增加,我替您担心。"项梁没有理睬,竟派宋义出使齐国。宋义在路上遇到齐国的使者高陵君显,问他道:"您将要会见武信君吧?"回答说:"是的。"宋义说:"我认定武信君的军队一定会失败。您慢去就免死,快去就遭殃。"秦朝果然动员全部军队增援章邯,士兵口衔枚夜间攻打楚军,在定陶打垮了楚军,项梁战死。沛公、项羽撤离外黄,进攻陈留,陈留军民坚守,没能攻下。沛公、项羽相互商量道:"现在项梁的军队垮了,士兵害怕。"就和吕臣的部队一起向东撤退。吕臣驻军彭城东面,项羽驻军彭城西面,沛公驻军砀县。

章邯已经打垮了项梁的军队,就认为楚国的兵力不足忧虑了,于是渡过黄河攻打赵国,打垮了赵军。这时候,赵歇做国王,陈余担任大将,张耳担任相国,都逃进了巨鹿城。秦将王离、涉间包围巨鹿,章邯的军队驻扎在他们的南边,筑起甬道给他们运送粮食。陈余率几万士兵驻扎的巨鹿的北边,这就是所谓的河北军。

宋义所遇到的齐国使者高陵君显见了楚王说:"宋义认定武信君必败,过了几天,果然失败了。军队没有交战就预先看到了失败的征兆,这也可以说是懂得兵法啦。"楚王召见宋义,同他商讨大事,非常喜欢他,就安排他担任上将军;项羽称为鲁公,担任次将;范增担任末将。各部将领都隶属于宋义,号为卿子冠军。北上救赵,行军到安阳,停留不前进。秦二世三年,项羽说:"我听说秦军把赵国围困在巨鹿,我们迅速率领部队渡过漳河,楚军攻打他们的外围,赵国在内响应,打垮秦军是一定的了。"宋义说:"不对。拍打牛虻的力气不可用来消灭虱子。现在秦国进攻赵国,打胜了军队就疲惫,我们可趁机利用他们的疲惫;打不胜,我们应率领部队大张旗鼓地西进,一定能够推翻秦朝了。因此不如先让秦、赵两军相斗。披甲执戟,我宋义不如您;坐着运筹决策,您不如我宋义。"于是给军中下达命令说:"猛如虎,狠毒如羊,贪如狼,倔强不听使命的,一律斩首。"随后派他的儿子宋襄去辅助齐王,亲自送到无盐,大摆宴席。当时天寒大雨,士兵冻饿。项羽说:"正该并力攻打秦军,他却久留而不前进。如今年成荒歉,人民贫苦,士兵只能一半豆子一半蔬菜的饭食,军中无存粮,他却饮酒盛会,不领兵渡河吃用赵国的粮食,和赵国合力攻秦,却说'利用他们的疲惫'。凭秦朝的强大,进攻新建的赵国,势必战胜赵国。赵国被占领而秦军就更加强大,哪里还有什么疲惫的机会可以利用呢!况且我国军队最近吃了败仗,国王坐席不安,把全国兵力集中起来交给将军,国家安危,在此一举。现在你不体恤士兵,却去钻营私利,不是国家的大臣。"项羽早晨进见上将军宋义时,就在帐中斩了宋义的头,向军中发布命令说:"宋义与齐国阴谋反楚,楚王密令我杀死他。"诸将都畏服,无人敢于反抗。都说:"首先拥立楚王的是将军家,现在又是将军诛灭了乱臣贼子。"于是大家拥立项羽为代理上将军。派人追赶宋义的儿子,追到齐国把他杀了。派遣桓楚向怀王报告情况,怀王就让项羽担任上将军。

项羽杀掉卿子冠军之后,威震楚国,名声传遍诸侯。他就派当阳君、蒲将军统兵二万渡过漳河,援救巨鹿。战事稍许有些胜利,陈余又请求援兵。项羽就统率全部军队渡过漳河。渡完河,沉掉全部船只,砸毁锅灶,烧掉营垒,携带三天的干粮,借此向士兵表示决一死战,无一点退还之心。于是一到巨鹿就包围王离,与秦军九战,截断他们的甬道,大败秦军,杀了苏角,活捉王离。涉间不投降楚军,自焚而死。这时,楚军雄冠诸侯。诸侯授军前来救巨鹿的有十多座营寨,都不敢出兵。等于楚军攻打秦军时,诸侯军的将领都在壁垒上观看。楚军战士无不以一当十,楚军杀声震天,诸侯军无不人人颤栗惊恐。这样打败秦军之后,项羽召见诸侯将领,他们进入辕门时,个个跪着前进,没有谁敢于仰视。项羽从此开始成为诸侯的上将军,各路诸侯都隶属于他。

章邯的军队驻扎在棘原,项羽的军队驻扎在漳南,两军相持,尚未交战。秦军几次后撤,秦二世派人责问章邯。章邯恐惧,派长史司马欣请示。司马欣到了咸阳,在司马门等待三天,赵高不接见,有不信任之心。司马欣恐惧,逃奔回军,不敢走原路,赵高果然派人追赶他,没有追到。司马欣回到军中,报告说:"赵高在朝中当权,下面的人不可能有作为。现在作战如果能够胜利,赵高必定嫉妒我们的功劳;战斗不能胜利,免不了一死。请将军深思熟虑这种处境。"陈余也写信给章邯说:"白起为秦将,南征楚都鄢郢,北坑赵括大军,攻城略地,不可胜数,竟然被赐死。蒙恬为秦将,北逐匈奴,开拓榆中土地几千里,竟被斩于阳周。为什么呢?功劳太多,秦朝无法再给最高封赏,就找借口按国法杀掉他们。如今将军做秦将三年了,损失兵员总计有几十万人,而诸侯军纷纷起事,越来越多。那赵高素来献媚奉承,时日已久,现在形势危急,也害怕二世杀他,因此想借国法杀掉将军来搪塞责任,派人接替将军来解脱他的祸殃。将军在外的时间久,朝廷内多嫌隙,有功也是死,无功也杀掉。况且上天要灭亡秦朝,无论智者愚者都很看得清楚了。现在将军对内不能直谏,在外成了亡国将军。孑身孤立却想长久容身,岂不可怜!将军何不倒戈,与诸侯联合,相约共同攻秦,南面称孤道寡,这跟身伏斧砧,妻儿被杀相比,怎样更好呢?"章邯心存犹豫,暗派军候始成出使项羽军,求订和约。和约尚未订成,项羽派蒲将军不分昼夜领兵渡过三户渡口,屯驻漳南,与秦军接战,再次打垮了秦军。项羽统率全军在污水边进攻秦军,把他们打得大败。

章邯派人进见项羽,求订和约。项羽召集军官们商议说:"粮食缺少,想要答应他们的和议。"军官们都说:"好。"项羽就与章邯约期在洹水南边的殷墟会谈。订完盟约,章邯见了项羽,就流着眼泪,诉说赵高的种种行为。于是,项羽封章邯为雍王,安置在楚军中。让长史司马欣担任上将军,统率秦军打先锋。

汉元年,项羽率领诸侯兵三十多万人,一路进军攻占城池,打到河南县,接着又到达新安,诸侯军中的官兵过去服徭役或防守边疆路过秦中时,秦中官兵对待他们多有无礼之处,等到秦军投降了诸侯,诸侯军中的官兵们很多乘胜把秦军官兵当奴隶俘虏使唤,随便折磨侮辱当地官吏、士兵。秦军官兵很多人暗地议论说:"章将军等人诈骗我们投降诸侯,如果能够入关破秦,那是大好事;如果不能,诸侯军俘虏我们去东方,秦朝定会杀尽我们的父母妻儿。"将领们暗中查听到这些议论,报告项羽。项羽就召集黥布、蒲将军等人商议说:"秦军官兵人数还很多,内心不服,到关中不听指挥,事情就危险了,不如杀掉他们,而只和章邯、长史司马欣、都尉董翳等进入秦地。"于是楚军夜间在新安城地坑杀了秦兵二十多万人。

项羽军过函谷关时有兵把守,不能进入。听说沛公已经拿下咸阳,项羽大怒,派当阳君等人攻关。于是,项羽进入函谷关,到达戏水西面,听说沛公想当关中王,独自占有秦朝府库珍宝。亚父范增也大怒,劝项羽袭击沛公。于是设酒宴让士兵饱餐一顿,到第二天交战。

项伯是项羽的叔父,向来与张良要好。张良这时跟随沛公,项伯就连夜奔往沛公的军营,把事情都告诉了张良。张良带项伯一起去见沛公,求项伯解除项羽的疑心。次日,沛公带领一百多骑兵到鸿门拜见项羽,解释说:"封存秦朝廷库,退军到霸上以便恭候大王,闭关是为了防备盗贼,不敢违背大王恩德。"项羽杀害沛公的主意已经打消,范增还想暗害沛公,多亏张良、樊哙才得幸免。事情详见《高帝纪》。

过了几天,项羽领兵洗劫咸阳,杀了秦朝降王子婴,烧了秦朝宫室,大火三个月不灭;他夺取秦朝的财宝和美女往东而去,秦民大失所望,韩生劝说项王道:"关中依恃山河险阻,四面要塞,土地肥沃,可以建都称霸。"项王一看秦朝宫室都已焚烧残破,又思恋家乡要回东方,说:"富贵不回家乡,就如穿着锦绣衣服在夜间行走。"韩生说:"人家说楚国人像是猴儿戴人帽,果真如此。"项王听到后,杀掉韩生。

当初,怀王与诸将领约定,先进入潼关的可在关中称王。项羽已经背叛盟约,项王派人请示怀王,怀王说:"按先前约定的办。"于是项王尊称怀王为义帝。项王想要自己称王,就先封各位将相为王。他对众将说:"怀王是我项家武信君拥立的,他没有什么功劳,怎么能自己专断当盟主立盟约呢?全国初起事时,暂时拥立诸侯后裔为王,以便讨伐秦朝。然而亲自披甲持枪,首先起事,风餐露宿经历三年,灭秦平定天下,都是各位将相和我的力量啊!义帝尽管无功,仍应分给他土地,尊他为王。"诸将都说:"好。"于是项羽表面上推尊怀王为义帝,说"古代称王的,拥有领地千里,必定定居在水的上游。"于是把怀王迁徙到长沙,建都郴县。然后划分天下封地让诸侯称王。

项王、范增怀疑沛公想要占有天下,已经和解之后,又顾忌违约,怕诸侯背离,就暗中谋划道:"巴郡、蜀郡道路艰险,秦朝流放的人都在蜀地。"于是说:"巴郡、蜀郡也是关中土地。"因此立沛公为汉王,领有巴郡、蜀郡、汉中。而把关中划为三分,封秦朝降将为王,用以阻挡汉王。封章邯为雍王,领有咸阳以西地区。长史司马欣,前任栎阳狱吏,曾对项梁有过恩德;都尉董翳,原来劝过章邯投降楚军。因此立司马欣为塞王,领有咸阳以东至黄河地区,立董翳为翟王,领有上郡。改封魏王豹为西魏王,领有河东。瑕丘申阳是张耳亲近之臣,先攻下河南,在黄河边迎接楚军,因此立申阳为河南王。赵将司马卬平定河内,屡次立功,立司马卬为殷王,领有河内。改封赵王歇为代王。赵相国张耳向来贤能,又跟随入关,立张耳为常山王,领有赵地。当阳君英布为楚将,常勇冠诸军,英布为九江王。鄱君吴芮率领百越兵协助诸侯,又随从入关,立吴芮为衡山王。义帝的柱国共敖领兵攻南郡,功劳多,立共敖为临江王。改封燕王韩广为辽东王。燕将臧荼跟随楚军援救赵国,接着跟随入关,立臧荼为燕王。改封齐王田市为胶东王。齐将田都跟着共敖一起援救了赵国,接着跟随入关,立田都为齐王。从前秦朝灭亡的齐王田建的孙子田安,当项羽正渡河救赵时,攻下了济北几座城市,领兵投降项羽，立田安为济北王。田荣背离项梁，又不肯派兵跟随楚军攻打秦军，因此不封。陈余丢下将印离去，不随入关，但一向知道他贤能，对赵国有功劳，知道他在南皮，因此把南皮周围三县封给他。番君的部将梅鋗功劳多，因此封为十万户侯。项王自封为西楚霸王，领有九个郡，建都彭城。

诸侯各自前往封国。田荣得知项羽改封齐王田市到胶东，而立齐将田都为齐王，大怒，不让田市赴胶东，趁势占据齐地反楚，迎头攻击田都。田都逃到楚国。齐王市畏惧项王，就逃往胶东赴任。田荣发怒，追击到即墨，把他杀了。田荣趁势自立为齐王。授给彭越将军印章，让他在梁地反楚。彭越杀死济北王田安。于是田荣兼并了三齐的土地。这时，汉王回军平定三秦。项羽听说汉王已经兼并了关中，将要东进，齐国、赵国又背叛他，大怒，于是拥原吴县令郑昌作韩王。命令萧公角等人攻打彭越。彭越打败了萧公角等人。张良招抚韩地，并写信给项王说："汉王失去了应得的封职，希望得到关中，一如盟约所说，就停止军事行动，不敢东进。"又把齐国、梁地的反叛文告交给项王，项王因此无意西进，而向北进攻齐国。项王向九江王英布征兵，英布称病不去，只派部将率领几千人前去。汉高帝二年，项羽暗中指使九江王英布杀害义帝。陈余暗派张同、夏说游说齐国田荣道："项羽主宰天下，不公平。如今尽把原来诸侯封在坏地方，而将他的群臣诸将封到好地方。赶走原来的国王赵王，竟使他北居代地，我认为不可以。听说大王起兵，而且不听项羽不合理的命令，希望大王资助我陈余一些兵力，让我去攻打常山，恢复赵王原有领地，让我国做齐国的屏障。"齐王同意了，就派兵去赵国。陈余发动三县全部兵员，与齐军协力攻打常山，大败常山军。张耳逃走，归附汉王。陈余从代地迎接原来的赵王歇返回赵国。赵王因此立陈余为代王。项羽到达城阳，田荣也领兵会战。田荣作战不利，逃到平原，平原民众杀了他。于是，项羽北进，烧毁、夷平齐国的城市房屋，全部坑杀了田荣的投降士兵，掳掠了齐国的老弱妇女。一直打到北海一带，所到之处都被摧残、毁灭。齐人聚集起来反叛项羽。这时，田荣的弟弟田横收集齐国的散兵，得几万人，在城阳反楚。项王因此停留下来，连战多次，没有攻下。

汉王统率五个诸侯国的军队，共五十六万人，东进攻打楚国。项王得知，就命令诸将攻打齐国，而且亲自率领精兵三万人南进，从鲁县出胡陵。汉军都已进入彭城，掳掠财货、珍宝和美人，每天备酒盛会。项王从西边的萧县发起攻击，早晨往东打到彭城，中午时分，大败汉军。汉军全线溃败，接连挤进穀水、泗水，杀汉兵十多万人。汉兵都向南逃亡到山地，楚军又追击到灵壁东南的睢水上。汉军退却，被楚军挤逼，死亡惨重。十多万人都掉进了睢水，睢水被堵而不流动。而汉王才得以带几十名骑兵逃走。事见《高帝纪》。太公、吕后从小道寻找汉王，反而碰上了楚军。楚军就把他们一起带回，项羽把他们安置在军营里。

汉王逐渐聚集各路败军，萧何也发动关中兵士齐赴荥阳，在荥阳南面的京邑、索亭之间作战，挫败了楚军。楚军因此不能越过荥阳西进。汉军驻扎荥阳，修筑甬道到黄河，靠它取得敖仓的粮食。汉高帝三年，项王多次侵夺汉军甬道，汉王缺粮，请求讲和，划分荥阳以西归汉。项王想听从讲和，历阳侯范增说："汉军容易对付了，现在不攻取，以后必定后悔。"项王就和范增急速包围荥阳。汉王忧虑，就给陈平四万两黄金来离间项王君臣关系。详情见《陈平传》。项王因此便怀疑范增,渐渐剥夺他的权力。范增大怒,说:"天下事大体已定,君王自己去干吧!希望您赐给我这把老骨头,回到家乡去!"项王应许了他。范增启程,还未到彭城,发背疮而死。于是,汉军将领纪信诈称汉王前去降楚,欺骗楚军,因此汉王得以与数十骑从西门逃出。汉王派周苛、枞公、魏豹把守荥阳。汉王向西入关集合部队,又往南跑到宛县、叶县,招得九江王英布,边行军,边收集逃散士兵。

这时,彭越渡过睢水,与项声、薛公在下邳交战,并杀死薛公。于是项羽向东攻打彭越。汉王也正率军进驻成皋。项羽打败彭越之后,便西进,攻取了荥阳,烹杀周苛,杀死枞公,俘获韩王信,然后率军围困成皋。汉王逃出了成皋,独自与滕公脱逃,北渡黄河,奔向修武,到达张耳、韩信军中。楚随即夺取了成皋,汉王掌握了韩信的部队便停住下来,派卢绾、刘贾渡过白马津,进入楚地,协助彭越在燕县城西击败楚军,烧毁了楚军积蓄的军需,攻占了梁地十几座城池。项羽听说后就对海春侯大司马曹咎等人说:"小心谨慎地守住成皋,即使汉军挑战,千万不要和他们交战,能够不让他们东进就行了。我十五天内一定杀掉彭越,平定梁地,再回来同将军们会合。"于是率兵东进。

汉王四年,项羽亲自率军去攻打陈留、外黄。外黄没能拿下,外黄人几天后才投降,项王发怒,命令所有十五岁以上的男子到城东,准备坑杀他们。外黄县令的家臣有个儿子,十三岁,前往劝说项王道:"彭越强迫劫持外黄人,外黄人恐惧,因此暂且投降,等待大王。大王到来,又全部坑杀,百姓难道会有归顺之心?从这里往东,梁地十多个城邑的人都恐惧,不肯投降了。"项王认为他的话有理,就赦免了要坑杀的外黄人。睢阳以东等地人,听到这个情况都争着归顺项王。

汉军果然多次向楚军挑战,楚军不出阵。汉军派人辱骂楚军,五六天后,大司马发怒,指挥部队渡汜水。士兵刚渡过半数,汉军出击,大败楚军,尽得楚军财物。大司马曹咎、长史董翳、塞王司马欣都在汜水边自刎了。大司马曹咎是前蕲县监狱官的办事员,长史司马欣也是前栎阳监狱官的办事员,两人曾经有恩于项梁,因此项王信任他们。这时,项王在睢阳,听说海春侯兵败,就领兵回转。汉军正在荥阳东面包围了钟离昧,项王来到,汉军畏惧楚军,全部奔往险要地带。项羽军也驻扎在广武县进行防守,于是做了一张高几案,把刘太公放在上面,通告汉王说:"如果不赶快投降,我就烹杀太公。"汉王说:"我与项王一起面向北接受怀王的命令,说是'结为兄弟',我的老爹就是你的老爹,定要烹杀你的老爹,那我盼你分给我一杯肉汤。"项王大怒,要杀太公。项伯说:"天下大事不可预料,况且争夺天下的人不顾全家,即使杀了他也没有好处,只会添祸罢了。"项王听从了他的话。项王便派人对汉王说:"天下纷纷扰扰几年,只是因为我们两个人罢了,希望与汉王挑战决一雌雄,别白白熬苦天下百姓老小啊!"汉王笑着谢绝道:"我宁肯斗智,不能斗力。"项王命令壮士出营挑战。汉军有善于骑马射箭的楼烦胡人,楚兵挑战三个回合,楼烦射手就射杀他们。项王大怒,于是亲自披甲持戟挑战。楼烦射手正要射箭,项王怒目呵斥,楼烦射手眼不敢看,手不敢发射,奔回营垒,再也不敢出来。汉王派人侧面打听,原来挑战的就是项王。汉王大吃一惊。这时项王就靠近汉王,互相面对广武涧对话,汉王列数项王十大罪状。事情记载在《高帝纪》。项王发怒,埋伏的弓箭手射中了汉王。汉王跑进成皋。

这时，彭越多次袭击梁地，断绝楚军粮食供给，还有韩信也攻占了齐国，并且将要进攻楚军。项羽派他的侄子项它为大将，龙且为副将，救援齐国。韩信击败并杀死龙且，追击败军到了成阳县，俘虏了齐王田广。韩信趁机自立为齐王。项羽听到这个消息，恐惧起来，便派武涉前往劝降韩信。事情记载在《韩信传》。

这时，关中派出的士兵大量增加，粮多，项王兵疲粮尽。汉王派遣侯公前往游说项王，项王就跟汉王订约：平分天下，划鸿沟以西的地方属汉国，鸿沟以东的地方属楚国，归还汉王的父母妻儿。约定，项羽收兵东归。汉王五年，汉军进兵追击项羽军，到达固陵县，又被项羽打败。汉王用张良计策，调集齐王韩信、建成侯彭越的部队，又让刘贾率兵入楚地，包围寿春。大司马周殷背叛楚国，率领九江全部士兵追随刘贾，迎接黥布，与齐国、梁国等诸侯全部汇合起来。

项王车队在垓下筑起营垒，兵少粮尽，汉军及诸侯兵重重包围楚军。晚上听到汉军四面都唱着楚歌，项王就大惊道："汉军都已经得到楚的土地了吗？为什么楚人这么多呢？"项王就连夜起来，在营帐中饮酒。有位美人名叫虞姬，经常受宠幸随从；有匹骏马名叫骓，经常骑它。这时项王慷慨悲歌，自己作诗吟唱道："力拔山兮气盖世，时不利兮骓不逝。骓不逝兮可奈何，虞兮虞兮奈若何！"歌唱了几遍，美人伴唱。项王泪下数行，侍从人员也都哭泣，不忍抬头观看。

这时，项王就上马，部下壮士骑马相随的有八百多人，当夜突围往南，飞马奔驰。天明，汉军才发觉，命令骑将灌婴率领五千骑兵追赶。项王渡过淮河，骑兵能跟得上的一百多人而已。项王到达阴陵，迷失了道路，问一个农夫，农夫骗他说："往左。"往左,便陷进了大沼泽地。因此汉军追上了。项王又领兵东奔,到达东城,只有二十八个骑兵了。汉军骑兵追赶的有几千人。项王自己料想不能逃脱,对他的骑兵们说:"我起兵到现在八年了,身经七十多次战斗,我对抗的敌人都要败亡,我打击的敌人都要降服,不曾败阵,这才霸有天下。然而今天终于困在这里,这是上天要灭亡我,并非作战的过错。今天一定决死,愿为诸君痛快一战,一定接连三次获胜,斩将,砍旗,然后战死。让诸君知道是上天要灭亡我,并不是作战的过错。"于是把他的人马分为四队,向四方冲杀而队形成园阵,兵器利刃都向外指。汉军已重重包围。项王对他的骑兵们说:"我为您斩他一将!"命令骑兵们四面奔驰而下,约定到山的东边分三处集合。于是项王大声呼喊奔驰而下,汉军都随之溃散,于是就斩杀了一员汉将。这时杨喜担任骑将,追击项王,项王回头怒目呵斥,杨喜的人马都受惊吓,退避好几里地。项王与骑士们分三处会合。汉军不知道项王在哪里,就分为三路,重新包围。项王继续奔驰,又斩杀一名汉军都尉,杀掉百把十人。又聚扰他的骑兵,仅损失两名而已。项王就问骑兵们道:"怎么样?"骑兵们都敬服地说:"正像您说的一样。"

这时,项王就想东渡乌江浦。乌江亭长停船靠岸等着他,对项王说:"江东虽小,土地纵横千里,民众几十万人,也足以称王了。希望大王急速渡江。现在只我有船,汉军来到,无船渡江。"项王笑着说:"上天要灭亡我,我渡江干什么呢?况且我和江东子弟八千人渡江西征,今没有一个人返回,纵使江东父老怜爱,以我为王,我有什么面目去见他们?纵便他们不说,难道我内心深处不感到惭愧吗?"于是对亭长说:"我知道您是一位厚道的人。我骑这匹马五年了,所向无敌,曾经一日行走千里，不忍杀掉，把它送给您吧！"于是命令骑兵下马步行，手持短兵器交战。仅项籍杀死的汉军就有几百人，项王身上也受伤十多处。回头看见汉军骑司马吕马童说："你不是我的熟人吗？"司马童面对项王，指给王翳说："这就是项王！"项王就说"我听说汉王悬赏千金买我的头，封邑万户。我给你们一些恩德吧！"就自刎而死。王翳取下项王头，其余骑兵互相践踏争夺项王躯体，相互残杀的几十个人。到最后，郎中骑将杨喜、骑司马吕马童、郎中吕胜和杨武各得项王一肢体。五人一起会合项王尸体，都对得上。因此划分封地为五份，每人各得一份，都封为列侯。

汉王按鲁公封号把项羽埋葬在谷城。项氏各支派都不诛杀。封项伯等四人为列侯，赐姓刘氏。

赞说：以前贾谊撰写《过秦论》说：

秦孝公依托崤山、函谷关那样牢固的天险，拥有雍州广大地区，君臣固守着自己的根据地，以窥探图取周朝的政权，有席卷天下、包举宇内、囊括全国的意志，并吞八方的决心。在此时，商鞅辅佐他，对内建立法令和制度，奖励耕织生产，整顿防守与作战的军备，对外实行连横而挑唆其他诸侯国互相争斗。于是秦人不费力而取得黄河以西大片土地。

秦孝公死后，惠文王、武王、昭王继承旧业，遵循先人遗策，南取汉中，西占巴蜀，向东割取诸侯肥沃的土地，夺得形势险要的州郡。诸侯各国深感惶恐不安，便结为同盟而图谋削弱秦国，他们不惜以珍贵物品、贵重宝货与肥沃土地，用以罗致天下人才。他们联合会盟共相一致抗秦。当此之时，齐国有孟尝君，赵国有平原君，楚国有春申君，魏国有信陵君，这四位贤人，都明智而讲忠信，宽厚而爱人、尊敬贤者而重视人才，各国联盟结约，会合了韩、魏、燕赵、宋、卫、中山等国军队。于是六国的才士有宁越、徐尚、苏秦、杜赫之流为之出谋划策；有齐明、周最、陈轸、邵滑、楼缓、翟景、苏厉、乐毅一班人奔走联络；吴起、孙膑、带他、倪良、王廖、田忌、廉颇、赵奢这辈人统率、训练军队。曾经以十倍于秦国的土地、百万大军，登上函谷关而进攻秦国。秦国打开关门迎击敌军，然而九国的军队却逃跑而不敢前进。秦国没有丢弃一根箭镞的耗费，诸侯各国就已疲惫不堪了。于是合纵瓦解，条约败毁，争相割让土地贿赂秦国。秦国便有充裕的力量来利用各诸侯国的弊端，追击逃散、驱逐败兵，战场上倒伏着百万尸体，流血把盾牌都漂浮起来了。凭借有利地势，利用方便时机，宰割整个天下，分裂各国领土，于是强者请求归附，国弱者入朝纳贡称臣。

延续到孝文王、庄襄王，他们在位的日子很短，国家没有发生大事。

继续到秦始皇，壮大了父祖六代的丰功伟业，挥动长鞭而驾驭着天下，并吞东西二周而灭亡诸侯各国，登上帝位而掌握着统治全国的大权，手持刑仗鞭笞国内臣民百姓，威力震慑四海。向南夺取百越地区，设立桂林郡、象郡，百越的君长们颈系绳索，俯首听命，任凭秦朝官吏驱使。又派蒙恬到北方修筑长城驻守边塞，逐退匈奴七百余里，胡人不敢南下踩躏中原，六国遗民也不敢兴兵作复仇的举动。于是，秦始皇就废弃先王治理国家的办法，焚毁诸子百家之书，以愚弄平民百姓。拆毁六国名城的防卫工事，杀死诸侯各国的豪杰英俊，收缴天下兵器集中于咸阳，销毁刀枪箭镞，铸造铜人十二个，以削弱天下人民的反抗。然后，据守华山作为城垣，凭借黄河作为防护的城壕，高据亿丈坚城，下临无底的深溪以作坚固屏障。良将强弩，防守着军事要冲之处，忠实臣子和精锐兵卒，装备着锋利的兵器、把守着关口而盘问着往来行人。天下已经平定，秦始皇的心里，自以为关中形势险固，有金城千里，这是子子孙孙相继称帝的万世基业。

秦始皇已死，余威仍然震慑于边远地区。然而，像陈涉住着瓮做窗户、绳拴门轴那样陋屋的穷汉，为人耕种的雇农，发配戍边的征夫，才能不及中等人，没有孔子、墨子的智慧，也没有陶朱、猗顿一样的财富。一旦投身到士兵行列，凌驾在千百小头目之上，带领疲惫乌合戍卒，统率几百人的队伍，掉转矛头而攻秦。他们斩削树木当兵器，高举竹竿当旗帜，天下百姓如风云一样聚会、回响那样应声。携带粮食，如影随形一样参加起义，殽山以东广大地区的豪杰之士同时起兵，因而灭亡了秦朝王室。再说秦的天下没有缩小变弱，雍州的地利和殽山、函谷关的险要坚固一如既往。陈涉的地位和威望，并没有齐、楚、燕、赵、韩、魏、宋、卫中的国君那么高；锄头、戟柄并不比钩戟和长矛更锋利；发配戍边的那几百人，远不如当年九国的军队那么强大；深谋远虑，行军与作战指挥的艺术，无法和以往的将帅媲美。然而成功失败不同变化，功业完全相反。为什么呢？试想使当年山东诸侯与陈胜量长短、测大小，比较权势，衡量实力，则不可能同日而语，相提并论。然而，秦国当年凭借区区地盘，发展为有万乘战车的强国，抑制其他八州而使诸侯都来朝拜，这中间经历了一百多年的时间，最后一统天下，以天地六合为私有，以殽山、函谷关为宫墙。可是，陈胜一人首先发难，而秦宗庙全被摧毁，秦皇帝二世、子婴被人杀死，为天下人耻笑，这是为什么呢？在于仁义政策不施，而攻取与守成的形势不同了。

周生曾说过："舜的眼睛有双瞳子"，又听说项羽也有双瞳子。项羽难道是舜的后裔吗？为什么这样突然兴趣呢？秦朝政令失误，陈涉首先发难，英雄豪杰蜂拥而起，互相争斗，数不胜数。可是项羽没有一点权势可依仗，却在民间乘势兴起，经历三年，就率领五国诸侯灭亡秦朝，分封领地，授给王侯爵位，政令由项羽发布，号称霸王，王位虽然没有善终，近古以来是没有出现过的。等到他背叛"先入关者称王关中"的盟约，怀念楚国东归，驱逐义帝而自称霸王，埋怨诸侯王们背叛自己，他的处境就艰难了。自夸战功，逞个人的智能而不效法古人，说什么霸王之业，要用武力征伐来经营天下，其结果是五年时间就亡国，死在东城，还不觉悟责备他自己，大错特错了。还竟然说："天要亡我，不是作战用兵的过错"，这岂不是十分荒谬吗？

汉书卷三十四

韩彭英卢吴传第四

韩　信

韩信，淮阴人也。家贫无行，不得推择为吏，又不能治生为商贾，常从人寄食。其母死无以葬，乃行营高燥地，令傍可置万家者。信从下乡南昌亭长食，亭长妻苦之，乃晨炊蓐食。食时信往，不为具食。信亦知其意，自绝去。至城下钓，有一漂母哀之，饭信，竟漂数十日。信谓漂母曰："吾必重报母。"母怒曰："大丈夫不能自食，吾哀王孙而进食，岂望报乎！"淮阴少年又侮信曰："虽长大，好带刀剑，怯耳。"众辱信曰："能死，刺我；不能，出胯下。"于是信孰视，俯出胯下。一市皆笑信，以为怯。

及项梁度淮，信乃杖剑从之，居戏下，无所知名。梁败，又属项羽，为郎中。信数以策干项羽，羽弗用。汉王之入蜀，信亡楚归汉，未得知名，为连敖。坐法当斩，其畴十三人皆已斩，至信，信乃仰视，适见滕公，曰："上不欲就天下乎？而斩壮士！"滕公奇其言，壮其貌，释弗斩。与语，大说之，言于汉王。汉王以为治粟都尉，上未奇之也。

数与萧何语，何奇之。至南郑，诸将道亡者数十人。信度何等已数言上，不我用，即亡。何闻信亡，不及以闻，自追之。人有言上曰："丞相何亡。"上怒，如失左右手。居一二日，何来谒。上且怒且喜，骂何曰："若亡，何也？"何曰："臣非敢亡，追亡者耳。"上曰："所追者谁也？"曰："韩信。"上复骂曰："：诸将亡者以十数，公无所追；追信，诈也。"何曰："诸将易得，至如信，国士无双。王必欲长王汉中，无所事信；必欲争天下，非信无可与计事者。顾王策安决。"王曰："吾亦欲东耳，安能郁郁久居此乎？"何曰："王计必东，能用信，信即留；不能用信，信终亡耳。"王曰："吾为公以为将。"何曰："虽为将，信不留。"王曰："以为大将。"何曰："幸甚。"于是王欲召信拜之。何曰："王素嫚无礼，今拜大将如召小儿，此乃信所以去也。王必欲拜之，择日斋戒，设坛场具礼，乃可。"王许之。诸将皆喜，人人各自以为得大将。至拜，乃韩信也，一军皆惊。

信已拜，上坐。王曰："丞相数言将军，将军何以教寡人计策？"信谢，因问王曰："今东乡争权天下，岂非项王邪？"上曰："然。"信曰："大王自料勇悍仁强孰与项王？"汉王默然良久，曰："弗如也。"信再拜贺曰："唯信亦以为大王弗如也。然臣尝事项王，请言项王为人也。项王意乌猝嗟，千人皆废，然不能任属贤将，此特匹夫之勇也。项王见人恭谨，言语姁姁，人有病疾，涕泣分食饮，至使人有功，当封爵，刻印刓，忍不能予，此所谓妇人之仁也。项王虽霸天下而臣诸侯，不居关中而都彭城；又背义帝约，而以亲爱王，诸侯不平。诸侯之见项王逐义帝江南，亦皆归逐其主，自王善地。项王所过亡不残灭，多怨百姓，百姓不附，特劫于威，强服耳。名虽为霸，实失天下心，故曰其强易弱。今大王诚能反其道，任天下武勇，何不诛！以天下城邑封功臣，何不服！以义兵从思东归之士，何不散！且三秦王为秦将，将秦子弟数岁，而所杀亡不可胜计，又欺其众降诸侯。至新安，项王诈坑秦降卒二十余万人，唯独邯、欣、翳脱。秦父兄怨此三人，痛于骨髓。今楚强以威王此三人，秦民莫爱也。大王之入武关，秋毫亡所害，除秦苛法，与民约，法三章耳，秦民亡不欲得大王王秦者。于诸侯之约，大王当王关中，关中民户知之。王失职之蜀，民亡不恨者。今王举而东，三秦可传檄而定也。"于是汉王大喜，自以为得信晚。遂听信计，部署诸将所击。

汉王举兵东出陈仓，定三秦。二年，出关，收魏、河南，韩、殷王皆降。令齐、赵共击楚彭城，汉兵败散而还。信复发兵与汉王会荥阳，复击破楚京、索间，以故楚不能西。

汉之败却彭城，塞王欣、翟王翳亡汉降楚，齐、赵、魏亦皆反，与楚和。汉王使郦生往说魏王豹，豹不听，乃以信为左丞相击魏。信问郦生："魏得毋用周叔为大将乎？"曰："柏直也。"信曰："竖子耳！"遂进兵击魏。魏盛兵蒲坂，塞临晋。信乃益为疑兵，陈船欲度临晋，而伏兵从夏阳以木罂缶度军，袭安邑。魏王豹惊，引兵迎信。信遂虏豹，定河东，使人请汉王："愿益兵三万人，臣请以北举燕、赵，东击齐，南绝楚之粮道，西与大王会于荥阳。"汉王与兵三万人，遣张耳与俱，进击赵、代。破代，禽夏说阏与。信之下魏、代，汉辄使人收其精兵，诣荥阳以距楚。

信、耳以兵数万，欲东下井陉击赵。赵王、成安君陈余闻汉且袭之，聚兵井陉口，号称二十万。广武君李左车说成安君曰："闻汉将韩信涉西河，虏魏王，禽夏说，新喋血阏与。今乃辅以张耳，议欲以下赵，此乘胜而去国远斗，其锋不可当。臣闻'千里馈粮，士有饥色；樵苏后爨，师不宿饱。'今井陉之道，车不得方轨，骑不得成列，行数百里，其势粮食必在后。愿足下假臣奇兵三万人，从间路绝其辎重；足下深沟高垒勿与战。彼前不得斗，退不得还，吾奇兵绝其后，野无所掠卤，不至十日，两将之头可致戏下。愿君留意臣之计，必不为二子所禽矣。"成安君，儒者，常称义兵不用诈谋奇计，谓曰："吾闻兵法'什则围之，倍则战。'今韩信兵号数万，其实不能，千里袭我，亦以罢矣。今如此避弗击，后有大者，何以距之？诸侯谓吾怯，而轻来伐我。"不听广武君策。

信使间人窥知其不用，还报，则大喜，乃敢引兵遂下。未至井陉口三十里，止舍。夜半传发，选轻骑二千人，人持一赤帜，从间道萆山而望赵军，戒曰："赵见我走，必空壁逐我，若疾入，拔赵帜，立汉帜。"令其裨将传餐，曰："今日破赵会食。"诸将皆莫然，阳应曰："诺。"信谓军吏曰："赵已先据便地壁，且彼未见大将旗鼓，未肯击前行，恐吾阻险而还。"乃使万人先行，出，背水阵。赵兵望见大笑。平旦，信建大将旗鼓，鼓行出井陉口，赵开壁击之，大战良久。于是信、张耳弃鼓旗，走水上军，复疾战。赵空壁争汉鼓旗，逐信、耳。信、耳已入水上军，军皆殊死战，不可败。信所出奇兵二千骑者，候赵空壁逐利，即驰入赵壁，皆拔赵旗帜，立汉赤帜二千。赵军已不能得信、耳等，欲还归壁，壁皆汉赤帜，大惊，以汉为皆已破赵王将矣，遂乱，遁走。赵将虽斩之，弗能禁。于是汉兵夹击，破虏赵军，斩成安君泜水上，禽赵王歇。

信乃令军毋斩广武君，有生得之者，购千金。顷之，有缚至戏下者，信解其缚，东乡坐，西乡对而师事之。

诸校效首虏休，皆贺，因问信曰："兵法有'右背山陵，前左水泽'，今者将军令臣等反背水阵，曰破赵会食，臣等不服。然竟以胜，此何术也？"信曰："此在兵法，顾诸君弗察耳。兵法不曰'陷之死地而后生，投之亡地而后存'乎？且信非得素拊循士大夫，经所谓'驱市人而战之'也，其势非置死地，人人自为战；今即予生地，皆走，宁尚得而用之乎！"诸将皆服曰："非所及也。"

于是问广武君曰："仆欲北攻燕，东伐齐，何若有功"广武君辞曰："臣闻'亡国之大夫不可以图存，败军之将不可以语勇。'若臣者，何足以权大事乎！"信曰："仆闻之，百里奚居虞而虞亡，之秦而秦伯，非愚于虞而智于秦也，用与不用，听与不听耳。向使成安君听子计，仆亦禽矣。仆委心归计，愿子勿辞。"广武君曰："臣闻'智者千虑，必有一失；愚者千虑，亦有一得。'故曰'狂夫之言，圣人择焉。'顾恐臣计未足用，愿效愚忠。故成安君有百战百胜之计，一旦而失之，军败鄗下，身死泜水上。今足下虏魏王，禽夏说，不旬朝破赵二十万众，诛成安君。名闻海内，威震诸侯，众庶莫不辍作息惰，靡衣偷食，倾耳以待命者。然而众劳卒罢，其实难用也。今足下举倦敝之兵，顿之燕坚城之下，情见力屈，欲战不拔，旷日持久，粮食单竭。若燕不破，齐必距境而以自强。二国相持，则刘、项之权未有所分也。臣愚，窃以为亦过矣。"信曰："然则何由？"广武君对曰："当今之计，不如按甲休兵，百里之内，牛、酒日至，以飨士大夫，北首燕路，然后发一乘之使，奉咫尺之书，以使燕，燕必不敢不听。从燕而东临齐，虽有智者，亦不知为齐计矣。如是，则天下事可图也。兵故有先声而后实者，此之谓也。"信曰："善。敬奉教。"于是用广武君策，发使燕，燕从风而靡。

乃遣使报汉，因请立张耳王赵以抚其国。汉王许之。

楚数使奇兵度河击赵，王耳、信往来救赵，因行定赵城邑，发卒佐汉。楚方急围汉王荥阳，汉王出，南之宛、叶，得九江王布，入成皋，楚复急围之。四年，汉王出成皋，度河，独与滕公从张耳军修武。至，宿传舍。晨自称汉使，驰入壁。张耳、韩信未起，即其卧，夺其印符，麾召诸将易置之。信、耳起，乃知独汉王来，大惊。汉王夺两人军，即令张耳备守赵地，拜信为相国，发赵兵未发者击齐。

信引兵东，未度平原，闻汉王使郦食其已说下齐。信欲止，蒯通说信令击齐。语在《通传》。信然其计，遂渡河，袭历下军，至临菑。齐王走高密，使使于楚请救。信已定临菑，东追至高密西。楚使龙且将，号称二十万，救齐。

齐王、龙且并军与信战，未合。或说龙且曰："汉兵远斗，穷寇久战，锋不可当也。齐、楚自居其地战，兵易败散。不如深壁，令齐王使其信臣招所亡城，城闻王在，楚来救，必反汉。汉二千里客居齐，齐城皆反之，其势无所得食，可毋战而降也"龙且曰："吾平生知韩信为人，易与耳。寄食于漂母，无资身之策；受辱于跨下，无兼人之勇，不足畏也。且救齐而降之，吾何功？今战而胜之，齐半可得，何为而止！"遂战，与信夹潍水阵。信乃夜令人为万余囊，盛沙以壅水上流，引兵半渡，击龙且。阳不胜，还走。龙且果喜曰："固知信怯。"遂追渡水。信使人决壅囊，水大至。龙且军太半不得渡，即急击，杀龙且。龙且水东军散走，齐王广亡去。信追北至城阳，虏文。楚卒皆降，遂平齐。

使人言汉王曰："齐夸诈多变，反复之国，南边楚，不为假王以填之，其势不定。今权轻，不足以安之，臣请自立为假王。"当是时，楚方急围汉王于荥阳，使者至，发书，汉王大怒，骂曰："吾困于此，旦暮望而来佐我，乃欲自立为王！"张良、陈平伏后蹑汉王足，因附耳语曰："汉方不利，宁能禁信之自王乎？不如因立，善遇之，使自为守。不然，变生。"汉王亦寤，因复骂曰："大丈夫定诸侯，即为真王耳，何以假为！"遣张良立信为齐王，征其兵使击楚。

楚以亡龙且，项王恐，使盱台人武涉往说信曰："足下何不反汉与楚？楚王与足下有旧故。且汉王不可必，身居项王掌握中数矣，然得脱，背约，复击项王，其不可亲信如此。今足下虽自以为与汉王为金石交，然终为汉王所禽矣。足下所以得须臾至今者，以项王在。项王即亡，次取足下。何不与楚连和，三分天下而王齐？今释此时，自必于汉王以击楚，且为智者固若此邪！"信谢曰："臣得事项王数年，官不过郎中，位不过执戟，言不听，画策不用，故背楚归汉。汉王授我上将军印、数万之众，解衣衣我，推食食我，言听计用，吾得至于此。夫人深亲信我，背之不祥。幸为信谢项王。"

武涉已去，蒯通知天下权在于信，深说以三分天下，鼎足而王。语在《通传》。信不忍背汉，又自以功大，汉王不夺我齐，遂不听。

汉王之败固陵，用张良计，征信将兵会陔下。项羽死，高祖袭夺信军，徙信为楚王，都不邳。

信至国，召所从食漂母，赐千金。及下乡亭长，钱百，曰："公，小人，为德不竟。"召辱己少年令出跨下者，以为中尉，告诸将相曰："此壮士也。方辱我时，宁不能死？死之无名，故忍而就此。"

项王亡将钟离眛家在伊庐，素与信善。项王败，眛亡归信。

汉怨眛，闻在楚，诏楚捕之。信初之国，行县邑，陈兵出入。有变告信欲反，书闻，上患之。用陈平谋，伪游于云梦者，实欲袭信，信弗知。高祖且至楚，信欲发兵，自度无罪；欲谒上，恐见禽。人或说信曰："斩眛谒上，上必喜，亡患。"信见眛计事，眛曰："汉所以不击取楚，以眛在。公若欲捕我处媚汉，吾今死，公随手亡矣。"乃骂信曰："公非长者！"卒自刭。信持其首谒于陈。高祖令武士缚信，载后车。信曰："果若人言，'狡兔死，良狗亨'。"上曰："人告公反。"遂械信。至雒阳，赦以为淮阴侯。

信知汉王畏恶其能，称疾不朝从。由此日怨望，居常鞅鞅，羞与绛、灌等列。尝过樊将军哙。哙趋拜送迎，言称臣，曰："大王乃肯临臣。"信出门，笑曰："生乃与哙等为伍！"

上尝从容与信言诸将能各有差。上问曰："如我，能将几何？"信曰："陛下不过能将十万。"上曰："如公何如？"曰："如臣，多多益办耳。"上笑曰："多多益办，何为为我禽？"信曰："陛下不能将兵，而善将将，此乃信之为陛下禽也。且陛下所谓天授，非人力也。"

后陈豨为代相监边，辞信，信挈其手，与步于庭数匝，仰天而叹曰："子可与言乎？吾欲与子有言。"豨因曰："唯将军命。"信曰："公之所居，天下精兵处也；而公，陛下之信幸臣也。人言公反，陛下必不信；再至，陛下乃疑；三至，必怒而自将。吾为公从中起，天下可图也。"陈豨素知其能，信之，曰："谨奉教！"

汉十年，豨果反，高帝自将而往，信称病不从。阴使人之豨所，而与家臣谋，夜诈赦诸官徒奴，欲发兵袭吕后、太子。部署已定，待豨报。其舍人得罪信，信囚，欲杀之。舍人弟上书变告信欲反状于吕后。吕后欲召,恐其党不就,乃与萧相国谋,诈令人从帝所来,称豨已破,群臣皆贺。相国绐信曰:"虽病,强入贺。"信入,吕后使武士缚信,斩之长乐钟室。信方斩,曰:"吾不用蒯通计,反为女子所诈,岂非天哉!"遂夷信三族。

高祖已破豨归,至,闻信死,且喜且哀之,问曰:"信死亦何言?"吕后道其语。高祖曰:"此齐辩士蒯通也。"召欲亨之。通至自说,释弗诛。语在《通传》。

译文:

韩信,淮阴县人。从小家庭贫穷,自己也没有好的品行,既不能被推选去做官,又不会做买卖以谋生,经常到别人家讨饭吃。他母亲死了,穷的无法安葬,就寻找了一块又高又干燥和四周宽敞的地方做坟地,使日后在坟旁能安置下千万户人家。韩信曾投靠下乡南昌亭长家吃饭,亭长的妻子讨厌他,一天清早起来,把饭做好,端在床上吃掉。到吃早饭的时候,韩信去了,没有给他准备饭食,韩信知道她的用意,从此离去不再往来。韩信曾到城下钓鱼,有一位老婆婆在漂洗丝棉絮,很怜悯他,给他饭吃。一连几十天都是这样,直到漂洗完毕。韩信感激地对老婆婆说:"我将来一定要重重地报答你!"老人听了很生气,说:"你一个大丈夫不能养活自己,我是可怜你这位年轻人,才给你饭吃,难道是想要你的报答吗!"淮阴城里有个青年欺侮韩信说:"你虽然个子长得高大,还爱好佩带刀剑,可实际上胆怯得很!"并当众污辱韩信说:"你要是不怕死,就用剑刺我;你要是怕死,就从我的胯下爬过去。"于是韩信盯着那个青年人仔细地看了看之后,弯下身子,从他的裤裆下爬了过去。满街上看热闹的人都耻笑韩信,让为他没有出息,是个胆小鬼。

当项梁率军渡过淮水北上时，韩信带着剑去投奔他，在项梁的部下，做一个无名小卒。项梁失败后，又归属于项羽，项羽让他做郎中。韩信屡次向项羽献计献策，项羽不予采纳，不重用他。汉王刘邦进入汉中，韩信从楚军逃出来投奔汉王。在汉军中依然默默无闻，当个粮仓管理员。后来因犯法被判处死罚，同案犯的十三人都已斩首，轮到韩信时，韩信抬头仰视，正好看见滕公是夏侯婴，就质问："汉王不是想统一天下吗？为什么要杀掉壮士？"滕公觉得韩信的话不同一般，又看他相貌长得很威武，就把他释放了。和韩信谈话后，十分高兴，向汉王报告了情况。汉王任命韩信为治粟都尉，并没有重用他。

韩信多次与萧何交谈，萧何很赏识他的才能。汉军到达国都南郑，将领中在半路上逃跑的有几十名。韩信考虑萧何等人已数次向汉王推荐过他，可还是得不到重用，便也逃走了。萧何一听说韩信逃走了，十分着急，来不及向汉王报告，就亲自去追赶。有人向汉王报告说："丞相萧何逃跑了。"汉王大怒，如同失去了左右手那样着急。过了两天，萧何来拜见汉王。汉王又是生气又是高兴，骂萧何道："你也逃跑，这是为什么？"萧何回答说："我哪里敢逃跑呢，我是去追赶逃跑的人。"汉王问："你追赶的是谁？"萧何回答说："是韩信。"汉王又骂道："诸将领中逃跑的已有数十人之多，你一个都没有去追回，唯独去追韩信，这是在骗人。"萧何说："那些一般的将领是容易得到的，至于像韩信这样杰出的人才，可以说是举世无双。大王你如果只想在汉中称王，那就没有什么事用得着韩信；如果一定要争夺天下，除了韩信，就再没有能和你商议大事的人了。这要看大王如何来决策。"汉王说："我是想要向东方发展，哪里能闷着气老待在这个地方呢？"萧何说："如果大王决计向东进军，能重用韩信，韩信就会留下来；如果不能重用韩信，韩信终究要逃跑的。"汉王说："我看在你的面子上，就让他做一名将领吧？"萧何说："即使让他做一名将领，韩信还是不会留下来的。"汉王说："那就任命他为大将。"萧何说："太好了！"于是汉王想要马上把韩信召来宣布对他的任命。萧何劝阻说："大王你一向待人傲慢，不讲礼节，如今任命大将就像呼唤小孩子一样，这就是韩信之所以要离开的原因。如果大王决心要任命他，应选择个吉祥日子，沐浴斋戒，设置高坛和广场，举行正式的封拜大将仪式，这样才行啊。"汉王答应了萧何的要求。各将领听说汉王要设坛拜大将都很高兴，人人都自以为要当大将了。等到封拜仪式举行时，才知道大将竟是韩信，全军上下都感到惊讶。

韩信接受封拜大将的仪式结束后，汉王坐下来问韩信说："丞相多次向我举荐将军，将军你有什么计策对我讲呢？"韩信表示谦让，乘机向汉王说："当今在东方能和大王夺天下的，难道不就是项王吗？"汉王说："当然是。"韩信说："大王你自己估计，在勇猛、强悍和兵力等方面与项王相比谁更强？"汉王沉默了好大一会，说："我不如项王。"韩信拜了两拜，赞同地说："我韩信也认为大王不如他。然而，我过去曾侍奉过项王，请让我谈谈项王的为人吧。项王怒喝一声，成百上千人都会吓得不敢动。但他不能任用有才能的将领，这只不过是一介匹夫的勇猛罢了。项王待人恭敬谦虚，言语温顺，有人生了病，会同情的落泪，把自己的饮食分给他吃，等到所任用的人立了功，应当加封爵位时，却把刻好的印信捏在手里，棱角都快磨光了还舍不得给人家，这就是所说的妇人的仁慈。项王虽然称霸天下，使诸侯臣服，但他不占据关中而定都彭城。又违背义帝对诸侯的约定，把他所亲信喜爱的人封为关中王，诸侯愤愤不平。诸侯看到项王把义帝驱逐到江南，也都回去驱逐自己原来的国君，占据富饶之地自立为王。项王军队所经过的地方，没有不遭到摧残、毁灭的，天下的百姓都怨恨他，内心并不愿意归附他，只不过是害怕他的威势，被迫服从罢了。名义上虽然他是天下的霸主，实际上早已失去了天下人心的。所以说他的貌似强大很容易变成衰弱。如今大王果真能够采取和项王完全相反的做法，任用天下英勇善战的人才，还有什么敌人不能被消灭！把天下的城邑分封给有功之臣，还有什么人会不心服呢！率领正义之师又顺从了将士东归的心愿，还有什么敌人打不垮呢！况且分封在秦地的三个王都是原秦军的将领，率领秦地人民的子弟打仗多年，被杀死和逃亡的不计其数。又欺骗他们的部下投降了项羽。到了新安，项王用狡诈的手段，活埋了秦军已投降的士兵二十余万人，唯独章邯、司马欣和董翳三人得以脱身。秦地的父老兄弟怨恨这三个人，恨入骨髓。如今西楚霸王依仗威势，强行分封这三人为王，秦地的人民不会爱戴他们的。大王率军进入武关后，纪律严明，秋毫无犯，废除秦朝的苛刻法令，和三秦关中人民约法三章，秦地人民没有不盼望大王到秦地做王的。按照义帝与诸侯的约定，大王本当是关中王，关中百姓都知道这件事。大王失去了应得的关中王爵位而被贬到汉中，关中人民没有不怨恨的。如今大王发兵东进，三秦王所属封地只要一封文书传下去就可以平定。"于是汉王十分高兴，自认为得到韩信太迟了，遂即按照韩信的计策，布置各位将领所攻击的目标。

汉王发兵经过陈仓向东进军，平定了三秦。汉二年，引兵出函谷关，收服了魏王和河南王，韩王、殷王也都投降。接着联合齐国、赵国的军队共同攻击楚都彭城，汉兵战败，溃散而还。韩信又发兵与汉王会师荥阳，进击楚的京县和索亭之间，大败楚军，因此，楚军不能西进。

汉军在彭城败退之后，塞王司马欣、翟王董翳从汉军逃跑出来，投降了楚军。齐国、赵国和魏国也都背叛汉王，与楚国讲和。汉王派郦食其游说魏王豹，魏豹不听，于是任命韩信为左丞相攻击魏国。韩信问郦生说："魏国能不用周叔为大将吗？"郦生回答说："大将是柏植。"韩信说："他不过是个小孩子。"遂进军攻打魏国。魏王把重兵部署在蒲坂，封锁临晋关。韩信就增设疑兵，摆开船只，佯装要从临晋渡过河去，而把隐蔽行进的伏兵，从夏阳用木制的瓮、盆浮水渡河，偷袭安邑。魏王魏豹大为惊恐，急忙领兵迎击韩信，韩信就俘虏了魏豹，平定了河东。之后，韩信派人求见汉王说："希望再增兵三万人，我请求乘胜北进，征服燕、赵两国，向东攻击齐国，向南断绝楚国的粮道，最后向西与大王会师荥阳。"汉王同意给韩信增兵三万，派张耳和韩信一起，向北攻打赵国和代国。打垮了代军，在阏与活捉了夏说。韩信攻取魏国和代国后，汉王就派人调回他的精锐部队，开到荥阳抗拒楚军。

韩信和张耳率领数万军队，想要东进拿下井陉关，攻打赵国。赵王和成安君陈余听说汉军将要来袭击赵，就集结重兵扼守井陉口，号称二十万。广武君李左车给成安君献计策说："我听说汉将韩信渡过西河，俘虏了魏王，后捉了夏说，刚刚血战阏与。现在又以张耳为辅助，计议要攻打赵国，这是乘胜而远离国土的战斗，进攻的锋芒锐不可当。但我听说'从千里之外运送军粮，士兵就会面有饥色；临时打柴割草来做饭，军队就经常不能吃饱。'如今井陉关口的道路狭窄，不能通过并行的两辆战车，骑兵不能排成行列行进，大部队行军前后数百里，那种形势下军粮一定是在部队的后面。希望你暂且借我精兵三万，从小路去拦截他们的辎重粮草。你要深挖战壕,高筑营垒,拒不迎战。他们向前进不能交战,向后退不能回去。我率奇袭部队截断他们的后路,使他们在野外抢掠不到任何粮食,不到十天,两位将领的首级就能送到你的帐前。希望你认真考虑我的计策,我保证你一定不会为二子所俘虏。"成安君是个书呆子,经常宣称正义的军队不使用诈谋诡计,说道:"我听说兵法上讲'兵力超过敌人十倍就可以包围他们,超过一倍就可以交战'。如今韩信的军队号称几万,其实没有那么多,且千里跋涉来袭击我们,也已精疲力竭了。现在对这样的敌人还退避不出击,以后如遇到更强大的敌人,我们怎样来抗拒呢?诸侯会认为我们胆怯,而轻易地来攻打我们。"因而他没有采纳广武君的计策。

韩信派暗探刺探到陈余不采用广武君的计策,回来报告,韩信大喜,才敢率军直下井陉关,离井陉口不到三十里的地方停下来宿营。半夜时传令出发,挑选了二千名轻装骑兵,每人拿一面红旗,从小道上山,荫蔽在山上观察赵军,告诫大家说:"赵军看到我军败退逃走,一定会倾巢出动追击我军,这时候你们火速冲进赵军营垒,拔掉赵军旗帜,插上汉军旗帜。"又让副将传令下去就地先吃点甘粮,告诉将领们说:"今日攻破赵国之后举行会餐!"将领们都不敢相信,假装答应:"是的。"韩信又对执事军官说:"赵军已先占据了有利的地形,扎下营寨,并且他们在没有看到我军大将的旗鼓时,是不会出来攻击我军的先锋部队,恐怕我们到了关隘的险要地方退了回去。"于是,韩信调遣了一万人先出发,出了井陉口,背靠河水摆开阵势。赵军望见这种阵势大笑起来。天亮后,韩信竖起大将的旗号,擂响战鼓,大张旗鼓地走出井陉口。赵军打开营垒,攻击汉军,激战了很长时间。这时,韩信和张耳假装不能支持,抛弃旗鼓急速逃入在水边列阵的军中，回头又进行激战。赵军果然倾巢出动争抢汉军的旗鼓，追赶韩信和张耳。韩信和张耳已进入河边的军阵，将士们都拼死决战，不可能被打败。韩信派出去的那二千轻骑兵部队，等到赵军倾巢出动争夺战利品的时候，就飞速冲进赵军营垒，全部拔掉赵军的旗帜，插上汉军的两千面红旗。赵军看到已不能取胜，捉不住韩信和张耳等人，想要退回营垒，发现营垒都是汉军红旗，大为惊慌，以为汉军都已打败了赵王和他的将领，阵势大乱，纷纷逃跑。赵军将领虽斩杀逃兵，但无法阻止。于是汉军前后夹击，大败赵军，俘虏大批人马，在泜水边斩了成安君陈余，活捉了赵王歇。

韩信传令军中，不得斩杀广武君，有谁能活捉到他，奖赏千金。不一会，就有人捆绑着广武君送到军营，韩信立即解开了他身上捆绑的绳索，请他面向东坐，自己面向西对坐，像对待老师那样对待他。

各将领献完首级和俘虏，都向韩信祝贺，乘机问韩信道："兵法上说'布列军阵右边和背后靠山，前面和左边靠水'，这次将军反而命令我们背水列阵，还说打败赵军会餐，我们心理都不信服。然而竟然胜利了，这是什么战术呢？"韩信说："这种列阵的兵法上是有的，只不过诸位没有留神看就是了。兵法上不是说'陷入死地而后苦战得生，处在绝境而后死战得存'吗？况且我韩信率领的并不是平素受到我长期训练而完全听从我指挥的将士，这就是兵书上所说的'临时驱赶着市民去打仗'，这种形势下，非把士兵置于死地，让他们人人自动为生存而奋勇作战不可；如果把军队部署在容易逃命的开阔地，都会不战而逃跑，怎么能用他们来克敌制胜呢！"将领们都佩服地说："将军这样高的谋略不是我们所能赶得上的。"

于是韩信问广武君道:"我想向北攻取燕国,向东讨伐齐国,你看怎样才能获得成功?"广武君谦让说:"我听说'亡了国的臣子是不配谋划国家的存亡,打了败仗的将领没有资格谈论勇敢'。像我这样一个兵败国亡的俘虏,哪里用得着商量大事呢?"韩信说:"我听说,百里奚在虞国而虞国灭亡,到了秦国而秦国称霸,并不是他在虞国时愚蠢而到了秦国就聪明了,而是在于国君用不用他,采纳不采纳他的意见。假使当初成安君听了你的计策,我韩信也早被你俘虏了。我完全听从你的计策,希望你不要推辞。"广武君说:"我听说'智者千虑必有一失;愚者千虑必有一得。'所以说'即使是狂人的话,圣人也可以有选择的采纳'。不过恐怕我的计策不一定值得听取,但我愿意向你奉献我的诚心。本来成安君有百战百胜的计策,然而一旦失策,军队在鄗城之下战败,自己也死于泜水之上。如今将军俘虏魏王,活捉夏说,不到一上午打垮赵军二十万,杀成安君。名扬天下,威震诸侯,连敌国的农夫都预感大军即到无不放弃耕作,心灰意懒,好吃好穿,侧起耳朵等待你下令进军的消息。然而,你的部队已经很疲惫,实际上难以继续作战。如今将军率领这样疲惫的士兵,困顿在燕国坚固的城池下面,实情暴露给敌人,声势削弱了,想要攻城攻不下,旷日持久,粮食耗尽。如果燕国攻不破,齐国必然拒守边境,使自己强大起来。汉军与燕、赵二国相持下去,那么刘邦和项羽两方的轻重就分不出来了。我的见识浅陋,但私下认为攻燕伐齐也是一种失策啊。"韩信说:"那该怎么办呢?"广武君回答说:"现在最好的办法,不如按兵不动。这样方圆百里之内,每天都有人送来牛肉美酒,宴请将领们,摆出向北进攻燕国的样子,然后派一名使者,拿着一封书信,到燕国去,燕国一定不敢不听,降服了燕国,大军东向逼近齐国,虽有聪明的人，也不知道该怎样替齐国谋划了。这样，争夺天下的事就可以实现了。用兵本来有先虚张声势后采取实际行动的，我所说的就是这种情况。"韩信说："很好，感谢你的赐教。"于是采用广武君的计策，派使者出使燕国，燕国听到消息立即投降。韩信即派人报告汉王，并因此请求立张耳为赵王，以镇抚赵国。汉王答应了他的请求。

楚国多次派突袭部队渡过黄河袭击赵国，赵王张耳和韩信往来救援，就在军队的过往中安定了赵国的城邑，后又调派军队去支援汉王。楚军正把汉王紧紧围困在荥阳，汉王突围出来，向南到宛县、叶县一带，收服了黥布，进入成皋，楚军又急忙包围了他们。汉四年，汉王逃出成皋，渡过黄河，独自与滕公投奔张耳军队的驻地修武县。到了修武，住在客馆里。第二天早晨，自称是汉王的使臣，骑马直入赵军营内。张耳和韩信还没有起床，汉王就在他们的卧室里夺取了他们的印信和兵符，用军旗召集将领，调换了他们的职位。韩信、张耳起来后，才知道汉王一个人来到营内，大吃一惊。汉王夺了两人的军队，就命令张耳防守赵地，任命韩信为相国，征发赵国没有调到荥阳去的军队攻打齐国。

韩信领兵东进，还没有渡过平原津，听说汉王已经派郦食其说服齐王归顺了。韩信想要停止前进，蒯通劝韩信继续进攻齐国，此事记载在《通传》。韩信认为他的计策是对的，就领兵渡过黄河，袭击齐国历下的军队，乘胜打到齐国都城临淄。齐王田广逃到高密，派使者到楚国请求援救。韩信平定了临淄，向东追赶齐王到高密西面。楚王也派龙且统帅兵马，号称二十万，援救齐国。

齐国田广和楚将龙且的军队联合起来准备和韩信大战，还未交锋。有人劝龙且说："汉兵远离本土作战，是久经战斗而没有退路的敌人,进攻的锋芒不可阻挡。齐、楚两军在自己的地域内作战,士兵容易逃散。不如深沟高垒,坚守不战,让齐王派他的亲信大臣去招抚丢失的城邑,这些城邑的人民听到齐王还在,楚军又来援救,一定会反叛汉军。汉军客居在二千里以外的齐国,齐国的城邑都反叛了他们,那种情况下必然没有地方得到粮食,可以不战而使汉军投降。"龙且说:"我向来了解韩信的为人,他是容易对付的。过去曾依靠漂洗丝棉絮的老婆婆吃饭,连养活自身的办法都没有;还当众受到过从人家胯下爬过去的侮辱,没有胜过他人的勇气,没有什么可怕的。况且我来援救齐国,不战而使韩信投降,那我还有什么功劳呢?如果通过交战而战胜了他,齐国一半土地就可以封给我,为什么不战!"于是决定交战,与韩信隔着潍水摆开阵势。韩信就连夜派人做了一万多个袋子,装满沙子堵住潍水的上游,带领一半部队渡过河袭击龙且。假装战败,往回跑。龙且果然高兴地说:"我本来就知道韩信很胆怯。"便渡潍水追击韩信。韩信派人挖开堵塞河水的沙袋,河水汹涌而下。龙且的部队大半不能渡过去,韩信立即猛烈截杀,杀死了龙且。龙且在潍水东岸的部队,四散逃走,齐王田广也逃跑了。韩信追击败兵到城阳,俘虏了齐王田广,楚军的士兵全部投降。就这样平定了齐国。

韩信派人向汉王上书说:"齐国狡诈多变,是个反复无常的国家,南边又靠近楚国,如果不设立一个代理国王来镇抚,那局势就不会稳定。现在我的权力太小,不足以安定齐地,我请求自立为代理齐王。"正当这个时候,楚军把汉王紧紧围困在荥阳,韩信的使者来到。汉王打开书信一看,大发雷霆,骂道:"我被围困在这里,日夜盼望你来辅助我,你竟要自立为王!"张良、陈平在后面暗中踩了一下汉王的脚,便凑近他的耳朵说:"汉军正处在不利的形势,怎么能够禁止韩信自己称王呢?不如就此机会立他为王,好好对待他,让他自己镇守齐国,不这样,就可能发生反叛的事变。"汉王也明白过来,又骂道:"大丈夫平定了诸侯,就应当做真王,为什么要做代理国王!"于是派张良前去,立韩信为齐王,征调他的部队攻打楚军。

楚国已丧失了大将龙且,项王恐惧,派盱眙人武涉前去游说齐王韩信说:"足下为什么不反叛汉王归附楚国呢?楚王与足下有旧的交情。况且汉王很不可信,他落在项王手里好几次,但他一脱身,就背弃盟约,又来进攻项王,他不可亲近和信任到了这种程度。为今足下虽然自认为与汉王有牢固的交情,但终究要被他擒拿的。足下所以能够延迟到今天,就是因为有项王还在。如果一旦项王被灭亡,就轮到收拾你了。为什么不和楚国联合,成为三分天下有其一的齐王呢?现在放过这个机会,自己必定要投靠汉王攻击楚国,作为一个聪明人,原来就是这样的吗?"韩信辞谢说:"我曾有机会侍奉项王多年,官不过是个郎中,职位不过是持戟的卫士,我进的言不听,献的计策不用,所以才背离楚国而归从汉国。汉王授予我上将军印信,让我统领数万人马,脱下自己衣服给我穿,把自己的食物分给我吃,听从我的意见,采纳我的计谋,所以我才能达到现在的地位。人家这样真诚的亲近和信任我,我背叛了人家,是不会有好结果的。希望你替我韩信辞谢项王。"

武涉走后,蒯通知道天下的定局关键在于韩信,进一步用三分天下鼎足而王的观点说服韩信。他的话记载在《通传》。韩信不忍心背叛汉王,又自认为功劳很大,汉王不会夺取自己的齐国,便不听蒯通的话。

汉王在固陵打了败仗,采用张良的计策,征召韩信率领部队到垓下会师。项羽死后,汉高祖用突然袭击的办法夺取了韩信的军权,改封齐王韩信为楚王,定都下邳。

韩信到了楚都,召见过去曾给他吃的那位漂母,赠送她一千金。还有下乡亭长,赠送他一百钱,说:"你是小人,做好事有始无终。"又召见曾经侮辱自己,叫自己从胯下爬过去的那个年轻人,任命他做楚国的中尉。韩信对各位将相说:"这是个壮士。当他侮辱我时,我难道不能杀死他吗?但杀死他没有名目,所以忍了下来,才达到今天这样的成就。"

项王的逃亡将领钟离眜,家住伊庐,向来和韩信友好。项王死后,他逃归韩信。汉王怨恨钟离眜,听说他在楚国,就下令楚国逮捕他。韩信刚到楚国时,巡行各县邑,进出都派军队警卫。有人上书告发楚王韩信谋反,看到告发信,汉高祖有些担忧。他采用陈平的计谋,名义上去游览云梦泽,其实是要袭击韩信,韩信不知道。高祖将要到达楚国时,韩信想起兵反叛,但考虑自己没有罪过;想朝见皇帝,又担心被擒拿。有人劝韩信说:"杀了钟离眜去朝见皇帝,皇帝一定高兴,就没有祸患了。"韩信去见钟离眜商量此事,钟离眜说:"汉王之所以不攻取楚国,是因为我钟离眜在你这里。你如果要捉拿我去讨好汉王,我今天死了,你也会跟着送命的。"于是骂韩信道:"你不是一个忠厚诚实的人!"终于自杀了。韩信拿着钟离眜的首级,到陈县朝见汉高祖,汉高祖命令武士把韩信捆绑起来,装在后面的车上。韩信说:"果然像人们所说的'狡猾的兔子死了,优良的猎狗就要遭烹杀'。"皇帝说:"有人告发你谋反。"就给韩信戴上刑具。到了洛阳,赦免了韩信的罪过,封他为淮阴侯。

韩信知道汉王害怕和嫉妒自己的才能,装病不去参加朝见和随从皇帝出行。从此每天都心怀怨恨,待在家里闷闷不乐,羞与绛侯、灌婴处于同等地位。曾去拜访樊哙将军,樊哙用小步行拜的礼节迎送,口称臣子,说:"大王竟肯光临臣下家门。"韩信出门后,笑着说:"我这一生竟和樊哙等人处在同等地位!"

皇帝曾经跟韩信在闲暇时谈论将领们的才能高下。皇帝问道:"像我这样,能带多少兵?"韩信说:"陛下不过能带十万。"皇帝问:"像你这样如何?"韩信说:"像我这样,越多越好。"皇帝笑着说:"越多越好,你为什么被我捉住了呢?"韩信说:"陛下不善于带兵,却善于驾驭将领,这就是我被陛下捉住的原因。况且陛下的权力是上天赐予的,不是一般人力所能达到的。"

后来陈豨被任命为代相国监边兵,向韩信辞行。韩信拉着陈豨的手,同他在庭院里来回踱步好几圈,仰天叹息说:"有话可以和你谈吗?有些话我想对你谈谈。"陈豨说:"一切听从将军的吩咐!"韩信说:"你所管辖的区域,是天下精兵聚集的地方,而你又是陛下所亲信宠爱的臣子。如果有人说你反叛,陛下必定不相信;这种话再次传来,陛下就会怀疑了;第三次传来,一定会大怒而亲自带兵讨伐。我为你从京城起兵做内应,天下就可以图谋了。"陈豨向来了解韩信的才能,相信他,说:"谨从指教!"

汉十年,陈豨果然反叛,高帝亲自带兵前往讨伐,韩信装病没有跟随。暗中派人到陈豨的住所。韩信就和家臣谋划,夜里假传诏令,赦免各官府的罪犯和奴隶,准备发兵袭击吕后、太子。部署停当,等待陈豨回报。他的一个家臣得罪了韩信,韩信把他囚禁起来,准备杀他。家臣的弟弟上书告变,向吕后告发韩信准备反叛的情况。吕后想把韩信召来,但恐怕他不肯就范,就与萧相国商议,派人假装从皇帝那里来,说陈狶已死了,群臣都要去朝贺。相国欺骗韩信说:"你虽然有病,还是勉强进宫去朝贺一下吧。"韩信一进宫,吕后便叫武士把韩信绑起来,把他斩在长乐宫的挂钟室。韩信在被斩时说:"我没有采用蒯通的计策,反为一妇人所欺骗,这难道不是天意吗!"于是诛灭韩信三族。

高祖镇压了陈狶的反叛后归来,到达京城,听说韩信已死,又是高兴又是怜悯,问道:"韩信临死前说了些什么?"吕后把韩信说的话讲了一遍。高祖说:"此人就是齐国的说客蒯通。"把蒯通召来要烹死他。蒯通到后自己作了解释,得到赦免没有被杀。此事记载在《蒯通传》。

汉书卷三十六

楚元王传第六

刘 向

向字子政,本名更生。年十二,以父德任为辇郎。既冠,以行修饬擢为谏大夫。是时,宣帝循武帝故事,招选名儒俊材置左右。更生以通达能属文辞,与王褒、张子侨等并进对,献赋颂凡数十篇。上复兴神仙方术之事,而淮南有《枕中鸿宝苑秘书》。书言神仙使鬼物为金之术,及邹衍重道延命方,世人莫见,而更生父德武帝时治淮南狱得其书。更生幼而读诵,以为奇,献之,言黄金可成。上令典尚方铸作事,费甚多,方不验。上乃下更生吏,吏劾更生铸伪黄金,系当死。更生兄阳城侯安民上书,入国户半,赎更生罪。上亦奇其材,得逾冬减死论。会初立《穀梁春秋》,征更生受《穀梁》,讲论《五经》于石渠。复拜为郎中给事黄门,迁散骑、谏大夫、给事中。元帝初即位,太傅萧望之为前将军,少傅周堪为诸吏光禄大夫,皆领尚书事,甚见尊任,更生年少于望之、堪,然二人重之,荐更生宗室忠直,明经有行,擢为散骑、宗正给事中,与侍中金敞拾遗于左右。四人同心辅政,患苦外戚许、史在位放纵,而中书宦官弘恭、石显弄权。望之、堪、更生议,欲白罢退之。未白而语泄,遂为许、史及恭、显所谮诉,堪、更生下狱,及望之皆免官。语在《望之传》。其春地震,夏,客星见昴、卷舌间。上感悟,下诏赐望之爵关内侯,奉朝请。秋,征堪、向,欲以为谏大夫,恭、显白皆为中郎。冬,地复震。时恭、显、许、史子弟侍中诸曹,皆侧目于望之等,更生惧焉,乃使其外亲上变事,言:

窃闻故前将军萧望之等,皆忠正无私,欲致大治,忤于贵戚尚书。今道路人闻望之等复进,以为且复见毁谗,必曰尝有过之臣不宜复用,是大不然。臣闻春秋地震,为在位执政太盛也,不为三独夫动,亦已明矣。且往者高皇帝时,季布有罪,至于夷灭,后赦以为将军,高后、孝文之间卒为名臣。孝武帝时,兒宽有重罪系,按道侯韩说谏曰:"前吾丘寿王死,陛下至今恨之;今杀宽,后将复大恨矣!"上感其言,遂贳宽,复用之,位至御史大夫,御史大夫未有及宽者也。又董仲舒坐私为灾异书,主父偃取奏之,下吏,罪至不道,幸蒙不诛,复为太中大夫、胶西相,以老病免归。汉有所欲兴,常有诏问。仲舒为世儒宗,定议有益天下。孝宣皇帝时,夏侯胜坐诽谤系狱三年,免为庶人。宣帝复用胜,至长信少府、太子太傅,名敢直言,天下美之。若乃群臣,多此比类,难一二记。有过之臣,无负国家,有益天下,此四臣者,足以观矣。

前弘恭奏望之等狱决,三月,地大震。恭移病出,后复视事,天阴雨雪。由是言之,地动殆为恭等。

臣愚以为宜退恭、显以章蔽善之罚,进望之等以通贤者之路。如此,太平之门开,灾异之原塞矣。

书奏，恭、显疑其更生所为，白请考奸诈。辞果服，遂逮更生系狱，下太傅韦玄成、谏大夫贡禹，与廷尉杂考。劾更生前为九卿，坐与望之、堪谋排车骑将军高、许、史氏侍中者，毁离亲戚，欲退去之，而独专权。为臣不忠，幸不伏诛，复蒙恩征用，不悔前过，而教令人言变事，诬罔不道。更生坐免为庶人。而望之亦坐使子上书自冤前事，恭、显白令诣狱置对。望之自杀。天子甚悼恨之，乃擢周堪为光禄勋，堪弟子张猛光禄大夫、给事中，大见信任。恭、显惮之，数谮毁焉。更生见堪、猛在位，几已得复进，惧其倾危，乃上封事谏曰：

臣前幸得以骨肉备九卿，奉法不谨，乃复蒙恩。窃见灾异并起，天地失常，征表为国。欲终不言，念忠臣虽在畎亩，犹不忘君，惓惓之义也。况重以骨肉之亲，又加以旧恩未报乎！欲竭愚诚，又恐越职，然惟二恩未报，忠臣之义，一杼愚意，退就农亩，死无所恨。

臣闻舜命九官，济济相让，和之至也。众贤和于朝，则万物和于野。故箫《韶》九成，而凤皇来仪；击石拊石，百兽率舞。四海之内，靡不和宁。及至周文，开基西郊，杂沓众贤，罔不肃和，崇推让之风，以销分争之讼。文王既没，周公思慕，歌咏文王之德，其《诗》曰："於穆清庙，肃雍显相；济济多士，秉文之德。"当此之时，武王、周公继政，朝臣和于内，万国欢于外，故尽得其欢心，以事其先祖。其《诗》曰："有来雍雍，至止肃肃，相维辟公，天子穆穆。"言四方皆以和来也。诸侯和于下，天应报于上，故《周颂》曰"降福穰穰"，又曰"饴我釐麰"，釐麰，〔大〕麦也，始自天降。此皆以和致和，获天助也。

下至幽、厉之际，朝廷不和，转相非怨，诗人疾而忧之曰："民之无良，相怨一方。"众小在位而从邪议，歙歙相是而背君子，故其《诗》曰"歙歙沘沘，亦孔之哀！谋之其臧，则具是违；谋之不臧，则具是达！"君子独处守正，不桡众枉，勉强以从王事则反见憎毒谗诉，故其《诗》曰："密勿从事，不敢告劳，无罪无辜，谗口嗷嗷！"当是之时，日月薄蚀而无光，其《诗》曰："朔日辛卯，日有蚀之，亦孔之丑！"又曰："彼月而微，此日而微，今此下民，亦孔之哀！"又曰："日月鞠凶，不用其行；四国无政，不用其良！"天变见于上，地变动于下，水泉沸腾，山谷易处。其《诗》曰："百川沸腾，山冢卒崩，高岸为谷，深谷为陵。哀今之人，胡憯莫惩！"霜降失节，不以其时，其《诗》曰："正月繁霜，我心忧伤；民之讹言，亦孔之将！"言民以是为非，甚众大也。此皆不和，贤不肖易位之所致也。

自此之后，天下大乱，篡杀殃祸并作，厉王奔彘，幽王见杀。至乎平王末年，鲁隐之始即位也，周大夫祭伯乖离不和，出奔于鲁，而《春秋》为讳，不言来奔，伤其祸殃自此始也。是后尹氏世卿而专恣，诸侯背畔而不朝，周室卑微。二百四十二年之间，日食三十六，地震五，山陵崩阤二，彗星三见，夜常星不见，夜中星陨如雨一，火灾十四。长狄入三国，五石陨坠，六鹢退飞，多麋，有蜮、蜚，鸲鹆来巢者，皆一见。昼冥晦。雨木冰。李梅冬实。七月霜降，草木不死。八月杀菽。大雨雹。雨雪雷霆失序相乘。水、旱、饥、螽、蝝、螟蜂午并起。当是时，祸乱辄应，弑君三十六，亡国五十二，诸侯奔走，不得保其社稷者，不可胜数也。周室多祸：晋败其师于贸戎；伐其郊；郑伤桓王；戎执其使；卫侯朔召不住，齐逆命而助朔；五大夫争权，三君更立，莫能正理。遂至陵夷不能复兴。

由此观之，和气致祥，乖气致异；祥多者其国安，异众者其国危，天地之常经，古今之通义也。今陛下开三代之业，招文学之士，优游宽容，使得并进。今贤不肖浑淆，白黑不分，邪正杂糅，忠谗并进。章交公车，人满北军。朝臣舛午，胶戾乖刺，更相谗诉，转相是非。傅授增加，交书纷纠，前后错缪，毁与浑乱。所以营或耳目，感移心意，不可胜载。分曹为党，往往群朋，将同心以陷正臣。正臣进者，治之表也；正臣陷者，乱之机也。乘治乱之机，未知孰任，而灾异数见，此臣所以寒心者也。夫乘权借势之人，子弟鳞集于朝，羽翼阴附者众，辐凑于前，毁与将必用，以终乖离之咎。是以日月无光，雪霜夏陨，海水沸出，陵谷易处，列星失行，皆怨气之所致也。夫遵衰周之轨迹，循诗人之所刺，而欲以成太平，致雅颂，犹却行而求及前人也。初元以来六年矣，案《春秋》六年之中，灾异未有稠如今者也。夫有《春秋》之异，无孔子之救，犹不能解纷，况甚于《春秋》乎？

原其所以然者，谗邪并进也。谗邪之所以并进者，由上多疑心，既已用贤人而行善政，如或谮之，则贤人退而善政还。夫执狐疑之心者，来谗贼之口；持不断之意者，开群枉之门。谗邪进则众贤退，群枉盛则正士消。故《易》有"否"、"泰"。小人道长，君子道消，君子道消，则政日乱，故为"否"。否者，闭而乱也。君子道长，小人道消，小人道消，则政日治，故为"泰"。泰者，通而治也。《诗》又云"雨雪麃麃，见晛聿消"，与《易》同义。昔者鲧、共工、骧兜与舜、禹杂处尧朝，周公与管、蔡并居周位，当是时，迭进相毁，流言相谤，岂可胜道哉！帝尧、成王能贤舜、禹、周公而消共工、管、蔡，故以大治，荣华至今。孔子与季、孟偕仕于鲁，李斯与叔孙俱宦于秦，定公、始皇贤季、孟、李斯而消孔子、叔孙，故以大乱，污辱至今。故治乱荣辱之端，在所信任；信任既贤，在于坚固而不移。《诗》云"我心匪石，不可转也"，言守善笃也。《易》曰"涣汗其大号"，言号令如汗，汗出而不反者也。今出善令，未能逾时而反，是反汗也；用贤未能三旬而退，是转石也。《论语》曰："见不善如探汤。"今二府奏佞谄不当在位，历年而不去。做出令则如反汗，用贤则如转石，去佞则如拔山，如此望阴阳之调，不亦难乎！

是以群小窥见间隙，缘饰文字，巧言丑诋，流言飞文，哗于民间。故《诗》云："忧心悄悄，愠于群小。"小人成群，诚足愠也。昔孔子与颜渊、子贡更相称誉，不为朋党；禹、稷与皋陶传相汲引，不为比周。何则？忠于为国，无邪心也。故贤人在上位，则引其类而聚之于朝，《易》曰"飞龙在天，大人聚也"；在下位，则思与其类俱进，《易》曰"拔茅茹以其汇，征吉"。在上则引其类，在下则推其类，故汤用伊尹，不仁者远，而众贤至，类相致也。今佞邪与贤臣并在交戟之内，合党共谋，违善依恶，歙歙泚泚，数设危险之言，欲以倾移主上。如忽然用之，此天地之所以先戒，灾异之所以重至者也。

自古明圣，未有无诛而治者也，故舜有四放之罚，而孔子有两观之诛，然后圣化可得而行也。今以陛下明知，诚深思天地之心，迹察两观之诛，览"否"、"泰"之卦，观雨雪之诗，历周、唐之所进以为法，原秦、鲁之所消以为戒，考祥应之福，省灾异之祸，以揆当世之变，放远佞邪之党，坏散险诐之聚，杜闭群枉之门，广开众正之路，决断狐疑，分别犹豫，使是非炳然可知，则百异消灭，而众祥并至，太平之基，万世之利也。

臣幸得托肺附，诚见阴阳不调，不敢不通所闻。窃推《春秋》灾异，以效今事一二，条其所以，不宜宣泄。臣谨重封昧死上。

恭、显见其书，愈与许、史比而怨更生等。堪性公方，自见孤立，遂直道而不曲。是岁夏寒，日青无光，恭、显及许、史皆言堪、猛用事之咎。上内重堪，又患众口之浸润，无所取信。时长安令杨兴以材能幸，常称誉堪。上欲以为助，乃见问兴："朝臣断断不可光禄勋，何邪？"兴者，倾巧士，谓上疑堪，因顺指曰："堪非独不可于朝廷，自州里亦不可也。臣见众人闻堪前与刘更生等谋毁骨肉，以为当诛，故臣前言堪不可诛伤，为国养恩也。"上曰："然此何罪而诛？今宜奈何？"兴曰："臣愚以为可赐爵关内侯，食邑三百户，勿令典事。明主不失师傅之恩，此最策之得者也。"上于是疑。会城门校尉诸葛丰亦言堪、猛短，上因发怒免丰。语在其传。又曰："丰言堪、猛贞信不立，朕闵而不治，又惜其材能未有所效，其左迁堪为河东太守，猛槐里令。"

显等专权日甚。后三岁余，孝宣庙阙灾，其晦，日有蚀之。于是上召诸前言日变在堪、猛者责问，皆稽首谢。乃因下诏曰："河东太守堪，先帝贤之，命而傅朕。资质淑茂，道术通明，论议正直，秉心有常，发愤悃愊，信有忧国之心。以不能阿尊事贵，孤特寡助，抑厌遂退，卒不克明。往者众臣见异，不务自修，深惟其故，而反暗昧说天，托咎此人。朕不得已，出而试之，以彰其材。堪出之后，大变仍臻，众亦嘿然。堪治未期年，而三老官属有识之士咏颂其美，使者过郡，靡人不称。此固足以彰先帝之知人，而朕有以自明也。俗人乃造端作基，非议诋欺，或引幽隐，非所宜明，意疑以类，欲以陷之，朕亦不取也。朕迫于俗，不得专心，乃者天著大异，朕甚惧焉。今堪年衰岁暮，恐不得自信，排于异人，将安究之哉？其征堪诣行在所。"拜为光禄大夫，秩中二千石，领尚书事。猛复为太中大夫给事中。显干尚书〔事〕，尚书五人，皆其党也。堪希得见，常因显白事，事决显口。会堪疾喑，不能言而卒。显诬谮猛，令自杀于公车。更生伤之，乃著《疾谗》、《摘要》、《救危》及《世颂》，凡八篇，依兴古事，悼己及同类也。遂废十余年。

成帝即位，显等伏辜，更生乃复进用，更名向。向以故九卿召拜为中郎，使领护三辅都水。数奏封事，迁光禄大夫。是时，帝元舅阳平侯王凤为大将军，秉政，倚太后，专国权，兄弟七人皆封为列侯。时数有大异，向以为外戚贵盛，凤兄弟用事之咎。而上方精于《诗》《书》，观古文，诏向领校中《五经》秘书。向见《尚书·洪范》，箕子为武王陈五行阴阳休咎之应。向乃集合上古以来历春秋六国至秦、汉符瑞灾异之记，推迹行事，连传祸福，著其占验，比类相从，各有条目，凡十一篇，号曰《洪范五行传论》，奏之。天子心知向忠精，故为凤兄弟起此论也，然终不能夺王氏权。

久之，营起昌陵，数年不成，复还归延陵，制度泰奢。向上疏谏曰：

臣闻《易》曰："安不忘危，存不忘亡，是以身安而国家可保也。"故贤圣之君，博观终始，穷极事情，而是非分明。王者必通三统，明天命所授者博，非独一姓也。孔子论《诗》，至于"殷士肤敏，裸将于京"，喟然叹曰："大哉天命！"善不可不传于子孙，是以富贵无常；不如是，则王公其何以戒慎，民萌何以劝勉？"盖伤微子之事周，而痛殷之亡也。虽有尧、舜之圣，不能化丹朱之子；虽有禹、汤之德，不能训末孙之桀、纣。自古及今，未有不亡之国也。昔高皇帝既灭秦，将都雒阳，感寤刘敬之言，自以德不及周，而贤于秦，遂徙都关中，依周之德，因秦之阻。世之长短，以德为效，故常战栗，不敢讳亡。孔子所谓"富贵无常"，盖谓此也。

孝文皇帝居霸陵，北临厕，意凄怆悲怀，顾谓群臣曰："嗟乎！以北山石为椁，用纻絮斫陈漆其间，岂可动哉！"张释之进曰："使其中有可欲，虽锢南山犹有隙；使其中无可欲，虽无石椁，又何戚焉？"夫死者无终极，而国家有废兴，故释之之言，为无穷计也。孝文寤焉，遂薄葬，不起山坟。

《易》曰："古之葬者，厚衣之以薪，臧之中野，不封不树。后世圣人易之以棺椁。"棺椁之作，自黄帝始。黄帝葬于桥山，尧葬济阴，丘垄皆小，葬具甚微。舜葬苍梧，二妃不从。禹葬会稽，不改其列。殷汤无葬处。文、武、周公葬于毕，秦穆公葬于雍橐泉宫祈年馆下，樗里子葬于武库，皆无丘陇之处。此圣帝明王贤君智士远览独虑无穷之计也。其贤臣孝子亦承命顺意而薄葬之，此诚奉安君父，忠孝之至也。

夫周公，武王弟也，葬兄甚微。孔子葬母于防，称古墓而不坟，曰："丘，东西南北之人也，不可不识也。"为四尺坟，遇雨而崩。弟子修之，以告孔子，孔子流涕曰："吾闻之，古者不修墓。"盖非之也。延陵季子适齐而反，其子死，葬于嬴、博之间，穿不及泉，敛以时服，封坟掩坎，其高可隐，而号曰："骨肉归复于土，命也，魂气则无不之也。"夫嬴、博去吴千有余里，季子不归葬。孔子往观曰："延陵季子于礼合矣。"故仲尼孝子，而延陵慈父，舜、禹忠臣，周公弟弟，其葬君亲骨肉，皆微薄矣；非苟为俭，诚便于体也。宋桓司马为石椁，仲尼曰"不如速朽。"秦相吕不韦集知略之士而造《春秋》，亦言薄葬之义，皆明于事〔情〕者也。

逮至吴王阖闾，违礼厚葬，十有余年，越人发之。及秦惠文、武、昭、〔孝文、〕严襄五王，皆大作丘陇，多其瘞臧，咸尽发掘暴露，甚足悲也。秦始皇帝葬于骊山之阿，下锢三泉，上崇山坟，其高五十余丈，周回五里有余；石椁为游馆，人膏为灯烛，水银为江海，黄金为凫雁。珍宝之臧，机械之变，棺椁之丽，宫馆之盛，不可胜原。又多杀宫人，生埋工匠，计以万数。天下苦其役而反之，骊山之作未成，而周章百万之师至其下矣。项籍燔其宫室营宇，往者咸见发掘。其后牧儿亡羊，羊入其凿，牧者持火照求羊，失火烧其臧椁。自古至今，葬未有盛如始皇者也，数年之间，外被项籍之灾，内离牧竖之祸，岂不哀哉！

是故德弥厚者葬弥薄，知愈深者葬愈微。无德寡知，其葬愈厚，丘陇弥高，宫庙甚丽，发掘必速。由是观之，明暗之效，葬之吉凶，昭然可见矣。周德既衰而奢侈，宣王贤而中兴，更为俭宫室，小寝庙。诗人美之，《斯干》之诗是也，上章道宫室之如制，下章言子孙之众多也。及鲁严公刻饰宗庙，多筑台囿，后嗣再绝，《春秋》刺焉。周宣如彼而昌，鲁、秦如此而绝，是则奢俭之得失也。

陛下即位，躬亲节俭，始营初陵，其制约小，天下莫不称贤明。及徙昌陵，增埤为高，积土为山，发民坟墓，积以万数，营起邑居，期日迫卒，功费大万百余。死者恨于下，生者愁于上，怨气感动阴阳，因之以饥馑，物故流离以十万数，臣甚愍焉。以死者为有知，发人之墓，其害多矣；若其无知，又安用大？谋之贤知则不说，以示众庶则苦之；若苟以说愚夫淫侈之人，又何为哉！陛下仁慈笃美甚厚，聪明疏达盖世，宜弘汉家之德，崇刘氏之美，光昭五帝、三王，而顾与暴秦乱君竞为奢侈，比方丘垅，说愚夫之目，隆一时之观，违贤知之心，亡万世之安，臣窃为陛下羞之。唯陛下上览明圣黄帝、尧、舜、禹、汤、文、武、周公、仲尼之制，下观贤知穆公、延陵、樗里、张释之之意。孝文皇帝去坟薄葬，以俭安神，可以为则；秦昭、始皇增山厚臧，以侈生害，足以为戒。初陵之橅，宜从公卿大臣之议，以息众庶。

书奏，上甚感向言，而不能从其计。

向睹俗弥奢淫，而赵、卫之属起微贱，逾礼制。向以为王教由内及外，自近者始。故采取《诗》《书》所载贤妃贞妇，兴国显家可法则，及孽嬖乱亡者，序次为《列女传》，凡八篇，以戒天子。及采传记行事，著《新序》《说苑》凡五十篇奏之。数上疏言得失，陈法戒。书数十上，以助观览，补遗阙。上虽不能尽用，然内嘉其言，常嗟叹之。

时上无继嗣，政由王氏出，灾异浸甚。向雅奇陈汤智谋，与相亲友，独谓汤曰："灾异如此，而外家日盛，其渐必危刘氏。吾幸得同姓末属，累世蒙汉厚恩，身为宗室遗老，历事三主。上以我先帝旧臣，每进见常加优礼，吾而不言，孰当言者？"向遂上封事极谏曰：

臣闻人君莫不欲安，然而常危；莫不欲存，然而常亡：失御臣之术也。夫大臣操权柄，持国政，未有不为害者也。昔晋有六卿，齐有田、崔，卫有孙、甯，鲁有季、孟，常掌国事，世执朝柄。终后田氏取齐；六卿分晋；崔杼弑其君光；孙林父、甯殖出其君衎，弑其君剽；季氏八佾舞于庭，三家者以《雍》彻，并专国政，卒逐昭公。周大夫尹氏管朝事，浊乱王室，子朝、子猛更立，连年乃定。故经曰"王室乱"，又曰"君氏杀王子克"，甚之也。《春秋》举成败，录祸福，如此类甚众，皆阴盛而阳微，下失臣道之所致也。故《书》曰："臣之有作威作福，害于而家，凶于而国。"孔子曰"禄去公室，政逮大夫"，危亡之兆。秦昭王舅穰侯及泾阳、叶阳君专国擅势，上假太后之威，三人者权重于昭王，家富于秦国，国甚危殆，赖寤范雎之言，而秦复存。二世委任赵高，专权自恣，壅蔽大臣，终有阎乐望夷之祸，秦遂以亡。近事不远，即汉所代也。

汉兴，诸吕无道，擅相尊王。吕产、吕禄席太后之宠，据将相之位，兼南北军之众，拥梁、赵王之尊，骄盈无厌，欲危刘氏。赖忠正大臣绛侯、朱虚侯等竭诚尽节以诛灭之，然后刘氏复安。今王氏一姓乘朱轮华毂者二十三人，青紫貂蝉充盈幄内，鱼鳞左右。大将军秉事用权，五侯骄奢僭盛，并作威福，击断自恣，行污而寄治，身私而托公，依东宫之尊，假甥舅之亲，以为威重。尚书、九卿、州牧、郡守皆出其门，管执枢机，朋党比周。称誉者登进，忤恨者诛伤；游谈者助之说，执政者为之言。排摈宗室，孤弱公族，其有智能者，尤非毁而不进。远绝宗室之任，不令得给事朝省，恐其与己分权；数称燕王、盖主以疑上心，避讳吕、霍而弗肯称。内有管、蔡之萌，外假周公之论，兄弟据重，宗族磐互。历上古至秦、汉，外戚僭贵未有如王氏者也。虽周皇甫、秦穰侯、汉武安、吕、霍、上官之属，皆不及也。

物盛必有非常之变先见，为其人微象。孝昭帝时，冠石立于泰山，仆柳起于上林。而孝宣帝即位，今王氏先祖坟墓在济南者，其梓柱生枝叶，扶疏上出屋，根垂地中，虽立石起柳，无以过此之明也。事势不两大，王氏与刘氏亦且不并立，如下有泰山之安，则上有累卵之危。陛下为人子孙，守持宗庙，而令国祚移于外亲,降为皁隶,纵不为身,奈宗庙何!妇人内夫家,外父母家,此亦非皇太后之福也。孝宣皇帝不与舅平昌、乐昌侯权,所以安全之也。

夫时者起福于无形,销患于未然。宜发明诏,吐德音,援近宗室,亲而纳信,黜远外戚,毋授以政,皆罢令就第,以则效先帝之所行,厚安外戚,全其宗族,诚东宫之意,外家之福也。王氏永存,保其爵禄,刘氏长安,不失社稷,所以褒睦外内之姓,子子孙孙无疆之计也。如不行此策,田氏复见于今,六卿必起于汉,为后嗣忧,昭昭甚明,不可不深图,不可不蚤虑。《易》曰:"君不密,则失臣;臣不密,则失身;几事不密,则害成。"唯陛下深留圣思,审固几密,览往事之戒,以折中取信,居万安之实,用保宗庙,久承皇太后,天下幸甚。

书奏,天子召见向,叹息悲伤其意,谓曰:"君且休矣,吾将思之。"以向为中垒校尉。

向为人简易无威仪,廉靖乐道,不交接世俗,专积思于经术,昼诵书传,夜观星宿,或不寐达旦。元延中,星孛东井,蜀郡岷山崩雍江。向恶此异,语在《五行志》。怀不能已,复上奏,其辞曰:

臣闻帝舜戒伯禹,毋若丹朱敖;周公戒成王,毋若殷王纣。《诗》曰:"殷监不远,在夏后之世",亦言汤以桀为戒也。圣帝明王常以败乱自戒,不讳废兴,故臣敢极陈其愚,唯陛下留神察焉。

谨案春秋二百四十二年,日食三十六,襄公尤数,率三岁五月有奇而壹食。汉兴讫竟宁,孝景帝尤数,率三岁一月而一食。

臣向前数言日当食，今连三年比食。自建始以来，二十岁间而八食，率二岁六月而一发，古今罕有。异有小大希稠，占有舒疾缓急，而圣人所以断疑也。《易》曰："观乎天文，以察时变。"昔孔子对鲁哀公，并言夏桀、殷纣暴虐天下，故历失则摄提失方，孟陬无纪，此皆易姓之变也。秦始皇之末至二世时，日月薄食，山陵沦亡，辰星出于四孟，太白经天而行，无云而雷，枉矢夜光，荧惑袭月，孽火烧宫，野禽戏廷，都门内崩，长人见临洮，石陨于东郡，星孛大角，大角以亡。观孔子之言，考暴秦之异，天命信可畏也。

及项籍之败，亦孛大角。汉之入秦，五星聚于东井，得天下之象也。孝惠时，有雨血，日食于冲，灭光星见之异。孝昭时，有泰山卧石自立，上林僵柳复起，大星如月西行，众星随之，此为特异。孝宣兴起之表，天狗夹汉而西，久阴不雨者二十余日，昌邑不终之异也。皆著于《汉纪》。观秦、汉之易世，览惠、昭之无后，察昌邑之不终，视孝宣之绍起，天之去就，岂不昭昭然哉！高宗、成王亦有雊雉拔木之变，能思其故，故高宗有百年之福，成王有复风之报。神明之应，应若景响，世所同闻也。

臣幸得托末属，诚见陛下有宽明之德，冀销大异，而兴高宗、成王之声，以崇刘氏，故狼狠数奸死亡之诛。今日食尤屡，星孛东井，摄提炎及紫官，有识长老莫不震动，此变之大者也。其事难一二记，故《易》曰"书不尽言，言不尽意"，是以设卦指爻，而复说义。《书》曰"伻来以图"，天文难以相晓，臣虽图上，犹须口说，然后可知，愿赐清燕之闲，指图陈状。

上辄入之，然终不能用也。向每召见，数言："公族者国之枝叶，枝叶落则本根无所庇荫；方今同姓疏远，母党专政，禄去公室，权在外家，非所以强汉宗、卑私门、保守社稷、安固后嗣也。"

向自见得信于上，故常显讼宗室，讥刺王氏及在位大臣，其言多痛切，发于至诚。上数欲用向为九卿，辄不为王氏居位者及丞相御史所持，故终不迁。居列大夫官前后三十余年，年七十二卒。卒后十三岁而王氏代汉。

向三子皆好学：长子伋，以《易》教授，官至郡守；中子赐，九卿丞，蚤卒；少子歆，最知名。

译文：

刘向，字子政，本名更生。年十二，靠父亲的保任当了辇郎。到了成年加冠，作了调整，擢升为谏大夫，这时，汉宣帝遵循汉武帝的做法，招选有杰出才能的儒生安置在左右。更生因为明白事理和擅长写文章，与王褒、张子侨等人一起进见皇上，回答他的问题，更生献上赋颂总共几十篇。皇上又信奉神仙方术这样的事，而淮南有《枕中鸿宝苑秘书》。书中说到神仙使鬼物变成金的办法，以及邹衍的重道延命方，社会上没有人知道，而更生的父亲刘德在汉武帝时审理淮南的案子时得到这部书。更生年幼时读过，以为神奇，把它献给皇上，说黄金可铸成，皇上命令主管制作器物的尚方来铸造，花费很多，药方不灵验。于是，皇上把更生交法官审讯，官吏揭发更生假铸黄金的罪行，逮捕他，应当处死。更生做阳城侯的哥哥刘安民上书皇上，愿把属于自己的封户的一半交给国家，来为更生赎罪，皇上也珍视这个人才，才得到过了冬天减免死罪的判决。正巧，《穀梁春秋》刚刚立于学官，征召更生学习《穀梁》，在石渠阁讲论《五经》。又任命更生做郎中给事黄门，迁散骑谏大夫给事中。汉元帝刚刚即位，太博萧望之当前将军，少傅周堪当诸吏光禄大夫，都统领尚书的事务，非常受人尊敬和信任。更生年纪比萧望之、周堪小，但这两人看重他，说他是皇室子弟又忠厚耿直，通晓经书有德行，提拔他做散骑宗正给事中，与侍中金敞在皇上身边纠正皇上的过失。四人同心协力，辅助朝政，怨恨外戚许氏、史氏在位为所欲为，中书宦官弘恭、石显玩弄权术。萧望之、周堪、更生商议，想禀告皇上罢免斥退他们。还没有禀告这些话就被泄露了，于是遭到许氏、史氏以及弘恭、石显的陷害诽谤，周堪、更生被捕下狱，和萧望之一起都被免了官。说的话在《萧望之传》。这一年春天地震，夏天，一颗忽隐忽现的星星出现在昴星和卷舌星之间。皇上有所感悟，下令赏赐萧望之关内侯的爵位，给他奉朝请的名义。秋天，征召周堪、更生，想让他们做谏大夫，弘恭、石显等人阻挠，最后二人都做中郎。冬天，又地震。这时，弘恭、石显、许氏、史氏的子弟和侍中这些人，都愤恨地看着萧望之等人，更生害怕了，就让他的外亲献上论述非常之事的文书，说：

我私下里听说前任前将国萧望之等人，都忠正无私，想致力于天下大治，冒犯了主上的内外亲族和尚书。如今道路上的人听说萧望之等人又出来做官，以为又要被诋毁诽谤，一定会说曾犯错误的大臣不应该再任用，这太不应该。我听说春季秋季地震是因为在位执掌政权的人太强盛，不是因为三位普通人才动，也已经很明白了。并且过去在高皇帝时，季布有罪，以至于要被诛灭，后来宽大他让他当了将军，在高后和汉文帝之间最终成为名臣。汉武帝时，倪宽有重罪要被拘捕，按道侯韩说进谏说："先前吾丘寿王死了，陛下至今还懊悔；今天杀了倪宽，以后将会更大地懊悔啊！"武帝被这话深深打动，于是宽恕了倪宽，又重用他，倪宽做到御史大夫，御史大夫中没有能比得上倪宽的。另外，董仲舒犯了私自写谈论灾异的书的罪行，主父偃禀报给皇上，把董仲舒交给法官审讯罪行达到"不道"，幸而没有被杀死，才又做了太中大夫，胶西相，最后因为年老免官回家。汉朝想要改定典章制度，常常让董仲舒来回答皇上的问题。董仲舒被社会上的儒生当作宗师。他参与审定讨论有益于天下。汉宣帝时，夏侯胜因犯诽谤罪被捕下狱。三年后赦免为平民百姓。宣帝又任用夏侯胜，让他做到长信少府，太子太傅，他有敢直言的名声，天下人赞美他。像这样一些臣子，按此类推，难以一一记述。犯了错误的臣子，没有背弃国家，有益天下，从这四位大臣身上可以看出来了。

先前弘恭上奏萧望之等人的案件判决，过三个月，发生大地震，弘恭移书称病离开官府，后又任职，天阴下了雪。由此来说，地震的发生恐怕是因为弘恭等人。

我愚笨地认为应该斥退弘恭、石显以表明对蒙蔽善良的惩罚，重用萧望之等人以打通求取贤才的路子。这样做，太平的大门打开了，灾异的根源堵死了。

文书上奏后，弘恭、石显怀疑是更生所为，奏请皇上要查出奸诈之人。得到批准，于是逮捕更生把他投入监狱，命令太傅韦玄成、谏大夫贡禹，与廷尉一起来审查。揭发更生过去做九卿时，犯有与萧望之、周堪密谋排挤车骑将军高氏和侍中许氏、史氏的罪行，诋毁离间亲戚，想辞职离去，却又独自专权。为臣不忠，幸而没有被处死，又承蒙皇上的恩德征召任用，不但不悔改以前的错误，还教人去说非常之事，以不实之词欺骗人，大逆不道。刘向被罢免为庶人。而萧望之也犯有让儿子上书雪冤的罪行，弘恭、石显奏请皇上让他到法庭对辞。萧望之自杀了。皇上非常惋惜懊悔，于是提拔周堪做光禄勋，周堪的弟子张猛做光禄大夫给事中，大大地被信任。弘恭、石显害怕了，多次诽谤诋毁他们。更生见周堪、张猛在官位上，希望自己得到再次任用，但害怕再次倒台，于是呈上密封的奏章进谏说：

我先前有幸能够做到九卿，但遵守法纪不严格，才又蒙您的恩典。我见自然灾害和怪异的自然现象一起发生。天地失去了常态，应验表现出来是因为国家。想最终也不说，但考虑到忠臣即使在山间田野，还不忘记自己的君主，还想尽拳拳忠心。何况我看重我的骨肉之亲，又加上您过去给予我的恩德还没有报答呢？我想竭尽我愚笨的诚意，又害怕超过了职分，然而想到二重恩情没有报答，忠臣之义，是想一下子抒发自己愚笨的心意，然后退耕农田，死而无憾。

我听说虞舜命令手下的九个大官，友好地相互谦让，相处极为和睦。众位贤人在朝廷和睦相处，那么万民在民间和睦相处。所以尧用箫吹奏《韶》乐九次，才招来凤凰；击钟鸣磬，百兽才相率来舞。四海之内，没有不和谐安宁的。等到到了周文王，受命建立周王朝，聚集众多贤才，去除不恭敬，崇尚举荐谦让的风气，以消除纷争。文王去世以后，周公思念他，作歌赞美文王的德行，其中《诗经》说："文王有清静的教化，恭敬而且和睦，他的光辉闪现；众多贤士都来执行文王的品德。"正当这个时候，武王、周公接着统治天下，朝廷中大臣相处和谐，社会上万民欢悦，所以尽得欢心，来侍奉先祖。《诗经》说："和蔼的宾客们来了，在宗庙上肃然助祭，这些助祭的人是诸侯王。这时,天子庄严肃穆。"说的是四方的诸侯和蔼地到来。诸侯之和在下,天应表现在上,所以《周颂》说:"幸福纷纷降临",又说:"遗给我们大小麦种"。牟麰,就是麦子,这时候从天上降下来了。这就是因为和而导致和,获得上天的帮助了。

以后到了幽王、厉王时期,朝廷不和,转而互相非议埋怨,诗人痛心而担忧地说:"一个人存心不良,只知道理怨对方。"众多小人在职位上而想的是奸邪的事情,朋比为奸,背离君子的品行,所以《诗经》说:"吹吹捧捧而互相攻击,真是莫大的悲哀!凡是良谋善策都一一严加拒绝,凡是阴谋诡计,都一一付诸实践。"君子独立不屈,守住正气,不被众邪所压制,勉强为君主效力却反被憎恶毒害和诽谤排挤,所以《诗经》说:"我尽心职守,不敢炫耀自己的功劳。既无罪过也无错误,却猛烈地来诽谤我!"正在这时,日月相掩蚀而没有光辉,所以《诗经》说:"初一是辛卯日,这一天发生日食,它把丑恶现象暴露无遗。"又说:"不久前还发生过日食,今天又是日食了,当今的老百姓啊,悲哀痛苦日甚一日!"还说:"日食月食预示凶兆,它脱离运行的常轨;天下政治举措失当,是因为不用贤良!"天变表现在上,地变表现在下,泉水沸腾起来,山谷改变位置。《诗经》说:"江河如沸水奔腾,山巅瞬间崩溃,高岸下陷变为深谷,深谷崛起变为山陵。可怜现在的人啊,为什么无动于衷!"霜降不按节令,气候失调,《诗经》说:"夏历四月还寒霜正浓,引起我忧心忡忡;老百姓的流言蜚语,不胫而走甚嚣尘上!"说老百姓以是为非,祸患大了。这都是由于不和,贤人在下,不肖居上导致的结果。

从此以后,天下大乱,弑君夺位的灾祸一起发生,厉王逃到彘,幽王被杀。到了平王末年,鲁隐公开始即位,周朝的大夫祭伯抵触不和，逃到鲁国，然而《春秋》讳言，不说逃走，这样做是哀伤灾祸从此开始了。这以后尹氏世代官至卿位，专横跋扈，诸侯们背叛而不来朝见，周王室衰微了。从鲁隐公元年到鲁哀公十四年这二百四十二年之间，日食三十六次，地震五次，山陵崩塌二次，彗星出现三次，夜晚，常见的星星没有出现，但到夜中，星星陨落如雨一次，火灾十四次。长狄侵入齐鲁晋三国，五石从天上落下，六鹢退飞，麋增多，有蜮、蜚、鹳鹆来巢，都出现一次。白天昏暗不明。水气在树上结成冰。李树、梅树冬天结果实。七月霜降，草木不死。八月下霜杀菽。下大冰雹。下大雪，打大雷，不合时令地交替出现。水灾、旱灾、饥荒、螽害、螽害、螟害纷纷发生。正当这时，祸乱就应时而生，弑杀君主三十六个，灭国五十二个，诸侯出逃，不能够保住江山的，不可胜数。周王室灾祸很多：晋军在贸戎打败了周王朝的军队；晋军攻打郊城；郑伯射伤桓王；戎人挟持周王朝的使臣；卫侯朔征召不来，齐国违背命令去帮助他；五大夫争权；三个国家的国君改立，不能合乎正理。于是，周王朝到了逐步衰微不能复兴的境地。

由此看来，和气致祥，乖气招来怪异；祥和多国家就安定，怪异多国家就危急，这是天下的常规，古今适用的道理。如今陛下开创三代的伟业，招揽有才学的人，悠闲自得，宽厚能容人，使事业能够齐头并进。而今贤良和不肖之人混淆，黑白不分，奸邪和公正杂糅，忠言和谗言混合。奏章交给公车，认为不合法的人充斥北军。朝臣意志不和，各相违背，相互毁谤，搬弄是非。传授增加，文书纷乱纠缠，前后错谬，评价混乱。至于躲避、迷惑圣听，感化、转移注意力的事，不可一一记述。分辈结党，朋比为奸，一心陷害正直的大臣。忠正的臣子被重用，这是治的标志；忠正的臣子被陷害，这是乱的预兆。乘着治乱之机，不知谁被任用,而自然灾害和怪异现象多次出现,这是我所以失望而痛心的原因。凭借权势的人,他们的弟子像鱼鳞一样集中在朝廷中,党羽和荫附的人众多,如同车辐归向车毂一样,逸佞之人毁誉得进,忠贤被斥。因此日月没有光辉,雪霜夏天降下,海水沸腾而出,山陵、河谷改变位置,各星光失去常轨,这些都是怨怨之气导致的。遵照衰微的周朝的路子,循着诗人的讥刺,而想达到太平盛世,如同倒着行走而求及前人。初元以来已经六年了,考察《春秋》六年之中,灾异没有像今天这么多的。有《春秋》中记载的怪异现象,没有孔子的解救,还不能消除纷乱,何况比《春秋》的记载更厉害呢?

原来,造成这样的原因,是由于邪恶的人同样受到重用。邪恶的人之所以被重用,是由于皇上疑心多,既然已经任用贤人而推行良好的政治了,如果有人诬陷,那么贤人就退出,良好的政治也就随之消失。怀有狐疑之心,就会招来说谗言之口;抱有不作决断的意思,就会打开群邪之门。邪恶进那么众贤退,群邪增多那么正直之士减少。所以《易经》和《否》《泰》篇。小人道长,君子道消,君子道消,那么政治就一天天混乱,所以叫否。否,就是闭塞而混乱。君子道长,小人道消,小人道消,那么政治一天天太平起来。泰,就是畅通而太平。《诗经》又说:"大雪纷飞,一见太阳就融化",与《易经》意思相同。过去鲧、共工、驩兜与虞舜、大禹在尧统治的朝廷共同相处,周公与管、蔡一起在周王朝做官,在这时,交替进用,互相诽谤,流言相谤,这一切难道能够说得完吗?帝尧、周成王能够尊重舜、禹、周公而轻视共工、管、蔡,所以天下大治,荣华至今。孔子与季孙、孟孙一起在鲁国做官,李斯与叔孙通一起在秦朝任职,鲁定公、秦始皇尊重季孙、孟孙、李斯而轻视孔子、叔孙通,所以天下大乱，污辱至今。因此，治乱和荣辱的起源，在于信任；信任已经是尊重了，重要的在于坚定不改变。《诗经》说："我心不是石头，不能任人转动。"说是守善坚定。《易经》说："大王涣然发号施令。如同出汗。"说发号令如同出汗，汗出来了就不能返回去。今天发出了善令，不能超过三个月就变了，这是反汗；任用贤能三十天就斥退，这是转动石头。《论语》说："遇到邪恶，使劲避开，好像将手伸到沸水里。"如今丞相、御史二府上奏谄媚之人不应当在位，可是过几年而不走开。所以说发出命令就如同反汗，任用贤良就如同转动石头，除去奸佞就如同举山，如此期望阴阳的调节，不也太难了吗？

因此众小人窥见空隙，便修饰文辞，巧言诋毁，流言飞语，散布民间。所以《诗经》说："忧心忡忡，因为惹怒了众小人。"小人成群，实在叫人气愤。过去孔子与颜渊、子贡互相称誉，不结成朋党；禹、稷与皋陶互相提拔，不结伙营私。为什么呢？是因为他们忠心为国，没有邪心。所以贤能之人在高位上，就引荐同样贤良的人汇集到朝廷，《易经》说："圣王在正位，临驾四方，那么贤能之人都来了"；在低位上，就想着与自己同样的人一起上进，《易经》说："拔起茅草，根系相系，这是同质汇聚并出，往前进发可获吉祥。"在上就提拔与自己相同的人，在下就推荐与自己相同的人，所以商汤用伊尹，疏远不仁之人，而众贤才到来，这是品质相同所导致的。现在邪恶之人也贤臣一同在宫廷之内，结党谋划，违背善良，依从邪恶，既吹吹捧捧又相互攻击，多次放出危险的话，想改换主上。如此不经意地任用这些人，这就是天地之所以要先警惕，灾异之所以要加重到来的原因。

自古以来圣明的人，没有不杀人而统治得好的。因此，舜有过四次流放他人的惩罚,而孔子有在两观斩杀少正卯的历史,这样做以后,圣明的教化能够得到推行。现在凭着陛下的圣明和智慧,好好地思考一下天地变化的意旨,追寻余迹考察在两观的斩杀,阅览《否》《泰》两卦,观看下雪之诗,逐一观察周文王、唐尧怎么进用人才,以此为方法,思考秦朝、鲁国摈弃人才的根源,以此为警诫,考察吉利应验的幸福,看看自然灾害和怪异现象带来的祸患,以思度当世的变化,放逐和疏远佞邪之徒。破坏和拆散邪诣不正的汇聚,堵死众邪之门,广开众正之路,决断不要狐疑,分辨不要犹豫,使是非明白可知,那么诸多怪异就会消灭,而众多吉利就会一起到来,这是太平的基础,万世的利益。

我有幸能够托付肺腑之言,足见阴阳不调节,不敢不说出所听到的。我推演《春秋》的灾异,来解救今事的有一二条,分条列举原因,不应该宣泄。我谨慎地密封冒死呈上。

弘恭、石显看到这封信,越发地与许氏、史氏勾结而怨恨更生等人。周堪性情正直大方,自己看到被孤立,就耿直而不迎合。这年夏天寒冷,太阳蓝蓝的没有光芒,弘恭、石显以及许氏、史氏都说这是周堪、张猛当权的罪过。皇上暗中重用周堪,又担心众口渐渐渗透浸染,没有什么可取信的。这时候,长安令杨兴靠才能被宠幸,他常常称誉周堪。皇上想让周堪来辅助自己,于是问杨兴说:"朝臣们忿嫉光禄勋,说他不能胜任,为什么呢?"杨兴是会看风行事的人,认为皇上怀疑周堪,就顺势说:"周堪不独是不能胜任朝廷之职,在州里也不行。我见众人听说周堪过去与更生等谋划诽谤您的至亲,认为应当斩杀,所以我过去说周堪不能责备伤害,原因是为国家保住恩德。"皇上说:"可是这以什么罪名来惩罚?现在应该怎么办?"杨兴说:

"我愚笨地认为可以赐给他关门侯,食邑三百户,不要让他主管政事。圣明的主上不舍弃师傅的恩情,这是谋略中最上乘的。"于是,皇上怀疑这件事。正好城门校尉诸葛丰也说周堪、张猛的不是,皇上因此发怒免了诸葛丰的官。这些话在诸葛丰的传记中。皇上说:"诸葛丰说周堪、张猛没有言行一致和讲信用的信誉,朕忧伤而没有惩处他,我惋惜他的才能没有取得成效,让他降职做河东太守,张猛做槐里令。"

石显等人专权日益厉害。以后的三年多,汉宣帝庙门的立柱发生火灾,这个月的最后一天,出现日食。于是皇上召集几位过去说太阳的变化在于周堪、张猛的人责问,这几人都叩头道歉。于是,皇上下诏说:"河东太守周堪,先帝敬重他,命令他教导朕。他资质善美,道德学术通晓明白,观点正直,思想稳定,发愤至诚,忠正有忧国之心。因为不能迎合、侍奉权贵,孤立无援,缺少帮助,受压抑,于是就退让,最终不能弄明白。过去众臣看到灾异,不致力于自我修养,仔细考虑其中的原因,反而愚昧地说上天,把罪过推到周堪身上。朕没有善罢甘休,让他离开朝廷任职,以表彰他的才能。周堪离开朝廷以后,大灾异仍然出现,众人也就缄默不语了。周堪治理河东不满一年,三老、官府的属吏和有识之士都咏颂他的美德,使者过河东郡,没有人不称赞他的。这足以显示先帝知人善任,朕能够英明决断。于是,鄙俗之人制造事端从中作梗,非议诋毁,有人想让他退官陷居,这不是我所应当表明的,有意怀疑他的品行,想陷害他,朕也没有采纳。朕迫于世俗,不得一心一意,往日上天显露大的怪异现象,朕非常害怕。如今周堪年岁已高,恐怕不能自己说明,被关系疏远的人排挤,将怎么来了结这件事?"于是任命周堪做光禄大夫,俸禄中二千石,统领尚书事务。张猛又做太中大夫给事中。石显管尚书事，尚书五个人，都是他的党羽。周堪很少能够看到，由于石显常常向皇上禀报事情，事情多由石显决定。适逢周堪得了哑病，不能说话而去世了。石显诬陷张猛，使他在公车自杀了。刘更生哀伤他，就写了《疾谗》《摘要》《救危》以及《世颂》，总共八篇文章，用古人旧事来作比喻，悲悼自己以及品行相同的人。于是十多年没有做官。

汉成帝即位，石显等人服罪，刘更生才被提拔任用，改名刘向。刘向以过去做过九卿的身份征召任命为中郎，让他统率三辅都水。多次上奏密封的文书，迁任光禄大夫。这时成帝的大舅舅阳平侯王凤做大将军，执掌政权，依仗太后，独揽国家大权，兄弟七人都封为列侯。这时多次有大灾异，刘向认为是外戚权势太重，王凤兄弟任职的罪过。而皇上正精心于《诗》《书》，阅读古文，下令刘向主持校勘皇家藏书。刘向看到《尚书》的《洪范》篇，箕子为周武王讲阴阳五行的吉凶应验。刘向就集中上古以来经过春秋、六国到秦、汉有关吉兆、灾异的记载，推究经过的事情，加上对祸福的解释，写出占卜的应验，合乎旧例的相从，各自列出条目，总共十一篇，取名叫《洪范五行传论》，上奏皇上。皇上心里知道刘向忠心耿耿，所以才为王凤兄弟之事写了这部论著，可是，终究不能夺去王氏的大权。

过了很久，建造昌陵，几年没有建成，又回到延陵，制度骄纵奢侈。刘向上疏进谏说：

我知道《易经》说："安居而不忘倾危，生存而不忘灭亡，这样自身就可常安国家可以永保。"所以贤圣的君主，广泛考察事情的终始，穷究事实的真相，而做到是非分明。做君主的必须精通三统,明白按上天的旨意授官的人很多,不仅仅是一姓人。孔子议论《诗经》,到了"殷朝臣子非常有美德而敏感,在周京灌酒助祭",叹息说:"最大的是天命,好的不可以不传给子孙后代,所以富贵无常;不这样,那么天子凭什么戒备小心,民众无知凭什么劝告勉励呢?"大概是哀伤微子侍奉周王朝,而悲痛殷商的灭亡。即使有唐尧、虞舜的圣明,也不能教化丹朱的儿子;即使有大禹、商汤的品德,也不能训导作为末代子孙的夏桀、商纣。从古到今,没有不被灭亡的国家。过去高皇帝已经灭了秦国,将要定都洛阳,感悟刘敬的话,自以为德行不如周朝,而比秦朝贤明,于是迁都关中,依靠周朝的德行,依凭秦朝地势的险要。统治的长短,以德行为征验,所以我常常胆战心惊,不敢顾忌说到灭亡。孔子所谓"富贵无常",大概说的就是这个意思。

汉文帝将葬于霸陵,北面临水,便暗自凄怆悲怀,而对群臣说:"唉!以北山的石头为棺椁,用纻麻絮做丧服,放漆到中间,这难道还能移动吗?"张释之接着说:"墓中多藏金玉厚葬,即使是铸塞在南山也有间隙;不置器而薄葬,即使没有石头棺材,又何必忧戚呢?"死了的人无终无极,而国家有废有兴,所以张释之的话,是为长久考虑啊。汉文帝醒悟了,于是就薄葬,不修像山一样的坟冢。

《易经》说:"古时埋葬死者,积薪掩埋,藏在荒野之中,不建坟冢。后世圣人改用棺椁。"棺椁的制作,从黄帝开始。黄帝葬在桥山,尧葬在济阴,坟头都很小,随葬的器物也很少。舜葬在苍梧,二妃不同意。禹葬在会稽,不改变山川田亩的样子。商汤没有葬埋的地方。文王、武王、周公葬在毕,秦穆公葬在雍橐泉宫祈年馆下,樗里子葬在武库,都没有坟冢。这是圣帝、明王、贤君、智士深谋远虑的长久之计。他们的贤臣、孝子也接受命令顺从旨意而薄葬他们,这实在是恭敬安置君王、父亲,尽忠尽孝啊。

周公,是武王的弟弟,安葬哥哥非常微薄。孔子在防安葬母亲,声言古代修墓而不建坟,说:"我是东奔西走的人,不在本邦,墓不得不做点标记。"建了四尺高的坟,遇到下雨倒塌了。弟子修建它,并告诉孔子,孔子流着泪说:"我听说了,古代是不修墓的。"大概不是这样。延陵季子去齐国返回,他的儿子死了,葬在嬴邑、博邑之间,挖掘墓穴不到地下水,入殓穿上当时的衣服,掩埋封坟,坟高到人站立时到手肘的高度,延陵季子哭着说:"亲人埋到土里,这是命啊,魂气就没有不是这样啊。"嬴邑、博邑距离吴国有一千多里,季子不回去安葬。孔子前去看了看,说:"延陵季子这样做符合礼法了。"所以仲尼是孝子,而延陵季子是慈父,禹、尧是忠臣,周公是能顺理的弟弟,他们埋葬他们的君王和亲人,都很微薄;不是苟且节俭,实在是有利于国家大体。宋国的桓司马做了石头的棺材,仲尼说:"不如让他马上腐烂。"秦相吕不韦召集有谋略的人编著《春秋》,也说到薄葬的意义,他们都是懂得事理的人。

到了吴国阖闾,违背礼法厚葬,十多年以后,越国人又加以发扬。到了秦国的惠文、武、昭、严、襄五王,都大建坟墓,增加随葬的金银玉器,这些墓都被盗贼发掘暴露,非常可悲啊。秦始皇葬在骊山的拐弯处,墓下用熔化的金属堵塞空隙达到三重泉,上面堆起像山一样的坟冢,高达五十多丈,周长五里有余;石头棺材里做了游戏馆,人鱼的脂膏做灯烛,水银做江海,黄金做野鸭和大雁。珍宝随葬,机械巧变,棺椁华丽,宫馆盛大,不能一一道出。又多杀宫人，活埋工匠，达到万数。天下被他的劳役所苦而反抗他，骊山的建造没有完成，而周章的百万大军已到它的下面了。项羽烧了它的宫室房宇，到他的墓所去的人都见他们掘财物。后来牧羊的儿童丢失了羊，羊进到了冢穴中，牧羊人持火照着找羊，失火烧了他的随葬和棺材。自古到今，埋葬之盛没有超过秦始皇的，数年之间，外面被项羽焚烧，里面遭牧羊人的火灾，这难道不悲哀吗？

所以德行越高的人埋葬越微薄，知识越深厚的人埋葬越微薄。没有德行缺少知识的人，埋葬越丰厚，坟墓越高，宫庙更华丽，盗贼的发掘也就快。由此看来，明暗的效果，埋葬的吉凶，很明显地可以看出来了。周朝德行已衰而生活奢侈，周宣王贤能而振兴起来，改为节省宫室开支，减少寝庙规模。诗人赞美他，在《斯干》诗中表现，上章说宫室建造遵守制度，下章说子孙众多。到了鲁庄公，雕刻装饰宗庙，多建筑高台苑囿，继承人两次被杀，《春秋》讥刺他。周宣王如此而国家昌盛，鲁、秦如此而失去继承人，这是奢侈的得和失啊。

陛下即位，亲身节俭，开始建第一个陵墓，规模较小，天下没有人不称赞您贤明。等到迁到昌陵，增低为高，积土成山，挖掘老百姓的坟墓，达到万数，建起住宅，日期紧迫，花费上亿上万。死了的人在地下怨恨，活着的人在地上发愁，怨怨之气感动阴阳，于是给人间带来饥荒，死去和流离失所的人达到十万多，我对这种做法深感困惑。假使死去的人有知，挖了人家的坟墓，害处就多了；假如无知，那哪里用得了那么大的地方呢？这样做，参与谋划的贤智则会不高兴，展示给众人则让他们痛苦；假如苟且取悦愚夫和荒淫奢侈之人，又有什么用呢？陛下慈爱仁义，笃实美善，聪明畅达，盖世无双，应该弘扬汉王朝的品德，崇尚刘氏之美，发扬光大五帝和三王的精神，可是您反而与暴秦的乱君比赛奢侈，比赛坟墓的大小，取悦愚夫的眼目，升高一世的楼台，违背贤智的主张，抛开万世的安宁，我私下里为陛下羞愧。陛下向上看看明圣黄帝、尧、舜、禹、商汤、周文王、周武王、周公、孔子的制度，向下看看贤智秦穆公、延陵季子、樗里子、张释之的做法。汉文帝除去坟冢薄葬，以节俭使心神宁静，可以作为榜样；秦昭公、秦始皇增山厚葬，因为奢侈招致灾祸，足以为戒。初陵的规划，应该听从公卿大臣的意见，以此安抚众人。

文书上奏，皇上被刘向的话深深打动，但不能听从他的意见。

刘向看到风俗日益奢靡，赵皇后、昭仪、卫婕妤等又出身微贱，不合礼制。刘向认为王教是由内及外，从近处开始，便采录《诗经》《尚书》中记载的可供效法的贤妃贞妇，兴国治家的，以及由于庶出、偏爱而导致乱家亡国的，编为《列女传》，共八篇，供天子借鉴，又采录传记、行事，著《新序》《说苑》共五十篇上奏。又多次呈上疏表陈言得失及法戒。上书数十次，以辅助观览，补充缺漏。皇上虽不能全用，却也很赞赏他的话，时常感慨不已。

当时皇上没有继承人，由王氏掌政，灾异日重。刘向很赞赏陈汤的智谋，和他很要好，对他说："灾异已到此种地步，外戚权势日益强盛，定会危及刘氏政权。我有幸为汉家同姓，累世承受汉家厚恩，身为宗室遗老，经历了三代皇上。皇上认为我是先帝的旧臣，每次进见总是礼遇优厚，我不说谁说？"于是，刘向上书极力谏道：

我听说君主没有不希望平安的，然而却常有危难，没有不希望存续的，然而却常有灭亡之事，这是因为没有管治好臣属。大臣操持权柄，把握国政，没有不造成危害的。从而晋国有六卿，齐国有田、崔，卫国有孙、宁，鲁国有季、孟，常年掌握国事、世代把持朝政。最后田氏终于夺取了齐国政权，六卿瓜分晋国，崔杼杀了国君光，孙林父、宁殖把国君衎放逐了，又弑杀了其国君剽。季氏在庭中举行八佾之舞，三家用雍乐侑食，一起垄断国政，最后放逐昭公，周朝大夫尹氏专制朝事，王室混乱，子朝、子猛交替废立，数年才得安定，所以《诗经》说："王室乱了"，又说"尹氏杀王子克"，真厉害啊！《春秋》列举成败，记述福祸，这种例子太多了，都是因为阴盛阳衰，不属偏离为臣之道造成的。所以《尚书》说："臣子如果作威作福，就会对你的家族有害，对你的国家不吉利。"孔子说："大权脱离王室到了大夫手里"，是危亡的兆头。秦昭王的舅舅穰侯和泾阳、叶阳君，专制国事，在上借太后的威望，三人权势比昭王还重，其家比秦国还富，国家危急，仗着范雎的言辞，秦国才得以复存。秦二世任用赵高，专权自大，隔离大臣，最后有阎乐望夷的祸难，秦国接着就灭亡了，此事距现在不远，它就是被汉朝代替的。

汉代兴起后，吕氏不合法度，擅自相互称王。吕产、吕禄都是太后宠臣，占据将相之位，掌握南、北军众兵，尊为梁王、赵王，骄横贪婪、要危及刘氏。全仗着忠正大臣绛侯、朱虚侯等竭诚尽力消灭了他们。刘氏得以再获平安。现在王氏一姓中有威势的二十三人，满屋子青紫貂蝉，紧随皇上左右。大将军军事专权，五侯骄逸气盛，作威作福，专权自大，内为阴私之行为，而对外托词为治公之道术，仗着东宫的尊荣，借甥舅的亲属关系，权威势重。尚书、九卿、州牧、郡守等官都出于他们门下，掌管机要，党羽很多。赞扬他们的就晋升，触犯他们的就杀戮；清谈者为他们游说，执政的也为他们说话。他们排挤宗室，削弱公族，对有聪明才智的，更是毁谤而不进用。阻绝宗室的职责，不让他们供事朝见，怕他们和自己分权；屡次提及燕王、盖王的事使皇上迷惑，却对吕后、霍后之事避而不谈，在内有管蔡之盟，对外又假借周公的言论，兄弟都居要位，宗族相互勾结。从上古到秦汉，外戚越礼而贵者没有像王氏这样的。即使周的皇甫、秦国的穰侯，汉代武安、吕、霍、上官之类，也比不上。

事物兴盛必定先出现奇变，作为其人的细微表象。孝昭帝时，冠山石在泰山自行立起，上林的枯死的柳树又自行竖起。孝宣帝即位，现在王氏在济南的祖坟，梓柱生出枝叶，茂盛得超出屋顶，树根在地中咬住，即使山石自立，死柳自起，也不如这种征兆明显。势不两立，王氏与刘氏不能并存，如果在下者像泰山一样安定，则在上者便有累卵之危险，陛下您为先祖子孙，守护宗庙，却让国业转到外亲手中，自己降为卑贱之人。即使不为自己，那宗庙怎么办呢？妇人亲近夫家，疏远父母家，而皇太后却与此相反。孝宣皇帝不给平昌、乐昌侯权柄，所以能够平安。

明理之人在没有形成前获福，在事情未发生时消除隐患。应该发布诏令，公布德音，亲近任用宗室，罢黜疏远外戚，不给他们政柄，都罢免使其归于当位，以效法先帝的作为，优厚安抚外戚，保全其宗族，这也是东宫的意思，外家的福气了。王氏得以永存，保有爵位俸禄，刘氏永久平安，不会失掉国家，内姓、外姓和睦，是为子孙万代的打算。如果不这样，田氏之乱就会重演，六卿之难会出现于汉朝，为后代忧虑，道理很清楚，不可不早作打算。《周易》说："君主考虑不周，就会失去臣子；臣子为事不周，就会失去性命；要事不周密打算，就会失败。"请陛下深思，周密审察，以往事为戒，折中事理，便得平安，永保宗庙，这样才能永远得以侍候皇太后，为天下之幸事。

此书上奏以后，天子召见刘向，表达了内心悲伤之意，对他说："您先外出休息吧，让我想想这件事。"任命刘向为中垒校尉。

刘向为人平易没有架子，廉洁而热衷于大道，不爱与世俗交往，专心在经术上钻研，白天诵读书传，夜晚观察星宿，有时直到白天都不睡。元延中，星辰背离东井，蜀郡岷山崩裂堵塞长江，刘向以此为恶兆，在《五行志》中有论述，心中忧思不已，又上奏，其中说：

我听说帝舜告诫伯禹，不要像丹朱那样狂傲；周公告诫成王，不要像殷王纣。《诗经》说："殷的借鉴不远，在夏代。"也说商汤以夏桀为戒。圣帝明君常以败乱之事自戒。不避言兴亡之事，所以臣子敢尽述愚见，请陛下明察。

察看《春秋》二百四十二年，日食三十六次，襄公时更频繁，大致三年零五个月就日食一次。汉代兴起到竟宁年间，孝景帝最频繁，大概三年零一个月一次。我刘向以前曾多次说应有日食，现在三年频繁日食。从建始年以来，二十年八次日食，大约两年零六个月一次，古今少见，灾异有大小稠密或稀疏，占人也有疾有缓，圣人依此下决断。《周易》说："观看天文，以审察时事变化。"从前孔子答对鲁哀公，把夏桀、殷纣暴虐之事并提。所以历法有失误便摄提星走失原位，无以确定月份、时日,这都是政权交替的征兆。秦始皇末年到二世时,日月微食,山川崩裂,辰星在四季首月出现,太白星越天而行,没有云彩而打雷,流星坠落,荧惑星滑过月影,皇宫起火,野鸟在朝廷上相戏,城门向里毁折,临洮出现巨人,东郡有陨石降落,星星背离大角,大角星不见了。听孔子的话,再看暴秦的灾象,天命确实可怕。

以后项籍失败,星星也背离大角。汉入秦都,五颗星在东井会聚。这是得天下的征象。孝惠帝时,有地方下血雨,日月交行,阴蔽日光,有此灾象。孝昭时,泰山有块卧石自己立起,上林的死柳复生,有像月亮般大的星星向西行驶,很多星星相随,这是极其特异的灾象。孝宣帝即位,流星坠于汉西,二十多天阴而无雨,这是昌邑没有善终的灾象,这些都在《汉纪》中有记载。看秦汉交迭,惠帝、昭帝没有后代,昌邑没有善终,孝宣继立,上天的取舍,不是很明显吗!高宗,成王时也有小野鸡拔树的灾象,能够找出原因,所以高宗能享福百年,成王有回风的回报,神明的反应,如影随形,大家都知道的。

我有幸攀上汉家枝脉,见陛下宽厚明德,想消除灾异,重振高宗、成王之威声,来崇显刘氏,所以恳冒死罪。现在日食频繁,星辰背离东井,摄提盛于紫宫,有见识的长老没有不震惊的,这是大灾变啊!此事难一一记述,所以《周易》说:"写不尽要说的话,说不清要表达的意思。"所以用女卦占问,再申述意义。《尚书》说:"用图来说明。"天文难以通晓,我虽呈上图表,还需要解说,才能明白,希望能给我时间让我指着图为您陈述。

皇上召见了他,却终于没有任用他。刘向每次被召见,都说公族是国家的枝叶,枝叶一落,树干树根便失去荫护,现在疏远同姓，让母族专政，公室不贵，外家掌权，这不是使汉室强大，私门削弱，社稷稳固，后代永安的做法。

刘向见自己被皇上信任，便常常赞颂公室，讥刺王氏在位大臣，言辞痛切，非常诚恳。皇上多次想任用他做九卿，都得不到在位的王氏党羽和丞相御史支持，终未得用。做列大夫官前后三十多年，七十二岁死。死后十三年王氏夺取汉政权。

刘向三个儿子都好学：长子刘伋，学《周易》，官至郡守；次子刘赐，做到九卿丞，早死；小儿子刘歆最有名。

汉书卷三十九

萧何曹参传第九

萧　何

萧何，沛人也。以文毋害为沛主吏掾。高祖为布衣时，数以吏事护高祖。高祖为亭长，常佑之。高祖以吏繇咸阳，吏皆送奉钱三，何独以五。秦御史监郡者，与从事辩之。何乃给泗水卒史事，第一。秦御史欲入言征何，何固请，得毋行。

及高祖起为沛公，何尝为丞督事。沛公至咸阳，诸将皆争走金、帛、财物之府，分之，何独先入收秦丞相、御史律令图书藏之。沛公具知天下厄塞、户口多少、强弱处、民所疾苦者，以何得秦图书也。

初，诸侯相与约，先入关破秦者王其地。沛公既先定秦，项羽后至，欲攻沛公，沛公谢之得解。羽遂屠烧咸阳，与范增谋曰："巴、蜀道险，秦之迁民皆居蜀。"乃曰："蜀汉亦关中地也。"故立沛公为汉王，而三分关中地，王秦降将以距汉王。汉王怒，欲谋攻项羽。周勃、灌婴、樊哙皆劝之，何谏之曰："虽王汉中之恶，不犹愈于死乎？"汉王曰："何为乃死也？"何曰："今众弗如，百战百败，不死何为？《周书》曰'天予不取,反受其咎'。语曰'天汉',其称甚美。夫能诎于一人之下,而信于万乘之上者,汤、武是也。臣愿大王王汉中,养其民以致贤人,收用巴、蜀,还定三秦,天下可图也。"汉王曰:"善。"乃遂就国,以何为丞相。何进韩信,汉王以为大将军,说汉王令引兵东定三秦。语在《信传》。

何以丞相留收巴、蜀,填抚谕告,使给军食。汉二年,汉王与诸侯击楚,何守关中,侍太子,治栎阳。为令约束,立宗庙、社稷、宫室、县邑,辄奏,上可许以从事;即不及奏,辄以便宜施行,上来以闻。计户转漕给军,汉王数失军遁去,何常兴关中卒,辄补缺。上以此剸属任何关中事。

汉三年,与项羽相距京、索间,上数使使劳苦丞相。鲍生谓何曰:"今王暴衣露盖,数劳苦君者,有疑君心。为君计,莫若遣君子孙昆弟能胜兵者悉诣军所,上益信君。"于是何从其计,汉王大说。

汉五年,已杀项羽,即皇帝位,论功行封,群臣争功,岁余不决。上以何功最盛,先封为酂侯,食邑八千户。功臣皆曰:"臣等身被坚执兵,多者百余战,少者数十合,攻城略地,大小各有差。今萧何未有汗马之劳,徒持文墨议论,不战,顾居臣等上,何也?"上曰:"诸君知猎乎?"曰:"知之。""知猎狗乎?"曰:"知之。"上曰:"夫猎,追杀兽者狗也,而发纵指示兽处者人也。今诸君徒能走得兽耳,功狗也;至如萧何,发纵指示,功人也。且诸君独以身从我,多者三两人;萧何举宗数十人皆随我,功不可忘也!"群臣后皆莫敢言。

列侯毕已受封,奏位次,皆曰:"平阳侯曹参身被七十创,攻城略地,功最多,宜第一。"上已桡功臣多封何,至位次未有以复难之,然心欲何第一。关内侯鄂秋时为谒者,进曰:"群臣议皆误。夫曹参虽有野战略地之功，此特一时之事。夫上与楚相距五岁，失军亡众，跳身遁者数矣，然萧何常从关中遣军补其处。非上所诏令召，而数万众会上乏绝者数矣。夫汉与楚相守荥阳数年，军无见粮，萧何转漕关中，给食不乏。陛下虽数亡山东，萧何常全关中待陛下，此万世功也。今虽无曹参等百数，何缺于汉？汉得之不必待以全。奈何欲以一旦之功加万世之功哉！萧何当第一，曹参次之。"上曰："善。"于是乃令何第一，赐带剑履上殿，入朝不趋。上曰："吾闻进贤受上赏，萧何功虽高，待鄂君乃得明。"于是因鄂秋故所食关内侯邑二千户，封为安平侯。是日，悉封何父母兄弟十余人，皆食邑。乃益封何二千户，"以尝繇咸阳时何送我独赢钱二也"。

陈豨反，上自将，至邯郸。而韩信谋反关中，吕后用何计诛信。语在《信传》。上已闻诛信，使使拜丞相为相国，益封五千户，令卒五百人一都尉为祖国卫。诸君皆贺，召平独吊。召平者，故秦东陵侯。秦破，为布衣，贫，种瓜长安城东，瓜美，故世谓"东陵瓜"，从召平始也。平谓何曰："祸自此始矣。上暴露于外，而君守于内，非被矢石之难，而益君封置卫者，以今者淮阴新反于中，有疑君心。夫置卫卫君，非以宠君也。愿君让封勿受，悉以家私财佐军。"何从其计，上说。

其秋，黥布反，上自将击之，数使使问相国何为。曰："为上在军，拊循勉百姓，悉所有佐军，如陈豨时。"客又说何曰："君灭族不久矣。夫君位为相国，功第一，不可复加。然君初入关，本得百姓心，十余年矣。皆附君，尚复孳孳得民和。上所谓数问君，畏君倾动关中。今君胡不多买田地，贱贳贳以自污？上心必安。"于是何从其计，上乃大说。

上罢布军归，民道遮行，上书言相国强贱买民田宅数千人。上至,何谒。上笑曰:"今相国乃利民!"民所上书皆以与何,曰:"君自谢民。"后何为民请曰:"长安地狭,上林中多空地,弃,愿令民得入田,毋收稿为兽食。"上大怒曰:"相国多受贾人财物,为请吾苑!"乃下何廷尉,械系之。数日,王卫尉侍,前问曰:"相国胡大罪,陛下系之暴也?"上曰:"吾闻李斯相秦皇帝,有善归主,有恶自予。今相国多受贾竖金,为请吾苑,以自媚于民。故系治之。"王卫尉曰:"夫职事苟有便于民而请之,真宰相事也。陛下奈何乃疑相国受贾人钱乎!且陛下距楚数岁,陈豨、黥布反时,陛下自将往,当是时相国守关中,关中摇足则关西非陛下有也。相国不以此时为利,乃利贾人之金乎!且秦以不闻其过亡天下,夫李斯之分过,又何足法哉!陛下何疑宰相之浅也!"上不怿。是日,使使持节赦出何。何年老,素恭谨,徒跣入谢。上曰:"相国休矣!相国为民请吾苑不许,我不过为桀、纣主,而相国为贤相。吾故系相国,欲令百姓闻吾过。"

高祖崩,何事惠帝。何病,上亲自临视何疾,因问曰:"君即百岁后,谁可代君?"对曰:"知臣莫如主。"帝曰:"曹参何如?"何顿首曰:"帝得之矣,何死不恨矣!"

何买田宅必居穷辟处,为家不治垣屋。曰:"今后世贤,师吾俭;不贤,毋为势家所夺。"

孝惠二年,何薨,谥曰文终侯。子禄嗣,薨,无子。高后乃封何夫人同为酂侯,小子延为筑阳侯。孝文元年,罢同,更封延为酂侯。薨,子遗嗣。薨,无子。文帝复以遗弟则嗣,有罪免。景帝二年,制诏御史:"故相国萧何,高皇帝大功臣,所与为天下也。今其祀绝,朕甚怜之。其以武阳县户二千封何孙嘉为列侯。"嘉,则弟也。薨,子胜嗣,后有罪免。武帝元狩中,复下诏御史："以鄷户二千四百封何曾孙庆为鄷侯，布告天下，令明知朕报萧相国德也。"庆，则子也。薨，子寿成嗣，坐为太常牺牲瘦免。宣帝时，诏丞相、御史求问萧相国后在者，得玄孙建世等十二人，复下诏以鄷户二千封建世为鄷侯。传子至孙获，坐使奴杀人减死论。成帝时，复封何玄孙之子南䜌长喜为鄷侯。传子至曾孙，王莽败乃绝。

译文：

萧何，沛县人。因通晓法律办事公平当了沛县功曹。汉高祖为平民时，萧何多次以官吏身份保护他。高祖当了亭长，萧何还是经常帮助他。高祖以一名官吏服差役到咸阳去，同僚们皆送三百钱，唯萧何送他五百钱。秦御史前来监察郡事，萧何与其随员办理公务有条不紊。于是萧何被授予泗水郡卒史一职，公务考核名列全郡第一。秦御史想入朝建言调萧何进京，萧何再三辞谢，才得未被调走。

当高祖起兵当了沛公后，萧何曾任县丞督办众事。沛公到达咸阳，诸将都争先恐后奔走府库私分金银财物，只有萧何首先入宫收取秦丞相、御史府的律令文书、地里图册、户籍簿等文献档案加以保存。沛公之所以全部掌握天下要塞，户口多少，各地的贫富强弱情况，百姓生活疾苦状况，就是因为萧何收缴秦朝这批文书档案的缘故。

当初，楚怀王曾与项羽、刘邦等各路诸侯约定，谁首先入关灭秦谁就在关中为王。沛公已经首先平定秦地，项羽后到达，打算攻击沛公，沛公好言解释得以脱险。项羽遂烧杀抢掠咸阳城，又与范增计议说："巴、蜀地区道路艰险，秦朝迁移之民都定居在蜀。"又说："蜀都、汉中都属关中管辖。"因此立沛公为汉王,并把关中地区划分为三份,封给秦降将章邯、司马欣、董翳三人在三地称王,以便阻挡汉王出关东进。汉王大怒,打算出击项羽。部将周勃、灌婴、樊哙都来相劝,萧何劝阻说:"虽然讨厌在汉中称王,但是这不比送死好吗!"汉王说:"送死是从何说起啊?"萧何说:"如今士兵不比人家多,百战百败,不是去送死又是什么?"《周书》说:"天给予不接受,反而会遭殃。"俗语说"天上有何汉",这是个吉利的美名。屈居于一人之下,而能在万乘大国之上施展才能的人,就是商汤和周武王。臣希望大王在汉中称王,休养百姓招揽贤人,收用巴、蜀之财力,回军收复三秦地区,便可夺取天下。"汉王说:"高见。"于是便去汉中称王,任命萧何为丞相。萧何推荐韩信,汉王拜为大将军,建议汉王出兵东进夺取三秦。事见《韩信传》。

萧何以丞相身份接管留守巴、蜀,镇抚喻告全境之百姓,命令供给军需粮食。汉二年,汉王联合诸侯进击楚王项羽,萧何镇守关中,侍奉太子,坐镇栎阳,制订法律规章制度,欲立宗庙、社稷、建宫殿屋宇、县城乡镇,立即上奏,汉王准奏,许其办理。要是来不及奏报,立即临时灵活处理,等汉王回来时汇报。萧何还统计户籍人口,按户征收粮饷,派出车船运送军需。汉王多次损兵折将只身逃走,萧何经常征发关中兵卒,立即补充兵员。汉王因此又特地委托萧何全权处理关中大事。

汉三年,汉王与项羽两军对峙于京县、索亭之间,汉王多次派使者慰劳丞相。鲍生对萧何说:"如今大王日晒风吹、餐风宿露,却多次慰劳阁下,有疑阁下之心。替阁下出个主意,不如派您的子孙兄弟凡能作战的全赴军中供职,大王就更加信任阁下。"于是萧何依计而行,汉王果然大为高兴。

汉五年,击杀项羽,汉王即位称帝,评议功劳进行封赏,群臣争功,一年多议而不决。皇上以萧何功劳最高,先行封为酂侯,封赏食邑八千户。功臣们都说:"我们身披铠甲手执兵器去冲锋陷阵,多的身经百战,少的交锋数十回合,攻占城池夺取土地,功劳大大小小各不相等。如今萧何没有汗马之劳,只是舞文弄墨动动嘴皮,不去作战,反倒功在我等之上,这是为什么?"皇上说:"诸位将军知道打猎吗?"回答说:"知道。"又问:"知道猎狗吗?"回答说:"知道。"皇上说:"打猎,追杀野兽是狗,而放开系狗绳、指示兽在何处的是人。今天诸位只能追逐捕得野兽,功劳与猎狗类似;至于萧何,放开系狗绳,指示猎取目标,功劳与猎人一样。再说,诸位都是独身一人跟随我,最多的一家也只有两三个人从军;萧何全族数十人都跟随我参军,这个功劳不可忘记!"以后群臣都不敢再说什么。

列侯封赏完毕,上报名次,都说:"平阳侯曹参身受七十处创伤,攻城夺地,功劳最多,应该排在第一位。"皇上已经说服功臣多封赏了萧何,至于位次不能再使他们难堪,然而心里还想列萧何第一。关内侯鄂千秋当时任谒者,上前进言说:"群臣说得都很对。曹参虽有野战夺地之功,这只是一时之事。皇上与楚军相持五年,损失全军伤亡士兵,只身逃离险境就有多次,而萧何常常从关中派遣兵员补充缺额解除困境。这些都不是皇上下令叫他去干的,而关中数万之众开赴前线之际正好是皇上兵尽粮绝的危急时刻,如此光景就发生过多次。汉军与楚军在荥阳对峙数年,军无存粮,萧何水陆运送关中粮饷,军粮供给从不缺乏。陛下虽然多次丢失关中以东大片土地,而萧何总是保全关中成为陛下可靠后方基地,这是万世不朽的大功劳。今天就是缺少了上百个曹参这样的人,对于汉朝又有何损失呢?汉室得到他们也未必能保全下来。怎么能让一旦之功凌驾于万世之功上面呢!萧何应当第一，曹参居次位。"皇上说："高论。"于是便让萧何名列第一，特许带剑穿鞋上殿进见，入朝时不按常礼小步快走。皇上说："我听说推荐贤人者接受上等赏赐，萧何功劳虽然高，经过鄂君申辩更加明显。"于是在鄂千秋原来享受关内侯食邑二千户的基础上，加封为安平侯。这一天，萧何父母兄弟十余人全都受封赏，都有食邑。又加封萧何二千户，"用来报答过去到咸阳服役时只有萧何比别人多送我二百钱的恩情"。

陈豨谋反，皇上亲驾出征，到达邯郸。韩信又在关中谋反，吕后采纳萧何计策杀掉韩信。事见《韩信传》。皇上听到杀死韩信消息后，派使者拜丞相为相国，增封食邑五千户，派士兵五百人都尉一名为相国卫队。诸君皆贺，只有召平哀吊。召平其人，原秦东陵侯。秦亡，成了平民百姓，家贫，在长安城东种瓜，瓜甜美，故世人誉为"东陵瓜"，由来于召平的封号。召平对萧何说："祸患从此开始了。皇上日晒露宿在外，而阁下留守朝中，没有受到战场上生死伤残的危险，反而加封阁下派出卫队，是由于这时淮阴侯韩信刚刚在朝中谋反，有怀疑阁下之心。设卫队护卫您，并非是恩宠阁下。希望阁下谢绝封赏，把全部家财献出资助军费。"萧何听从其计，皇上大为高兴。

这年的秋天，淮南王黥布反叛，皇上亲率大军征讨，又多次派使者打听萧相国在干什么。回报说："由于皇上在军中，所以相国在京安抚劝勉百姓，拿出财产助军需，和平定陈豨反叛时一样。"一位客人又来劝说："阁下离灭族之祸不远了。阁下任职相国，功劳第一，到了无以复加的地步。然而阁下当初入关，原已深得百姓之心，十年多了。都已敬佩阁下，您还要孜孜不倦办事求得百姓和衷爱戴。皇上所以多次询问阁下情况，害怕阁下控制关中动摇汉室。如今阁下何不多买田地，低息借贷以玷污自己名声？这样皇上必然放心。"于是萧何听从其计,皇上这才大为高兴。

皇上撤回讨伐黥布的大军回到长安,百姓拦路上书,告相国强制低价购买百姓田宅达数千人。皇上回朝,萧何拜见。皇上笑着说:"今天相国才是为民谋利!"把百姓上书全都交给萧何,说:"你自己向百姓谢罪吧!"后来萧何为民请求说:"长安地面狭窄,上林苑中有许多空地,废弃不种,希望让百姓入内开垦种田,不收取禾秆、麦秸以做禽兽食料。"皇上大怒说:"相国多受商人钱财,替他们求取我的上林苑!"于是把萧何交付廷尉,戴上镣铐关押起来。过了数日,一个姓王的卫尉侍奉皇上,上前问道:"相国犯了什么罪,陛下要这样严厉带铐关押?"皇上说:"我听说李斯给秦始皇当丞相,有了好事归主,办坏的事自己承担罪名。今天相国多受那帮奸商贿赂而替他们取我苑,用以讨好民众。因此带铐关押他。"王卫尉说:"自负公务使命如果有利于百姓而请命,才真正是宰相分内的事。陛下怎么能怀疑相国受贿商人金钱呢!况且陛下过去抗拒楚军数年,陈豨、黥布反叛时,陛下亲自率军出征,那时相国守关中,他在关中一跺脚关西就不归陛下所有了。相国不在此时谋大利,难道现在才贪图商人的几个小钱吗?再说秦始皇是因为听不到自己的过失才失去天下的,李斯的这种分担过错,又有什么值得效法的呢!陛下何致把宰相看得如此浅薄!"皇上心里不快。这一天,派使者带上放人凭证从狱中放出萧何。萧何年老,向来恭谨,便赤脚上朝谢罪。皇上说:"相国算了吧!相国为百姓请求上林苑,我不准,我不过是桀、纣一样的君主,而相国是位贤相。我故意关押相国,想让百姓听到我的过失。"

高祖驾崩,萧何侍奉惠帝。萧何病重,皇上亲自探视萧何病情,遂即问道:"你要是百岁后,谁可以接替你?"回答说:

"知臣莫过于君主。"惠帝说："曹参怎么样？"萧何叩头说："陛下得到了最好人选。我无遗憾了！"

萧何买田宅必在穷苦偏僻之地，建住房不修院墙。他说："子孙后代如果还贤能，要效法我的节俭；没有贤德的话，也不要被权势之家所抢夺。"

惠帝二年，萧何去世，谥号文终侯。其子萧禄继承侯位，去世，无子后继。高后便封何夫人同为酂侯，小儿子延为筑阳侯。文帝元年，免去何夫人酂侯爵，改封萧延为酂侯。萧延去世，其子萧遗继位，萧遗去世，无子继位。文帝又让萧遗弟萧则继侯位，萧则有罪免去侯爵。景帝二年，下诏御史说："原相国萧何，是高皇帝的大功臣，之所以给予最高封赏是因为他与先帝共创业打天下。今天其宗祠断绝香火，朕甚怜悯。应把武阳县二千户封给萧何之孙萧嘉为列侯食邑。"萧嘉是萧则之弟。萧嘉去世，其子萧胜继位，后有罪免侯爵。武帝元狩中年，又下诏御史说："把酂县二千四百户封给萧何孙萧庆为酂侯食邑，布告天下，令天下都明白朕在报答萧相国的恩德。"萧庆是萧则之子。萧庆去世，其子寿成继位，因献给太常祭祀之供品牲畜太瘦而犯法免侯爵。宣帝时，下诏让丞相、御史寻找萧相国后人在世者，找到玄孙萧建世十二人，又下诏把酂县二千户封给建世为酂侯食邑。传其子至其孙萧获，因指使家奴杀了犯了死罪，按减去死刑处理。成帝时，又封萧何玄孙之南䜌县令萧喜为酂侯。传位其子到曾孙，王莽亡国后也就断绝了继承人。

汉书卷四十

张陈王周传第十

张 良

张良字子房,其先韩人也。大父开地,相韩昭侯、宣惠王、襄哀王。父平,相釐王、悼惠王。悼惠王二十三年,平卒,卒二十岁,秦灭韩。良少,未宦事韩。韩破,良家僮三百人,弟死不葬,悉以家财求客刺秦王,为韩报仇,以五世相韩故。

良尝学礼淮阳,东见仓海君,得力士,为铁椎重百二十斤。秦皇帝东游,至博狼沙中,良与客狙击秦皇帝,误中副车。秦皇帝大怒,大索天下,求贼急甚。良乃更名姓,亡匿下邳。

良尝闲从容步游下邳圯上,有一老父,衣褐,至良所,直堕其履圯下,顾谓良曰:"孺子下取履!"良愕然,欲欧之。为其老,乃强忍,下取履,因跪进。父以足受之,笑去。良殊大惊。父去里所,复还,曰:"孺子可教矣。后五日平明,与我期此。"良因怪,跪曰:"诺。"五日平明,良往。父已先在,怒曰:"与老人期,后,何也?去,后五日蚤会。"五日,鸡鸣往。父又先在,复怒曰:"后,何也?去,后五日复蚤来。"五日,良夜半往。有顷,父亦来,喜曰:"当如是。"出一编书,曰:"读是则为王者师。后十年兴。十三年,孺子见我,济北穀城山下黄石即我已。"遂去不见。旦日视其书,乃《太公兵法》。良因异之,常习读诵。

居下邳,为任侠。项伯尝杀人,从良匿。

后十年,陈涉等起,良亦聚少年百余人。景驹自立为楚假王,在留。良欲往从之,行道遇沛公。沛公将数千人略地下邳,遂属焉。沛公拜良为厩将。良数以《太公兵法》说沛公,沛公喜,常用其策。良为它人言,皆不省。良曰:"沛公殆天授。"故遂从不去。

沛公之薛,见项梁,共立楚怀王。良乃说项梁曰:"君已立楚后,韩诸公子横阳君成贤,可立为王,益树党。"项梁使良求韩成,立为韩王。以良为韩司徒,与韩王将千余人西略韩地,得数城,秦辄复取之,往来为游兵颍川。

沛公之从雒阳南出轘辕,良引兵从沛公,下韩十余城,击杨熊军。沛公乃令韩王成留守阳翟,与良俱南,攻下宛,西入武关。沛公欲以二万人击秦峣关下军,良曰:"秦兵尚强,未可轻。臣闻其将屠者子,贾竖易动以利。愿沛公且留壁,使人先行,为五万人具食,益张旗帜诸山上,为疑兵,令郦食其持重宝啖秦将。"秦将果欲连和俱西袭咸阳,沛公欲听之。良曰:"此独其将欲叛,士卒恐不从。不从必危,不如因其解击之。"沛公乃引兵击秦军,大破之。逐北至蓝田,再战,秦兵竟败。遂至咸阳,秦王子婴降沛公。

沛公入秦,宫室帷帐狗马重宝妇女以千数,意欲留居之。樊哙谏,沛公不听。良曰:"夫秦为无道,故沛公得至此。为天下除残去贼,宜缟素为资。今始入秦,即安其乐,此所谓'助桀为虐'。且'忠言逆耳利于行,毒药苦口利于病',愿沛公听樊哙言。"沛公乃还军霸上。

项羽至鸿门,欲击沛公,项伯夜驰至沛公军,私见良,欲与俱去。良曰:"臣为韩王送沛公,今事有急,亡去不义。"乃具语沛公。沛公大惊,曰:"为之奈何?"良曰:"沛公诚欲背项王邪?"沛公曰:"鲰生说我距关毋内诸侯,秦地可王也,故听之。"良曰:"沛公自度能却项王乎?"沛公默然,曰:"今为奈何?"良因要项伯见沛公。沛公与伯饮,为寿,结婚,令伯具言沛公不敢背项王,所以距关者,备它盗也。项羽后解,语在《羽传》。

汉元年,沛公为汉王,王巴、蜀,赐良金百溢,珠二斗,良具以献项伯。汉王亦因令良厚遗项伯,使请汉中地。项王许之。汉王之国,良送至褒中,遣良归韩。良因说汉王烧绝栈道,示天下无还心,以固项王意。乃使良还。行,烧绝栈道。

良归至韩,闻项羽以良从汉王故,不遣韩王成之国,与俱东,至彭城杀之。时汉王还定三秦,良乃遗项羽书曰:"汉王失职,欲得关中,如约即止,不敢〔复〕东。"又以齐反书遗羽,曰:"齐与赵欲并灭楚。"项羽以故北击齐。

良乃间行归汉。汉王以良为成信侯,从东击楚。至彭城,汉王兵败而还。至下邑,汉王下马踞鞍而问曰:"吾欲捐关已东等弃之,谁可与共功者?"良曰:"九江王布,楚枭将,与项王有隙,彭越与齐王〔田荣〕反梁地,此两人可急使。而汉王之将独韩信可属大事,当一面。即欲捐之,捐之此三人,楚可破也。"汉王乃遣随何说九江王布,而使人连彭越。及魏王豹反,使韩信特将北击之,因举燕、(伐)〔代〕、齐、赵。然卒破楚者,此三人力也。

良多病,未尝特将兵,常为画策臣,时时从。

汉三年，项羽急围汉王于荥阳，汉王忧恐，与郦食其谋桡楚权。郦生曰："昔汤伐桀，封其后杞；武王诛纣，封其后宋。今秦无德，伐灭六国，无立锥之地。陛下诚复立六国后，此皆争戴陛下德义，愿为臣妾。德义已行，南面称伯，楚必敛衽而朝。"汉王曰："善。趣刻印，先生因行佩之。"

郦生未行，良从外来谒汉王。汉王方食，曰："客有为我计桡楚权者。"具以郦生计告良曰："于子房何如？"良曰："谁为陛下画此计者？陛下事去矣。"汉王曰："何哉？"良曰："臣请借前箸以筹之。昔汤、武伐桀、纣封其后者，度能制其死命也。今陛下能制项籍死命乎？其不可一矣。武王入殷，表商容闾，式箕子门，封比干墓，今陛下能乎？其不可二矣。发巨桥之粟，散鹿台之财，以赐贫穷，今陛下能乎？其不可三矣。殷事以毕，偃革为轩，倒载干戈，示不复用，今陛下能乎？其不可四矣。休马华山之阳，示无所为，今陛下能乎？其不可五矣。息牛桃林之野，天下不复输积，今陛下能乎？其不可六矣。且夫天下游士，离亲戚，弃坟墓，去故旧，从陛下者，但日夜望咫尺之地。今乃立六国后，唯无复立者，游士各归事其主，从亲戚，反故旧，陛下谁与取天下乎？其不可七矣。且楚唯毋强，六国复桡而从之，陛下焉得而臣之？其不可八矣。诚用此谋，陛下事去矣。"汉王辍食吐哺，骂曰："竖儒，几败乃公事！"令趣销印。

后韩信破齐欲自立为齐王，汉王怒。良说汉王，汉王使良授齐王信印。语在《信传》。

五年冬，汉王追楚至阳夏南，战不利，壁固陵，诸侯期不至。良说汉王，汉王用其计，诸侯皆至。语在《高纪》。

汉六年，封功臣。良未尝有战斗功，高帝曰："运筹策帷幄中，决胜千里外，子房功也。自择齐三万户。"良曰："始臣起下邳，与上会留，此天以臣授陛下。陛下用臣计，幸而时中，臣愿封留足矣，不敢当三万户。"乃封良为留侯，与萧何等俱封。

上已封大功臣二十余人，其余日夜争功而不决，未得行封。上居雒阳南宫，从复道望见诸将往往数人偶语。上曰："此何语？"良曰："陛下不知乎？此谋反耳。"上曰："天下属安定，何故而反？"良曰："陛下起布衣，与此属取天下，今陛下已为天子，而所封皆萧、曹故人所亲爱，而所诛者皆平生仇怨。今军吏计功，天下不足以遍封，此属畏陛下不能尽封，又恐见疑过失及诛，故相聚而谋反耳。"上乃忧曰："为将奈何？"良曰："上平生所憎，群臣所共知，谁最甚者？"上曰："雍齿与我有故怨，数窘辱我，我欲杀之，为功多，不忍。"良曰："今急先封雍齿，以示群臣，群臣见雍齿先封，则人人自坚矣。"于是上置酒，封雍齿为什方侯，而急趣丞相、御史定功行封。群臣罢酒，皆喜曰："雍齿且侯，我属无患矣。"

刘敬说上都关中，上疑之。左右大臣皆山东人，多劝上都雒阳："雒阳东有成皋，西有殽、黾，背河乡雒，其固亦足恃。"良曰："雒阳虽有此固，其中小，不过数百里，田地薄，四面受敌，此非用武之国。夫关中左殽、函，右陇、蜀，沃野千里，南有巴、蜀之饶，北有胡苑之利，阻三面而固守，独以一面东制诸侯。诸侯安定，河、渭漕挽天下，西给京师；诸侯有变，顺流而下，足以委输。此所谓金城千里，天府之国。刘敬说是也。"于是上即日驾，西都关中。

良从入关。性多疾，即道引不食谷，闭门不出岁余。

上欲废太子，立戚夫人子赵王如意。大臣多争，未能得坚决也。吕后恐，不知所为。或谓吕后曰："留侯善画计，上信用之。"吕后乃使建成侯吕泽劫良,曰:"君常为上谋臣,今上日欲易太子,君安得高枕而卧?"良曰:"始上数在急困之中,幸用臣策;今天下安定,以爱欲易太子,骨肉之间,虽臣等百人何益!"吕泽强要曰:"为我画计。"良曰:"此难以口舌争也。顾上有所不能致者四人。四人年老矣,皆以上嫚侮士,故逃匿山中,义不为汉臣。然上高此四人。今公诚能毋爱金玉璧帛,令太子为书,卑辞安车,因使辩士固请,宜来。来,以为客,时从入朝,令上见之,则一助也。"于是吕后令吕泽使人奉太子书,卑辞厚礼,迎此四人。四人至,客建成侯所。

汉十一年,黥布反,上疾,欲使太子往击之。四人相谓曰:"凡来者,将以存太子。太子将兵,事危矣。"乃说建成侯曰:"太子将兵,有功即位不益,无功则从此受祸。且太子所与俱诸将,皆与上定天下枭将也,今乃使太子将之,此无异使羊将狼,皆不肯为用,其无功必矣。臣闻'母爱者子抱',今戚夫人日夜侍御,赵王常居前,上曰'终不使不肖子居爱子上',明其代太子位必矣。君何不急请吕后承间为上泣言:'黥布,天下猛将,善用兵,今诸将皆陛下故等夷,乃令太子将,此属莫肯为用,且布闻之,鼓行而西耳。上虽疾,强载辎车,卧而护之,诸将不敢不尽力。上虽苦,强为妻子计。'"于是吕泽夜见吕后。吕后承间为上泣而言,如四人意。上曰:"吾惟之,竖子固不足遣,乃公自行耳。"于是上自将而东,群臣居守,皆送至霸上。良疾,强起至曲邮,见上曰:"臣宜从,疾甚。楚人剽疾,愿上慎毋与楚争锋。"因说上令太子为将军监关中兵。上谓"子房虽疾,强卧傅太子"。是时,叔孙通已为太傅,良行少傅事。

汉十二年,上从破布归,疾益甚,愈欲易太子。良谏不听,因疾不视事。叔孙太傅称说引古,以死争太子。上阳许之,犹欲易之。及宴，置酒，太子侍。四人者从太子，年皆八十有余，须眉皓白，衣冠甚伟。上怪，问曰："何为者？"四人前对，各言其姓名。上乃惊曰："吾求公，避逃我，今公何自从吾儿游乎？"四人曰："陛下轻士善骂，臣等义不辱，故恐而亡匿。今闻太子仁孝，恭敬爱士，天下莫不延颈愿为太子死者，故臣等来。"上曰："烦公幸卒调护太子。"

四人为寿已毕，趋去。上目送之，召戚夫人指视曰："我欲易之，彼四人为之辅，羽翼已成，难动矣。吕氏真乃主矣。"戚夫人泣涕，上曰："为我楚舞，吾为若楚歌。"歌曰："鸿鹄高飞，一举千里。羽翼以就，横绝四海。横绝四海，又可奈何！虽有矰缴，尚安所施！"歌数阕，戚夫人歔欷流涕。上起去，罢酒。竟不易太子者，良本招此四人之力也。

良从上击代，出奇计下马邑，及立萧相国，所与从容言天下事甚众，非天下所以存亡，故不著。良乃称曰："家世相韩，及韩灭，不爱万金之资，为韩报仇强秦，天下震动。今以三寸舌为帝者师，封万户，位列侯，此布衣之极，于良足矣。愿弃人间事，欲从赤松子游耳。"乃学道，欲轻举。高帝崩，吕后德良，乃强食之，曰："人生一世间，如白驹之过隙，何自苦如此！"良不得已，强听食。后六岁薨。谥曰文成侯。

良始所见下邳圯上老父与书者，后十三岁从高帝过济北，果得穀城山下黄石，取而宝祠之。及良死，并葬黄石。每上冢伏腊祠黄石。

子不疑嗣侯。孝文三年坐不敬，国除。

译文：

张良，字子房，他的祖先是韩国人。祖父名开地，任韩昭侯、宣惠王、襄哀王宰相。父亲名平，任韩釐王和悼惠王宰相。悼惠王二十三年，平去世。在他死后二十年，秦国灭了韩。当时张良年轻，不曾在韩国做官。韩国灭亡以后，张良家中还有奴仆三百人，弟弟死了也不用厚礼安葬，却以全部家产寻求勇士谋刺秦王，替韩国报仇，因为他的祖父、父亲曾经做过五代韩王的宰相。

张良曾经在淮阳学习礼制，还东游会见仓海君，找到了一个大力士，给他打了一个重一百二十斤的大铁椎。秦始皇巡游东方，到了博浪沙这个地方，张良和这个大力士伏击秦始皇，误中了随从之车。秦始皇大怒，在全国大肆搜捕，急于要抓到刺客。于是，张良便改名换姓，逃亡到下邳躲藏起来。

张良曾经得空闲游漫步到下邳的桥上，有一个老人，穿着粗布短衣，走到张良的面前，故意把鞋子掉到桥下，并看着张良说："小伙子，下去把鞋拾起来！"张良感到惊讶，想揍他一顿。因为看他年老，便勉强忍住气，到桥下把鞋捡了上来，顺势跪着递给他。老人把脚伸出去接鞋穿上，便笑着扬长而去。张良极其惊讶。老人离开约一里路，又返回说道："你这小伙子可以教育。五天后的拂晓，跟我在这里相会。"张良因而感到奇怪，跪下说："是。"五天后天明，张良到了那里。老人已经先到了，他生气地说："跟老年人约会，反而后到，为什么？走吧，过五天早点来相会。"第五天，鸡刚叫张良就去了。老人又先在那里了，又生气地说："比我后到，为什么？走吧，过五天早点来相会。"过了五天，张良半夜就去了，过了一会儿，老人也来了，高兴地说："应当像这样。"随即掏出一本书，说道："读了这本书就可以做帝王的老师了。十年以后你就会成功，十三年以后小伙子来见我，济北谷城山下的那块黄石就是我。"于是离开不见了。天亮后张良看这本书，就是《太公兵法》。他因而觉得这本书很不寻常，经常温习背诵。

张良在下邳居住时，仗义行侠。项伯曾经杀了人，躲避在张良那里。

过了十年，陈涉等人起义，张良也聚集了一百多个青年。景驹自立为代理楚王，王都设在留县。张良想去投靠，途中遇到了沛公。沛公这时率领几千人马刚刚攻占了下邳，张良便归附了他。沛公任命张良为厩将。张良多次用《太公兵法》向沛公献策，沛公很高兴，常常采用他的计策。张良向别人讲《太公兵法》，别人都不能领悟。张良说："沛公大概是天赋之才。"所以跟随沛公，不再离去。

沛公来到薛邑，会见项梁，共同拥立楚怀王。于是，张良劝项梁道："您已经拥立了楚王的后代，而韩国的公子中横阳君韩成贤能，可以立为王，这样便更能培植起同盟的势力。"项梁派张良找到韩成，立他为韩王。以张良作韩国司徒，和韩王一起率领一千多人向西攻取韩国原来的领地，夺得了几座城邑，但秦军却立即又夺了回去，这样韩军只在颍川一带游击作战。

沛公从雒阳向南穿过轘辕山，张良领兵跟随沛公，攻下韩地十余座城邑，击溃了杨熊的军队。于是，沛公让韩王韩成留守阳翟，自己与张良一同南下，攻下宛县，向西进入武关。沛公想用二万兵攻打秦峣关下的守军，张良劝告说："秦军还强大，不可以轻视。我听说那里的守将是屠户的儿子，市侩小人容易用钱财收买。希望沛公暂且留下坚守营垒，派人先向前去，准备五万人的锅灶，并在各山头上张挂旗帜作为疑兵，同时派郦食其携带贵重宝物去贿赂秦军将领。"秦军将领果然想和沛公联合西进袭击咸阳。沛公打算答应秦将。张良说："这只是那些秦将想要叛秦，恐怕士兵不一定服从。士兵不从必给我们带来危害，不如乘其懈怠时进攻他们。"于是，沛公率军进击秦军，大败秦军，并追击逃兵直到蓝田，再次交战。秦军彻底失败。于是，沛公进入咸阳，秦王子婴投降了沛公。

沛公进入秦宫，看到宫室、帷帐、狗马、贵重宝物、宫女数以千计，心想留下住在那里。樊哙前来劝阻，沛公不听。张良说："秦国实行暴虐无道的政策，所以沛公才能到这里。为天下人除掉残害百姓的暴政，就该节俭朴素来显示本色。现在刚刚进入秦都，就要安享其乐，这就是人们所说的'助桀为虐'。况且'忠言逆耳利于行，良药苦口利于病'，希望沛公听从樊哙的话。"沛公这才回军驻扎在霸上。

项羽来到鸿门，打算进击沛公。项伯便连夜急驰到沛公的军营，私下会见张良，要张良同他一起离开。张良说："我是替韩王来护送沛公的，现在事情紧急，逃离是不合道义的。"于是将情况全部告诉了沛公。沛公大吃一惊，说道："该怎么办呢？"张良说："沛公果真想背叛项羽吗？"沛公说："是个小人劝我封锁函谷关不让诸侯军进来，占有秦地可以称王，所以我听从了他的意见。"张良说："沛公自己估量能击退项羽吗？"沛公沉默了一会儿，说道："现在怎么办呢？"于是，张良邀请项伯见沛公。沛公和项伯一起饮酒，敬酒祝福，约定结为婚姻。请项伯向项羽详细说明沛公不敢背叛项羽，其所以派兵把守函谷关，是为了防备其他强盗。于是项羽便放弃攻击沛公的打算了，这些话记载在《项羽传》中。

汉元年，沛公做了汉王，领有巴蜀之地。汉王赐张良黄金百斤，珍珠二斗，张良全部献给了项伯。汉王也顺便让张良以厚礼送项伯，使项伯代他请求汉中地区，项王就答应了。汉王到封国，张良送以褒中，汉王让张良返回韩国。张良便劝说汉王烧断栈道，向天下表示无返回之心，以稳定项王的心思。于是便让张良返回。然后出发去汉中，把栈道全部烧掉。

张良回到韩国，听说项羽因为张良跟从汉王的缘故，不让韩王韩成到封国，同他一道东归，到彭城时便杀了他。这时汉王也已回军平定三秦，于是张良给项羽送去一封信，说："汉王失职，是想得到关中，只要实现了当初的盟约便停止进军，不敢再向东进。"又因为齐王谋反下书项羽，说："齐国和赵国想共同灭亡楚国。"项羽因此发兵北上进击齐国。

张良抄小路返回汉王处，汉王封张良为成信侯，与自己一道东进击楚。到了彭城，汉王兵败而回。行到下邑，汉王下马靠着马鞍问道："我愿意拿出函谷关以东等地方作为封赏，看谁可以同我共建功业？"张良进言道："九江王黥布，是楚国的猛将，同项王有怨嫌，彭越曾和齐王田荣在梁地反楚，这两个人在紧要关头可以利用。而汉王的将领只有韩信可以托付大事，独当一面。假如想捐出函谷关以东的地方，就送给这三个人，可以打败楚国。"于是，汉王派随何去游说九江王黥布，另派人去联合彭越。等到魏王豹叛汉时，派韩信带兵进击魏王，乘势攻占了燕地、代地、齐地、赵地。这样最后打败楚国，就是靠这三个人的力量。

张良多病，不曾独自带兵作战，常常作为出谋划策的臣子，时时跟随汉王。

汉三年，项羽紧紧地把汉王围困在荥阳，汉王恐惧忧虑，与郦食其商议削弱楚国的势力。郦食其道："往昔商汤讨伐夏桀，封夏朝子孙于杞地；周武王讨伐商纣，封商朝子孙于宋地。如今秦朝抛弃道义，攻伐消灭诸侯各国，使他们的后代没有立锥之地。陛下果真能够重新封立六国的后代，这样他们都会感激陛下的恩德道义，甘愿做陛下的臣民。恩德道义推行起来，陛下就可主宰并称霸天下，楚王也就必然会整饬衣冠毕恭毕敬地前来朝拜。"汉王说："好。赶快刻制印信，先生给他们挂印吧。"

郦食其还没有起程，恰好张良从外面回来拜见汉王。汉王正在吃饭，说道："有一个客人为我出了个削弱楚国力量的主意。"把郦食其的话全告诉了张良，说道："子房你看怎么样？"张良答道："谁为陛下筹划这个计策的？陛下大势已去。"汉王说："为什么？"张良答道："臣请求借用您面前的筷子筹划一下当前的形势。以前商汤、武王讨伐夏桀、商纣而给其子孙封地，那是估量自己能置夏桀、商纣于死地。如今陛下能置项籍于死地吗？这是不可封六国后代的第一个原因。周武王攻入殷，在里门表彰商容，在箕子门前表彰箕子，修缮比干墓。如今陛下能做到吗？这是不可封的第二个原因。周武王曾经发放巨桥粮仓的粮食，散发鹿台府库的金钱，拿来赏赐给贫苦人民。如今陛下能做到吗？这是不可封的第三个原因。商朝灭亡以后，周武王废弃战车改成人乘车，将武器倒放着，向天下表示不再使用了。如今陛下能做到吗？这是不可封的第四个原因。周武王放马于华山的南麓，表示不用战马了。如今陛下能做到吗？这是不可封的第五个原因。周武王把供军事运输用的牛放在桃林的荒野上，向天下表示不再需要运输军粮了。如今陛下能做到吗？这是不可封的第六个原因。况且天下的游士离开他们的父母妻子，弃去祖宗坟墓，别离他们的乡亲故旧，所以来跟随陛下，不过是日夜盼望得到一点封地。如今又恢复了六国的后代，土地皆尽，无以封有功之人，那么天下的游士各自回去侍奉他们的君主，去会他们的亲戚，回到他们的故乡，陛下又依靠谁来打江山呢？这是不可封的第七个原因。如今只有使楚国无从加强力量，如果强盛，六国又要屈从楚国，您又怎能使他们臣服呢？这是不可封的第八个原因。果真采用这位客人的计谋，陛下的事业就完了。"汉王饭也不吃了，吐出口中的食物，骂道："这个下贱文人，几乎坏了你老子的大事！"立即下令迅速销毁印信。

以后韩信攻破齐国后想要自立为齐王。汉王恼怒。张良劝告汉王，汉王派张良授予齐王韩信王印。这些话记载在《韩信传》中。

汉五年冬天，汉王追击楚王到阳夏的南面，战斗不利，坚守固陵营垒，诸侯到约定日期都没有来。张良劝说汉王，汉王采用了他的计策，诸侯军都来了。这些话记载在《高祖纪》中。

汉六年，大封功臣。张良未曾有战功，高帝却说："运筹定计在营帐中，决战决胜在千里之外，这是子房的功劳。你自己选择齐地三万户作为封邑。"张良说："当初我起兵下邳，同皇上在留县会合，这是上天把我交给陛下。陛下采用我的计谋，有时侥幸料中。我希望封赏留县就够了，不敢承受三万户。"于是封张良为留侯，同萧何等人一起受封。

皇上封了大功臣二十多人，其余的人日夜争功，一时无法决定高下，未能进行封赏。皇上住在洛阳南宫，从天桥上望见那些将军们常常三三两两窃窃私语。皇上说："他们说些什么？"张良说："陛下不知道吗？这是在图谋造反啊！"皇上说："天下刚刚安定，是什么缘故还要谋反呢？"张良说："陛下以平民的身份起兵，靠这班人夺取天下，如今陛下做了皇帝，而所封赏的都是萧何、曹参这些向来受到信任的老朋友，所诛杀的都是向来有仇恨的人。现在军吏计算的功劳，天下的领地不够普遍封赏，这些人怕陛下不能封到每人头上，又怕陛下怀疑他们犯过错误将要杀害他们，因此相聚计议造反！"于是，皇上忧恐地说："该怎么办呢？"张良说："皇上平生最憎恨的人，群臣都知道的，哪个最厉害？"皇上说："雍齿与我有旧怨，他曾经多次使我受辱受窘，我本来想要杀了他，因为他功劳多，所以于心不忍。"张良说："现在赶紧先封雍齿，给群臣作个榜样，群臣看见雍齿尚且先受封了，便人人自安了。"于是皇上便摆设酒宴，封雍齿为什方侯，而且催促丞相、御史论功封赏。群臣参加酒宴后，都高兴地说："雍齿尚且封了侯，我们都不必担忧了。"

刘敬向高帝建议建都关中，皇上对此表示怀疑。左右的大臣都是关东地区的人，多数劝皇上建都洛阳，说："洛阳东有成皋，西有崤山、渑池，背靠黄河，面向洛河，它的坚固地形足可依靠！"张良说："洛阳虽然有这样险固的地势，但它的境域小，不过几百里，土地贫瘠，敌人可以四面进攻，这里不是用武之地。那关中地区左有崤山、函谷关，右有陇蜀山脉，肥沃的土地连绵千里，南面有巴蜀的丰富资源，北有草原的畜牧利益，南北西三面都有险阻可凭，只要东面一路钳制着关东的诸侯就行。如果诸侯安定，可通过黄河、渭河转运天下的粮食，西上供给京都；如果诸侯反叛，可以顺流而下，足以聚集运送军粮。这就是所谓金城千里，天府之国。刘敬的建议是正确的。"于是高帝当天起驾，西迁定都于关中。

张良跟随高帝进入函谷关，身体多病，就静居导引，炼气不食五谷，一年多闭门不出。

皇上想要废掉太子，立戚夫人生的儿子赵王如意。很多大臣出面劝阻，都未能改变高帝的决心。吕后惶恐，不知该怎么办，有人对吕后道："留侯善于筹划计策，皇上相信他。"吕后就派建成侯吕泽恳求留侯，说道："您经常做皇上的谋臣，如今皇上天天想要更换太子，您岂能高枕而卧？"张良说："当初皇上多次处于危急之中，幸而采用了我的计策；如今天下安定，因为偏爱的缘故想要更换太子，家人骨肉之间的事情，就是我等百余人出面又有什么用呢？"吕泽请求说："一定给我出个主意。"张良说："这是很难用唇舌争到的。皇上想念又不能招致的有四人。这四个人都已经年老，都因为皇上傲慢蔑视文人，因此逃匿在山中，坚守道义，不做汉朝的臣子。然而皇上敬重这四个人。现在您果真能不吝惜金宝玉帛，叫太子写信，言辞恭谦，配备舒适的车辆，派能言善辩之士去诚恳聘请，他们应该会来。把他们当成贵客看待，让他们经常跟随太子上朝，使皇上看见他们，这对太子是一大帮助。"于是吕后让吕泽派人奉送太子的书信，用谦逊的言辞和丰厚的礼物，迎接这四个人。四人到后，安置在建成侯的府邸里。

汉十一年，黥布反叛，皇上患病，想要派太子统兵，前往讨伐。四位老人相互商议道："我们来的目的，是为了保全太子。太子领兵出战，事情就危险了。"于是劝告建成侯说："太子领兵，有战功地位也不会再有提高；如无功，从此就要遭受祸害。而且和太子一道出征的将军们，都是和皇上打下江山的猛将，现在叫太子去统率，这无异是叫羊去统领狼，都不肯听太子调遣，太子肯定不会取得战功。我们听说'母亲受宠，所生之子必受抚爱，'当前戚夫人日夜陪伴侍奉着皇上，赵王如意经常在皇上面前，皇上说过'无论如何不让没出息的儿子位居我爱子之上'。表明必定要让他取代太子的地位。您何不赶紧请吕后找个机会对皇上哭泣着说：'黥布，是天下的猛将，善于用兵，如今的将领都是陛下早先的同辈，你让太子去率领他们，这些人是肯定不会听从指挥的，而且如果让黥布知道了这情况，便会大张旗鼓地向西进犯。皇上虽然有病，勉强乘坐在篷车里，安卧调护，将军们也不敢不听命尽力。皇上虽然受些苦，强忍一下也要为妻子儿女着想。'"于是吕泽立即星夜去见吕后,吕后找机会向皇上哭泣进言,说了四个人所授意的那番话。皇上说:"我就想到这孩子本来就不足差遣,老子自己去吧。"这样皇上就领兵东征,群臣留守,都来送行到霸上。张良患病,勉强支撑起来,送到曲邮,谒见皇上道:"我本应随从前往,但病情沉重。楚国的人马剽悍迅猛,希望皇上不要和楚人硬拼。"并乘机劝说皇上让太子任将军监护统领关中的人马。皇上说:"子房虽然有病,卧养中也勉强辅导太子。"这时叔孙通已任太傅,张良执行少傅之事宜。

汉十二年,皇上随击败黥布的大军返回,病情加重,更想更换太子。张良劝阻皇上不听,便托病不再任事。叔孙太傅引用古今事例以死争保太子。皇上假作允许,心里仍想更换。等到宴会设置酒席之时,太子侍奉在旁,四个老人跟随太子,他们年纪都已八十多岁,胡须眉毛雪白,衣冠奇特。皇上见此很惊讶,问道:"你们是什么人?"四个老人走上前对答,各自讲出姓名。于是,皇上大惊,说道:"我寻求各位,都避而不见,今天诸位为什么自己来跟随我的儿子呢?"四个老人都道:"陛下轻慢文人,动辄辱骂,臣等决不受辱,所以害怕而逃避隐藏起来。今天闻知太子仁厚孝顺,尊重敬爱文士,天下人无不仰望期待来为太子效死,因此臣等前来。"皇上说:"敬烦诸位能善始终地教导保护太子。"

四人向皇上斟酒祝颂后,有礼貌地快步离去。皇上目送他们,叫戚夫人过来指点着这四个人道:"我想更换太子,他们四个人维护太子,辅佐大臣已经形成,难以变动了。吕后这回真是你的主人了。"戚夫人哭泣起来,皇上道:"给我跳楚舞,我替你唱楚歌。"唱道:"鸿鹄高飞,一举千里。羽翼以就,横绝四海。横绝四海,又可奈何!虽有矰缴,尚安所施!"一连唱了几遍，戚夫人哀叹流涕，皇上起身离去，酒宴完毕。最终没有更换太子，原来是张良招来这四个老人的结果。

张良跟随皇上攻打代地，出奇计攻取马邑，以及建议任命萧何为相国，他所向皇上从容计议了很多天下大事，因为有些对国家的顾亡关系不大，所以不一一记录。于是，张良说道："我家世代为韩国的宰相，在韩国灭亡后，不吝惜万金家财，替韩国向暴秦报仇，天下为之震动。如今以三寸不烂之舌作帝王的军师，封地万户，位至列侯爵位，这是一个平民的最高地位，对我张良来说已经很满足了。愿抛弃人间俗事，打算跟随赤松子游历天下了！"从此就修习道家辟谷，想修炼成仙人。高帝死后，吕后感激张良，便强迫他吃饭，并说："人生一世，就像白马跑过一道缝隙空间那样一刹那，何必这样自讨苦吃！"张良不得已，勉强进食。过了六年，去世，谥号为文成侯。

张良当初在下邳桥上见到的那个给他《太公兵法》的老人，十三年后他随高帝经过济北，果然在谷城山下看见那块黄石，便取来珍重地供奉祭祀。到张良死后，一起安葬黄石。每逢扫墓和伏日、腊日祭祀黄石。

张良儿子不疑继承侯位，孝文帝三年犯了不敬之罪，封国被废除。

陈　平

陈平，阳武户牖乡人也。少时家贫，好读书，治黄帝、老子之术。有田三十亩，与兄伯居。伯常耕田，纵平使游学。平为人长大美色，人或谓平："贫何食而肥若是？"其嫂疾平之不亲家生产，曰："亦食糠覈耳。有叔如此，不如无有！"伯闻之，逐其妇弃之。

及平长,可取妇,富人莫与者,贫者平亦愧之。久之,户牖富人张负有女孙,五嫁夫辄死,人莫敢取,平欲得之。邑中有大丧,平家贫侍丧,以先往后罢为助。张负既见之丧所,独视伟平,平亦以故后去。负随平至其家,家乃负郭穷巷,以席为门,然门外多长者车辙。张负归,谓其子仲曰:"吾欲以女孙予陈平。"仲曰:"平贫不事事,一县中尽笑其所为,独奈何予之女?"负曰:"固有美如陈平长贫者乎?"卒与女。为平贫,乃假贷币以聘,予酒肉之资以内妇。负戒其孙曰:"毋以贫故,事人不谨。事兄伯如事乃父,事嫂如事乃母。"平既娶张氏女,资用益饶,游道日广。

里中社,平为宰,分肉甚均。里父老曰:"善,陈孺子之为宰!"平曰:"嗟乎,使平得宰天下,亦如此肉矣!"

陈涉起王,使周市略地,立魏咎为魏王,与秦军相攻于临济。平已前谢兄伯,从少年往事魏王咎,为太仆。说魏王,王不听。人或谗之,平亡去。

项羽略地至河上,平往归之,从之破秦,赐爵卿。项羽之东王彭城也,汉王还定三秦而东。殷王反楚,项羽乃以平为信武君,将魏王客在楚者往击,殷降而还。项王使项悍拜平为都尉,赐金二十溢。居无何,汉攻下殷。项王怒,将诛定殷者。平惧诛,乃封其金与印,使使归项王,而平身间行杖剑亡。度河,船人见其美丈夫,独行,疑其亡将,要下当有宝器金玉,目之,欲杀平。平心恐,乃解衣裸而佐刺船。船人知其无有,乃止。

平遂至修武降汉,因魏无知求见汉王,汉王召入。是时,万石君石奋为中涓,受平谒。平等十人俱进,赐食。王曰:"罢,就舍矣。"平曰:"臣为事来,所言不可以过今日。"于是汉王与语而说之,问曰:"子居楚何官?"平曰:"为都尉。"是日拜平为都尉，使参乘，典护军。诸将尽讙，曰："大王一日得楚之亡卒，未知高下，而即与共载，使监护长者！"汉王闻之，愈益幸平，遂与东伐项王。至彭城，为楚所败，引师而还。收散兵至荥阳，以平为亚将，属韩王信，军广武。

绛、灌等或谗平曰："平虽美丈夫，如冠玉耳，其中未必有也。闻平居家时盗其嫂；事魏王不容，亡而归楚；归楚不中，又亡归汉。今大王尊官之，令护军。臣闻平使诸将，金多者得善处，金少者得恶处。平，反复乱臣也，愿王察之。"汉王疑之，以让无知，问曰："有之乎？"无知曰："有。"汉王曰："公言其贤人何也？"对曰："臣之所言者，能也；陛下所问者，行也。今有尾生、孝已之行，而无益于胜败之数，陛下何暇用之乎？令楚、汉相距，臣进奇谋之士，顾其计诚足以利国家耳。盗嫂、受金又安足疑乎？"汉王召平而问曰："吾闻先生事魏不遂，事楚而去，今又从吾游，信者固多心乎？"平曰："臣事魏王，魏王不能用臣说，故去事项王。项王不信人，其所任爱，非诸项即妻之昆弟，虽有奇士不能用。臣居楚闻汉王之能用人，故归大王。裸身来，不受金无以为资。诚臣计划有可采者，愿大王用之；使无可用者，大王所赐金具在，请封输官，得请骸骨。"汉王乃谢，厚赐，拜以为护军中尉，尽护诸将。诸将乃不敢复言。

其后，楚急击，绝汉甬道，围汉王于荥阳城。汉王患之，请割荥阳以西和。项王弗听。汉王谓平曰："天下纷纷，何时定乎？"平曰："项王为人，恭敬爱人，士之廉节好礼者多归之。至于行功赏爵邑，重之，士亦以此不附。今大王嫚而少礼，士之廉节者不来；然大王能饶人以爵邑，士之顽顿耆利无耻者亦多归汉。诚各去两短，集两长，天下指麾即定矣。然大王资侮人，不能得廉节之士。顾楚有可乱者,彼项王骨鲠之臣亚父、钟离眛、龙且、周殷之属,不过数人耳。大王能出捐数万斤金,行反间,间其君臣,以疑其心,项王为人意忌信谗,必内相诛。汉因举兵而攻之,破楚必矣。"汉王以为然,乃出黄金万斤予平,恣所为,不问出入。

平既多以金纵反间于楚军,宣言诸将钟离眛等为项王将,功多矣,然终不得列地而王,欲与汉为一,以灭项氏,分王其地。项王果疑之,使使至汉。汉为太牢之具,举进,见楚使,即阳惊曰:"以为亚父使,乃项王使也!"复持去,以恶草具进楚使。使归,具以报项王,果大疑亚父。亚父欲急击下荥阳城,项王不信,不肯听亚父。亚父闻项王疑之,乃大怒曰:"天下事大定矣,君王自为之!愿乞骸骨归!"归未至彭城,疽发背而死。平乃夜出女子二千人荥阳东门,楚因击之。平乃与汉王从城西门出去。遂入关,收聚兵而复东。

明年,淮阴侯信破齐,自立为假齐王,使使言之汉王。汉王怒而骂,平蹑汉王。汉王寤,乃厚遇齐使,使张良往立信为齐王。于是封平以户牖乡。用其计策,卒灭楚。

汉六年,人有上书告楚王韩信反。高帝问诸将,诸将曰:"亟发兵坑竖子耳。"高帝默然。以问平,平固辞谢,曰:"诸将云何?"上具告之。平曰:"人之上书言信反,人有闻知者乎?"曰:"未有。"曰:"信知之乎?"曰:"弗知。"平曰:"陛下兵精孰与楚?"上曰:"不能过也。"平曰:"陛下将用兵有能敌韩信者乎?"上曰:"莫及也。"平曰:"今兵不如楚精,将弗及,而举兵击之,是趣之战也,窃为陛下危之。"上曰:"为之奈何?"平曰:"古者天子巡狩,会诸侯。南方有云梦,陛下第出伪游云梦,会诸侯于陈。陈,楚之西界,信闻天子以好出游，其势必郊迎谒。而陛下因禽之，特一力士之事耳。"高帝以为然，乃发使告诸侯会陈："吾将南游云梦。"上因随以行。行至陈，楚王信果郊迎道中。高帝豫具武士，见信，即执缚之。语在《信传》。

遂会诸侯于陈。还至雒阳，与功臣剖符定封，封平为户牖侯，世世勿绝。平辞曰："此非臣之功也。"上曰："吾用先生计谋，战胜克敌，非功而何？"平曰："非魏无知臣安得进？"上曰："若子可谓不背本矣！"乃复赏魏无知。

其明年，平从击韩王信于代。至平城，为匈奴围，七日不得食。高帝用平奇计，使单于阏氏解，围以得开。高帝既出，其计秘，世莫得闻。高帝南过曲逆，上其城，望室屋甚大，曰："壮哉县！吾行天下，独见雒阳与是耳。"顾问御史："曲逆户口几何？"对曰："始秦时三万余户，间者兵数起，多亡匿，今见五千余户。"于是诏御史，更封平为曲逆侯，尽食之，除前所食户牖。

平自初从，至天下定后，常以护军中尉从击臧荼、陈豨、黥布。凡六出奇计，辄益邑封。奇计或颇秘，世莫得闻也。

高帝从击布军还，病创，徐行至长安。燕王卢绾反，上使樊哙以相国将兵击之。既行，人有短恶哙者。高帝怒曰："哙见吾病，乃几我死也！"用平计，召绛侯周勃受诏床下，曰："陈平乘驰传载勃代哙将，平至军中即斩哙头！"二人既受诏，驰传未至军，行计曰："樊哙，帝之故人，功多，又吕后女弟吕须夫，有亲且贵，帝以忿怒故欲斩之，即恐后悔。宁囚而致上，令上自诛之。"未至军，为坛，以节召樊哙。哙受诏，即反接，载槛车诣长安，而令周勃代将兵定燕。

平行闻高帝崩，平恐吕后及吕须怒，乃驰传先去。逢使者诏平与灌婴屯于荥阳。平受诏,立复驰至宫,哭殊悲,因奏事丧前,吕后哀之,曰:"君出休矣!"平畏谗之就,因固请之得宿卫中。太后乃以为郎中令,曰傅教帝。是后,吕须谗乃不得行。樊哙至,即赦复爵邑。

惠帝(六)〔五〕年,相国曹参薨,安国侯王陵为右丞相,平为左丞相。

译文:

陈平,阳武县户牖乡人。他年轻时家里贫穷,但喜欢读书,研究黄帝、老子的学术。家中有田三十亩,和哥哥陈伯住在一起。陈伯在家种田,而任凭陈平出外求学。陈平长得身材高大,相貌堂堂。有人在背后议论陈平说:"家里那么穷,吃什么长得那么胖?"陈平的嫂嫂嫉恨陈平不在家里劳动生产,就接口说:"也不过是吃糠咽菜罢了。有这样的小叔,还不如没有。"陈伯听到这番话,气得把妻子赶走不要她了。

等到陈平长大该成家时,有钱人家不肯把女儿嫁给他,娶穷人家姑娘他又认为丢面子。过了好久,户牖乡有个富户叫张负的,有一个孙女嫁了五次,嫁一次就死一个丈夫,再也没有人敢娶她。陈平却想娶她。有一次,乡镇上有人办丧事,陈平因为家里贫穷,就去帮忙料理一些杂事。他早去晚归,想多得点报酬以补贴家用。张负在办丧事的人家里见到陈平,看他身材魁伟而喜欢他,陈平也因此走得更晚。张负跟着陈平到他家里看看,陈平的家住在城墙脚下的一条穷巷子里,用一领破席子挂着当门,但是门外却有不少有地位有身份的人来往的车轮印迹。张负回到家里,对儿子张仲说:"我打算把孙女嫁给陈平。"张仲说:"陈平又穷又不从事生产,全县的人都笑话他的行为,为什么偏要把女儿嫁给他?"张负说:"难道像陈平这样一表人才的人会一世贫贱吗?"终于将孙女嫁给了陈平。因为陈平穷,张负就借钱给他作聘礼,还给他一些办酒席的费用让他结婚。张负又告诫孙女说:"不要因为人家穷,就不小心服侍。侍奉哥哥陈伯要像侍奉父亲一样,侍奉嫂嫂要像侍奉母亲一样。"陈平自从娶了张家的女儿以后,资用日益宽裕,交游也更加广泛了。

有一次乡里举行社祭,陈平主持分配祭肉,分得很公平。父老们说:"好啊,陈平这孩子分得好!"陈平说:"唉,如果让我陈平主宰天下,我也会像分这祭肉一样!"

陈胜在陈县起兵称王以后,派周市平定了魏国地区,立魏咎为魏王,与秦军在临济交战。在这以前陈平已辞别了他的哥哥陈伯,跟一些年轻人去临济到魏王魏咎手下做事,魏王任他为太仆。陈平向魏王提出一些建议,魏王根本不听,加上又有人背后说他的坏话,因此陈平逃离了临济。

项羽领兵打到黄河边时,陈平就去投奔项羽,跟随入关攻破秦国,项羽赏给他卿一级的爵位。当项羽东归在彭城称王的时候,汉王回师北上平定了三秦,又向东进军。殷王司马卬背叛楚国。项羽就封陈平为信武君,让他率领魏王魏咎逗留在楚地的门客去攻殷王,降服了殷王后凯旋。项羽派项悍封陈平为都尉,赏给他黄金二十斤。过了不久,汉王又攻下了殷地。项羽大怒,打算杀掉那些平定殷王的将领官吏。陈平害怕被杀,就把项羽封赏给他的黄金和印信打包封好,派人送还项羽,自己单身带一把宝剑从小路逃掉。当他渡黄河的时候,撑船的人见他仪表堂堂,单身独行,怀疑他是个逃亡的将领,腰包里一定有金银财宝,就盯着他,准备杀掉陈平。陈平害怕,就有意脱掉衣服光着膀子帮助撑船。撑船的人知道陈平身上一无所有,才没有下手。

陈平于是到修武投降汉军，通过魏无知的关系求见汉王，汉王就召他进去。这时万石君石奋在汉王身边担任中涓，他接过陈平的名帖，引陈平进见汉王。当时和陈平一同进见的有十人，都受到汉王赏赐给饮食。汉王对他们说："吃了饭，你们到客舍去歇歇吧。"陈平说："我是有要事而来，要讲的事不可以过了今天。"于是汉王就同陈平交谈，对陈平所说的很感兴趣，问他说："你在楚国担任什么官职？"陈平回答说："任都尉。"于是汉王当天就任陈平为都尉，让他做贴身的侍卫，并掌管监督诸将。将领们一听都喧闹起哄，说："大王当天得到楚军的一个逃兵，还不知道他的本领高低，马上就同他共乘一车，反而让他来监督我们这些老将！"汉王听说后，更加宠幸陈平。就带着陈平往东讨伐项王。到了彭城，被楚军击败。领兵撤退，一路上收集败散的士兵退到荥阳，任命陈平为亚将，隶属于韩王信，率军驻扎在广武。

周勃、灌婴等都在汉王面前攻击陈平说："陈平的相貌虽然不错，只怕就像帽子上的美玉一样，只能作装饰，中看不中用。我们听说他在家里时，曾和嫂嫂私通；在魏王身边做事人家不能容他，只得逃跑归楚；在楚不重用，又逃跑归汉。如今大王让他做高官，委他监督诸将。我们听说他接受诸将的贿赂，贿赂多的被派到好地方，贿赂少的就被派到差的地方。陈平是一个反复无常的乱臣，希望大王明察。"于是，汉王怀疑陈平，召来魏无知责问道："有这些事吗？"魏无知说："有。"汉王问："你为什么说他是贤人呢？"魏无知回答："我所说的是才能，陛下问的是品行。如今即使有尾生、孝己那样的品行的人，而对决定战争的胜负却毫无益处，陛下又哪里顾得上使用他们呢？现在楚汉相持不下，我推荐奇才善谋之人，只是考虑他的谋略是不是有利于国家。至于私通嫂嫂、接受贿赂又有什么值得怀疑的呢？"汉王又召见陈平责问他说："侍奉魏王不能善终，侍奉楚王又半途而去，如今又来跟从我，有信用的人难道是这样三心二意的吗？"陈平说："我侍奉魏王，魏王不采纳我的意见，所以去侍奉项王。项王不能信任人，他所信任宠爱的，不是项氏宗族就是妻家的兄弟，虽然有奇才异能之士也不能用，我就离开了楚国。听说汉王能够用人，所以又来归顺大王。我是空手而来，不接受一点钱财就无法办事。如果我的计策确有可供采用的，希望大王采用；如果毫无可取，那么钱财都还在，可以封查缴公，请大王让我辞职回家。"于是，汉王向陈平表示歉意，给他丰厚的赏赐，任他为护军中尉，监督所有将领。从此诸将再也不敢说闲话了。

后来，楚军加紧击汉，切断了汉军运输粮草的甬道，把汉王包围在荥阳城。汉王非常担忧，与楚谈判，请求割荥阳以西的土地给汉，以与楚讲和。项王不同意。汉王对陈平说："天下动乱，什么时候才能安定呢？"陈平说："项羽的为人能恭敬爱人，那些廉节好礼之士都愿意归附他。至于论功行赏封官爵授食邑，他却看得很重，吝惜不给人，士人也因此不愿跟随他。如今大王待人怠慢不注意礼节，那些讲究廉节的人士就不愿意来；但是大王却很舍得把爵位食邑封赏给有功之臣，那些不顾廉节贪利无耻之徒大都来归汉。如果你们两位能各自去掉自己的短处，采取双方的长处，那么只要挥一挥手天下就安定了。可是大王天生的好侮辱人，所以得不到廉节之士。但楚军中存在有可能分裂混乱的因素，那项王身边忠直敢言的臣子像范增、钟离眛、龙且、周殷等，不过寥寥数人。大王如果能舍出几万斤黄金，用反间计去离间项王君臣，使他们心存怀疑，项王为人信谗疑忌，他们内部一定会自相残杀。然后汉军趁机发兵进攻，就一定能够击破楚军。"汉王赞同他的意见，就拨出四万斤黄金给陈平，让他随意使用，不再过问黄金的进出。

陈平用大量黄金在楚军中进行离间活动，在众将官中扬言说钟离眛作为项王的将军，有很大功劳，然而却始终得不到裂土封王的赏赐，他们打算与汉王联合，灭掉项氏，瓜分楚国的土地，各自为王。项羽果然不再信任钟离眛等人。项王既然对钟离眛等产生了怀疑，就派使者到汉王那儿去打听虚实。汉王特地让人准备了丰盛的酒席，端了进去。见到楚的使者，就假装惊讶地说："我以为是亚父的使者，原来是项王的使者！"把酒菜仍旧端了回去，换上粗劣的饭菜给楚使吃。楚使回去把情况报告了项王，项王果然更加怀疑亚父。亚父想快些攻下荥阳城，可是项王不信任他，根本不听他的意见。亚父知道了项王在怀疑自己，就生气地说："天下大事已经定局了，大王自己干吧！我请求辞职还乡。"他回乡还没有走到彭城，就因背部毒疮迸发而病死。于是，陈平在黑夜里派二千名妇女出荥阳城东门，楚军不知虚实，集中兵力攻击，陈平同汉王乘机冲出西门连夜逃走。随即进入关中，收集败散的士兵再次东进。

第二年，淮阴侯韩信攻破齐国，自立为代理齐王，派使者向汉王报告。汉王非常恼怒，大骂韩信。陈平暗中踩了踩汉王的脚，汉王也明白过来了，就很优厚地款待了齐王的使者，并派张良去册封韩信为齐王。又把户牖乡封给陈平。汉王采用了陈平奇计，终于灭掉楚国。

汉六年，有人上书告发楚王韩信谋反。高帝问将领们怎么办，众将说："马上发兵把这小子活埋算了。"高帝默不作声。又去问陈平，陈平再三推辞，反问道："各位将军说些什么？"高帝把众将的意见告诉了他。陈平说："有人上书说韩信谋反，这件事旁人有知道的吗?"高帝说:"没有。"陈平又问:"韩信本人知道吗?"高帝说:"不知道。"陈平接着问道:"陛下的精兵有楚军强吗?"高帝说:"比不过楚。"陈平再问道:"陛下的将军在用兵上有能胜过韩信的吗?"高帝说:"没有人赶得上他。"陈平说:"如今陛下的军队不如楚军精锐,将领比不上韩信的才能,却要起兵去攻打他,这是促使他同我方作战啊,我很替陛下的安危担忧。"高帝说:"那怎么办呢?"陈平说:"古时候天子常视察各地,会见诸侯。南方有个云梦,陛下只要假托说去巡游云梦,在陈县会见诸侯。陈县在楚国的西部边界,韩信听说天子出于与诸侯会见的好意而出来巡游,一定不会感到有什么意外而会到郊外来迎接拜见。当他来拜见的时候,陛下就乘机把他抓起来,这不过是一个力士就能办到的事嘛。"高帝认为他的主意不错,就派使者通知各地诸侯到陈县聚会,说"我即将南游云梦"。高帝随即动身出发。抵达陈县,楚王韩信果然到郊外大路上来迎接。高帝预先已准备好武士,见韩一到,立即将他捆绑起来,装在后面跟随的车上。这些事记在《韩信传》中。

于是汉王与诸侯在陈县聚会。回到洛阳,和功臣剖符定封地,封陈平为户牖侯,给半爿符券由陈平收藏,让他代代相传不绝。陈平辞谢说:"这不是我的功劳啊。"高帝说:"我用了先生的计谋,克敌制胜,这不是功劳是什么?"陈平:"要不是魏无知推荐,我哪里能够向陛下进言献计呢?"高帝赞赏说:"像你真可以说是个不忘本的人了。"于是也封赏了魏无知。

次年,陈平以护军中尉的职衔跟随高帝去代地征讨韩王信的叛乱。到了平城,被匈奴包围,七天吃不上饭。高帝采取了陈平的奇计,派人到单于的夫人那里去活动,才得以解围。高帝脱身以后，对陈平的计策秘而不宣，所以世上没有人知道它的内容。高帝南归路过曲逆县，登上城墙，望见城里房屋很广大，说："好大的县！我走遍天下，只见过洛阳和这里最大。"回头问御史说："曲逆有多少户口？"御史回答说："当初秦朝时有三万多户，经过连年战乱，很多人都逃亡散走，现在还有五千户。"于是高帝命令御史，改封陈平为曲逆侯，享有全县的赋税收入，收回从前所封的户牖乡。

陈平从跟随汉王开始，到天下平定后，经常以护军中尉的职衔跟随高帝讨平陈豨和黥布的叛乱。前后出过六次奇计，每次都立功而增加了封地。奇计有的相当秘密，世人都不知道。

高帝率军平定了黥布的叛乱后回来，因在战场上受了伤而病倒，一路慢行回到长安。听说燕王卢绾阴谋叛乱。就特加樊哙以相国的称号领兵去征讨。出发以后，有人在高帝面前报告说樊哙的坏话。高帝大怒说："樊哙见我生病，就盼望我死。"便采用陈平的计策召绛侯周勃到床前接受命令，说："陈平立即乘传车把周勃送去替代樊哙统率军队，到了军中马上将樊哙斩首！"陈平和周勃接受了诏令，迅速乘传车动身，还没有赶到军队，两人在路上商量说："樊哙是皇上的老朋友，功劳很多，而且又是吕后妹妹吕媭的丈夫，既是皇亲又很显贵，皇上因为一时愤怒的缘故，要将他斩首，恐怕将来会后悔。我们宁可把囚禁起来交给皇上，让皇上自己去处决。"还没有到达军营，便堆土筑坛，用节召樊哙前来受诏。樊哙接受了诏令，就被反绑起来装上囚车，直接送往长安。同时周勃接替樊哙统率军队，平定了燕国的反叛。

陈平在押送樊哙回京的途中听说高帝去世，他害怕吕媭进谗言致使吕后发怒，便乘传车急驰先归。在路上碰到使者携诏命令陈平和灌婴领兵驻扎在荥阳。陈平接了诏令，立刻又乘车赶回宫廷，到高帝灵前哀声痛哭，就在灵堂里向吕太后奏明处理樊哙事件的经过。吕太后怜悯他，就说："你辛苦了，去好好休息吧。"陈平害怕吕须进谗言得逞，再三请求留宿在宫中守卫。太后便任命他为郎中令，对他说："请你好好辅助教导新立皇帝。"从此以后，吕须的谗言才不起作用，樊哙到了长安，当即被赦罪恢复原来的爵位和封地。

孝惠帝六年，相国曹参去世，任命安国侯王陵为右丞相，陈平为左丞相。

王　陵

王陵，沛人也。始为县豪，高祖微时兄事陵。及高祖起沛，入咸阳，陵亦聚党数千人，居南阳，不肯从沛公。及汉王之还击项籍，陵乃以兵属汉。项羽取陵母置军中，陵使至，则东乡坐陵母，欲以招陵。陵母既私送使者，泣曰："愿为老妾语陵，善事汉王。汉王长者，母以老妾故持二心。妾以死送使者。"遂伏剑而死。项王怒，亨陵母。陵卒从汉王定天下。以善雍齿，雍齿，高祖之仇。陵又本无从汉之意，以故后封陵，为安国侯。

陵为人少文任气，好直言，为右丞相二岁，惠帝崩。高后欲立诸吕为王，问陵。陵曰："高皇帝刑白马而盟曰：'非刘氏而王者，天下共击之'。今王吕氏，非约也。"太后不说。问左丞相平及绛侯周勃等，皆曰："高帝定天下，王子弟；今太后称制，欲王昆弟诸吕，无所不可。"太后喜。罢朝，陵让平、勃曰："始与高帝喋血而盟，诸君不在邪？今高帝崩，太后女主，欲王吕氏，诸君纵欲阿意背约，何面目见高帝于地下乎！"平曰："于面折廷争，臣不如君；全社稷，定刘氏后，君亦不如臣。"陵无以应之。于是吕太后欲废陵，乃阳迁陵为帝太傅，实夺之相权。陵怒，谢病免，杜门竟不朝请，十年而薨。

陵之免，吕太后徙平为右丞相，以辟阳侯审食其为左丞相。食其亦沛人也。汉王之败彭城西，楚取太上皇、吕后为质，食其以舍人侍吕后。其后从破项籍为侯，幸于吕太后。及为相，不治，监宫中，如郎中令，公卿百官皆因决事。

吕须常以平前为高帝谋执樊哙，数逸平曰："为丞相不治事，日饮醇酒，戏妇人。"平闻，日益甚。吕太后闻之，私喜。面质吕须于平前，曰："鄙语曰'儿妇人口不可用'，顾君与我何如耳，无畏吕须之谮。"

吕太后多立诸吕为王，平伪听之。及吕太后崩，平与太尉勃合谋，卒诛诸吕，立文帝，平本谋也。审食其免相。文帝立，举以为相。

太尉勃亲以兵诛吕氏，功多；平欲让勃位，乃谢病。文帝初立，怪平病，问之。平曰："高帝时，勃功不如臣；及诛诸吕，臣功亦不如勃。愿以相让勃。"于是乃以太尉勃为右丞相，位第一；平徙为左丞相，位第二。赐平金千斤，益封三千户。

居顷之，上益明习国家事，朝而问右丞相勃曰："天下一岁决狱几何？"勃谢不知。问："天下钱谷一岁出入几何？"勃又谢不知。汗出洽背，愧不能对。上亦问左丞相平。平曰："各有主者。"上曰："主者为谁乎？"平曰："陛下即问决狱，责廷尉；问钱谷，责治粟内史。"上曰："苟各有主者，而君所主何事也？"平谢曰："主臣！陛下不知其驽下，使待罪宰相。宰相者，上佐天子理阴阳，顺四时，下遂万物之宜，外填抚四夷诸侯，内亲附百姓，使卿大夫各得任其职也。"上称善。勃大惭，出而让平曰："君独不素教我乎！"平笑曰："君居其位，独不知其任邪？且陛下即问长安盗贼数，又欲强对邪？"于是绛侯自知其能弗如平远矣。居顷之,勃谢免相,而平颛为丞相。

孝文二年,平薨,谥曰献侯。传子至曾孙何,坐略人妻弃市。王陵亦至玄孙,坐酎金国除。辟阳侯食其免后三岁而为淮南王所杀,文帝令其子平嗣侯。淄川王反,辟阳近淄川,平降之,国除。

始,平曰:"我多阴谋,道家之所禁。吾世即废,亦已矣,〔终〕不能复起,以吾多阴祸也。"其后曾孙陈掌以卫氏亲戚贵,愿得续封(之),然终不得也。

译文:

王陵,沛县人,当初是县里的豪绅。高帝为平民的时候,像对待兄长那样对待王陵。到了高帝在沛县起兵,打进咸阳时,王陵也聚集了好几千人,驻在南阳,不肯跟从沛公。等到汉王回军进攻项羽的时候,王陵才领兵归汉王。项羽劫持了王陵的母亲并安置在军营中,当王陵派遣的使者到来时,项羽安排王陵的母亲朝东坐在贵宾的位子上,想借以招致王陵归楚。当使者临别,王陵的母亲偷偷地去送行,哭着对使者说:"请你替老身转告王陵,要小心侍奉汉王。汉王是个仁慈宽厚的人,不要因为我老身的缘故而三心二意。我现在以一死来给你送行。"说完就举剑自刎而死。项羽非常震怒,竟将王陵母亲的尸体投进大锅里烹煮掉。王陵也终于跟随汉王平定了天下。因为王陵同雍齿交情很好,而雍齿却是高帝的仇人,加上王陵本来就不愿意跟从高帝,所以受封也较晚,封号为安国侯。

王陵为人不讲究文雅,纵任意气,喜欢直言。王陵当上右丞相,过了二年,孝惠帝去世。吕太后打算立她娘家的吕姓兄弟子侄为王,先征询王陵,王陵说:"高帝曾将一匹白马杀掉来盟誓说'非刘氏而称王的,世人一起击灭他。'如今让吕氏称王,不符合盟约。"太后听了不高兴,又问左丞相陈平和绛侯周勃等人,都说:"高帝平定天下,封子弟为王。而现在太后掌权,想让你兄弟吕氏称王,也没有什么不可以。"太后高兴并退朝。王陵责骂陈平、周勃说:"当初和高帝喝血而盟誓时,诸君不在吗?现在高帝死了,太后临朝掌管国政,想让吕氏称王,诸君纵容太后的欲望,阿谀奉承,违背盟约,有什么脸面见九泉之下的高帝?"陈平说:"当面在朝廷上争论,我比不上你。管理国家,选定刘氏的后继者,你不如我。"王陵无言以对。吕后恼恨王陵,就假意提升王陵为皇帝的太傅,实际上是不用他。王陵一气之下就称病辞职,在家闭门不出,也不按时朝见皇帝,十年后去世。

王陵被免去丞相职务后,吕太后就提升陈平为右丞相,用辟阳侯审食其担任左丞相。审食其也是沛县人。当初汉王在彭城以西被项王击败时,楚国把汉王的父亲和吕后抓去作为人质,审食其以舍人的身份侍奉吕后。后来他跟随汉王打败项羽被封为侯,得到吕太后的宠幸。等到他做了丞相,住在皇宫里,满朝文武百官都得通过他才能决断事情。

吕须因为陈平从前曾经为高帝出主意逮捕樊哙,多次在吕后面前讲陈平的坏话,说:"陈平当丞相不管事,天天饮美酒,玩女人。"陈平听到以后,就更加放纵地饮酒作乐。吕太后知道了,心中暗暗高兴,当着吕须的面对陈平说:"俗话说,'小孩女人的话听不得',现在就看你对我的态度怎样了。不要怕吕须讲你的坏话。"

吕太后立吕家的兄弟子侄等为王,陈平假装顺从。等到吕太后去世,陈平就与太尉周勃合谋,终于杀掉吕家子弟,拥立孝文皇帝即位，主要也是陈平出的主意。这时审食其被免去丞相的职务。文帝即位后，想让陈平、周勃作丞相。

孝文帝即位以后，以为太尉周勃亲自带兵诛灭吕家子弟，功劳最大；陈平因此就想把最高的职位让给周勃，故意称病不朝。孝文帝认为自己刚即位，陈平就生病，觉得有点奇怪，就去问陈平。陈平说："高帝时，周勃的功劳不如我陈平。这次诛灭吕氏，我的功劳也不如周勃。我愿意把右丞相的职位让给他。"于是孝文帝就让周勃担任右丞相，位次第一；陈平调任左丞相，位次第二。又赏给陈平黄金千斤，加封食邑三千户。

过了一些时候，孝文帝已经逐渐了解熟悉国家大事，在上朝时问右丞相周勃说："全国一年审理判决多少案件？"周勃不知道。"那么全国一年钱粮的收支有多少呢？"周勃还是回答不出，只急得汗流浃背，惭愧自己一问三不知。于是文帝就问左丞相陈平。陈平说："这些自有主管的人。"文帝问："主管的人是谁？"陈平回答："陛下如果要了解审判案件，可以询问廷尉；要了解钱粮的收支，可以询问治粟内史。"文帝说："既然各有主管的人，那么你又主管些什么事呢？"陈平说："臣今冒死罪回答！陛下不了解我的才智平庸，让我担任了宰相的重任。作为宰相，对上应该辅佐天子调理阴阳，顺应四时；对下哺育万物适时生长；对外镇抚四夷和诸侯；对内爱护团结百姓，使公卿大夫各尽其职。"孝文帝非常满意。右丞相周勃惭愧得无地自容，出朝后埋怨陈平说："你平常就是不教我怎样回答皇上的问话！"陈平笑着说："你身居宰相的职位，难道不知道自己的职责？假如陛下问起长安城里有多少盗贼，你也勉强回答吗？"于是周勃知道自己的才智比陈平差得很远。过了一些时候，周勃借口有病请求免去右丞相的职务，陈平就独自担任丞相之职。

孝文帝二年，丞相陈平去世，谥号为献侯。传位到孙子陈何。陈何因为强抢别人的妻子犯了罪，被判处死刑。王陵传位到玄孙，后因给武帝献助祭祀金子的成色不足而被废除封国。辟阳侯审食其免官后三年而被淮南王杀死，文帝让他的儿子审平继承侯位。淄川王谋反时，辟阳临近淄川，审平投降，封国被废除。

当初陈平说："我多用密谋，是道家所禁止的，我的爵位这一代就废除了，完了，再也不会起家了，就是因为我多阴谋之祸的缘故。"

周　勃

周勃，沛人（也）。其先卷人也，徙沛。勃以织薄曲为生，常以吹箫给丧事，材官引强。

高祖为沛公初起，勃以中涓从攻胡陵，下方与。方与反，与战，却敌。攻丰。击秦军砀东。还军留及萧。复攻砀，破之。下下邑，先登，赐爵五大夫。攻（兰）〔蒙〕、虞，取之。击章邯车骑殿。略定魏地。攻辕戚、东缗，以往至栗，取之。攻啮桑，先登。击秦军阿下，破之。追至濮阳，下蕲城。攻都关、定陶，袭取宛朐，得单父令。夜袭取临济，攻寿张，以前至卷，破李由雍丘下。攻开封，先至城下为多。后章邯破项梁，沛公与项羽引兵东如砀。自初起沛还至砀，一岁二月。楚怀王封沛公号武安侯，为砀郡长。沛公拜勃为襄贲令。从沛公定魏地，攻东郡尉于成武，破之。攻长社，先登。攻颍阳、缑氏，绝河津。击赵贲军尸北。南攻南阳守齮，破武关、峣关。攻秦军于蓝田。至咸阳，灭秦。

项羽至，以沛公为汉王。汉王赐勃爵为威武侯。从入汉中，拜为将军。还定三秦，赐食邑怀德。攻槐里、好畤，最。北击赵贲、内史保于咸阳，最。北救漆。击章平、姚卬军。西定汧。还下郿、频阳。围章邯废丘，破之。西击益已军，破之。攻上邦。东守峣关。击项籍。攻曲遇，最。还守敖仓，追籍。籍已死，因东定楚地泗水、东海郡，凡得二十二县。还守雒阳、栎阳，赐与颍阴侯共食钟离。以将军从高祖击燕王臧荼，破之易下。所将卒当驰道为多。赐爵列侯，剖符世世不绝。食绛八千二百八十户。

以将军从高帝击韩王信于代，降下霍人。以前至武泉，击胡骑，破之武泉北。转攻韩信军铜鞮，破之。还，降太原六城。击韩信胡骑晋阳下，破之，下晋阳。后击韩信军于硰石，破之，追北八十里。还攻楼烦三城，因击胡骑平城下，所将卒当驰道为多。勃迁为太尉。

击陈豨，屠马邑。所将卒斩豨将军乘马降。转击韩信、陈豨、赵利军于楼烦，破之。得豨将宋最、雁门守圂。因转攻得云中守遬、丞相箕肆、将军博。定雁门郡十七县、云中郡十二县。因复击豨灵丘，破之，斩豨丞相程纵、将军陈武、都尉高肆。定代郡九县。

燕王卢绾反，勃以相国代樊哙将，击下蓟，得绾大将抵、丞相偃、夺陉，太尉弱、御史大夫施屠浑都。破绾军上兰，后击绾军沮阳。追至长城，定上谷十二县、右北平十六县、辽东二十九县、渔阳二十二县。最从高帝得相国一人，丞相二人，将军，二千石各三人；别破军二，下城三，定郡五、县七十九，得丞相、大将各一人。

勃为人木强敦厚，高帝以为可属大事。勃不好文学，每召诸生说士，东乡坐责之："趣为我语。"其椎少文如此。

勃既定燕而归，高帝已崩矣，以列侯事惠帝，惠帝六年，置太尉官，以勃为太尉。十年，高后崩。吕禄以赵王为汉上将军，吕产以吕王为相国，秉权，欲危刘氏。勃与丞相平、朱虚侯章共诛诸吕。语在《高后纪》。

于是阴谋以为"少帝及济川、淮阳、恒山王皆非惠帝子,吕太后以计诈名它人子,杀其母,养之后宫,令孝惠子之,立以为后,用强吕氏。今已灭诸吕,少帝即长用事,吾属无类矣,不如视诸侯贤者立之。"遂迎立代王,是为孝文皇帝。

东牟侯兴居,朱虚侯章弟也,曰:"诛诸吕,臣无功,请得除宫。"乃与太仆汝阴〔侯〕滕公入宫。滕公前谓少帝曰:"足下非刘氏,不当立。"乃顾麾左右执戟,皆仆兵罢。有数人不肯去,宦者令张释谕告,亦去。滕公召乘舆车载少帝出。少帝曰:"欲持我安之乎?"滕公曰:"就舍少府。"乃奉天子法驾,迎皇帝代邸,报曰:"宫谨除。"皇帝入未央宫,有谒者十人持戟卫端门,曰:"天子在也,足下何为者?"不得入。太尉往喻,乃引兵去,皇帝遂入。是夜,有司分部诛济川、淮阳、常山王及少帝于邸。

文帝即位,以勃为右丞相,赐金五千斤,邑万户。居十余月,人或说勃曰:"君既诛诸吕,立代王,威震天下,而君受厚赏、处尊位以厌之,则祸及身矣!"勃惧,亦自危,乃谢请归相印。上许之。岁余,陈丞相平卒,上复用勃为相。十余月,上曰:"前日吾诏列侯就国,或颇未能行,丞相朕所重,其为朕率列侯之国。"乃免相就国。

岁余,每河东守尉行县至绛,绛侯勃自畏恐诛,常被甲,令家人持兵以见。其后人有上书告勃欲反,下廷尉,逮捕勃治之。勃恐,不知置辞。吏稍侵辱之。勃以千金与狱吏,狱吏乃书牍背示之,曰"以公主为证"。公主者,孝文帝女也,勃太子胜之尚之,故狱吏教引为证。初,勃之益封,尽以予薄昭。及系急,薄昭为言薄太后,太后亦以为无反事。文帝朝,太后以冒絮提文帝，曰："绛侯绾皇帝玺，将兵于北军，不以此时反，今居一小县，顾欲反邪！"文帝既见勃狱辞，乃谢曰："吏方验而出之。"于是使使持节赦勃，复爵邑。勃既出，曰："吾尝将百万军，安知狱吏之贵也！"

勃复就国，孝文十一年薨，谥曰武侯。子胜之嗣，尚公主不相中，坐杀人，死，国绝。一年，文帝乃择勃子贤者河内太守亚夫复为侯。

译文：

周勃，沛县人。他的祖先是卷县人，后迁徙到沛县。周勃靠编织苇薄为生，并经常在丧事上为人家吹箫，力量强大，能拉开强有力的弓弩。

汉高祖在沛县刚刚起兵时，周勃作中涓跟从高祖攻打胡陵，夺取方与。方与反叛，又与敌作战，打退敌军。攻打丰邑，在砀县东部攻击秦军，又回师攻打留县和萧县。二次攻打砀县，夺取该县。攻打下邑县时，冲锋陷阵，率先登城。因军功巨大，高祖赐给他五大夫的爵位。攻打蒙地、虞地，皆获胜并夺得这些地区。周勃消灭了章邯的后续部队，并占领了魏地。攻打辕戚、东缗，直打到栗县，攻战了县城。攻打啮桑，冲锋在前。在阿地攻打秦军，消灭敌人。追击敌军到濮阳，攻占蕲城。攻打都关、定陶两地，出奇制胜夺取宛朐，抓获单父的县令。深夜偷袭夺取临济，攻打寿张，向前追击至卷县。在雍丘县打败李由的军队。攻打开封时，周勃首先打到城下，他的功劳最多。不久章邯的军队打败了项梁所统率的军队，沛公和项羽率军向东前往砀地。自从在沛县起兵至打下砀地，前后共一年零两个月。楚怀王封沛公号"武安侯"，为砀郡的郡长。沛公任命周勃为襄贲的县令。周勃又跟从沛公平定魏地，在成武攻打东郡的都尉，打败敌军。攻打长社，捷足先登。攻占颍阳、缑氏，封锁黄河的渡口。在尸北击败赵贲的军队。又向南攻下南阳郡守齮，攻占武关、峣关。在蓝田打败秦军。打到咸阳，灭亡了秦朝。

项羽到达咸阳后，让沛公作汉王。汉王赐周勃爵位"威武侯"。跟从沛公进入汉中，任命他为将军。还师平定三秦后，又赐给他怀德作食邑。攻打槐里、好畤，他所率领的士兵中所立战功最大。向北在咸阳击败越贲、内史保的军队。他的士兵又是战功最大的。向北解救了被困的漆县。击败章平、姚卬的军队。向西平定了汧县。还军攻下郿、频阳两县。包围章邯于废丘，大败敌军。向西攻击益已所率之军，一举歼灭。攻打上邽，向东守住峣关。击败项籍军队。攻打曲遇时，周勃的士卒立功最大。还师坚守敖仓，追击项籍军队。项籍死后，周勃率军趁势向东平定了楚地的泗水、东海两郡，共攻占二十二个县。又还师坚守洛阳、栎阳，赐周勃与颍阴侯共享有钟离县作食邑。又作为将军跟从高祖击败燕王臧荼，在易县消灭敌军。周勃所率的士兵多为高祖的开路先锋。高祖赐他爵位为列侯，剖符为证，使爵位世代相传，赐绛地的八千二百八十户作食邑。

周勃又作为将军跟从高帝在代地攻打韩王韩信，收降霍人县。向前进军到达武泉，在武泉北打败匈奴的骑兵。转而在铜鞮攻打韩信军，一举灭敌。还军又占领太原的六座城池。在晋阳攻打韩信所率的匈奴骑兵，打败敌军。不久又在硰石攻打韩信的军队，消灭敌军。向北追击八十里。还师攻取楼烦三座城，趁势在平城击败匈奴骑兵，周勃所率领的士卒多为高祖的开路先锋。周勃升迁为太尉。

周勃又击败陈豨的军队，在马邑消灭了敌军。周勃所率领的士卒斩杀了陈豨的将军乘马降。又转向在楼烦攻击韩信、陈豨和赵利的军队，歼灭敌军。俘虏陈豨的将领宋最、雁门郡守圂。乘胜进攻，俘获云中郡守遫、丞相箕肆、将军博。平定雁门郡十七个县，云中郡十二个县。随即再次攻打在灵丘进攻陈豨，打败敌军，夺取该地，斩杀了陈豨、丞相程纵、将军陈武、都尉高肆。平定代郡九个县。

燕王卢绾谋反，周勃作为相国代替樊哙出兵，在蓟县击败敌兵，抓获卢绾的将大抵、丞相偃、郡守陉、太尉弱、御史大夫施屠浑都。在上兰打败卢绾的军队，后又在沮阳击败卢绾军队。追击敌军到长城，夺取上谷十二个县，右北平十六个县，辽东二十九个县，渔阳二十二个县。周勃跟从高帝作战总共抓获相国一人，丞相二人，将军、二千石将领各三人；周勃又歼灭敌二支军队，攻下城池三个，平定郡县七十九个，俘获丞相、大将各一人。

周勃为人质朴敦厚，高帝认为可以托付给他大事。周勃不喜好文学，每次召集文人们谈话，他面向东而坐，用命令口气说："有话快说吧。"周勃说话粗鲁没有文化就是这个样子。

周勃在平定燕地率军归来后，高帝已死，诸位大臣辅佐惠帝。惠帝六年，设置太尉官，任命周勃为太尉。十年，吕后死。吕禄以赵王身份任汉朝廷的上将军，吕产以吕王身份任相国，大权独揽，想推翻刘氏天下。周勃与丞相陈平、朱虚侯章共同诛杀了吕氏集团。此事记载在《高帝纪》中。

于是他们私下谋划，认为："少帝和济川、淮阳、恒山王都不是惠帝的儿子，吕太后用计将他人的儿子冒名顶替为皇子，杀了他们的母亲，养在后宫，让孝惠帝作为自己的儿子，立为后代，用来加强吕氏的力量。现在吕氏已被消灭，少帝要是长大能掌权，我们就会被斩尽杀绝了，不如选诸侯中贤能的人立为皇帝。"于是迎立代王,这便是孝文皇帝。

东牟侯兴居是朱虚侯章的弟弟,他说:"诛杀吕氏,我没立功,请求去清除宫中祸害。"于是和太仆汝阴侯滕公一起入宫,滕公走到少帝面前说:"你不属刘氏,不应当立为皇帝。"于是命令少帝左右拿着兵器的护卫放下武器离开。有几个人不肯离去,宦者令张释向他们解释说明,他们才肯离开。滕公召来车驾迎接少帝出宫。少帝说:"想把我挟持到什么地方呢?"滕公说:"住在少府。"又用天子的车马,到代王的府邸迎接皇帝,禀报说:"宫内已经肃清。"皇帝要进入未央宫,有十个护卫手持戟站在正门守护,说:"天子住在里面,你是什么人?"不让皇帝入内。太尉前往说明,于是守护才撤离,于是皇帝进入未央宫。这天夜里,官吏在府邸分别诛杀了济川、淮阳、常山王和少帝。

文帝即位后,任命周勃为右丞相,赏赐黄金五千斤,食邑万户。居住十多个,有人说周勃:"你诛杀吕氏,拥立代王,功劳威望镇服天下人,而你又受到丰厚的赏赐,位于尊贵的要职,长久下去会祸及自身。"周勃惧怕,也感到自身难保,便请求辞去丞相,皇上允许他。一年多后,丞相陈平死,皇上再次任命周勃为丞相。十多个月后,皇上说:"前天我诏列侯让他们回到自己的封国,有的很不愿去,丞相是我所器重的人,你为我率领列侯回到封国。"于是周勃免去丞相职务回到封地。

一年后,每次河东守尉到县巡视来到绛,绛侯周勃都担心自己被诛杀,便经常身披盔甲,让家中侍卫手持武器来见守尉。以后有人向皇上禀报说周勃要谋反。皇上下令廷尉逮捕周勃并惩治他。周勃惧怕,不知如何分辨才好。办事的官员对他有些打骂侮辱。周勃给监狱官员一千两银子以贿赂之。于是,那个官员在他的木简背面写字给周勃看,上面写着"以公主为证"。公主是孝文帝的女儿,嫁给了周勃的长子胜之。因此监狱官员让他去找公主开脱。起初,周勃将增加的封地全部都送给了文帝舅薄昭。到情况危急时,薄昭便为他在薄太后面前辨明是非,太后也认为周勃没有做谋反的事。文帝上朝时,太后用覆在额上的头巾扔向文帝,说道:"绛侯在手持皇帝的国玺,统率北军时不曾反叛,如今住在一个小县城反而要谋反吗?"文帝看过周勃的狱辞后道歉说:"是官吏们发现后说出来的。"于是派使者手拿皇帝的文书赦免周勃恢复他的爵位和食邑。周勃从狱中出来后说:"我曾经率领过千军万马,怎么知道监狱中的官吏也如此威风。"

周勃再次回到封国,孝文帝十一年死,谥号武侯。儿子胜之继承爵位,由于和公主结婚情意不相投,犯杀人罪,被处死,封国被废除。

汉书卷四十三

郦陆朱刘叔孙传第十三

叔孙通

叔孙通,薛人也。秦时以文学征,待诏博士。数岁,陈胜起,二世召博士诸儒生问曰:"楚戍卒攻蕲入陈,于公何如?"博士诸生三十余人前曰:"人臣无将,将则反,罪死无赦。愿陛下急发兵击之。"二世怒,作色。通前曰:"诸生言皆非。夫天下为一家,毁郡县城,铄其兵,视天下弗复用。且明主在上,法令具于下,吏人人奉职,四方辐辏,安有反者!此特群盗鼠窃狗盗,何足置齿牙间哉?郡守尉今捕诛,何足忧?"二世喜,尽问诸生,诸生或言反,或言盗。于是二世令御史按诸生言反者下吏,非所宜言。诸生言盗者皆罢之。乃赐通帛二十匹,衣一袭,拜为博士,通已出,反舍,诸生曰:"生何言之谀也?"通曰:"公不知,我几不免虎口!"乃亡去之薛,薛已降楚矣。

及项梁之薛,通从之。败定陶,从怀王。怀王为义帝,徙长沙,通留事项王,汉二年,汉王从五诸侯入彭城,通降汉王。通儒服,汉王憎之,乃变其服,服短衣,楚制。汉王喜。

通之降汉,从弟子百余人,然无所进,剸言诸故群盗壮士进之。弟子皆曰:"事先生数年,幸得从降汉,今不进臣等,剸言大猾,何也?"通乃谓曰:"汉王方蒙矢石争天下,诸生宁能斗乎?故先言斩将搴旗之士。诸生且待我,我不忘矣。"汉王拜通为博士,号稷嗣君。

汉王已并天下,诸侯共尊为皇帝于定陶,通就其仪号。高帝悉去秦仪法,为简易。群臣饮争功,醉或妄呼,拔剑击柱,上患之。通知上益厌之,说上曰:"夫儒者难与进取,可与守成。臣愿征鲁诸生,与臣弟子共起朝仪。"高帝曰:"得无难乎?"通曰:"五帝异乐,三王不同礼。礼者,因时世人情为之节文者也。故夏、殷、周礼所因损益可知者,谓不相复也。臣愿颇采古礼与秦仪杂就之。"上曰:"可试为之,令易知,度吾所能行为之。"

于是通使征鲁诸生三十余人。鲁有两生不肯行,曰:"公所事者且十主,皆面腴亲贵。今天下初定,死者未葬,伤者未起,又欲起礼乐。礼乐所由起,百年积德而后可兴也。吾不忍为公所为。公所为不合古,吾不行。公往矣,毋污我!"通笑曰:"若真鄙儒,不知时变。"

遂与所征三十人西,及上左右为学者与其弟子百余人为绵蕞野外。习之月余,通曰:"上可试观。"上使行礼,曰:"吾能为此。"乃令群臣习肄,会十月。

汉七年,长乐宫成,诸侯群臣朝十月。仪:先平明,谒者治礼,引以次入殿门。廷中陈车骑戍卒卫官,设兵,张旗志。传曰"趋"。殿下郎中侠陛,陛数百人。功臣、列侯、诸将军、军吏以次陈西方,东乡;文官丞相以下陈东方,西乡。大行设九宾,胪句传。于是皇帝辇出房,百官执戟传警,引诸侯王以下至吏六百石以次奉贺。自诸侯王以下莫不震恐肃敬。至礼毕,尽伏,置法酒。诸侍坐殿下皆伏抑首，以尊卑次起上寿。觞九行，谒者言"罢酒"。御史执法举不如仪者辄引去。竟朝置酒，无敢喧哗失礼者。于是高帝曰："吾乃今日知为皇帝之贵也！"拜通为奉常，赐金五百斤。

通因进曰："诸弟子儒生随臣久矣，与共为仪，愿陛下官之。"高帝悉以为郎。通出，皆以五百金赐诸生。诸生乃喜曰："叔孙生圣人，知当世务。"

九年，高帝徙通为太子太傅。十二年，高帝欲以赵王如意易太子，通谏曰："昔者晋献公以骊姬故，废太子，立奚齐，晋国乱者数十年，为天下笑。秦以不早定扶苏，故胡亥诈立，自使灭祀，此陛下所亲见。今太子仁孝，天下皆闻之；吕后与陛下攻苦食啖，其可背哉！陛下必欲废适而立少，臣愿先伏诛，以颈血污地。"高帝曰："公罢矣，吾特戏耳。"通曰："太子天下本，本壹摇天下震动，奈何以天下戏！"高帝曰："吾听公。"及上置酒，见留侯所招客从太子入见，上遂无易太子志矣。

高帝崩，孝惠即位，乃谓通曰："先帝园陵寝庙，群臣莫习。"徙通为奉常，定宗庙仪法。乃稍定汉诸仪法，皆通所论著也。惠帝为东朝长乐宫，及间往，数跸烦民，作复道，方筑武库南，通奏事，因请间，曰："陛下何自筑复道高帝寝，衣冠月出游高庙？子孙奈何乘宗庙道上行哉！"惠帝惧，曰："急坏之。"通曰："人主无过举。今已作，百姓皆知之矣。愿陛下为原庙渭北，衣冠月出游之，益广宗庙，大孝之本。"上乃诏有司立原庙。

惠帝常出游离宫，通曰："古者有春尝果，方今樱桃熟，可献，愿陛下出，因取樱桃献宗庙。"上许之。诸果献由此兴。

赞曰：高祖以征伐定天下，而缙绅之徒骋其知辩，并成大业。语曰："廊庙之材非一木之枝，帝王之功非一士之略"，信哉！刘敬脱挽辂而建金城之安，叔孙通舍枹鼓而立一王之仪，遇其时也。郦生自匿监门，待主然后出，犹不免鼎镬。朱建始名廉直，既距辟阳，不终其节，亦以丧身。陆贾位止大夫，致仕诸吕，不受忧责，从容平、勃之间，附会将相以强社稷，身名俱荣，其最优乎！

译文：

叔孙通，薛县人，秦朝时因精通经术而被征召，为待诏博士。几年后，陈胜起兵，秦二世召博士和各儒生问道："楚地的戍卒攻下蕲县并进入了陈县，你们如何看待这件事？"博士和儒生三十多人向前说："人臣不能作乱，作乱就是谋反，罪在不赦。愿陛下尽快发兵攻打叛军。"秦二世大怒，变了脸色。叔孙通向前说："各位儒生说的都不对。今天下合为一家，拆毁了城池，销毁了兵器，向天下表示不再使用。况且有贤明的君主在上，在法律政令推行于下，官吏人人尽职，四方都向着朝廷，怎么会有造反的人呢！这些人不过是偷鸡摸狗的盗贼罢了，何必惊慌呢？郡守、尉现正在捕杀他们，有什么可忧虑的呢？"秦二世很高兴。问每一个儒生，他们有的说是谋反的，有的说是盗贼，于是秦二世命令御史将说造反的人记下来并交给法官审讯，惩罚他们的错误言论。凡是说有偷盗的书生都被罢免。赐给叔孙通二十匹帛，衣服一套，拜他为博士。叔孙通出来后又返回到学馆，儒生们说："你为何说话那样阿谀奉迎呢？"叔孙通说："你们不知道，我几乎也不能脱离虎口。"于是他到了薛县，薛县已归降起义军了。

项梁来到薛县，叔孙通跟从他。项梁在定陶战败，他又从怀王。怀王做了义帝，迁徙到长沙郡，孙叔通留下辅佐项王。汉二年，汉王率五诸侯之兵进入彭城，叔孙通归降汉王。叔孙通穿儒生的衣服，汉王很厌恶，于是他改变了衣服，穿短衣，楚人的款式，汉王很高兴。

叔孙通归降汉王，跟随他的书生有一百多人，然而叔孙通没有引荐，只推荐那些壮士和鲁莽草寇。弟子们都说："这先生岁数这么大，有幸投奔汉王，现今不能举荐贤臣，专门推荐奸猾的人，为什么？"叔孙通便说："汉王正在以武力争夺天下，你们能去作战吗？所以先推荐勇猛杀敌的壮士，你们暂且等待我，我不会忘记你们的。"汉王拜叔孙通为博士，号稷嗣君。

汉王统一天下，诸侯在定陶共同尊他为皇帝，叔孙通拟定朝廷礼仪及君臣职守称号。高帝删除了亡秦的苛刻的礼仪之法，实行的法令简单易行。群臣喝酒争功，喝醉了就胡言，拔剑击柱，皇上很担忧。叔孙通知道皇帝越来越对此事心烦，便劝说皇帝道："那些书生不能与陛下进攻冲杀，但可以巩固国家，我愿意征集鲁国的一些书生，与我的弟子们共同草拟朝廷礼仪。"高帝说："制定礼仪不难吗？"叔孙通说："五帝有不同的乐制，三王有不同的礼仪。礼仪是根据当时的形势、人情风俗而制定的。所以从夏朝、殷商、周朝的礼沿袭、删改，增加的情况就可了解了，可以说都不相重复。我希望吸取古代礼制和秦朝的仪式，参酌制定。"皇上说："可以试着制定，务必使汉礼容易被了解，要考虑我能够实行它。"

于是叔孙通作为使者征集鲁国的儒生三十多人，其中有两位儒生不肯同行，说："你所辅佐的已经十位主人，你都当面奉承阿谀。如今天下刚刚安定，死的人还没埋葬，伤的人还没痊愈，又要制定礼乐。礼乐的兴起是由于百年积德呀。我们接受不了你所要我们做的事。你所做的事不符合古道,我们不去。你走吧,不要玷污了我的品格。"叔孙通笑着说:"你们真是迂腐不达世务的书呆子,不了解时势变化。"

于是和所征集的三十多人向西走去,和高帝身边近臣中素有学术的人及叔孙通的弟子共一百余人在野外结扎茅草定礼仪之位,练习了一个多月,叔孙通说:"皇上可以试试看。"皇上行使礼仪后说:"我可以做"。于是命令群臣练习,习礼毕正赶上十月岁首。

汉七年,长乐宫建成,诸侯群臣在十月都来朝拜。仪礼:在天亮之前,谒者负责礼仪,将来朝者依次带进殿门,宫廷中设置车骑和戍卒、卫官,设置各种兵器和旌旗。传呼"趋",即急行进入。殿下台阶两旁站了几百个警卫。在西面站着功臣、列侯、诸将、军吏,面向东。在东面站着文官丞相以下,面向西。大行令主持上朝礼仪,设立了九站司仪,高声传呼引群臣入殿。于是皇上乘辇出房,百官执戟,传呼清道,引导诸侯王以下至六百名的官吏依次到皇帝面前奉贺。诸侯王以下的人没有不惊恐肃敬的。朝拜结束,大小官吏都伏在地上,摆设酒宴,都有严格的礼仪。殿上的侍者都伏地低着头,按着尊卑依次起身向皇帝祝寿。饮酒九次,谒者说:"宴会结束。"御史检举出违反礼仪的,就将他带走。整个朝拜喝酒过程,没有敢喧哗违礼的。于是高帝说:"我现在才知道做皇帝的尊贵啊。"拜叔孙通为奉常,赐给他五百金。

叔孙通于是向皇帝说:"这些弟子儒生跟随我很久了,和我共同制定礼仪,希望陛下能封给他们官。"高帝全部封他们为郎,叔孙通出来,把他所得的五百金都分给了儒生。儒生们高兴地说:"叔孙先生真是圣人,了解当今的世道。"

汉九年,高帝升叔孙通为太子太傅。十二年,高帝想立赵王如意为太子,叔孙通说:"过去晋献公因为骊姬的缘因,废了太子,改立奚齐,晋国混乱了数十年,被天下人耻笑。秦朝因不早定扶苏为太子,胡亥用欺骗手段夺得帝位,自灭秦朝,这是陛下亲自看见的。如今太子忠孝仁义,天下人都知道;吕后与陛下茹苦含辛,粗茶淡饭,你哪里能背弃她呢?陛下如果一定要废长子而立少子,我愿先被杀死,用脖子的血涂红土地。"高帝说:"你不要这样,我只是开玩笑罢了。"叔孙通说:"太子是天下安定的根本,根本动摇了,天下就会混乱动荡,怎能用天下来开玩笑呢!"高帝说:"我听从你的话。"到皇上摆宴席时,见张良设计请来的四位老先生跟随太子进见皇上,皇上就不再有改换太子的打算了。

高帝死,孝惠帝即位。于是对叔孙通说:"没有人熟悉先帝园陵寝庙的礼仪。"升他为太常,制定宗庙的礼仪之法。汉朝制定的各种仪法都是叔孙先生论著的。惠帝到东边的长乐宫去朝见太后,以及平时往来,都要惊扰老百姓,于是就作复道,刚开始在武库南动工时,叔孙先生向皇上奏事,问皇上:"陛下为什么从高帝陵寝架筑阁廊走道,每月备法驾,将高帝衣冠出游一次,展示在高庙中呢?为什么让后世子孙在高帝庙道上行走?"孝惠帝很惧怕,说:"赶快拆了它"。叔孙通说:"皇上不办错事。如今已经做了,百姓都知道。希望陛下再盖一座高帝庙在渭水之北,作为出游衣冠之庙,这样也能增加和扩大高帝宗庙的数量,这是大孝的根本。"于是,皇上下令让官员重建高帝庙。

孝惠帝经常到离宫游览,叔孙通说:"古代人到春天就进献水果。现在正是樱桃熟的时候，希望陛下出游，趁势向宗庙进献樱桃。"皇上同意这样做。向宗庙献果品的礼仪由此兴起。

赞说："汉高祖凭借南征北伐夺取天下，而儒生们发挥了雄辩的才能，一同成就了统一天下的大业。《论语》说："庙宇的建成不是靠一个木材，帝王的功业也不是一个人的力量。"确实如此呀！刘敬不拉车而劝高帝都关中，使江山稳固，叔孙通放弃战阵之事而别创汉代礼仪，这是因为时机好呀。郦食其躲起来为看大门的，是为了等待明君才出来呀，然而他仍不免被烹杀。朱建初始时性格刚正廉洁，一直不与辟阳侯结交，但由于不能终守节操，也因此而丧命。陆贾官至大夫，但不为吕氏家族做官，无可责备，他联合陈平、周勃，符合将、相和以保卫国家政权的精神，身价名望都光荣，他最好啦！

汉书卷四十四

淮南衡山济北王传第十四

淮南王刘安

淮南王安为人好书，鼓琴，不喜弋猎狗马驰骋，亦欲以行阴德拊循百姓，流名誉。招致宾客方术之士数千人，作为《内书》二十一篇，《外书》甚众，又有《中篇》八卷，言神仙黄白之术，亦二十余万言。时武帝方好艺文，以安属为诸父，辩博善为文辞，甚尊重之。每为报书及赐，常召司马相如等视草乃遣。初，安入朝，献所作《内篇》，新出，上爱秘之。使为《离骚传》，旦受诏，日食时上。又献《颂德》及《长安都国颂》。每宴见，谈说得失及方技赋颂，昏莫然后罢。

安初入朝，雅善太尉武安侯，武安侯迎之霸上，与语曰："方今上无太子，王亲高皇帝孙，行仁义，天下莫不闻。宫车一日晏驾，非王尚谁立者！"淮南王大喜，厚遗武安侯宝赂。其群臣宾客，江淮间多轻薄，以厉王迁死感激安。建元六年，彗星见，淮南王心怪之。或说王曰："先吴军时，彗星出，长数尺，然尚流血千里。今彗星竟天，天下兵当大起。"王心以为上无太子，天下有变，诸侯并争，愈益治攻战具，积金钱赂遗郡国。游士妄作妖言阿谀王，王喜，多赐予之。

王有女陵，慧有口。王爱陵，多予金钱，为中诇长安，约结上左右。元朔二年，上赐淮南王几杖，不朝。后荼爱幸，生子迁为太子，取皇太后外孙修成君女为太子妃。王谋为反具，畏太子妃知而内泄事，乃与太子谋，令诈不爱，三月不同席。王阳怒太子，闭使与妃同内，终不近妃。妃求去，王乃上书谢归之。后荼、太子迁及女陵擅国权，夺民田宅，妄致系人。

太子学用剑，自以为人莫及，闻郎中雷被巧，召与戏，被壹再辞让，误中太子。太子怒，被恐。此时有欲从军者辄诣长安，被即愿奋击匈奴。太子数恶被，王使郎中令斥免，欲以禁后。元朔五年，被遂亡之长安，上书自明。事下廷尉、河南。河南治，逮淮南太子，王、王后计欲毋遣太子，遂发兵。计未定，犹与十余日。会有诏即讯太子。淮南相怒寿春丞留太子逮不遣，劾不敬。王请相，相不听。王使人上书告相，事下廷尉治。从迹连王，王使人候司。汉公卿请逮捕治王，王恐，欲发兵。太子迁谋曰："汉使即逮王，令人衣卫士衣，持戟居王旁，有非是者，即刺杀之，臣亦使人刺杀淮南中尉，乃举兵，未晚也。"是时上不许公卿，而遣汉中尉宏即讯验王。王视汉中尉颜色和，问斥雷被事耳，自度无何，不发。中尉还，以闻。公卿治者曰："淮南王安雍阏求奋击匈奴者雷被等，格明诏，当弃市。"诏不许。请废勿王，上不许。请削五县，可二县。使中尉宏赦其罪，罚以削地。中尉入淮南界，宣言赦王。王初闻公卿请诛之，未知得削地，闻汉使来，恐其捕之，乃与太子谋如前计。中尉至，即贺王，王以故不发。其后自伤曰："吾行仁义见削地，寡人甚耻之。"为反谋益甚。诸使者道长安来，为妄言，言上无男，即喜；言汉廷治，有男，即怒，以为妄言，非也。

日夜与左吴等按舆地图，部署兵所从入。王曰："上无太子，宫车即晏驾，大臣必征胶东王，不即常山王，诸侯并争，吾可以无备乎！且吾高帝孙，亲行仁义，陛下遇我厚，吾能忍之；万世之后，吾宁能北面事竖子乎！"

王有孽子不害，最长，王不爱，后、太子皆不以为子兄数。不害子建，材高有气，常怨望太子不省其父。时，诸侯皆得分子弟为侯，淮南王有两子，一子为太子，而建父不得为侯。阴结交，欲害太子，以其父代之。太子知之，数捕系笞建。建具知太子之欲谋杀汉中尉，即使所善寿春严正上书天子曰："毒药苦口利病，忠言逆耳利行。今淮南王孙建材能高，淮南王后茶、茶子迁常疾害建。建父不害无罪，擅数系，欲杀之。今建在，可征问，具知淮南王阴事。"书既闻，上以其事下廷尉、河南治。是岁元朔六年也。故辟阳侯孙审卿善丞相公孙弘，怨淮南厉王杀其大父，阴求淮南事而构之于弘。弘乃疑淮南有畔逆计，深探其狱。河南治建，辞引太子及党与。

初，王数以举兵谋问伍被，被常谏之，以吴、楚七国为效。王引陈胜、吴广，被复言形势不同，必败亡。及建见治，王恐国阴事泄，欲发，复问被，被为言发兵权变。语在《被传》。于是王锐欲发，乃令官奴入宫中，作皇帝玺，丞相、御史大夫、将军、吏中二千石、都官令、丞印，及旁近郡太守、都尉印，汉使节法冠。欲如伍被计，使人为得罪而西，事大将军、丞相；一日发兵，即刺大将军卫青，而说丞相弘下之，如发蒙耳。欲发国中兵，恐相、二千石不听，王乃与伍被谋，为失火宫中，相、二千石救火，因杀之。又欲令人衣求盗衣，持羽檄从南方来，呼言曰"南越兵入"，欲因以发兵。乃使人之庐江、会稽为求盗，未决。

廷尉以建辞连太子迁闻，上遣廷尉监与淮南中尉逮捕太子。至，淮南王闻，与太子谋召相、二千石，欲杀而发兵。召相，相至；内史以出为解。中尉曰："臣受诏使，不得见王。"王念独杀相而内史、中尉不来，无益也，即罢相。计犹与未决。太子念所坐者谋杀汉中尉，所与谋杀者已死，以为口绝，及谓王曰："群臣可用者皆前系，今无足与举事者。王以非时发，恐无功，臣愿会逮。"王亦愈欲休，即许太子。太子自刑，不殊。伍被自诣吏，具告与淮南王谋反。吏因捕太子、王后，围王宫，尽捕王宾客在国中者，索得反具以闻。上下公卿治，所连引与淮南王谋反列侯、二千石、豪桀数千人，皆以罪轻重受诛。

译文：

淮南王刘安爱好读书弹琴，不喜欢打猎、骑马驰骋，打算靠施行恩德来安抚百姓，留下好的名声。他招聚天下的宾客和游士数千人，编写《内书》二十一篇，《外书》更多，还有八卷《中篇》，谈论神仙、炼丹技术的书也有二十多万字。当时武帝也爱好文学，因为刘安等人作为叔父，能言善辩，擅长文辞，皇上很尊重他。每次给他写书信或有所赏赐，皇上常命司马相如等人先看草稿再誊请送去。起初，刘安入朝时，向皇上进献所著的《内篇》，因书为新作，皇上秘藏起来。让他作《离骚传》，早上接到诏令，中午吃饭时就呈上交给皇上。又向皇上进献了《颂德》和《长安都国颂》，每次宴会拜见皇上，都谈论古今得失和方技、赋颂，一直谈到晚上才停止。

刘安刚进入朝廷，对太尉武安侯很友善，武安侯在霸上迎接他时对他说："如今皇上没有太子，大王是高帝的亲孙子，行仁义，天下人没有不知道的。皇上一旦死了，除了你能立谁呢！"

淮南王心中大喜，于是赠给武安侯珠宝等物。他的群臣宾客多是江淮一带轻浮刻薄之人，因为厉王迁徙而死，遂对刘安感激不已。建元六年，出现彗星，淮南王心里觉得奇怪。有人对淮南王说："早先吴王发兵时，出现彗星，长好几尺，于是发动征战，血流千里。如今彗星长可竟天，天下要发生大的兵事。"淮南王认为皇上没有太子，天下一旦发生变乱，诸侯纷纷争夺，于是想增加军队装备，积累钱财贿赂其他郡国，游士胡言乱语奉承淮南王，使他心中高兴，便给他们许多赏赐。

淮南王有女儿叫刘陵，性情聪慧而有口才。淮南王很钟爱刘陵，给她许多钱，让她在长安暗中侦探，结识皇上的左右大臣。元朔二年，皇上赐给淮南王几案与手杖，亦让他不用朝拜皇上。王后荼受宠幸，生儿子迁，立为王太子，娶太后的外孙修成君的女儿为太子妃。淮南王密谋反叛，害怕太子妃知道内情而泄露反叛之事，于是和太子策划，让他假装不爱她，三个月不同桌吃饭。淮南王假装对太子生气，把他和太子妃关在一起，但太子仍不接近太子妃。太子妃请求离开，于是淮南王上书皇上谢罪并请求让她回去。王后荼、太子迁和女儿陵在国内独揽大权，夺取百姓田地、住宅，随意逮捕人。

太子学习舞剑，自己认为没有人能超过他，听说郎中雷被善舞剑，召来与自己比试。雷被一再退让，后误击中太子，太子大怒，雷被恐惧。这时恰巧有人愿意从军的可到长安，雷被随即要求去击匈奴。太子多次诋毁雷被，淮南王派郎中下令不准他去，以令后人不敢仿效他的样子。元朔五年，雷被逃往长安，向皇上上书说明此事。事情由廷尉、河南县查办，河南令要逮捕淮南县的太子。淮南王、王后商量不使太子到雒子，于是起兵反叛。计划还没制定好，犹豫了十多天。这时皇上下诏在淮南审讯太子，淮南王的丞相对寿春丞顺了淮南王的意图对太子只逮捕而未遣走，感到愤怒，于是弹劾寿春丞对皇上不敬，淮南王请求丞相相助，丞相不听。淮南王便派人向皇上上书告丞相，事情由廷尉查办。审查时事情牵连到淮南王，淮南王派人入京师密切打听此事。汉的公卿们请求皇上逮捕并惩治淮南王，淮南王恐惧，想发兵反叛。太子迁策划说："汉派使者逮捕大王，我们可令人穿上卫士的衣服，持武器站在你身旁，发现坏人，就刺杀他。我也派人刺杀淮南中尉，再发兵也不晚呀。"这时皇上没同意公卿的请求，而派遣汉的中尉宏就地审讯淮南王，淮南王见审讯者面色和缓，只询问斥免雷被的事，自己推测没有什么危险，所以没有发兵。中尉回去后，报告皇上。公卿们说："淮南王刘安阻止要求去攻打匈奴的雷被，耽误诏令，应当斩首。"皇上下诏不许。公卿们又请求废除淮南王，皇上也不同意。请求削减封国的五个县，皇上许可削减两个县，派中尉宏赦免他的罪，处以削减封地。中尉进入淮南境内，宣布皇上赦免淮南王。他起初听说公卿请求诛杀他，却不知，只削减封地，所以听到汉使者来到，害怕是来拘捕他的，于是和太子策划照以前的谋反之计行事。中尉一到，就祝贺淮南王，淮南王因此而没发兵。后来他伤心地说："我实行仁义却被削减了封地，我感到很耻辱。"想造反的欲望更加强烈。各位使者从长安来，他轻狂地议论，说皇上没有儿子，他便很高兴。说朝廷得到理治，皇上有了儿子，他便发怒，认为是胡说，是不真实的。

淮南王日夜和左吴等按照地形图，部署军队进攻路线。淮南王说："皇上没有太子，皇上一旦死了，大臣必定会召胶东王，或是常山王，诸侯纷纷争夺，我岂可以没有准备吗！而且我是高帝的孙子，实行仁义，陛下对我宽厚，我还可以忍受；皇上死后,我哪里能向北称臣呢!"

淮南王有庶子名叫不害,年龄最大,淮南王不喜欢他,王后不把他当作儿子,太子不把他当兄长,不害的儿子名建,有才能,有志气,经常埋怨太子不探望父亲,当时诸侯都已得到允许分封自己的子弟为侯,淮南王有两个儿子,一个儿子立为太子,而建的父亲不得立为侯。于是建暗自结交一些人,想谋害太子,而让他父亲代替为太子。太子知道后,多次逮捕并鞭打建。建知道太子要杀害汉中尉的阴谋,便派好友寿春严正上书皇上说:"毒药苦口利于病,忠言逆耳利于行。如今淮南王孙子刘建才能高,淮南王王后荼及荼的儿子刘迁便常常陷害他。刘建父亲不害无罪却多次擅遭并押,他们要杀他。如今刘建人在,陛下可亲自讯问,就知道淮南王的阴谋了。"皇上接到奏本后,把此事交给廷尉、河南令处理。这是元朔六年的事。已故辟阳侯孙子审卿与丞相公孙弘要好,恨淮南厉王杀了他祖父,便暗中要求将淮南王案子交给公孙弘处理。公孙弘怀疑淮南王有谋反阴谋,便深加追究此案。河南令讯问建后,建供出了太子及其党羽。

起初,淮南王曾将起兵的事与伍被商量,伍被常劝他,以吴、楚七国之乱为戒。淮南王则引证陈胜、吴广起兵成功的事例反驳。伍被回答说形势不同了,现在起兵必然会失败。等到刘建被问罪时,淮南王怕阴谋败露,就想起兵,又征询伍被意见。伍被说可发兵,但要看形势,这话记在《伍被传》中。于是淮南王锐意待发,令官奴到宫中刻皇帝玉玺,并刻丞相、御史大夫、将军、吏中二千石、都官令,丞大印,及邻近郡太守,都尉大印,又做汉朝使节用的官帽。按照伍被的计策,淮南王打算派人假装畏罪潜逃到长安,侍奉大将军和丞相;一旦起兵时,就先刺杀大将军卫青,然后说服丞服公孙弘,当易如反掌。淮南王打算调动国中的士兵，怕丞相、二千石不听，就和伍被密谋，在宫中放火假装失火，等丞相、二千石去救火，就杀掉他们。淮南王还打算派人假装捕人的差役，拿着求援兵的书信从南方奔来，大喊"南越发兵来攻了"，然后顺势起兵。于是派人去庐江、会稽当捕人的差役，但没最后定下来。

廷尉把刘建供及太子刘迁的事上奏，皇上派廷尉监与淮南中尉去逮捕太子。他们到淮南时，淮南王听说了，就与太子密谋，召来丞相、二千石，杀了他们后就起兵。召丞相，丞相来了，内史却推辞未来。中尉说："我有皇上差遣，不能来见大王。"淮南王想只杀丞相而内史、中尉未来，没什么意义，就命丞相回去了。正在犹豫不决的时候，太子认为他们所犯的罪不过是谋杀汉朝中尉，而参与谋杀的人都已死了，没有人证，于是就对淮南王说："群臣中有用的都给抓了，现在能帮助起事的都没了。大王在此不适当时机起兵，恐怕难以成功，不如让他们将我逮捕。"淮南王也越来越不想动手了，就同意了太子要求。太子自杀，但没死。伍被前去自首，供出与淮南王谋反事宜。于是，汉朝官吏逮捕了太子、王后，围住了王宫，把淮南王的宾客全部抓走，抄出了谋反的情况，上奏皇上。皇上派公卿查办，与淮南王谋反有牵连的列侯、二千石、豪杰有数千人，都根据罪行轻重受到了制裁。

汉书卷四十八

贾谊传第十八

贾谊，雒阳人也，年十八，以能诵诗书属文称于郡中。河南守吴公闻其秀材，召置门下，甚幸爱。文帝初立，闻河南守吴公治平为天下第一，故与李斯同邑，而尝学事焉，征以为廷尉。廷尉乃言谊年少，颇通诸家之书。文帝召以为博士。

是时，谊年二十余，最为少。每诏令议下，诸老先生未能言，谊尽为之对，人人各如其意所出。诸生于是以为能。文帝说之，超迁，岁中至太中大夫。

谊以为汉兴二十余年，天下和洽，宜当改正朔，易服色制度，定官名，兴礼乐。乃草具其仪法，色上黄，数用五，为官名悉更，奏之。文帝廉让未皇也。然诸法令所更定，及列侯就国，其说皆谊发。于是天子议以谊任公卿之位。绛、灌、东阳侯、冯敬之属尽害之，乃毁谊曰："雒阳之人年少初学，专欲擅权，纷乱诸事。"于是天子后亦疏之，不用其议，以谊为长沙王太傅。

谊既以适去，意不自得，及渡湘水，为赋以吊屈原。屈原，楚贤臣也，被谗放逐，作《离骚赋》，其终篇曰："已矣！国亡人，莫我知也。"遂自投江而死。谊追伤之，因以自谕。其辞曰：

恭承嘉惠兮,俟罪长沙。仄闻屈原兮,自湛汨罗。造讬湘流兮,敬吊先生。遭世罔极兮,乃损厥身。乌呼哀哉兮,逢时不祥!鸾凤伏窜兮,鸱鸮翱翔。阘茸尊显兮,谗谀得志;贤圣逆曳兮,方正倒植。谓随、夷溷兮,谓跖、蹻廉;莫邪为钝兮,铅刀为铦。于嗟默默,生之亡故兮!斡弃周鼎,宝康瓠兮。腾驾罢牛,骖蹇驴兮;骥垂两耳,服盐车兮。章父荐屦,渐不可久兮;嗟(若)〔苦〕先生,独离此咎兮!

訊曰:已矣!国其莫吾知兮,子独壹郁其谁语?凤缥缥其高逝兮,夫固自引而远去。袭九渊之神龙兮,沕渊潜以自珍;偭蟂獭以隐处兮,夫岂从虾与蛭螾?所贵圣之神德兮,远浊世而自臧。使麒麟可系而羁兮,岂云异夫犬羊?般纷纷其离此邮兮,亦夫子之故也!历九州而相其君兮,何必怀此都也?凤皇翔于千仞兮,览德辉而下之;见细德之险(微)〔徵〕兮,遥增击而去之。彼寻常之污渎兮,岂容吞舟之鱼!横江湖之鳣鲸兮,固将制于蝼蚁。

谊为长沙傅三年,有服飞入谊舍,止于坐隅。服似鸮,不祥鸟也。谊既以谪适居长沙,长沙卑湿,谊自伤悼,以为寿不得长,乃为赋以自广。其辞曰:

单阏之岁,四月孟夏,庚子日斜,服集余舍,止于坐隅,貌甚闲暇。异物来萃,私怪其故,发书占之,谶言其度。曰:"野鸟入室,主人将去。"问于子服:"余去何之?吉乎告我,凶言其灾。淹速之度,语余其期。"

服乃太息,举首奋翼,口不能言,请对以意。万物变化,固亡休息。斡流而迁,或推而还。形气转续,变化而嬗。沕穆亡间，胡可胜言！祸兮福所倚，福兮祸所伏；忧喜聚门，吉凶同域。彼吴强大，夫差以败；粤栖会稽，句践伯世。斯游遂成，卒被五刑；傅说胥靡，乃相武丁。夫祸之与福，何异纠纆！命不可说，孰知其极？水激则旱，矢激则远。万物回薄，震荡相转。云蒸雨降，纠错相纷。大钧播物，坱圠无垠。天不可与虑，道不可与谋。迟速有命，乌识其时？

且夫天地为炉，造化为工；阴阳为炭，万物为铜，合散消息，安有常则？千变万化，未始有极。忽然为人，何足控揣；化为异物，又何足患！小智自私，贱彼贵我；达人大观，物亡不可。贪夫徇财，烈士徇名；夸者死权，品庶每生。怵迫之徒，或趋西东；大人不曲，意变齐同。愚士系俗，僒若囚拘；至人遗物，独与道俱。众人惑惑，好恶积意；真人恬漠，独与道息。释智遗形，超然自丧；寥廓忽荒，与道翱翔。乘流则逝，得坎则止；纵躯委命，不私与己。其生兮若浮，其死兮若休。澹乎若深渊之靓，泛乎若不系之舟。不以生故自保，养空而浮。德人无累，知命不忧。细故蒂芥，何足以疑！

后岁余，文帝思谊，征之。至，入见，上方受厘，坐宣室。上因感鬼神事，而问鬼神之本。谊具道所以然之故。至夜半，文帝前席。即罢，曰："吾久不见贾生，自以为过之，今不及也。"乃拜谊为梁怀王太傅。怀王，上少子，爱，而好书，故令谊傅之，数问以得失。

是时，匈奴强，侵边。天下初定，制度疏阔。诸侯王僭拟，地过古制，淮南、济北王皆为逆诛。谊数上疏陈政事，多所欲匡建，其大略曰：

臣窃惟事势，可为痛哭者一，可为流涕者二，可为长太息者六，若其它背理而伤道者，难遍以疏举。进言者皆曰天下已安已治矣，臣独以为未也。曰安且治者，非愚则谀，皆非事实知治乱之体者也。夫抱火厝之积薪之下而寝其上，火未及燃，因谓之安，方今之势，何以异此！本末舛逆，首尾衡决，国制抢攘，非甚有纪，胡可谓治！陛下何不壹令臣得孰数之于前，因陈治安之策，试详择焉！

夫射猎之娱，与安危之机孰急？使为治，劳智虑，苦身体，乏钟鼓之乐，勿为可也。乐与今同，而加之诸侯轨道，兵革不动，民保首领，匈奴宾服，四荒乡风，百姓素朴，狱讼衰息，大数既得，则天下顺治，海内之气清和咸理，生为明帝，没为明神，名誉之美，垂于无穷《礼》祖有功而宗有德，使顾成之庙称为太宗，上配太祖，与汉亡极。建久安之势，成长治之业，以承祖庙，以奉六亲，至孝也；以幸天下，以育群生，至仁也；立经陈纪，轻重同得，后可以为万世法程，虽有愚幼不肖之嗣，犹得蒙业而安，至明也。以陛下之明达，因使少知治体者得佐下风，致此非难也。其具可素陈于前，愿幸无忽。臣谨稽之天地，验之往古，按之当今之务，日夜念此至孰也，虽使禹、舜复生，为陛下计，亡以易此。

夫树国固必相疑之势，下数被其殃，上数爽其忧，甚非所以安上而全下也。今或亲弟谋为东帝，亲兄之子西乡而击，今吴又见告矣。天子春秋鼎盛，行义未过，德泽有加焉，犹尚如是，况莫大诸侯，权力且十此者乎！

然而天下少安，何也？大国之王幼弱未壮，汉之所置傅、相方握其事。数年之后，诸侯之王大抵皆冠，血气方刚，汉之傅、相称病而赐罢，彼自丞、尉以上偏置私人，如此，有异淮南、济北之为邪!此时而欲为治安,虽尧、舜不治。

黄帝曰:"日中必熭,操刀必割。"今令此道顺而全安,甚易,不肯早为,已乃堕骨肉之属而抗刭之,岂有异秦之季世乎!夫以天子之位,乘今之时,因天之助,尚惮以危为安,以乱为治,假设陛下居齐桓之处,将不合诸侯而匡天下乎?臣又知陛下有所必不能矣。假设天下如曩时,淮阴侯尚王楚,黥布王淮南,彭越王梁,韩信王韩,张敖王赵,贯高为相,卢绾王燕,陈豨在代,令此六七公者皆亡恙,当是时而陛下即天子位,能自安乎?臣有以知陛下之不能也。天下淆乱,高皇帝与诸公并起,非有仄室之势以豫席之也。诸公幸者,乃为中涓,其次廑得舍人,材之不逮至远也。高皇帝以明圣威武即天子位,割膏腴之地以王诸公,多者百余城,少者乃三四十县,德至渥也,然其后十年之间,反者九起。陛下之与诸公,非亲角材而臣之也,又非身封王之也,自高皇帝不能以是一岁为安,故臣知陛下之不能也。然尚有可诿者,曰疏,臣请试言其亲者。假令悼惠王王齐,元王王楚,中子王赵,幽王王淮阳,共王王梁,灵王王燕,厉王王淮南,六七贵人皆亡恙,当是时陛下即位,能为治乎?臣又知陛下之不能也。若此诸王,虽名为臣,实皆有布衣昆弟之心,虑亡不帝制而天子自为者。擅爵人,赦死罪,甚者或戴黄屋,汉法令非行也。虽行不轨如厉王者,令之不肯听,召之安可致乎!幸而来至,法安可得加!动一亲戚,天下圜视而起,陛下之臣虽有悍如冯敬者,适启其口,匕首已陷其匈矣。陛下虽贤,谁与领此?故疏者必危,亲者必乱,已然之效也。其异姓负强而动者,汉已幸胜之矣,又不易其所以然。同姓袭是迹而动,既有征矣,其势尽又复然。殃祸之变,未知所移,明帝处之尚不能以安,后世将如之何!

屠牛坦一朝解十二牛，而芒刃不顿者，所排击剥割，皆众理解也。至于髋髀之所，非斤则斧。夫仁义恩厚，人主之芒刃也；权势法制，人主之斤斧也。今诸侯王皆众髋髀也，释斤斧之用，而欲婴以芒刃，臣以为不缺则折。胡不用之淮南、济北？势不可也。

臣窃迹前事，大抵强者先反。淮阴王楚最强，则最先反；韩信倚胡，则又反；贯高因赵资，则又反；陈豨兵精，则又反；彭越用梁，则又反；黥布用淮南，则又反；卢绾最弱，最后反。长沙乃在二万五千户耳，功少而最完，势疏而最忠，非独性异人也，亦形势然也。曩令樊、郦、绛、灌据数十城而王，今虽以残亡可也；令信、越之伦列为彻侯而居，虽至今存可也。然则天下之大计可知已。欲诸王之皆忠附，则莫若令如长沙王；欲臣子之勿菹醢，则莫若令如樊、郦等；欲天下之治安，莫若众建诸侯而少其力。力少则易使以义，国小则亡邪心。令海内之势如身之使臂，臂之使指，莫不制从，诸侯之君不敢有异心，辐凑并进而归命天子，虽在细民，且知其安，故天下咸知陛下之明。割地定制，令齐、赵、楚各为若干国，使悼惠王、幽王、元王之子孙毕以次各受祖之分地，地尽而止，及燕、梁它国皆然。其分地众而子孙少者，建以为国，空而置之，须其子孙生者，举使君之。诸侯之地其削颇入汉者，为徙其侯国及封其子孙也，所以数偿之；一寸之地，一人之众，天子亡所利焉，诚以定治而已，故天下咸知陛下之廉。地制壹定，宗室子孙莫虑不王，下无倍畔之心，上无诛伐之志，故天下咸知陛下之仁。法立而不犯，令行而不逆，贯高、利几之谋不生，柴奇、开章之计不萌，细民乡善，大臣致顺，故天下咸知陛下之义。卧赤子天下之上而安，植遗腹，朝委裘，而天下不乱，当时大治，后世诵圣。壹动而五业附，陛下谁惮而久不为此？

天下之势方病大瘇。一胫之大几如要，一指之大几如股，平居不可屈信，一二指搐，身虑亡聊。失今不治，必为锢疾，后虽有扁鹊，不能为已。病非徒瘇也，又苦蹠盭。元王之子，帝之从弟也；今之王者，从弟之子也。惠王，亲兄子也；今之王者，兄子之子也。亲者或亡分地以安天下，疏者或制大权以逼天子，臣故曰非徒病瘇也，又苦蹠盭。可痛哭者，此病是也。

天下之势方倒县。凡天子者，天下之首，何也？上也。蛮夷者，天下之足，何也？下也。今匈奴嫚娒侵掠，至不敬也，为天下患，至亡已也，而汉岁致金絮采缯以奉之。夷狄征令，是主上之操也；天子共贡，是臣下之礼也。足反居上，首顾居下，倒县如此，莫之能解，犹为国有人乎？非直倒县而已，又类辟，且病痱。夫辟者一面病，痱者一方痛。今西边北边之郡，虽有长爵不轻得复，五尺以上不轻得息，斥候望烽燧不得卧，将吏被介胄而睡，臣故曰一方病矣。医能治之，而上不使，可为流涕者此也。

陛下何忍以帝皇之号为戎人诸侯，势既卑辱，而祸不息，长此安穷！进谋者率以为是，固不可解也，亡具甚矣。臣窃料匈奴之众不过汉一大县，以天下之大困于一县之众，甚为执事者羞之。陛下何不试以臣为属国之官以主匈奴？行臣之计，请必系单于之颈而制其命，伏中行说而笞其背，举匈奴之众唯上之令。今不猎猛敌而猎田彘，不搏反寇而搏畜菟，玩细娱而不图大患，非所以为安也。德可远施，威可远加，而直数百里外威令不信，可为流涕者此也。

今民卖僮者，为之绣衣丝履偏诸缘，内之闲中，是古天子后服，所以庙而不宴者也，而庶人得以衣婢妾。白縠之表，薄纨之里，缉以偏诸，美者黼绣，是古天子之服，今富人大贾嘉会召客者以被墙。古者以奉一帝一后而节适，今庶人屋壁得为帝服，倡优下贱得为后饰，然而天下不屈者，殆未有也。且帝之身自衣阜绨，而富民墙屋被文绣；天子之后以缘其领，庶人孽妾缘其履：此臣所谓舛也。夫百人作之不能衣一人，欲天下亡寒，胡可得也？一人耕之，十人聚而食之，欲天下亡饥，不可得也。饥寒切于民之肌肤，欲其亡为奸邪，不可得也。国已屈矣，盗贼直须时耳，然而献计者曰"毋动为大"耳。夫俗至大不敬也，至亡等也，至冒上也，进计者犹曰"毋为"，可为长太息者此也。

商君遗礼义，弃仁恩，并心于进取，行之二岁，秦俗日败。故秦人家富子壮则出分，家贫子壮则出赘。借父耰锄，虑有德色；母取箕帚，立而谇语。抱哺其子，与公并倨；妇姑不相说，则反唇而相稽。其慈子耆利，不同禽兽者亡几耳。然并心而赴时，犹曰蹶六国，兼天下。功成求得矣，终不知反廉愧之节，仁义之厚。信并兼之法，遂进取之业，天下大败；众掩寡，智欺愚，勇威怯，壮陵衰，其乱至矣。是以大贤起之，威震海内，德从天下。曩之为秦者，今转而为汉矣。然其遗风余俗，犹尚未改。今世以侈靡相竞，而上亡制度，弃礼谊，捐廉耻，日甚，可谓月异而岁不同矣。逐利不耳，虑非顾行也，今其甚者杀父兄矣。盗者剟寝户之帘，搴两庙之器，白昼大都之中剽吏而夺之金。矫伪者出几十万石粟，赋六百余万钱，乘传而行郡国，此其亡行义之尤至者也。而大臣特以簿书不报，期会之间，以为大故。至于俗流失，世坏败，因恬而不知怪，虑不动于耳目，以为是适然耳。夫移风易俗，使天下回心而乡道，类非俗吏之所能为也。俗吏之所务，在于刀笔筐箧，而不知大体。陛下又不自忧，窃为陛下惜之。

夫立君臣，等上下，使父子有礼，六亲有纪，此非天之所为，人之所设也。夫人之所设，不为不立，不植则僵，不修则坏。《管子》曰:"礼义廉耻,是谓四维;四维不张,国乃灭亡。"使管子愚人也则可,管子而少知治体,则是岂可不为寒心哉!秦灭四维而不张,故君臣乖乱,六亲殃戮,奸人并起,万民离叛,凡十三岁,而社稷为虚。今四维犹未备也,故奸人几幸,而众心疑惑。岂如今定经制,令君君臣臣,上下有差,父子六亲各得其宜,奸人亡所几幸,而群臣众信,上不疑惑!此业壹定,世世常安,而后有所持循矣。若夫经制不定,是犹度江河亡维楫,中流而遇风波,船必覆矣。可为长叹息者此也。

夏为天子,十有余世,而殷受之。殷为天子,二十余世,而周受之。周为天子,三十余世,而秦受之。秦为天子,二世而亡。人性不甚相远也,何三代之君有道之长,而秦无道之暴也?其故可知也。古之王者,太子乃生,固举以礼,使士负之,有司齐肃端冕,见之南郊,见于天也。过阙则下,过庙则趋,孝子之道也。故自为赤子而教固已行矣。昔者成王幼在襁抱之中,召公为太保,周公为太傅,太公为太师。保,保其身体;傅,傅之德义;师,道之教训:此三公之职也。于是为置三少,皆上大夫也,曰少保、少傅、少师,是与太子宴者也。故乃孩提有识,三公、三少固明孝仁礼义以道习之,逐去邪人,不使见恶行。于是皆选天下之端士孝悌博闻有道术者以卫翼之,使与太子居处出入。故太子乃生而见正事,闻正言,行正道,左右前后皆正人也。夫习与正人居之,不能毋正,犹生长于齐不能不齐言也;习与不正人居之,不能毋不正,犹生长于楚之地不能不楚言也。故择其所耆,必先受业,乃得尝之;择其所乐,必先有习,乃得为之。孔子曰:"少成若天性,习惯如自然。"及太子少长,知妃色,则入于学。学者,所学之官也。《学礼》曰:"帝入东学,上亲而贵仁,则亲疏有序而恩相及矣;帝入南学,上齿而贵信,则长幼有差而民不诬矣；帝入西学，上贤而贵德，则圣智在位而功不遗矣；帝入北学，上贵而尊爵，则贵贱有等而下不逾矣；帝入太学，承师问道，退习而考于太傅，太傅罚其不则而匡其不及，则德智长而治道得矣。此五学者既成于上，则百姓黎民化辑于下矣。"及太子既冠成人，免于保傅之严，则有记过之史，彻膳之宰，进善之旌，诽谤之木，敢谏之鼓。瞽史诵诗，工诵箴谏，大夫进谋，士传民语。习与智长，故切而不愧；化与心成，故中道若性。三代之礼：春朝朝日，秋暮夕月，所以明有敬也；春秋入学，坐国老，执酱而亲馈之，所以明有孝也；行以鸾和，步中《采齐》，趣中《肆夏》，所以明有度也；其于禽兽，见其生不食其死，闻其声不食其肉，故远庖厨，所以长恩，且明有仁也。

夫三代之所以长久者，以其辅翼太子有此具也。及秦而不然。其俗固非贵辞让也，所上者告讦也；固非贵礼义也，所上者刑罚也。使赵高傅胡亥而教之狱，所习者非斩劓人，则夷人之三族也。故胡亥今日即位而明日射人，忠谏者谓之诽谤，深计者谓之妖言，其视杀人若艾草菅然。岂惟胡亥之性恶哉？彼其所以道之者非其理故也。

鄙谚曰："不习为吏，视已成事。"又曰："前车覆，后车诫。"夫三代之所以长久者，其已事可知也；然而不能从者，是不法圣智也。秦世之所以亟绝者，其辙迹可见也；然而不避，是后车又将覆也。夫存亡之变，治乱之机，其要在是矣。天下之命，县于太子；太子之善，在于早谕教与选左右。夫心未滥而先谕教，则化易成也；开于道术智谊之指，则教之力也。若其服习积贯，则左右而已。夫胡、越之人，生而同声，耆欲不异，及其长而成俗，累数译而不能相通，行者有虽死而不相为者，则教习然也。臣故曰选左右早谕教最急。夫教得而左右正，则太子正矣，太子正而天下定矣。《尚书》："一人有庆，兆民赖之。"此时务也。

凡人之智，能见已然，不能见将然。夫礼者禁于将然之前，而法者禁于已然之后，是故法之所用易见，而礼之所为生难知也。若夫庆赏以劝善，刑罚以惩恶，先王执此之政，坚如金石，行此之令，信如四时，据此之公，无私如天地耳，岂顾不用哉？然而曰礼云礼云者，贵绝恶于未萌，而起教于微眇，使民日迁善远罪而不自知也。孔子曰："听讼，吾犹人也，必也使毋讼乎！"为人主计者，莫如先审取舍；取舍之极定于内，而安危之萌应于外矣。安者非一日而安也，危者非一日而危也，皆以积渐然，不可不察也。人主之所积，在其取舍。以礼义治之者，积礼义；以刑罚治之者，积刑罚。刑罚积而民怨背，礼义积而民和亲。故世主欲民之善同，而所以使民善者或异。或道之以德教，或驱之以法令。道之以德教者，德教洽而民气乐；驱之以法令者，法令极而民风哀。哀乐之感，祸福之应也。秦王之欲尊宗庙而安子孙，与汤、武同，然而汤、武广大其德行，六七百岁而弗失，秦王治天下，十余岁则大败。此亡它故矣，汤、武之定取舍审而秦王之定取舍不审矣。夫天下，大器也。今人之置器，置诸安处则安，置诸危处则危。天下之情与器亡以异，在天子之所置之。汤、武置天下于仁义礼乐，而德泽洽，禽兽草木广裕，德被蛮貊四夷，累子孙数十世，此天下所共闻也。秦王置天下于法令刑罚，德泽亡一有，而怨毒盈于世，下憎恶之如仇雠，祸几及身，子孙诛绝，此天下之所共见也。是非其明效大验邪！人之言曰："听言之道，必以其事观之，则言者莫敢妄言。"今或言礼谊之不如法令，教化之不如刑罚，人主胡不引殷、周、秦事以观之也？

人主之尊譬如堂，群臣如陛，众庶如地。故陛九级上，廉远地，则堂高；陛亡级，廉近地，则堂卑。高者难攀，卑者易陵，理势然也。故古者圣王制为等列，内有公卿、大夫、士，外有公、侯、伯、子、男，然后有官师小吏，延及庶人，等级分明，而天子加焉，故其尊不可及也。里谚曰："欲投鼠而忌器。"此善谕也。鼠近于器，尚惮不投，恐伤其器，况于贵臣之近主乎！廉耻节礼以治君子，故有赐死而亡戮辱。是以黥、劓之罪不及大夫，以其离主上不远也。礼不敢齿君之路马，蹴其刍者有罚；见君之几杖则起，遭君之乘车则下，入正门则趋；君之宠臣虽或有过，刑戮之罪不加其身者，尊君之故也。此所以为主上豫远不敬也，所以体貌大臣而厉其节也。今自王侯三公之贵，皆天子之所改容而礼之也，古天子之所谓伯父、伯舅也，而令与众庶同黥、劓、髡、刖、笞、傌、弃市之法，然则堂不亡陛乎？被戮辱者不泰迫乎？廉耻不行，大臣无乃握重权，大官而有徒隶亡耻之心乎？夫望夷之事，二世见当以重法者，投鼠而不忌器之习也。

臣闻之，履虽鲜不加于枕，冠虽敝不以苴履。夫尝已在贵宠之位，天子改容而体貌之矣，吏民尝俯伏以敬畏之矣，今而有过，帝令废之可也，退之可也，赐之死可也，灭之可也；若夫束缚之，系绁之，输之司寇，编之徒官，司寇小吏詈骂而榜笞之，殆非所以令众庶见也。夫卑贱者习知尊贵者之一旦吾亦乃可以加此也，非所以习天下也，非尊尊贵贵之化也。夫天子之所尝敬，众庶之所尝宠，死而死耳，贱人安宜得如此而顿辱之哉！

豫让事中行之君，智伯伐而灭之，移事智伯。及赵灭智伯，豫让衅面吞炭，必报襄子，五起而不中。人问豫子，豫子曰："中行众人畜我，我故众人事之；智伯国士遇我，我故国士报之。"故此一豫让也，反君事仇，行若狗彘，已而抗节致忠，行出乎列士，人主使然也。故主上遇其大臣如遇犬马，彼将犬马自为也；如遇官徒，彼将官徒自为也。顽顿亡耻，𢖆诟亡节，廉耻不立，且不自好，苟若而可，故见利则逝，见便则夺。主上有败，则因而挻之矣；主上有患，则吾苟免而已，立而观之耳；有便吾身者，则欺卖而利之耳。人主将何便于此？群下至众，而主上至少也，所讬财器职业者粹于群下也。俱亡耻，俱苟妄，则主上最病。故古者礼不及庶人，刑不至大夫，所以厉宠臣之节也。古者大臣有坐不廉而废者，不谓不廉，曰"簠簋不饰"；坐污秽淫乱男女亡别者，不曰污秽，曰"帷薄不修"；坐罢软不胜任者，不谓罢软，曰"下官不职"。故贵大臣定有其罪矣，犹未斥然正以呼之也，尚迁就而为之讳也。故其在大谴大何之域者，闻谴何则白冠氂缨，盘水加剑，造请室而请罪耳，上不执缚系引而行也。其有中罪者，闻命而自弛，上不使人颈盩而加也。其有大罪者，闻命则北面再拜，跪而自裁，上不使捽抑而刑之也，曰："子大夫自有过耳！吾遇子有礼矣。"遇之有礼，故群臣自憙；婴以廉耻，故人矜节行。上设廉耻礼义以遇其臣，而臣不以节行报其上者，则非人类也。故化成俗定，则为人臣者主耳忘身，国耳忘家，公耳忘私，利不苟就，害不苟去，唯义所在。上之化也，故父兄之臣诚死宗庙，法度之臣诚死社稷，辅翼之臣诚死君上，守圄扞敌之臣诚死城郭封疆。故曰圣人有金城者，比物此志也。彼且为我死，故吾得与之俱生；彼且为我亡，故吾得与之俱存；夫将为我危，故吾得与之皆安。顾行而忘利，守节而仗义，故可以托不御之权，可以寄六尺之孤。此厉廉耻行礼谊之所致也，主上何丧焉！此之不为，而顾彼之久行，故曰可为长叹息者此也。

是时，丞相绛侯周勃免就国，人有告勃谋反，逮系长安狱治，卒亡事，复爵邑，故贾谊以此讥上。上深纳其言，养臣下有节。是后大臣有罪，皆自杀，不受刑。至武帝时，稍复入狱，自宁成始。

初，文帝以代王入即位，后分代为两国，立皇子武为代王，参为太原王，小子胜则梁王矣。后又徙代王武为淮阳王，而太原王参为代王，尽得故地。居数年，梁王胜死，亡子。谊复上疏曰：

陛下即不定制，如今之势，不过一传再传，诸侯犹且人恣而不制，豪植而大强，汉法不得行矣。陛下所以为蕃扞及皇太子之所恃者，唯淮阳、代二国耳。代北边匈奴，与强敌为邻，能自完则足矣。而淮阳之比大诸侯，廑如黑子之著面，适足以饵大国耳，不足以有所禁御。方今制在陛下，制国而令子适足以为饵，岂可谓工哉！人主之行异布衣。布衣者，饰小行，竞小廉，以自讬于乡党，人主唯天下安社稷固不耳。高皇帝瓜分天下以王功臣，反者如猬毛而起，以为不可，故蘄去不义诸侯而虚其国。择良日，立诸子雒阳上东门之外，毕以为王，而天下安。故大人者，不牵小行，以成大功。

今淮南地远者或数千里，越两诸侯，而县属于汉。其吏民徭役往来长安者，自悉而补，中道衣敝，钱用诸费称此，其苦属汉而欲得王至甚，逋逃而归诸侯者已不少矣。其势不可久。臣之愚计，愿举淮南地以益淮阳，而为梁王立后，割淮阳北边二三列城与东郡以益梁；不可者，可徙代王而都睢阳。梁起于新郪以北著之河，淮阳包陈以南揵之江，则大诸侯之有异心者，破胆而不敢谋。梁足以扞齐、赵，淮阳足以禁吴、楚，陛下高枕，终亡山东之忧矣，此二世之利也。当今恬然，适遇诸侯之皆少，数岁之后，陛下且见之矣。夫秦日夜苦心劳力以除六国之祸，今陛下力制天下，颐指如意，高拱以成六国之祸，难以言智。苟身亡事，畜乱宿祸，孰视而不定，万年之后，传之老母弱子，将使不宁，不可谓仁。臣闻圣主言问其臣而不自造事，故使人臣得毕其愚忠。唯陛下财幸！

文帝于是从谊计，乃徙淮阳王武为梁王，北界泰山，西至高阳，得大县四十余城；徙城阳王喜为淮南王，抚其民。

时又封淮南厉王四子皆为列侯。谊知上必将复王之也，上疏谏曰："窃恐陛下接王淮南诸子，曾不与如臣者孰计之也。淮南王之悖逆亡道，天下孰不知其罪？陛下幸而赦迁之，自疾而死，天下孰以王死之不当？今奉尊罪人之子，适足以负谤于天下耳。此人少壮，岂能忘其父哉"白公胜所为父报仇者，大父与伯父、叔父也。白公为乱，非欲取国代主也，发愤快志，剡手以衝仇人之匈，固为俱靡而已。淮南虽小，黥布尝用之矣，汉存特幸耳。夫擅仇人足以危汉之资，于策不便。虽割而为四，四子一心也。予之众，积之财，此非有子胥、白公报于广都之中，即疑有专诸、荆轲起于两柱之间，所谓假贼兵为虎翼者也。愿陛下少留计！"

梁王胜坠马死，谊自伤为傅无状，常哭泣，后岁余，亦死。贾生之死，年三十三矣。

后四岁，齐文王薨，亡子。文帝思贾生之言，乃分齐为六国，尽立悼惠王子六人为王；又迁淮南王喜于城阳，而分淮南为三国，尽厉王三子以王之。后十年，文帝崩，景帝立；三年而吴、楚、赵与四齐王合从举兵，西乡京师，梁王扞之，卒破七国。至武帝时，淮南厉王子为王者两国亦反诛。

赞曰：刘向称："贾谊言三代与秦治乱之意，其论甚美，通达国体，虽古之伊、管未能远过也。使时见用，功化必盛。为庸臣所害，甚可悼痛。"追观孝文玄默躬行以移风俗，谊之所陈略施行矣。及欲改定制度，以汉为土德，色上黄，数用五，及欲试属国，施五饵三表以系单于，其术固以疏矣。谊亦天年早终，虽不至公卿，未为不遇也。凡所著述五十八篇，掇其切于世事者著于传云。

译文：

贾谊，洛阳人，十八岁时，就因能够背诵诗书和会写文章闻名当地。河南郡守吴公听到他才学优异，把他召到门下，非常器重他。汉文帝即位不久，听到河南郡守吴公政绩为全国第一，还因他过去与李斯同乡，曾经向李斯学习过，于是征召他做廷尉。吴廷尉就推荐说贾谊年纪虽小，但很能通晓诸子百家之书。汉文帝就召贾谊做了博士。

这时，贾谊二十多岁，在博士中是最年轻的。汉文帝每次下令讨论的问题布置下来，年长的博士们不能说上什么，而贾谊能够一一回答，并且人人都觉得说出了他们的意思。于是，博士们认为贾谊才能出众。汉文帝喜欢他，破格提拔，一年之内提升到太中大夫。

贾谊认为汉朝建立二十多年了，国家太平和洽，应当改订历法，改变车马服饰的颜色，订立法令制度，确定官职名称，振兴礼乐。于是起草各项仪式的法度，车马服饰的颜色用黄色，官印数字用"五"，确定官职名称，全部改变旧制，贾谊上奏皇上。

汉文帝谨慎从事，来不及实行。然而各项法令的更改确定，以及各个诸侯都住到自己的封国里去，这些主张都是贾谊提出的。于是汉文帝与大臣商议，让贾谊担任公卿的职位。绛侯、灌侯、东阳侯、冯敬之这些人嫉妒他，就诋毁说："洛阳这个少年，年纪轻轻，学识浅薄，一心想独揽大权，给许多事情造成混乱。"由于这样，汉文帝后来也疏远了他，不采纳他的意见，让他做长沙王太傅。

贾谊因为贬官离开了，意志没有得到施展，在渡湘水时，写了一篇赋吊念屈原。屈原是楚国一位贤明的臣子，遭受谗言而被放逐，写作《离骚赋》，在篇末写道："算了吧！国人没有能了解我的。"于是投江而死。贾谊追念哀伤他，因此以屈原自喻。他的赋写道：

恭承嘉惠兮，俟罪长沙。仄闻屈原兮，自湛汨罗。造托湘流兮，敬吊先生。遭世罔极兮，乃殒厥身。乌呼哀哉兮，逢时不祥！鸾凤伏窜兮，鸱鸮翱翔。阘茸尊显兮，谗谀得志；贤圣逆曳兮，方正倒植。谓随、夷溷兮，谓跖、蹻廉；莫邪为钝兮，铅刀为铦。于嗟默默，生之亡故兮！斡弃周鼎，宝康瓠兮。腾驾罢牛，骖蹇驴兮；骥垂两耳，服盐车兮。章父荐屦，渐不可久兮；嗟苦先生，独离此咎兮！

讯曰：已矣！国其莫吾知兮，子独壹郁其谁语？凤缥缥其高逝兮，夫固自引而远去。袭九渊之神龙兮，沕渊潜以自珍；偭蝖獭以隐处兮，夫岂从虾与蛭螾？所贵圣之神德兮，远浊世而自臧。使麒麟可系而羁兮，岂云异夫犬羊？般纷纷其离此邮兮，亦夫子之故也！历九州而相其君兮，何必怀此都也？凤凰翔于千仞兮，览德辉而下之；见细德之险征兮，遥增击而去之。彼寻常之污渎兮,岂容吞舟之鱼!横江湖之鳣鲸兮,固将制于蝼蚁。

贾谊做长沙王太傅的第三年,有一支猫头鹰飞入贾谊的房间里,停在座位的旁边。猫头鹰像鸮,是一种不吉祥的鸟。贾谊已因被贬来居长沙,长沙低洼潮湿,贾谊常常哀伤,以为寿命不可能长,就作赋来安慰自己。赋写道:

单阏之岁,四月孟夏,庚子日斜,服集余舍,止于坐隅,貌甚闲暇。异物来萃,私怪其故,发书占之,谶言其度。曰:"野鸟入室,主人将去。"问于子服:"余去何之?吉乎告我,凶言其灾。淹速之度,语余其期。"

服乃太息,举首奋翼,口不能言,请对以意。万物变化,固亡休息。斡流而迁,或推而远。形气转续,变化而嬗。沕穆亡间,胡可胜言!祸兮祖国所倚,福兮祸所伏;忧喜聚门,吉凶同域。彼吴强大,夫差以败;粤栖会稽,句践伯世。斯游遂成,卒被五刑;傅说胥靡,乃相武丁。夫祸之与福,何异纠缠!命不可说,孰知其极!水激则旱,矢激则远。万物回薄,震荡相转。云烝雨降,纠错相纷。大钧播物,坱圠无垠。天不可与虑,道不可与谋。迟速有命,乌识其时?

且夫天地为炉,造化为工;阴阳为炭,万物为铜,合散消息,安有常则?千变万化,未始有极。忽然为人,何足控揣;化为异物,又何足患!小智自私。贱彼贵我;达人大观,物亡不可。贪夫徇财,列士徇名;夸者死权,品庶每生。怵迫之徒,或趋西东;大人不曲,意变齐同。愚士击俗,窘若囚拘;至人遗物,独与道具。众人惑惑,好恶积意;真人恬漠,独与道息。释智遗形,超然自丧;寥廓忽荒,与道翱翔。乘流则逝,得坎则止;纵躯委命,不私与己。其生兮若浮,其死兮若休。澹呼若深渊之靓,泛乎若不系之舟。不以生故自保,养空而浮。德人无累,知命不忧。细故带芥,何足以疑!

一年多以后,汉文帝想念贾谊,征召他回京城。贾谊到了,进入朝廷求见,汉文帝正在承受神灵的降福,坐在宣室里接见贾谊。汉文帝因对鬼神之事有所感触,就向贾谊询问鬼神的原本。贾谊详细讲述其中的道理。一直谈到深夜,汉文帝听得入神不觉移坐到坐席的前端。谈论完了,汉文帝说:"我很久没看到贾生了,自以为超过他了,今天看来,还比不上他啊。"于是任命贾谊作梁怀王的太傅。梁怀王,是汉文帝的小儿子,很受宠爱,又喜欢读书,所以叫贾谊作他的老师,他多次向贾谊请教成败得失。

这一时期,匈奴强盛,常常侵犯汉朝边疆。汉朝刚刚建立,法规制度粗疏而不严明。诸侯王超越本身的权利范围,占据的土地超过古代制度的规定,淮南王、济北王都因为谋反而被诛灭。贾谊多次上疏陈述政事,他的意见大多是想改变和建立新制度,其大意是:

我私下考虑了当前的国家形势,认为可以为之痛哭的有一件,可以为之流涕的有二件,可以为之长叹的有六件,至于其他违背事理而伤害正道的,难以分条列举。向陛下进言的人都说国家已经安宁已经治理好了,我独自认为国家远未治理好。说国家安定并治理好的人,不是愚蠢就是阿谀奉承,都不是从事实出发知道治乱的根本的人。这如同把火种放在柴堆下而自己睡到上面,柴堆没有被点燃,就说很平安,当前国家的形势,跟这种情况有什么两样呢!本与末被颠倒了,前后的堤防被破坏了,国家制度混乱，并不是很有道理，怎么可以说治理好了呢？陛下为何不让我在您面前获得机会，来深入细致地陈述国家政治修明，社会安定的策略，试让您来仔细选择。

打猎这种娱乐，与掌握国家安危的关键哪一个紧要？如果认为去治理国家就要伤脑筋，苦身体，缺少钟鼓的娱乐，这是不对的。娱乐与现在一样，再加上诸侯遵守法纪，国家没有战乱，民众得到安定，匈奴表示臣服，边远地区的人归顺朝廷，百姓简朴无华，纠纷诉讼逐步消失。治国的大计掌握了，就能使天下顺治，社会气象清平和谐，都很合理，活在世上就做贤明的帝王，去世了则做明神，美好的名誉，流传千古。《周礼》上说，作为开国的君主要有功，作为继业君主要有德，使陛下您的帝业功德，上与高祖刘邦相配，并和汉朝统治一起流芳百世。建立永久安定的局势，成就长久统治的基业，以此继承祖业，奉养六亲，这是最孝的了；以此造福天下，养育万物，这是最仁的了；确立准则，颁布纲纪，轻重缓急处理得宜，而后可以成为万世的法式，即使有愚笨不成器的后代，还能承受祖业得到安定，这是最英明的了。靠陛下这样的英明通达，只要让稍许懂得治国道理的人在下面辅佐，做到这样不是什么难事。这些办法可以原原本本摆在您的前面，希望不要忽视。我谨慎地考察自然和社会，用历史加以验证，研究当前必须解决的事情，日夜思念这套治国安邦的办法已经很成熟了。即使禹、舜再生，为陛下计谋，也不会改变这个办法。

诸侯王国的力量强大了，必然会造成与朝廷互相猜疑对立的局势，民众因此屡次遭受灾祸，朝廷也常为此而忧虑，这实在不是安定朝廷，保全民众的办法。如今有你的亲弟图谋在东部地区称帝，亲兄的儿子也向西面进攻朝廷，同时，吴王谋反的事又报了上来了。陛下正当壮年,行事合乎道义,没有过错,对诸侯王的恩泽又不断增加,他们尚且如此,更何况那些最大的诸侯,权力比他们还要强大十倍呢!

然而,天下还稍微安定,这是什么原因呢?因为那些大诸侯国的国王还未成年,朝廷派去的太傅、丞相正掌握着王国的大权。几年以后,诸侯王大都加冠成人,精力旺盛,朝廷委派的太傅、丞相则不得不称病免官,那些诸侯王就会把丞尉以上的官员,都安插上自己的亲信,像这样,他们的所作所为与淮南王、济北王有什么不同呢?到了那时,要想使国家长治久安,即使唐尧虞舜也是办不到的。

黄帝说:"太阳正中时一定要晒东西,拿着刀子就要赶快去切割东西。"现在按照这个道理去做,使国家巩固,民众安全,是很容易的。假如不趁早采取措施,就会伤害骨肉之情,以致要杀他们的头,这难道和秦朝末年还有什么不同呢?现在您凭着天子的权位,趁着当今的有利时机,靠着上天的保佑,还对转危为安、改乱为治的措施有顾虑;假如陛下处于当年齐恒公的地位,还能联合诸侯恢复天下的秩序吗?我知道陛下一定不能这样做。假如国家的形势还像从前那样,淮阴侯韩信还统治楚国,黥布统治淮南,彭城统治梁国,韩王信统治韩国,张敖统治赵国,赵高做越国的相,卢绾统治燕国,陈豨还在代国,假如这六七人都还活着,而这时陛下即天子位,自己能觉得安全吗?我有理由认为是不能的。那时,天下混乱,高皇帝和这些人一同起兵,起初并没有亲族的势力可以依靠。这些人中的幸运者才做了中涓,差一点的只当舍人,他们的才能比高皇帝差得很远。高皇帝凭着他的圣明威武登上了天子之位,把肥沃的土地分封给这些人做诸侯王,多的有百余座城池,少的也有三四十个县,恩德是极深厚的了。可是在以后的十年当中,反叛的事件发生了九起。陛下与这些人的关系,并不是亲自同他们较量过才使他们甘心臣服的,也不是亲自封他们当诸侯王的。在这种情况下,高皇帝也只得到一年的安宁,所以我知道陛下也是不能得到安宁的。然而,还有一个可以推托的借口,说与他们的关系疏远,那就让我说说那些关系亲近的同姓王吧。假如悼惠王还在齐国称王,元王还在楚国称王,中子在赵国称王,幽王在淮阳称王,共王在梁国称王,灵王在燕国称王,厉王在淮南称王,假如这六七位贵人都健在,这时陛下即位天子,能把国家治理好吗?我又知道陛下是不能的。这些同姓诸侯王,虽然名义上是臣子,实际上都认为自己和皇帝是一般的兄弟关系,他们没有一个不想采用皇帝的礼仪制度让自己做皇帝的。他们擅自封爵,赦免死罪的人,甚至有人乘坐皇帝专用的黄绸车盖的车,汉朝的法令在那里不能推行。即使能推行,对于图谋不轨如厉王那样的人,命令他都不肯听从,召见他又怎么来呢?侥幸来了,法律又怎么能施加到他的身上去呢?如果制裁了一个亲戚,天下的诸侯王就会瞪着眼起来反抗。陛下的臣子当中虽然有冯敬那样勇敢的人,但刚要开口告发诸侯王,刺客的匕首就已经刺进他的胸膛了。陛下虽然英明,但谁能辅佐您来一起治理这些诸侯王呢?所以说关系疏远的异姓王必然危害国家,关系新近的同姓王也一定会反叛,这已经被事实证明了。那些自恃实力强大而反叛的异姓诸侯王,汉朝已经幸运地战胜他们了,可是并没有改变造成混乱的原因。同姓诸侯王又沿着这条老路发动叛乱,已经有征兆了,这种局势又完全和过去一样。灾祸的变化,还不知要演变到什么地方。像您这样英明的皇帝处在这种情况下,尚且不能使国家安宁,后世的人又将怎么办呢!

屠牛坦一人早晨宰十二头牛,可是锋利的刀刃没有变钝,这是因为他拍击剥割的地方都在肌肉和骨头的缝隙之间。至于对付大腿骨的地方，不是用砍刀就是用斧头。仁义恩厚好比皇上的利刃，权势和法制好比皇上的砍刀和斧子。如今诸侯王都像一些大腿骨，对他们不用砍刀斧子，而想用利刃去切割，我认为不是碰出缺口就是被折断。为什么不用仁义厚恩去对待淮南王、济北王呢？因为形势不允许了。

我私下考察以前发生的事情，大都是势力强大的诸侯王先反叛。淮阴侯韩信称王于楚，势力最强，就最先反叛；韩信王依靠匈奴的势力，继续反叛；贯高依靠赵国的优越条件，又反叛；陈豨军队精悍，又反叛；彭越利用梁国的力量，又反叛；黥布依靠淮南的力量，又反叛；卢绾势力最弱，最后一个反叛。长沙王的封地内人口才二万五千户，功劳小但保存得最完善，势力弱而对朝廷最忠诚，这不是由于性格独特与其他诸侯王不同，而是形势使他这样的。如果从前把樊哙、郦商、周勃、灌婴等人封为占据几十个城池的诸侯王，即使现在他们的势力已经削弱了，也是不可以的。如果让韩信、彭城这些人只居于彻侯地位，即使现在还存在，也是可以的。既然这样，治理国家的大计就可以知道了。要想使诸侯王都忠心归附朝廷，那么最好让他们像长沙王那样地小力弱；要想使臣子不至于被剁成肉酱，那么最好让他们像樊哙、郦商等人那样只封侯不封王；要想使国家长治久安，最好多多建立诸侯小国，缩小他们的势力。势力小了，就容易用法令来调遣他们；封国小了，就不会有谋反的邪心。倘使全国的形势如同身体指挥胳膊，胳膊指挥手指一样，没有不服从的。诸侯王不敢抱有二心，就像车轮的辐条聚集向车轴那样，都听命于皇帝。即使平民百姓也会感到国家安定，因此天下人都知道陛下的英明。分割土地，定下制度，使齐、赵、楚等几个大诸侯国分成若干小国，使悼惠王、幽王、元王的子孙，都按长幼次序承受祖先的一份封地，一直到分完为止。至于燕、梁等其他诸侯国也都这样做。那些封地多子孙少的诸侯国也划分成若干小国，可以暂时空着王位，等他们有了子孙，全部让他们去做诸侯国君。对于诸侯王的土地被大量削减而收归朝廷的，就迁移他的封地和封他的子孙到其他地方去，按原来的土地数还给他。一寸土地，一个百姓，皇帝都不想占有他们的，实在是为了国家的安定罢了。因此，天下之人都知道陛下的廉洁了。分割土地的制度一确定，宗室子孙没有谁会担心做不到王，诸侯王没有背叛之心，皇上也就没有讨伐的念头，因此，天下人都知道陛下的仁爱了。法制建立而没有人触犯，政令推行而没有人违抗。像贯高、利几之类的阴谋不会发生，柴奇、开章那样的诡计也不会出现，百姓都趋向善良，大臣都表示顺从，因此，天下人都知道皇上的正义了。这样，即使让幼儿当皇帝，国家也是安宁的；即使立遗腹子为皇帝，让臣下朝拜先帝遗留下来的衣物，天下也不会混乱。这样，当代能大治，后代也会称颂陛下的圣明。实行这一措施，就能建树这样五项功业，陛下还顾虑什么而迟迟不这样做呢？

目前，天下的形势好像一个人正患着脚肿病一样。一条小腿肿得差不多跟腰一样粗，一个脚趾头肿得差不多像大腿一样大。平时不能屈伸，一两个脚趾抽动，全身都感到疼痛难忍。如果现在不及时治疗，必然成为难治之症，以后即使有扁鹊也无能为力了。况且患的不仅仅是脚肿病，而且还苦于脚掌扭折。元王的儿子是陛下的堂弟；现在当楚王的是陛下堂弟的儿子。惠王的儿子是陛下亲哥哥的儿子，现在做齐王的是陛下哥哥的孙子。现在，陛下近亲当中有的还没有封地来保持天下的安定局面，而疏远的人有的执掌着大权来威胁皇上。所以，我说不但患脚肿病，同时还苦于脚掌扭折。可以为之痛哭的,就是这种病啊。

现在,天下的形势正好上下颠倒。天子是天下的头,为什么呢?因为在上面。蛮夷是天下的脚,为什么呢?因为在下面。现在匈奴对汉朝肆意侮辱,侵扰掠夺,不敬到了极点,成为天下的祸害,没有止境,而汉王朝每年却还向它赠送大量的金钱、丝绵和各种彩色的丝织品。匈奴对汉朝发号施令,掌的是皇上的权柄;皇上向匈奴纳贡,行的是臣下的礼节。现在脚反而到上面,头反而在下面,如此颠倒,不能解救,还能说有治国的人才吗?不但上下颠倒而已,又像得了足病,还患了风病。足病只是局部性的病,风病则是一大片地方疼痛。现在在西部边境上,即使爵位很高的人也不能轻易免除兵役,儿童以上的人都因为战备而得不到休息,哨兵日夜瞭望烽火不得安睡,将官都披戴着铠甲睡觉。所以我说这是一方得了病。这种病,医生能够治疗,但皇上没有让他治。可以为之流泪的,就是这件事啊。

陛下怎能忍受以堂堂的皇帝的称号去作匈奴的诸侯,地位既卑下屈辱,又祸患无穷,长此下去,哪有穷尽?出谋献策的人都认为这样做是对的,这实在让人不可理解,这些人简直无能到了极点。我私下估计匈奴的人口只不过汉朝的一个大县,以这么大的天下,而受困于只相当于一县人口的匈奴,我真为执政的大臣们羞愧。陛下为什么不任命我为属国之官去掌管匈奴呢?实行我的计策,必定可以捉住单于,掌握他的生死命运,制伏中行说而鞭打他的脊背,使整个匈奴都听从陛下的命令。现在不去打击凶猛的敌人而去打野猪,不捕叛臣而去捕捉兔子,贪图娱乐而不考虑解除国家的大祸患,这不是使天下安定的做法啊。皇上的恩德本来可以施行到很远的地方,而现在仅仅在数百里以内就行不通了。可以为之流泪的,就是这件事啊。

现在民间贩卖奴婢的人，给奴婢穿上镶了花边的绣花衣和丝鞋，圈在木栅栏内，这些奴婢穿的都是古代皇后的服饰，而且皇后平时不穿，也只是在祭祀时穿，而现在一般人却用来给婢妾穿了。用白色皱纱做面子，细薄熟绢做衬里，又镶上花边，更漂亮的还绣上花纹，这是古代帝王的服饰，现在富商大贾在宴会上招待客人时，却用来挂在墙壁上。古代这些服饰只用来侍奉一帝一后，是节制、适宜的。现在一般人的屋壁挂上了皇帝的服饰，下贱的倡优也用皇后的服饰，这样天下财力不枯竭，恐怕是不会有的吧。况且皇帝自己穿的是黑色粗厚的丝织品，而富民的墙壁上披挂着华丽的刺绣；皇后用来镶衣领的花边，一般人的婢妾却用来镶在鞋口上，这就是我所讲错乱的事。一百个人做衣，不能满足一人穿，要想使天下之人不受冻，怎么可能做到呢？一个人种地收获的粮食，十个人聚集起来吃它，要想使天下之人不挨饿，是不可能做到的。饥饿寒冷关系到人的身体，要想使他们不做奸邪的事，也是不可能的。国家的财力已经枯竭了，盗贼兴起只是需要时间罢了。然而献计的人却说："不变动为上策。"社会风气已经到了对长上极不尊敬的地步，简直是没有尊卑等级，简直是冒犯皇上，而献计的人却说："不要去改变这种状况。"可以为之深深叹息的，就是这样的事啊。

商君抛弃礼仪，舍弃仁恩，一心一意变法图强，他的变法主张推行了两年，秦朝的风俗渐渐衰败。所以秦朝人家庭富裕儿子成年了就分家，家庭贫寒儿子成年了就到女方家去成婚。借给父亲农具，就流露出恩赐的脸色；母亲取用一下畚箕和扫帚，立即遭到责骂。儿媳抱着孩子喂奶，与公公一同伸开腿坐着；婆媳之间一不高兴，就顶嘴吵架。他们宠爱儿子贪图利益，不同禽兽的地方没有多少了。然而商君顺应时势一心进取，还可以说是为了挫败六国，统一天下。功成名就了，最终不知道违背了廉耻羞愧的节操，违背了仁义的厚德。推行兼并的办法，成就了进取的事业，却败坏了天下。势力大的压倒势力小的，聪明的欺侮愚笨的，勇猛的威吓胆怯的，强壮的欺凌衰弱的，真是乱到了极点。因此大贤汉高祖刘邦出来扶持天下的危乱，声威震荡四海，恩德遍布天下。过去是秦朝的天下，如今转为汉朝的天下了。但是秦朝遗留下来的风俗习惯，还没有改变。当今社会上人们都竞相追求奢侈豪华，而上面又没有建立制度，这种抛弃礼仪，摈弃廉耻的风气一天比一天厉害，可以说是每年每月都不一样了。只注重追逐名利，而不顾行为的好坏，到了今天，严重的发展到杀害自己的父亲兄弟了。盗贼割取皇帝宗庙后室的门帘，拿起汉高祖、汉惠帝两庙的祭器，白天在大都城中抢夺官吏的钱财。作伪的人骗出近十万石粮食，征收六百多万钱财，乘坐官车周游郡国，这真是没有道义到了极点。而大臣只把不上报公文和期会的中断当作大事。至于社会风俗的败坏，却安然处之不以为怪，无动于衷，以为是理所当然的事。移风易俗，使天下人心归向正道，这些不是平庸的官吏所能做到的。平庸的官吏所能干的，只在于写写公文，收收钱财，不懂得治国的根本。陛下您又不为此忧虑，我私下为陛下惋惜。

确立君臣上下之间的等级关系，使父子之间有礼可遵，六亲之间有法度可循，这不是上天所为，而是人们设立的。人们设立的制度，不做的事不设立，不建立制度就维护不了人际关系，不维护制度就会破坏人际关系。《管子》说："礼义廉耻是治国的四个纲，这四个纲不张，国家就要灭亡。"假使管子是个愚蠢的人那就罢了，假使管子是稍微知道治国的根本道理的，那么，怎能不为此寒心呢？秦朝舍弃四个纲而不张，所以君臣的等级关系错乱，六亲遭殃被杀，奸邪的人一同起来，万民叛离朝廷，一共十三年，而整个国家成为一片废墟。现今四个纲还没有齐备，所以奸人有机可乘，而人心疑惑不定。难道如今确定了等级制度的原则，让君是君臣是臣，上下有差别，父子与六亲各得其所，奸人没有机会可乘，而群臣都讲忠信，皇上不疑惑！这样的法度一建立，世世代代得到安宁，而后代就有法可遵循了。假如等级制度的原则没有确定，就像渡江时没有缆绳和船桨一样，到中流遇到风波，必定要翻船。我认为可为之叹息的就是这样的事啊。

夏朝统治天下，有十多代人，而殷商承接它。殷商统治天下，有二十多代人，而周朝承接它。周朝统治天下，有三十多代人，而秦朝承接它。秦朝统治天下，两代人就灭亡了。人的性情相差不是很远，为什么夏商周三代的君主政治清明统治长久，而秦朝没有德政暴虐残酷呢？这当中的原因可以知道。古代的帝王，太子刚生下来，就用礼来教养，让士人背着他，有关的官员整洁身心显示庄重，端正衣冠，到南郊祭天。过宫阙就下车马步行，过宗庙就俯着身小步快走，这是孝子之道。所以在婴孩时教育就已经进行了。过去，周成王还在襁褓之中，召公做太保，周公做太傅，太公做太师教育他。保，保护他的身体；傅，传授给他道德、行为的道理；师，教育训导：这就是三公的职责。于是又设三少，都是上大夫级别，叫少保、少傅、少师，这是同太子生活在一起的人。所以当太子刚懂事，三公、三少就给他讲明孝、仁、礼、义，并引导他去做，驱逐奸邪之人，不让太子见到不好的行为。由于这样，都选拔天下行为端正，讲求孝悌，见识广博，有道德学术的人护卫辅助他，让这些人跟太子居住一处，同出同入。所以太子刚生下来见到的是正事，听到的是正言，推行的是正道，左右前后都是品行端正的人。习惯于同品行端正的人相处，品行就不会不端正，如同生长在齐国不能不讲齐国话；习惯于同品行不端正的人相处，品行就不会端正，如同生长在楚国不能不讲楚国话。所以选择天子的嗜好，必须先使他接受教育，然后才能去试行。选择天子的爱好，必须先使他有了习惯，然后才能去做。孔子说："小时养成的习惯好像是自然的天性。"等到太子稍稍长大，知道女色，就让他进入学校学习。学习，就是朝廷里的学馆。《学礼》说："帝入东学，懂得尊敬亲属，重视仁爱，于是恩、疏有了序别而恩德都能施加到了；帝入南学，懂得尊敬老年人，注重信义，于是长幼有了区别而民众互相不欺骗；帝入西学，懂得尊敬贤良，注重道德，于是圣贤聪明的人得到任用而有功之人不被遗漏；帝入北学，懂得尊敬有地位的人，崇尚爵禄，于是贵贱之分有了等级而卑下的人不超越自己的身份；帝入太学，从师请教治国的道理，回来练习并接受太傅的考核，太傅惩罚他不合标准的地方，而改正不足之处，于是，德行和智慧增长了，治国的办法也学到了。"这五学在上面学成了，那么百官和平民在下面就会受感化而和睦相处。等到太子加冠成年了，免去太保、太傅的管束，就有记载过失的官员，用减膳食的办法进行规劝的官员，还竖起旌旗招引人们进善言，在路旁竖起木牌记载过失，在官府门口设进谏时敲的鼓。瞽史用诗来规劝，乐工朗诵进谏的文章来规劝，大夫进献计谋，士传诵民间警语。智慧和学习一起增长，所以做事就能切合准则；教化和思想一起形成，所以行为合乎道理就像出自本性一样。夏商周三代之礼：春天的早上去祭日，秋天的傍晚去祭月，以此表示敬重天地；春秋入学的时候，请国老上座，太子捧着肉酱亲自送给他，以此表示孝敬长老；乘车出行，速度快慢要适合车上的铃声，走路时，慢步要合乎《采齐》的节奏，快步要合乎《肆夏》的节拍，以此表明懂得礼节；对于禽兽，活的时候见过它，听见过它的叫声，死了以后就不吃它的肉，所以要远庖厨，以此表明有仁爱之心。

夏商周三代之所以统治长久，是因为他们辅助太子有这些办法。到了秦朝就不是这样。他们的社会风气本来就不是讲究谦让，他们崇尚的是揭发人家阴私；他们本来就不是讲究礼仪，他们崇尚的是刑罚。使赵高辅助秦二世，教他的是刑戮之法，所练习的不是杀人割鼻子，就是灭门三族。所以秦二世今天登上皇帝位而明天就杀人，把忠心进谏的话说成是诽谤，深远的计谋当成妖言，把杀人看作是割草一样。难道只是秦二世的性恶吗？那是由于教育他的东西不合理的缘故。

俗语说："不熟悉做官的事，看看以前官吏做过的事。"又说："前面的车颠覆了，后面的车做好戒备。"夏商周三代的统治之所以长久，看过去的事就可知道了；然而不能依从的，是不效法圣贤的聪明。秦朝之所以迅速灭亡，有痕迹留下可以看出；然而如果不避免，后面的车又将倾覆了。存与亡的变化，治与乱的关键，其要旨就在这里。天下的命运，决定于太子；太子治国能力的强弱，在于早期开导教育，与选拔辅助护卫太子的左右人。在思想还没有放开时就先开始教育，那么教化就容易成功；领悟治国道理和知识道义的要旨，则是教育的力量了。至于习惯的养成，则是左右的任务了。北方人和南方人，生下时声音相同，嗜好欲望也没有什么差异，等长大养成习惯了，他们之间的语言经过多次翻译也不能相通，行为习惯有到死也不能互相改变的，那是教育和习惯造成的结果。所以我说选好左右辅佐的人和进行早期教育是最重要的。教育得当而且左右的人品行端正，那么太子就正气了，太子正气了，天下也就安定了。《尚书》说：

"天子一人有庆幸的事,亿万民众依赖他得好处。"这是当前急于办的事。

大凡人的智慧,能见到的已经是这样,不能见到的也想这样。礼是用在禁止人们的行为将要发生之前,而法律是用在行为已经发生之后,所以法律的功能容易看到,而礼的功效却难知晓。假如庆赏用来劝善,刑罚用来惩恶,先王执掌这样的政权,会坚硬如同金石,推行这样的命令,会得到长久信从,掌握这种方法的人,像天地一样无私,难道还不使用吗?然而说礼之于礼,重要的是杜绝坏事在没有发生以前,而教育放在细微的地方,使老百姓一天天接近善良远离罪恶而自己不知道。孔子说:"审理诉讼,我同别人一样,一定要使诉讼事件消灭才好!"为国君谋划的人,不如先审定要选择和弃置的东西;取舍的标准定于朝廷,而安危的开始应验在社会上,平安不是一天能够平安的,危险也不是一天就危险了的,都是积蓄以后才逐渐发生的,不可不仔细考察。国君所积蓄的,在取舍方面。用礼仪来治理国家的人,积蓄的是礼仪;用刑罚来治理国家的,积蓄的是刑罚。刑罚多而老百姓就要埋怨反抗,礼仪多而老百性就会和睦相亲。所以国君希望老百姓从善的想法相同,而使老百姓行善的方法是不同的。有人教导他们德行,有人用法令来逼迫他们。用德行教导他们的,德行被推广而民众和气快乐;用法令来威逼他们的,法令到了极点而民众的风气哀怨。哀乐之感,便是祸福的应证。秦王想尊宗庙而安定子孙的想法,与商汤、周武王相同,然而商汤、周武王扩大了他们的德行,六七百年而不失败,秦王治理天下,十多年就大败了。这没有别的缘故,商汤、周武王确定取舍审慎而秦王确定取舍不审慎。天下,是重要的工具。现在人们把器物放在安稳的地方就安稳,放在危险的地方就危险。天下的情况与器物没有什么不同，在于天子怎么放置它。商汤周武王把天下放于仁、义、礼、乐的位置，而恩德广被四方，禽兽、草木茂盛，恩德加于蛮貊四夷，接连子孙几十代，这是天下人都知道的。秦王把天下放在法令刑罚的位置，恩德一点没有，而埋怨仇恨遍布社会，平民百姓憎恨他如仇敌，祸害差一点临身，后来子孙诛死断绝，这是天下人都看到的。这不是很明显的效验吗！有人说："听人说话，一定要看他的行动，这样他就不敢胡说八道了。"今天有人说礼仪不如法令，教化不如刑罚，国君为何不援引商、周、秦朝的事来让他们看呢？

国君的高贵譬如殿堂，群臣譬如台阶，百姓譬如地。所以台阶在几级以上，地基离地面远，那么殿堂就高；台阶没有级，离地面近，殿堂就低下。高的难以攀登，低的易于跨上，这是理所当然的。所以古代圣王制定等级，朝廷有公、卿、大夫、士，地方侯国有公、侯、伯、子、男，然后有大小官吏，一直排到平民，等级分明，而天子的地位在最上面，所以他的尊贵是至高无上的。里巷流行的谚语说："要投掷东西打老鼠却又顾忌损坏器物。"这是很好的比喻。因为老鼠距离器物近，人们尚且害怕损坏器物而不敢打，何况显贵之臣距主上太近了呢！用廉耻节礼治理君子，所以有赐死而没有杀戮侮辱。因此，脸上刺字割掉鼻子的罪行不加到大夫头上，因为他们离主上不远啊。礼规定不能计算拉国君坐的车的马的年龄，踢踩马的草料要受惩罚；看到国君的案桌拐杖就肃立，遇到国君的车马就去到低处，进入正门就小步快走；国君的宠臣即使有人有了过错，杀戮的罪行不加在他身上，这样做是为了尊敬国君。这是为了使皇上预先避开对他不尊敬的事情，而用礼貌来鼓励大臣保持节操。今天自王侯三公这些贵人起，都是天子所要敬重以礼相待的人，就是古代的天子称作伯父、伯舅的人，而对他们与民众同样施用各种刑罚，那么殿堂不失去台阶了吗？被杀戮侮辱的人不太迫近天子吗？廉耻不被推行，大臣岂不就会掌握过重的权力，大官不就会有囚徒的无耻之心了吗？望夷宫这件事，秦二世被判处重刑，这是投鼠而不忌器造成的。

我听说，鞋子即使很新也不能放到枕头上，帽子即使破旧也不能用来垫鞋。曾经处在被尊宠地位的人，天子对他以礼相待，官吏民众曾对他表示过敬畏。今天有了过错，皇帝下令废黜爵位可以，罢除官职可以，赐他死可以，灭了他的家族可以；至于把他捆绑起来，牵着押送给司寇，编在徒官的管辖之下，让司寇小吏咒骂和鞭打他，这恐怕是不能让一般民众看到的吧！卑贱的人熟知被尊宠的人一旦有了过错，我也可以同样对待他，这不是教习天下的办法，也不符合尊尊贵贵的教化。天子曾经敬重过，民众曾经尊崇过，让他死了就死了，卑贱人怎么可以这样折磨侮辱他呢！

豫让侍奉中行氏，在智伯攻灭中行氏之后，转而侍奉智伯。等到赵襄子灭掉智伯，豫让就毁坏容貌，吞炭使声音嘶哑，一定要报复赵襄子，为智伯报仇，但多次没有成功。有人问豫子，豫子回答说：“中行氏像对一般人那样对待我，我也像一般人那样侍奉他；智伯像国士一样待我，我就像国士一样报答他。”所以同一个豫让，起初背叛自己的主人去侍奉他的仇敌，行为像猪狗，后来又持节尽忠，行为像烈士，这是主上使他这样的。所上国君对待他的大臣如同对待犬马，他们就甘愿做犬马。如果对待他们如同对待犯人，他们就甘愿做犯人。顽固愚笨无耻，胸无大志没有节操，没有廉耻之心，并且不自爱，马马虎虎就可以了，所以他们见利便向往，见利便争夺。遇到主上失利，就乘机篡权；遇到主上有了患难，就只顾自己苟且偷生，袖手旁观；有利于自己的，就欺诈出卖主人而从中谋利。这样对主上有什么好处呢？群臣众多，而主上只有一人，主上委托的财器职业等权力都集中在群臣之手。全都无耻，全都胡作非为，主上就最担心了。所以古人说："礼不及庶人，刑不至大夫"，这样做是为了勉励宠臣守节。古代有大臣因为不廉洁之罪要被废黜的，不说不廉洁，说"簠簋不整洁"；因为淫乱肮脏男女无别的，不说肮脏，说"帷薄不修"；因为软弱无能不能胜任官职的，不说软弱无能，说"下官不职"。所以对有地位的大臣定罪时，不仅不以斥责的口吻正面宣布他的罪行，还迁就地为他隐讳。所以那些处于应被大声谴责呵斥的地位的人，听到谴责呵斥就穿上丧服，盘上加剑，到请罪的房间去请罪，皇上不叫人捆绑起来牵着走。犯有中等罪行的人，听到命令便自毁容仪认罪，皇上不使人把刀架到他的脖子上。犯有大罪的人，听到命令便朝北跪拜认罪，跪下自杀，皇上不派人揪住他的头发往下按把他处死，说："你大夫是自己有罪啊！我待你是有礼的。"对待他有礼，所以群臣自爱；以廉耻待人，所以人们就注重节操和德行。皇上设立廉耻礼仪来对待他的臣子，而臣子不以节操和德行报答他的主上，那他就不是人啊。所以教化成、风俗定，那么作为臣子的人，就会想到主上便忘了自己，想到国家便忘了自己的家庭，想到公事便忘了私事，见利不随便谋取，见害不苟且逃避，只按照道义办事。皇上施行教化，所以父兄之臣忠诚于祖业而死，制定和推行法度的大臣忠诚于国家而死，辅助保护君主的大臣忠诚于君主而死，守边御敌的大臣忠诚于城郭疆界而死。所以说圣人拥有金城，就是用金城这样的物来比喻众臣的这种意志的。他尚且为我而死,所以我必须与他共生死;他尚且为我而亡,所以我必须与他共存亡;他将为我去冒危险,所以我必须与他一起平安。顾全德行而忘记利益,守住节操而主持正义,所以可以托付给他不加约束的大权,可以寄养未成年而父已死的皇帝。这是勉励廉耻推行礼仪所应该达到的,主上何必要失去这些呢!这些事不做,反而长久地顾及不该做的事,所以我说可以为之叹息的就是这些事啊。

这时丞相绛侯周勃解除了职务,有人告发周勃谋反,把周勃捆绑押解到长安下狱治罪,结果没有什么罪行,又恢复了他的官爵和封地,所以贾谊用周勃的事来规劝汉文帝大臣处罚要慎重。汉文帝深深地接收了他的意见,对待臣下有了分寸。这以后大臣犯了罪,都自杀,没有处以死刑的。到了汉武帝时,从宁成开始,才逐渐有大臣犯罪入狱的。

起初,汉文帝以代王的身份即皇帝位。后来把代国分为两国,立皇子刘武为代王,刘参为太原王,小子刘胜为梁王。后来又调代王刘武为淮阳王,而太原王刘参做代王,得到原先代王的全部封地。过了几年,梁王刘胜死了,没有儿子。贾谊又上疏说:

陛下如果不订立制度,如今的形势,只不过是一二世罢了,诸侯王国尚且没有管束,势力建起并逐步强大,汉王朝的法令就得不到推行了。陛下用来保持自己和皇太子所依赖的,只不过是淮阳和代两国罢了。代国北面靠近匈奴,与强敌为邻,能够保全自己就差不多了。而淮阳同大诸侯相比,仅仅如同小小的黑记长在脸上,只适合被大国所吞食,而不足以抵御大国。现在制度在于陛下制定,编制诸侯国而让自己的儿子适合做大国的食饵,难道可以说是工于心计吗!主上行为与平民百姓不同。平民百姓,注重小德行,讲究小处廉洁,以此托付于乡里,主上注重的是统一天下,安定社会。高皇帝瓜分天下给有功之臣做诸侯王,反对的人如同猥毛一样起来,认为不可以,所以除去不义的诸侯而空着他的国家。选择良辰吉日,在洛阳上东门外立他的几个儿子,让他们全都做了诸侯王,这样天下安定了。所以干大事的人,不被小的行动所牵累,最后成就大功业。

现在淮南这个诸侯国跨越的土地,远的有达到几千里的,超过梁和淮阳两个诸侯,而作为县属汉王朝统辖。淮南的官吏和老百姓因为徭役往来长安的人,拿出全部家财添补衣服,但半路上衣服就破了,钱大多用在这项费用的开支上,他们苦于隶属于汉而非常想得一个诸侯王,逃跑而归附于诸侯的已经不少了。这种形势不能让它长久。我有一个愚笨的计谋,希望拿出淮南之地加给淮阳,而在立了梁王以后,割淮阳北边二三县和东郡加给梁国;不行的话,可调代王建都睢阳。梁国的土地从新郪起靠近黄河,淮阳取陈国以南土地接着长江,这样,大诸侯国有野心的,也会吓破胆而不敢图谋。梁国足以防御齐国、赵国,淮阳足以抵挡吴国、楚国,陛下可高枕而卧,没有崤山以东的忧患了,这是两代人的利益啊。当今国家安定,正好遇上诸侯王都年少,几年以后,陛下将看到危机了。秦朝日夜处心积虑消除六国的祸患,现在陛下以权力控制天下,只要面颊表情示意人,想要达到的就能如意,如果陛下高拱两手酿成六国的祸患,就难以说聪明不聪明。苟全身没有滋事,蓄留祸乱,仔细看看而不安定,万年之后,传给老母弱子,将使他们不得安宁,不可以说是仁爱。我听说圣主要说话时,先问臣子而不自己先说。因此使臣子们能够尽表愚忠。只有陛下裁选才幸从其言。

于是，汉文帝采纳了贾谊的计策，就调淮阳王刘武为梁王，梁国北面以泰山为界，西面到达高阳，得大县四十多个；调城阳王刘喜为淮南王，安抚他的老百姓。

当时，又封淮南厉王刘长的四个儿子都当列侯。贾谊知道皇上一定要恢复诸侯王的爵位，上疏进谏说："我私下担心陛下将要封淮南厉王的几个儿子为王，这是没有同臣下仔细计议过啊。淮南王反叛作乱，天下谁不知道他的罪行？陛下幸而宽大放逐他，他自杀而死，天下谁认为他死得不应该呢？今天重用罪人的儿子，恰好辜负了天下人对厉王的谴责！厉王的儿子稍稍长大，难道能忘了他父亲的仇恨吗？白公胜为父报仇，就是针对祖父和伯父、叔父的。白公胜发动政变，不是夺权篡位，而是发泄心中的愤恨之气，手持尖刀刺向仇人胸膛，本来要和仇人同归于尽。淮南地方虽小，黥布曾经利用它反汉，汉朝能够存在真是太幸运了。让仇人据有足以危及汉朝的资本，是失策的。虽然把厉王的四个儿子分割开来，但他们为父报仇的想法是一个啊。给他们很多势力，使他们积累很多财产，这样做，如果不是像伍子胥、白公那样在都城公开起兵报仇，就会有专诸、荆轲这样的暗杀行刺，这就是所谓的把武器借给盗贼，给老虎添了翅膀啊。希望陛下稍微考虑一下！"

梁王刘胜坠马而死，贾谊感伤自己作为太傅失了职，常常哭泣。过了一年多，也死了。贾谊死时，年三十三岁。

后来的四年，齐文王死了，没有儿子。汉文帝想起贾谊的话，于是把齐国分成六个小国，分别立悼惠王的六个儿子为王；又调淮南王刘喜到城阳，把淮南分成三个小国，分别立厉王的三个儿子为王。以后十年，汉文帝驾崩，汉景帝继位，景帝三年，吴、楚、赵与四个齐王联合起兵反叛，向西直逼汉京城长安，梁孝王刘武保卫长安，最后打败七国。到汉武帝时，淮南厉王的儿子做了王的也有两国谋反而被诛灭。

赞说：刘向称："贾谊谈论夏商周三代和秦朝治乱的意义，他的论述十分优美，他通晓国家典章制度，即使是古代的伊尹、管仲也不能超过他。他使时机被有效地利用，功劳显著。但他被庸臣陷害，实在让人痛心。"回过头去看看汉文帝沉静无为，身体力行来移风易俗，贾谊所陈述的主张被略微施行了。等到想改定制度，因为汉是土德，就崇尚黄色，官印的数字使用"五"，等到想试着拥有属国，就施用贾谊的"五饵"、"三表"来紧紧拴住单于，他的办法因此取得了效果。贾谊英年早逝，他做官虽然没到公卿，但不是没有机遇。他的著述共五十八篇，摘取其中切于时事的内容写到了传记中。

汉书卷四十九

袁盎晁错传第十九

袁　盎

袁盎字丝。其父楚人也，故为群盗，徙安陵。高后时，盎为吕禄舍人。孝文即位，盎兄哙任盎为郎中。

绛侯为丞相，朝罢趋出，意得甚。上礼之恭，常目送之。盎进曰："丞相何如人也？"上曰："社稷臣。"盎曰："绛侯所谓功臣，非社稷臣。社稷臣主在与在，主亡与亡。方吕后时，诸吕用事，擅相王，刘氏不绝如带。是时绛侯为太尉，本兵柄，弗能正。吕后崩，大臣相与共诛诸吕，太尉主兵，适会其成功，所谓功臣，非社稷臣。丞相如有骄主色，陛下谦让，臣主失礼，窃为陛下弗取也。"后朝，上益庄，丞相益畏。已而绛侯望盎曰："吾与汝兄善，今儿乃毁我！"盎遂不谢。

及绛侯就国，人上书告以为反，征系请室，诸公莫敢为言，唯盎明绛侯无罪。绛侯得释，盎颇有力。绛侯乃大与盎结交。

淮南厉王朝，杀辟阳侯，居处骄甚。盎谏曰："诸侯太骄必生患，可适削地。"上弗许。淮南王益横。谋反发觉，上征淮南王，迁之蜀，槛车传送。盎时为中郎将，谏曰："陛下素骄之，弗稍禁，以至此，今又暴摧折之。淮南王为人刚，有如遇霜露行道死，陛下竟为以天下大弗能容，有杀弟名，奈何？"上不听，遂行之。

淮南王至雍，病死。闻，上辍食，哭甚哀。盎入，顿首请罪。上曰："以不用公言至此。"盎曰："上自宽，此往事，岂可悔哉！且陛下有高世行三，此不足以毁名。"上曰："吾高世三者何事？"盎曰："陛下居代时，太后尝病，三年，陛下不交睫解衣，汤药非陛下口所尝弗进。夫曾参以布衣犹难之，今陛下亲以王者修之，过曾参远矣。诸吕用事，大臣颛制，然陛下从代乘六乘传，驰不测渊，虽贲、育之勇不及陛下。陛下至代邸，西乡让天子者三，南乡让天子者再。夫许由一让，陛下五以天下让，过许由四矣。且陛下迁淮南王，欲以苦其志，使改过，有司宿卫不谨，故病死。"于是上乃解，盎繇此名重朝廷。

盎常引大体慷慨。宦者赵谈以数幸，常害盎，盎患之。盎兄子种为常侍骑，谏盎曰："君众辱之，后虽恶君，上不复信。"于是上朝东宫，赵谈骖乘，盎伏车前曰："臣闻天子所与共六尺舆者，皆天下豪英。今汉虽乏人，陛下独奈何与刀锯之余共载！"于是上笑，下赵谈。谈泣下车。

上从霸陵上，欲西驰下峻阪，盎揽辔。上曰："将军怯邪？"盎言曰："臣闻千金之子不垂堂，百金之子不骑衡，圣主不乘危，不侥幸。今陛下骋六飞，驰不测山，有如马惊车败，陛下纵自轻，奈高庙、太后何？"上乃止。

上幸上林，皇后、慎夫人从。其在禁中，常同坐。及坐，郎署长布席，盎引却慎夫人坐。慎夫人怒，不肯坐。上亦怒，起。盎因前说曰："臣闻尊卑有序则上下和，今陛下既以立后，慎夫人乃妾，妾、主岂可以同坐哉！且陛下幸之，则厚赐之。陛下所以为慎夫人,适所以祸之也。独不见'人豕'乎?"于是上乃说,入语慎夫人。慎夫人赐盎金五十斤。

然盎亦以数直谏,不得久居中。调为陇西都尉,仁爱士卒,士卒皆争为死。迁齐相,徙为吴相。辞行,种谓盎曰:"吴王骄日久,国多奸,今丝欲刻治,彼不上书告君,则利剑(刺)〔刺〕君矣。南方卑湿,丝能日饮,亡何,说王毋反而已。如此幸得脱。"盎用种之计,吴王厚遇盎。

盎告归,道逢丞相申屠嘉,下车拜谒,丞相从车上谢。盎还,愧其吏,乃之丞相舍上谒,求见丞相。丞相良久乃见。因跪曰:"愿请间。"丞相曰:"使君所言公事,之曹与长史掾议之,吾且奏之;则私,吾不受私语。"盎即起说曰:"君为相,自度孰与陈平、绛侯?"丞相曰:"不如。"盎曰:"善,君自谓弗如。夫陈平、绛侯辅翼高帝,定天下,为将相,而诛诸吕,存刘氏;君乃为材官蹶张,迁为队帅,积功至淮阳守,非有奇计攻城野战之功。且陛下从代来,每朝,郎官者上书疏,未尝不止辇受。其言不可用,置之;言可采,未尝不称善。何也?欲以致天下贤英士大夫,日闻所不闻,以益圣。而君自闭箝天下之口,而日益愚。夫以圣主责愚相,君受祸不久矣。"丞相乃再拜曰:"嘉鄙人,乃不知,将军幸教。"引与入坐,为上客。

盎素不好晁错,错所居坐,盎辄避;盎所居坐,错亦避:两人未尝同堂语。及孝景即位,晁错为御史大夫,使吏案盎受吴王财物,抵罪,诏赦以为庶人。吴、楚反闻,错谓丞史曰:"爰盎多受吴王金钱,专为蔽匿,言不反。今果反,欲请治盎,宜知其计谋。"丞史曰:"事未发,治之有绝。今兵西向,治之何益!且盎不宜有谋。"错犹与未决。人有告盎,盎恐,夜见窦婴,为言吴所以反,愿至前,口对状。婴入言,上乃召盎。盎入见,竟言吴所以反，独急斩错以谢吴，吴可罢。上拜盎为泰常，窦婴为大将军。两人素相善。是时，诸陵长安中贤大夫争附两人。车骑随者日数百乘。

及晁错已诛，盎以泰常使吴。吴王欲使将，不肯。欲杀之，使一都尉以五百人围守盎军中。初，盎为吴相时，从史盗私盎侍儿。盎知之，弗泄，遇之如故。人有告从史，"君知女与侍者通"，乃亡去。盎驱自追之，遂以侍者赐之，复为从史。及盎使吴见守，从史适在守盎校为司马，乃悉以其装赍买二石醇醪，会天寒，士卒饥渴，饮醉西南陬卒，卒皆卧。司马夜引盎起，曰："君可以去矣，吴王期旦日斩君。"盎弗信，曰："何为者？"司马曰："臣故为君从史盗侍儿者也。"盎乃惊，谢曰："公幸有亲，吾不足累公。"司马曰："君弟去，臣亦且亡，辟吾亲，君何患！"乃以刀决帐，道从醉卒直出。司马与分背。盎解节旄怀之，履步行七十里，明，见梁骑，驰去，遂归报。

吴、楚已破，上更以元王子平陆侯礼为楚王，以盎为楚相。尝上书，不用。盎病免家居，与闾里浮湛，相随行斗鸡走狗。雒阳剧孟尝过盎，盎善待之。安陵富人有谓盎曰："吾闻剧孟博徒，将军何自随之？"盎曰："剧孟虽博徒，然母死，客送丧车千余乘，此亦有过人者。且缓急人所有。夫一旦叩门，不以亲为解，不以在亡为辞，天下所望者，独季心、剧孟。今公阳从数骑，一旦有缓急，宁足恃乎！"遂骂富人，弗与通。诸公闻之，皆多盎。

盎虽居家，景帝时时使人问筹策。梁王欲求为嗣，盎进说，其后语塞。梁王以此怨盎，使人刺盎。刺者至关中，问盎，称之皆不容口。乃见盎曰："臣受梁王金刺君，君长者，不忍刺君。然后刺者十余曹，备之！"盎心不乐，家多怪，乃之棓生所问占。还，梁刺客后曹果遮刺杀盎安陵郭门外。

译文：

袁盎，字丝。他的父亲是楚国人，曾当过资贼，后迁居安陵。吕后时期，袁盎曾经做过吕禄的家臣。汉文帝登位，袁盎的哥哥袁哙保举袁盎做了郎中。

绛侯周勃担任丞相，退朝后快步走出，意气很自得。皇上待他的礼节很恭谨，常常目视送他。袁盎上前说："丞相是什么样的人？"皇上说："国家的重臣。"袁盎说："绛侯是通常所说的功臣，不是国家的重臣。国家的重臣是主在臣在，主亡臣亡。在吕后时，诸吕掌权，擅自封王，刘家天下虽没断绝，但也像带子一样微细无力。那时绛侯担任太尉，掌握兵权，不能匡扶挽救。吕后逝世，大臣们一起共同诛灭诸吕，太尉掌握军队，恰好使他成功，是通常所说的功臣，不是国家的重臣。丞相假如对主上表现出骄傲的神色，而陛下又谦虚退让，臣下主上都违背了礼节，我认为陛下不应当采取这种态度。"以后朝会，皇上逐渐庄严起来，丞相逐渐畏惧。过后，绛侯责备袁盎说："我与你哥哥要好，现在你这小子却在朝廷上毁谤我！"袁盎始终不认错。

等到绛侯被免除丞相职务回到封国，封国中有人上书告发他谋反，绛侯被捕捆绑入狱，皇族和各位公卿都不敢替他说话，只有袁盎申辩绛侯没有罪。绛侯能获得释放，袁盎很出了大力。于是，绛侯与袁盎深交为知己。

淮南王刘长进京朝见，击杀了辟阳侯，举止很骄横。袁盎劝谏皇上说："诸侯太骄横必然会发祸乱，可以适当削减他们的封地。"皇上没有采纳他的意见。淮南王更加骄横。图谋反叛的事被发觉，淮南王被征召，皇上便将他放逐到蜀郡去，用囚车押送。袁盎当时担任中郎将，便谏阻说："您向来骄纵淮南王，不加一点限制，以致达到这种程度。现在却又突然摧折他。淮南王为人刚烈，如果在路上遭受风寒死去,您竟会被认为天下之大不能相容,背上杀弟的名声,怎么办?"皇上不听,还是那样办了。

淮南王到达雍县,病死,消息传来,皇上吃不下饭,哭得很悲伤。袁盎进入,叩头请罪。皇上说:"因为没有采用您的意见,出现了这种情况。"袁盎说:"皇上自己要想开,这事已经过去了,怎么可以追悔呢!况且您有三件高出世人的行为,这件事不足以毁坏您的名声。"皇上说:"我高于世人的行为是哪三件?"袁盎说:"您在代国时,太后曾经患病,三年的时间,您不曾合眼,不解衣就寝,药物您不亲口尝就不进奉给太后。曾参作为平民,尚且难做到,现在您作为国王却实行了,在尽孝方面超过曾参很远了。诸吕当政时,权臣独断专行,然而您从代国乘坐六辆慢车驶向祸福难料的京城,即使是孟贲、夏育那样的勇士,也比不上您。您到达代王官邸,向西坐着两次辞让天子位,向南坐着又三次辞让天子位。许由只让了一次,而您五次将天下辞让,超过许由四次了。况且您放逐淮南王,是想要让他伯心志受些劳苦,使他改正错误,因为官吏护卫不慎,以致病死。"皇上这时才宽慰,袁盎从此在朝廷声名大振。

袁盎时常讲述大道理,慷慨激昂。宦官赵谈因为多次受到皇上宠幸,时常暗害袁盎,袁盎感到忧虑。袁盎的侄儿袁种担任侍从骑士,手持符节在皇帝左右护卫。袁种劝袁盎说:"您在朝廷上羞辱他,今后再说您的坏话,皇上也就不会相信他了。"汉文帝外出,赵谈陪同乘车,袁盎拜伏在车前说:"我听说陪同天子乘坐六尺高大车厢的,都是国内的英雄豪杰,如今汉朝即使缺少人才,您为什么唯独与形体残毁的人同坐一辆车呢?"于是,皇上笑起来,让赵谈下车。赵谈哭着下了车。

汉文帝从霸陵上山,想要从西边纵马奔驰下山坡。袁盎骑着马,挽住了马缰绳。皇上说:"将军胆怯吗?"袁盎说:"我听说家有千金的人就座时不靠近屋檐边,家藏百金之人也不跨在楼台边的栏上,明主不去冒险,不徼幸取得成功。现在您要放纵驾车的六匹马,奔驰下高山,假如驾马受惊车辆毁坏,您即使看轻自己,怎么对得起高祖和太后呢?"皇上这才停止。

皇上驾临上林苑,皇后和慎夫人随从。她们在宫中,常坐在同一等级的席位上。等到就座时,郎署长官布置坐席,袁盎把慎夫人的坐席拉退一些。慎夫人生气,不肯坐。皇上也生气,起身。袁盎趁机上前劝说:"我听说尊卑有次序,那么上下便和睦。如今陛下已经确定了皇后,慎夫人只是妾,妾和主上怎么可以同席坐呢!恰恰因此失掉尊卑顺序了。况且您宠爱她,就加重赏赐她好了。陛下用来宠爱慎夫人的办法,恰好成为灾祸。陛下难道没有听说'人猪'吗?"皇上这才高兴,入内将袁盎的话告诉慎夫人。慎夫人赐给袁盎黄金五十斤。

然而袁盎也因为多次直言劝谏,不能长久地留在朝廷。被调任为陇西都尉,他爱护士兵,士兵们都争着替他出死力。他升任齐国丞相,又改任吴国相。在辞别起程的时候,袁种对袁盎说:"吴王骄横的日子很长了,国内奸人多,现在如果要揭发惩办,那些人不是上书控告你,就要用利剑来刺杀你了。南方土地低下潮湿,你每天喝酒,没什么别的,时时劝说吴王不要反叛就是了。能这样,就可能侥幸摆脱祸患。"袁盎采用袁种的策略,吴王优待他。

袁盎请假回家,在路上遇见丞相申屠嘉,下车行礼拜见,丞相只从车上向袁盎表示谢意。袁盎回到家,面对下属感到羞愧,于是前往丞相住所送上名帖,请求会见丞相。丞相过了很长时间才接见袁盎。袁盎便下跪说:"希望单独接见。"丞相说:"如果您所说的是公事，往官署和长史属官讨论，我将把你的意见上奏，如果是私事，我不接受私人的请托。"袁盎就跪着劝说道："您担任丞相，自己衡量一下，比陈平和绛侯怎么样？"丞相说："我比不上。"袁盎说："对，您自认为比不上。陈平、绛侯辅佐高帝平定天下，担任将相，铲除诸吕，保存刘氏天下，您仅只是个脚踏强弓的武士，升任队长，积累功劳做到淮阳郡守，没有出奇计攻城夺地的战功。况且皇上从代国进京，每次朝会，郎官送上报告、条陈，没有哪一次不停下车来接受他们的意见，意见不能采用就搁下，意见可以接受就采用，没有一次不赞许。什么原因呢？就是想用这种办法招引天下贤能的士人和官吏。皇上每天听到自己不曾听到的事物，明了不曾明了的道理，一天比一天英明，您如今自己封闭天下人的口而一天天愚蠢。以圣明的君主来责求愚蠢的丞相，您遭受灾祸的日子不远了。"于是，丞相向袁盎拜了两拜，说道："我是一个粗鄙庸俗的人，就是不聪明，幸亏将军指教。"引袁盎入内室同坐，作为最尊贵的客人。

袁盎向来不喜欢晁错。晁错停留的地方，袁盎就离开；袁盎在，晁错也离开。两个人未曾在一起说过话。等到汉景帝登位，晁错担任御史大夫，便派官吏查核袁盎接受吴王财物的事，给予惩罚，皇上下诏免除刑罚，把他降为平民。吴、楚叛乱消息传来，晁错对丞史说："袁盎接受了吴王很多金钱，专门替他掩饰，说他不会反叛。现在果真反叛了，想要请求处治袁盎，他必当知道叛乱阴谋。"丞史说："事情没有暴露，惩办他，可能中断叛乱阴谋。现在叛军西进，惩办他有什么好处！况且袁盎也不当有什么阴谋。"晁错犹豫不决。有人将这事告诉了袁盎，袁盎恐惧，夜晚会见窦婴，对他说明吴王反叛的原因，愿到皇上面前亲口对质。窦婴进宫报告皇上，皇上便叫袁盎进宫会见，晁错在皇上面前，袁盎请求皇上避开旁人单独接见，晁错离去，怨恨袁盎。袁盎原原本本地说明了吴王谋反的情况，是因为晁错的缘故，只有赶快杀掉晁错来向吴王认错，吴军才可停止。这些话全都记在《吴王濞传》中。皇上派袁盎担任太常，窦婴担任大将军。这两人一向友好，到吴王谋反，京师附近诸陵的头面人物和长安城中的贤能官吏都争着依附这两人，跟在他们身后的车子每天都有几百辆。

等到晁错已被诛杀，袁盎以太常的身份出使吴国。吴王想要让袁盎担任将领，袁盎不愿意。吴想杀掉他，派一个都尉带领五百士兵将袁盎围困在军中。袁盎当初担任吴国丞相时，有个从史曾经跟袁盎的婢女私通，袁盎知道这件事，没有泄露，对待从史仍然和以往一样。有人告诉从史，说"丞相知道你跟婢女私通"，从史便逃回去了。袁盎亲自驾车追赶从史，终于将婢女赐给他，仍旧让他担任从史。等到袁盎出使吴国被围困，从史恰好担任围困袁盎的校尉司马，便将他的全部行装换买了二石浓酒，碰上天气寒冷，士兵饥渴，喝醉了，围困西南角的士兵都醉倒了，司马趁夜晚领袁盎起身，说道："您可以走了。吴王预期在明天杀您。"袁盎不相信，说道："您是干什么的？"司马说："我是原先做从史私通婢女的人。"袁盎这才惊骇地道谢说："您幸好有父母，我不可连累你。"司马说："您只管走，我也即将逃走，藏匿我的父母，您忧虑什么！"于是用刀决开军营的帐幕，引导袁盎从醉倒的士兵所把守的路上径直走出。司马与袁盎分路而走，袁盎解下节旄揣在怀里，拄着节杆，走了七八里路，天亮时，碰上了梁国的骑兵，骑马飞奔脱逃，终于回报朝廷。

吴、楚叛军已被粉碎，皇上改封楚元王的儿子平陆侯刘礼为楚王，袁盎担任楚相。他曾经上书言事，没被采用。袁盎托病辞职回家闲居，与乡里人随俗上下，一起游戏、斗鸡赛狗。洛阳人剧孟曾拜访袁盎，袁盎热情地款待他。安陵有个富人对袁盎说："我听说剧孟是个赌徒，您为什么与他来往？"袁盎说："剧孟虽然是个赌徒，但他的母亲死了，从外地来送葬的车子有一千多辆，这就有超过众人的地方。况且急难的事人人都有。一旦人家有急难事来敲门求你，不用父母亲健在去推脱，不用离家外出去推辞。天下仰望的人，只有季心、剧孟而已。如今您身后经常跟随着几个骑马的战士，一旦有急事，难道可依靠吗？"斥责富人之后，不再与他往来。各王公贵官听到这件事，都推崇袁盎。

袁盎虽然在家闲居，景帝时时派人向他询问计谋策略。梁王想谋求成为皇位继承人，袁盎进言劝说，以后不要再有这种议论。梁王因此怨恨袁盎，曾派人行刺袁盎。行刺的人来到关中，询问袁盎的为人，许多有名人物都满口称赞他。刺客就会见袁盎说："我接受梁王的金钱来刺杀您，您是有修养的人，我不忍心杀您。但以后行刺您的还有十多批，要戒备。"袁盎内心不愉快，家里又多怪事，便到棓先生那里去占卜问吉凶。返回时，随后来的梁国刺客果然在安陵城门外面拦住袁盎，将他刺死了。

晁　错

晁错，颍川人也。学申、商刑名于轵张恢生所，与雒阳宋孟及刘带同师。以文学为太常掌故。

错为人陗直刻深。孝文时，天下亡治《尚书》者，独闻齐有伏生，故秦博士，治《尚书》，年九十余，老不可征。乃诏太常，使人受之。太常遣错受《尚书》伏生所，还，因上书称说。诏以为太子舍人、门大夫，迁博士。又上书言："人主所以尊显功名扬于万世之后者，以知术数也。故人主知所以临制臣下而治其众,则群臣畏服矣;知所以听言受事,则不欺蔽矣;知所以安利万民,则海内必从矣;知所以忠孝事上,则臣子之行备矣:此四者,臣窃为皇太子急之。人臣之议或曰皇太子亡以知事为也,臣之愚,诚以为不然。窃观上世之君,不能奉其宗庙而劫杀于其臣者,皆不知术数者也。皇太子所读书多矣,而未深知术数者,不问书说也。夫多诵而不知其说,所谓劳苦而不为功。臣窃观皇太子材智高奇,驭射伎艺过人绝远,然于术数未有所守者,以陛下为心也。窃愿陛下幸择圣人之术可用今世者,以赐皇太子,因时使太子陈明于前。唯陛下裁察。"上善之,于是拜错为太子家令。以其辩得幸太子,太子家号曰"智囊"。

是时匈奴强,数寇边,上发兵以御之。错上言兵事,曰:

臣闻汉兴以来,胡虏数入边地,小入则小利,大入则大利;高后时再入陇西,攻城屠邑,驱略畜产;其后复入陇西,杀吏卒,大寇盗。窃闻战胜之威,民气百倍;败兵之卒,没世不复。自高后以来,陇西三困于匈奴矣,民气破伤,亡有胜意。今兹陇西之吏,赖社稷之神灵,奉陛下之明诏,和辑士卒,底厉其节,起破伤之民以当乘胜之匈奴,用少击众,杀一王,败其众而(法曰)大有利。非陇西之民有勇怯,乃将吏之制巧拙异也。故兵法曰:"有必胜之将,无必胜之民。"繇此观之,安边境,立功名,在于良将,不可不择也。

臣又闻用兵,临战合刃之急者三:一曰得地形,二曰卒服习,三曰器用利。兵法曰:丈五之沟,渐车之水,山林积石,经川丘阜,草木所在,此步兵之地也,车骑二不当一。土山丘陵,曼衍相属,平原广野,此车骑之地,步兵十不当一。平陵相远,川谷居间,仰高临下,此弓弩之地也,短兵百不当一。两陈相近，平地浅草，可前可后，此长戟之地也，剑盾三不当一。萑苇竹萧，草木蒙茏，枝叶茂接，此矛铤之地也，长戟二不当一。曲道相伏，险厄相薄，此剑盾之地也，弓弩三不当一。士不选练，卒不服习，起居不精，动静不集，趋利弗及，避难不毕，前击后解，与金鼓之指相失，此不习勤卒之过也，百不当十。兵不完利，与空手同；甲不坚密，与袒裼同；弩不可以及远，与短兵同；射不能中，与亡矢同；中不能入，与亡镞同：此将不省兵之祸也，五不当一。故兵法曰："器械不利，以其卒予敌也；卒不可用，以其将予敌也；将不知兵，以其主予敌也；君不择将，以其国予敌也。四者，兵之至要也。

臣又闻小大异形，强弱异势，险易异备。夫卑身以事强，小国之形也；合小以攻大，敌国之形也；以蛮夷攻蛮夷，中国之形也。今匈奴地形、技艺与中国异。上下山阪，出入溪涧，中国之马弗与也；险道倾仄，且驰且射，中国之骑弗与也；风雨罢劳，饥渴不困，中国之人弗与也：此匈奴之长技也。若夫平原易地，轻车突骑，则匈奴之众易挠乱也；劲弩长戟，射疏及远，则匈奴之弓弗能格也；坚甲利刃，长短相杂，游弩往来，什伍俱前，则匈奴之兵弗能当也；材官驺发，矢道同的，则匈奴之革笥木荐弗能支也；下马地斗，剑戟相接，去就相薄，则匈奴之足弗能给也：此中国之长技也。以此观之，匈奴之长技三，中国之长技五。陛下又兴数十万之众，以诛数万之匈奴，众寡之计，以一击十之术也。

虽然，兵，凶器；战，危事也。以大为小，以强为弱，在俯仰之间耳。夫以人之死争胜，跌而不振，则悔之亡及也。帝王之道，出于万全。今降胡义渠蛮夷之属来归谊者，其众数千，饮食长技与匈奴同，可赐之坚甲絮衣，劲弓利矢，益以边郡之良骑。令明将能知其习俗和辑其心者，以陛下之明约将之。即有险阻，以此当之；平地通道，则以轻车材官制之。两军相为表里，各用其长技，衡加之以众，此万全之术也。

传曰："狂夫之言，而明主择焉。"臣错愚陋，昧死上狂言，唯陛下财择。

文帝嘉之，乃赐错玺书宠答焉，曰："皇帝问太子家令：上书言兵体三章，闻之。书言'狂夫之言，而明主择焉'。今则不然。言者不狂，而择者不明，国之大患，故在于此。使夫不明择于不狂，是以万听而万不当也。"

错复言守边备塞、劝农力本，当世急务二事，曰：

臣闻秦时北攻胡貉，筑塞河上，南攻杨粤，置戍卒焉。其起兵而攻胡、越者，非以卫边地而救民死也，贪戾而欲广大也，故功未立而天下乱。且夫起兵而不知其势，战则为人禽，屯则卒积死。夫胡貉之地，积阴之处也，木皮三寸，冰厚六尺，食肉而饮酪，其人密理，鸟兽毳毛，其性能寒。杨越之地少阴多阳，其人疏理，鸟兽希毛，其性能暑。秦之戍卒不能其水土，戍者死于边，输者偾于道。秦民见行，如往弃市，因以谪发之，名曰"谪戍"。先发吏有谪及赘婿、贾人，后以尝有市籍者，又后以大父母、父母尝有市籍者，后入闾，取其左。发之不顺，行者深恐，有背畔之心。凡民守战至死而不降北者，以计为之也。故战胜守固则有拜爵之赏，攻城屠邑则得其财卤以富家室，故能使其众蒙矢石，赴汤火，视死如生。今秦之发卒也，有万死之害，而亡铢两之报，死事之后不得一算之复，天下明知祸烈及已也。陈胜行戍，至于大泽，为天下先倡，天下从之如流水者，秦以威劫而行之之敝也。

胡人衣食之业不著于地，其势易以扰乱边境。何以明之？胡人食肉饮酪，衣皮毛，非有城郭田宅之归居，如飞鸟走兽于广野，美草甘水则止，草尽水竭则移。以是观之，往来转徙，时至时去，此胡人之生业，而中国之所以离南亩也。今使胡人数处转牧行猎于塞下，或当燕、代，或当上郡、北地、陇西，以候备塞之卒，卒少则入。陛下不救，则边民绝望而有降敌之心；救之，少发则不足，多发，远县才至，则胡又已去。聚而不罢，为费甚大；罢之，则胡复入。如此连年，则中国贫苦而民不安矣。

陛下幸忧边境，遣将吏发卒以治塞，甚大惠也。然令远方之卒守塞，一岁而更，不知胡人之能，不如选常居者，家室田作，且以备之。以便为之高城深堑，具蔺石，布渠答，复为一城其内，城间百五十步。要害之处，通川之道，调立城邑，毋下千家，为中周虎落。先为室屋，具田器，乃募罪人及免徒复作令居之；不足，募以丁奴婢赎罪及输奴婢欲以拜爵者；不足，乃募民之欲往者。皆赐高爵，复其家。予冬夏衣，廪食，能自给而止。郡县之民得买其爵，以自增至卿。其亡夫若妻者，县官买与之。人情非有匹敌，不能久安其处。塞下之民，禄利不厚，不可使久居危难之地。胡人入驱而能止其所驱者，以其半予之，县官为赎其民。如是，则邑里相救助，赴胡不避死。非以德上也，欲全亲戚而利其财也。此与东方之戍卒不习地势而心畏胡者，功相万也。以陛下之时，徙民实边，使远方无屯戍之事，塞下之民父子相保，亡系虏之患，利施后世，名称圣明，其与秦之行怨民，相去远矣。

上从其言，募民徙塞下。错复言：

陛下幸募民相徙以实塞下，使屯戍之事益省，输将之费益寡,甚大惠也。下吏诚能称厚惠,奉明法,存恤所徙之老弱,善遇其壮士,和辑其心而勿侵刻,使先至者安乐而不思故乡,则贫民相慕而劝往矣。臣闻古之徙远方以实广虚也,相其阴阳之和,尝其水泉之味,审其土地之宜,观其草木之饶,然后营邑立城,制里割宅,通田作之道,正阡陌之界,先为筑室,家有一堂二内,门户之闭,置器物焉,民至有所居,作有所用,此民所以轻去故乡而劝之新邑也。为置医巫,以救疾病,以修祭祀,男女有昏,生死相恤,坟墓相从,种树畜长,室屋完安,此所以使民乐其处而有长居之心也。

臣又闻古之制边县以备敌也,使五家为伍,伍有长;十长一里,里有假士;四里一连,连有假五百;十连一邑,邑有假侯:皆择其邑之贤材有护,习地形知民心者,居则习民于射法,出则教民于应敌。故卒伍成于内,则军正定于外。服习以成,勿令迁徙,幼则同游,长则共事。夜战声相知,则足以相救;昼战目相见,则足以相识;骥爱之心,足以相死。如此而劝以厚赏,威以重罚,则前死不还踵矣。所徙之民非壮有材力,但费衣粮,不可用也;虽有材力,不得良吏,犹亡功也。

陛下绝匈奴不与和亲,臣窃意其冬来南也,壹大治,则终身创矣。欲立威者,始于折胶,来而不能因,使得气去,后未易服也。愚臣亡识,唯陛下财察。

后诏有司举贤良文学士,错在选中。上亲策诏之,曰:

惟十有五年九月壬子,皇帝曰:"昔者大禹勤求贤士,施及方外,四极之内,舟车所至,人迹所及,靡不闻命,以辅其不逮;近者献其明,远者通厥聪,比善戮力,以翼天子。是以大禹能亡失德，夏以长楸。高皇帝亲除大害，去乱从，并建豪英，以为官师，为谏争，辅天子之阙，而翼戴汉宗也。赖天之灵，宗庙之福，方内以安，泽及四夷。今朕获执天子之正，以承宗庙之祀，朕既不德，又不敏，明弗能烛，而智不能治，此大夫之所著闻也。故诏有司、诸侯王、三公、九卿及主郡吏，各帅其志，以选贤良明于国家之大体，通于人事之终始，及能直言极谏者，各有人数，将以匡朕之不逮。二三大夫之行当此三道，朕甚嘉之，故登大夫于朝，亲谕朕志。大夫其上三道之要，及永惟朕之不德，吏之不平，政之不宣，民之不宁，四者之阙，悉陈其志，毋有所隐。上以荐先帝之宗庙，下以兴愚民之休利，著之于篇，朕亲览焉，观大夫所以佐朕，至与不至。书之，周之密之，重之闭之。兴自朕躬，大夫其正论，毋枉执事。乌乎，戒之！二三大夫其帅志毋怠！"

错对曰：

平阳侯臣窋、汝阴侯臣灶、颍阴侯臣何、廷尉臣宜昌、陇西太守臣昆邪所选贤良太子家令臣错昧死再拜言：臣窃闻古之贤主莫不求贤以为辅翼，故黄帝得力牧而为五帝先，大禹得咎繇而为三王祖，齐桓得管子而为五伯长。今陛下讲于大禹及高皇帝之建豪英也，退托于不明，以求贤良，让之至也。臣窃观上世之传，若高皇帝之建功业，陛下之德厚而得贤佐，皆有司之所览，刻于玉版，藏于金匮，历之春秋，纪之后世，为帝者祖宗，与天地相终。今臣窋等乃以臣错充赋，甚不称明诏求贤之意。臣错草茅臣，亡识知，昧死上愚对，曰：

诏策曰"明于国家大体"，愚臣窃以古之五帝明之。臣闻五帝神圣，其臣莫能及，故自亲事，处于法官之中，明堂之上；动静上配天，下顺地，中得人。故众生之类亡不覆也，根著之徒亡不载也；烛以光明，亡偏异也；德上及飞鸟，下至水虫草木诸产，皆被其泽。然后阴阳调，四时节，日月光，风雨时，膏露降，五谷熟，妖孽灭，贼气息，民不疾疫，河出图，洛出书，神龙至，凤鸟翔，德泽满天下，灵光施四海。此谓配天地，治国大体之功也。

诏策曰"通于人事终始"，愚臣窃以古之三王明之。臣闻三王臣主俱贤，故合谋相辅，计安天下，莫不本于人情。人情莫不欲寿，三王生而不伤也；人情莫不欲富，三王厚而不困也；人情莫不欲安，三王扶而不危也；人情莫不欲逸，三王节其力而不尽也。其为法令也，合于人情而后行之；其动众使民也，本于人事然后为之。取人以己，内恕及人。情之所恶，不以强人；情之所欲，不以禁民。是以天下乎其政，归其德，望之若父母，从之若流水；百姓和亲，国家安宁，名位不失，施及后世。此明于人情终始之功也。

诏策曰"直言极谏"，愚臣窃以五伯之臣明之。臣闻五伯不及其臣，故属之以国，任之以事。五伯之佐之为人臣也，察身而不敢诬，奉法令不容私，尽心力不敢矜，遭患难不避死，见贤不居其上，受禄不过其量，不以亡能居尊显之位。自行若此，可谓方正之士矣。其立法也，非以苦民伤众而为之机陷也，以之兴利除害，尊主安民而救暴乱也。其行赏也，非虚取民财妄予人也，以劝天下之忠孝而明其功也。故功多者赏厚，功少者赏薄。如此，敛民财以顾其功，而民不恨者，知与而安己也。其行罚也，非以忿怒妄诛而从暴心也，以禁天下不忠不孝而害国者也。故罪大者罚重，罪小者罚轻。如此，民虽伏罪至死而不怨者，知罪罚之至，自取之也。立法若此，可谓平正之吏矣。法之逆者，请而更之，不以伤民；主行之暴者，逆而复之，不以伤国。救主之失，补主之过，扬主之美，明主之功，使主内亡邪辟之行，外亡骞污之名。事君若此，可谓直言极谏之士矣。此五伯之所以德匡天下，威正诸侯，功业甚美，名声章明。举天下之贤主，五伯与焉，此身不及其臣而使得直言极谏补其不逮之功也。今陛下人民之众，威武之重，德惠之厚，令行禁止之势，万万于五伯，而赐愚臣策曰"匡朕之不逮"，愚臣何足以识陛下之高明而奉承之！

诏策曰"吏之不平，政之不宣，民之不宁"，愚臣窃以秦事明之。臣闻秦始并天下之时，其主不及三王，而臣不及其佐，然功力不迟者，何也？地形便，山川利，财用足，民利战。其所与并者六国，六国者，臣主皆不肖，谋不辑，民不用，故当此之时，秦最富强。夫国富强而邻国乱者，帝王之资也，故秦能兼六国，立为天子。当此之时，三王之功不能进焉。及其末涂之衰也，任不肖而信谗贼；宫室过度，奢欲亡极，民力罢尽，赋敛不节；矜奋自贤，群臣恐谀，骄溢纵恣，不顾患祸；妄赏以随喜意，妄诛以快怒心，法令烦憯，刑罚暴酷，轻绝人命，身自射杀；天下寒心，莫安其处。奸邪之吏，乘其乱法，以成其威，狱官主断，生杀自恣。上下瓦解，各自为制。秦始乱之时，吏之所先侵者，贫人贱民也；至其中节，所侵者富人吏家也；及其末涂，所侵者宗室大臣也。是故亲疏皆危，外内咸怨，离散逋逃，人有走心。陈胜先倡，天下大溃，绝祀亡世，为异姓福。此吏不平，政不宣，民不宁之祸也。今陛下配天象地，覆露万民，绝秦之迹，除其乱法；躬亲本事，废去淫末；除苛解娆，宽大爱人；肉刑不用，罪人亡帑；非谤不治，铸钱者除；通关去塞，不孽诸侯；宾礼长老，爱恤少孤；罪人有期，后宫出嫁；尊赐孝悌，农民不租；明诏军师，爱士大夫；求进方正，废退奸邪；除去阴刑，害民者诛；忧劳百姓，列侯就都；亲耕节用，视民不奢。所为天下兴利除害，变法易故，以安海内者，大功数十，皆上世之所难及，陛下行之，道纯德厚，元元之民幸矣。

诏策曰"永惟朕之不德"，愚臣不足以当之。

诏策曰"悉陈其志，毋有所隐"，愚臣窃以五帝之贤臣明之。臣闻五帝其臣莫能及，则自亲之；三王臣主俱贤，则共忧之；五伯不及其臣，则任使之。此所以神明不遗，而贤圣不废也，故各当其世而立功德焉。传曰"往者不可及，来者犹可待，能明其世者谓之天子"，此之谓也。窃闻战不胜者易其地，民贫穷者变其业。今以陛下神明德厚，资财不下五帝，临制天下，至今十有六年，民不益富，盗贼不衰，边境未安，其所以然，意者陛下未之躬亲，而待群臣也。今执事之臣皆天下之选已，然莫能望陛下清光，譬之犹五帝之佐也。陛下不自躬亲，而待不望清光之臣，臣窃恐神明之遗也。日损一日，岁亡一岁，日月益暮，盛德不及究于天下，以传万世，愚臣不自度量，窃为陛下惜之。昧死上狂惑草茅之愚，臣言惟陛下财择。

时，贾谊已死，对策者百余人，唯错为高第，繇是迁中大夫。错又言宜削诸侯事，及法令可更定者，书凡三十篇。孝文虽不尽听，然奇其材。当是时，太子善错计策，袁盎诸大功臣多不好错。

景帝即位，以错为内史。错数请间言事，辄听，幸倾九卿，法令多所更定。丞相申屠嘉心弗便，力未有以伤。内史府居太上庙壖中，门东出，不便，错乃穿门南出，凿庙壖垣。丞相大怒，欲因此过为奏请诛错。错闻之，即请间为上言之。丞相奏事，因言错擅凿庙垣为门，请下廷尉诛。上曰："此非庙垣，乃壖中垣，不致于法。"丞相谢。罢朝，因怒谓长史曰："吾当先斩以闻，乃先请，固误。"丞相遂发病死。错以此愈贵。

迁为御史大夫，请诸侯之罪过，削其支郡。奏上，上令公卿、列侯、宗室杂议，莫敢难，独窦婴争之，繇此与错有隙。错所更令三十章，诸侯喧哗。错父闻之，从颍川来，谓错曰："上初即位，公为政用事，侵削诸侯，疏人骨肉，口让多怨，公何为也？"错曰："固也。不如此，天子不尊，宗庙不安。"父曰："刘氏安矣，而晁氏危，吾去公归矣！"遂饮药死，曰"吾不忍见祸逮身。"

后十余日，吴、楚七国俱反，以诛错为名。上与错议出军事，错欲令上自将兵，而身居守。会窦婴言爰盎，诏召入见，上方与错调兵食。上问盎曰："君尝为吴相，知吴臣田禄伯为人乎？今吴、楚反，于公意何如？"对曰："不足忧也，今破矣。"上曰："吴王即山铸钱，煮海为盐，诱天下豪桀，白头举事，此其计不百全，岂发乎？何以言其无能为也？"盎对曰："吴铜、盐之利则有之，安得豪桀而诱之！诚令吴得豪桀，亦且辅而为谊，不反矣。吴所诱，皆亡赖子弟，亡命铸钱奸人，故相诱以乱。"错曰："盎策之善。"上问曰："计安出？"盎对曰："愿屏左右。"上屏人，独错在。盎曰："臣所言，人臣不得知。"乃屏错。错趋避东箱，甚恨。上卒问盎，对曰："吴、楚相遗书，言高皇帝王子弟各有分地，今贼臣晁错擅適诸侯，削夺之地，以故反名为西共诛错，复故地而罢。方今计，独有斩错，发使赦吴、楚七国，复其故地，则兵可毋血刃而俱罢。"于是上默然良久，曰："顾诚何如，吾不爱一人谢天下。"盎曰：

"愚计出此，唯上孰计之。"乃拜盎为泰常，密装治行。

后十余日，丞相青翟、中尉嘉、廷慰欧劾奏错曰："吴王反逆亡道，欲危宗庙，天下所当共诛。今御史大夫错议曰：'兵数百万，独属群臣，不可信，陛下不如自出临兵，使错居守。徐、僮之旁吴所未下者可以予吴。'错不称陛下德信，欲疏群臣百姓，又欲以城邑予吴，亡臣子礼，大逆无道。错当要斩，父母妻子同产无少长皆弃市。臣请论如法。"制曰："可。"错殊不知。乃使中尉召错，绐载行市。错衣朝衣，斩东市。

错已死，谒者仆射邓公为校尉，击吴、楚为将。还，上书言军事，见上。上问曰："道军所来，闻晁错死，吴、楚罢不？"邓公曰："吴为反数十岁矣，发怒削地，以诛错为名，其意不在错也。且臣怒天下之士箝口不敢复言矣。"上曰："何哉？"邓公曰："夫晁错患诸侯强大不可制，故请削之，以尊京师，万世之利也。计划始行，卒受大戮，内杜忠臣之口，外为诸侯报仇，臣窃为陛下不取也。"于是景帝喟然长息，曰："公言善。吾亦恨之！"乃拜邓公为城阳中尉。

邓公，成固人也，多奇计。建元年中，上招贤良，公卿言邓先。邓先时免，起家为九卿。一年，复谢病免归。其子章，以修黄、老言显诸公间。

赞曰：爰盎虽不好学，亦善傅会，仁心为质，引义慷慨。遭孝文初立，资适逢世。时已变易，及吴壹说，果于用辩，身亦不遂。晁错锐于为国远虑，而不见身害。其父睹之，经于沟渎，亡益救败，不如赵母指括，以全其宗。悲夫！错虽不终，世哀其忠。故论其施行之语著于篇。

译文：

晁错是颍川人。曾经在轵县张恢先生那里学习过申不害、商鞅的刑名学说,与雒阳人宋孟和刘带同师。因为通晓文献典籍,担任了太常掌故。

晁错为人严峻刚直而又苛刻。汉文帝时,朝廷没有研究《尚书》的人,只听说有齐国伏生,原是秦朝的博士,精通《尚书》,已经九十多岁了,年老不能征召,于是文帝下令太常派人前往学习。太常派遣晁错到伏生那里学习《尚书》,回来后,趁机上书报告学习情况,称赞解说《尚书》。文帝下诏先后任命他担任太子舍人、门大夫,后升为博士。晁错又上书说:"君王所以地位尊贵显赫,功名传播万代之后,是因为懂得运用刑名之术。因此知道怎样控制臣下、治理众人,那么群臣便畏惧顺从了;懂得怎样听取各种言论,那么便不被欺骗蒙蔽了;懂得怎样安定社会,使百姓富裕,那么天下百姓就会服从;懂得怎样对尊长尽忠尽孝,那么臣子的行为就具备了。这四条,臣自以为是皇太子的当务之急。人臣的议论有人认为皇太子没有必要知道干什么事,臣虽然愚笨,实在认为并非如此。看看上世君王,不能供奉宗庙而被臣子所胁迫杀害的原因,就在于不懂得刑名之术这门学问。皇太子所读书很多了,所以没有深入掌握刑名之术的原因,在于不深究书中论说的义理。多读而不知其中论述的道理,这就是劳而无功。臣看到皇太子才智高奇。驾驭、骑射技艺超绝出众,然而对于刑名之学还没有掌握,这与陛下的心思是有关的。臣希望陛下选择一些圣人之术,又可用于今世的,用以赐教皇太子,根据情况让太子陈述出来。望陛下明察、裁决。"皇上称善,于是拜晁错为太子家令。由于他的善辩才能得宠于太子,在太子家中号称为"智囊"。

这时匈奴正强大,多次侵边,皇上发兵抵御。晁错上书论兵事,说:

臣听说汉兴以来,胡人多次侵入边地,小规模侵入就获得小利,大规模侵入就有大利;高后时再侵入陇西,攻城抢劫邑镇,驱掠畜产;之后又侵入陇西,杀害官兵,大举抢掠。臣听说战胜的威力,可使民气百倍;失败的兵卒,至死也不能振奋。从高后以来,陇西三次被匈奴困扰,民气受到摧折伤害,没有取胜的心信。今天陇西的官吏,仰仗先祖神灵,奉行陛下明诏,和睦团结士卒,激励他们的气节意志,唤起受伤害的百姓来抵挡正在气盛的匈奴,以少击众,杀死匈奴一王,对于击败众多士兵十分有利。不是陇西之民有勇怯之分,而是将吏表现得巧妙、拙笨有不同而已。因此兵法说:'有必胜的将领,无有必胜的百姓。'由此观之,安定边境,建立功业,在于良将,不可不加以选择。

臣又听说用兵,临战交锋最紧急的有三件事:一是占领有利地形,二是士兵服从命令、训练有素,三是兵器精良、使用便利。兵法说:"宽有丈五的沟渠,漫过车的水、山林和垒集和石块、长流之水、大的丘陵,草木生长之地,这是步兵用武之地,车兵骑兵在这里战斗二不当一。土山丘陵,连绵不断,平原旷野,是车、骑的用武战场,步兵在这里交战十不当一。高低县殊,河谷居其中,居高临下,这是弓弩的用武之地,短兵器在这里使用百不当一。两阵相临近,平地短草,可前可后,这是长戟兵器用武之地,在此使用剑盾三不当一。道路曲屈,险阻交错,这是剑盾的用武之地,使用弓弩三不当一。士不经选拔、训练,卒不熟练兵器,起居动作不精,动静不协调、不稳定,争夺利益不能到手，躲避灾难不迅速，前面攻击后面懈怠，与金鼓指挥脱节，这些都是不熟习训练管理部队的过错，这种士兵交战时百不当十。兵器不锐利，与空手相同；铠甲不坚硬，与袒肉露体相同；弩不能射到远处，与短兵器相同；射箭不中目标，与没有箭相同；中目标而不能入内，与没有箭头相同：这些是将领没有察看检查兵器所造成的灾祸，在这些情况下交战，五不当一。因此兵法说："兵器不锐利，就是把士兵交给了敌人；卒不可用，就是把将领交给了敌人；将领不知用兵谋略，就是把国君交给了敌人；国君不懂择将，就是把国家交给了敌人。这四方面，就是用兵要领。

臣又听说小与大形状是不同的，强与弱力量是不同的，险与易具有不同的防备。以低微之身去侍奉强者是小国所表现的形态；联合小国攻打大国，是势均力敌之国的形态；以夷攻夷，是中原之国的形态。如今匈奴地形技艺与中原不同。上下山坡，出入溪涧，中原的战马不如匈奴的战马；险道倾侧，边奔跑边射箭，中原的骑手不如匈奴骑手；风雨疲劳，饥渴不困乏，中原人不如匈奴人：这些是匈奴的长技。若是平原地带，轻车骁骑，匈奴就容易乱了阵；强弩长戟，射的宽阔距离远，匈奴的弓不能比；坚硬铠甲、锐利兵器，长短相配合，游弩往来支应，列队的士兵一齐向前，匈奴士兵就不能抵挡；骑射手射出在同地同时骑矢，射同一目标，匈奴的革笥、本荐遮挡不住；下马地上搏斗，剑戟相交，脚步前后移动，匈奴人的脚不能快速相连：这些是中原之长技。由此看来，匈奴之长技有三，中原的长技有五。陛下又发兵数十万之众，用来诛杀数万人的匈奴，计算众寡，就是以一击十之术了。

虽然是这样，兵器还是凶器；战争还是危险的事情。不懂用兵之道和方法，就会以大为小，由强变弱，这种变化也仅仅在于俯仰之间那样容易。用人的死亡换取胜利，就会失足而不振，悔之不及。帝王成功之道，立足于万全之策。今天来投降的是胡义渠民族的下属，是投诚归义的，部众有几千人，他们的饮食、长技与匈奴同，可以赐给他们硬铠甲棉衣，强弓利矢，再增加边郡的良骑。让明将能知他们的习俗，使他们和睦相处，就在于用陛下之明智去节制统帅。要是有了险阻，用这一办法对付；平地通道，就用轻车骑手去对付。两军互相配合，协同作战，各用其长技，横向上使用众多士兵，这就是万全之策。

《传》上说："狂夫之言，明主选择。"臣错愚笨鄙陋，冒犯死罪上狂言，望陛下裁择。

文帝十分赞扬晁错的陈述，便赐给他玺书回答，说："皇帝问太子家令：上书所讲兵事三章，听到了。书曰'狂夫之言，而明主择焉'。如今不是这样。言者不狂，而择取的却不明智，国家的大患，就在于此。要是让不明智去选择不狂，就是听一万条上书也是有一万次对付不了。"

晁错又论守边备塞，鼓励农耕，致力本业，当世的二件紧急要务，说：

臣听说秦朝北攻胡、貉，在黄河上修筑工事，南攻杨、越，安置了戍守士卒。他们发兵攻胡、粤的目的，并非保卫边地、救助死亡，而是贪图扩大，因此功业尚未建立天下就大乱起来。要是发兵而不知道所处的形势，交战就会被人禽获，屯守就会让士卒老死在边地。胡、貉之地是阴寒之处，草木生长出三寸，而冰冻厚达六尺，食肉饮酪，人们肌肉紧密，鸟兽长着细毛，很能耐寒。杨、粤之地少阴多阳，人们的肌肉疏松，鸟兽长着稀毛，性能耐暑热。秦朝的戍卒不能适应边地水土，戍守士卒死在边境，运输的士卒、民工跌死在路上。秦民上路，如赴刑场，因此政府就强制征发，名曰"谪戍"。先征发有罪被贬官吏及上门女婿、小商贩，然后征发曾经入过商人户籍的，又往后是征发祖父母、父母曾经入过商人户籍的，最后征发居住在闾左的所有穷人。征发不顺利，上路的服役人深切怨恨，有背叛之心。凡是百姓在防守、攻战中宁死而不降敌，就是用计谋实现的。因此战胜固守就应有拜爵之赏赐，攻城掠地就要夺取战利品使士兵家室富足，所以能让士众甘愿冒着箭和石块，赴汤蹈火，视死如归。今天秦朝征发士卒，有万死的灾害，而无铢两之报赏，战死之后不能免除一算钱的赋税，天下人清楚地看到灾祸的火焰已经烧到身边。陈胜前往戍边，到了大泽乡，为天下率先倡导起义，天下人从之如流水，就是因为秦朝用暴力强迫征发劳役的恶果。

　　胡人衣食之业不固定在土地上，这就自然形成了轻易来扰乱边境的形势。怎么证明呢？胡人食肉饮酪，穿皮衣，没有城市田宅去居住，像飞鸟走兽在旷野，遇到甜美水草便停下来，草尽水竭便移走。由此看来，转移不定，时而到达，时而离去，这就是胡人的生存的职业，而在中原就会造成离开耕地的局面。如今让胡人在几处转移放牧，在塞边行猎，有时到燕、代，有时到上郡，有时到北地，有时到陇西，以便窥伺防守的戍卒，卒少就侵入。陛下不救，边民就绝望而产生降敌之心；去救，派兵少不足以抵抗胡人，多派，路途遥远，刚刚到达，胡人便已经离开。屯聚不退，费用太大，退回来，胡人又来入侵。如此连年，中原就贫苦而百姓不安宁了。

陛下幸好担忧边界，遣将派兵整治边塞，大有好处。然而让远道而来的士卒守边塞，一年便轮换，不了解胡人的特长，不如选拔常居的士卒，建立家室，耕种田地，就此守边。为了防守之便，就建造高城深沟，准备垒石，布下铁蒺藜，再造一城于城内，两城之间相距一百五十步。要害之处，河流经的路口，规划并建立城邑，计算城邑中居民不少于千家，城周应设置防盗用的竹篾，先造居室，准备好农具，然后招募罪人及免去徒刑处罚一年劳役的人居住下来；不够数，招募用成丁奴婢赎罪的和用奴婢买爵的；再不够，便招募百姓想去的，一律赐给高爵位，免除全家赋役。发给冬夏衣服，供给饮食，能自给时停止供应。郡县百姓可以买爵位，可以买到高级爵位，可同列卿。他们有丧失丈夫或妻子的，由官府给买奴、买妻子、买衣服。人情上说，非有匹配，不能久居其处。塞下之民，利禄不厚，不可让他们永久居住在危难之地。胡人入侵抢掠，能阻止其抢掠的将阻止被抢的一半财物奖给他，官府出价赎回被抢掳的百姓。这样，邑里就会互相救助，与胡人去交战就不怕死。所有这些，并不是让皇上立德义的，而是想保护亲戚生命财产。与东方戍卒不熟习地势又心畏胡人的情况相比，功劳要高出万倍。陛下这个时候，徙民充实边塞，让远方的百姓没有屯戍负担，边塞的百姓又父子相保，没有被俘虏的后患，好处流传给后世，陛下就是圣明之君，这和秦朝去服役的怨民相比，利害相差太大了。

皇上听从了晁错的建议，募民迁徙到边塞去。晁错又说：

陛下幸好募民迁徙到边塞去，使屯戍之事大大节省，运送物资的费用更加减少，益处显著。下面官吏真能称得起厚惠，执行英明办法，关心迁来的老弱，善待壮士，对他们宽柔和睦而不侵害，让先来的安乐而不思念故土，那么贫民便互相招请、勉励。臣闻古代迁徙到远方去充实空虚之地，要察看阴阳的调和，尝尝水泉之味，查一查土地好坏，观察草木的长势，然后营造城邑，编制里区，划割住宅，开通通向田地的道路，确定田间边界，先造住室，一家有一堂二室，有门窗的开闭，设置家具，百姓来就可以居住，耕作有农具，这就是百姓所以肯轻易离乡而乐意到新邑去的原因。要给他们准备医生巫师，以便治疗疾病，祭祀祖先、神灵，男婚女嫁，生死相照应，坟墓相跟从，种树养畜，室屋完整安全，这些足以让百姓乐于居其处而有长住久留之心。

臣又闻古代设置边地县城是为了防备敌人侵犯的，让五家为一伍，有伍长；十长一里，里有大士；四里一连，连有大士五百；十连一邑，邑有假侯：各长都是邑中贤才又能有保护能力，熟习地形和民心，闲居就让百姓练习射箭，外出就教民如何应敌。因此对内是卒伍编制，对外就是军政制度。训练完成之后，就不许再迁徙，幼年时同游，成年后就共事。夜战凭声音认出自己人，便可以互相救护；白天作战目相见，便可以相认；爱护之心，足以拼死相救。这样，用厚赏劝导，用重罚威慑，那么死亡在前面也不会转回身退逃。所迁徙之民不是健壮的人，只是消耗衣粮者，不能使用；虽然有勇力，没有良好官吏，和无功是一样的。

陛下断绝与匈奴和亲，臣估计今冬胡人会南来，重创胡人一次，便永久受创。想确立威严，必须使用弓弩开始，来犯而不能重创，让敌人得胜而去，以后就不易降服了。愚臣无识，希望陛下裁察。

后来下诏朝廷官员推荐贤良文学之士，晁错也在推举之列。

皇上亲自策诏，说：

十五年九月壬子日，皇帝说：以前大禹广求贤士，扩及境外，四方边远的尽头以内，舟车所能达到的地方，人迹能去之处，无不听命，以弥补其施政之缺陷；近者献出明亮，远者献出智慧，和善勉力，以助天子。所以大禹能不失去德政，夏朝长久盛美。高皇帝亲除大害，去祸乱之踪迹，选拔豪杰英才，作为一官之长，极尽力争提出劝谏，弥补天子朝政的缺陷，而拥戴汉家王朝。幸赖上天之灵，宗庙之福，天下安定，延及四方边界各民族。今朕即天子正位，以继承宗庙的祭祀，朕既没有高德，又不聪敏，明亮度不能照射、洞察，智慧不能使国家大治，这是诸大夫看得见的。因此下诏有司、诸侯王、三公、九卿及郡守，各凭自己的意志，选出贤良优秀人才，深明国家大体，通晓人事的变化，敢于直言极力劝谏的，各有若干人数，将用来辅佐匡正朕的不完备之处。有二三名大夫可以论述国体、人事、劝谏三方面的道理，朕十分嘉许，因此让诸大夫登朝，亲自告谕朕的旨意。大夫应陈述三道（国体、人事、直谏）要领，深思朕德之缺乏之处，官吏办事不公正，政事不宣通，百姓不安宁，四者缺漏、错误之处，全部讲出自己的意见，不要隐瞒。上可以进献先帝之宗庙，下可以兴办愚民的美好利益，写成篇章，朕要亲自阅览，观察大夫用来辅佐朕的建议，是尽到了责任还是没有把话说完、说透。写下来，周密慎重的封闭起来，由朕亲自拆封，大夫们应正言直论，不要顾忌当权官吏的阻挠。啊，要防止！被推荐来的二三位大夫应抒发自己的意志，不要怠慢！"

晁错回答说：

平阳侯臣曹窋、汝阴侯臣夏侯灶、颍阴侯臣灌何、廷尉臣宜昌、陇西太守臣公孙昆邪所推荐贤良太子家令臣错冒死再拜说：臣听说古代英贤之主无不求贤士来辅佐自己，因此黄帝得力牧而在五帝中名列首位，大禹得咎繇成了三王的鼻祖，齐桓公得管仲成了五霸之长。今陛下讲到从大禹至高皇帝之选拔豪杰英才，自谦不明，以求贤士辅佐，责备之至。臣观上世史传，像高皇帝一样建功立业，陛下之大德从而得到贤士辅佐，都是有司看到的，刻在记功勋之玉版上，藏在金匮之中，经历年月，传至后世，为帝王所宗仰，与天地相终始。今臣窋等把错拿来充数，很不合明诏寻求贤良的旨意。臣错草茅之臣，无见识，冒死献上愚对，说：

诏策曰："明于国家大体"，愚臣自以为古代的五帝能明了国家大体。臣闻五帝神智圣明，那些大臣都不如五帝圣明，因此亲自处理政务，在正殿之中，宣明政教的明堂之上。处事上符合天时，下顺应地利，中得人和。因此众生之类无不被覆盖，生长在土地中的万物无不托载；用光明来照耀，没有偏异；恩德上及飞鸟，下至水虫，草木诸产物，都受到润泽。然后阴阳调和，四季有节，日月生光，风雨适时，膏露普降，五谷丰登，妖孽灭绝，毒气息灭，民不生疾病，黄河现出图，洛水现出书，神龙到来，凤凰飞翔，德泽遍布天下，灵光施至四海。这就是配天应地，治国大体的基本内容。

诏策曰"通于人事终始"，愚臣用古代三王来说明。臣闻三王君臣都贤明，因此合谋相辅助，计谋安定天下，无不从人情出发。人情无不想长寿，三王保护人们的生命而不加以伤害；人情无不想富，三王让人们财富丰厚而不使人穷困；人情无不想安宁,三王维持社会秩序而不去危害人民;人情无不想舒适,三王节省人力而不竭尽民力。三王制订法令,合于人情然后执行;发动民众兴办事业,从人事出发然后去实行。以己之心为根据来要求别人,把自己的好恶也用到别人身上。自己心里讨厌的,不可强加于人;自己心里想要办的,不要禁止人们去办。这样的话天下就欢迎政府的政令,佩服政府的恩德,敬仰他们就像父母一样,像流水一样跟从他们;百姓和睦亲爱,国家安宁,名分地位的秩序不混乱,延续到后代。这些就是明了人事终始的人事之道。

诏策曰"直言极谏",愚臣认为王霸之臣能明了。臣闻五霸不如他们的大臣,因此把国家托付给大臣,把大事交由大臣办理。五霸的辅佐大臣作为人臣,省察己身而不敢逾越诬上,遵守法令不容私情,尽心力而不敢自夸,遭遇灾难不避死亡,见贤人而不抢占在上位,受禄不超过法定的标准,不用无能者居尊显之位。自己的行为就是这样,可以说是按规矩办事的臣子。他们制订法律,不是为伤害民众设置陷阱,而是用来兴利除害,尊主安民而免除暴乱。他们进行奖赏,不是白白收取民财妄自送人的,是用来鼓励天下忠孝而宣扬其功劳的。因此功多的人赏厚,功少者赏薄。如此,收取民财报赏其功劳,百姓之所以不痛恨,是知道付出的是为了自己的安定。他们实行处罚,不是用愤怒妄加诛杀来放纵暴躁之心,而是为了禁绝不忠不孝甚至是危害国家的行为。因此,罪大的重罚,罚小的轻罚。这样,百姓犯了罪至死也不会怨恨,知道招来对犯罪的处罚,是咎由自取。制订法律如果是这样,可以说是公平正直的官吏了。法律违背了情理,请求修改,不要用来伤民;君主执行的暴烈,就反过来恢复正确做法,不要用来伤害国家。补救国君的过失，发扬国君的美德，彰明国君的功劳，使国君内无邪辟行为，外无损害污秽的坏名声。侍奉国君到这种地步，可谓直言极力劝谏之士了。这正是五霸之所以用德政来扶正天下，威势校正诸侯，功业盛美，名声显赫的原因，举出天下贤明君主的话，五霸就是突出的代表，这是自己不如其臣而能用直言极谏弥补不足的办法。今天陛下统领人民的众多，威武的庄重，德惠的深厚，令行禁止之势，超过五霸万万倍，然而赐给愚臣的诏策说'弥补朕的不足'，愚臣怎么还能够认识到陛下的高明还要去奉承！

诏策曰"吏之不平，政之不宣，民之不宁"，愚臣用秦事来说明。臣闻秦开始兼并天下时，它的国君不及三王，而大臣也不及三王的辅臣，然而功业的建立并不迟慢，为什么？地形方便，山川有利，财富充足，民善于作战。它与并存的六国相比，六国臣主都是无能之辈，计谋不统一，民不能任使，因此，这时秦国最富强。国强而邻国混乱，最具备称帝的条件，所以秦国可以兼并六国，立为天子。当时，三王建立功业的办法不能被采纳。到后来衰败之时，任用不肖而听信谗贼；宫室超过限度，奢侈的欲望没有极限，民力疲尽，赋敛没有节制；妄自称贤，群臣因恐惧而争相阿谀，骄横放纵，不顾灾祸临头；妄赏以随个人喜好，妄诛以发泄怒心，法令烦苛残害下民，刑罚酷暴，轻易处决，亲自射杀人命；天下寒心，不能安定居住，奸邪官吏，利用乱法，横施威风，狱官判官，生杀专断。上下瓦解，各自为政。秦刚开始内乱时，官吏先侵夺的对象是贫人贱民；到中期，所侵害的是富人官吏之家；到了末路时，所侵害的是宗室大臣。因此，亲疏皆危，内外怨恨，离散逃亡，人有叛心。陈胜首倡，天下崩溃，断绝了宗庙祭祀，为异姓占有国家。这就是吏不平、政不宣、民不宁之祸。今陛下配天之时，象地之利，荫泽万民，除绝亡秦遗迹，废去乱法；亲身提倡本业，杜禁奢侈末业；消除烦扰，宽厚爱人；肉刑不用，犯罪不及妻子；诽谤不治罪。废禁铸钱律；打通关塞，不猜疑诸侯；礼敬长老，抚恤少孤；罪人有期，后宫出嫁；尊敬赏赐孝悌，农民在朝廷足用时免租；明诏军中师长，爱惜士卒和官员；寻求正派官吏，废退奸邪之官；除去宫刑，害民者处死；慰问百姓，列侯回到封国；亲自耕田，节省用费，向百姓召示不侈。为天下兴利除害，变法革旧，安定海内，大功数十项，都是上世所难以办到的，陛下实行了，道德纯厚，是天下百姓之大幸。

诏策曰"永远纠正朕的不合德义的言行"，愚臣不足以当此。

诏策曰"悉陈其志，毋有所隐"，愚臣用五帝的贤臣来说明。臣闻五帝之臣不如五帝，五帝便亲自去办；三王臣主皆贤，便臣主共同操心；五霸不及其臣，便任使其臣。这便是不弃神明之德，不废圣贤之名，各在当世建立功德。传曰："以往的事追不回来，将来的事还可以等待，能明白世事者就是天子"，说的就是这个意思。我私下听说战不能取胜改换他的封地，民贫穷就改变他的职业。今陛下神明厚德，素质之材不低于五帝，主宰天下，至今十六年，民不增富，盗贼不衰减，边境没有安定，其所以是这样，有人说陛下没有亲身办，而在等待群臣去办。如今当政大臣皆从天下各地选拔上来的，然而不能望见陛下清明之光，就像五帝的辅佐之臣。陛下不亲自处理，而等待不望清明之光的臣子，臣私自以为神明之德就要被自己遗弃。日损失是一日，岁损失了是一岁，日月更加临近夜幕，盛德没有普及天下，就能流传万世，愚臣不自量力，私下为陛下惋惜。冒死上狂惑草茅之愚见，臣言仅供陛下裁择。

当时贾谊已死，对策者百余人，只有晁错是最高等级，由是升为中大夫。晁错又说宜削诸侯，还有法令应更改的，写出共三十篇。孝文帝虽然不尽采纳，然而惊奇他的才华。当时，太子称善晁错的计策，爱盎诸大臣多不喜欢晁错。

景帝登位后，用晁错作内史。晁错多次请求单独谈论政事，景帝每每听从，宠爱超过了九卿，法令被修改的很多。丞相申屠嘉心里不满，但又无力加以伤害。内史府建在太上庙围墙里的空地上，门向东开，进出不方便，晁错便向南边开了两扇门出入，凿开了太上庙的围墙。丞相申屠嘉听说后，非常生气，打算借这个过失撰写奏章请求诛杀晁错。晁错听到这个消息，当夜请求单独进见皇上，原原本本地向皇上说这件事。丞相上朝奏事，趁机说了晁错擅自凿开上庙的墙作门，请求把他交给廷尉处死。皇上说："这不是庙墙，是庙外空地上的围墙，不牵涉到法律。"丞相谢罪，退朝后，生气地对长史说："我应该先杀掉他再报告皇上，却先奏请，反被这小子出卖，因此失误。"丞相终于发病死了，晁错因此更加显贵。

晁错被提升为御史大夫，陈述诸侯的罪过，请求削减他们的土地，收回他们的旁郡。奏章送上去，皇上命令公卿、列侯和皇族集会讨论，没有谁敢非难，只有窦婴不同意，从此和晁错有了隔阂。晁错修改的法令有三十章，诸侯哗然，憎恨晁错。晁错的父亲听到这个消息，从颍川赶来，对晁错说："皇上刚才即位，您执政掌权，侵害削弱诸侯，疏远人家的骨肉，人们都责怪怨恨您，为什么这样做呢？"晁错说："当然嘛。不这样，天子不会尊贵，国家不得安宁。"晁错的父亲说："刘家的天下安宁了，而晁家却危险了,我离开您回去了!"便服毒药死去,临死时说:"我不忍看到大祸连累自己。"

后十几天,吴、楚七国皆反,以诛晁错为名。皇上与晁错商议出兵事,晁错想让皇上亲自率兵,由他居守后方。当时窦婴正推举爰盎,受诏入见,皇上正与晁错筹划军粮。皇上问爰盎说:"你曾担任吴国相,知道吴臣田禄伯的为人吗?今吴、楚反,你怎么看?"回答说:"不足忧,今天就可以打败。"皇上说:"吴王就山铸钱,煮海盐,引诱天下豪杰,头裹白巾为号起事,这个计划还没有完善,那能放弃呢?为什么说他不足担忧呀?"爰盎回答说:"吴国铜盐之利是有的,那里去找豪杰来引诱!真是让吴国得到豪杰,也只是辅政为谊,不会反叛。吴国所引诱的人,都是一些亡赖子弟,亡命铸钱奸人,所以招来后为乱。"晁错说:"盎策很好。"皇上说:"平乱之计怎么订?"盎说:"请左右人等退下。"左右人退下,晁错一人留下。盎说:"臣要说的,人臣不得知。"于是让错退下。错忙避开,深恨盎。皇上急问盎,回答说:"吴、楚相送来书信,高帝封子弟为王各有分地,今贼臣晁错擅罚诸侯,削夺他们的土地,所以反名是'西进共诛错',恢复原有封地就罢兵。如今的计策,只有斩错,派使者赦吴、楚七国,恢复故地,那么不会流血就可以全都罢兵。"于是皇上默不作声,很久才说:"看看情况如何,我不爱一人以谢天下。"爰盎说:"愚计拿出来,只能是皇上好好合计。"于是任爰盎为太常,密密打点行装起程。

十几天后,丞相青翟、中尉嘉、廷尉张欧上奏弹劾晁错说:"吴王反逆无道,想危害宗庙,天下应当共诛之。今御史大夫晁错建议说:'兵几百万,单独交给群臣不可靠,陛下不如亲自率兵，让错留守。徐、僮周围未攻占的地方可以给吴。'晁错不称颂陛下德义诚信，想疏远群臣百姓，又想用城邑给吴，没有尽臣子之礼，大逆不道。晁错应当受腰斩刑罚，父母妻子兄弟无论老少都应处死。臣请按法论处。"皇上批示说："可。"晁错毫无所知。便派中尉召错，骗上车经过街市，晁错穿朝服在东京被斩。

晁错已死，谒者仆射邓公担任校尉。这时担任将领进攻吴、楚叛军。他回京师，上书报告军事情况，进见皇上。皇上问道："你从军中来，听到晁错死了，吴、楚退兵没有？"邓公说："吴王谋反已有几十年了，因削减他的封地而发怒，以诛杀晁错为名，他的本意不在晁错呀。我担心天下的士大夫闭口，不敢进言了！"皇上说："为什么呢？邓公说："晁错忧虑诸侯强大了不能够制服，所以请求削减诸侯的封地，借以尊崇朝廷，这是万世的好事。计划刚开始实行，竟然遭受杀戮，对内来说，堵塞了忠臣的口，对外来说，替诸侯报了仇，我私下认为您这样做是不可取的。"这时，景帝沉默了好久，说道："您说的对，我也悔恨这件事。"于是任命邓公担任城阳中尉。

邓公是成固人，多有奇特的谋略。建元年间，朝廷招纳贤良，公卿们推举邓公，这时邓公免了职，由平民起用做了九卿。一年后，邓公又托病辞职回家。他的儿子邓章因为研究黄帝、老子的学说，在朝廷大臣中间很有名望。

赞说：袁盎虽然不好学，却也善于贯通领会，尚有仁爱之心的本质，引述大义时常常激昂慷慨。遇到汉文帝即位，正是才智得以逢时。时代变化，到景帝时，对吴、楚叛乱的一次建议，用诡计诛杀晁错，而他自己也终于遭到不测。晁错敏锐于为国深谋远虑，却看不到自身祸害临头。他的父亲看得清楚，却自杀于沟渠，无益于挽救败亡，不如赵母责备赵括，赵括虽败于长平，却保全了赵家不受连坐法杀害。可悲啊！晁错虽然不得善终，世人还是哀叹他的忠心。因此收集他政论实施的有关言论，载于传记之中。

汉书卷五十

张冯汲郑传第二十

张释之

张释之字季,南阳堵阳人也。与兄仲同居,以赀为骑郎,事文帝,十年不得调,亡所知名。释之曰:"久宦减仲之产,不遂。"欲免归。中郎将袁盎知其贤,惜其去,乃请徙释之补谒者。释之既朝毕,因前言便宜事。文帝曰:"卑之,毋甚高论,令今可行也。"于是释之言秦、汉之间事,秦所以失,汉所以兴者。文帝称善,拜释之为谒者仆射。

从行,上登虎圈,问上林尉禽兽簿,十余问,尉左右视,尽不能对。虎圈啬夫从旁代尉对上所问禽兽簿甚悉,欲以观其能口对向应亡穷者。文帝曰:"吏不当如此邪?尉亡赖!"诏释之拜啬夫为上林令。释之前曰:"陛下以绛侯周勃何如人也?"上曰:"长者。"又复问:"东阳侯张相如何如人也?"上复曰:"长者。"释之曰:"夫绛侯、东阳侯称为长者,此两人言事曾不能出口,岂效此啬夫喋喋利口捷给哉!且秦以任刀笔之吏,争以亟疾苛察相高,其敝徒文具,亡恻隐之实。以故不闻其过,陵夷至于二世,天下土崩。今陛下以啬夫口辩而超迁之,臣恐天下随风靡，争口辩，亡其实。且下之化上，疾于景响，举错不可不察也。"文帝曰："善。"乃止不拜啬夫。

就车，召释之骖乘，徐行，行问释之秦之敝。具以质言。至宫，上拜释之为公车令。

顷之，太子与梁王共车入朝，不下司马门，于是释之追止太子、梁王毋入殿门。遂劾不下公门不敬，奏之。薄太后闻之，文帝免冠谢曰："教儿子不谨。"薄太后使使承诏赦太子、梁王，然后得入。文帝繇是奇释之，拜为中大夫。

顷之，至中郎将。从行至霸陵，上居外临厕。时慎夫人从，上指视慎夫人新丰道，曰："此走邯郸道也。"使慎夫人鼓瑟，上自倚瑟而歌，意凄怆悲怀，顾谓群臣曰："嗟乎！以北山石为椁，用纻絮斫陈漆其间，岂可动哉！"左右皆曰："善。"释之前曰："使其中有可欲，虽锢南山犹有隙；使其中亡可欲，虽亡石椁，又何戚焉？"文帝称善。其后，拜释之为廷尉。

顷之，上行出中渭桥，有一人从桥下走，乘舆马惊。于是使骑捕之，属廷尉。释之治问。曰："县人来，闻跸，匿桥下。久，以为行过，既出，见车骑，即走耳。"释之奏当："此人犯跸，当罚金。"上怒曰："此人亲惊吾马，马赖和柔，令它马，固不败伤我乎？而廷尉乃当之罚金！"释之曰："法者，天子所与天下公共也。今法如是，更重之，是法不信于民也。且方其时，上使使诛之则已。今已下廷尉，廷尉，天下之平也，壹倾，天下用法皆为之轻重，民安所错其手足？唯陛下察之。"上良久曰："廷尉当是也。"

其后人有盗高庙座前玉环，得，文帝怒，下廷尉治。案盗宗庙服御物者为奏，当弃市。上大怒曰："人亡道，乃盗先帝器！吾属廷尉者，欲致之族，而君以法奏之，非吾所以共承宗庙意也。"释之免冠顿首谢曰:"法如是足也。且罪等,然以逆顺为基。今盗宗庙器而族之,有如万分一,假令愚民取长陵一抔土,陛下且何以加其法乎?"文帝与太后言之,乃许廷尉当。是时,中尉条侯周亚夫与梁相山都侯王(恢咸)〔恬启〕见释之持议平,乃结为亲友。张廷尉繇此天下称之。

文帝崩,景帝立,释之恐,称疾。欲免去,惧大诛至;欲见,则未知何如。用王生计,卒见谢,景帝不过也。

王生者,善为黄、老言,处士。尝召居廷中,公卿尽会立。王生老人,曰"吾袜解",顾谓释之:"为我结袜!"释之跪而结之,既已,人或让王生:"独奈何廷辱张廷尉如此?"王生曰:"吾老且贱,自度终亡益于张廷尉。廷尉方天下名臣,吾故聊使结袜,欲以重之。"诸公闻之,贤王生而重释之。

释之事景帝岁余,为淮南相,犹尚以前过也。年老病卒。其子挚,字长公,官至大夫,免。以不能取容当世,故终身不仕。

译文:

张释之,字季,堵阳人。哥哥叫张仲,和他一起生活。他用家财买了个骑郎,奉事汉文帝,十年来未能升迁,没有名气。张释之说:"长久做郎官耗减哥哥的家产,于心不安。"想自动请求免职回家。中郎将袁盎知道他贤能,舍不得他离去,于是奏请调迁张释之,补谒者缺职。张释之朝见完毕,趁此上前陈述便国宜民的事。文帝说:"现实一些,不要多说远古的事,要讲当前能够实行的。"于是,张释之就谈论起秦、汉之间的事,讲起秦朝灭亡和汉朝兴起的原因,讲了许久。文帝称赞好,便提升张释之为谒者仆射。

张释之跟随皇上出行,临观虎圈。皇上询问上林尉登记各种禽兽册子的情况,提了十几个问题,上林尉左右瞧看,都回答不出来。看管虎圈的啬夫从旁代替上林尉回答了皇上所问,很详细,想以此来显示自己对答如流犹如回响应声一样无穷。文帝说:"官吏不应该像这样吗?上林尉不行!"于是命张释之宣布啬夫为上林令。张释之过了许久上前说:"陛下认为绛侯周勃是什么样的人物呢?"皇上答:"忠厚长者啊!"又再问:"东阳侯张相如是什么样的人物呢?"皇上仍答:"忠厚长者。"张释之说:"像那绛侯、东阳侯被称为忠厚长者,可这两个人谈论事情时竟连话也说不出。难道让人们去学这个啬夫如此喋喋不休的伶牙俐齿吗!况且秦朝因为任用那些舞文弄墨的书吏,书吏们争着拿办事急快和督过苛刻来互比高低。然而那样做的弊病只是照章行事罢了,一点也没有仁慈的实情。因为这个缘故皇上听不到自己的过失,日益衰败,传至二世,天下便土崩瓦解了。如今陛下因啬夫口齿伶俐就越级提拔他,我担心天下人会随风附和,争相浮夸而不讲求实际。况且下面仿效上面快于影子随形和回响之应声,陛下办什么不办什么,不能不谨慎啊!"文帝答应说:"好!"于是不再提拔啬夫。

皇上上车,召张释之陪乘。车子缓缓地前行,皇上问秦朝的弊病,张释之都如实做了回答。到了宫中,皇上授张释之为公车令。

不久,太子与梁王同乘一辆车入朝,经过司马门没有下车。当时张释之追上去制止太子、梁王不得进入殿门。便检举他俩不下司马门为不敬罪,汇报上去。薄太后知道了这事,文帝摘下帽子赔罪道:"怪我教导儿子不严!"薄太后这才派使者传令赦免太子、梁王,他俩然后才得以进宫。文帝从这件事认为张释之与众不同,任为中大夫。

不久,张释之官至中郎将。他随从皇上到霸陵。皇上坐在自己陵墓上头的北边远望。这时慎夫人跟随，皇上指着去新丰县的路给慎夫人说："这便是向邯郸去的路啊！"皇上让慎夫人弹瑟，自己和着瑟的曲调唱歌，情意凄凉悲伤。回头对群臣说道："唉，拿北山的好石头做外棺，把苎麻、绵絮剁细充塞在石椁的缝隙，再用漆粘合起来，难道还能打得开吗！"近侍都说："好！"张释之上前说道："假使它里面有能够引起贪欲的东西，即使封闭南山作为棺，也还有缝隙；如果里面没有能够引起贪欲的东西，虽然没有石棺，又何必忧虑呢？"文帝称赞说得对。此后，升张释之为廷尉。

不久，皇上行经中渭桥，有一个人从桥下跑出来，使皇上驾车的马受了惊。于是令骑士把那人逮捕，交付给廷尉治罪。张释之审问那人，那人回答说："我是长安县乡下人，来这里，听到清道戒严，急忙躲到桥下。过了好久，以为皇上已经过去，便从桥下出来，见到皇上的车马和仪仗队就在眼前，立即转身跑了。"廷尉据此上奏应得的刑罚，说一个人违反了清道戒严的号令，应处以罚金。文帝大怒道："这个人惊了我的马，幸亏我的马脾性温和，假若是别的马，不早就摔伤我了吗？可廷尉却仅只处以罚金！"张释之说："法律是天子与天下人共同遵从的。如今法律是这样规定的却要加重处罚，这样法律就不能取信于民了。况且在当时，皇上令人立地杀掉他也就罢了。如今既然交付给廷尉，而廷尉是天下公平的象征，一旦有偏，天下使用法律时都会任意或轻或重，老百姓往哪儿安放他们的手脚？望陛下明察！"好久，皇上说："还是廷尉办得是。"

那以后，有人偷了高祖庙内神座面前的玉环，被捕。文帝大怒，交给廷尉治罪。张释之依照法律中偷盗宗庙服饰器物的条文，奏请判处斩首。皇上勃然大怒："那人胡作非为，居然偷盗先帝宗庙中的器物。我之所以交付给你廷尉审理,想使他灭族,而你却按照通常的法律条文奏请,这不是我所用来恭敬承奉先人的本意。"张释之脱帽叩头解释:"按照法令这样判处已经到极限了。况且斩首与灭族同是死罪,但以逆顺轻重的程度为根据。今日偷盗宗庙的器物便诛灭他的全族,假设愚民偷挖了长陵上的一捧土,陛下将又怎样施加给他刑罚呢?"许久,文帝和薄太后谈论了这件事,于是便批准了廷尉的判决。当时,中尉条侯周亚夫和梁相山都侯王恬启看到张释之掌握议论公正,就同他结为亲密朋友。张释之由此受到天下人的称颂。

后来文帝驾崩,景帝即位。张释之想起得罪过景帝而心中害怕,便托病请假。他想辞职离开,怕会随即招来更大更重的刑罚;想进宫当面谢罪,却又不知走什么门路。后来他采用王生的计策,终于进见景帝当面道歉。景帝没有责怪他。

王生擅长黄老学术,是位隐士。曾经被召进殿廷中,当时公卿大臣相聚而立,王生是老年人,说:"我的袜带子松脱了!"回头看张廷尉说:"请给我把袜带子系好!"张释之跪在地上给他把袜带子系好了。过后有人问王生说:"怎么偏偏在朝廷上当众侮辱张廷尉,让他跪下给你绑袜带子?"王生说:"我年老并且地位卑贱,自料终究不会有什么好处给张廷尉。张廷尉正是当今天下名臣,我姑且委屈他一下,让他跪下给我绑袜带子,是想以此来抬举他。"各公卿听了这话,都称贤王生而敬重张廷尉。

张廷尉奉事景帝一年多,被降为淮南王相,也还是因为从前得罪过景帝的缘故。许久,张释之去世。他的儿子叫张挚,字长公,官做到大夫,被免职。由于他不善于讨好当权者,所以直到身死再没有做官。

汉书卷五十四

李广苏建传第二十四

李 广

李广，陇西成纪人也。其先曰李信，秦时为将，逐得燕太子丹者也。广世世受射。孝文十四年，匈奴大入萧关，而广以良家子从军击胡，用善射，杀首虏多，为郎，骑常侍。数从射猎，格杀猛兽，文帝曰："惜广不逢时，令当高祖世，万户侯岂足道哉！"

景帝即位，为骑郎将。吴、楚反时，为骁骑都尉，从太尉亚夫战昌邑下，显名。以梁王授广将军印，故还，赏不行。为上谷太守，数与匈奴战。典属国公孙昆邪为上泣曰："李广材气，天下亡双，自负其能，数与虏确，恐亡之。"上乃徙广为上郡太守。

匈奴侵上郡，上使中贵人从广勒习兵击匈奴。中贵人者数十骑从，见匈奴三人，与战。射伤中贵人，杀其骑且尽。中贵人走广，广曰："是必射雕者也。"广乃从百骑往驰三人。三人亡马步行，行数十里。广令其骑张左右翼，而广身自射彼三人者，杀其二人，生得一人，果匈奴射雕者也。已缚之上山，望匈奴数千骑，见广，以为诱骑，惊，上山陈。广之百骑皆大恐，欲驰还走。广曰："我去大军数十里，今如此走，匈奴追射，我立尽。今我留，匈奴必以我为大军之诱，不我击。"广令曰："前！"未到匈奴陈二里所，止，令曰："皆下马解鞍！"骑曰："虏多如是，解鞍，即急，奈何？"广曰："彼虏以我为走，今解鞍以示不去，用坚其意。"有白马将出护兵。广上马，与十余骑奔射杀白马将，而复还至其百骑中，解鞍，纵马卧。时会暮，胡兵终怪之，弗敢击。夜半，胡兵以为汉有伏军于傍欲夜取之，即引去。平旦，广乃归其大军。后徙为陇西、北地、雁门中云中太守。

武帝即位，左右言广名将也，由是入为未央卫尉，而程不识时亦为长乐卫尉。程不识故与广俱以边太守将屯。及出击胡，而广行无部曲行陈，就善水草顿舍，人人自便，不击刁斗自卫，莫府省文书，然亦远斥候，未尝遇害。程不识正部曲行伍营陈，击刁斗，吏治军簿至明，军不得自便。不识曰："李将军极简易，然虏卒犯之，无以禁；而其士亦佚乐，为之死。我军虽烦忧，虏亦不得犯我。"是时，汉边郡李广、程不识为名将，然匈奴畏广，士卒多乐从，而苦程不识。不识孝景时以数直谏为太中大夫，为人廉，谨于文法。

后汉诱单于以马邑城，使大军伏马邑傍，而广为骁骑将军，属护军将军。单于觉之，去，汉军皆无功。后四岁，广以卫尉为将军，出雁门击匈奴。匈奴兵多，破广军，生得广。单于素闻广贤，令曰："得广必生致之。"胡骑得广，广时伤，置两马间。络而盛卧。行十余里，广阳死，睨其傍有一儿骑善马，暂腾而上胡儿马，因抱儿鞭马南驰数十里，得其余军。匈奴骑数百追之，广行取儿弓射杀追骑，以故得脱。于是至汉，汉下广吏。吏当广亡失多，为虏所生得，当斩，赎为庶人。

数岁，与故颍阴侯屏居蓝田南山中射猎。尝夜从一骑出，从人田间饮。还至亭,霸陵尉醉,呵止广,广骑曰:"故李将军。"尉曰:"今将军尚不得夜行,何故也!"宿广亭下。居无何,匈奴入辽西,杀太守,败韩将军。韩将军后徙居右北平,死。于是上乃召拜广为右北平太守。广请霸陵尉与俱,至军而斩之,上书自陈谢罪。上报曰:"将军者,国之爪牙也。《司马法》曰:'登车不式,遭丧不服,振旅抚师,以征不服,率三军之心,同战士之力,故怒形则千里竦,威振则万物伏;是以名声暴于夷貉,威棱憺乎邻国。'夫报忿除害,捐残去杀,朕之所图于将军也;若乃免冠徒跣,稽颡请罪,岂朕之指哉!将军其率师东辕,弥节白檀,以临右北平盛秋。"广在郡,匈奴号曰"汉飞将军",避之,数岁不入界。

广出猎,见草中石,以为虎而射之,中石没矢,视之,石也,他日射之,终不能入矣。广所居郡闻有虎,常自射之。及居右北平射虎,虎腾伤广,广亦射杀之。

石建卒,上召广代为郎中令。元朔六年,广复为将军,从大将军出定襄。诸将多中首虏率为侯者,而广军无功。后三岁,广以郎中令将四千骑出右北平,博望侯张骞将万骑与广俱,异道。行数百里,匈奴左贤王将四万骑围广,广军士皆恐,广乃使其子敢往驰之。敢从数十骑直贯胡骑,出其左右而还,报广曰:"胡虏易与耳。"军士乃安。为圜陈外乡,胡急击,矢下如雨。汉兵死者过半,汉矢且尽。广乃令持满毋发,而广身自以大黄射其裨将,杀数人,胡虏益解。会暮,吏士无人色,而广意气自如,益治军。军中服其勇也。明日,复力战,而博望侯军亦军,匈奴乃解去。汉军罢,弗能追。是时,广军几没,罢归。汉法,博望侯后期,当死,赎为庶人。广军自当,亡赏。

初,广与从弟李蔡俱为郎,事文帝。景帝时,蔡积功至二千石。武帝元朔中，为轻车将军，从大将军击右贤王，有功中率，封为乐安侯。元狩二年，代公孙弘为丞相。蔡为人在下中，名声出广下远甚，然广不得爵邑，官不过九卿。广之军吏及士卒或取封侯。广与望气王朔语云："自汉击匈奴，广未尝不在其中，而诸妄校尉已下，材能不及中，以军功取侯者数十人。广不为后人，然终无尺寸功以得封邑者，何也？岂吾相不当侯邪？"朔曰："将军自念，岂尝有恨者乎？"广曰："吾为陇西守，羌尝反，吾诱降者八百余人，诈而同日杀之，至今恨独此耳。"朔曰："祸莫大于杀已降，此乃将军所以不得侯者也。"

广历七郡太守，前后四十余年，得赏赐，辄分其戏下，饮食与士卒共之。家无余财，终不言生产事。为人长，爰臂，其善射亦天性，虽子孙他人学者莫能及。广呐口少言，与人居，则画地为军陈，射阔狭以饮。专以射为戏。将兵，乏绝处见水，士卒不尽饮，不近水；不尽餐，不尝食；宽缓不苛，士以此爱乐为用。其射，见敌，非在数十步之内，度不中不发，发即应弦而倒。用此，其将数困辱，及射猛兽，亦数为所伤云。

元狩四年，大将军票骑将军大击匈奴，广数自请行。上以为老，不许；良久乃许之，以为前将军。

大将军青出塞，捕虏知单于所居，乃自以精兵走之，而令广并于右将军军，出东道。东道少回远，大军行，水草少，其势不屯行。广辞曰："臣部为前将军，今大将军乃徙臣出东道，且臣结发而与匈奴战，乃令一得当单于，臣愿居前，先死单于。"大将军阴受上指，以为李广数奇，毋令当单于，恐不得所欲。是时，公孙敖新失侯，为中将军，大将军亦欲使敖与俱当单于，故徙广。广知之，固辞。大将军弗听，令长史封书与广之莫府，曰："急诣部，如书。"广不谢大将军而起行，意象愠怒而就部，引兵与右将军食其合军出东道。惑失道，后大将军。大将军与单于接战，单于遁走，弗能得而还。南绝幕，乃遇两将军。广已见大将军，还入军。大将军使长史持糒醪遗广，因问广、食其失道状，曰："青欲上书报天子失军曲折。"广未对。大将军长史急责广之莫府上簿。广曰："诸校尉亡罪，乃我自失道。吾今自上簿。"

至莫府，谓其麾下曰："广结发与匈奴大小七十余战，今幸从大将军出接单于兵，而大将军徙广部行回远，又迷失道，岂非天哉！且广年六十余，终不能复对刀笔之吏矣！"遂引刀自刭。百姓闻之，知与不知，老壮皆为垂泣。而右将军独下吏，当死，赎为庶人。

广三子，曰当户、椒、敢，皆为郎。上与韩嫣戏，嫣少不逊，当户击嫣，嫣走，于是上以为能。当户蚤死，乃拜椒为代郡太守，皆先广死。广死军中时，敢从票骑将军。广死明年，李蔡以丞相坐诏赐冢地阳陵当得二十亩，蔡盗取三顷，颇卖得四十余万，又盗取神道外壖地一亩葬其中，当下狱，自杀。敢以校尉从票骑将军击胡左贤王，力战，夺左贤王旗鼓，斩首多，赐爵关内侯，食邑二百户，代广为郎中令。顷之，怨大将军青之恨其父，乃击伤大将军，大将军匿讳之。居无何，敢从上雍，至甘泉宫猎，票骑将军去病怨敢伤青，射杀敢。去病时方贵幸，上为讳，云"鹿触杀之"。居岁余，去病死。

敢有女为太子中人，爱幸。敢男禹有宠于太子，然好利，亦有勇。尝与侍中贵人饮，侵陵之，莫敢应。后诉之上，上召禹，使刺虎，县下圈中，未至地，有诏引出之。禹从落中以剑斫绝累，欲刺虎。上壮之，遂救止焉。而当户有遗腹子陵，将兵击胡，兵败，降匈奴。后人告禹谋欲亡从陵，下吏死。

译文：

李广，陇西郡成纪县人。他的祖先叫李信，秦朝时担任过将军，曾追获过燕国太子丹。李广家世代学习射箭。孝文帝十四年，匈奴大举侵入萧关，李广以良家子弟的身份从军抗击匈奴，因为擅长骑马射箭，杀死、俘虏了很多敌人，当上了汉朝的中郎，任骑常侍。李广常随从文帝出猎格杀猛兽，因而文帝说："可惜啊，你没有碰到时机；假使你处在高帝的时代，封个万户侯也不在话下呀！"

孝景帝即位，李广任骑郎将。吴、楚七国起兵叛乱时，李广担任骁骑都尉，跟随太尉周亚夫攻打吴、楚国，在昌邑城下立功显名。由于梁王私自授给李将军印，回朝后，没有得到封赏。调任上谷太守，多次与匈奴交战。典属国公孙昆邪流着眼泪对皇上说："李广才气，天下无双。他自恃有本领，屡次和敌争胜败，恐怕牺牲了他。"于是就调任上郡太守。

匈奴侵入上郡，天子派中贵人随李广统率亲兵抗击匈奴。中贵人带着几十名骑兵放马驰骋，遇见了三个匈奴，就和他们战斗起来。三个匈奴人转身射箭，射伤了中贵人，把他带去的骑兵几乎杀光。中贵人跑到李广跟前。李广说："这一定是射雕手。"于是，李广就带领一百名骑兵去追赶那三个人。那三个人没有骑马徒步而行，走了几十里。李广命令他的骑兵左右散开，李广亲自射那三个人，射死二人，活捉一人，果然是匈奴的射雕手。刚捆绑那个人上山，望见匈奴有几千名骑兵，他们看见了李广，以为是引诱他们的骑兵，都吃惊了，上山摆好阵势。李广的一百名骑兵都大为惊恐，想快马往回跑。李广说："我们离开大军几十里，现在这样凭一百名骑兵逃跑，匈奴兵追赶射击我们，我们就会立即完蛋。现在我们停下来，匈奴一定以为我们是大军的诱敌者，一定不敢来攻击我们。"李广命令骑兵说："前进！"进到离匈奴阵地约二里的地方，停了下来，命令说："都下马解下马鞍！"他的骑兵说："敌人很多并且离得近，倘若有紧急情况，怎么办？"李广说："那些敌人以为我们会逃跑，现在都解下马鞍，表示不走，用这办法来坚定他们的猜想。"于是匈奴的骑兵终于不敢来攻击。有一个骑马的将领出阵来监护他的士兵，李广上马，与十多个骑兵奔驰过去，射死了匈奴那个骑白马的将领，然后又回到他的骑兵当中，解下马鞍，命令士兵都把马放开，躺下。这时恰好天近黄昏，匈奴兵始终捉摸不定，不敢进击。夜半时，匈奴兵也以为汉军在附近有埋伏的部队，要乘夜袭击他们，匈奴全部撤退了。第二天清晨，李广才回到他的大部队。后来先后任陇西、北地、雁门、云中太守。

武帝即位，左右近臣说李广是名将，于是李广调任未央宫的卫尉，而程不识也担任长乐宫的卫尉。程不识从前和李广都以边郡太守的身份统率军队，屯田守边。等到出兵攻打匈奴时，李广行军没有严格的编制、队列和阵势，靠近良好的水源草地驻扎下来，住宿停留，人人自便，晚上不敲刁斗巡逻来自卫，军部的文书簿籍一概从简，但是也在远处布置了侦察岗哨，没有遭遇过危险。程不识严格要求编制、队列和阵势，晚上敲刁斗巡逻，军官军士处理军事文件到天亮，军队不得自便。程不识说："李广的部队十分随便，然而敌人突然袭击它，却无法招架；而他的士兵也安逸快乐，都乐于为他出死力。我的部队虽然紧张忙碌，然而敌人也不敢来侵犯我们。"当时，担任汉朝的边郡太守李广、程不识是名将，但是匈奴畏惧李广的谋略，士兵们也多喜欢跟随李广苦于跟随程不识。程不识在孝景帝时因为屡次直言劝谏而改任太中大夫。他为人廉洁，谨守法令。

后来，汉朝用马邑城引诱单于。派大军埋伏在马邑附近的山谷中，李广担任骁骑将军，受护军将军韩安国节制。当时单于发觉了这种情况，退去了，汉军都没有战功。这以后四年，李广由卫尉调任将军，从雁门郡出击匈奴。匈奴兵多，打败了李广的军队，活捉了李广。单于一向听到李广有才能，下命令说："捉得李广一定要活的解送来。"匈奴骑兵捉到了李广，李广当时受伤得病，他们把李广安置在两马之间，用绳索结成网兜让李广躺着。走了十多里，李广装死，斜视旁边有个匈奴少年骑着一匹好马，李广突然纵身一跃，跨上匈奴少年的马，抱着少年策马向南奔跑数十里，又收集了他的残余部队，就带领他们进入边塞。匈奴追捕的骑兵几百名追赶他，李广一边跑一边拿起匈奴少年的弓箭，射死了追来的骑兵，因此得以脱身。于是回到汉京师，汉朝廷把李广交给法官。法官判决李广损失伤亡的人马众多，自己又被敌人活捉，应当斩首，用钱赎罪成了平民。

过了几年，李广家和退陷住在蓝田县的前颍阴侯的孙子灌强常到南山中打猎。曾经在一天夜里，带着一个骑兵外出，跟别人在乡间饮酒。回来到了霸陵亭，霸陵亭尉喝醉了，呵斥阻止李广。李广的从骑说："这是前任李将军。"亭尉说："现任将军尚且不能夜间通过，何况是前任的呢！"扣留李广住宿在霸陵亭下。过了不久，匈奴入侵杀了辽西太守，打败了韩将军，后来韩将军调到右北平。于是天子就征调任命李广作右北平太守。李广便请求派霸陵尉跟他一起去，到达军中就杀了他。之后上书自述谢罪。皇上回答说："将军就是保卫国家的骨干力量。《司马法》这部兵法中说：'登上战车不必行礼，遇到丧事，不必穿丧服,整顿抚慰军队,在于征服叛逆统一三军将士的意志,激发战士的战斗力,因此,表现出愤怒就可以震惊千里,显示出威严就降服万物;因此威名施于少数民族地区,神灵之威力震慑了邻国。'用愤怒铲除祸害,使之放弃残忍和屠杀,正是朕所希望将军去办的事;要是脱帽赤脚叩头谢罪,哪里是朕的旨意呢!将军应率军东征,安定边疆,来迎接右北平金秋时节的战斗。"李广在边郡时,匈奴人给他一个"汉飞将军"的称号,一直避开李广,好几年不进入边界。

李广出外打猎,看到草丛中的石头,以为是老虎而发箭射去,射中石头,箭头射进了石头里,走近一看,是块石头。接着又连射几箭,却始终不能再射进去了。李广所在的郡,一听说有老虎,常常亲自去射它。到他驻守右北平时,一次射老虎,老虎跳起来,扑伤了李广,李广也射死了老虎。

郎中令石建去世了,于是皇上征召李广接替石建作郎中令。元朔六年,李广又调任为将军,跟随大将军的军队从定襄郡出击匈奴。各将领多有杀敌俘敌达到标准,因功封侯的,而李广部队没有功劳。过后三年,李广以郎中令的身份率领四千骑兵从右北平出发,博望侯张骞率领一万骑兵和李广同行,分两路走。走了大约几百里,匈奴左贤王带领四万骑兵包围李广,李广的士兵都恐惧,李广就派他的儿子李敢快马冲击敌人。李敢独自带了几十名骑兵飞奔而去,直穿匈奴骑兵的包围圈,抄出敌军的左右两翼而回,报告李广说:"匈奴人容易对付。"士兵才安定下来。李广布成圆形阵势,面向着四外,匈奴猛攻他们,箭下如雨。汉兵死亡的超过一半,汉军的箭也快完了。李广便命令士兵把弓拉开,不要放箭,李广亲自用大黄弩弓射敌人的副将,射死了几个,匈奴人渐渐松懈。恰巧天色黑了下来,军官士兵都面无人色，可是李广的神气同平常一样，更加精神振奋的指挥军队。军中士兵很佩服他的勇气。第二天，继续奋力战斗，博望侯的军队也到了，匈奴军队才解围而去。汉军疲乏了，不能去追击。这时李广几乎全军覆没，只得收兵回去。按汉朝的法律，博望侯耽误了预定的日期，当处死刑，出钱赎罪，降为平民。李广的军功和罪责相当，没有封赏。

当初，李广的堂弟李蔡同李广都任郎官，一道侍奉孝文帝。景帝时期，李蔡积累功劳领到二千石级的俸禄。孝武帝元朔年间，担任轻车将军，跟随大将军出击右贤王，有功达到了封赏的标准，被封为乐安侯。元狩二年，代替公孙弘做了丞相。李蔡为人的品格在下等之中，名声在李广以下很远，但是李广没有得到爵位和封邑，官职没有超过九卿，可是李蔡被封为列侯，职位达到三公。许多李广部下的军官和士兵有的取得了封侯之赏。李广曾经和望气家工朔闲谈，说："从汉朝出击匈奴以来，我没有一次不在其中，可是各部队校尉以下，才能不够中等人，然而因为出击匈奴的军功取得侯爵的，有几十人，而我没有落在人家的后面，可是没有些微的功劳去取得封地，原因是什么呢？难道我的生相不该封侯吗？"王朔说："将军自己回想一下，难道曾经有过悔恨的事吗？"李广说："我曾做陇西太守，羌人曾经反叛，我引诱他们投降，投降的有八百多人，我用欺骗的手段在同一天杀死了他们。至今，最大的悔恨就只有这件事。"王朔说："罪过没有比杀死已经投降的人更大的了，这不过是将军所以不得封侯的原因而已。"

李广历任七个郡的太守，前后四十余年，得到赏赐立即分给部下，饮食与士兵一起。家里没有多余财物，一生不谈购买产业的事。李广身材高大，长臂，具有善射箭的天赋，就是子孙和其他人向他学习射箭,也都赶不上他。李广讷口,不与人多说话,和别人在一起就在地上画作战阵图,射箭比射的面宽窄,输了罚酒喝。专门以射箭做游戏。带兵行军,遇到断粮缺水时,见了水,士兵不全喝到水,他不近水边,士兵不全吃上饭,他不尝一口饭。对待士兵宽厚不苛,士兵因此喜欢替他办事效力。他射箭,看见敌人,不到几十步之内,估计射不中不射,一射就要应弦倒地。因此,他带兵作战,多次被敌人围困,连射猛兽,也几次被伤害过。

元狩四年,大将军和骠骑将军大举出兵攻打匈奴,李广几次自动请求前去。天子认为他老了,没有允许;过了好久,才允许他,派他担任前将军。

大将军卫青出了边塞,捉到俘虏,得知单于住的地方,就亲自率领精锐部队赶去袭击,而命令李广的部队跟右将军的部队合并,从东路出击。东路稍微迂回绕远,而大部队行经水草稀少的地方,其势不能聚集行进。李广亲自请求说:"我是部队前将军,现在大将军却改让我从东路出兵,况且我从年轻时候起就和匈奴作战,今天才一次得与单于敌对,我愿意担任前锋,先同单于决一死战。"大将军卫青曾暗中受到皇上嘱咐,认为李广年老了,多次遭受窘困,不要让他正面同单于对阵,恐怕不能实现他的愿望。这时候,公孙敖新近失掉侯爵,担任中将军,大将军也想要让公孙敖和自己一同与单于对阵,所以调开前将军李广。李广当时知道这种情况,坚决向大将军拒绝调动。大将军不听,命令长史下一道文书给李广的幕府,说道:"赶快到所在军部去,照文书所说的办。"李广没有向大将军告辞就动身出发了,心里很恼怒地去了军部,带领士兵和右将军赵食其合兵一处,从东路出发。有时迷失了道路,落在大将军的后面。大将军与单于交战，单于逃跑了，没能取得战果而回。大军向南渡过沙漠，才遇到前将军和右将军。李广会见大将军之后，回到自己军中。大将军派长史拿着酒食送给李广，顺便问了李广、赵食其迷失道路的情况，说："卫青要上书报告天子军中的曲折情形。"李广没有回答。大将军派长史迫令李广的幕府人员写出报告，前去听审。李广说："各校尉无罪，是我自己迷失了道路，现在我亲自上供状，听候审问。"

回到自己的幕府，李广对他的部下说："我从年轻的时候起与匈奴大大小小经历了七十多次战斗，这一次有幸跟随大将军迎战单于的直属部队，可是大将军又调我的部队走迂回遥远的路，偏又迷失了路，难道不是天意吗！况且我年纪六十多了，毕竟不能再对付审问人员的侮辱了。"便拔出刀来自刎了。老百姓听到这件事，不论是认识的还是不认识的，不论是年老的还是年轻的，都为他流泪。而右将军赵食其单独被送交法官，判处死刑，出钱赎罪，降为平民。

李广有三个儿子，叫李当户、李椒、李敢，担任郎官。有一次天子与韩嫣戏耍，韩嫣稍有不礼貌，李当户打了韩嫣，韩嫣跑掉了。于是天子认为李当户勇敢。李当户早死了，天子授任李椒为代郡太守，都比李广先死。李广在军中死时，李敢正跟随骠骑将军。李广死去的第二年，李蔡当丞相，因为侵占了孝景帝陵园的空地，应当交给法官惩办，当时赐给他的空地仅二十亩，李蔡侵占了三顷，卖地后得到了四十多万钱，又侵占了神道外围地一亩当墓地，论罪下狱，于是李蔡也自杀了。李敢以校尉的身份跟随骠骑将军攻打匈奴左贤王，奋力作战，夺得了左贤王的战鼓和帅旗，斩杀敌人首级多，赏赐了关内侯的爵位，享受封邑二百户，接替李广做了郎中令。不久，李敢怨恨大将军卫青使得他父亲含恨而死，便打伤了大将军，大将军隐瞒了这件事。过了不多久，李敢侍从皇上到雍州甘泉宫打猎。骠骑将军霍去病怨恨李敢打伤卫青，射死了李敢。霍去病当时正当显贵宠幸，皇上隐瞒了真相，说野鹿撞死了他。过了一年多，霍去病死了。

李敢有个女儿是太子的宫女，受到宠爱，李敢的儿子李禹也受到太子宠爱，可是爱好财利，也有勇气。他曾经和侍中贵人饮酒，欺侮了贵人，贵人不敢作声。后来告诉了皇上，皇上召李禹，让他去刺虎，悬吊着下到圈虎处，没有到地面，下令拉上李禹。禹从网中砍断绳索，想去刺虎。皇上以为勇壮，于是把他救起来，阻止他去刺虎。李当户有一个遗腹子叫李陵，率军击匈奴，兵败，降匈奴。后来有人告李禹想跟李陵跑，被处死。

汉书卷五十五

卫青霍去病传第二十五

卫 青

卫青字仲卿。其父郑季,河东平阳人也,以县吏给事侯家。平阳侯曹寿尚武帝姊阳信长公主。季与主家僮卫媪通,生青。青有同母兄卫长君及姊子夫,子夫自平阳公主家得幸武帝,故青冒姓为卫氏。卫媪长女君孺,次女少儿,次女则子夫。子夫男弟步广,皆冒卫氏。

青为侯家人,少时归其父,父使牧羊。民母之子皆奴畜之,不以为兄弟数。青尝从人至甘泉居室,有一钳徒相青曰:"贵人也,官至封侯。"青笑曰:"人奴之生,得无笞骂即足矣,安得封侯事乎!"

青壮,为侯家骑,从平阳主。建元二年春,青姊子夫得入宫幸上。皇后,大长公主女也,无子,妒。大长公主闻卫子夫幸,有身,妒之,乃使人捕青。青时给事建章,未知名。大长公主执囚青,欲杀之。其友骑郎公孙敖与壮士往篡之,故得不死。上闻,乃召青为建章监,侍中。及母昆弟贵,赏赐数日间累千金。君孺为太仆公孙贺妻。少儿故与陈掌通,上召贵掌。公孙敖由此益显。子夫为夫人。青为太中大夫。

元光六年,拜为车骑将军,击匈奴,出上谷;公孙贺为轻车将军,出云中;太中大夫公孙敖为骑将军,出代郡;卫尉李广为骁骑将军,出雁门:军各万骑。青至笼城,斩首虏数百。骑将军敖亡七千骑,卫尉广为虏所得,得脱归,皆当斩,赎为庶人。贺亦无功。唯青赐爵关内侯。是后匈奴仍侵犯边。语在《匈奴传》。

元朔元年春,卫夫人有男,立为皇后。其秋,青复将三万骑出雁门,李息出代郡。青斩首虏数千。明年,青复出云中,西至高阙,遂至于陇西,捕首虏数千,畜百余万,走白羊、楼烦王。遂取河南地为朔方郡。以三千八百户封青为长平侯。青校尉苏建为平陵侯,张次公为岸头侯。使建筑朔方城。上曰:"匈奴逆天理,乱人伦,暴长虐老,以盗窃为务,行诈诸蛮夷,造谋籍兵,数为边害。故兴师遣将,以征厥罪。《诗》不云乎?'薄伐猃允,至于太原';'出车彭彭,城彼朔方'。今年骑将军青度西河至高阙,获首二千三百级,车辎畜产毕收为卤,已封为列侯,遂西定河南地,案榆溪旧塞,绝梓领,梁北河,讨蒲泥,破符离,斩轻锐之卒,捕伏听者三千一十七级。执讯获丑,驱马牛羊百有余万,全甲兵而还,益封青三千八百户。"其后匈奴比岁入代郡、雁门、定襄、上郡、朔方,所杀略甚众。语在《匈奴传》。

元朔五年春,令青将三万骑出高阙,卫尉苏建为游击将军,左内史李沮为强弩将军,太仆公孙贺为骑将军,代相李蔡为轻车将军,皆领属车骑将军,俱出朔方。大行李息、岸头侯张次公为将军,俱出右北平。匈奴右贤王当青等兵,以为汉兵不能至此,饮醉,汉兵夜至,围右贤王。右贤王惊,夜逃,独与其爱妾一人骑数百驰，溃围北去。汉轻骑校尉郭成等追数百里，弗得，得右贤裨王十余人，众男女万五千余人，畜数十百万，于是引兵而还。至塞，天子使使者持大将军印，即军中拜青为大将军，诸将皆以兵属，立号而归。上曰："大将军青躬率戎士，师大捷，获匈奴王十有余人，益封青八千七百户。"而封青子伉为宜春侯，子不疑为阴安侯，子登为发干侯。青固谢曰："臣幸得待罪行间，赖陛下神灵，军大捷，皆诸校力战之功也。陛下幸已益封臣青，臣青子在襁褓中，未有勤劳，上幸裂地封为三侯，非臣待罪行间所以劝士力战之意也。伉等三人何敢受封！"上曰："我非忘诸校功也，今固且图之。"乃诏御史曰："护军都尉公孙敖三从大将军击匈奴，常护军傅校获王，封敖为合骑侯。都尉韩说从大军出窴浑，至匈奴右贤王庭，为戏下搏战获王，封说为龙额侯。骑将军贺从大将军获王，封贺为南窌侯。轻车将军李蔡再从大将军获王，封蔡为乐安侯。校尉李朔、赵不虞、公孙戎奴各三从大将军获王，封朔为陟轵侯，不虞为随成侯，戎奴为从平侯。将军李沮、李息及校尉豆如意、中郎将绾皆有功，赐爵关内侯。沮、息、如意食邑各三百户。"其秋，匈奴入代，杀都尉。

明年春，大将军青出定襄，合骑侯敖为中将军，太仆贺为左将军，翕侯赵信为前将军，卫尉苏建为右将军，郎中令李广为后将军，左内史李沮为强弩将军，咸属大将军，斩首数千级而还。月余，悉复出定襄，斩首虏万余人。苏建、赵信并军三千余骑，独逢单于兵，与战一日余，汉兵且尽。信故胡人，降为翕侯，见急，匈奴诱之，遂将其余骑可八百奔降单于。苏建尽亡其军，独以身得亡去，自归青。青问其罪正闳、长史安、议郎周霸等："建当云何？"霸曰："自大将军出，未尝斩裨将，今建弃军，可斩，以明将军之威。"闳、安曰："不然。兵法'小敌之坚，大敌之禽也。'今建以数千当单于数万，力战一日余，士皆不敢有二心。自归而斩之，是示后无反意也。不当斩。"青曰："青幸得以肺附待罪行间，不患无威，而霸说我以明威，甚失臣意。且使臣职虽当斩将，以臣之尊宠而不敢自擅专诛于境外，其归天子，天子自裁之，于以风为人臣不敢专权，不亦可乎？"官吏皆曰"善"。遂囚建行在所。

是岁也，霍去病始侯。

译文：

卫青，字仲卿。他的父亲郑季，是河东平阳人，担任县吏，在平阳侯家里当差。平阳侯曹寿娶了汉武帝的姐姐阳信长公主。郑季与主人家妾卫媪私通，生卫青。卫青的同胞哥哥卫长君，姐姐卫子夫，卫子夫在平阳公主家得到天子宠幸，所以冠以卫姓。卫媪长女卫孺，次女少儿，三女就是卫子夫。卫子夫的弟弟步广，都冠以卫姓。

卫青算做平阳侯家里人，小时候回到他父亲家中。他父亲让他放羊，嫡母的儿子们都把他当作奴仆看待，不算入兄弟之数。卫青曾经跟着人去到甘泉宫囚犯居室，有个受钳刑的犯人给他相面说："你是贵人，做官可到封侯。"卫青笑着说："人家奴婢生的儿子，能不挨打受骂就心满意足了，怎么会有封侯那样的美事呢！"

卫青长大后，当平阳侯家的骑士，随从平阳公主。建元二年春天，卫青的姐姐卫子夫入宫得到皇上宠爱。陈皇后是大长公主的女儿，没生儿子，嫉妒别人。大长公主听说卫子夫得宠并已怀孕，嫉妒她，便派人抓卫青。卫青当时在建章宫当差，还不出名。大长公主抓到卫青，把他关押起来，想要杀掉他。卫青的朋友骑郎公孙敖和壮士前去把他抢出来，卫青因此得免一死。皇上听说此事，便召见卫青，让他做建章宫监，任侍中，到他的同母兄弟都显贵时，几天里赏赐达千金之多。君孺嫁给了太仆公孙贺做妻子。卫少儿原先跟陈掌私通，皇上召见陈掌让他当官。公孙敖由此更加显贵。卫子夫做了皇帝夫人，卫青当上了太中大夫。

元光六年，卫青担任车骑将军，攻打匈奴，出兵上谷郡；公孙贺担任轻车将军，出云中郡；太中大夫公孙敖担任骑将军，出代郡；卫尉李广担任骁骑将军，出雁门郡：每路军队各有一万骑兵。卫青进军到龙城，歼灭敌军几百人。骑将军公孙敖损失七千骑兵，卫尉李广被敌人活捉，幸得逃回。他们两个都判为死刑，赎罪做了平民。公孙贺也无战功。只有卫青赐爵关内侯。此后，匈奴继续侵犯边界。事情记载在《匈奴传》。

元朔元年春天，卫夫人生了个男孩，她被立为皇后。这年秋天，卫青又率领三万骑兵攻打匈奴，出兵雁门关，李息出兵代郡。卫青歼灭敌军几千人。第二年，车骑将军卫青出兵云中郡，西到高阙，直到陇西，歼灭敌军几千人，捉获牲口百余万头，赶跑了白羊王和楼烦王。汉朝就把河南地区建为朔方郡。划三千八百户封卫青为长平侯。卫青部下校尉苏建立有战功，建为平陵侯，张次公封为岸头侯。派苏建筑朔方城。天子说："匈奴违背天理，悖乱人伦，欺凌尊长，虐待老人，以盗窃为职业，欺诈各部蛮夷，策划阴谋，仗恃武力，屡次侵害边境，所以朝廷派兵遣将，征讨它的罪恶。《诗经》里不是说过吗，'攻伐獫狁，达到太原'，'战车隆隆在那北方筑城'。现在车骑将军卫青渡过西河，直到高阙，歼灭敌军二千三百人，把它的物资牲口都缴获为战利品，已受封为列侯，于是西进平定河南地区，巡行榆谿旧塞，横越梓岭，架桥北河，讨平蒲泥，打败符离，斩杀精锐敌兵，捕获隐蔽伏听之兵三千零七十一人，捉问俘虏，知敌所在，俘获卒众，赶回马牛羊一百多万头，全师而还。增封卫青食邑三千户。"以后，匈奴侵入杀死代郡太守恭友，又侵入雁门郡，掳掠一千多人。第二年，匈奴大举侵入代郡、定襄、上郡，杀掠甚多。事情记载在《匈奴传》。

元朔五年春天，汉朝命令车骑将军卫青统率三万骑兵，出高阙，卫尉苏建担任游击将军，左内史李沮担任强弩将军，太仆公孙贺担任骑将军，代国相李蔡担任轻车将军，都归车骑将军节制，都出朔方。大行令李息、岸头侯张次公担任将军，出右北平郡。匈奴右贤王面对卫青等部，以为汉军不能到他那里，喝醉了酒。汉兵夜间赶到，包围了右贤王，右贤王惊恐，连夜逃走，仅带着他的一个爱妾和几百个精壮骑兵飞跑，冲破汉军包围圈北去。汉朝轻骑校尉郭成等追了几百里，没有追上，俘虏右贤王属下小王十多人、男女人众一万五千多人、牲口上百万头。于是卫青率军回来。军到边塞，天子派使者捧着大将军印，就在军中任命车骑将军卫青担任大将军，诸将都把部队归大将军统率，大将军建立官号而归。天子说："大将军卫青亲率战士征战，出师大捷，捉获匈奴王十余人，增封卫青食邑八千七百户。"又封卫青的儿子卫伉为宜春侯、卫不疑为阴安侯、卫登为发干侯。卫青坚决推辞说："我有幸能够在部队里任职，仰赖陛下神圣威灵，我军大捷，都是各位校尉力战的功劳。陛下已经垂恩增封我的食邑，而我的儿子们还是小娃娃没有功劳，又蒙皇上裂地封为三个列侯，这不是罪臣在部队里勉励将士努力作战的本意。卫伉等兄弟三人怎么敢领受封爵！"天子说："我不是忘记了各位校尉的功劳，现在本要办这件事的。"于是命令御史道："护军都尉公孙敖三次跟随大将军出击匈奴，经常调节各部，团结将校，俘获匈奴王，划一千五百户封公孙敖为合骑侯。都尉韩说跟随大军出寞浑,打到匈奴右贤王王庭,迫近敌人帅旗之下搏斗拼杀,俘获小王,划一千三百户封韩说为龙侯。领骑将军公孙贺跟随大将军俘获匈奴王,划一千三百户封公孙贺为南窌侯。轻车将军李蔡两次跟随大将军俘获匈奴王,划一千六百户封李蔡为乐安侯。校尉李朔、校尉赵不虞、校尉公孙戎奴各三次跟随大将军,都曾俘获匈奴王,划一千三百户封李朔为涉轵侯,划一千三百户封赵不虞为随成侯,划一千三百户封公孙戎奴为从平侯。将军李沮、李息和校尉豆中如意立、中郎将绾都有战功,赐封关内侯爵位,沮、息、如意食邑各三百户。"这年秋天,匈奴侵入代郡,杀死都尉。

第二年春天,大将军卫青出定襄郡,合骑侯公孙敖担任中将军,太仆公孙贺担任左将军,翕侯赵信担任前将军,卫尉苏建担任右将军,郎中令李广担任后将军,左内史李沮担任强弩将军,都归大将军统率,歼灭敌军几千人而还。一个多月后,全都再出定襄郡攻打匈奴,歼灭敌军一万多人。右将军苏建和前将军赵信两军合并计有骑兵三千多人,独遇单于大军,跟他们交战一天多,汉军将尽。前将军赵信原是匈奴人,投降汉朝后被封为翕侯,这时他看到情况危急,匈奴又来引诱他,便率领他的残余骑兵约八百人奔降单于。右将军苏建全军覆灭,只身逃脱,回到大将军大营。大将军就苏建所犯罪行询问军正宏、长史安和议郎周霸等人说:"苏建该当何罪?"周霸说:"从大将军出兵以来,还没有杀过副将,现在苏建丢弃部队,可以杀掉他,以显示将军的威严。"闳和安说:"不对!兵法说:'小部队战斗力再强,也要被强大的敌人打败。'现在苏建拿几千人抵挡单于几万人,力战一天多,士兵拼光了,他不敢有二心,回来自首。自首了却要杀他,这种做法等于告诉后来者作战失败后不要再回来。苏建不当杀。"大将军说:"我有幸以皇上的亲戚在部队里任职,不怕没有威信。而周霸却拿树立威信劝我，很失为臣之意。即使为臣有权斩将，但以位高受宠的大臣而不敢擅权专杀于国境之外，而备细向天子汇报，让天子自己去处理，以此表明做臣子的不敢专权，不也是很好吗？"军官们都说："好！"于是把苏建装进囚车，送到皇帝的巡行所在处。

这一年，霍去病开始封侯。

霍去病

霍去病，大将军青姊少儿子也。其父霍仲孺先与少儿通，生去病。及卫皇后尊，少儿更为詹事陈掌妻。去病以皇后姊子，年十八为侍中。善骑射，再从大将军。大将军受诏，予壮士，为票姚校尉，与轻勇骑八百直弃大（将）军数百里赴利，斩捕首虏过当。于是上曰："票姚校尉去病斩首捕虏二千二十八级，得相国、当户，斩单于大父行籍若侯产，捕季父罗姑比，再冠军，以二千五百户封去病为冠军侯。上谷太守郝贤四从大将军，捕首虏千三百级，封贤为终利侯。骑士孟已有功，赐爵关内侯，邑二百户。"

是岁失两将军，亡翕侯，功不多，故青不益封。苏建至，上弗诛，赎为庶人。青赐千金。是时王夫人方幸于上，甯乘说青曰："将军所以功未甚多，身食万户，三子皆为侯者，以皇后故也。今王夫人幸而家族未富贵，愿将军奉所赐千金为王夫人亲寿。"青以五百金为王夫人亲寿。上闻，问青，青以实对。上乃拜甯乘为东海都尉。

校尉张骞从大将军，以尝使大夏，留匈奴中久，道军，知善水草处，军得以无饥渴，因前使绝国功，封骞为博望侯。

去病侯〔三〕岁，元狩二年春为票骑将军，将万骑出陇西，有功。上曰："票骑将军率戎士逾乌盭，讨遬濮，涉狐奴，历五王国，辎重人众摄詟者弗取，几获单于子。转战六日，过焉支山千有余里，合短兵，鏖皋兰下，杀折兰王，斩卢侯王，锐悍者诛，全甲获丑，执浑邪王子及相国、都尉，捷首虏八千九百六十级，收休屠祭天金人，师率减什七，益封去病二千二百户。"

其夏，去病与合骑侯敖俱出北地，异道。博望侯张骞、郎中令李广俱出右北平，异道。广将四千骑先至，骞将万骑后。匈奴左贤王将数万骑围广，广与战二日，死者过半，所杀亦过当。骞至，匈奴引兵去。骞坐行留，当斩，赎为庶人。而去病出北地，遂深入，合骑侯失道，不相得。去病至祁连山，捕首虏甚多。上曰："票骑将军涉钧耆，济居延，遂臻小月氏，攻祁连山，扬武乎鱳得，得单于单桓、酋涂王，及相国、都尉以众降下者二千五百人，可谓能舍服知成而止矣。捷首虏三万二百，获五王，王母、单于阏氏、王子五十九人，相国、将军、当户、都尉六十三人，师大率减什三，益封去病五千四百户。赐校尉从至小月氏者爵左庶长。鹰击司马破奴再从票骑将军斩遫濮王，捕稽且王，右千骑将〔得〕王、王母各一人，王子以下四十一人，捕虏三千三百三十人，前行捕虏千四百人，封破奴为从票侯。校尉高不识从票骑将军捕呼于耆王王子以下十一人，捕虏千七百六十八人，封不识为宜冠侯。校尉仆多有功，封为煇渠侯。"合骑侯敖坐行留不与票骑将军会，当斩，赎为庶人。诸宿将所将士马兵亦不如去病，去病所将常选，然亦敢深入，常与壮骑先其大军，军亦有天幸，未尝困绝也。然而诸宿将常留落不耦。由此去病日以亲贵，比大将军。

其后，单于怒浑邪王居西方数为汉所破，亡数万人，以票骑之兵也，欲召诛浑邪王。浑邪王与休屠王等谋欲降汉，使人先要道边。是时，大行李息将城河上，得浑邪王使，即驰传以闻。

上恐其以诈降而袭边，乃令去病将兵往迎之。去病既渡河，与浑邪众相望。浑邪裨王将见汉军而多欲不降者，颇遁去。去病乃驰入，得与浑邪王相见，斩其欲亡者八千人，遂独遣浑邪王乘传先诣行在所，尽将其众度河，降者数万人，号称十万。

既至长安，天子所以赏赐数十巨万。封浑邪王万户，为漯阴侯。封其裨王呼毒尼为下摩侯，鹰庇为煇渠侯，禽黎为河綦侯，大当户调虽为常乐侯。于是上嘉去病之功，曰："票骑将军去病率师征匈奴，西域王浑邪王及厥众萌咸奔于率，以军粮接食，并将控弦万有余人，诛獟悍，捷者虏八千余级，降异国之王三十〔二〕。战士不离伤，十万之众毕怀集服。仍兴之劳，爰及河塞，庶几亡患，以千七百户益封票骑将军。减陇西、北地、上郡戍卒之半，以宽天下繇役。"乃分处降者于边五郡故塞外，而皆在河南，因其故俗为属国。其明年，匈奴入右北平、定襄、杀略汉千余人。

其明年，上与诸将议曰："翕侯赵信为单于画计，常以为汉兵不能度幕轻留，今大发卒，其势必得所欲。"是岁元狩四年也。春，上令大将军青、票骑将军去病各五万骑，步兵转者踵军数十万，而敢力战深入之士皆属去病。去病始为出定襄，当单于。捕虏，虏言单于东，乃更令去病出代郡，令青出定襄。郎中令李广为前将军，太仆公孙贺为左将军，主爵赵食其为右将军，平阳侯襄为后将军，皆属大将军。赵信为单于谋曰："汉兵即度幕，人马罢，匈奴可坐收虏耳。"乃悉远北其辎重，皆以精兵待幕北。而适直青军出塞千余里，见单于兵陈而待，于是青令武刚车自环为营，而纵五千骑往当匈奴，匈奴亦纵万骑。会日且入，而大风起，沙砾击面，两军不相见，汉益纵左右翼绕单于。单于视汉兵多，而士马尚强，战而匈奴不利，薄莫，单于遂乘六骡，壮骑可数百，直冒汉围西北驰去。昏，汉匈奴相纷挈，杀伤大当。汉军左校捕虏，言单于未昏而去，汉军因发轻骑夜追之，青因随其后。匈奴兵亦散走。会明，行二百余里，不得单于，颇捕斩首虏万余级，遂至寘颜山赵信城，得匈奴积粟食军。军留一日而还，悉烧其城余粟以归。

青之与单于会也，而前将军广、右将军食其军别从东道，或失道。大将军引还，过幕南，乃相逢。青欲使使归报，令长史簿责广，广自杀。食其赎为庶人。青军入塞，凡斩首虏万九千级。

是时，匈奴众失单于十余日，右谷蠡王自立为单于。单于后得其众，右王乃去单于之号。

去病骑兵车重与大将军军等，而亡裨将。悉以李敢等为大校，当裨将，出代、右北平二千余里，直左方兵，所斩捕功已多于青。

既皆还，上曰："票骑将军去病率师躬将所获荤允之士，约轻赍，绝大幕，涉获单于章渠，以诛北车耆，转击左大将双，获旗鼓，历度难侯，济弓卢，获屯头王、韩王等三人，将军、相国、当户、都尉八十三人，封狼居胥山，禅于姑衍，登临翰海，执讯获丑七万有四百四十三级，师率减什二，取食于敌，卓行殊远而粮不绝。以五千八百户益封票骑将军。右北平太守路博德属票骑将军，会兴城，不失期，从至梼余山，斩首捕虏二千八百级，封博德为邳离侯。北地都尉卫山从票骑将军获王，封王为义阳侯。故归义侯因淳王复陆友、楼剸王伊即靬皆从票骑将军有功，封复陆支为杜侯，伊即靬为众利侯。从票侯破奴、昌武侯安稽从票骑有功，益封各三百户。渔阳太守解、校尉敢皆获鼓旗，赐爵关内侯，解食邑三百户，敢二百户。校尉自为爵左庶长。"军吏卒为官，赏赐甚多。而青不得益封，吏卒无封者。唯西河太守常惠、云中太守遂成受赏，遂成秩诸侯相，赐食邑二百户，黄金百斤，惠爵关内侯。

两军之出塞，塞阅官及私马凡十四万匹，而后入塞者不满三万匹。乃置大司马位，大将军、票骑将军皆为大司马。定令，令票骑将军秩禄与大将军等。自是后，青日衰而去病日益贵。青故人门下多去，事去病，辄得官爵，唯独任安不肯去。

去病为人少言不泄，有气敢往。上尝欲教之吴、孙兵法，对曰："顾方略何如耳，不至学古兵法。"上为治第，令视之，对曰："匈奴不灭，无以家为也。"由此上益重爱之。然少而侍中，贵不省士。其从军，上为遣太官赍数十乘，既还，重车余弃粱肉，而士有饥者。其在塞外，卒乏粮，或不能自振，而去病尚穿域蹋鞠也。事多此类。青仁，喜士退让，以和柔自媚于上，然于天下未有称也。

去病自四年年后三岁，元狩六年薨。上悼之，发属国玄甲，军陈自长安至茂陵，为冢象祁连山。谥之并武与广地曰景桓侯。子嬗嗣。嬗字子侯，上爱之，幸其壮而将之。为奉车都尉，从封泰山而薨。无子，国除。

自去病死后，青长子宜春侯伉坐法失侯。后五岁，伉弟二人，阴安侯不疑、发干侯登，皆坐酎金失侯。后二岁，冠军侯国绝。后四年，元封五年，青薨，谥曰烈侯。子伉嗣，六年坐法免。

自青围单于后十四岁而卒，竟不复击匈奴者，以汉马少，又方南诛两越，东伐朝鲜，击羌、西南夷，以故久不伐胡。

初，青既尊贵，而平阳侯曹寿有恶疾就国，长公主问："列侯谁贤者？"左右皆言大将军。主笑曰："此出吾家，常骑从我，奈何？"左右曰："于今尊贵无比。"于是长公主风白皇后，皇后言之，上乃诏青尚平阳主。与主合葬，起冢象庐山云。

最大将军青凡七出击匈奴，斩捕首虏五万余级。一与单于战，收河南地，置朔方郡。再益封，凡万六千三百户；封三子为侯，侯千三百户，并之二万二百户。其裨将及校尉侯者九人，为特将者十五人，李广、张骞、公孙贺、李蔡、曹襄、韩说、苏建皆自有传。

译文：

霍去病，是大将军卫青姐姐卫少儿的儿子。他的父亲霍仲孺以前与卫少儿私通，生霍去病。到了卫皇后尊宠之时，卫少儿嫁与詹事陈掌为妻。霍去病因是皇后的姐姐的儿子，十八岁便为侍中。因他善于骑马射箭，两次跟随大将军卫青出征匈奴。大将军根据皇帝的命令，拨给他一批精壮士卒，让他担任骠姚校尉。他带领八百名轻骑勇士远离卫青所率的大军几百里，去夺取战功，捕杀敌人极多。这时武帝说："骠姚校尉霍去病歼敌二千零八十人，活捉相国、当户、杀死单于祖父一辈的藉若侯产，生擒单于叔父罗姑比，功劳两次勇冠全军，以二千五百户封霍去病为冠军侯。上谷太守郝贤四次跟随大将军出征，捕杀敌人一千三百多，封他为终利侯。骑士孟已也有战功，赐给爵位为关内侯，封食邑二百户。"

这一年，汉朝损失苏建、赵信所率的两支部队，翕侯赵信投降匈奴。军功不多，所以卫青没能给增封。右将军苏建回到朝廷，天子没有杀他，只是让他花钱赎罪为民。天子赐给卫青黄金千两。此时王夫人正受武帝的宠爱，宁乘劝卫青说："将军之所以功劳不大而能享受万户封邑，三个儿子都封为列侯，是因为有卫皇后的缘故。现在王夫人受皇上宠幸而她的亲属却没有富贵，希望你能将皇上所赐你的千金献给王夫人的母亲作为寿礼。"于是卫青便用五百金为王夫人的母亲祝寿。武帝听说了这件事，便询问卫青，卫青照实说了，武帝就任命宁乘为东海郡都尉。

校尉张骞跟随大将军卫青出征，因为他曾经出使大夏，在匈奴中居住了很久，这时担任部队的向导。知道哪些地方的水草肥美，所以部队没有遭受饥渴，又因为以前他曾出使远方异国有功，武帝就封他为博望侯。

霍去病封侯的第三年，即元狩二年（公元前121年）的春天，被任命为骠骑将军，率领一万名骑兵从陇西出发进击匈奴，立有战功。武帝下令说："骠骑将军率领士卒越过乌戾山，讨伐匈奴遫濮部，渡过狐奴河，经历五个匈奴王国，辎重多，人马众，对降服者宽赦，只希望捉到匈奴单于的儿子，战斗六天，超过焉支山一千余里，和敌人短兵相接，苦战于皋兰山下，杀折兰王，砍卢侯王，诛杀顽抗的敌人，其他全部捉获。俘虏浑邪王的儿子和相国，都尉共杀敌和俘虏八千九百六十人，缴获休屠王的祭天金人。他的士卒伤亡约有十分之七。加封霍去病食邑二千二百户。"

这年夏天，霍去病与合骑侯公敖一齐从北地郡分两路出兵。博望侯张骞、郎中令李广则一齐从右北平郡也分两路出兵。李广率四千骑兵先到目的地，张骞率领一万人马后到。匈奴左贤王带领数万骑兵包围了李广部，李广与敌人激战两天，伤亡过半，杀死的敌人则更多一些。直到张骞部赶到，匈奴才退走。张骞因为部队行动迟缓，应当斩首，赎罪为民。霍去病从北地出发后，深入匈奴地区，合骑侯公孙敖因走错了路线，没能够与霍去病会师，霍去病率军到达祁连山，捕杀敌人很多。武帝下令说："骠骑将军渡钧耆河和居延泽，到达小月氏族，攻占祁连山，扬武于鱳得，俘虏单于手下的单桓王、酋涂王，还有相国，都尉率领部众投降的，共有二千五百人，真是可谓能降服者宽大,功成而知止的人。这次报捷得首虏三万零二百人,俘虏五个匈奴王、王母、单于阏氏、王子等五十九人。相同、将军、当户、都尉六十三人。霍去病的士卒大约伤亡十分之三。加封霍去病五千四百户,赐予跟随到小月氏作战的校尉们以左庶长的爵位。鹰击司马赵破奴两次跟随骠骑将军杀速濮王、俘稽且王、右千骑将,捉得匈奴王、王母各一人,王子以下四十一人,俘敌三千三百三十人,上次捕敌一千四百人,封赵破奴为从骠侯。校尉高不识跟随骠骑将军俘呼于耆王王子以下十一人,俘敌一千七百六十八人,封高不识为宜冠侯。校尉仆多因立战功,封为煇渠侯。"合骑侯公孙敖因行军滞留未能够与骠骑将军会师,应当斩首,赎罪为民。许多老将率领的兵马也不如霍去病。霍去病率领的士卒常常选拔骁勇善战的人补充,他自己也敢深入敌区,他和精壮士卒奔驰在大军的前面。他的部队也是有天幸,从没遭遇过很大的危险。可是那些老将却常常落在后面,不能得到良好的战机。从此霍去病日益受到武帝的宠爱而显贵,地位与大将军卫青相等。

这次战斗后,单于对浑邪王驻守西面而多次被汉军所败十分愤怒,浑邪王损失了几万士卒,都是遭到骠骑将军的打击,他想把浑邪王召来杀掉。浑邪王就和休屠王商量投降汉朝,派人先约汉方代表在边境上商谈,这时大行令李息正准备在黄河岸边修筑城堡,俘获浑邪王使者,立刻派人乘传车报告皇上。武帝担心匈奴是用诈降的手段乘机偷袭边境,就命令霍去病军前去迎接。霍去病的部队渡过黄河,与浑邪王的军队遥遥相望,浑邪王下属的裨王、裨将看到汉军,很多人又不想投降,纷纷逃跑。霍去病立即飞马冲入匈奴军营,与浑邪王相见,杀死要逃的八千多人,让浑邪王单独乘邮驿官车先到皇帝巡行的住处,又将浑邪王的部众渡过黄河。投降的匈奴人有数万，号称十万。

他们到了长安，天子用来作为赏赐的钱财货物价值数十万。封给浑邪王一万户的食邑，封漯阴侯，封他的裨王呼毒尼为下摩侯，鹰庇为煇渠侯，禽黎为河綦侯。大当户调虽为常乐侯。这时武帝为表彰霍去病的功劳，说："骠骑将军霍去病率领部队征伐匈奴，西部地区的浑邪王部及其臣民都来投降，去病用军粮援助他们，并率领射手万余人，诛杀那些骁悍凶恶的敌人。杀敌八千多，降服异国之王三十二人。我军战士没受损伤，却使十多万人诚心归服。由于骠骑将军屡次作战的功劳，使得黄河上的边塞地区几乎无忧患，用一千七百户加封骠骑将军。裁减陇西、北地、上郡守边士卒的一半，以减轻天下人民的徭役负担。"于是把投降的匈奴人分别安置在西北边五郡的关塞以外黄河以南的地方，让他们保持自己的风俗习惯，作为汉朝的属国。明年，匈奴入侵右北平和定襄郡，杀死和掳掠汉朝一千余人。

明年，武帝和诸将商议说："翕侯赵信为单于出谋划策，总认为汉朝的士卒不能横穿沙漠轻易停留，现在我们发大军出征，一定会取得胜利。"这一年是元狩四年（公元前119年）。春天，武帝派大将军卫青、骠骑将军霍去病各率领五万骑兵，另有步兵和运输部队紧随其后有数十万人。那些敢于死战不怕深入敌阵的士卒都属于霍去病。霍去病开始准备从定襄出发，直指单于部。后捉到俘虏了，俘虏说单于在东面。于是皇帝改令霍去病从代郡出发，令卫青从定襄出发。郎中令李广为将军，太仆公孙贺为左将军，主爵赵食其为右将军，平阳侯曹襄为后将军，都属大将军卫青指挥。赵信为单于出计谋说：

"汉朝军队就是渡过大漠,兵马都很疲乏,我们可以坐等收俘虏。"于是单于把辎重都运送到北方很远的地方,只将精兵部署在沙漠北面等待汉军。这时恰好卫青的部队出塞一千多里,看到单于率军在等待汉军,卫青即命士兵用武刚车环绕布成阵营,派出五千骑兵前去冲击匈奴军,匈奴也派一万余骑兵来攻。这时正是日落时分,刮起大风,沙砾扑面,两军互相看不见,汉军派出左右两侧部队包抄单于。单于看见汉兵众多,而且又兵强马壮,打下去对匈奴不利,便趁着黄昏乘着六匹骡马拉的车,带着几百名精壮骑兵冲破汉军的包围向西北逃去。这时天已昏黑,汉军和匈奴军相互混战,双方伤亡相当。汉军的左校捉到俘虏,供说单于已经在天未黑时逃离。于是,汉军派轻骑兵连夜追击,卫青紧随在后面,匈奴兵四散逃跑。在天亮时,汉军追了二百多里,没有追上单于,捕杀敌人一万多,到达窴颜山赵信城,获得匈奴积蓄的军粮,用来供给部队食用。大军在这里停留了一天才返回,行前剩余的粮食全部烧毁。

在卫青与单于会战的时候,前将军李广,右将军赵食其的部队另外从东面进军,或者走错了道路,在大将军卫青率军回来,到大漠以南,才碰到他们。卫青要派人到朝廷报告情况,令长史根据文书所列罪状去责问李广,李广自杀。赵食其赎罪为民。卫青回到边塞以内。卫青共杀敌一万九千多人。

这时匈奴部众找不到单于已十余天了,右谷蠡王就自立为单于。单于后来找到他的部众,右谷蠡王才去掉单于的称号。

霍去病所率领的骑兵和辎重与大将军卫青的相等,而没有副将。全都任用李敢等人为大校,当作副将。他从代和右北平郡出击两千余里,直指匈奴左贤王的军队,斩杀和俘虏敌人的功劳超过卫青。

出征回来以后,皇上说:"骠骑将军霍去病率军出征,亲自带领俘获的匈奴兵,少带器物,深入大漠,过河活捉单于大臣章渠,诛杀北车耆王,又转攻左大将双,缴获敌人的军旗战鼓。又越过难侯山,渡过弓卢水,抓获屯头王,韩王等三人,将军、相国、当户、都尉等八十三人。在狼居胥山祭天,在姑衍山祭地。登山眺望翰海。抓获俘虏七万零四十三人,自己的士卒大约伤亡十分之二。又向敌人夺取军粮,行军极远而粮草不断。以五千八百户加封骠骑将军。右北平太守路博得作为骠骑军的部下,在兴城会师,不误期,从骠骑将军打到檮余山,斩敌捕虏二千八百人。封路博得为邳离侯。北地都尉卫山跟从骠骑将军活捉匈奴王,封卫山为义阳侯。原来归义侯因淳王复陆支,楼剸王伊即靬都从骠骑将军作战有功,封复陆支为杜侯,伊即靬为众利侯。从骠侯赵破奴、昌武侯赵安稽从骠骑将军立有战功,各加封三百户。渔阳太守解、校尉李敢都缴获敌人旗鼓,赐给爵位关内侯。解的食邑为三百户,李敢的食邑二百户。赐校尉徐自为爵左庶长。"霍去病部队的官兵升官和受赏的很多。而卫青没有得到加封,手下的官兵也没有受封的。只有西河郡太守常惠、云中郡太守遂成受到奖赏。遂成的职位同于诸侯王国的相,赐给食邑二百户,黄金一百斤。赐给常惠爵关内侯。

卫青、霍去病两支部队出征塞外时,边塞官吏检阅官马和私人的马共有十四万匹,而战后回到塞内的马不足三万匹。朝廷就设置大司马的职位,让卫青和霍去病都为大司马。制定这个法令,使骠骑将军的秩禄与大将军相等。从此以后,卫青的权势日益衰落而霍去病则日益显贵。卫青的许多旧朋友和门下宾客多数去投靠霍去病,也多能得到官爵,只有任安不肯离去。

霍去病为人沉默寡言，有勇气，敢作敢为。武帝曾经要他学习吴起、孙武的兵法，他回答说："打仗只看谋略，不必学习古代的兵法。"武帝替他修建了一座宅第，让他去看看，他回答说："匈奴不消灭，就没必要去顾家。"因此汉武帝更加重视和宠爱他。但是霍去病很小就在皇帝身边任侍中，贵宠惯了，不大关心士兵。他率领部队出征时，皇帝还要专门派太官为他带领数十车生活用品，回来时丢掉剩余的米和肉，而士兵却有挨饿的。在塞外作战时，士兵们缺乏军粮，有的人饿得爬不起来，而霍去病却还命令开辟场地，踢球玩乐。此类事情很多。大将军卫青为人仁慈，热爱士兵，谦和礼让，靠和善柔顺来讨好皇上，但天下却没有称赞他的人。

霍去病自元狩四年出兵以后的第三年，即元狩六年（公元前117年）去世。武帝很悲伤。调发附属国穿黑衣的士兵，从长安列队直到茂陵。在茂陵园为他修筑坟墓，形状像祁连山。并为他定谥号，合并"武"和"广地"两层意义称为"景桓侯"。他的儿子嬗袭爵位，嬗字子侯，武帝喜爱他，希望他长大后再做将军。嬗后来任奉车都尉，在随皇上去祭泰山时死去。因为嬗没有儿子，封国被废除。

霍去病死后，卫青长子宜春侯卫伉因犯法免去了侯位。五年后，卫伉的两个弟弟，阴安侯卫不疑、发干侯卫登二人都因进献祭祀黄金缺少分量而丢了侯位。二年后，冠军侯霍去病的封国断绝了继承人。四年后，元封五年，卫青去世，谥号烈侯。长子卫伉继承侯位，六年后犯法免侯。

自卫青围歼单于后十四年而去世，这期间之所以没有再击匈奴，是由于汉朝军马少，又加上南伐两越，东讨朝鲜，西击羌，征西南夷，因此长期不击匈奴。

当初,卫青显贵以后,平阳侯曹寿患恶疾回到封国,大公主问:"列侯当中谁最有贤能?"左右人等都说大将军卫青。公主笑着说:"他从我家长大,常常骑马跟随我,他又怎么样呢?"左右人说:"现在可尊贵无比了。"于是大公主便向皇后讲了自己的意思,皇后又如实转告,皇上便下令让卫青娶了大公主,死后又合葬一处,修起的坟像庐山一样。

大将军卫青总计七次出击匈奴,斩杀、俘获敌五万余人。与匈奴一战,便收复河套以南的地区,设置了朔方郡。再增加封赏,共计一万六千三百户;封三子为侯,每人一千三百户,共二万二百户。副将及校尉封侯者九人,特别派遣的将军十万人,李广、张骞、公孙贺、李蔡、曹襄、韩说、苏建都自有传。

汉书卷五十六

董仲舒传第二十六

董仲舒,广川人也。少治《春秋》,孝景时为博士。下帷讲诵,弟子传以久次相授业,或莫见其面。盖三年不窥园,其精如此。进退容止,非礼不行,学士皆师尊之。

武帝即位,举贤良文学之士前后百数,而仲舒以贤良对策焉。

制曰:"朕获承至尊休德,传之亡穷,而施之罔极,任大而守重,是以夙夜不皇康宁,永惟万事之统,犹惧有阙。故广延四方之豪俊,郡国诸侯公选贤良修洁博习之士,欲闻大道之要,至论之极。今子大夫襃然为举首,朕甚嘉之。子大夫其精心致思,朕垂听而问焉。

盖闻五帝三王之道,改制作乐而天下洽和,百王同之。当虞氏之乐莫盛于《韶》,于周莫盛于《勺》。圣王已没,钟鼓管弦之声未衰,而大道微缺,陵夷至乎桀、纣之行,王道大坏矣。夫五百年之间,守文之君,当涂之士,欲则先王之法以戴翼其世者甚众,然犹不能反,日以仆灭,至后王而后止,岂其所持操或悖缪而失其统与?固天降命不查复反,必推之于大衰而后息与?乌乎!凡所为屑屑,夙兴夜寐,务法上古者,又将无补与?三代受命，其符安在？灾异之变，何缘而起？性命之情，或夭或寿，或仁或鄙，习闻其号，未烛厥理。伊欲风流而令行，刑轻而奸改，百姓和乐，政事宣昭，何修何饬而膏露降，百谷登，德润四海，泽臻草木，三光全，寒暑平，受天之祜，享鬼神之灵，德泽洋溢，施乎方外，延及群生？

子大夫明先圣之业，习俗化之变，终始之序，讲闻高谊之日久矣，其明以谕朕。科别其条，勿猥勿并，取之于术，慎其所出。乃其不正不直，不忠不极，枉于执事，书之不泄，兴于朕躬，毋悼后害。子大夫其尽心，靡有所隐，朕将亲览焉。

仲舒对曰：

陛下发德音，下明诏，求天命与情性，皆非愚臣之所能及也。臣谨案《春秋》之中，视前世已行之事，以观天人相与之际，甚可畏也。国家将有失道之败，而天乃先出灾害以谴告之，不知自省，又出怪异以警惧之，尚不知变，而伤败乃至。以此见天心之仁爱人君而欲止其乱也。自非大亡道之世者，天尽欲扶持而全安之，事在强勉而已矣。强勉学习，则闻见博而知益明；强勉行道，则德日起而大有功：此皆可使还至而有效者也。《诗》曰"夙夜匪解"，《书》云"茂哉茂哉！"皆强勉之谓也。

道者，所繇适于治之路也，仁义礼乐皆其具也。故圣王已没，而子孙长久安宁数百岁，此皆礼乐教化之功也。王者未作乐之时，乃用先王之乐宜于世者，而以深入教化于民。教化之情不得，雅颂之乐不成，故王者功成作乐，乐其德也。乐者，所以变民风，化民俗也；其变民也易，其化人也著。故声发于和而本于情，接于肌肤，臧于骨髓。故王道虽微缺，而管弦之声未衰也。

夫虞氏之不为政久矣，然而乐颂遗风犹有存者，是以孔子在齐而闻《韶》也。夫人君莫不欲安存而恶危亡，然而政乱国危者甚众，所任者非其人，而所繇者非其道，是以政日以仆灭也。夫周道衰于幽、厉，非道亡也，幽、厉不繇也。至于宣王，思昔先王之德，兴滞补弊，明文、武之功业，周道粲然复兴，诗人美之而作，上天祐之，为生贤佐，后世称通，至今不绝。此夙夜不解行善之所致也。孔子曰"人能弘道，非道弘人"也。故治乱废兴在于己，非天降命不可得反，其所操持谬谬失其统也。

臣闻天之所大奉使之王者，必有非人力所能致而自至者，此受命之符也。天下之人同心归之，若归父母，故天瑞应诚而至。《书》曰"白鱼入于王舟，有火复于王屋，流为乌"，此盖受命之符也。周公曰"复哉复哉"，孔子曰"德不孤，必有邻"，皆积善累德之效也。及至后世，淫逸衰微，不能统理群生，诸侯背畔，残贼良民以争壤土，废德教而任刑罚。刑罚不中，则生邪气；邪气积于下，怨恶畜于上。上下不和，则阴阳缪盭而妖孽生矣。此灾异所缘而起也。

臣闻命者天之令也，性者生之质也，情者人之欲也。或夭或寿，或仁或鄙，陶冶而成之，不能粹美，有治乱之所在，故不齐也。孔子曰："君子之德风，小人之德草，草上之风必偃。"故尧、舜行德则民仁寿，桀、纣行暴则民鄙夭。夫上之化下，下之从上，犹泥之在钧，唯甄者之所为，犹金之在熔，唯冶者之所铸。"绥之斯俫，动之斯和"，此之谓也。

臣谨案《春秋》之文，求王道之端，得之于正。正次王，王次春。春者，天之所为也；正者，王之所为也。其意曰，上承天之所为，而下以正其所为，正王道之端云尔。然则王者欲有所为，宜求其端于天。天道之大者在阴阳。阳为德，阴为刑；刑主杀而德主生。是故阳常居大夏，而以生育养长为事；阴常居大冬，而积于空虚不用之处。以此见天之任德不任刑也。天使阳出布施于上而主岁功，使阴入伏于下而时出佐阳；阳不得阴之助，亦不能独成岁。终阳以成岁为名，此天意也。王者承天意以从事，故任德教而不任刑。刑者不可任以治世，犹阴之不可任以成岁也。为政而任刑，不顺于天，故先王莫之肯为也。今废先王德教之官，而独任执法之吏治民，毋乃任刑之意与！孔子曰："不教而诛谓之虐。"虐政用于下，而欲德教之被四海，故难成也。

臣谨案《春秋》谓一元之意，一者万物之所从始也，元者辞之所谓大也。谓一为元者，视大始而欲正本也。《春秋》深探其本，而反自贵者始。故为人君者，正心以正朝廷，正朝廷以正百官，正百官以正万民，正万民以正四方。四方正，远近莫敢不壹于正，而亡有邪气奸其间者。是以阴阳调而风雨时，群生和而万民殖，五谷孰而草木茂，天地之间被润泽而大丰美，四海之内闻盛德而皆徕臣，诸福之物，可致之祥，莫不毕至，而王道终矣。

孔子曰："凤鸟不至，河不出图，吾已矣夫！"自悲可致此物，而身卑贱不得致也。今陛下贵为天子，富有四海，居得致之位，操可致之势，又有能致之资，行高而恩厚，知明而意美，爱民而好士，可谓谊主矣。然而天地未应而美祥莫至者，何也？凡以教化不立而万民不正也。夫万民之从利也，如水之走下，不以教化隄防之，不能止也。是故教化立而奸邪皆止者，其隄防完也；教化废而奸邪并出，刑罚不能胜者，其隄防坏也。古之王者明于此，是故南面而治天下，莫不以教化为大务。立大学以教于国，设庠序以化于邑，渐民以仁，摩民以谊，节民以礼，故其刑罚甚轻而禁不犯者，教化行而习俗美也。

圣王之继乱世也，扫除其迹而悉去之，复修教化而崇起之，教化已明，习俗已成，子孙循之，行五六百岁尚未败也。至周之末世，大为亡道，以失天下。秦继其后，独不能改，又益甚之，重禁文学，不得挟书，弃捐礼谊而恶闻之，其心欲尽灭先王之道，而颛为自恣苟简之治，故立为天子十四岁而国破亡矣。自古以来，未尝有以乱济乱，大败天下之民如秦者也。其遗毒余烈，至今未灭，使习俗薄恶，人民嚚顽，抵冒殊扞，孰烂如此之甚者也。孔子曰："腐朽之木不可雕也，粪土之墙不可圬也。"今汉继秦之后，如朽木、粪墙矣，虽欲善治之，亡可奈何。法出而奸生，令下而诈起，如以汤止沸，抱薪救火，愈甚亡益也。窃譬之琴瑟不调，甚者必解而更张之，乃可鼓也；为政而不行，甚者必变而更化之，乃可理也。当更张而不更张，虽有良工不能善调也；当更化而不更化，虽有大贤不能善治也。故汉得天下以来，常欲善治而至今不可善治者，失之于当更化而不更化也。古人有言曰："临渊羡鱼，不如退而结网。"今临政而愿治七十余岁矣，不如退而更化；更化则可善治，善治则灾害日去，福禄日来。《诗》云："宜民宜人，受禄于天。"为政而宜于民者，固当受禄于天。夫仁、谊、礼、知、信五常之道，王者所当修饬也；五者修饬，故受天之祐，而享鬼神之灵，德施于方外，延及群生也。

天子览其对而异焉，乃复册之曰：

制曰：盖闻虞舜之时，游于岩郎之上，垂拱无为，而天下太平。周文王至于日昃不暇食，而宇内亦治。夫帝王之道，岂不同条共贯与？何逸劳之殊也？

盖俭者不造玄黄旌旗之饰。及至周室，设两观，乘大路，朱干玉戚，八佾陈于庭，而颂声兴。夫帝王之道岂异指哉？或曰良玉不瑑，又曰非文亡以辅德，二端异焉。

殷人执五刑以督奸，伤肌肤以惩恶。成、康不式，四十余年天下不犯，囹圄空虚。秦国用之，死者甚众，刑者相望，秏矣哀哉！

乌乎！朕夙寤晨兴，惟前帝王之宪，永思所以奉至尊，章洪业，皆在力本任贤。今朕亲耕籍田以为农先，劝孝弟，崇有德，使者冠盖相望，问勤劳，恤孤独，尽思极神，功烈休德未始云获也。今阴阳错缪，氛气充塞，群生寡遂，黎民未济，廉耻贸乱，贤不肖浑淆，未得其真，故详延特起之士，意庶几乎！今子大夫待诏百有余人，或道世务而未济，稽诸上古之不同，考之于今而难行，毋乃牵于文系而得不骋与？将所繇异术，所闻殊方与？各悉对，著于篇，毋讳有司。明其指略，切磋究之。以称朕意。

仲舒对曰：

臣闻尧受命，以天下为忧，而未以位为乐也，故诛逐乱臣，务求贤圣，是以得舜、禹、稷、卨、咎繇。众圣辅德，贤能佐职，教化大行，天下和洽，万民皆安仁乐谊，各得其宜，动作应礼，从容中道。故孔子曰"如有王者，必世而后仁"，此之谓也。尧在位七十载，乃逊于位以禅虞舜。尧崩，天下不归尧子丹朱而归舜。舜知不可辟，乃即天子之位，以禹为相，因尧之辅佐，继其统业，是以垂拱无为而天下治。孔子曰"《韶》尽美矣，又尽善矣"，此之谓也。至于殷纣，逆天暴物，杀戮贤知，残贼百姓。伯夷、太公皆当世贤者，隐处而不为臣。守职之人皆奔走逃亡，入于河海。天下秏乱，万民不安，故天下去殷而从周。文王顺天理物，师用贤圣，是以闳夭、大颠、散宜生等亦聚于朝廷。爱施兆民,天下归之,故太公起海滨而即三公也。当此之时,纣尚在上,尊卑昏乱,百姓散亡,故文王悼痛而欲安之,是以日昃而不暇食民。孔子作《春秋》,先正王而系万事,见素王之文焉。由此观之,帝王之条贯同,然而劳逸异者,所遇之时异也。孔子曰"《武》尽美矣,未尽善也",此之谓也。

臣闻制度文采玄黄之饰,所以明尊卑,异贵贱,而劝有德也。故《春秋》受命所先制者,改正朔,易服色,所以应天也。然则宫室旌旗之制,有法而然者也。故孔子曰:"奢则不逊,俭则固。"俭非圣人之中制也。臣闻良玉不瑑,资质润美,不待刻瑑,此亡异于达巷党人不学而自知也。然则常玉不瑑,不成文章;君子不学,不成其德。

臣闻圣王之治天下也,少则习之学,长则材诸位,爵禄以养其德,刑罚以威其恶,故民晓于礼谊而耻犯其上。武王行大谊,平残贼,周公作礼乐以文之,至于成康之隆,囹圄空虚四十余年,此亦教化之渐而仁谊之流,非独伤肌肤之效也。至秦则不然。师申商之法,行韩非之说,憎帝王之道,以贪狼为俗,非有文德以教训于下也。诛名而不查实,为善者不必免,而犯恶者未必刑也。是以百官皆饰虚辞而不顾实,外有事君之礼,内有背上之心;造伪饰诈,趣利无耻;又好用憯酷之吏,赋敛亡度,竭民财力,百姓散亡,不得从耕织之业,群盗并起。是以刑者甚众,死者相望,而奸不息,俗化使然也。故孔子曰"导之以政,齐之以刑,民免而无耻",此之谓也。

今陛下并有天下,海内莫不率服,广览兼听,极群下之知,尽天下之美,至德昭然,施于方外。夜郎、康居,殊方万里,说德归谊,此太平之致也。然而功不加于百姓者,殆王心未加焉。曾子曰:"尊其所闻,则高明矣;行其所知,则光大矣。高明光大，不在于它，在乎加之意而已。"愿陛下因用所闻，设诚于内而致行之，则三王何异哉！

陛下亲耕籍田以为农先，夙寤晨兴，忧劳万民，思惟往古，而务以求贤，此亦尧、舜之用心也，然而未云获者，士素不厉也。夫不素养士而欲求贤，譬犹不琢玉而求文采也。故养士之大者，莫大乎太学；太学者，贤士之所关也，教化之本原也。今以一郡一国之众，对亡应书者，是王道往往而绝也。臣愿陛下兴太学，置明师，以养天下之士，数考问以尽其材，则英俊宜可得矣。今之郡守、县令，民之师帅，所使承流而宣化也；故师帅不贤，则主德不宣，恩泽不流。今吏既亡教训于下，或不承用主上之法，暴虐百姓，与奸为市，贫穷孤弱，冤苦失职，甚不称陛下之意。是以阴阳错缪，氛气充塞，群生寡遂，黎民未济，皆长吏不明，使至于此也。

夫长吏多出于郎中、中郎，吏二千石子弟选郎吏，又以富訾，未必贤也。且古所谓功者，以任官称职为差，非谓积日累久也。故小材虽累日，不离于小官；贤材虽未久，不害为辅佐。是以有司竭力尽知，务治其业而以赴功。今则不然。累日以取贵，积久以致官，是以廉耻贸乱，贤不肖浑淆，未得其真。臣愚以为使诸列侯、郡守、二千石各择其吏民之贤者，岁贡各二人以给宿卫，且以观大臣之能；所贡贤者有赏，所贡不肖者有罚。夫如是，诸侯、吏二千石皆尽心于求贤，天下之士可得而官使也。遍得天下之贤人，则三王之盛易为，而尧、舜之名可及也。毋以日月为功，实试贤能为上，量材而授官，录德而定位，则廉耻殊路，贤不肖异处矣。陛下加惠，宽臣之罪，令勿牵制于文，使得切磋究之，臣敢不尽愚！

于是天子复册之。

制曰：盖闻"善言天者必有征于人，善言古者必有验于今"。故朕垂问乎天人之应，上嘉唐虞，下悼桀、纣，寖微寖灭寖明寖昌之道，虚心以改。今子大夫明于阴阳所以造化，习于先圣之道业，然而文采未极，岂惑乎当世之务哉？条贯靡竟，统纪未终，意朕之不明与？听若眩与？夫三王之教所祖不同，而皆有失，或谓久而不易者道也，意岂异哉？今子大夫既已著大道之极，陈治乱之端矣，其悉之究之，孰之复之。《诗》不云乎："嗟尔君子，毋常安息，神之听之，介尔景福。"朕将亲览焉，子大夫其茂明之。

仲舒复对曰：

臣闻《论语》曰："有始有卒者，其唯圣人虖！"今陛下幸加惠，留听于承学之臣，复下明册，以切其意，而究尽圣德，非愚臣之所能具也。前所上对，条贯靡竟，统纪不终，辞不别白，指不分明，此臣浅陋之罪也。

册曰："善言天者必有征于人，善言古者必有验于今。"臣闻天者群物之祖也。故遍覆包函而无所殊，建日月风雨以和之，经阴阳寒暑以成之。故圣人法天而立道，亦博爱而亡私，布德施仁以厚之，设谊立礼以导之。春者天之所以生也，仁者君之所以爱也；夏者天之所以长也，德者君之所以养也；霜者天之所以杀也，刑者君之所以罚也。繇此言之，天人之征，古今之道也。孔子作《春秋》，上揆之天道，下质诸人情，参之于古，考之于今。故《春秋》之所讥，灾害之所加也；《春秋》之所恶，怪异之所施也。书邦家之过，兼灾异之变；以此见人之所为，其美恶之极，乃与天地流通而往来相应，此亦言天之一端也。古者修教训之官，务以德善化民，民已大化之后，天下常亡一人之狱矣。今世废而不修，亡以化民，民以故弃行谊而死财利，是以犯法而罪多，一岁之狱以万千数。以此见古之不可不用也，故《春秋》变古则讥之。天令之谓命，命非圣人不行；质朴之谓性，性非教化不成；人欲之谓情，情非度制不节。是故王者上谨于承天意，以顺命也；下务明教化民，以成性也；正法度之宜，别上下之序，以防欲也；修此三者，而大本举矣。人受命于天，固超然异于群生，入有父子兄弟之亲，出有君臣上下之谊，会聚相遇，则有耆老长幼之施，粲然有文以相接，欢然有恩以相爱，此人之所以贵也。生五谷以食之，桑麻以衣之，六畜以养之，服牛乘马，圈豹槛虎，是其得天之灵，贵于物也。故孔子曰："天地之性人为贵。"明于天性，知自贵于物；知自贵于物，然后知仁谊；知仁谊，然后重礼节；重礼节，然后安处善；安处善，然后乐循理；乐循理，然后谓之君之。故孔子曰"不知命，亡以为君子"，此之谓也。

册曰："上嘉唐、虞，下悼桀、纣，寖微寖灭寖明寖昌之道，虚心以改。"臣闻众少成多，积小致巨，故圣人莫不以晻致明，以微致显。是以尧发于诸侯，舜兴乎深山，非一日而显也，盖有渐以致之矣。言出于己，不可塞也；行发于身，不可掩也。言行，治之大者，君子之所以动天地也。故尽小者大，慎微者著。《诗》云："惟此文王，小心翼翼。"故尧兢兢日行其道，而舜业业日致其孝，善积而名显，德章而身尊，以其寖明寖昌之道也。积善在身，犹长日加益，而人不知也；积恶在身，犹火之销膏，而人不见也。非明乎情性察乎流俗者，孰能知之？此唐、虞之所以得令名，而桀、纣之可为悼惧者也。夫善恶之相从，如景乡之应形声也。故桀、纣暴谩，谗贼并进，贤知隐伏，恶日显，国日乱，晏然自以如日在天，终陵夷而大坏。夫暴逆不仁者，非一日而亡也，亦以渐至，故桀、纣虽亡道，然犹享国十余年，此其寖微寖灭之道也。

册曰："三王之教所祖不同，而皆有失，或谓久而不易者道也，意岂异哉？"臣闻夫乐而不乱复而不厌者谓之道；道者万世之弊，弊者道之失也。先王之道必有偏而不起之处，故政有眊而不行，举其偏者以补其弊而已矣。三王之道所祖不同，非其相反，将以捄溢扶衰，所遭之变然也。故孔子曰："亡为而治者，其舜乎！"改正朔，易服色，以顺天命而已；其余尽循尧道，何更为哉！故王者有改制之名，亡变道之实。然夏上忠，殷上敬，周上文者，所继之捄，当用此也。孔子曰："殷因于夏礼，所损益可知也；周因于殷礼，所损益可知也；其或继周者，虽百世可知也。"此言百王之用，以此三者矣。夏因于虞，而独不言所损益者，其道如一而所上同也。道之大原出于天，天不变，道亦不变，是以禹继舜，舜继尧，三圣相受而守一道，亡救弊之政也，故不言其所损益也。繇是观之，继治世者其道同，继乱世者其道变。今汉继大乱之后，若宜少损周之文致，用夏之忠者。

陛下有明德嘉道，愍世欲之靡薄，悼王道之不昭，故举贤良方正之士，论〔议〕考问，将欲兴仁谊之休德，明帝王之法制，建太平之道也。臣愚不肖，述所闻，诵所学，道师之言，廑能勿失耳。若乃论政事之得失，察天下之息耗，此大臣辅佐之职，三公九卿之任，非臣仲舒所能及也，然而臣窃有怪者。夫古之天下亦今之天下，今之天下亦古之天下，共是天下，古〔以〕大治，上下和睦，习俗美盛，不令而行，不禁而止，吏亡奸邪，民亡盗贼，囹圄空虚，德润草木，泽被四海，凤皇来集，麒麟来游，以古准今，壹何不相逮之远也！安所缪盭而陵夷若是？意者有所失于古之道与？有所诡于天之理与？试迹之〔于〕古，返之于天，党可得见乎？

夫天亦有所分予，予之齿者去其角，傅其翼者两其足，是所受大者不得取小也。古之所予禄者，不食于力，不动于末，是亦受大者不得取小，与天同意者也。夫已受大，又取小，天不能足，而况人乎！此民之所以嚣嚣苦不足也。身宠而载高位，家温而食厚禄，因乘富贵之资力，以与民争利天下，民安能如之哉！是故众其奴婢，多其牛羊，广其田宅，博其产业，畜其积委，务此而亡已，以迫蹴民，民日削月朘，寖以大穷。富者奢侈羡溢，贫者穷急愁苦；穷急愁苦而不上救，则民不乐生；民不乐生，尚不避死，安能避罪！此刑罚之所以蕃而奸邪不可胜者也。故受禄之家，食禄而已，不与民争业，然后利可均布，而民可家足。此上天之理，而亦太古之道，天子之所宜法以为制，大夫之所当循以为行也。故公仪子相鲁，之其家见织帛，怒而出其妻，食于舍而茹葵，愠而拔其葵，曰："吾已食禄，又夺园夫红女利乎！"古之贤人君子在列位者皆如是，是故下高其行而从其教，民化其廉而不贪鄙。及至周室之衰，其卿大夫缓于谊而急于利，亡推让之风而有争田之讼。故诗人疾而刺之，曰："节彼南山，惟石岩岩，赫赫师尹，民具尔瞻。"尔好谊，则民乡仁而俗善；尔好利，则民好邪而俗败。由是观之，天子大夫者，下民之所视效，远方之所四面而内望也。近者视而放之，远者望而效之，岂可以居贤人之位而为庶人行哉！夫皇皇求财利常恐乏匮者，庶人之意也；皇皇求仁义常恐不能化民者，大夫之意也。《易》曰："负且乘，致寇至。"乘车者君子之位也，负担者小人之事也，此言居君子之位而为庶人之行者，其患祸必至也。若居君子之位，当君子之行，则舍公仪休之相鲁，亡可为者矣。

《春秋》大一统者，天地之常经，古今之通谊也。今师异道，人异论，百家殊方，指意不同，是以上亡以持一统；法制数变，下不知所守。臣愚以为诸不在六艺之科孔子之术者，皆绝其道，勿使并进。邪辟之说灭息，然后统纪可一而法度可明，民知所从矣。

对既毕，天子以仲舒为江都相，事易王。易王，帝兄，素骄，好勇。仲舒以礼谊匡正，王敬重焉。久之，王问仲舒曰："越王勾践与大夫泄庸、种、蠡谋伐吴，遂灭之。孔子称殷有三仁，寡人亦以为粤有三仁。桓公决疑于管仲，寡人决疑于君。"仲舒对曰："臣愚不足以奉大对。闻昔者鲁君问柳下惠：'吾欲伐齐，何如？'柳下惠曰：'不可。'归而有忧色，曰：'吾闻伐国不问仁人，此言何为至于我哉！'徒见问耳，且犹羞之，况设诈以伐吴乎？由此言之，越本无一仁。夫仁人者，正其义不谋其利，明其道不计其功。是以仲尼之门，五尺之童羞称五伯，为其先诈力而后仁义也。苟为诈而已，故不足称于大君子之门也。五伯比于他诸侯为贤，其比三王，犹武夫之与美玉也。"王曰："善。"

仲舒治国，以《春秋》灾异之变推阴阳所以错行，故求雨，闭诸阳，纵诸阴，其止雨反是；行之一国，未尝不得所欲。中废为中大夫。先是辽东高庙、长陵高园殿灾，仲舒居家推说其意，草稿未上，主父偃候仲舒，私见，嫉之，窃其书而奏焉。上召视诸儒，仲舒弟子吕步舒不知其师书，以为大愚。于是下仲舒吏，当死，诏赦之，仲舒遂不敢复言灾异。

仲舒为人廉直。是时方外攘四夷，公孙弘治《春秋》不如仲舒，而弘希世用事，位至公卿。仲舒以弘为从谀，弘嫉之。胶西王亦上兄也，尤纵恣，数害吏二千石。弘乃言于上曰："独董仲舒可使相胶西王。"胶西王闻仲舒大〔儒〕，善待之。仲舒恐久获罪，病免。凡相两国，辄事骄王，正身以率下，数上疏谏争，教令国中，所居而治。及去位归居，终不问家产业，以修学著书为事。

仲舒在家，朝廷如有大议，使使者及廷尉张汤就其家而问之，其对皆有明法。自武帝初立，魏其、武安侯为相而隆儒矣。及仲舒对册，推明孔氏，抑黜百家。立学校之官，州郡举茂材孝廉，皆自仲舒发之。年老，以寿终于家，家徙茂陵，子及孙皆以学至大官。

仲舒所著，皆明经术之意，及上疏条教，凡百二十三篇。而说《春秋》事得失，《闻举》《玉杯》《蕃露》《清明》《竹林》之属，复数十篇，十余万言，皆传于后世。掇其切当世施朝廷者著于篇。

赞曰：刘向称："董仲舒有王佐之材，虽伊、吕亡以加，管、晏之属，伯者之佐，殆不及也。"至于向子歆以为："伊、吕乃圣人之耦，王者不得则不兴。故颜渊死，孔子曰'噫！天丧余。'唯此一人为能当之，自宰我、子贡、子游、子夏不与焉。仲舒遭汉承秦灭学之后，《六经》离析，下帷发愤，潜心大业，令后学者有所统壹，为群儒首。然考其师友渊源所渐，犹未及乎游、夏，而曰管、晏弗及，伊、吕不加，过矣。"至向曾孙龚，笃论君子也，以歆之言为然。

译文：

董仲舒，广川人。年轻时研究《公羊春秋》，汉景帝时当上了博士。他在室内挂上帷幕,坐在帷幕后面讲学,弟子们按照入学的先后转相传授学业,有的学生竟然没有见过他。董仲舒精心钻研学问,三年没到园圃中观赏过一次。他的进退仪容举止,不符合礼仪的不做,学生们都尊他为老师。

汉武帝继承帝位以后,下令荐举贤良文学,先后推选了一百多位,董仲舒作为贤良回答皇帝的策问。

汉武帝策问道:我继承了先帝最崇高的地位和最美好的德行,要永久传下去,延长到无穷尽的未来,这项任务巨大而且职守重要,所以我从早到晚都没有时间来享乐休息,久久地思考一切事情的原委,唯恐有不周到的地方。因此广泛地邀请各地的豪杰俊才,郡守、国王、诸侯公正地推选出来的贤良、修德、博学的才士们,我想知道治国大道的纲要,安民理论的最高原则。现在大夫们俨然作为贤良的首选,我认为这很好。大夫们要精心思考,我很想知道和要问的如下。

听说五帝三王治理国家的道,是改革制度,创作乐章,因而天下不治理而安定,后来的百位国王也都同样这么做。虞舜的乐以《韶乐》最美好,周朝的乐《勺》最优美。圣明的君王死后,钟鼓管弦的声音依然存在,可是大道衰微,逐渐变坏到桀纣那样的所作所为,王道大大地败坏了。这五百年中间,遵守旧制度的国君和当权的士人,想学习先王的法制来辅助当时政治的很多,可是都没有扭转过来,而且王道还一天天走向灭亡,一直到后来的王兴起了,这种没落的趋势才得到制止。难道是他们所信奉的有错误,而失掉了道的传统吗?还是天命就是这样,不是人力所能扭转的,一定要衍变到国家危亡以后才停止呢?唉!所做的一切日夜勤劳,力求效法遥远的古代,难道都没有作用吗?那么,夏、商、周三代的君主承受天命，他们的依据在什么地方？灾异变故，又是因为什么而发生的呢？性命的实际，或者夭亡，或者长寿，或者仁德，或者鄙陋，常常听到这些名称，可是没能透彻地明晓其中的道理。想用风俗教化的力量使命令推行；使刑罚减轻，奸邪改变；使百姓和睦安乐，政治开明。应该怎样整顿政治才能使甘露普降，百谷丰收，使四海之内的人民都受到德泽，连草木也得到滋润？怎样才能使日、月、星三光完全不发生亏蚀，寒暑季节正常，能够得到天的福佑，为鬼神所歆享？使德泽洋溢，扩大到国外，普及所有的生命呢？

大夫们通晓先代圣王的事业，熟悉风俗变化的道理，了解事物从发生、发展到结束的次序，而且你们研究高深道理的时间也很久了，希望把研究的成果明白地告诉我！要分清条理，不要笼统，不要混乱，提出的方案，也应缜密考虑。要是有不正直、不忠实、邪曲不守中道的官吏，你们大胆告诉我，决不会泄露出去，我亲自拆看，希望你们不要有后顾之忧。大夫们尽管说出所知道的一切，不要隐瞒，我要亲自看的啊！

董仲舒的对策说：

陛下发出有德的声音和英明的诏书，寻求天命和情性的解答，这两个问题都不是愚臣所能答复的。我谨慎地按照《春秋》中的记载，考察前代已经做过的事情，来研究天和人相互作用的关系，情况是很可怕的呀！国家将要发生违背道德的败坏事情，那么天就降下灾害来谴责和提醒它；如果不知道醒悟，天又生出一些怪异的事来警告和恐吓它；还不知道悔改，那么伤害和败亡就会降临。由此可以看出，天对人君是仁爱的，希望帮助人君消弥祸乱。如果不是非常无道的世代，天总是都想扶持和保全他，事情在于君主发奋努力罢了。发奋努力钻研学问，就会见闻广博使才智更加聪明；奋发努力行道，德行就会日见崇高，而且越发成功，这些都是可以很快得到，并且是可以很快就有成效的。《诗经》上说："从早到晚，不敢懈怠。"《尚书》中说："努力呀！努力呀！"都是奋勉努力的意思。

"道"，就是由此达到治理国家的道路。仁、义、礼、乐都是治理国家的工具。所以虽然圣明的君王死了，可是他的子孙还能长久统治，安宁数百年，这都是礼乐教化的功效啊。君王在自己没有制作乐章的时候，就选用先代君王乐章中能适合当时社会的，用它来深入教化人民。得不到教化的实效，典雅、歌颂的乐也就做不成，所以君王功成名就以后才作乐，用乐来歌颂他的功德。乐是改变民风，感化民俗的；乐改变民风容易，感化人民也有显著的功效。所以，乐的声音是从和谐的气氛中发出，依据于感情，接触到肌肤，深藏在骨髓。因此王道虽然衰微了，管弦之声却依然流传。虞舜的政治已经很久都没有了，可是流传下来的乐颂还依旧存在，所以孔子在齐国能听到《韶》乐。人君没有不希望国家安宁而憎恶危亡的，然而政治混乱、国家危亡的很多，这是由于任用的人不得当，言行举止不符合治理国家的"道"，所以政事一天天衰败下去。周代的"道"到了周厉王、周幽王时衰落了，不是"道"亡了，而是厉王和幽王不遵循这个"道"走。周宣王思念先代圣君的德行，兴复久已停滞的事业，补救时弊，发扬周文王、周武王开创的功业，周代的"道"又灿烂复兴起来。诗人赞美他，为他作诗，认为上天保佑他，为他出生贤良的辅佐。后世称颂周宣王，至今不绝。这是周宣王日夜不懈地做好事得来的。孔子说："人能光大'道'，不是'道'光大人"。所以治和乱、废和兴，都在于自己。世遭衰乱并不是天命不可挽回，而是由于人君的行为荒谬，失掉了先王优良的传统啊。

臣听说受到天的尊重，天使他得到天下而成为王的人，必定有人力做不到而自然达到的事情，这就是王者承受天命的凭证。天下的人都同心归顺他，就像归顺父母一样，所以天感应到诚意，祥瑞就出现了。《尚书》中说："白鱼跳进王乘坐的船里，有火覆盖着王屋，变成了乌鸦。"这就是承受天命的凭证啊。周公说："应得善报呀！应得善报呀！"孔子说："有德的人决不会孤立，一定会得到帮助。"这都是积善累德的效果啊。可是到了后世，君主淫逸奢侈，道德衰微，不能治理人民，诸侯背叛他，杀害良民，争夺土地，废弃道德教化，滥用刑罚。刑罚使用不适当，就惹出了邪气；邪气聚积在下面，怨恶聚集在上面，上下不和，就会阴阳错乱，妖孽滋生，这就是灾害怪异发生的原因。

臣听说，命就是天的命令，性就是生来的本质，情就是人的欲望。有的人夭折，有的人长寿，有的人仁慈，有的人卑鄙，好比造瓦铸金，不可能都是纯粹美好的，由于社会治、乱的影响，所以人的寿命、品行是不一致的。孔子说："君子的德行向风，小人的德行象草，风向哪边吹，草就向哪边倒。"所以尧、舜实行德政，人民就仁慈长寿；桀纣肆行暴虐，人民就贪鄙夭亡。在上的人君教化在下的人民，下面的人民服从在上的人君，好像泥土放在模型里，听凭陶匠的加工；也好像金属放在容器里，听凭冶匠的铸造。《论语》中说："使人民安定，人民就来归顺，使人民得到鼓舞，人民就会同心协力。"说的就是这样的意思。

臣仔细考察《春秋》里"春王正月"的意思，寻求王道的开端，得到了"正"。"正"次于"王"，"王"次于"春"。

春是天的作为。正是王的作为，它的意思是说，君主上面奉承天的作为，下面用来端正自己的行为，"正"是王道的开端啊。可是，王者想有所作为，应该向天去求到这个开端。天道最大的就是阴阳，阳作为德，阴作为刑，刑主杀，德主生，所以阳常常处在盛夏。把生育养长作为自己的事；阴经常处在严冬，积聚在空虚不起作用的地方。由此可以看出，天是任用德教，不任用刑罚的。天使阳出现，在上面布施。主管一年的收成；使阴入内，在下面藏伏，时常出来帮助阳，阳没有阴的帮助，也不能使年岁独自完成。从始至终阳是以完成年岁为名的，这是天意啊。王者秉承天意来做事，所以任用德教而不任用刑罚，刑不能任用来治理社会，就像阴不能用来完成年岁一样。执政而任用刑罚，是不顺从天意，所以先王没有肯这样做的。现在废除了先王掌管德教的官员，只任用执法官吏来治理人民，这难道是先王任用刑罚的本意吗？孔子说："不进行教育就杀人，叫作暴虐。"暴虐的政治施用到下面，却想使德教普及四海，这是难以办到的啊。

臣认真考察《春秋》讲的"一元"的意义，"一"就是万物的开始，"元"就是词语中所说的"大"，说"一"是"元"，显示了大的开始并且想正其根本。《春秋》深深地探究它的本源，原来却要从尊贵的人开始。所以做君主的，先正心才能正朝廷，正朝廷才能正百官，正百官才能正万民，正万民才能正四方。四方正了，远近就没有敢不趋向于正的，而且没有邪气掺杂在里面。所以阴阳调和而风雨及时，万物和谐而人民长育，五谷丰收而草木茂盛，天地间都受到恩泽，并呈现出非常丰富美好的景象，四海之内听到君主的盛德都来称臣，一切幸福的东西，可以得到的祥瑞，无不毕至，这就是王道完成了。

孔子说："凤鸟不来到，'河图'不出现，我恐怕要完了吧！"这是他悲伤自己的德行可以招致这些祥瑞，却因为自己地位卑贱而不能招来。现在陛下贵为天子，富有四海，处在可以招致祥瑞的地位，掌握了可以招致祥瑞的形势，又有能招致祥瑞的资质，行为高尚而恩德广厚，才智聪明而意向美好，爱护人民而喜欢文士，可以说是有道义的君主了，然而天地没有感应，美好的祥瑞没有到来，这是什么原因呢？大概是教化没有建立，没有把人民纳入正道吧。万民追逐利益，就好像水向下流一样，不拿教化作他们的堤防，就不能制止，所以教化建立而奸邪停止，是因为它的堤防完好；教化废止而奸邪并出，用刑罚也不能制止，这是它的堤防坏了。古代的王者明白这个道理，所以坐朝治理天下，没有不把教化当作主要任务的。在国都设立大学进行教育，在县邑设立县学、乡学实施教化，用仁来教育人民，用义来感化人民，用礼来节制人民，所以，虽然刑罚很轻，却没人违犯禁令，这是教化施行，习俗美好的缘故啊。

圣明的君王承继乱世，他把乱世所遗留的一切痕迹都扫除掉，恢复教化，并且给以特别推崇。到了教化已经明了，习俗已经养成，子孙遵循推行下去，过五六百年仍然不会衰败，到周朝末世，君主非常无道，以致失去了天下。秦朝承继周朝以后，不但没有更改，反而比周朝末年更加无道，严禁文学，不许私自藏书，摒弃礼仪，甚至厌恶听到礼仪的话，他想把先王的道义完全毁灭掉，专门用自己放肆、苟且、简陋的一套办法来治理国家，所以做天子才十四年，国家就灭亡了。自古以来，还没有象秦朝这样用乱救乱，严重危害天下人民的。秦朝遗留下来的毒素象残余的火焰，到现在还没有熄灭，它使习俗薄恶，人民欺诈顽劣，抵触抗拒，犯法乱德，腐败达到如此严重的地步。孔子说："腐朽的木头，不能雕饰啊；泥糊的墙，不能粉饰啊。"现在汉朝继承秦朝之后，社会状况就像朽木和泥墙，虽然想很好地治理它，却没有好办法。法令一颁布，奸邪接着就发生；命令一下达，欺骗跟着就兴起，好像用热水去制止沸腾，抱着木柴去救火，只会越来越糟，没有任何益处。譬如琴瑟的音不协调，坏得严重的必须把弦折下来重新安装，才能弹奏；处理政事不行，坏得厉害的，必须破旧立新，才能治理，所以汉朝得天下以来，常想好好治理，可是到现在还没治理好，问题就在于应当改革而没有改革。古人说过："站在潭边羡慕别人捕到了鱼，不如自己回去编织鱼网。"汉朝临政并且想把政事治理好，到现在已经七十多年了。不如回头来进行改革，改革了就能好好治理，国家治理好了，灾害就会一天天消除，福禄也就会一天天到来。《诗经》上说："适合于民，适合于人，接受天给予的福禄。"执政能适合人民，自然会得到天给予的福禄。仁、义、礼、智、信是五种恒久不变的道，这是王者应培养整饬的。这五种道能培养整饬好，就能得到天的保佑，鬼神也来赞助他接受祭祀，恩德就会普及国外，扩大到一切生命。

汉武帝看了董仲舒的对策认为很不寻常，于是又策问大夫们。

策问说：听说虞舜的时候，虞舜常常在宫殿的走廊里散步，没有什么作为，可是天下太平。周文王整天忙到日头偏西，连吃饭的空儿都没有，天下也很太平。帝王治理天下的道，难道没有共同的条理，一贯的主张吗？为什么安逸和劳苦有这样大的差别呢？

那些勤俭的帝王连黑色、黄色的旌旗也不制作。可是到了周朝，在宫门外筑了两座观望的台，乘坐用玉装饰的车，制造红色的盾和玉石做的斧柄，朝廷里排列着六十四人的舞蹈，到处响起歌颂的声音。帝王的道，难道意旨不一样吗？有人说"良玉不需要雕琢"，有人说"没有文采就不能辅助德行"，这两种说法是不同的。

殷朝人制定五种刑法来防止奸诈，用毁伤身体的办法来惩戒邪恶。可是周成王和周康王放弃这些刑法四十多年，天下也没有犯法的。监狱空荡无人。秦国使用这些刑法，杀死的人很多，受刑的人接连不断，天下空虚，人口减少，真可哀呀！

唉！我晚睡早起，考虑先代帝王的法典，久久地思虑用什么来适合至尊的地位，光大祖宗的事业，我认为关键在于努力搞好农业，任用贤人。现在我亲自耕种籍田为农民做榜样，鼓励百姓孝敬父母，友爱兄弟，尊敬有德行的人，并且派出很多使者，络绎不绝地去慰问劳苦人家，救济没有父母、没有子女的孤独的人，一切办法都想到了，但并没有收到大的成效和美好的德行。现在阴阳错乱，天地间充满了恶劣的气氛，许多生物得不到生长，人民陷在贫困的境地，廉洁的人和无耻的人混淆在一起，好人和坏人也分不清楚，得不到真实的情况，所以我广泛地邀请了特别杰出的士人来请教，目的也许可以达到吧！现在大夫们等待诏命的有一百多人，有的谈论当今的事情却不切实际，用古代历史来印证不相符合，用现在的情况来考察又难于实行，难道是因为受到文吏法令的牵累而不能任意发挥吗？还是因为学术的来源不同，所得的见解各异呢？每个人都可以尽意对答，写在篇上，不要害怕主管官吏，阐明你们的意旨和方略，进行切磋研究，以符合我的心意。

董仲舒对策说：

臣听说尧承受了天命，担忧天下不容易治理，没有拿处在天子的尊位作为欢乐，他诛杀、放逐扰乱国家的大臣，努力寻求贤圣的人，所以得到舜、禹、后稷、契、皋陶，有众多圣明的人来帮助来提高德行，有许多贤能的人来捕助他克尽职守，于是教化大行，天下太平，人民都安于行仁，乐于行义，各得其所，行动合乎礼仪，从从容容地在正确的道路上前进。所以孔子说"假如有王者，必须经过三十年，才能实现仁政"，就是指这说的啊。尧在位七十年，就让位给虞舜。尧死后，天下人民没有归心于尧的儿子丹朱，却归心于舜。舜知道不可逃避，于是即位做了天子，用禹做宰相，继续任用尧所任用的人，继承了尧的传统和事业，所以垂衣拱手没有作为，就使天下太平。孔子说"韶乐十分美，又十分善啊"，就是这个意思啊。至于夏桀和商纣，违背天意，残毁万物，杀害贤良聪慧的人，残害百姓，伯夷、姜太公都是商纣的贤人，他们隐藏起来，不愿出来做官。在职为官的人，都逃亡到河边、海滨。天下黑暗混乱，人民不得安宁，所以天下的老百姓都背弃殷纣王，拥护周文王。周文王顺从天意治理万物，以贤良有德的人为教师并且起用他们，所以闳夭、大颠、散宜生等贤士都聚集在周的朝廷。仁爱施于人民，天下人都归顺他，所以姜太公从偏僻的海滨来投奔，后来做了周朝的三公。这时候，商纣王还在做天子，尊卑的次序混乱，百姓四散逃亡，周文王非常痛心，想让人民过上安定的生活，所以他整天忙得日头偏西还没时间吃饭，孔子写《春秋》，先写王作为正，然后记载各种事情，这表现了在下位而有德行的所谓素王的文章。这样看来，帝王的条理系统是一致的，但是勤劳和安逸不相同，是因为所遭逢的时代不一样。孔子说："武乐十分美，不够十分善啊"，就是这个意思。

臣听说制度文采和黑色、黄色的装饰，都是用来分别尊卑、区分贵贱和劝勉人们要有德行的。《春秋》是承受天使著述的，所以它首先制定的，就是改变历法和衣服的颜色，用这来顺应天。那么，官室和旌旗的制度是有效法才那样的。所以孔子说："奢侈了就不够谦逊，节俭了便简陋。"节俭并不是圣人适中的制度。臣听说好玉不雕琢，是因为它的质地本来就滑润美好，不需要再加以雕饰，这就好像项橐没有学习就能自己知道一样。可是普通的玉要是不雕刻，就不能成就美丽的花；君子不学习，就不能成就美德。

臣听说圣明的君王治理天下，对年轻的就教他们养成学习的好习惯，对年长的就授给职位察看他们的才能。用职位和俸禄来培养他们的德行，用刑罚来禁止他们作恶，所以人民都懂得礼仪而耻于触犯他们的上级。周武王和周康王时的盛世，牢狱空虚了四十多年。这也是教化的感染和仁义的影响，不仅仅是毁伤身体的刑罚的功效。到了秦朝就不是这样，效法申不害、商鞅的办法，实行韩非的学说，憎恶古代帝王治理天下的道理，贪污成风，并不是用礼仪来教化天下，秦只求名而不查实，行善的好人不一定能免罪，犯法的坏人也不一定就受到惩罚，所以百官都谎言欺诈，不务实际，表面上都表现出尊敬君上的礼貌，内心却怀着叛君上的打算，弄虚作假来掩饰狡诈，追逐私利，没有羞耻；又总喜欢使用残忍刻毒的官吏，无限制地征收赋税，榨尽人民的财力，百姓四处逃亡，不能从事耕田和纺织工作，于是强盗到处起事。所以受刑的人很多，死的人一个接一个，但是做坏事的并没有停止，这是风俗教化所造成的。所以孔子说："用政法来教导人民，和刑罚来制裁人民，人民苟且地要求免受惩罚却不知道羞耻。"就是这个意思。

现在陛下统一了天下，四海之内没有不顺服的。陛下广泛地观察，多方面听取，尽可能地吸取群下的智慧，具备了天下的美德，崇高的德行显耀普照，扩大到国外。远达万里的夜郎和康居悦服归心，就真是太平到来的景象啊。但是恩德并没有施加到普通百姓身上。大概是您还没有注意到这个问题吧。曾子说："尊崇自己所听到的道理，就高明了；实践自己所知道的道理，就光大了。高明光大，不在于别的，在于对这些注意罢了。"希望陛下采用所听到的道理，诚心诚意按那些道理去做，那么，跟三王又有什么不同呢？

陛下亲自耕种籍田来倡导农业，早起晚睡，为人民担忧，思念古代治世，用心寻求贤人，这也是尧舜的用心啊，可是没有得到贤人，这是因为平时对于士人没有鼓励劝勉的缘故。平时不培养人才却想寻求贤人，就好比不雕刻玉却要求玉有文采一样。所以培养人才没有比办好太学更重要的了，太学是产生贤士的地方，是教化的本源，现在各郡国的人都很多，可是有些郡国还没有应举贤良文学策问、作对策的人，这就是因为王道在那里经常断绝。臣希望陛下兴办太学，聘请高明的教师来教育培养天下的士人，经常考问他们而使他们充分发挥自己的才能，那么英俊的人才就可以得到了。现在的郡守县令，就是百姓的老师和表率，是委派他们秉承君主的恩泽去宣扬教化的，师表不贤良，君主的仁德就得不到宣扬，恩泽就传布不到下面。现在官吏既然没有教育人民，或者不实行君主的法令，暴虐百姓，和坏人狼狈为奸，谋取私利，致使贫穷孤弱的人含冤受苦，流离失所，很不符合陛下的意愿，所以阴阳错乱，怨气充满，人民无法生活，在苦难中得不到救助，这都是郡守县令们不贤明，才造成这样的现象啊。

郡守、县令多数是出身于郎中、中郎，年俸二千石的大官的子弟选任郎官，又仗着有钱财，不一定贤明。而且古时候考核官吏的功劳，是按照做官是否称职来区分的，不以在任时间的长短为标准。所以才能小的人，虽然任职时间很长，还是小吏；有才能的人，虽然任职不久，并不妨碍他升迁为辅佐大臣。所以有职守的官吏，都竭尽自己的才能和智慧，努力做好工作，争取立功。现在却不是这样，官吏们积累时间就可以得到高位，日子一久，就可以升官，所以廉洁和无耻混淆，好人和坏人不分，真正的贤才就无法得到。臣愚蠢地认为让各位诸侯、郡守、二千石各自选择他们管辖下的官吏和百姓中的贤才，每年荐举两人，用他们在皇宫中值宿守卫，而且还可以拿这件事来观察大臣的能力，如果荐举的人贤能，就给予奖赏；要是荐举的人不好，就加以惩罚。如果像这样，诸侯、二千石官都尽心寻求贤才，天下有才能的人就可以得到，授给他们官职加以任用了。遍得天下的贤人，那么三王的盛世也就容易做到，尧舜的声名也就可以赶上了，千万不要用做官时间的积累来计算功劳，实际考察官吏的贤能是上策，衡量了才能以后再授给官职，考察了德行以后再定职位，那样，廉洁和无耻待遇不同，好人和坏人就能够区别了。陛下给臣恩惠，宽恕臣的罪过，教臣不要害怕主管官吏，使臣能够切磋研究，臣不敢不倾吐自己肤浅的见解。

汉武帝策问道：听说善言天的，一定能找到人事来印证，善说古的，一定能在现实中得到证明。所以我问你们天人感应的关系，往上赞美唐尧虞舜，往下哀悼夏桀商纣，看到这些渐渐灭亡和逐步昌盛的道理，我要虚心改正错误。大夫们明晓阴阳的变化和作用，熟悉先代圣王的道术和事业，可是你们的文章并没有把这些充分表达出来，难道是你们对当代的政务有什么疑惑吗？有些道理没有系统整理和完整表达，大概是由于我不聪明，或是听话会迷惑吧。三王的教化，最初各不相同，却都有不足，有人说道是恒久不变的，这两种说法意思难道有什么不同吗？现在大夫们既然已经写出了大道的最高原则，陈述了治理乱世的方法，希望你们再说详细些、深刻些、周到些。《诗经》上不是说："君子呀，不要苟且安息，神是听着你的，帮助你获得大福。"我要亲自看你们的对策，大夫们要努力阐明你们的见解。

董仲舒又对策说道：

臣听《论语》上说："有始有终的，只有圣人啊！"很荣幸地承蒙陛下的恩惠，留心听取我们这些接受过传统学问的臣子的意见，又颁下高明的册书，切合其中的意义，并且彻底在研究圣德，这不是愚臣的能力所能详细陈述的。先前臣所下的对策，有些道理缺乏系统整理和完整的表达，词句不清晰，意旨不明了，这都是我浅陋的罪过。

策问中说："善言天的，一定能找到人事来印证；善说古的，一定能得到现实的证明。"臣听说，天是万物之祖，所以天对万物普遍地覆盖着、包含着，没有偏颇。天造作日、月、风、雨来调和万物，通过阴、阳、寒、暑来生育万物。所以圣人效法天建立道，也是广施仁爱而没有一点私心，布施恩德和仁爱来厚待百姓，设立义理和礼制去引导人民。春季是天用来生育万物的，仁是人君用来爱护百姓的；夏季是天用来滋长万物的，德是人君用来养育人民的；秋霜是天用来诛杀万物的，刑法是人君用来惩罚人民的。由此看来，天和人的验证，是从古至今的道理。孔子作《春秋》所讥讽的，就是灾害所侵犯的；《春秋》所憎恶的，就是怪异所触及的。孔子写出了国家的过失和灾异的变化，从这里可以看出人们行为的好和坏，是和天地相通并且互相感应的，这也是谈天道的一种看法。古时候设立掌管教导训谕的官，职责是用德和善来教化人民，人民大受感化以后，天下常常没有一个人在监狱里，现代废弃这种制度，没法教化人民，因此人民都不知道行义而死于追逐财利，所以违法犯罪的人就多了，一年之内，坐牢和诉讼的人竟有成千上万。由此可见，古时候的法度是不能不采用的，所以《春秋》遇到改变古代制度的事情就加以讥讽。天的命令叫作命，这个命不是圣人不能照着去做；生来的本性叫作性，这种性不是教化不能完成；人的欲望叫作情，这种情不用法度不能加以节制。所以做君王的，上面很谨慎地奉承天意来顺从天命；下面必须教化人民，使人民能够完成他们的性；建立应该遵循的法度，分清上下尊卑的次序，来防止贪欲；做好这三件事，国家的根本就奠定了。人承受了天命，本来是超群的，和其他生物不同。在家里有父子兄弟之亲，在外面有君臣上下的名分，大家聚会相遇，就有尊敬老人和分别长幼的规范，有明确的礼节相互接待，欢欣地有恩德地互相亲爱，这就是人可贵的地方。种植五谷作为食物，播种桑麻用来做衣，饲养六畜，驾牛骑马，圈豹槛虎，这就是人得到天的灵气，比万物可贵的表现。所以孔子说："天地所生，人是最可贵的。"人们明白了天性，就知道自己比万物可贵；知道自己比万物可贵然后知道礼仪；知道礼仪，然后注重礼节，然后安心处于善道；安心处于善道，然后乐于遵循道理做事；乐于遵循道理，然后叫作君子。所以孔子说："不知道命，不可以做君子"，就是这个意思啊。

策问说："往上赞美唐尧、虞舜，往下悲悼夏桀、商纣。看到这些渐渐灭亡和渐渐昌盛的道理，我要虚心改正错误。"

臣听说积少就能成多，积小就能成大，因此圣人无不是积累暗淡的微明而达到光明，从微贱的地位一步步地达到显贵的。所以尧由诸侯而升为天子，舜从在深山中耕种兴起，都不是一天尊显的，是逐渐达到的。话由自己说出，就不能再去堵塞；行为由自己做出，也无法再来掩盖。言和行是治理国家最重大的条件，君子之所以能感动天地的也是言行。所以积小成大，谨慎注意微细的行为就会著名。《诗经》上说："这文王啊，小心翼翼。"所以尧战战兢兢地每天实行他的治国之道，舜小心恐惧地每天尽他的孝道，做的好事积累多了，自然名声显达，德行彰著，自身也受人尊重，这就是渐渐昌盛的道理。积善在自己身上，就好像人日渐长大而自己不觉察；积恶在自己身上，好像灯火消耗油一样，人也不容易看出来。不是明晓情性和洞察世俗情况的人，谁能够懂得这种道理呢？这就是唐尧、虞舜得到美名，夏桀、商纣却使人伤痛恐惧的原因。善或恶的行为所得到的结果，好像影子跟随着人形，回响跟随着声音。所以桀、纣暴虐怠慢，逸恶的人都受到进用，贤良智慧的人都隐藏起来，于是桀纣的罪恶一天天地显著，国家也一天比一天混乱，可是他们却依旧安然怡得，自以为如太阳在天空一样，终于逐渐败坏以至于毁灭。那些残暴不仁的君主，并不是一下子就灭亡的，也是慢慢造成的。所以桀、纣虽然无道，都还在位十多年，这就是慢慢地衰微以至于灭亡的道理啊。

策问说："三王的教化，效法的各不相同，而且都有不足，有人说道是永久不变的，这两种说法用意有什么不同吗？"臣听说享乐而不至于淫乱，反复实行而不使在厌倦的叫作道；道是万世都没有弊端的，出现弊端是由于违背了道。先王的道一定有偏颇不能实行的地方，所以在政治上也时有昏暗而行不通的。举出它的偏向，补救它的弊病就行了。三王的道虽然效法不同，可并不是相反的，都是为了补救过失，扶助衰败，之所以有所不同，是因为遇到的环境发生了变化。所以孔子说："无所作为而能治理国家的，就是舜呀！"舜仅仅改变了历法，改换了车马、祭牲、服装的颜色，来顺承天命罢了，其他完全遵循尧的治国之道，为什么要改变呢"所以王者只改变制度的名称，没有改变道的实质，可是夏代注重忠，殷代崇尚敬，周朝尊崇文的原因，是因为朝代更替时，前代有过失存在，为了补救，应当这样做，孔子说："殷朝根据夏代的礼制，有所增减，这是可以知道的；周朝根据殷朝的礼制，有所增减，也是可以知道的；其他承继周朝兴起的，虽然经历了百世，这也是可以知道的。"这就是说，百王所用的就是忠、敬、文这三者。夏朝沿袭虞舜，却独独不说增减，是因为夏朝和虞舜的道是一样的；夏的崇尚的忠和虞舜是相同的。道的根本来自于天，天不变，道也不变，所以禹继承了舜的道，舜继承了尧的道，三位圣人互相传授，遵守一个道，没有救弊的措施，所以不说他们对道的增减，由此看来，继承治世的，他们的道是相同的；继承乱世的，他们的道是要改变的。现在汉朝承继大乱之后，应当减少周朝的文而用夏朝的忠。

陛下有圣明的德和美好的道，痛心世俗的衰薄，悲伤王道不明，所以选举贤良方正的士人，议论考问，打算兴起仁义的美德，阐明帝王的法制，建立太平的治国之道。臣愚昧不肖，叙述曾听到的，背诵曾学过的，说的是老师教的道理，仅仅能够不忘记罢了。至于议论政事的得失，研究社会的兴盛和贫弱，这是大臣辅佐的职事，三公九卿的责任，不是臣上仲舒所能知道的。但是臣私下有感到奇怪的问题。古时候的天下也就是现在的天下，现在的天下也就是古时候的天下，同是一样的天下，古时候天下太平，上下和睦，习俗美好，不令而行，不禁而止，官吏没有奸邪，民间没有盗贼，牢狱空空，没有犯人，人主的恩德滋润了草木，普及四海，凤凰飞来了，麒麟出现了，拿古时候的情况来衡量现在，怎么相差那么远呢？有什么错误致使衰落达到这样的地步？我想也许是违背了古代的治国之道吧？也许是违背了天理吧？尝试考察过去的事情，追溯到天理，或许可以看出一些问题吧？

天对生物是分别给予的，给予利齿的就不再给角，给予翅膀的就只给两只脚，也就是接受了大的，就不能再取小的。古时候领取俸禄的，就不靠体力劳动来吃饭，也不谋取工商之利，这也是接受了大的，不能再取小的，和天意是相同的。假如已经得到了大的，又去取小的，天还不能那样给予，何况是人呢？这就是人民纷纷愁苦衣食不足的原因啊。那些受君主宠爱身居高位的人，家中衣食饱暖并且享有优厚的俸禄，依仗富厚的资产和势力，在下面和百姓争利，老百姓怎么能和他们比呢？所以那些人使用众多的奴婢，拥有众多的牛羊，扩大他们的田地住宅，扩充他们的产业，增加他们的积蓄，致力于这些而且没有止境，压迫百姓，使百姓感到惊惧，百姓天天受到剥削，渐渐走向穷困。富人奢侈浪费，穷人穷急愁苦；穷人穷急愁苦而在上位的人却不救济，就会民不聊生；民不聊生，百姓就会连死都不怕，又怎会害怕犯罪！这就是刑罚繁多，奸邪却不能禁止的原因啊。所以享受俸禄的人家，应该只食俸禄就算了，不应当和百姓争做谋利的产业，这样利益就可以平均分配，百姓也可以家用充足。这是上天的理，也是古代的道，天子应当效法定为制度，大夫应该遵守实行。所以公仪子在鲁国做宰相时，回到家里看见妻子织帛，非常生气，赶走了他的妻子；在家里吃饭，吃到自家园里种的葵菜，气愤地把园里的葵菜拔了，说："我已经有了俸禄，还要夺种菜人和织布女的利益吗？"古时候的贤人君子做官的都是这样，因此人民都尊敬他们的德行，听从他们的教化，人民受到他们的廉洁的感化，就没有贪婪的卑鄙的行为。到了周朝末年，卿大夫就不大讲求礼仪而急于求利，失掉了谦让的风气而有争田的讼事。所以诗人憎恶、讽刺他们说："高高的那座南山啊，山石是那样叠积；赫赫有名的师尹啊，人民都在瞻望着您！"做官的人爱好仁义，人民自然就爱好仁义，风俗也就善良；做官的人好利，人民也就不正直，风俗败坏。由此看来，天子和大夫，是人民仰望、效法的榜样，是远方的人遥望着模仿他们，怎么能够处在贤人的地位却去做出平民的行为呢？那些忙着谋取财利，常常担心穷困的想法，是平民的意向；忙着寻求仁义，时常忧虑不能教化人民的打算，是大夫的思想。《周易》上说："背着东西又坐车，招致强盗的到来。"乘车是说处在君子的地位，负担东西是小人的事情，这就是说，处在君子的地位却做出庶人的行为，他的祸患一定会到来。如果处在君子的地位，做君子应当做的事，那么，除了像公仪休在鲁国做宰相那样，就没有别的可以做的了。

《春秋》推重统一，这是天地永恒的原则，是古今共通的道理。如今老师所述的道理彼此不同，人们的议论也彼此各异，诸子百家研究的方向不同，意旨也不一样，所以处在上位的人君不能掌握统一的标准，法令制度多次改变，在下的百姓不知道应当怎样遵守。臣认为凡是不属于六艺的科目和孔子学术的学说都一律禁止，不许它们同样发展。邪僻的学说消失，然后学术的系统可以统一，法令制度就可以明白，人民也知道服从的对象了。

对策结束后,汉武帝任命董仲舒为江都相,辅助易王。易王刘非,是汉武帝的哥哥,平素很骄横,喜欢勇武。董仲舒用礼仪扶正易王,易王很敬重他。过了一段时间,易王问董仲舒:"越王勾践和大夫泄庸、文种、范蠡密谋攻打吴国,后来终于灭了吴国。孔子说殷纣王有三位仁人,我认为越王勾践也有三位仁人。春秋时的齐桓公有疑难的事让管仲解答,我有疑问请您解说。"董仲舒回答说:"臣愚昧不能解答您提出的问题。我听说春秋时鲁国国君鲁僖公问鲁国大夫柳下惠:'我想攻打齐国,怎么样?'柳下惠说:'不行'。他回家后面有忧色,说:"我听说攻伐别的国家不问有仁德的人,国君想攻打齐国为什么问我呢!'柳下惠只不过被询问罢了,尚且感到羞愧,何况是设谋作降来攻打吴国呢?由此说来,越国根本没有一位仁人。仁人端正他的义却不谋取私利,阐明他的道却不计较自己的功劳,所以在孔子的门徒里,即使是尚未成年的儿童也羞于谈论五霸,因为五霸推崇欺诈武力不注重仁义,越王君臣不过是实行不正当的诈术罢了,所以不值得孔子的门徒谈论,五霸比其他诸侯贤明可是和三王相比,就好像似玉的美石和美玉想比一样啊。"易王说:"讲得好。"

董仲舒治理国家,是用《春秋》记载的灾异变化来推究阴阳错行的原因,所以求雨时,闭阳纵阴,他止雨时就闭阴纵阳。这种祈雨止涝的方法推行到江都全国,没有不随心所欲的。后来,董仲舒被废为中大夫。因为在这之前,辽东郡祭祀汉高祖的高庙和汉朝皇帝祭祖的地方长陵高园殿先后发生火灾,董仲舒在家里推论天降火灾和人世的关系,奏章草稿写好了没有上呈。主父偃来探望董仲舒,私自看了奏章草稿,他平素就嫉妒董仲舒,便把奏章草稿偷走，上交给汉武帝。汉武帝召集了很多儒生，让他们看董仲舒的奏章草稿。董仲舒的学生吕步舒不知道这个奏章草稿是他老师写的，认为非常愚昧。于是汉武帝把董仲舒交官问罪，判处死刑，汉武帝下诏赦免了他。董仲舒从此竟不敢再谈论灾异变化。

董仲舒为人廉洁正直。这时期汉朝正用兵周边少数民族，公孙弘研究《公羊春秋》的水平不如董仲舒，可是公孙弘迎合世俗，掌握大权，位至公卿。董仲舒认为公孙弘奉承谄媚，公孙弘嫉恨董仲舒。胶西王刘端也是汉武帝的哥哥，为人特别放纵，凶残蛮横，多次谋杀朝廷派去的二千石官。公孙弘就跟汉武帝说："只有董仲舒可以担任胶西王相。"胶西王刘端听说董仲舒是有名的儒家大师，待他还比较尊重，董仲舒害怕时间长了会遭到不测之罪，就以年老有病为由辞职回家了。董仲舒共计做过江都、胶西两国的相，都是辅佐骄横的诸侯王，他以身作则为下属做表率，多次上疏直言规谏，制定教令颁行国中，他所在的江都、胶西两国国都均治理得很好。到了去官归家后，他根本不管家庭产业，只是埋头诵读，专心著书。

董仲舒养病在家，朝廷如果讨论重大问题，就派使者和廷尉张汤到他家征询他的意见，董仲舒的解答都有根有据。从汉武帝初即位，魏其侯窦婴和武侯田蚡先后做丞相，开始推崇儒学，到董仲舒对策，推尊宣扬孔子，抑黜百家。设立管理学校的官吏，州郡举荐茂材孝廉，都是从董仲舒开始的。董仲舒老年在家里寿终。后来他家迁往茂陵县，他的儿子和孙子都凭学问做了大官。

董仲舒的著作，都是阐明儒家经学意旨的，加上奏疏教令，总共一百二十三篇。解说《春秋》记事的得失，及《闻举》《玉杯》《蕃露》《清明》和《竹林》之类的文章，还有几十篇，十多万字，都流传到了后世。我（班固）挑选其中切合当今社会和朝廷的内容写在文章里。

赞说：刘向称赞"董仲舒有做君王辅佐的才干，即使是伊尹、昌望也不能超过他，管仲、晏婴之辈，是霸主的辅佐，怕是不如他吧。"刘向的儿子刘歆认为"伊尹、吕尚是圣人的伴偶，王者得不到他们就不能兴起。所以颜渊死了，孔子说'噫！天灭亡我。'只有颜渊一人能和伊尹、吕望相比，至于宰我、子贡、子游、子夏等人就不能列入圣人的行列了。董仲舒遭逢西汉承接秦朝焚灭学术之后，《六经》分崩离析，于是他下帷发愤钻研，潜心经学大业，使后来的学者对儒家学说有了系统一致的认识，成为群儒的首领。可是考察他的师友渊源，看他们彼此间的影响，董仲舒还赶不上子游、子夏，却说管仲、晏婴不如他，伊尹、吕望超不过他，这种看法是不对的。"刘向的曾孙刘龚则是善于确当评论人物的君子，他认为刘歆对董仲舒的评价是恰当的。

汉书卷五十七上

司马相如传第二十七上

司马相如字长卿,蜀郡成都人也。少时好读书,学击剑,名犬子。相如既学,慕蔺相如之为人也,更名相如。以訾为郎,事孝景帝,为武骑常侍,非其好也。会景帝不好辞赋,是时梁孝王来朝,从游说之士齐人邹阳、淮阴枚乘、吴严忌夫子之徒,相如见而说之,因病免,客游梁,得与诸侯游士居,数岁,乃著《子虚之赋》。

会梁孝王薨,相如归,而家贫无以自业。索与临邛令王吉相善,吉曰:"长卿久宦游,不遂而困,来过我。"于是相如往舍都亭,临邛令缪为恭敬,日往朝相如。相如初尚见之,后称病,使从者谢吉,吉愈益谨肃。

临邛多富人,卓王孙僮客八百人,程郑亦数百人,乃相谓曰:"令有贵客,为具召之。并召令。"令既至,卓氏客以百数,至日中请司马长卿,长卿谢病不能临。临邛令不敢尝食,身自迎相如,相如为不得已而强往,一坐尽倾。酒酣,临邛令前奏琴曰:"窃闻长卿好之,愿以自娱。"相如辞谢,为鼓一再行。是时,卓王孙有女文君新寡,好音,故相如缪与令相重而以琴心挑之。相如时从车骑,雍容闲雅,甚都。及饮卓氏弄琴,文君窃从户窥，心说而好之，恐不得当也。既罢，相如乃令侍人重赐文君侍者通殷勤。文君夜亡奔相如，相如与驰归成都。家徒四壁立。卓王孙大怒曰："女不材，我不忍杀，一钱不分也！"人或谓王孙，王孙终不听。文君久之不乐，谓长卿曰："弟俱如临邛，从昆弟假贷，犹足以为生，何至自苦如此！"相如与俱之临邛，尽卖车骑，买酒舍，乃令文君当卢。相如身自著犊鼻裈，与庸保杂作，涤器于市中。卓王孙耻之，为杜门不出。昆弟诸公更谓王孙曰："有一男两女，所不足者非财也。今文君既失身于司马长卿，长卿故倦游，虽贫，其人材足依也。且又令客，奈何相辱如此！"卓王孙不得已，分与文君僮百人，钱百万，及其嫁时衣被财物。文君乃与相如归成都，买田宅，为富人。

居久之，蜀人杨得意为狗监，侍上。上读《子虚赋》而善之，曰："朕独不得与此人同时哉！"得意曰："臣邑人司马相如自言为此赋。"上惊，乃召问相如。相如曰："有是。然此乃诸侯之事，未足观，请为天子游猎之赋。"上令尚书给笔札，相如以"子虚"，虚言也，为楚称；"乌有先生"者，乌有此事也，为齐难；"亡是公"者，亡是人也，欲明天子之义。故虚籍此三人为辞，以推天子诸侯之苑囿。其卒章归之于节俭，因以风谏。奏之天子，天子大说。其辞曰：

楚使子虚使于齐，齐王悉发车骑与使者出田。田罢，子虚过诧乌有先生，亡是公存焉。坐定，乌有先生问曰："今日田乐乎？"子虚曰："乐。""获多乎？"曰："少。""然则何乐？"对曰："仆乐王之欲夸仆以车骑之众，而仆对以云梦之事也。"曰："可得闻乎？"

子虚曰："可。王驾车千乘，选徒万骑，田于海滨，列卒满泽，罘罔弥山。掩菟辚鹿，射麋格麟，骛于盐浦，割鲜染轮。射中获多，矜而自功，顾谓仆曰：'楚亦有平原广泽游猎之地饶乐若此者乎？楚王之猎孰与寡人？'仆下车对曰：'臣，楚国之鄙人也，幸得宿卫十有余年，时从出游，游于后园，览于有无，然犹未能遍睹也。又乌足以言其外泽乎？'齐王曰：'虽然，略以子之所闻见言之。'

"仆对曰：'唯唯。臣闻楚有七泽，尝见其一，未睹其余也。臣之所见，盖特其小小者耳，名曰云梦。云梦者，方九百里，其中有山焉。其山则盘纡弗郁，隆崇律崒；岑崟参差，日月蔽亏；交错纠纷，上干青云；罢池陂陁，下属江河。其土则丹青赭垩，雌黄白坿，锡碧金银，众色炫耀，照烂龙鳞。其石则赤玉玫瑰，琳珉昆吾，瑊玏玄厉，碝石武夫。其东则有蕙圃，衡兰芷若，穹穷昌蒲，江离蘪芜，诸柘巴且。其南则有平原广泽，登降陁靡，案衍坛曼，缘以大江，限以巫山。其高燥则生葳析苞荔，薛莎青蘋。其埤湿则生藏莨蒹葭，东蘠彫胡，莲藕觚卢，菴闾轩于。众物居之，不可胜图。其西则有涌泉清池，激水推移，外发夫容菱华，内隐巨石白沙。其中则有神龟蛟鼍，毒冒鳖鼋。其北则有阴林巨树，楩柟豫章，桂椒木兰，檗离朱杨，楂梨梬栗，橘柚芬芳。其上则有宛雏孔鸾，腾远射干。其下则有白虎玄豹，蟃蜒貙犴。

"'于是乎乃使剸诸之伦，手格此兽。楚王乃驾驯驳之驷，乘雕玉之舆，靡鱼须之桡旃，曳明月之珠旗，建干将之雄戟，左乌号之雕弓，右夏服之劲箭；阳子骖乘，孅阿为御；案节未舒，即陵狡兽，蹴蛩蛩，辚距虚，轶野马，辖騊駼；乘遗风，射游骐，倏眒倩浰，雷动焱至，星流电击，弓不虚发，中必决眦，洞胸达腋，绝乎心系，获若雨兽，揜草蔽地。于是楚王乃弭节徘徊，翱翔容与，览乎阴林，观壮士之暴怒，与猛兽之恐惧，徼𫘧受诎，殚睹众物之变态。

"'于是郑女曼姬，被阿𫄨，揄纻缟，杂纤罗，垂雾縠，襞积褰绉，郁桡溪谷；衯衯裶裶，扬衪戌削，蜚襳垂髾；扶舆猗靡，翕呷萃蔡，下摩兰蕙，上拂羽盖；错翡翠之葳蕤，缪绕玉绥；眇眇忽忽，若神之仿佛。

"'于是乃群相与獠于蕙圃，媻姗勃窣，上金堤，掩翡翠，射䴔䴖，微矰出，纤缴施，弋白鹄，连驾鹅，双䲭下，玄鹤加。怠而后游于清池，浮文鹢，扬旌枻，张翠帷，建羽盖。罔毒冒，钓紫贝，摐金鼓，吹鸣籁，榜人歌，声流喝，水虫骇，波鸿沸，涌泉起，奔扬会，礧石相击，琅琅磕磕，若雷霆之声，闻乎数百里外。

"'将息獠者，击灵鼓，起烽燧，车案行，骑就队，骑就队，纚乎淫淫，般乎裔裔。于是楚王乃登阳云之台，泊乎无为，淡乎自持，勺药之和具而后御之。不若大王终日驰骋，曾不下舆，脟割轮焠，自以为娱。臣窃观之，齐殆不如。'于是王无以应仆也。"

乌有先生曰："是何言之过也！足下不远千里，来况齐国，王悉境内之士，备车骑之众，与使者出田，乃欲戮力致获，以娱左右也，何名为夸哉！问楚地之有无者，愿闻大国之风烈，先生之余论也。今足下不称楚王之德厚，而盛推云梦以为骄，奢言淫乐而显侈靡，窃为足下不取也。必若所言，固非楚国之美也。有而言之，是章君之恶也；无而言之，是害足下之信也。章君恶，伤私义，二者无一可，而先生行之，必且轻于齐而累于楚矣。且齐东陼巨海，南有琅邪，观乎成山，射乎之罘，浮勃澥，游孟诸，邪与肃慎为邻，右以汤谷为界。秋田乎青丘，彷徨乎海外，吞若云梦者八九，其于匈中曾不蒂芥。若乃俶傥瑰玮，异方殊类，珍怪鸟兽，万端鳞崪，充仞其中者，不可胜记，禹不能名，契不能计。然在诸侯之位，不敢言游戏之乐，苑囿之大；先生又见客，是以王辞不复，何为无以应哉！"

亡是公听然而笑曰："楚则失矣，而齐亦未为得也。夫使诸侯纳贡者，非为财币，所以述职也；封疆画界者，非为守御，所以禁淫也。今齐列为东蕃，而外私肃慎，捐国逾限，越海而田，其于义固未可也。且二君之论，不务明君臣之义，正诸侯之礼，徒事争于游戏之乐，苑囿之大，欲双以奢侈相胜，荒淫相越，此不可以扬名发誉，而适足以贬君自损也。

"且夫齐、楚之事又乌足道乎！君未睹夫巨丽也，独不闻天子之上林乎？左苍梧，右西极，丹水更其南，紫渊径其北。终始霸、产，出入泾、渭，酆、镐、潦、潏，纡余委蛇，经营其内。荡荡乎八川分流，相背异态，东西南北，驰骛往来，出乎椒丘之阙，行乎州淤之浦，径乎桂林之中，过乎泱莽之野，汩乎混流，顺阿而下，赴隘狭之口，触穹石，激堆埼，沸乎暴怒，汹涌彭湃，滭弗宓汩，逼侧泌瀄，横流逆折，转腾潎冽，滂濞沆溉，穹隆云桡，宛潬胶戾，逾波趋浥，涖涖下濑，批岩冲拥，奔扬滞沛，临坻注壑，灂瀷贾队，沈沈隐隐，砰磅訇礚，潏潏淈淈，湁潗鼎沸，驰波跳沫，汩㵒漂疾，悠远长怀。寂漻无声，肆乎永归。然后灏溔潢漾，安翔徐徊，翯乎滈滈，东注大湖，衍溢陂池。于是蛟龙赤螭，鲔鳣渐离，鰅鳙鳍魠，禺禺魼鳎，揵鳍掉尾，振鳞奋翼，潜处乎深岩。鱼鳖欢声，万物众伙。明月珠子，的皪江靡，蜀石黄碝，水玉磊砢，磷磷烂烂，采色澔汗，丛积乎其中。鸿鹔鹄鸨，鴐鹅属玉，交精旋目，烦鹜庸渠，箴疵鴜卢，群浮乎其上。浮淫泛滥，随风澹淡，与波摇荡，奄薄水渚，唼喋菁藻，咀嚼菱藕。

"于是乎崇山矗矗，巃嵷崔巍，深林巨木，崭岩参差。九嵕嶻嶭，南山峨峨，岩阤甗锜，嶊崣崛崎，振溪通谷，骞产沟渎，谽呀豁閜，阜陵别隝，崴磈嵔廆，丘陵崛礨，隐辚郁㠔，登降施靡，陂池貏豸。沇溶淫鬻，散涣夷陆，亭皋千里，靡不被筑。揜以绿蕙，被以江离，糅以蘪芜，杂以留夷。布结缕，攒戻莎，揭车衡兰，稾本射干，茈姜蘘荷，葴持若荪，鲜支黄砾，蒋芧青薠，布濩闳泽，延曼太原，离靡广衍，应风披靡，吐芳扬烈，郁郁菲菲，众香发越，肸蚃布写，晻薆咇茀。

"于是乎周览泛观，缜纷轧芴，芒芒恍忽，视之无端，察之无涯。日出东沼，入乎西陂。其南则隆冬生长，涌水跃波；其兽则庸旄貘犛，沈牛麈麋，赤首圜题，穷奇象犀。其北则盛夏含冻裂地，涉冰揭河；其兽则麒麟角端，騊駼橐驼，蛩蛩驒騱，駃騠驴骡。

"于是乎离宫别馆，弥山跨谷，高廊四注，重坐曲阁，华榱璧珰，辇道䌰属，步櫩周流，长途中宿。夷嵏筑堂，累台增成，岩突洞房。俯杳眇而无见，仰攀橑而扪天，奔星更于闺闼，宛虹拖于盾轩。青龙蚴蟉于东箱，象舆婉僤于西清，灵圉燕于闲馆，偓佺之伦暴于南荣，醴泉涌于清室，通川过于中庭。磐石裖崖，嶔岩倚倾，嵯峨嶵嶪，刻削峥嵘，玫瑰碧琳，珊瑚丛生，珉玉旁唐，玢豳文磷，赤瑕驳荦，杂臿其间，晁采琬琰，和氏出焉。

"于是乎卢橘夏孰，黄甘橙楱，枇杷橪柿，亭柰厚朴，梬枣杨梅，樱桃蒲陶，隐夫薁棣，荅遝离支，罗乎后宫，列乎北园，貤丘陵，下平原，扬翠叶，扤紫茎，发红华，垂朱荣，煌煌扈扈，照曜巨野。沙棠栎槠，华枫枰栌，留落胥邪，仁频并闾，欃檀木兰，豫章女贞，长千仞，大连抱，夸条直畅，实叶葰茂，攒立丛倚，连卷欐佹，崔错登骫，坑衡閜砢，垂条扶疏，落英幡纚，纷溶萷蔘，猗柅从风，藰莅卉歙，盖象金石之声，管籥之音。柴池茈虒，旋还乎后宫，杂袭累辑，被山缘谷，循阪下隰，视之无端，究之亡穷。

"于是乎玄猨素雌，蜼玃飞蠝，蛭蜩蠷蝚，獑胡縠蛫，栖息乎其间。长啸哀鸣，翩幡互经，夭蟜枝格，偃寒杪颠，逾绝梁，腾殊榛，捷垂条，掉希间，牢落陆离，烂温远迁。

"若此者数百千处，娱游往来，宫宿馆舍，庖厨不徙，后宫不移，百官备具。

"于是乎背秋涉冬，天子校猎。乘镂象，六玉虬，拖蜺旌，靡云旗，前皮轩，后道游；孙叔奉辔，卫公参乘，扈从横行，出乎四校之中。鼓严簿，纵猎者，江河为陆，泰山为橹，车骑雷起，殷天动地，先后陆离，离散别追，淫淫裔裔，缘陵流泽，云布雨施。生貔豹，搏豺狼，手熊罴，足野羊。蒙鹖苏，绔白虎，被斑文，跨野马，陵三嵕之危，下碛历之坻，径峻赴险，越壑厉水。推蜚廉，弄解豸，格虾蛤，鋋猛氏，羂要袅，射封豕。箭不苟害，解脰陷脑；弓不虚发，应声而倒。

"于是乘舆弭节徘徊，翱翔往来，睨部曲之进退，览将帅之变态。然后侵淫促节，儵夐远去，流离轻禽，蹴履狡兽，轊白鹿，捷狡兔。轶赤电，遗光耀，追怪物，出宇宙，弯蕃弱，满白羽，射游枭，栎蜚遽。择肉而后发，先中而命处，弦矢分，艺殪仆。

"然后扬节而上浮，陵惊风，历骇猋，乘虚亡，与神俱，藺玄鹤，乱昆鸡，遒孔鸾，促鵕䴊，拂翳鸟，捎凤凰，捷鹓鶵，揜焦明。

"道尽涂殚，回车而还。消摇乎襄羊，降集乎北纮，率乎直指，㨖乎反乡，蹶石关，历封峦，过鳷鹊，望露寒，下棠梨，息宜春，西驰宣曲，濯鹢牛首，登龙台，掩细柳，观士大夫之勤略，钧猎者之所得获。徒车之所躔轹，骑之所蹂若，人之所蹈藉，与其穷极倦㱕，㤾惊惮慴伏，不被创刃而死者，它它藉藉，填坑满谷，掩平弥泽。

"于是乎游戏懈怠，置酒乎颢天之台，张乐乎胶葛之㝢，撞千石之钟，立万石之虡，建翠华之旗，树灵鼍之鼓，奏陶唐氏之舞，听葛天氏之歌，千人倡，万人和，山陵为之震动，川谷为之荡波。巴、俞、宋、蔡，淮南《干遮》，文成颠歌，族居递奏，金鼓迭起，铿枪闛鞈，洞心骇耳。荆、吴、郑、卫之声，《韶》《濩》《武》《象》之乐，阴淫案衍之音，鄢、郢缤纷，《激楚》《结风》，俳优侏儒，狄鞮之倡，所以娱耳目乐心意者，丽靡烂漫于前，靡曼美色于后。

"若夫青琴、虑妃之徒，绝殊离俗，妖冶闲都，靓庄刻饰，便嬛绰约，柔桡嫚嫚，妩媚纤弱，曳独茧之褕袘，眇阎易以恤削，便姗嫳屑，与世殊服，芬芳沤郁，酷烈淑郁，皓齿粲烂，宜笑的皪，长眉连娟，微睇绵藐，色授魂予，心愉于侧。

"于是酒中乐酣，天子芒然而思，似若有亡，曰：'嗟乎，此大奢侈！朕以览听余闲，无事弃日，顺天道以杀伐，时休息（以）于此，恐后世靡丽，遂往而不返，非所以为继嗣创业垂统也。'于是乎乃解酒罢猎，而命有司曰：'地可垦辟，悉为农郊，以赡氓隶，隤墙填堑，使山泽之民得至焉。实陂池而勿禁，虚宫馆而勿仞。发仓廪以救贫穷，补不足，恤鳏寡，存孤独。出德号，省刑罚，改制度，易服色，革正朔，与天下为始。'

"于是历吉日以斋戒，袭朝服，乘法驾，建华旗，鸣玉鸾，游于六艺之囿，驰骛乎仁义之涂，览观《春秋》之林，射《狸首》，兼《驺虞》，弋玄鹤，舞干戚，戴云罕，揜群雅，悲《伐檀》，乐（乐胥），修容乎《礼》园，翱翔乎《书》圃，述

《易》道，放怪兽，登明堂，坐清庙，恣群臣，奏得失，四海之内，靡不受获。于斯之时，天下大说，乡风而听，随流而化，芔然兴道而迁义，刑错而不用，德隆于三皇，功美于五帝。若此，故猎乃可喜也。

"若夫终日驰骋，劳神苦形，罢车马之用，抏士卒之精，费府库之财，而无德厚之恩，务在独乐，不顾众庶，忘国家之政，贪雉菟之获，则仁者不繇也。从此观之，齐、楚之事，岂不哀哉！地方不过千里，而囿居九百，是草木不得垦辟，而民无所食也。夫以诸侯之细，而乐万乘之所侈，仆恐百姓被其尤也。"

于是二子愀然改容，超若自失，逡巡避席，曰："鄙人固陋，不知忌讳，乃今日见教，谨受命矣。"

赋奏，天子以为郎。亡是公言上林广大，山谷水泉万物，及子虚言云梦所有甚众，侈靡多过其实，且非义理所止，故删取其要，归正道而论之。

译文：

司马相如，字长卿，蜀郡成都人。少年时好读书，还练习击剑，取名犬子。相如学业完成，仰慕蔺相如的为人，改名相如。用家资买了个郎官，奉事汉景帝，任武骑常侍，但这并不是他的爱好。恰巧景帝不喜好辞赋，这时候梁孝王来京朝见皇上，齐郡人邹阳、淮阴人枚乘、吴县人庄忌先生等游说之士随同来京，相如一见就喜欢他们，借有病辞去了官职，旅居梁国，得到和儒生们住在一起的机会，相如与许多儒生和游说之士交往了几天，于是写下了《子虚之赋》。

遇上梁孝王去世，相如返回家中，家中贫穷，无事可干。他一向与临邛县令王吉相好,王吉说:"长卿多年在外求官不大称心,你可到我这儿来。"于是相如前往临邛,居住在城外的旅舍里。临邛县令假献殷勤,每天去拜访相如。相如开头还接见他,后来声称有病,让随从辞谢王吉,王吉更加谨慎恭敬。

临邛城中富人多,卓王孙有家奴八百人,程郑也有几百人,两人便互相称说:"县令有贵宾,我们得办酒食宴请他一下。"一并邀请县令。县令已经来到,卓氏宾客以百计算。到了中午,请司马长卿,长卿托言有病不能前往,临邛县令不敢尝一尝饭食,亲自去迎接相如。相如不得已,勉强前往,满座的人都倾慕他的风采。酒兴正浓时,临邛县令捧着琴上前说:"我私下听说长卿喜爱这个,希望能弹弹使自己快乐快乐。"相如推谢了一下,给弹奏了一两支曲子。这时卓王孙有个女儿叫作文君,刚死了丈夫,喜爱音乐,因此相如假装与县令相敬重,而用琴声挑逗她。相如到临邛来,车马随行,举止大方甚为俊秀;乃至在卓氏家中饮酒、玩琴,文君私自从门缝中偷看他,心中欢喜而仰慕他,担心不能配得上。弄琴结束,相如便使人重赏文君侍者以此向她转达私衷。文君夜间逃出家中私奔相如,于是相如与文君赶着车马急返成都。家中空空。唯有四面墙壁直立。卓王孙大发脾气说:"女儿不成材到了极点,我不忍心杀死她,但绝不分给她一个钱!"有的人劝说王孙,王孙始终不听。文君过了很长时间心中不快,说道:"长卿只管和我一同前往临邛,从弟兄中借贷也足以维持生活,何至于让自己困苦到这个样子!"相如与文君一同来到了临邛,把车马统统卖了,买了一个酒店做起酒生意来,他让文君坐在炉前卖酒,自己亲自穿上牛鼻围裙和奴婢及雇工们共同操作,在市中洗涤酒器。卓王孙听说后认为是奇耻大辱,为此闭门不出。兄弟和长辈们轮流前去劝说王孙说:"你只有一儿两女，所缺的不是钱财啊。如今文君已经委身于司马长卿，长卿本为厌倦做官，虽然家贫，那个人的才能是可以依靠的，况且又是县令的客人，为什么偏偏如此相辱呢！"卓王孙不得已，分给文君家奴一百人，钱一百万，还有她出嫁时的衣裳、被褥和钱财、物品。文君便与相如回到成都，置买田地房屋，成为富人。

过了不久，蜀郡人杨得意任狗监，服侍汉武帝。汉武帝读《子虚赋》，极力称赞，说道："偏偏我不能够和这个人同时啊！"得意说："我的同乡司马相如称这赋是他作的。"皇上大惊，便召见询问相如。相如说："有这回事。然而这是写的诸侯之事，不值得一看。请允许我作天子游猎之赋，赋作好后进献。"皇上答应了他，让尚书发给了他书写的毛笔和木简。相如以"子虚"为空言虚语，是为了称说楚国之美；"乌有先生"，是为了替齐诘难楚国；"无是公"，是为了阐明作天子的道理。因而凭空假借这三个人写成文章，用以推想天子诸侯在苑囿游玩打猎的情景。那篇文章结束，归结到"节俭"二字，想以此劝谏天子。进献给天子，天子大为高兴，他的文章写道：

楚使子虚使于齐，齐王悉发车骑与使者出田。田罢，子虚过姹乌有先生，亡是公存焉。坐定，乌有先生问曰："今日田乐乎？"子虚曰："乐。""获多乎？"曰："少。""然则何乐？"对曰："仆乐王之欲夸仆以车骑之众，而仆对以云梦之事也。"曰："可得闻乎？"

子虚曰："可。王驾车千乘，选徒万骑，田于海滨，列卒满泽，罘罔弥山。掩兔辚鹿，射麋格麟，骛于盐浦，割鲜染轮。射中获多，矜而自功，顾谓仆曰：'楚亦有平原广泽游猎之地饶乐若此者乎？楚王之猎孰与寡人？'仆下车对曰：'臣，楚国之鄙人也,幸得宿卫十有余年,时从出游,游于后园,览于有无,然犹未能偏睹也。又乌足以言其外泽乎?'齐王曰:'虽然,略以予之所闻见言之。'

"仆对曰:'唯唯。臣闻楚有七泽,尝见其一,未睹其余也。臣之所见,盖特其小小者耳,名曰云梦。云梦者,方九百里,其中有山焉。其山则盘纡岪郁,隆崇律崒;岑崟参差,日月蔽亏;交错纠纷,上干青云;罢池陂阤,下属江河。其土则丹青赭垩,雌黄白附,锡碧金银,众多炫耀,照烂龙鳞。其石则赤玉玫瑰,琳珉昆吾,瑊玏玄厉,碝石武夫。其东则有蕙圃,衡兰芷若,穹穷昌蒲,江蓠麋芜,诸柘巴且。其南则有平原广泽,登降阤靡,案衍坛曼,缘以大江,限以巫山。其高燥则生葳析苞荔,薛莎青薠。其埤湿则生藏莨蒹葭,东蔷雕胡,莲藕觚卢,奄闾轩于。众物居之,不可胜图。其西则有涌泉清池,激水推移,外发芙蓉菱华,内隐巨石白沙。其中则有神龟蛟鼍。其北则有阴林巨树。楩柟豫章,桂椒木兰,檗离朱杨,栌梨梬栗,橘柚芬芳。其上则有宛雏孔鸾,腾远射干。其下则有白虎玄豹,蟃蜒貙犴。

"'于是乎乃使剸诸之伦,手格此兽。楚王乃驾驯蛟之驷,乘雕玉之舆,靡鱼须之桡旃,曳明月之珠旗,建干将之雄戟,左乌号之雕弓,右夏服之劲箭;阳子骖乘,孅阿为御;案节未舒,即陵狡兽,蹴蛩蛩,辚距虚,轶野马,轊騊駼;乘遗风,射游骐,儵眒倩浰,雷动焱至,星流电击,弓不虚发,中必决眦,洞胸达掖,绝乎心系,获若雨兽,揜草蔽地。于是楚王乃弭节裴徊,翱翔容与,览乎阴林。观壮士之暴怒,与猛兽之恐惧,徼剠受诎,殚睹众物之变态。

"'于是郑女曼姬,被阿緆,揄紵缟,杂纤罗,垂雾縠,襞积褭绉,郁棸谷;衯衯裶裶,扬衪戌削,蜚襳垂髾;扶舆猗靡,翕呷萃蔡,下摩兰蕙,上拂羽盖;错悲翠之葳蕤,缪绕玉绥;眇眇忽忽,若神之仿佛。

"'于是乃群相与獠于蕙圃,婆姗勃窣,上金堤,掩翡翠,射鵕鸃,微矰出,纤缴施,弋白鹄,连驾鹅,双鶬下,玄鹤加。息而后游于清池,浮文鹢,扬旌枻,张翠帷,建羽盖。罔毒冒,钓紫贝,枞金鼓,吹鸣籁,榜人歌,声流喝,水虫骇,波鸿沸,涌泉起,奔扬会,礧石相击,琅琅磕磕,若雷霆之声,闻乎数百里外。

"'将息獠者,击灵鼓,起烽燧,车案行,骑就队,纚乎淫淫,般乎裔裔。于是楚王乃登阳云之台,泊乎无为,澹乎自持,勺药之和具而后御之。不若大王终日驰骋,曾不下舆,脟割轮焠,自以为娱。臣窃观之,齐殆不如。'于是王无以应仆也。"

乌有先生曰:"是何言之过也!足下不远千里,来况齐国,王悉境内之士,备车骑之众,与使者出田,乃欲戮力致获,以娱左右也,何名为夸哉!问楚地之有夫者,愿闻大国之风烈,先生之余论也。今足下不称楚王之德厚,而盛推云楚以为骄,奢言淫乐而显侈靡,窃为足下不取也。必若所言,固非楚国之美也。有而言之,是章君之恶也;无而言之,是害足下之信也。章君恶,伤私义,二者无一可,而先生行之,必且轻于齐而累于楚矣。且齐东陼巨海,南有琅邪,观乎成山,射乎之罘,浮勃澥,游孟诸,邪与肃慎为邻,右以汤谷为界。秋田乎青丘,仿徨乎海外,吞若云梦者八九,其于匈中曾不蒂芥。若乃俶傥瑰玮,异方殊类,珍怪鸟兽,万端鳞崪,充牣其中者,不可胜记,禹不能名,卨不能计。然在诸侯之位,不敢言游戏之乐,苑囿之大;先生又见客,是以王辞不复,何为无以应哉!"

亡是公听然而笑曰:"楚则失矣,而齐亦未为得也。夫使诸侯纳贡者，非为财币，所以述职也；封疆画界者，非为守御，所以禁淫也。今齐列为东蕃，而外私肃慎，捐国逾限，越海而田，其于义固未可也。且二君之论，不务明君臣之义，正诸侯之礼，徒事争于游戏之乐，苑囿之大，欲以奢侈相胜，荒淫相越，此不可以扬名发誉，而适足以贬君自损也。

"且夫齐、楚之事又乌足道乎！君未睹夫巨丽也，独不闻天子之上林乎？左苍梧，右西极，丹水更其南，紫渊径其北。终始霸、产，出入泾、渭，酆、镐、潦、潏，纡余委蛇，经营其内。荡荡乎八川分流，相背异态，东西南北，驰骛往来，出乎椒丘之阙，行乎州淤之浦，径乎桂林之中，过乎泱莽之野，汩乎混流，顺阿而下，赴隘狭之口，触穹石，激堆埼，沸乎暴怒，汹涌澎湃，滭弗宓汨，逼侧泌㵿，横流逆折，转腾潎洌，滂濞沆溉，穹隆云桡，宛潬胶戾，逾波趋浥，涖涖下濑，批岩冲拥，奔扬滞沛，临坻注壑，瀺灂霣坠，沉沉隐隐，砰磅訇礚，潏潏淈淈，湁潗鼎沸，驰波跳沫，汩急漂疾，悠远长怀，寂漻无声，肆乎永归。然后灝溔潢漾，安翔徐徊，翯乎滈滈，东注大湖，衍溢陂池。于是蛟龙赤螭，𩷏𩸄渐离，鰅鰫鳍魠，禺禺魼鳎，揵鳍掉尾，振鳞奋翼，潜处乎深岩。鱼鳖欢声，万物众夥。明月珠子，的皪江靡，蜀石黄碝，水玉磊砢，磷磷烂烂，采色澔汗，丛积乎其中。鸿鹔鹄鸨，鴐鹅属玉，交精旋目，烦鹜庸渠，箴疵鵁卢，群浮乎其上。汎淫泛滥，随风澹淡，与波摇荡，奄薄水渚，唼喋菁藻，咀嚼菱藕。

"于是乎崇山矗矗，巃嵷崔巍，深林巨木，崭岩参差。九嵕、嶻嶭。南山峨峨，岩陁甗锜，嵔嵬崛崎，振溪通谷，骞产沟渎，谽呀豁閜，阜陵别隖，崴磈嵔廆，丘虚堀礨，隐辚郁礨，登降施靡，陂池貏豸。允溶淫鬻，散涣夷陆，亭皋千里，靡不被筑。揵以绿代蕙,被以江离,柔以蘼芜,离心留夷。布结缕,拈戾莎,揭车衡兰,稿本射干,茈姜蘘荷,葴持若荪,鲜支黄砾,蒋茅青薠,布濩闳泽,延曼太原,离靡广衍,应风披靡。吐芳扬烈,郁郁菲菲,众香发越,肸蚃布写,晻薆咇茀。

"于是乎周览泛观,缜纷轧芴,芒芒恍忽,视之无端,察之无涯。日出东沼,入乎西陂。其南则隆冬生长,涌水跃波;其兽则庸旄貘氂,沈牛麈麋,赤首圜题,穷奇象犀。其北则盛夏含冻裂地,涉冰揭河;其兽则麒麟角端,駏驉橐驼,蛩蛩驒騠,駃騠驴骡。

"于是乎离宫别馆,弥山跨谷,高廊四注,重坐曲阁,晔榱璧璫,辇道纚属,步櫩周流,长途中宿。夷嵏筑堂,垒台增成,岩突洞房。頫杳眇而无见,仰攀橑而扪天,奔星更于闺闼,宛虹拖于盾轩。青龙蚴蟉于东箱,象舆婉僤于西清,灵圉燕于闲馆,偓佺之伦暴于南荣,醴泉涌于清室,通川过于中庭。磐古裖崖,嶔岩倚倾,嵯峨嶵嵬,刻削峥嵘,玫瑰碧琳,珊瑚丛生,珉玉旁唐,玢豳之磷,赤瑕驳荦,杂插其间,晁采琬琰,和氏出焉。

"于是乎庐橘、夏孰,黄甘、橙榛,枇杷、橪、柿,亭柰、厚朴,樗枣、杨梅,樱桃、蒲陶,隐夫薁棣,苔遝离支,罗乎后宫,列乎北园,貤丘陵,下平原,扬翠叶,扤紫茎,发红华,垂朱荣,煌煌扈扈,照曜巨野。沙棠栎槠,华枫枰栌,留落胥邪,仁频并闾,欀檀木兰,豫章女贞,长千仞,大边抱,夸条直畅,实叶葰茂,拈立从椅,连卷欐佹,崔错癹骫,坑衡閜砢,垂条扶疏,落英幡纚,纷溶箾蔘,猗柅从风,藰莅卉歙,盖象金石之声,管籥之音。柴池茈虒,旋还乎后宫,杂袭垒辑,被山缘谷,循阜下隰,视之无端,究之亡穷。

"于是乎玄猨素雌,蜼玃飞鸓,蛭蜩蠷蝚,獑胡縠蛫,栖息乎其间。长啸哀鸣，翩幡互经，夭蟜枝格，偃蹇杪颠，逾绝梁，腾殊榛，捷垂条，掉希间，牢落陆离，烂漫远迁。

"若此者数百千处，娱游往来，宫宿馆舍，庖厨不徙，后宫不移，百官备具。

"于是乎背秋涉冬，天子校猎。乘镂象，六玉虬，拖蜺旌，靡云旗，前皮轩，后道游；孙叔奉辔，卫公参乘，扈从横行，出乎四校之中。鼓岩簿，纵猎者，江河为陲，泰山为橹，车骑雷起，殷天动地，先后陆离，高散别追，淫淫裔裔，缘陵流潭，云布雨施。生貔豹，搏豺狼，手熊黑，足野羊。蒙鹖苏，绔白虎，被斑文，跨野马，陵三嵕之危，下碛历之坻，径峻赴险，越壑厉水。推蜚廉，弄解豸，格虾蛤，铤猛氏，羂要褭，射封豕。箭不苟害，解脰陷脑；弓不虚发，应声而倒。

"于是乘舆弭节徘徊，翱翔往来，睨部曲之进退，览将帅之变态。然后侵淫促节，儵夐远去，流离轻禽，蹴履狡兽，轊白鹿，捷狡兔。轶赤电，遗光耀，追怪物，出宇宙，弯蕃弱，满白羽，射游枭，栎蜚遽。择肉而后发，先中而命处，弦矢分，艺殪仆。

"然后扬节而上浮，陵惊风，历骇猋，乘虚亡，与神俱，蔺玄鹤，乱昆鸡，道孔鸾，促鵔鸃，拂翳鸟，捎凤凰，捷鹓鶵，揜焦明。

"道尽涂殚，回车而还。逍遥乎襄羊，降集乎北纮，玄乎直指，揞乎反乡，蹷石关，历封峦，过鳷鹊，望露寒，下堂梨，息宜春，西驰宣曲，濯鹢牛首，登龙台，掩细柳，观士大夫之勤略，钧猎者之所得获。徒车之所闟轹，骑之所蹂若，人之所蹈藉，与其穷极倦却，惊惮詟伏，不被创刃而死者，它它藉藉，填坑满谷，掩平弥泽。

"于是乎游戏懈怠，置酒乎颢天之台，张乐乎胶葛之寓，撞千石之钟，立万石之虡，建翠华之旗，树灵鼍之鼓，奏陶唐氏之舞，听葛天氏之歌，千人倡，万人和，山陵为之震动，川谷为之荡波。巴、俞、宋、蔡，淮南《干遮》，文成、颠歌，族居递奏，金鼓迭起，铿枪闛鞈，洞心骇耳。荆、吴、郑、卫之声，《韶濩》《武象》之乐，阴淫案衍之音，鄢、郢缤纷，《激楚》《结风》，俳优侏儒，狄鞮之倡，所以娱耳目乐心意者，丽靡烂漫于前，靡曼美色于后。

"若夫青琴、宓妃之徒，绝殊离俗，妖冶闲都，靓妆刻饰，柔桡嫚嫚，便嬛绰约，妩媚孅弱，曳独茧之褕袘，眇阎易以恤削，便姗嫳屑，与世殊服，芬芬沤郁，酷烈淑郁，皓齿粲烂，宜笑的皪，长眉连娟，微睇绵藐，色授魂予，心愉于侧。

"于是酒中乐酣，天子芒然而思，似若有亡，曰：'嗟乎，此大奢侈！朕以览听余闲，无事弃日，顺天道以杀伐，时休息于此，恐后世靡丽，遂往而不返，非所以为继嗣创业垂统也。'于是乎乃解酒罢猎，而命有司曰：'地可垦辟，悉为农郊，以赡氓隶，隤墙填堑，使山泽之民得到焉。实陂池而勿禁，虚宫馆而勿仞。发仓廪以救贫穷，补不足，恤鳏寡，存孤独。出德号，省刑罚，改制度，易服色，革正朔，与天下为始。'

"于是历吉日以斋戒，袭朝服，乘法驾，建华旗，鸣玉鸾，游于六艺之囿，驰骛乎仁义之途，览观《春秋》之林，射《狸首》，兼《驺虞》，弋玄鹤，舞干戚，戴云罕，揜群雅，悲《伐檀》，乐乐胥，修容乎《礼》园，翱翔乎《书》圃，述《易》道，放怪兽，登明堂，坐清调，恣群臣，奏得失，四海之内，靡不受获。于斯之时，天下大说，乡风而听，随流而化，卉然兴道而迁义，刑错而不用，德隆于三皇，功羡于五帝。若此，故猎乃可喜也。

"若夫终日驰骋,劳神苦形,罢车马之用,抏士卒之精,费府库之财,而无德厚之恩,血在独乐,不顾众庶,忘国家之政,贪雉菟之获,则仁者不繇也。从此观之,齐、楚之事,岂不哀哉!地方不过午里,而囿居九百,是草木不得垦辟,而民无所食也。夫以诸侯之细,而乐万乘之所侈,仆恐百姓被其尤也。"

于是二位先生愀然改变神色,怅然若有所失,避席徘徊说:"我们固塞鄙陋,不知顾忌,今日才听到教诲,谨领教了。"

赋成奏上,天子以他为郎官。无是公说天子的上林苑辽阔广大,有山谷水泉和万物,连及子虚说楚国的云梦泽景物很多,夸奢靡丽,言过其实,况且不是礼仪所崇尚的,因此节取它的要点,归入正道给予记述。

汉书卷五十七下

司马相如传第二十七下

相如为郎数岁，会唐蒙使略通夜郎、僰中，发巴、蜀吏卒，千人，郡又多为发转漕万余人，用军兴法诛其渠率。巴、蜀民大惊恐。上闻之，乃遣相如责唐蒙等，因谕告巴、蜀民以非上意。檄曰：

告巴、蜀太守：蛮夷自擅，不讨之日久矣，时侵犯边境，劳士大夫。陛下即位，存抚天下，集安中国，然后兴师出兵，北征匈奴，单于怖骇，交臂受事，屈膝请和。康居西域，重译纳贡，稽首来享。移师东指，闽越相诛；右吊番禺，太子入朝。南夷之君，西僰之长，常效贡职，不敢惰怠，延颈举踵，喁喁然，皆乡风慕义，欲为臣妾，道里辽远，山川阻深，不能自致。夫不顺者已诛，而为善者未赏，故遣中郎将往宾之，发巴、蜀之士各百人以奉币，卫使者不然，靡有兵革之事，战斗之患。今闻其乃发军兴制，惊惧子弟，忧患长老，郡又擅为转粟运输，皆非陛下之意也。当行者或亡逃自贼杀，亦非人臣之节也。

夫边郡之士，闻烽举燧燔，皆摄弓而驰，荷兵而走，流汗相属，惟恐居后，触白刃，冒流矢，议不反顾，计不旋踵，人怀怒心，如报私仇。彼岂乐死恶生，非编列之民，而与巴、蜀异主哉？计深虑远，急国家之难，而乐尽人臣之道也。故有剖符之封，析圭而爵，位为通侯，居列东第。终则遗显号于后世，传土地于子孙，事行甚忠敬，居位甚安佚，名声施于无穷，功烈著而不灭。是以贤人君子，肝脑涂中原，膏液润野草而不辞也。今奉币使至南夷，即自贼杀，或亡逃抵诛，身死无名，谥为至愚，耻及父母，为天下笑。人之度量相越，岂不远哉！然此非独行者之罪也，父兄之教不先，子弟之率不谨，寡廉鲜耻，而俗不长厚也。其被刑戮，不亦宜乎！

陛下患使者有司之若彼，悼不肖愚民之如此，故遣信使，晓谕百姓以发卒之事，因数之以不忠死亡之罪，让三老孝弟以不教诲之过。方今田时，重烦百姓，已亲见近县，恐远所谿谷山泽之民不遍闻，檄到，亟下县道，咸谕陛下意，毋忽！

相如还报。唐蒙已略通夜郎，因通西南夷道，发巴、蜀、广汉卒，作者数万人。治道二岁，道不成，士卒多物故，费以亿万计。蜀民及汉用事者多言其不便。是时邛、筰之君长闻南夷与汉通，得赏赐多，多欲愿为内臣妾，请吏，比南夷。上问相如，相如曰："邛、筰、冉、駹者近蜀，道易通，异时尝通为郡县矣，至汉兴而罢。今诚复通，为置县，愈于南夷。"上以为然，乃拜相如为中郎将，建节往使。副使者王然于、壶弃国、吕越人，驰四乘之传，因巴、蜀吏币物以赂西南夷。至蜀，太守以下郊迎，县令负弩矢先驱，蜀人以为宠。于是卓王孙、临邛诸公皆因门下献牛、酒以交欢。卓王孙喟然而叹，自以得使女尚司马长卿晚，乃厚分与其女财，与男等。相如使略定西南夷，邛、筰、再、駹、斯榆之君皆请为臣妾，除边关，边关益斥，西至沫、若水，南至牂柯为徼，通灵山道，桥孙水，以通邛、筰。还报，天子大说。

相如使时，蜀长老多言通西南夷之不为用，大臣亦以为然。相如欲谏，业已建之，不敢，乃著书，借蜀父老为辞，而己诘难之，以风天子，且因宣其使指，令百姓皆知天子意。其辞曰：

汉兴七十有八载，德茂存乎六世，威武纷云，湛恩汪濊，群生霑濡，洋溢乎方外。于是乃命使西征，随流而攘，风之所被，罔不披靡。因朝冉从駹，定莋存邛，略斯榆，举苞蒲，结轨还辕，东乡将报，至于蜀都。

耆老大夫搢绅先生之徒二十有七人，俨然造焉。辞毕，进曰："盖闻天子之于夷狄也，其义羁縻勿绝而已。今罢三郡之士，通夜郎之涂，三年于兹，而功不竟。士卒劳倦，万民不赡；今又接之以西夷，百姓力屈，恐不能卒业，此亦使者这累也，窃为左右患之。且夫邛、莋、西僰之与中国并也，历年兹多，不可记已。仁者不以德来，强者不以力并，意者殆不可乎！今割齐民以附夷狄，弊所恃以事无用，鄙人固陋，不识所谓。"

使者曰："乌谓此乎？必若所云，则是蜀不变服而巴不化俗也，仆尚恶闻若说。然斯事体大，固非观者之所覩也。余之行急，其详不可得闻已。请为大夫粗陈其略：

"盖世必有非常之人，然后有非常之事；有非常之事，然后有非常之功。非常者，固常人之所异也。故曰非常之元，黎民惧焉；及臻厥成，天下晏如也。"

"昔者，洪水沸出，泛滥衍溢，民人升降移徙，崎岖而不安。夏后氏戚之，乃堙洪原，决江疏河，洒沈澹灾，东归之于海，而天下永宁。当斯之勤，岂惟民哉？心烦于虑，而身亲其劳，躬胝骿胝无胈，肤不生毛，故休烈显乎无穷，声称浃乎于兹。"

"且夫贤君之践位也,岂特委琐握龊,拘文牵俗,循诵习传,当世取说云尔哉!必将崇论闳议,创业垂统,为万世规。故驰骛乎兼容并包,而勤思乎参天贰地。且《诗》不云乎:'普天之下,莫非王土;率土之滨,莫非王臣。'是以六合之内,八方之外,浸淫衍溢,怀生之物有不浸润于泽者,贤君耻之。今封疆之内,冠带之伦,咸获嘉祉,靡有阙遗矣。而夷狄殊俗之国,辽绝异党之域,舟车不通,人迹罕至,政教未加,流风犹微,内之则犯义侵礼于边境,外之则邪行横作,放杀其上,君臣易位,尊卑失序,父兄不辜,幼孤为奴虏,系累号泣。内乡而怨,曰:'盖闻中国有至仁焉,德洋恩普,物靡不得其所,今独曷为遗己!'举踵思慕,若枯旱之望雨,盭夫为之垂涕,况乎上圣,又乌能已?故北出师以讨强胡,南驰使以诮劲越。四面风德,二方之君鳞集仰流,愿得受号者以亿计。故乃关沬、若,徼牂柯,镂灵山,梁孙原,创道德之涂,垂仁义之统,将博恩广施,远抚长驾,使疏逖不闭,曶爽暗昧得耀乎光明,以偃甲兵于此,而息讨伐于彼。遐迩一体,中外禔福,不亦康乎?夫拯民于沈溺,奉至尊之休德,反衰世之陵夷,继周氏之绝业,天子之急务也。百姓虽劳,又恶可以已哉?

"且夫王者固未有不始于忧勤,而终于佚乐者也。然则受命之符合在于此。方将增太山之封,加梁父之事,鸣和鸾,扬乐颂,上咸五,下登三。观者未睹指,听者未闻音,犹鹪朋已翔乎寥廓,而罗者犹视乎薮泽,悲夫!"

于是诸大夫茫然丧其所怀来,失厥所以进,喟然并称曰:"允哉汉德,此鄙人之所愿闻也。百姓虽劳,请以身先之。"敞罔靡徙,迁延而辞避。

其后人有上书言相如使时受金，失官。居岁余，复召为郎。

相如口吃而善著书。常有消渴病。与卓氏婚，饶于财。故其（事）〔仕〕宦，未尝肯与公卿国家之事，常称疾闲居，不慕官爵。尝从上至长杨猎。是时天子方好自击熊豕，驰逐野兽，相如因上疏谏。其辞曰：

臣闻物有同类而殊能者，故力称乌获，捷言庆忌，勇期贲、育。臣之愚，窃以为人诚有之，兽亦宜然。今陛下好陵阻险，射猛兽，卒然遇逸材之兽，骇不存之地，犯属车之清尘，舆不及还辕，人不暇施巧，虽有乌获、逢蒙之技不能用，枯木朽株尽为难矣。是胡越起于毂下，而羌夷接轸也，岂不殆哉！虽万全而无患，然本非天子之所宜近也。

且夫清道而后行，中路而驰，犹时有衔橛之变。况乎涉丰草，骋丘虚，前有利兽之乐，而内无存变之意，其为害也不亦难矣！夫轻万乘之重不以为安，乐出万有一危之涂以为娱，臣窃为陛下不取。

盖明者远见于未萌，而知者避危于无形，祸固多藏于隐微而发于人之所忽者也。故鄙谚曰："家累千金，坐不垂堂。"此言虽小，可以谕大。臣愿陛下留意幸察。

上善之。还过宜春宫，相如奏赋以哀二世行失。其辞曰：

登陂陁之长阪兮，坌入曾宫之嵯峨。临曲江之隑州兮，望南山之参差。岩岩深山之谾谾兮，通谷豁乎谽谺。汨淢靸以永逝兮，注平皋之广衍。观众树之蓊薆兮，览竹林之榛榛。东驰土山兮，北揭石濑。弭节容与兮，历吊二世。持身不谨兮，亡国失势；信谗不寤兮，宗庙灭绝。乌乎！操行之不得，墓芜秽而不修兮，魂亡归而不食。

相如拜为孝文园令。上既美子虚之事，相如见上好仙，因曰："上林之事未足美也，尚有靡者。臣尝为《大人赋》，未就，请具而奏之。"相如以为列仙之儒居山泽间，形容甚臞，此非帝王之仙意也，乃遂奏《大人赋》。其辞曰：

世有大人兮，在乎中州。宅弥万里兮，曾不足以少留。悲世俗之迫隘兮，揭轻举而远游。乘绛幡之素蜺兮，载云气而上浮。建格泽之修竿兮，总光耀之采旄。垂旬始以为幓兮，曳慧星而为髾。掉指桥以偃蹇兮，又猗抳以招摇。揽欃枪以为旌兮，靡屈虹而为绸。红杳眇以玄湣兮，猋风涌而云浮。驾应龙象舆之蠖略逶丽兮，骖赤螭青虬之蚴蟉宛蜒。低卬夭蟜裾以骄骜兮，诎折隆穷躩以连卷。沛艾赳螑仡以佁儗兮，放散畔岸骧以孱颜。跮踱辋輵容以骪丽兮，蜩蟉偃寋怢以梁倚。纠蓼叫奡踏以艐路兮，蔑蒙踊跃腾而狂趡。莅飒卉翕熛至电过兮，焕然雾除，霍然云消。

邪绝少阳而登太阴兮，与真人乎相求。互折窈窕以右转兮，横厉飞泉以正东。悉征灵圉而选之兮，部署众神于摇光。使五帝先导兮，反大壹而从陵阳。左玄冥而右黔雷兮，前长离而后矞皇。厮征伯侨而役羡门兮，诏岐伯使尚方。祝融警而跸御兮，清气氛而后行。屯余车而万乘兮，綷云盖而树华旗。使句芒其将行兮，吾欲往乎南娭。

历唐尧于崇山兮，过虞舜于九疑。纷湛湛差差错兮，杂遝胶辀以方驰。骚扰冲苁其纷挐兮，滂濞泱轧丽以林离。攒罗列聚丛以笼茸兮，衍曼流烂疼以陆离。径入雷室之砰磷郁律兮，洞出鬼谷之堀㘹崴魁。遍览八劂而观四海兮,揭度九江越五河。经营炎火而浮弱水兮,杭绝浮渚涉流沙。奄息葱极泛滥水嬉兮,使灵娲鼓琴而舞冯夷。时若曖曖将混浊兮,召屏翳诛风伯,刑雨师。西望昆仑之轧沕荒忽兮,直径驰乎三危。排阊阖而入帝宫兮,载玉女而与之归。登阆风而遥集兮,亢乌腾而壹止。低徊阴山翔以纡曲兮,吾乃今日睹西王母。㘷然白首戴胜而穴处兮,亦幸有三足乌为之使。必长生若此而不死兮,虽济万世不足以喜。

回车揭来兮,绝道不周,会食幽郁。呼吸沆瀣兮餐朝霞,咀噍芝英兮叽琼华。僸㾕寻而高纵兮,纷鸿溶而上厉。贯列缺之倒景兮,涉丰隆之滂濞。骋游道而修降兮,骛遗雾而远逝。迫区中之隘陕兮,舒节出乎北垠。遗屯骑于玄阙兮,轶先驱于寒门。下峥嵘而无地兮,上嵺廓而无天。视眩泯而亡见兮,听敞恍而亡闻。乘虚亡而上遐兮,超无友而独存。

相如既奏《大人赋》,天子大说,飘飘有陵云气游天地之闲意。

相如既病免,家居茂陵。天子曰:"司马相如病甚,可往从悉取其书,若后之矣。"使所忠往,而相如已死,家无遗书。问其妻,对曰:"长卿未尝有书也。时时著书,人又取去。长卿未死时,为一卷书,曰有使来求书,奏之。"其遗札书言封禅事,所忠奏焉,天子异之。其辞曰:

伊上古之初肇,自颢穹生民。历选列辟,以迄乎秦。率迩者踵武,听遐者风声。纷轮威蕤,堙灭而不称者,不可胜数也。继《昭》《夏》,崇号谥,略可道者七十有二君。罔若淑而不昌,畴逆失而能存?

轩辕之前,遐哉邈乎,其详不可得闻已。五三《六经》载籍之传，维见可观也。《书》曰："元首明哉！股肱良哉！"因斯以谈，君莫盛于尧，臣莫贤于后稷。后稷创业于唐，公刘发迹于西戎，文王改制，爰周郅隆，大行越成，而后陵夷衰微，千载亡声，岂不善始善终哉！然无异端，慎所由于前，谨遗教于后耳。故轨迹夷易，易遵也；湛恩厖洪，易丰也；宪度著明，易则也；垂统理顺，易继也。是以业隆于繦保而崇冠乎二后。揆厥所元，终都攸卒，未有殊尤绝迹可考于今者也。然犹蹑梁甫，登大山，建显号，施尊名。大汉之德，逢涌原泉，沕潏曼美，旁魄四塞，云布雾散，上畅九垓，下泝八埏。怀生之类，沾濡浸润，协气横流，武节焱逝，尔狭游原，迥阔泳末，首恶郁没，䯤昧昭晳，昆虫闿怪，回首面内。然后囿驺虞之珍群，徼麋鹿之怪兽，导一茎六穗于庖，牺双觡共抵之兽，获周馀放龟于岐，招翠黄乘龙于沼。鬼神接灵圉，宾于闲馆。奇物谲诡，俶傥穷变。钦哉，符瑞臻兹，犹以为薄，不敢道封禅。盖周跃鱼陨杭，休之以燎。微夫斯之为符也，以登介丘，不亦恧乎！进攘之道，何其爽与？

于是大司马进曰："陛下仁育群生，义征不譓，诸夏乐贡，百蛮执贽，德牟往初，功无与二，休烈浃洽，符瑞众变，斯应绍至，不特创见。意者太山、梁父设坛场望幸，盖号以况荣，上帝垂恩储祉，将以庆成，陛下嗛让而弗发也。挈三神之欢，缺王道之仪，群臣恧焉。或谓且天为质暗，示珍符固不可辞；若然辞之，是泰山靡记而梁父罔几也。亦各并时而荣，咸济厥世而屈，说者尚何称于后，而云七十二君哉？夫修德以锡符，奉符以行事，不为进越也。故圣王弗替，而修礼地祇，谒款天神，勒功中岳，以章至尊，舒盛德，发号荣，受厚福，以浸黎民。皇皇哉斯事，天下之壮观，王者之卒业，不可贬也。愿陛下全之。而后因杂缙绅先生之略术，使获曜日月之末光绝炎，以展采错事。犹兼正列其义，被饰厥文，作《春秋》一艺。将袭旧六为七，摅之无穷，俾万世得激清流，扬微波，蜚英声，腾茂实。前圣之所以永保鸿名而常为称首者用此。宜命掌故悉奏其仪而览焉。"

于是天子沛然改容，曰："俞乎，朕其试哉！"乃迁思回虑，总公卿之议，询封禅之事，诗大泽之博，广符瑞之富。遂作颂曰：

自我天覆，云之油油。甘露时雨，厥壤可游。滋液渗漉，何生不育！嘉谷六穗，我穑曷蓄？

匪唯雨之，又润泽之；匪唯偏我，泛布护之；万物熙熙，怀而慕之。名山显位，望君之来。君兮君兮，侯不迈哉！

斑斑之兽，乐我君囿；白质黑章，其仪可喜；旼旼穆穆，君子之态。盖闻其声，今视其来。厥涂靡从，天瑞之征。慈尔于舜，虞氏以兴。

濯濯之麟，游彼灵畤。孟冬十月，君徂郊祀。驰我君舆，帝用享祉。三代之前，盖未尝有。

宛宛黄龙，兴德而升；采色玄耀，炳炳辉煌。正阳显见，觉寤黎烝。于传载之，云受命所乘。

厥之有章，不必谆谆。依类讬寓，谕以封峦。

披艺观之，天人之际已交，上下相发允答。圣王之事，兢兢翼翼。故曰于兴必虑衰，安必思危。是以汤、武至尊严，不失肃祗，舜在假典，顾省厥遗：此之谓也。

相如既卒五岁，上始祭后土。八年而遂礼中岳，封于太山，至梁甫，禅肃然。

相如它所著，若《遗平陵侯书》《与五公子相难》《草木书篇》，不采，采其尤著公卿者云。

赞曰：司马迁称："《春秋》推见至隐，《易本》隐以之显，《大雅》言王公大人，而德逮黎庶，《小雅》讥小己之得失，其流及上。所言虽殊，其合德一也。相如虽多虚辞滥说，然要其归引之于节俭，此亦《诗》之风谏何异？"扬雄以为靡丽之赋，劝百而风一，犹骋郑、卫之声，曲终而奏雅，不已戏乎！

译文：

相如作郎官几年，适逢唐蒙奉命开通夜郎及西面的僰中，征发马郡、蜀郡的官吏士座卒千人，郡中又多派出几万人从陆路水道给转运粮食，拿战时法处死违令的大帅，巴、蜀二郡原人民大为惊恐。皇上得知此事，便派遣司马相如责备唐蒙，趁此告知巴、蜀二郡的人民，说明唐蒙的这些做法并非皇上的本意。檄文说：

告知巴郡、蜀郡太守：蛮夷不服汉朝管辖，已有很长时间没有讨伐了。他们时常侵犯边境，使军士将佐劳苦。当今皇上登位，存恤抚养天下，和睦安稳中国。然后兴师出兵，在北方讨伐匈奴，单于恐惧，拱手臣服，屈膝求和。康居等西域各国，派使臣携带厚礼，进献贡品，参加祭祀。军队指向东方，闽越被平定。安抚右方的番禺，南粤王派遣太子入朝。南夷的君主，西僰的大帅，经常效劳，贡献朝廷，盼望早日归附道义，想为汉家效力，只因路程遥远，山河阻隔，不能亲自致意。那些不顺从的已经诛灭，而为善的未曾受到奖赏，因此派遣中郎将前往使其归服。征发巴郡、蜀郡的士卒各五百人，借以供奉礼品，警卫使者以防止发生意外，并没有发动战事，不会有战斗的忧患。如今听说中郎将竟兴起战时法，使年轻人感到惊恐，年高者心生忧患，郡中又擅自转运输送粮食物资，这都不是陛下的本意。应征的人只有的自杀，有的逃跑，这也不是臣民所应有的节操。

边境郡县的士卒，听说烽火举起，积薪燃烧，都拿上弓箭驰马进击，扛着武器奔向战场，累得汗水直流仍然紧紧相随唯恐落在人后。打起仗来撞击利刃，冒着飞箭，为了道义勇往直前，不向后退，人人怀着愤怒之心，简直如报私仇一样。他们难道喜死厌生，非编入户籍的良民，而与巴郡、蜀郡不是同一个君主吗？而是筹划思考深远，把国家的国难放在前面，乐意履行臣民的义务啊！过去有的人剖符封赏，分圭受爵，位至列侯，居住上等住宅，临死为后代留下尊贵的称号，给子孙传下封土，他们生前做事极为忠敬，居官甚为安逸，死后名声延续无穷，功业昭著永不灭绝。因此贤人君子，以肝脑涂抹中原，拿血肉滋润野草也在所不惜。如今搜钱大使到了南夷，即自相残杀，或者逃跑，至于受戮，身死而无美好的名声，应当称为最蠢的人，耻辱涉及父母，被天下人所讥笑。人的度量差距难道不是很远吗！当然这也不仅仅是那些应征的人的罪过，还在于他们的父兄往日教导不严，没有给子弟做出表率；人们没有操守不知羞耻，而风俗也不淳厚了。他们中的有些人遭受诛杀，不也是应该的吗！

当今皇上担心使者和官员会像这个样子，哀伤不贤的愚民也是如此，因此派遣诚信的使者把征发士卒的事明白地告知百姓，趁此机会斥责那些不忠逃跑和自杀的蠢人，责怪掌管教化的三老与孝弟不教诲之过。当前正值耕种时节，特别慎重考虑不去烦劳百姓，已经亲自面告郡旁近县之人，担心边远处所和溪谷山泽的人民不能普遍听到，檄文到达之日，赶快下发到各个县、道，普遍告知皇上的心意，希望不要忽视。

相如返回报告，唐蒙已经打通了夜郎，趁此开通去西南夷的道路，征发巴、蜀、广汉三郡的士卒，做工的几万人。筑道两年，道未修成，士卒多数死亡，耗费的钱拿亿来计算。蜀郡之民和汉朝当权者中的多数人说那对国家不利。当时邛夷和莋的长帅听说南夷与汉朝交往，得到的赏赐多，多数情愿成为汉朝的臣国，请求给他们设置官吏，使与南夷同等待遇。天子询问相如，相如说："邛、莋、冄、駹这些夷族靠近蜀郡，道路也容易开通，秦朝时曾经开通置为郡县，到汉朝建立后罢废。如今果真又开通它，给设置郡县，胜过南夷。"天子认为说得对，于是拜相如为中郎将，持节出使西夷。副使有王然于、壶充国、吕越人驾着四辆轻车，打算依靠巴、蜀二郡的官吏和财物来拉拢、收买西南夷。到达蜀郡，蜀郡太守及所属官员都到郊界之上迎接，县令亲自背负弓箭在前面引路，蜀郡的人以此为荣。于是卓王孙和临邛的长辈都凭借姻亲关系到相如门下，奉献牛肉和酒以讨取相如的欢心。卓王孙感叹不已，自以为让女儿匹配司马长卿晚了，便分给女儿丰厚的财物，使女儿和儿子分得的均等。司马长卿使人平定西南夷，邛、莋、冄、駹和斯榆的群众君长都请求臣服于汉朝。于是拆除旧的关隘，新关更加往外开展，西到沫水、若水，南达牂牁边界，开通零关道，在孙水上架桥，用以连通邛、莋。返回报告，天子大为高兴。

相如出使时，蜀郡年高者多数说开通西南夷没有用处，大臣也有人认为是这样的。相如想劝谏皇上，又想到本已建议在先，不敢背弃前言，便写文章，借与蜀郡父老谈话的形式，自己质问对方，用以讽谏天子，且就此宣告使者，让百姓知道天子的心意。他的文章说：

"汉朝兴起七十八年,恩德美盛已有六代,威武雄壮,恩惠深广,泽及群生,充满中外。于是派遣使者西征,荒蛮顺流退让,王风覆盖之处,无不随风偃倒。于是冉夷朝见,駹夷服从,平定筰都,抚恤邛都,占领斯榆,攻下苞蒲,车马络绎往返,将要东报朝廷,驱车到达成都。

"地方上德望高的年长者和高级官员等二十七人,庄严地去拜见使者。寒暄毕,就进言道:听说天子对于夷狄,原则上是牵制它们不使断绝关系罢了。如今使三郡的士卒疲劳,开通去夜郎的道路,三年至今,其功未成,士卒劳苦疲倦,万民供应不能满足,现在又接着开通西夷,百姓力尽,恐怕不能完成此业,这也是使者连累,私下为你担忧。况且邛都、筰都、西僰与中原并列,经历的年代已多,记不清了。自古帝王,虽有仁德不能招来,虽有强力不能并吞,想来恐怕是因其道路艰险遥远大概不可能吧!如今分割编户之民的财物而令夷狄之人富足,使帝王所依靠的平民疲困而干无用的事,开拓无用的地区,我们见识短浅,不知所说的对或是不对?"

使者说:"为什么说这话呢?倘若像你们所说的,那就是巴、蜀之民没有必要改变原先那些类似夷狄的服装习俗了。我总是不喜听这种话。然而这个事情重大,因此不是旁观者所能看得见的。我的行程紧急,没有机会给你们细解释了,请允许我给先生们粗略地陈述一下其中的情形。

大凡世间有异乎寻常的人才,然后才有异乎寻常的事业;有异乎寻常的事业,才有异乎寻常的功勋。异乎寻常,原本是平常的人见到之后以为奇异的。所以说异乎寻常的东西开始出现时,众民感到恐惧;及至它获得成功,天下便平安了。

从前洪水翻腾,泛滥漫延,人民趋高避低到处迁移,地面崎岖不得安居。夏禹为此忧愁,便堵塞洪水疏通江河,分散深水赈济救灾,从此水流东方,归入大海,天下永宁。当此费力之时,难道辛苦的只有人民吗?夏禹烦于思虑,亲自参与劳作,手脚上磨出了老茧,腿上看不到细毛,皮肤长不出汗毛。因此美好的功业显于万世,美名称颂流传至于今日。

要是贤明的君主践履大位,难道仅仅猥琐局促,拘泥于文字,牵涉于流俗,沿着古代的传说和记载,讨好当世、人云亦云吗?必将有崇高宏大的议论,能够开创基业传给后代,为子孙万世制定法度。故其能奔走趋赴而包容众物,勤于思索而与天地并列。况且《诗经》中不是说过:"普天之下,没有什么地方不是王的领土;四海之内,没有那一个不是王的臣民。"所以天地之内,八方之外,浸润有余,若有哪个有生命的东西没有受到滋润,那是贤明的君主认为耻辱的事。如今疆界之内,卿大夫之类,都得到了幸福,没有缺憾。而夷狄乃是习俗不同的地区,辽远隔绝,是流放叛逆的场所,那里车船不通,人迹罕至,政治和教化尚未推行,前代遗留的懿美风尚还不显露,接纳它则在边境上触犯礼仪,抛弃它则野蛮横行,肆意杀害他们的君主,颠倒君臣地位,尊卑等级混乱,父兄无罪被杀,儿童、孤儿沦为奴隶,被抓被抢被关押的人们哭号泣涕。内向中原而怨,说:"听说中原有最美的仁政,德政多而恩惠广,人们没有不合适的处所,今日偏偏为何遗弃了我。"立起脚跟想念,犹如枯萎干旱的草木渴望下雨。即使凶狠暴烈的人也会为此垂挂眼泪,何况当今皇上圣明,又怎能停止开通夷狄?所以向北面派出军队讨伐强悍的匈奴,向南面派遣急驰的使者责问强劲的南粤。派使者四面宣谕恩德,西夷和西南夷二方的君长们像鱼集上流,希望得到爵号的有几亿个。因此才以沫水、若水为关隘,拿牂牁江作边界,疏通去灵山的道路,在孙水的源头架桥。开创道德的通路,流传仁义的传统。将要广泛地施行恩惠,安抚和驾驭远方,使疏远者不被关闭,昏暗处有光明照耀,用以平息这儿的战事,停止那儿的征讨。远近一体,中外安康,不是也快乐吗?救助人民于水深火热,尊奉皇帝的美德,扭转末世的衰颓,继承周代开国君主的事业,这就是天子的当务之急。百姓虽然劳苦,又怎么可以停止呢?

况且帝王的事业本来就是从忧患开始而以安乐告终的。既然如此,那么天命的征兆,全在这里。将要增泰山之封,加梁父之禅的大事,使车上的鸾铃和谐叮当作响,让音乐和歌颂之声张扬,上与五帝同高大,下登三王之上。观看者没看到手指,谛听者没听见声音,好像鹪明已经翱翔在辽阔的天空,而张网捕鸟的人仍在注视着湖泽一样。可悲啊!

于是各位大夫茫然丧失了他们来时所抱的期望和进见时要陈述的意见,感叹地一道称颂说:"确实啊汉朝的恩德,这正是我们所希望听到的。百姓虽然劳倦,请让我们以身作则,走在百姓的前面。"精神怅惘而移足后退,过了一会儿而告辞退出。

自那以后,有人上书告相如出使时接受别人给予的金钱,被免去了官职。过了一年多,又被召见任为郎官。

相如口吃却擅长写文章。经常患消渴病。与卓氏结亲,财产丰饶。因此他担任官职,不曾愿意参与公卿和国家之事,托言有病闲居家中,不羡慕官职爵位。曾经跟随皇上到长杨宫打猎,这时天子正喜欢亲自击杀熊、野猪,赶着马追逐野兽,相如上疏劝谏。他上疏写道:

我听说有的人类型相同而能力不同,所以论力气称乌获,讲敏捷言庆忌,谈勇猛数孟贲和夏育。我愚昧,私下认为人确实有这种情形,兽类也应该如此。如今陛下喜爱登上险要的地方,射击猛兽,突然遇上特别厉害的野兽,在意料不到的地方使马受惊,撞击您清道的副车,乘舆来不及旋转车辕,侍卫没机会施展技巧,纵然有乌获、逢蒙那样的技艺,才能得不到发挥,就连枯朽的树木都可以成为祸害了。就像胡人越人起兵于车驾之下,而羌人、夷人把兵车开来,难道不危险吗?即使绝对安全无灾祸发生,然而这原本不是天子所应接近的地方啊。

况且警戒行人,随后前进,中断道路,驱车而行,也时常出现衔在马口中的铁勒和横木折断的事件,何况在繁茂的草丛中经过,到废墟的荒丘上奔驰,眼前有猎获野兽的快乐,内心没有应付意外事变的防备,恐怕灾祸也是不难发生的了。看轻帝王的尊位不以平安为乐事,而以行进在万一有危险的道路上为欢乐,我认为陛下不要这样做。

大概明察的人能远见尚未萌芽的事物,聪明的人能在尚无形迹的情况下避开灾祸,灾祸本来大多隐藏在不易察觉的地方,发生在人们疏忽大意的时候。所以俗谚说:"家中积累千金,不在屋檐垂瓦下坐。"这话虽然说的小事,却可以用来比喻大事。我希望陛下能留心和详审这些话。

皇上认为写得好。返回时路过宜春宫,相如献赋,用以哀悯秦二世行为的失误。他的辞写道:

登陂陁之长阪兮,坌入曾宫之嵯峨。临曲江之隑州兮,望南山之参差。岩岩深山之谾谾兮,通谷豁乎谽谺。汩淢靸以永逝兮，注平皋之广衍。观众树之蓊薆兮，览竹林之榛榛。东驰土山兮，北揭石濑。弭节容与兮，历吊二世。持身不谨兮，亡国失势；信谗不寤兮，宗庙灭绝。乌乎！操行之不得，墓芜秽而不修兮，魂亡归而不食。

相如被任命为孝文园令。天子赞美子虚之事以后，相如见皇上喜爱仙道，于是说："上林之事并不够美，还有华丽的。我曾经写作《大人赋》，尚未完成，请允许我写成献上。"相如认为传说的诸仙术士居住在山泽之间，形体容貌甚瘦，这不像是帝王的仙意，于是便写成《大人赋》。他的赋写道：

世有大人兮，在乎中州。宅弥万里兮，曾不足以少留。悲世俗之迫隘兮，揭轻举而远游。乘绛幡之素蜺兮，载云气而上浮。建格泽之修竿兮，总光耀之采旄。垂旬始以为幓兮，曳彗星而为髾。掉指桥以偃蹇兮，又猗抳以招摇。揽欃枪以为旌兮，靡屈虹而为绸。红杳眇以玄湣兮，猋风涌而云浮。驾应龙象舆之蠖略委丽兮，骖赤螭青虬之蚴蟉宛蜒。低卬夭蟜裾以骄骜兮，诎折隆穷蠼以连卷。沛艾赳螑仡以佁儗兮，放散畔岸骧以孱颜。跮踱輵辖容以骱丽兮，蜩蟉偃寋怵兒以梁倚。纠蓼叫奡踏以艐路兮，蔑蒙踊跃腾而狂趡。莅飒卉歙熛至电过兮，焕然雾除，霍然云消。

邪绝少阳而登太阴兮，与真人乎相求互折窈窕以右转兮，横厉飞泉以正东。悉征灵圉而先之兮，部署众神于摇光。使五帝先导兮，反大壹而从陵阳。左玄冥而右黔雷兮，前长离而后矞皇。厮征伯侨而役羡门兮，诏岐伯使尚方。祝融警而跸御兮，清气氛而后行。屯余车而万乘兮，綷云盖而树华旗。使句芒其将行兮，吾欲往乎南嫉。

历唐尧于崇山兮，过虞舜于九疑。纷湛湛其差错兮，杂遝胶辀以方驰。骚扰冲苁其纷挐兮，滂濞泱轧丽以林离。攒罗列聚丛以茏茸兮，衍曼流烂痑以陆离。径入雷室之砰磷郁律兮，洞出鬼谷之堀礨崴魁。遍览八纮而观四海兮，朅度九江越五河。经营炎火而浮弱水兮，杭绝浮渚涉流沙。奄息葱极泛滥水嬉兮，使灵娲鼓琴而舞冯夷。时若曖曖将混浊兮，召屏翳诛风伯，刑雨师。西望昆仑之轧沕荒忽兮，直径驰乎三危。排闾阖而入帝宫兮，载玉女而与之归。登阆风而遥集兮，亢乌腾而壹止。低徊阴山翔以纡曲兮，吾乃今日睹西王母。曒然白首戴胜而穴处兮，亦幸有三足乌为之使。必长生若此而不死兮，虽济万世不足以喜。

回车朅来兮，绝道不周，会食幽都。呼吸沆瀣兮餐朝霞，咀噍芝英兮叽琼华。僸傒寻而高纵兮，骛遗雾而远逝。迫区中之隘陕兮，舒节出乎北垠。遗屯骑于玄阙兮，轶先驱于寒门。下峥嵘而无地兮，上嵺廓而无天。视眩泯而亡见兮，听敞恍而亡闻。乘虚亡而上遐兮，超无友而独存。

相如进献《大人赋》后，天子大为高兴，飘飘然有凌云的气概，好像有遨游于天地之间的意思。

相如因病免职以后，居住在茂陵家中。天子说："司马相如病得厉害，可派人去把他写的书都拿回来，你现在去已经落在别人后面了。"派遣所忠前去时，相如已死，家中没有留下的书。问他的妻子，回答说："长卿原来不曾有书。他时常写书，又时常被人拿去。长卿没有死时，写了一卷书，说有使者来寻书时，就献给朝廷。"他写在本片上遗留下来的书，说的是封禅的事，所忠进献给天子，天子认为此书奇异。他的书说：

远古开天辟地之始，天生众民。历数历代君主，直到秦。循着近世的遗迹，听听远古的风声。混杂纷乱，沉埋而不为世所称道的，不计其数。发扬正大光明，崇尚尊号美谥，封禅于泰山者可说有七十二君，没有谁施政善良而不兴盛，谁逆行失德而能久存？

轩辕之前，时间极远，事物邈茫，其间的详情已无从知道了。五帝、三王由于《六经》典籍的记载和传说，其遗风可知。《尚书》说："君主英明啊，大臣得力。"据此而论，君主没有哪个能比唐尧美盛，臣下没有哪个比后稷贤能。后稷在唐尧时创立王业，公刘在西戎得志，文王改革制度，至周极为昌盛，实现太平之道，功业由此而成，以后虽衰颓微弱，千载没有恶声，难道不是善始善终！然而没有别的缘故，不过是在开始时谨慎，在终结时小心地秉承遗训罢了。所以规范简易，容易遵奉；恩德深广，容易富足；法度明确，容易仿效；基业承接顺理，容易继承。因此王业在成王时兴隆，功绩却在文王、武王时造就。度量其始，竟于所终，没有特别突出和异乎寻常的事迹可以和汉朝相比较。因此应登上泰山和梁父山，建立显贵的尊号，施加崇高的美名。大汉的恩德，像源泉一样涌流，泽及遍地，广被四方，像云雾一样散布，上通九天，下流八方。凡属生物，皆被恩泽，和气横溢四方，武威烈焰奔腾，近狭之地游经根本，远阔之处泽及枝叶，罪魁祸首皆已湮灭，夷狄之人见到光明，各种动物欢乐喜悦，回过头来面向中原。然后蓄养成群的珍贵的驺虞，拦截罕见的麋鹿怪兽，从庖厨选一茎六穗之米供给祭祀，拿长出双角的野兽作为祭品，在岐山之旁获得周代放养的遗龟，在沼泽招来黄帝登仙时乘坐的神马，至德与神明相通，仙人在闲馆旅居，奇物变化莫测，卓越之才可以深究变化。敬佩啊，符光祥瑞至此，仍然以为德薄，不敢讲到封禅。周代时跳跃的鱼儿坠落到船上，武王烘烤了拿它祭天，把它作为符兆，是多么微小啊，但是要是以白鱼为祥瑞去登上泰山，不是显得惭愧吗？周朝不可以封禅而去封禅，汉朝可以封禅而不封禅，争、让差异多么大啊！

于是大司马向皇上进言说："陛下仁爱抚育天下百姓，依仗道义征讨不顺，华夏乐意贡献，蛮夷赍礼朝见，德同当初，功无与比，盛美的功业融和，符兆祥瑞多变，应期相续而至，不独初创而见。想来大概是泰山和梁父山的坛场盼望皇上临幸，欲加上尊号以和前代比荣耀，上天垂恩积福于下，要实行庆告成功之礼，陛下谦虚礼让，不肯举行封禅。断绝天、地、山三神的喜欢，使王道的礼仪缺失，群臣惭愧呀！有人说，况且天意诚然已经暗示，珍稀的符兆本来不可辞让；假若辞让它，就是泰山将无立表记的机会而梁父山无享受祭礼的希望了。况自古帝王如果都是与时而荣，帝位结束而祭祀断绝，述说者还有什么称述于后代，而能说有七十二位君主封禅过泰山呢？德行修明而赐给符瑞，尊奉符瑞而行封禅，不算是苟进越礼。所以圣明的君主不废封禅，而尊敬地礼奉土神，诚恳地谒告天神，在中岳刻石记功，以此彰明至上的地位，舒展隆盛的德行，显露荣耀的称号，承受丰厚的福禄，用以浸润众民。这种事美盛啊！天下的雄伟景象，帝王的宏大事业，不可减损呀！希望陛下办得更加完备。然后汇集群儒见解，使他们得到日月余光末焰的照耀以提拔他们的官职，施展他们的事业，因而兼天时正人事陈列封禅意义，校订润饰其文，作为《春秋》笔法新的一经，将沿袭原有的"六经"而增为"七经"，述之无穷，使万代得以激发忠义之士，光大隐微之波，飞传英华之声,腾驰茂盛之实。以前的圣君之所以能够永远保持他的美名而时常被赞颂,就在于这个缘故,应该让太师掌故把封禅的礼仪哇呈奏给您观览。"

于是天子感动地改变了神色,说:"是啊,我来尝试一下吧!"便改变想法,转换念头,总括公卿的议论,咨询封禅的大事,作诗歌咏大泽的广博,增广符瑞的富饶。于是作颂说:

自我天覆,云之油油。甘露时雨,厥壤可游。滋液渗漉,何生不育!嘉谷六穗,我稿曷蓄?

匪唯雨之,又润泽之;匪唯偏我,汜布护之;万物熙熙,怀而慕之。名山显位,望君之来。君兮君兮,侯不迈哉!

斑斑之兽,乐我君圃;白质黑章,其仪可喜;旼旼穆穆,君子之态。盖闻其声,今视其来。厥涂靡从,天瑞之徵。兹尔于舜,虞氏以兴。

濯濯之麟,游彼灵畤。孟冬十月,君徂郊祀。驰我君舆,帝用享祉。三代之前,盖未尝有。

宛宛黄龙,兴德而升;采色玄耀,炳炳辉煌。正阳显见,觉寤黎烝。于传载之,云受命所乘。

厥之有章,不必谆谆。依类托寓,谕以封峦。

翻开《六经》来看,天道和人道界限已经连接,上天和下民相互表达和谐。圣王的事业,兢兢业业,小心翼翼。所以说"兴盛的时候一定要考虑衰亡,平安的时候一定要想到危险"。因此商汤和周武王居至尊之位,不失恭敬之礼;虞舜观察星象,察看政事的得失。说的就是这回事。

司马相如已死去五年，天子方才祭祀地神。八年，遂先敬中岳之神，再封泰山，到梁父山祭肃然山。

相如的其他著作，如《遗平陵侯书》《与五公子相难》《草木书篇》等篇没有采用，只采用他在公卿大臣中特别知名的文章。

赞说：太史公称："《春秋》以微妙的言辞推求人事大义，《易经》以自然之微妙著明人事。《大雅》言王公大人而德至平民，《小雅》以己之得失非难政事，其流言至于王公大人。所以言辞的外表虽有不同，在符合道德标准上都是一致的。相如虽然多有虚构言辞和夸张说法，然而其要领归结到一处，还在于提倡节俭。这与《诗经》的讽谏没什么不同？"扬雄以为他华丽的辞赋，鼓励奢靡的言辞占多数，劝谏节俭的言辞不过百分之一，好像奔驰在淫靡的郑、卫声中，曲终时才奏点雅乐，这种说法不是太轻率儿戏吗？

汉书卷六十一

张骞李广利传第三十一

张 骞

张骞，汉中人也，建元中为郎。时，匈奴降者言匈奴破月氏王，以其头为饮器，月氏遁而怨匈奴，无与共击之。汉方欲事灭胡，闻此言，欲通使，道必更匈奴中，乃募能使者。骞以郎应募，使月氏，与堂邑氏奴甘父俱出陇西。径匈奴，匈奴得之，传诣单于。单于曰："月氏在吾北，汉何以得往使？吾欲使越，汉肯听我乎？"留骞十余岁，予妻，有子，然骞持汉节不失。

居匈奴西，骞因与其属亡乡月氏，西走数十日，至大宛。〔大宛〕闻汉之饶财，欲通不得，见骞，喜，问欲何之。骞曰："为汉使月氏而为匈奴所闭道，今亡，唯王使人道送我。诚得至，反汉，汉之赂遗王财物不可胜言。"大宛以为然，遣骞，为发译道，抵康居。康居传致大月氏。大月氏王已为胡所杀，立其夫人为王。既臣大夏而君之，地肥饶，少寇，志安乐。又自以远远汉，殊无报胡之心。骞从月氏至大夏，竟不能得月氏要领。

留岁余，还，并南山，欲从羌中归，复为匈奴所得。留岁余，单于死，国内乱，骞与胡妻及堂邑父俱亡归汉。拜骞太中大夫，堂邑父为奉使君。

骞为人强力，宽大信人，蛮夷爱之。堂邑父胡人，善射，穷急射禽兽给食。初，骞行时百余人，去十三岁，唯二人得还。

骞身所至者，大宛、大月氏、大夏、康居，而传闻其旁大国五六，具为天子言其地形所有，语皆在《西域传》。

骞曰："臣在大夏时，见邛竹杖、蜀布，问：'安得此？'大夏国人曰：'吾贾人往市之身毒国。身毒国在大夏东南可数千里。其俗土著，与大夏同，而卑湿暑热。其民乘象以战。其国临大水焉。'以骞度之，大夏去汉万二千里，居西南。今身毒又居大夏东南数千里，有蜀物，此其去蜀不远矣。今使大夏，从羌中，险，羌人恶之；少北，则为匈奴所得；从蜀，宜径，又无寇。"天子既闻大宛及大夏、安息之属皆大国，多奇物，土著，颇与中国同俗，而兵弱，贵汉财物；其北则大月氏、康居之属，兵强，可以略遗设利朝也。诚得而以义属之，则广地万里，重九译，致殊俗，威德遍于四海。天子欣欣以骞言为然。乃令因蜀犍为发间使，四道并出：出駹，出莋，出徙、邛，出僰，皆各〔行〕一二千里。其北方闭氐、莋，南方闭巂、昆明。昆明之属无君长，善寇盗，辄杀略汉使，终莫得通。然闻其西可千余里，有乘象国，名滇越，而蜀贾间出物者或至焉，于是汉以求大夏道始通滇国。初，汉欲通西南夷，费多，罢之。及骞言可以通大夏，及复事西南夷。

骞以校尉从大将军击匈奴，知水草处，军得以不乏，乃封骞为博望侯。是岁，元朔六年也。后二年，骞为卫尉，与李广俱出右北平击匈奴。匈奴围李将军，军失亡多，而骞后期当斩，赎为庶人。是岁，骠骑将军破匈奴西边，杀数万人，至祁连山。其秋，浑邪王率众降汉，而金城、河西并南山至盐泽，空无匈奴。

匈奴时有候者到，而希矣。后二年，汉击走单于于幕北。

天子数问骞大夏之属。骞既失侯，因曰："臣居匈奴中，闻乌孙王号昆莫。昆莫父难兜靡本与大月氏俱在祁连、敦煌间，小国也。大月氏攻杀难兜靡，夺其地，人民亡走匈奴。子昆莫新生，傅父布就翎侯抱亡置草中，为求食，还，见狼乳之，又乌衔肉翔其旁，以为神，遂持归匈奴，单于爱养之。及壮，以其父民众与昆莫，使将兵，数有功。时，月氏已为匈奴所破，西击塞王。塞王南走远徙，月氏居其地。昆莫既健，自请单于报父怨，遂西攻破大月氏。大月氏复西走，徙大夏地。昆莫略其众，因留居，兵稍强，会单于死，不肯复朝事匈奴。匈奴遣兵击之，不胜，益以为神而远之。今单于新困于汉，而昆莫地空。蛮夷恋故地，又贪汉物，诚以此时厚赂乌孙，招以东居故地，汉（遗）〔遣〕公主为夫人，结昆弟，其势宜听，则是断匈奴右臂也。既连乌孙，自其西大夏之属皆可招来而为外臣。"天子以为然，拜骞为中郎将，将三百人，马各二匹，牛、羊以万数，赍金币帛直数千巨万，多持节副使，道可便遣之旁国。骞既至乌孙，致赐谕指，未能得其决。语在《西域传》。骞即分遣副使使大宛、康居、月氏、大夏。乌孙发译道送骞，与乌孙使数十人，马数十匹。报谢，因令窥汉，知其广大。

骞还，拜为大行。岁余，骞卒。后岁余，其所遣副使通大夏之属者皆颇与其人俱来，于是西北国始通于汉矣。然骞凿空，诸后使往者皆称博望侯，以为质于外国，外国由是信之。其后，乌孙竟与汉结婚。

初，天子发书《易》，曰"神马当从西北来"。得乌孙马好，名曰："天马"。及得宛汗血马，益壮，更名乌孙马曰"西极马"，宛马曰"天马"云。而汉始筑令居以西，初置酒泉郡，以通西北国。因益发使抵安息、奄蔡、犛轩、条支、身毒国。而天子好宛马，使者相望于道，一辈大者数百，少者百余人，所赍操，大放博望侯时。其后益习而衰少焉。汉率一岁中使者多者十余，少者五六辈，远者八九岁，近者数岁而反。

是时，汉既灭越，蜀所通西南夷皆震，请吏。置牂柯、越巂、益州、沈黎、文山郡，欲地接以前通大夏。乃遣使岁十余辈，出此初郡，〔皆〕复闭昆明，为所杀，夺币物。于是汉发兵击昆明，斩首数万。后复遣使，竟不得通。语在《西南夷传》。

自骞开外国道以尊贵，其吏士争上书言外国奇怪利害，求使。天子为其绝远，非人所乐，听其言，予节，募吏民无问所从来，为具备人众遣之，以广其道。来还不能无侵盗币物，及使失指，天子为其习之，辄复按致重罪，以激怒令赎，复求使。使端无穷，而轻犯法。其吏卒亦辄复盛推外国所有，言大者予节，言小者为副，故妄言无行之徒皆争相效。其使皆私县官赍物，欲贱市以私其利。外国亦厌汉使人人有言轻重，度汉兵远，不能至，而禁其食物，以苦汉使。汉使乏绝，责怨，至相攻击。楼兰、姑师小国，当空道，攻劫汉使王恢等尤甚。而匈奴奇兵又时时遮击之。使者争言外国利害，皆有城邑，兵弱易击。于是天子遣从票侯破奴将属国骑及郡兵数万以击胡，胡皆去。明年，击破姑师，虏楼兰王。酒泉列亭障至玉门矣。

而大宛诸国发使随汉使来，观汉广大，以大鸟卵及（黎轩）〔犛轩〕眩人献于汉，天子大说。而汉使穷河源，其山多玉石，采来，天子案古图书，名河所出山曰昆仑云。

是时，上方数巡狩海上，乃悉从外国客，大都多人则过之，散财帛赏赐，厚具饶给之，以览视汉富厚焉。大角氏，出奇戏诸怪物，多聚观者，行赏赐，酒池肉林，令外国客遍观〔名〕〔各〕仓库府臧之积，欲以见汉广大，倾骇之。及加其眩者之工，而角氐奇戏岁增变，其益兴，自此始。而外国使更来更去。大宛以西皆自恃远，尚骄恣，未可诎以礼羁縻而使也。

汉使往既多，其少从率进孰于天子，言大宛有善马在贰师城，匿不肯示汉使。天子既好宛马，闻之甘心，使壮士车令等持千金及金马以请宛王贰师城善马。宛国饶汉物，相与谋曰："汉去我远，而盐水中数有败，出其北有胡寇，出其南乏水草，又且往往而绝邑，乏食者多。汉使数百人为辈来，常乏食，死者过半，是安能致大军乎？且贰师马，宛宝马也。"遂不肯予汉使。汉使怒，妄言，椎金马而去。宛中贵人怒曰："汉使至轻我！"遣汉使去，令其东边郁成王遮攻，杀汉使，取其财物。天子大怒。诸尝使宛姚定汉等言："宛兵弱，诚以〔汉〕兵不过三千人，强弩射之，即破宛矣。"天子以尝使浞野侯攻楼兰，以七百骑先至，虏其王，以定汉等言为然，而欲侯宠姬李氏，乃以李广利为将军，伐宛。

骞孙猛，字子游，有俊才，元帝时为光禄大夫，使匈奴，给事中，为石显所谮。自杀。

译文：

张骞，汉中人，汉武帝建元年间为郎官。当时，投降汉朝的匈奴人说匈奴打败月氏王后，用月氏王的头作为饮酒的用具，月氏人逃走了并且很怨恨匈奴，但是没有人援助它共同打击匈奴。汉朝此时正打算消灭匈奴，听到这话，想派人出使月氏，但途中必经匈奴地区，于是就招募敢于出使月氏的人。当时张骞以郎官的身份应募。他出使月氏，带着姓堂氏邑的奴隶名叫甘父（简称堂邑父，匈奴人）的，一道从陇西出发。在经过匈奴地区时，被匈奴人抓获，用传车送至单于处。单于说："月氏在我们的北面，汉朝为什么要向月氏派使者？我想派使者到南越，汉朝肯答应我的使者去吗？"就扣留了张骞十余年，还给他娶了妻子，有了孩子。可是张骞始终保留着汉朝出使用的节，没有丢失。

张骞住在匈奴的西边。他乘机与他的部下向月氏方向逃去。他们向西逃了数十日，到达大宛。大宛人早就听说汉朝富庶，想和汉朝往来，但未能办到。这些人见到张骞来，就问张骞要到哪儿去。张骞说："是为汉朝出使月氏的，路上被匈奴所阻拦。如今逃出来，希望大王您派人做向导送我一下，果真到达大月氏的话，我回到汉朝，汉朝送给您的礼物会多得说不完。"大宛王认为张骞说得对，打发走张骞，并为他派了翻译和向导，送到康居。康居人又将他们送到大月氏。此时，大月氏王已为匈奴所杀，大月氏人拥立了王的夫人为王。他们已征服并占领了大夏，成为这里的君主。这里土地肥沃，很少有外来的侵扰，他们志在讨安宁快乐的生活，又自认为远离汉朝而疏远了与汉朝的关系，根本没有报复匈奴之心。张骞从大月氏到大夏，一直没有得到结果。

张骞在那里停留了一年多，回来时，沿着昆仑山、阿尔金山和祁连山，想从羌族地区返回，可是又被匈奴人抓住。在匈奴被扣留了一年多，恰逢单于死，匈奴内部混乱，张骞使与他的匈奴妻子及堂邑父一起逃回汉朝。汉武帝授予他为太中大夫，堂邑父为奉使君。

张骞为人坚强而有毅力，宽宏大量，待人真诚，少数民族人喜欢他。堂邑父匈奴人，善于射箭，在穷困危急的关头，就射取禽兽作为食物。当初，张骞出行时有一百余人，去了十三年，只有他和堂邑父两人回来。

张骞亲身所到过的地方，有大宛、大月氏、大夏、康居等国。

他听说在这些国家的旁边还有五六个大国,他一一向汉武帝讲述了这些国家的地形和物产。所说的内容都在《西域传》里。

张骞说:"我在大夏的时候,见到邛那个地方的竹杖和蜀郡产的细布。问他们从哪儿得到这些东西,大夏国人说:'是我国的商人从身毒国(印度)买来的。身毒国在大夏东南、大约有数千里地。那里的风俗是过着定居的生活,和大夏相同,但地势低洼,潮湿,气候炎热。那里的人骑着大象打仗,国家滨临大水。'根据我的推测,大夏距离汉朝约有一万二千里,在汉朝的西南,现在是身毒,又在大夏东南数千里,有蜀郡的物产,这样看来,身毒距离蜀不远。现在出使大夏,从羌族地区经过,很危险,羌族人很厌恶汉朝;稍稍往北,则会被匈奴人俘获;如果从蜀郡走,当是方便的道路,又无侵扰。"汉武帝听说大宛和大夏、安息等国家都是大国,有许多奇怪的物产,又过着定居的生活,与汉朝的风俗相同。而兵力很弱,很看重汉朝的财物;其北方则是大月氏、康居等国,兵力强大,可以用赠送财物、给他们以好处的方法,诱使他们前来朝见汉天子。果真能够这样做并用道义的力量使他们归附汉朝,那些汉朝就可扩大疆土一万余里,有些民族的人到朝廷来,要经多重翻译才能道晓语言,一些奇风异俗的少数民族也前来归附,汉朝的威望德泽就可普及四海。汉武帝很高兴,认为张骞说得很有道理。于是下令通过蜀郡和犍为郡派遣探路的使者,分四路同时出发。一路从冉駹出发,一路从莋都出发,一路从徙和邛都出发,一路从僰出发,各有一二千里路程。可是北方的通道为氐族和莋都夷所阻挡,南方的通道为嶲和昆明所阻。昆明等少数民族没有君长,善于劫掠和盗窃,每每杀害过往的汉使,夺走财物,这条路终于没能打通。不过听说昆明西边大约千余里的地方,有乘象国,名叫滇越,蜀郡有些私自往来买卖货物的商人到过那儿。于是汉朝因寻求通往大夏的道路而开始与滇国往来。当初，汉朝想与西南夷通使，由于费用太多，停止了这项工作。及至张骞说可经西南夷通往大夏，汉朝才着手打通西南夷之路。

张骞以校尉的身份跟随大将军卫青出击匈奴，因为他了解水草分布的地方，军队才能不缺给养，于是封张骞为博望侯。这年是汉武帝元朔六年（公元前123年）。两年以后，张骞作为卫尉，与李广将军一起从右北平出发抗击匈奴，匈奴包围李将军，汉军伤亡惨重，而张骞晚于约定的时间到达，按军法当处以斩刑，他用官爵赎为平民。这一年，骠骑将军霍去病在西边打败匈奴，杀数万人，直至祁连山。秋天，匈奴浑邪王率领他的部众投降汉朝。于是，从金城、河西走廊，沿祁连山直至盐泽一带空无匈奴。匈奴时或有侦察兵前来，但也为数很少。又过了两年，汉朝击退匈奴单于并赶往漠北。

汉武帝多次向张骞询问大夏等国的情况。此时张骞已失去了侯的封号。就回答道："我住在匈奴的时候，听说乌孙王名昆莫，昆莫的父亲难兜靡本来和大月氏都住在祁连山、敦煌一带，是个小国。大月氏攻打杀害了难兜靡，强占他的地盘，乌孙人逃亡、投奔匈奴。难兜靡的儿子昆莫那时刚出生不久，傅父布就翎侯抱着他逃亡，途中将他放在草丛中，去为他寻找食物。回来时，见狼正在给他喂奶，又有乌鸦衔着肉在旁边盘旋，以为昆莫是神，就抱着昆莫归附匈奴，单于喜欢他，将他抚养成人。昆莫长大后，单于把他父亲的民众交还给他，让他带兵打仗，昆莫屡次建立战功。那时，月氏已被匈奴打败，向西进攻塞王。塞王南逃迁往远方，月氏人便居住在塞王的地盘上。昆莫的力量壮大后，亲自请求单于允许他替父报仇，于是向西攻败大月氏，大月氏人再次西逃,迁往大夏人居住的地方。昆莫掠夺其民众,就留居在大月氏人的土地上,兵力逐渐强大起来,正好碰上匈奴单于死,于是不肯再入朝侍奉匈奴,匈奴派军队攻打他,无法战胜,更认为昆莫是神而远离他。如今单于刚被汉朝打败,处于窘困的境地,而昆莫原来的地方无人居住。少数民族依恋故土,又贪心汉朝的财物,如果在此时多多地送些财物给乌孙,招引他们到东边来居住在原来的土地上,汉朝送公主给乌孙王作夫人,双方结为兄弟关系,根据以上对形势的分析,乌孙一定会听从我们的建议,那么这就等于切断了匈奴的右臂。联合了乌孙,自乌孙以西的大夏等国,都可招来而为您的外臣。"汉武帝认为张骞说得对,授予张骞中郎将的官职,率三百人,每人马各二匹,赶着上万计的牛羊,随身携带价值数千巨万的黄金和礼物,还有许多持节副使随行,出使乌孙。道路方便的话,就派持节副使出使乌孙旁边的国家。张骞到达乌孙后,将汉武帝的礼物送给乌孙王并转达了汉武帝的旨意,但未能获得乌孙王的明确表态。具体内容记载在《西域传》里。张骞便分别派遣副使出使大宛、康居、月氏、大夏。乌孙王派翻译向导护送张骞。乌孙使者数十人,马数十匹随张骞回汉朝答谢汉武帝,趁机让他们察看汉朝的情况,了解到了汉朝的广大。

张骞返回汉朝,被授予大行官。一年多后,张骞去世。又过了一年多,他所派遣去通大夏等国的副使大都与这些国家的使节一同回到汉朝,于是西北各国开始了与汉朝的交通往来。不过由于张骞开辟了通西域的道路,后来出使西域的人都仿效张骞,称博望侯,以此来取信于外国,外国人因此而信任他们。那以后,乌孙王终于与汉公主结婚。

当初,汉武帝打开《易》书占卜,说:"神马当从西北来。"得了乌孙马觉得好,给它起名为"天马"。等到又得了大宛汗血马,它比乌孙马更加膘壮,便将乌孙马改名为"西极马",称大宛马为"大马"。并且汉朝开始从令居向西筑塞,新设酒泉郡,以便于通往西域各国。于是,汉朝增派使者到安息、奄蔡、犛靬、条支、身毒国。且汉武帝喜欢大宛马,出使西域的使者相望于道,一批多者数百人,少者百余人,所携带的东西,完全仿效博望侯张骞时的盛况。其后,随着对西域情况的日益熟悉,每批使者的人数越来越少,汉朝时大概一年中使者多者十余批,少者五六批,远的八九年,近的几年就可往返。

这个时候,汉朝已灭了南越,与蜀郡相通的西南夷都很震动,他们请求汉朝在那儿设治并派官吏进行治理。汉朝在西南夷设置了牂柯、越巂、益州、沈黎、文山郡,想用在西南夷设郡的办法,地界相接,向前通往大夏。于是汉朝每年派使者十余批,从这些新设置的郡出发,但都再次被昆明夷所阻绝,汉使被杀、礼品遭劫。于是汉朝发兵出击昆明,斩首数万。后来又派使者,终不能通过。详情在《西南夷传》里。

自从张骞开辟了通西域的道路而获得尊贵的地位,那些吏士争着上书谈论外国物产的稀奇古怪以及它们通使的利害关系,请求出使。汉武帝因为西域偏僻遥远,并非人人都乐意去,便接受他们的言论,给予出使的符节,招募官吏和百姓而不问应募者的身份资历,为这些人准备好随行人员打发他们出使,以此扩大出使西域人员的来源。这些人回来时,难免有劫掠和盗窃来的财物,以及执行使命时违背汉武帝的旨意,汉武帝因为他们熟悉西域的情况,就每每审查他们并致以重罪,以激发他们发奋去立功赎罪,再次请求出使西域。出使西域的缘由无穷无尽,且轻视犯法。那些吏卒也每每一再地极为推崇外国的物产,夸张程度大的，被给予符节，为正使，夸张程度小的为副使。故无稽之谈者及无良好品行之徒都争相仿效。使者们大都将天子送给西域各国的礼物据为己有，想以较低的价格卖出以从中牟利。外国人也厌恶汉使人人言语轻重不实，估计路远汉军不能到达，便断绝汉军的食物供应，使他们陷于困苦的境地。汉使生活穷困，谴责抱怨西域国家，以至于相互攻击。楼兰、姑师等小国，地处交通要道，攻击、劫掠汉使王恢等尤为厉害，且匈奴奇兵更是时时截击汉使。使者们争相谈论征服这些国家对汉朝有利，不讨伐它则对汉朝有害，这些国家都有城邑，军队战斗力弱，易于攻击。于是汉武帝派从票侯赵破奴，率领西域各属国骑兵及各郡兵力数万人反击匈奴，匈奴兵全部逃窜。第二年，赵破奴击败姑师，俘虏了楼兰王。汉朝从酒泉郡起布列了边防哨所，直至玉门关。

大宛诸国派使者随汉使来到汉朝，看到汉朝的广大，他们向汉朝献上驼鸟卵和犛靬的幻术家，汉武帝大喜。汉使穷尽黄河的源头，那里的山多玉石，汉使采来运回汉朝，汉武帝查考了古地图书籍，将黄河源头所出之山命名为"昆仑山"。

这时，汉武帝正好多次到海边视察，身边竟全是外国客人跟随着。凡属大都市或人多的地方就打那儿经过，散发财物布帛进行赏赐，备办丰厚的礼物送给他们，以此来展示汉朝财力的雄厚。表演大角氐、奇戏等新奇的东西，引来众多的围观者，大行赏赐，酒池肉林。让外国客人遍观汉朝各仓库府藏的储积，想以此显示汉朝的广大。使他们对汉朝的强大既佩服又诧异。至于增加幻术家的技艺，角氐、奇戏花样的年年增变，它们的进一步兴起，就是从汉武帝时开始的。且外国使者不断地交替往来，络绎不绝。大宛以西的国家都自恃离汉朝遥远，还是骄傲放纵，汉朝没能使他们屈服，就是用礼尚往来的方式与他们保持联系，出使这些国家。

汉朝出使到西域的人已很多,那些少年从使多用虚美的言辞怂恿汉武帝,说大宛有好马在贰师城,藏起来不肯让汉使看到。汉武帝喜欢宛马,听说后一心想得到它,他派壮士车令等带着千金和金马去请求大宛王送给贰师城好马。大宛国有许多汉朝财物,他们互相商量道:"汉朝离我们很远,且人从盐泽一带经过每有死亡,从它的北面经过有匈奴的骚扰,从南面来则缺乏水草,加上沿途处处没有城邑、缺乏食物的情况经常发生。汉使一批数百人前来,常常缺乏食物,死者过半。这样的情况怎么能派大军来呢?况且贰师马是大宛的宝马啊。"终不肯给汉使。汉使大怒,痛骂一通,椎破金马拂袖而去。大宛国的贵臣们怒道:"汉使太轻视我们了!"令汉使离开大宛国,又让东边的郁成王拦击他们,杀害汉使夺取他们的财物。汉武帝大怒。曾出使过大宛的姚定汉等人说:"大宛兵弱,若用近三千的汉军,弹弓劲弩向他们射击,便可打败他们。"汉武帝因曾派浞野侯赵破奴攻打楼兰,以七百骑兵先到楼兰,俘虏了楼兰王,故认为姚定汉等人言之有理。而想封宠姬李夫人的兄弟为侯,便以李广利为将军讨伐大宛。

张骞孙张猛,字子游,颇有才智,元帝时为光禄大夫,出使过匈奴,加官给事中,被石显陷害而自杀。

汉书卷六十八

霍光金日䃅传第三十八

金日䃅

金日䃅字翁叔，本匈奴休屠王太子也。武帝元狩中，票骑将军霍去病将兵击匈奴右地，多斩首，虏获休屠王祭天金人。其夏，票骑复西过居延，攻祁连山，大克获。于是单于怨昆邪、休屠居西方多为汉所破，召其王欲诛之。昆邪、休屠恐，谋降汉。休屠王后悔，昆邪王杀之，并将其众降汉。封昆邪王为列侯。日䃅以父不降见杀，与母阏氏、弟伦俱没入官，输黄门养马，时年十四矣。

久之，武帝游宴见马，后宫满侧。日䃅等数十人牵马过殿下，莫不窃视，至日䃅独不敢。日䃅长八尺二寸，容貌甚严，马又肥好，上异而问之，具以本状对。上奇焉，即日赐汤沐衣冠，拜为马监，迁侍中、驸马都尉、光禄大夫。日䃅既亲近，未尝有过失，上甚信爱之，赏赐累千金，出则骖乘，入侍左右。贵戚多窃怨，曰："陛下妄得一胡儿，反贵重之！"上闻，愈厚焉。

日䃅母教诲两子，甚有法度，上闻而嘉之。病死，诏图画于甘泉宫，署曰"休屠王阏氏"。日䃅每见画常拜，乡之涕泣，然后乃去。日䃅子二人皆爱，为帝弄儿，常在旁侧。弄儿或自后拥上项，日䃅在前，见而目之。弄儿走且啼曰："翁怒。"上谓日䃅"何怒吾儿为？"其后弄儿壮大，不谨，自殿下与宫人戏，日䃅适见之，恶其淫乱，遂杀弄儿。弄儿即日䃅长子也。上闻之大怒，日䃅顿首谢，具言所以杀弄儿状。上甚哀，为之泣，已而心敬日䃅。

初，莽何罗与江充相善，及充败卫太子，何罗弟通用诛太子时力战得封。后上知太子冤，乃夷灭充宗族党与。何罗兄弟惧及，遂谋为逆。日䃅视其志意有非常，心疑之，阴独察其动静，与俱上下。何罗亦觉日䃅意，以故久不得发。是时，上行幸林光宫，日䃅小疾卧庐。何罗与通及小弟安成矫制夜出，共杀使者，发兵。明旦，上未起，何罗亡何从外入。日䃅奏厕心动，立入坐内户下。须臾，何罗袖白刃从东箱上，见日䃅，色变，走趋卧内欲入，行触宝瑟，僵。日䃅得抱何罗，因传曰："莽何罗反！"上惊起，左右拔刃欲格之，上恐并中日䃅，止勿格。日䃅捽胡投何罗殿下，得禽缚之，穷治，皆伏辜。由是著忠孝节。

日䃅自在左右，目不忤视者数十年。赐出宫女，不敢近。上欲内其女后宫，不肯。其笃慎如此，上尤奇异之。及上病，属霍光以辅少主，光让日䃅。日䃅曰："臣外国人，且使匈奴轻汉。"于是遂为光副。光以女妻日䃅嗣子赏。初，武帝遗诏以讨莽何罗功封日䃅为秺侯，日䃅以帝少不受封。辅政岁余，病困，大将军光白封日䃅，卧授印绶。一日，薨，赐葬具冢地，送以轻车介士，军陈于茂陵，谥曰敬侯。

日䃅两子，赏、建，俱侍中，与昭帝略同年，共卧起。赏为奉车，建驸马都尉。及赏嗣侯，佩两绶。上谓霍将军曰："金氏兄弟两人不可使俱两绶邪？"霍光对曰："赏自嗣父为侯耳。"

上笑曰："侯不在我与将军乎？"光曰："先帝之约，有功乃得封侯。"时年俱八九岁。宣帝即位，赏为太仆，霍氏有事萌牙，上书去妻。上亦自哀之，独得不坐。元帝时为光禄勋，薨，亡子，国除。元始中继绝世，封建孙当为秺侯，奉日磾后。

初，日磾所将俱降弟伦，字少卿，为黄门郎，早卒。日磾两子贵，及孙则衰矣。而伦后嗣遂盛，子安上始贵显封侯。

译文：

金日磾字翁叔，原为匈奴休屠王太子。武帝元狩中，骠骑将军霍去病率军击匈奴右侧地区，多杀伤，虏获休屠王祭天金人。其夏，骠骑将军再度西过居延县，进攻祁连山，重创匈奴，缴获众多。于是单于怨昆邪王、休屠王驻守西部却多次被汉军击败。召二王并准备诛杀。昆邪、休屠恐惧，策划降汉之谋。休屠后悔，昆邪王及时杀掉休屠王，并率领他的部众一道降汉。汉封昆邪王为列侯。金日磾因父不降被杀，与母阏氏、弟伦都被抓起来，沦为官奴，送到黄门养马，当时只有十四岁。

过了很久，武帝游宴召阅诸部所养之马，后宫聚满了马。日磾等数十人牵马过殿下，无不窃视，到日磾过时独不敢视。日磾身长八尺二寸，容貌甚严肃，马又肥好，皇上惊异。皇上视日磾奇伟，即日赐洗沐衣冠，拜为马监，迁侍中驸马都尉光禄大夫。日磾亲近之后，不曾有丝毫过失，皇上信任宠爱他，赏赐多达千金，武帝外出便为驾驭，入朝便侍奉左右。贵戚多窃怨，说："陛下随便得到一个胡儿，反倒赏赐让他贵重起来！"皇上听说，却更加厚爱。

日磾的母亲教诲二子，很有法度，皇上听说后，很赞赏她。后来病死了，下诏把她的图像画在甘泉宫，写着"休屠王阏氏。"日䃅每次见画必拜,向之流眼泪,然后才离去。日䃅有二子,人见皆爱,长子成了皇上开心解闷的弄儿,常在帝侧。弄儿有时自后抱上颈,日䃅在前,见而怒视。弄儿边走边哭说:"翁怒。"皇上对日䃅说:"为什么怒我儿。"弄儿壮大之后,不够谨慎,在殿下与宫人耍戏,日䃅正碰上,厌恶他淫乱,立即杀死弄儿。皇上听说大怒,日䃅叩头谢罪,讲出了所以杀弄儿的情状。皇上甚哀,为之泣,不由得内心敬重日䃅。

当初,莽何罗与江充友善,到江充打败卫太子,何罗弟通因诛太子时力战得到封赏。后来皇上得知太子冤,便杀尽灭绝江充宗族党羽。何罗兄弟怕被杀,于是谋划作乱。日䃅看出他们心志有非常变化,心里怀疑,暗中单独观察其动静,与他们一道上下殿堂。何罗也觉察日䃅心意,因此很久不能动手。当时皇上驾临林光宫,日䃅小病卧床。何罗与通及小弟安成假借帝令夜间出动,共杀使者,发兵。天刚亮,皇上还未起床,何罗无故从外而入。日䃅刚要如厕而心中一动,立即入坐内户下。转眼,何罗袖白刃从东厢上来,见日䃅,色变,想快步走进天子卧内,行走时碰到宝瑟,惊呆了,日䃅得以抱住何罗,遂即喊"莽何罗反",皇上惊起,左右拔刀想格杀,皇上怕伤日䃅,制止勿格。日䃅揪住脖颈把何罗投殿下,得以擒缚,严厉追查,全部伏法。由是日䃅忠孝大节更加显著。

日䃅自在皇上左右,目不逆视达数十年。赐出宫女,不敢近,皇上想纳日䃅女入后宫,不肯。其笃厚谨慎如此,皇上更加奇异日䃅。到皇上有病,嘱托霍光辅佐少主,光让日䃅。日䃅说:"臣外国人,将会让匈奴小看汉家。"于是遂为光的副手。光把女儿嫁给日䃅嗣子赏。当初,武帝遗诏以讨莽何罗之功封日䃅为秺侯,日䃅以帝年少为由不受封。辅政一年多,病困,大将军光建议封日䃅,病卧授印绶。当日,去世,赐给下葬用具至冢地,还让轻车甲士送葬,军至茂陵,谥号敬侯。

日䃅两子,名赏、建,都任侍中,与昭帝差不多是同年,共卧起。赏任奉车,建任驸马都尉。及赏承继侯位。佩两条绶,皇上对霍将军说:"金氏兄弟两人不能让他们都佩两绶吗?"霍光说:"赏自嗣父为侯了。"皇上笑着说:"侯不在我与将军吗?"光说:"先帝约定,有功才能封侯。"当时两子年龄都在八九岁。宣帝即位,赏任太仆,霍氏异谋事有萌芽,赏上书去妻。皇上也自悲哀,唯独没有处罚。元帝时赏任光禄勋,去世,无子,封国废除。元始中有孙子继承了绝世,封建孙金日当为秺侯,奉日䃅之后。

当初,日䃅部下全部归降其弟伦,伦字少卿,任黄门郎,早死。日䃅两子尊贵,到孙子辈时便衰落下去,而伦后嗣兴旺起来,伦之子安上开始显贵封侯。

汉书卷六十九

赵充国辛庆忌传第三十九

赵充国

赵充国字翁孙，陇西上邽人也，后徙金城令居。始为骑士，以六郡良家子善骑射补羽林。为人沉勇有大略，少好将帅之节，而学兵法，通知四夷事。

武帝时，以假司马从贰师将军击匈奴，大为虏所围。汉军乏食数日，死伤者多，充国乃与壮士百余人溃围陷阵，贰师引兵随之，遂得解。身被二十余创，贰师奏状，诏征充国诣行在所。武帝亲见视其创，嗟叹之，拜为中郎，迁车骑将军长史。

昭帝时，武都氐人反，充国以大将军、护军都尉将兵击定之，迁中郎将，将屯上谷，还为水衡都尉。击匈奴，获西祁王，擢为后将军，兼水衡如故。

与大将军霍光定册尊立宣帝，封营平侯。本始中，为蒲类将军征匈奴，斩虏数百级，还为后将军、少府。匈奴大发十余万骑，南旁塞，至符奚庐山，欲入为寇。亡者题除渠堂降汉言之，遣充国将四万骑屯缘边九郡。单于闻之，引去。

是时，光禄大夫义渠安国使行诸羌，先零豪言愿时渡湟水北，逐民所不田处畜牧。安国以闻。充国劾安国奉使不敬。是后，羌人旁缘前言，抵冒渡湟水，郡县不能禁。元康三年，先零遂与诸羌种豪二百余人解仇交质盟诅。上闻之，以问充国，对曰："羌人所以易制者，以其种自有豪，数相攻击，势不一也。往三十余岁，西羌反时，亦先解仇合约攻令居，与汉相距，五六年乃定。至征和五年，先零豪封煎等通使匈奴，匈奴使人至小月氏，传告诸羌曰：'汉贰师将军众十余万人降匈奴。羌人为汉事苦。张掖、酒泉本我地，地肥美，可共击居之。'以此观匈奴欲与羌合，非一世也。间者匈奴困于西方，闻乌桓来保塞，恐兵复从东方起，数使使尉黎、危须诸国，设以子女貂裘，欲沮解之。其计不合。疑匈奴更遣使至羌中，道从沙阴地，出盐泽，过长坑，入穷水塞，南抵属国，与先零相直。臣恐羌变未止此，且复结联他种，宜及未然为之备。"后月余，羌侯狼何果遣使至匈奴借兵，欲击鄯善、敦煌以绝汉道。充国以为："狼何，小月氏种，在阳光西南，势不能独造此计，疑匈奴使已至羌中，先零、䍐、开乃解仇作约。到秋马肥，变必起矣。宜遣使者行边兵豫为备，敕视诸羌，毋令解仇，以发觉其谋。"于是两府复白遣义渠安国行视诸羌，分别善恶。安国至，召先零诸豪三十余人，以尤桀黠，皆斩之。纵兵击其种人，斩首千余级。于是诸降羌及归义羌侯杨玉等恐怒，亡所信乡，遂劫略小种，背畔犯塞，攻城邑，杀长吏。安国以骑都尉将骑三千屯备羌，至浩亹，为虏所击，失亡车重兵器甚众。安国引还，至令居，以闻。是岁，神爵元年春也。

时，充国年七十余，上老之，使御史大夫丙吉问谁可将者，充国对曰："亡逾于老臣者矣。"上遣问焉，曰："将军度羌虏何如，当用几人？"充国曰："百闻不如一见。兵难逾度，臣愿驰至金城，图上方略。然羌戎小夷，逆天背畔，灭亡不久，愿陛下以属老臣，勿以为忧。"上笑曰："诺。"

充国至金城，须兵满万骑，欲渡河，恐为虏所遮，即夜遣三校衔枚先渡，渡辄营阵，会明，毕，遂以次尽渡。虏数十百骑来，出入军傍。充国曰："吾士马新倦，不可驰逐。此皆骁骑难制，又恐其为诱兵也。击虏以殄灭为期，小利不足贪。"令军勿击。遣骑候四望峡中，亡虏。夜引兵上至落都，召诸校司马，谓曰："吾知羌虏不能为兵矣。使虏发数千人守杜四望峡中，兵岂得入哉！"充国常以远斥候为务，行必为战备，止必坚营壁，尤能持重，爱士卒，先计而后战。遂西至西部都尉府，日飨军士，士皆欲为用。虏数挑战，充国坚守。捕得生口，言羌豪相数责曰："语汝亡反，今天子遣赵将军来，年八九十矣，善为兵。今请欲一斗而死，可得邪！"

充国子右曹中郎将卬，将期门佽飞、羽林孤儿、胡越骑为支兵，至令居，虏并出绝转道，卬以闻。有诏将八校尉与骁骑都尉、金城太守合疏捕山间虏，通转道津渡。

初，䍐、开豪靡当儿使弟雕库来告都尉曰先零欲反，后数日果反。雕库种人颇在先零中，都尉即留雕库为质。充国以为亡罪，乃遣归告种豪："大兵诛有罪者，明白自别，毋取并灭。天子告诸羌人，犯法者能相捕斩，除罪。斩大豪有罪者一人，赐钱四十万，中豪十五万，下豪二万，大男三千，女子及老小千钱，又以其所捕妻子财物尽与之。"充国计欲以威信招降䍐、开及劫略者，解散虏谋，徼极乃击之。

时，上已发三辅、太常徒弛刑，三河、颍川、沛郡、淮阳、汝南材官，金城、陇西、天水、安定、北地、上郡骑士、羌骑，与武威、张掖、酒泉太守各屯其郡者，合六万人矣。酒泉太守辛武贤奏言："郡兵皆屯备南山，北边空虚，势不可久。或曰至秋冬乃进兵，此虏在竟外之册。今虏朝夕为寇，土地寒苦，汉马不能冬，屯兵在武威、张掖、酒泉万骑以上，皆多羸瘦。可益马食，以七月上旬赍三十日粮，分兵并出张掖、酒泉合击䍐、开在鲜水上者。虏以畜产为命，今皆离散，兵即分出，虽不能尽诛，䩄夺其畜产，虏其妻子，复引兵还，冬复击之，大兵仍出，虏必震坏。"

天子下其书充国，令与校尉以下吏士知羌事者博议。充国及长史董通年以为："武贤欲轻引万骑，分为两道出张掖，回远千里。以一马自佗负三十日食，为米二斛四斗，麦八斛，又有衣装兵器，难以追逐。勤劳而至，虏必商军进退，稍引去，逐水草，入山林。随而深入，虏即据前险，守后厄，以绝粮道，必有伤危之忧，为夷狄笑，千载不可复。而武贤以为可夺其畜产，虏其妻子，此殆空言，非至计也。又武威县、张掖日勒皆当北塞，有通谷水草。臣恐匈奴与羌有谋，且欲大入，幸能要杜张掖、酒泉以绝西域，其郡兵尤不可发。先零首为畔逆，它种劫略。故臣愚册，欲捐䍐、开暗昧之过，隐而勿章，先行先零之诛以震动之，宜悔过反善，因赦其罪，选择良吏知其俗者抚循和辑，此全师保胜安边之册。"天子下其书。公卿议者咸以为先零兵盛，而负䍐、开之助，不先破䍐、开，则先零未可图也。

上乃拜侍中乐成侯许延寿为强弩将军，即拜酒泉太守武贤为破羌将军，赐玺书嘉纳其册。以书敕让充国曰：

皇帝问后将军，甚苦暴露。将军计欲至正月乃击罕羌，羌人当获麦，已远其妻子，精兵万人欲为酒泉、敦煌寇。边兵少，民守保不得田作。今张掖以东粟石百余，刍藁束数十。转输并起，百姓烦扰。将军将万余之众，不早及秋共水草之利争其畜食，欲至冬，虏皆当畜食，多藏匿山中依险阻，将军士寒，手足皲瘃，宁有利哉？将军不念中国之费，欲以岁数而胜微，将军谁不乐此者！

今诏破羌将军武贤将兵六千一百人，敦煌太守快将二千人，长水校尉富昌、酒泉（侯）〔候〕奉世将婼、月氏兵四千人，亡虑万二千人。赍三十日食，以七月二十二日击罕羌，入鲜水北勾廉上，去酒泉八百里，去将军可千二百里。将军其引兵便道西并进，虽不相及，使虏闻东方北方并来，分散其心意，离其党与，虽不能殄灭，当有瓦解者。已诏中郎将卬将胡越佽飞射士步兵二校，益将军兵。

今五星出东方，中国大利，蛮夷大败。太白出高，用兵深入敢战者吉，弗敢战者凶。将军急装，因天时，诛不义，万下必全，勿复有疑。

充国既得让，以为将任兵在外，便宜有守，以安国家。乃上书谢罪，因陈兵利害，曰：

臣窃见骑都尉安国前幸赐书，择羌人可使使罕、谕告以大军当至，汉不诛罕，以解其谋。恩泽甚厚，非臣下所能及。臣独私美陛下盛德至计亡已，故遣开豪雕库宣天子至德，罕、开之属皆闻知明诏。今先零羌杨玉将骑四千及煎巩骑五千，阻石山木，候便为寇，罕羌未有所犯。今置先零，先击罕，释有罪，诛亡辜，起一难，就两害，诚非陛下本计也。

臣闻兵法"攻不足者守有余"，又曰"善战者致人，不致于人"。今罕羌欲为敦煌、酒泉寇，饬兵马，练战士，以须其至，坐得致敌之术，以逸击劳，取胜之道也。今恐二郡兵少不足以守，而发之行攻，释致虏之术而从为虏所致之道，臣愚以为不便。先零羌虏欲为背畔，故与罕、开解仇结约，然其私心不能亡恐汉兵至而罕、开背之也。臣愚以为其计常欲先赴罕、开之急，以坚其约，先击罕羌、先零必助之。今虏马肥，粮食方饶，击之恐不能伤害，适使先零得施德于罕羌，坚其约，合其党。虏交坚党合，精兵二万余人，迫胁诸小种，附着者稍众，莫须之属不轻得离也。如是，虏兵寖多，诛之用力数倍，臣恐国家忧累繇十年数，不二三岁而已。

臣得蒙天子厚恩，父子俱为显列。臣位至上卿，爵为列侯，犬马之齿七十六，为明诏填沟壑，死骨不朽，亡所顾念。独思惟兵利害至熟悉也，于臣之计，先诛先零已，则罕、开之属不烦兵而服矣。先零已诛而罕、开不服，涉正月击之，得计之理，又其时也。以今进兵，诚不见其利，唯陛下裁察。

六月戊申奏，七月甲寅玺书报从充国计焉。

充国引兵至先零在所。虏久屯聚，解弛，望见大军，弃车重，欲渡湟水，道厄狭，充国徐行驱之。或曰逐利行迟，充国曰："此穷寇不可迫也。缓之则走不顾，急之则还致死。"诸校皆曰："善。"虏赴水溺死者数百，降及斩首五百余人，卤马、牛羊十万余头，车四千余两。兵至罕地，令军毋燔聚落刍牧田中。罕羌闻之，喜曰："汉果不击我矣！"豪靡忘使人来言："愿得还复故地。"充国以闻，未报。靡忘来自归，充国赐饮食，遣还谕种人。护军以下皆争之，曰："此反虏，不可擅遣。"充国曰："诸君但欲便文自营，非为公家忠计也。"语未卒，玺书报，令靡忘以赎论。后罕竟不烦兵而下。

其秋，充国病，上赐书曰："制诏后将军：闻苦脚胫、寒泄，将军年老加疾，一朝之变不可讳，朕甚忧之。今诏破羌将军诣屯所，为将军副，急因天时大利，吏士锐气，以十二月击先零羌。即疾剧，留屯勿行，独遣破羌、强弩将军。"时，羌降者万余人矣。充国度其必坏，欲罢骑兵屯田，以待其敝。作奏未上，会得进兵玺书，中郎将卬惧，使客谏充国曰："诚令兵出，破军杀将以倾国家，将军守之可也。即利与病，又何足争？一旦不合上意，遣绣衣来责将军，将军之身不能自保，何国家之安？"充国叹曰："是何言之不忠也！本用吾言，羌虏得至是邪？往者举可先行羌者，吾举辛武贤，丞相御史复白遣义渠安国，竟沮败羌。金城、湟中谷斛八钱，吾谓耿中丞，籴二百万斛谷，羌人不敢动矣。耿中丞请籴百万斛，乃得四十万斛耳。义渠再使，且费其半。失此二册，羌人故敢为逆。失之毫厘，差以千里，是既然矣。今兵久不决，四夷卒有动摇，相因而起，虽有知者不能善其后，羌独足忧邪！吾固以死守之，明主可为忠言。"遂上屯田奏曰：

臣闻兵者，所以明德除害也，故举得于外，则福生于内，不可不慎。臣所将吏士马牛食，月用粮谷十九万九千六百三十斛，盐千六百九十三斛，茭藁二十五万二百八十六石。难久不解，繇役不息。又恐它夷卒有不虞之变，相因并起，为明主忧，诚非素定庙胜之册。且羌虏易以计破，难用兵碎也，故臣愚以为击之不便。

计度临羌东至浩亹，羌虏故田及公田，民所未垦，可二千顷以上，其间邮亭多坏败者。臣前部士入山，伐材木大小六万余枚，皆在水次。愿罢骑兵，留驰刑应募，及淮阳、汝南步兵与史〔士〕私从者，合凡万二百八十一人，用谷月二万七千三百六十三斛，盐三百八斛，分屯要害处。冰解漕下，缮乡亭，浚沟渠，治湟狭以西道桥七十所，令可至鲜水左右。田事出，赋人二十亩。至四月草生，发郡骑及属国胡骑伉健各千，倅马什二，就草，为田者游兵。以充入金城郡，益积畜，省大费。今大司农所转谷至者，足支万人一岁食。谨上田处及器用簿，唯陛下裁许。

上报曰："皇帝问后将军，言欲罢骑兵万人留田，即如将军之计，虏当何时伏诛，兵当何时得决？孰计其便，复奏。"充国上状曰：

臣闻帝王之兵，以全取胜，是以贵谋而贱战。战而百胜，非善之善者也，故先为不可胜以待敌之可胜。蛮夷习俗虽殊于礼义之国，然其欲避害就利，爱亲戚，畏死亡，一也。今虏亡其美地荐草，愁于寄托远遁，骨肉心离，人有畔志，而明主般师罢兵，万人留田，顺天时，因地利，以待可胜之虏，虽未即伏辜，兵决可期月而望。羌虏瓦解，前后降者万七百余人，及受言去者凡七十辈，此坐支解羌虏之具也。

臣谨条不出兵留田便宜十二事。步兵九校，吏士万人，留屯以为武备，因田致谷，威德并行，一也。又因排折羌虏，令不得归肥饶之地，贫破其众，以成羌虏相畔之渐，二也。居民得并田作，不失农业，三也。军马一月之食，度支田士一岁，罢骑兵以省大费，四也。至春省甲士卒，循河湟漕谷至临羌，以示羌虏，扬威武，传世折冲之具，五也。以闲暇时下所伐材，缮治邮亭，充入金城，六也。兵出，乘危徼幸，不出，令反畔之虏窜于风寒之地，离霜露疾疫瘃堕之患，坐得必胜之道，七也。亡经阻远追死伤之害，八也。内不损威武之重，外不令虏得乘间之势，九也。又亡惊动河南大开、小开使生它变之忧，十也。治湟峡中道桥，令可至鲜水，以制西域，信威千里，从枕席上过师，十一也。大费既省，繇役豫息，以戒不虞，十二也。留屯田得十二便，出兵失十二利。臣充国材下，犬马齿衰，不识长册，唯明诏博详公卿议臣采择。

上复赐报曰："皇帝问后将军，言十二便，闻之。虏虽未伏诛，兵决可期月而望，期月而望者，谓今冬邪？谓何时也？将军独不计虏闻兵颇罢，且丁壮相聚，攻扰田者及道上屯兵，复杀略人民，将何以止之？又大开、小开前言曰：'我告汉军先零所在，兵不往击，久留，得亡效五年时不分别人而并击我？'其意常恐。今兵不出，得亡变生，与先零为一？将军孰计复奏。"

充国奏曰：

臣闻兵以计为本，故多算胜少算。先零羌精兵今余不过七八千人，失地远客，分散饥冻。罕、开、莫须又颇暴略其羸弱畜产，畔还者不绝，皆闻天子明令相捕斩之赏。臣愚以为虏破坏可日月冀，远在来春，故曰兵决可期月而望。窃见北边自敦煌至辽东万一千五百余里，乘塞列隧有吏卒数千人，虏数大众攻之而不能害。今留步士万人屯田，地势平易，多高山远望之便，部曲相保，为堑垒木樵，校联不绝，便兵弩，饬斗具。烽火幸通，势及并力，以逸待劳，兵之利者也。臣愚以为屯田内有亡费之利，外有守御之备。骑兵虽罢，虏见万人留田为必禽之具，其土崩归德，宜不久矣。从今尽三月，虏马羸瘦，必不敢捐其妻子于他种中，远涉河山而来为寇。又见屯田之士精兵万人，终不敢复将其累重还归故地。是臣之愚计，所以度虏且必瓦解其处，不战而自破之册也。至于虏小寇盗，时杀人民，其原未可卒禁。臣闻战不必胜，不苟接刃；攻不必取，不苟劳众。诚令兵出，虽不能灭先零，亶能令虏绝不为小寇，则出兵可也。即今同是而释坐胜之道，从乘危之势，往终不见利，空内自罢敝，贬重而自损，非所以视蛮夷也。又大兵一出，还不可复留，湟中亦未可空，如是，徭役复发也。且匈奴不可不备，乌桓不可不忧。今久转运烦费，倾我不虞之用以澹一隅，臣愚以为不便。校尉临众幸得承威德，奉厚币，拊循众羌，谕以明诏，宜皆乡风。虽其前辞尝曰"得亡效五年"，宜亡它心，不足以故出兵。臣窃自惟念。奉诏出塞，引军远击，穷天子之精兵，散车甲于山野，虽亡尺寸之功，媮得避慊之便，而亡后咎余责，此人臣不忠之利，非明主社稷之福也。臣幸得奋精兵，讨不义，久留天诛，罪当万死。陛下宽仁，未忍加诛，令臣数得熟计。愚臣伏计孰甚，不敢避斧钺之诛，昧死陈愚，唯陛下省察。

充国奏每上，辄下公卿议臣。初是充国计者什三，中什五，最后什八。有诏诘前言不便者，皆顿首服。丞相魏相曰："臣愚不习兵事利害，后将军数画军册，其言常是，臣任其计可必用也。"上于是报充国曰："皇帝问后将军，上书言羌虏可胜之道，今听将军，将军计善。其上留屯田及当罢者人马数。将军强食，慎兵事，自爱！"上以破羌、强弩将军数言当击，又用充国屯田处离散，恐虏犯之，于是两从其计，诏两将军与中郎将卬出击。强弩出，降四千余人，破羌斩首二千级，中郎将卬斩首降者亦二千余级，而充国所降复得五千余人。诏罢兵，独充国留屯田。

明年五月，充国奏言："羌本可五万人军，凡斩首七千六百级，降者三万一千二百人，溺河湟饥饿死者五六千人，定计遗脱与煎巩、黄羝俱亡者不过四千人。羌靡忘等自诡必得,请罢屯兵。"奏可。充国振旅而还。

所善浩星赐迎说充国,曰:"众人皆以破羌、强弩出击,多斩首获降,虏以破坏。然有识者以为虏势穷困,兵虽不出,必自服矣。将军即见,宜归功于二将军出击,非愚臣所及。如此,将军计未失也。"充国曰:"吾年老矣,爵位已极,岂嫌伐一时事以欺明主哉!兵势,国之大事,当为后法。老臣不以余命一为陛下明言兵之利害,卒死,谁当复言之者?"卒以其意对。上然其计,罢遣辛武贤归酒泉太守官,充国复为后将军卫尉。

其秋,羌若零、离留、且种、儿库共斩先零大豪犹非、杨玉首,及诸豪弟泽、阳雕、良儿、靡忘皆帅煎巩、黄羝之属四千余人降汉。封若零、弟泽二人为帅众王,离留、且种二人为侯,儿库为君,阳雕为言兵侯,良儿为君,靡忘为献牛君。初置金城属国以处降羌。

诏举可护羌校尉者,时充国病,四府举辛武贤小弟汤。充国遽起奏:"汤使酒,不可典蛮夷。不如汤兄临众。"时,汤已拜受节,有诏更用临众。后临众病免,五府复举汤,汤数醉酗羌人,羌人反畔,卒如充国之言。

初,破羌将军武贤在军中时与中郎将卬宴语,卬道:"车骑将军张安世始尝不快上,上欲诛之,卬家将军以为安世本持橐簪笔事孝武帝数十年,见谓忠谨,宜全度之。安世用是得免。"及充国还言兵事,武贤罢归故官,深恨,上书告卬泄省中语。卬坐禁止而入至充国莫府司马中乱屯兵,下吏,自杀。

充国乞骸骨,赐安车驷马、黄金六十斤,罢就第。朝廷每有四夷大议,常与参兵谋,问筹策焉。年八十六,甘露二年薨,谥曰壮侯。传子至孙钦,钦尚敬武公主。主亡子,主教钦良人习诈有身,名它人子。钦薨,子岑嗣侯,习为太夫人。岑父母求钱财亡已,忿恨相告。岑坐非子免,国除。元始中,修功臣后,复封充国曾孙伋为营平侯。

初,充国以功德与霍光等列,画未央宫。成帝时,西羌尝有警,上思将帅之臣,追美充国,乃召黄门郎杨雄即充国图画而颂之,曰:

明灵惟宣,戎有先零。先零昌狂,侵汉西疆。汉命虎臣,惟后将军,整我六师,是讨是震。既临其域,谕以威德,有守矜功,谓之弗克。请奋其旅,于罕之羌,天子命我,从之鲜阳。营平守节,屡奏封章,料敌制胜,威谋靡亢。遂克西戎,还师于京,鬼方宾服,罔有不庭。昔周之宣,有方有虎,诗人歌功,乃列于《雅》。在汉中兴,充国作武,赳赳桓桓,亦绍厥后。

充国为后将军,徙杜陵。辛武贤自羌军还后七年,复为破羌将军,征乌孙至敦煌,后不出,征未到,病卒。子庆忌至大官。

译文:

赵充国,字翁孙,原是陇西上邽人,后来迁居金城令居。他早先当骑兵,后来因为他是六郡良家子弟当中擅长骑马射箭的人,补入羽林军。充国为人沉着,勇敢有智谋,从小就倾慕为将帅的气节,因之学习兵法,很通晓周边民族的情况。

汉武帝时期,他以代理司马身份跟随贰师将军李广利进击匈奴,汉军曾经遭敌围困,断粮好几天,伤亡人很多。赵充国和一百多名壮士破敌突围,贰师将军率兵跟在后面冲杀,得以解围。在这次战斗中,赵充国受伤二十余处,贰师将军向武帝报告了这一情况，武帝就把赵充国召到自己的行宫，亲自接见并察看了他的伤情，感叹不已。随即任命赵充国为中郎，后又任军骑将军长史。

昭帝时，武都郡的氐人反叛，赵充国以大将军护军都尉的身份率兵前往平息了叛乱。又升为中郎将。率领部队驻扎在上谷，回到长安任水衡都尉。以后出击匈奴，俘获西祁王，升为后将军，兼任水衡都尉。

昭帝死后，赵充国因为和大将军霍光决策拥立宣帝，封为营平侯。本始年间（公元前73年—前70年），任蒲类将军征匈奴，杀敌数百，回长安后，任后将军、少府。后匈奴又调集十多万人马，向南逼近汉朝边境，一直到符奚庐山，准备寇略汉朝边郡。这是匈奴逃跑者题除渠堂投降汉朝时说的。汉宣帝立即派赵充国率领四万骑兵屯驻在沿边九郡，匈奴单于听说汉朝已有防备，就撤兵而去。

这时，光禄大夫义渠安国受命出使巡视羌族部落，先零首领向他请求准许本部落在一定时期渡过湟水到北岸去，在没有人耕种的荒地上放牧，义渠安国向皇帝转达了先零这一要求。赵充国批评义渠安国作为使臣，不认真考察先零实际情况就替他们转达要求，这样做是失职。不久，羌人果然根据自己的要求，不顾汉朝禁令，公然渡过湟水，郡县官吏无法禁止和拦阻。到元康三年（公元前63年），先零和羌族其他首领二百多人消除旧仇，交换人质，订立盟约。宣帝听说此事以后，就征询赵充国的意见，赵充国回答说："羌人之所以容易被我们制服，就是因为他们各个部落都有自己的首领，这些首领互相攻击，不团结。三十多年前，西羌反叛时，也是先化解仇恨，才订约各攻令居，与汉朝对抗，五六年以后才平定。到征和五年（公元前89年），先零首领封煎等人和匈奴人互通使节，匈奴派人到小月氏，煽动羌族各部说："汉朝的贰师将军已经率领十多万人马投降了匈奴，你们以前被汉军驱赶服役，痛苦不堪，张掖、酒泉本来是我们匈奴人居住的地方，那里土地肥美，我们可以联合起来，打败汉军，共同占有那里。根据这件事来判断，匈奴要想联合羌人，已经不是这一代的事，不久以前，匈奴听说乌桓替汉朝保卫边疆，担心自己的东边又起战事，不断派人到西域的尉黎、危须等国，答应送给他们一些男女人口和贵重貂裘，企图离国这些民族与汉朝的友好关系，但这一阴谋没有成功。我怀疑匈奴还要再派使臣到羌族地区，取道沙阴，经过盐泽、长坑，进入穷水塞，向南到达我们的属国，与先零联合。我担心羌乱还不会这样罢休，他们可能还要联合其他部落，我们应该趁早做好准备。"过了一个月，羌侯狼何果然派人到匈奴借兵，企图袭击鄯善、敦煌，断绝汉朝和西域各国来往的通道。赵充国认为"狼何原来是小月氏种，在阳关西南，不可能单独做出这样的计划，怀疑是匈奴的使者已经到达了羌族部落，先零、罕羌、开羌已解除旧仇，订立了盟约。等到秋天马肥膘壮，叛乱就会发生。必须赶快派使臣巡视边防，检阅部队，及早做好战争准备。并且告诫羌族各部落，不能让他们消除旧仇，揭发他们的阴谋。"因此丞相府、御史大夫府就请示皇帝派义渠安国出巡诸羌，看看他们的态度。义渠安国到了那里，集中先零羌三十多个首领，认为这些人凶悍刁猾，都统统杀掉，又派兵打击这些部落，杀了一千多人。于是许多原来归顺汉朝的羌人以及归义羌侯杨玉等都很恐慌怨恨，认为前途彷徨，无路可走，就劫持胁迫一些小部落起来叛乱，率兵进犯边疆，攻城掠地，射杀官吏。义渠安国这时担任骑兵都尉率领三千骑兵驻扎在边境上，防范羌人，行军到浩亹，被敌人袭击，损失无数车辆辎重和兵器。安国撤兵回到令居,把情况向皇帝报告,这时,是神爵元年(公元前61年)的春天。

当时,赵充国已经七十多岁,宣帝认为他年纪已大,派御史大夫丙吉去征求他的意见,问谁可以作统率领兵出征,赵充国回答说:"没有再比老臣我更合适的了。"宣帝又派人去问他,"将军估计敌情如何?应该派多少兵力才行?"赵充国说:"百闻不如一见,军事情况很难遥测,让我骑马奔赴金城,很快向陛下献上军事形势图和作战计划,羌人不过是个小民族,竟敢背叛汉朝,很快会自取灭亡,希望陛下把这件事托付给老臣,不要为此担忧。"宣帝听了高兴地笑着说:"好吧!"

赵充国到了金城,等骑兵达到一万人,就准备渡过黄河,但又担心被敌人拦截。于是连夜派遣三支前哨部队悄悄地渡过黄河,一抵达对岸就赶快修建阵地,到天亮阵地修好,大部队已经依次渡过了黄河。一会儿,敌人有一百多骑兵在赵充国军营前面来来往往,赵充国说:"我们的兵马刚刚经过长途跋涉,十分疲倦,不能追赶敌人。这些都是骁勇的骑兵不易制服,也可能是敌人的诱兵之计。我们作战目是要全歼他们,这种小便宜不必贪求。"命令部队不要出击。然后派骑兵到四望峡一带侦察,没有发现敌人,于是连夜率领人马登上落都山,召集各部军官,对他们说:"我已经知道羌人不会用兵了。假如他们派几千人守住四望峡,我们的部队能进来吗?"赵充国用兵,经常派侦察兵远远侦察,行军时一定做好战斗准备,宿营时一定要筑好坚固工事,尤其能够沉着应战,他爱护士兵,打仗时总是先制订计划然后作战。他带兵到了西部尉府,天天犒劳军队,因此士兵们都愿意为他卖力。敌人不断在阵前挑战,赵充国始终坚守不出,有一次,俘虏一个敌人,了解到羌族首领们在互相埋怨:"我叫你不要反叛,现在天子果然派赵将军来,他年纪八九十岁,很善于用兵,现在他不出兵,我们想要拼命,哪里办得到?"

赵充国的儿子赵卬担任右曹中郎将,率领期门佽习,羽林孤儿和胡越胡兵等组成另一支部队,开拔令居。敌人一齐出动隔断粮道,赵卬向宣帝汇报了这一情况,宣帝命令他率领八校尉与骁骑都尉、金城太守同时搜捕山中的敌人,打通运粮的各个关卡渡口。

以前,䍐、开部落首领靡当儿派他的弟弟雕库来向都尉报告,说先零可能反叛,几天以后,先零果然反叛。雕库部落有许多人都在先零那里,都尉就扣留了雕库为人质。赵充国认为雕库无罪,就放他回去告诉各部首领:"汉军只杀有罪的人,你们要和那些人划清界限,不要混同一齐送命。天子告诉羌人:犯法的人只要能抓住或者杀死其他罪人,可以将功赎罪。杀死叛乱的大首领一人,赏钱四十万,杀死中首领得赏钱十五万,杀死小首领得赏钱二万,杀死丁壮一人得赏钱三千,杀死女儿和老人小孩一人得赏钱一千,还可以得到被捕者的妻子和儿女以及全部财产。"赵充国这样做的意思是想用汉朝的威信来招降䍐、开以及其他被胁迫叛乱的部落,以便分化、瓦解敌人,等待敌人疲惫之极才出击。

这时宣帝已征调三辅地区和太常寺减刑犯人,调集三河、颍川、沛郡、淮阳、汝南等地步兵、金城、陇西、天水、安定、北地、上郡的骑兵,收编的羌族骑兵以及武威、张掖、酒泉太守领导的地方军共六万多人。酒泉太守辛武贤向皇帝上奏,说:"各地派出的军队都驻扎在南部祁连山一带,北面防务空虚,这种情形不能持续太久。有人说到了秋冬才进兵,这是当敌人在边境以外时我们采取的策略。现在敌人已经进犯我们,部队驻扎的地方既寒冷又艰苦，我们的战马无法越冬，驻扎在武威、张掖和酒泉一带的一万多战马，都很瘦弱。我们可以增加马的饲料，在七月中携带三十天的粮草，从张掖、酒泉一带兵分几路，围攻鲜水一带的䍐、开。敌人把牲畜视为生命，现在他们已经被打散，我们分兵出击，虽不能全歼敌人，也可以夺取他们的牲畜，俘虏他们的妻儿，然后撤兵回来，到冬天再组织进攻，大部队一出击，敌人必然崩溃。"

宣帝把这个奏章发给赵充国，让他和校尉以下熟悉羌族事务的军官们广泛讨论。赵充国和长史董通年认为"辛武贤想轻易地率领一万人马，兵分两路从张掖出发，这样再迂回千里作战，一匹马要驮三十天口粮，共有米二斛四斗，麦八斛，加上服装武器，非常沉重，难以追击敌人。我们辛辛苦苦地赶到前方，敌人一定会计算我军的行军速度，逐步向后撤退，然后沿着水草，藏进深山密林，如果我们跟踪追击，敌人就会据守前后险要地形，截断我军粮道，这样有可能造成我军的军重伤亡，被敌人耻笑，永远无法挽回。而武贤认为可以夺敌牲畜和人口，仅仅是一句空话，不是最好的办法。况且武威、张掖、日勒都是西北方要塞，有宽敞的山谷和肥美的水草，我担心匈奴和羌人勾结起来大举进攻，企图通过占据张掖、酒泉来断绝我们和西域的联系。这两个地方的守卫部队尤其不能轻易调开。这次叛乱是先零挑起的，其他部落都是被胁迫参加的。因此依我们的看法，最好不要计较䍐、开因愚昧而犯下的过失，原谅他们并且暂时不要公开指责他们的行为，先讨伐先零来警诫他们，让他们自己悔罪重新归服汉朝，赦免他们的罪过，然后选派熟悉羌人事务而又能干正直的官吏前去安抚和团结他们，这样做才是不必消耗兵力而又确保胜利的安边良策。"宣帝把赵充国的奏书发交朝廷大臣讨论，公卿大臣们都认为先零兵势强盛,又仗恃有罕、开支持,不先解决罕、开,就无法战胜先零。

宣帝就派侍中大夫乐成侯、许延寿担任强弩将军,就地任命酒泉太守辛武贤为破羌将军,下令表扬并采纳辛武贤的计划,并批评赵充国说:"皇帝问侯将军,你在外面披霜露宿,非常辛苦,将军计划要到正月才出兵后羌,那时羌人已收获小麦,把妻子儿女安顿到远方,将会率领精兵万人前来进犯酒泉、敦煌。我们的边防军兵力薄弱,人民顾了保卫就顾不了种田,现在张掖以东的粟米每石已涨到一百多钱,干草一把几十钱,四处都往那里运粮,老百姓已经很辛苦了。将军率领一万多人马,不及早趁秋天和敌人争夺水草生长有利条件,夺取敌人的牲畜和粮草,却要等到冬天,那时敌人已储备好粮草,躲藏在深山之中,据守险要,而你的士兵却忍受寒冷,手脚冻裂。这哪里对我军有利呢?你不考虑国家的经费,想用几年的时间来换取这个小小的胜利,除了将军你之外恐怕谁也不会这样做。

"现在我命令破羌将军辛武贤率兵六千一百人,敦煌太守率领两千人,长水校尉富昌,酒泉侯奉世昌率领婼羌、月氏兵四千人,共有一万二千人,让他们带上三十天粮草,七月二十二日开始讨伐罕羌,渡过鲜水进入北岸的曲折地区,那里距酒泉八百里,距将军驻地一千二百多里,将军可以领兵从西面同时出击,虽不能同他们会合,也可以使敌人了解到我们从东方、北方同时进攻,涣散他们的斗志,瓦解他们的同盟,这样即使不能全歼敌人,也会使敌军斗志瓦解。已命令中郎将赵卬率领胡族越骑兵佽飞射士和步兵两支部队前来增援。

"现在五星在东方相聚,象征着中国会胜利,敌人会大败,太白星高照,象征着对敢于深入敌阵勇敢作战者有利,对畏怯不前者不利,将军迅速做好准备,顺应天时,讨伐不义。一切行动都会有利,将军不要再有什么怀疑和犹豫。"

赵充国得到这封批评自己的诏书后,认为将帅领兵在外,应该根据了解到的情况坚持自己的主张,保卫国家安全,于是一面上书请罪,一面再次论述战争的利害得失。说:

我有幸见到骑都尉义渠安国送来的诏书,选择羌族中可以派住罕羌的人,告诉他们汉朝大部队马上来到,汉军不杀罕人,以瓦解敌人的阴谋。君主恩泽之优厚,不是我所能达到的。我内心非常赞美陛下英明伟大,所以派开羌首领雕库前去宣传天子的恩德,罕、开的人民都知道天子的英明决定。现在先零首领杨玉率领骑兵四千以及煎巩骑兵五千。固守在深山密林中的险要之处,伺机进犯。罕、开并没有参与侵犯我们。现在却放下先零,先打罕羌,这无疑是放弃有罪而诛杀无辜,树立一个仇敌,造成两种危害,这实在不是陛下原来的打算。

我看到兵法上这样说道:"进攻的力量如果不够,用于防守则绰绰有余。"又说:"善于打仗的人能使敌人听我们指挥,而不是被敌人指挥。"现在罕羌要想进犯敦煌、酒泉,我们就应该厉兵秣马,训练军队,以待来敌,这是坐等敌人上门,取得战争胜利的好办法。如果担心这两个郡的兵力薄弱不能防守敌人,首先发动进攻,这是放弃胜敌之术而让敌取胜的做法,我认为这不妥当。先零羌要想叛乱,所以才和罕、开化敌为友,订立盟约。但他们又担心汉军一到,罕、开背叛他们投降汉朝。我认为先零正在寻找机会想先替罕、开解决一点什么危难,来巩固他们的联盟。如我们先打罕羌,先零定会前来援救他们。目前敌人兵强马壮,粮食又多,攻打他们可能不会造成很大伤害,反而使先零有机会对罕羌施恩，使他们之间联盟更紧密，更团结。敌人的盟约巩固，团结加强，用他们的二万多精兵胁迫其他小部落反叛，使跟随的人日益增多，甚至莫须这样的小部落都不能轻易脱离。如果这样，敌人兵力越来越多，讨伐他们就得动用超过今天好几倍的兵力。我担心这样会给国家造成几十年的忧患，不是两三年可以解决的。

我承蒙天子厚爱，父子都身居显要官职，我的官位已做到上卿，受封为列侯，年纪七十六，为奉行君令出征，填尸山谷，虽死不朽，毫无顾虑，只是考虑到我最了解战争的得失利害。依我之计，应先讨伐先零，那么罕、开等小部落就会不攻自破。如果先零已灭而罕、开仍不投降，那么等到正月进攻他们，这既符合我们的作战计划，又是作战的最好时机。假如现在就出兵，我的确看不出这样做有何好处，希望陛下仔细考虑省察。

六月戊申赵充国的奏章报上去，七月甲寅就得到诏书，同意按赵充国的计划办。

赵充国率兵到达先零部落驻扎的地方，因为他们长期屯聚，思想松懈，戒备松弛。看见汉朝大军来到，赶快丢下车辆辎重，想抢度湟水逃命，沿途道路狭窄，赵充国率领军队在后面慢慢追赶，有人说要夺取胜利应该迅速赶敌人，这样行军速度太慢，充国回答说："这是穷途末路的敌人，不能追得太紧，慢一点追赶，他们就只顾向前逃命，不会回头反击，如果把他们逼急了反而会掉过头来以死相拼。"部将们都说："好。"这次战斗，淹死敌人几百人，投降和杀头的有五百多，俘虏牛马羊十万多头，战车四千多辆。部队进到罕羌部落，赵充国下令不准烧毁房屋，不准在田里割草喂马。罕羌听到后高兴地说:"汉朝果然不打我们。"首领靡忘派人来说:"希望允许回到故乡。"充国向宣帝转告了这个请求,这还未得到答复,靡忘前来投诚,充国盛情款待了他,然后送他回去向本部落宣传。军官们都跟赵充国争论,说:"这是叛逆首领,不应该擅自放他回去。"赵充国回答说:"诸位要想扣留他,只是想到自己可以立功上报,是为个人打算,并不是忠心为国家着想啊!"他的话还没说完,诏书就下来了,准许靡忘将功赎罪。以后竟然没有动用军队就平定了罕羌。

这年秋天赵充国生病,宣帝写信给他,说:"问候后将军,听说你小腿有病,肠胃又不好,将军年迈体虚,一旦有个三长两短,也是无法讳言的,我非常忧虑。现在命令破羌将军到你的驻地,做你的助手,赶紧趁现在天时有利,士气高涨。十二月攻打先零羌,如果你病得严重,就留在军营,不必随军出征,只派破羌、强弩二将军领兵征讨,那时羌人投降的已有一万多人。"充国估计那些叛乱的羌人必定会失败,准备撤掉骑兵,留下步兵屯田,以逸待劳,奏章写好,还没上报,正好接到进军命令。中郎将赵卬有些担心,派人劝说赵充国:"这次出征以后,真的损兵折将造成国家损失,那么将军坚守不出还说得过去,如果光考虑战争胜败如何,又何必去力争呢?一旦不合皇帝之意,派绣衣御史来谴责将军,那时将军自身难保,那里还能保证国家的安全?"充国听后,叹息说:"这是什么话,太不忠心了。本来早点听我的话,敌人能猖狂到这个地步吗?过去推荐可以派往羌族的使臣,我保举辛武贤,丞相和御使却请求派义渠安国,结果坏了平羌大事。前些时候,金城、湟中一带谷价贱到每斛仅八钱,我告诉耿中丞,只要他买进二百万斛,羌人就不敢轻举妄动了。他却只同意买进一百万斛,而实际才买了四十万斛。义渠安国两次出使,就花费了一半。失此二策,使羌人敢于起兵反叛。事情往往就是这样:差之毫厘,失之千里。如今战争久久不能结束,万一四邻各国突然发生意外,趁机而起,即使再有智谋的人也无法收拾后果,那样,担忧的就不止是一个羌族的事了。无论如何我一定要坚持自己的观点,圣明的君主可以向他进忠言。"于是就向宣帝呈上请求屯田的奏章,说:

我知道,是为了伸张正义,扫除灾害,所以在外用兵得当,可以使国家安宁幸福,对战争不能不慎重。我率领的部队,官兵口粮和牛马饲粮,每月耗粮用量为谷十九万九千六百三十斛,盐一千六百九十三斛,干草二十五万另二百八十六石。如果战争一直不结束,徭役一刻不停息,又担心其他国家突然发生不测之变,趁机而起,实在替圣明的君主担忧,这的确不是朝廷以往制定的胜敌之策。何况羌人容易用计谋去战胜,却难以用武力去征服。因此我个人认为出兵是不太妥当。

我估计了一下,从临羌东面一直到浩亹一带,羌人过去的土地和我们的公田,加现在没有被百姓开垦的荒地,大概有两千多顷。那里的邮亭多数已经毁坏,我曾经布置士兵进山,砍得大小木材六万多棵,都放在水边。希望能够撤回骑兵,留下减刑犯人,招募的士兵,淮阳、汝南步兵和自愿跟随我到边疆立功的官兵,总共有一万另二百八十一人。这些军队每月用谷二万七千三百六十三斛,盐三百另八斛,让他们分别驻守在边疆各个要害地区,等冰河一解冻,把木材运下来,重新修建邮亭,疏通渠道,架设湟峡以西的七十座桥梁,一直可以通过鲜水两岸。春天到来时,分给每个士兵二十亩土地,让他们耕种,到四月春草茂盛时,调集各郡骑兵以及所属部落的胡人精壮骑各一千人，再配上副马两百，到有水草的地方放牧，担任屯田部队的警卫。屯田收入都交给金城郡，这样既增加储备，又节省开支。那么，加上大司农现在运来的粮食，就足够一万士兵吃一年。谨献上屯田区域图和器具用品册，请陛下批准。

宣帝批复说："皇帝问候后将军，你建议撤去骑兵，留下万人屯田，如果依将军之计，敌人何时能够消灭，战争何时能够结束？你的计划好在那里，请提出详细报告。"赵充国又递上一份奏章，说：

我听说古人用兵，在于保存自己，消灭敌人，因此作战往往重视谋略，而不重视战斗。能百战百胜，不是高明中最高明，因此必须选创造不可战胜的条件待机战胜敌人。羌人的风俗习惯虽不同于礼仪之国，然而希望能避免灾祸，保护自己利益，爱护亲戚，害怕死亡，却是和我们一样。现在敌人失去肥田美草，苦于寄居他乡，亲人不能同心，又遭百姓怨恨。这时英明的君主如果能够班师撤兵，留一万人就地屯田，以顺应天时，利用地利，等待捕捉将被战胜之敌。这样，敌人虽然没有立即被消灭，战争也将会在一年内结束。敌人被打散，前后投降的有一万另七百多人，还有七十多批人先后接受我的劝告回去了，这是瓦解敌人的办法。

我谨向圣上论述不必出兵，请求屯田的好处十二点：步兵九部，有官兵万人，留在当地进行屯田，可以作为边防力量，同时种田获谷，使朝廷威德并用，这是第一点。屯田又可以把敌人隔断开来，不让他们回到富饶的地区，使他们的民众贫穷破落，造成敌人内部矛盾的激化，这是第二点。屯田可以使当地居民和士兵一齐劳动，不影响农业生产，这是第三点。军马一月的用粮，足够屯田士兵用一年,撤掉骑兵可以节省一大笔费用,这是第四点。到春天检阅部队和装备,沿着黄河和湟水运粮到临羌,向敌人显示我们的实力和威武,可作为传统的御敌之法,这是第五点。士兵们利用农闲时间运下以前砍伐的木材,修建邮亭。这些收入可以用来充实金城郡,这是第六点。军队出击,免不了有危险和伤亡,不出击,也可以使反叛之敌逃窜在风寒交加的地区,遭受风霜雨露和疾病折磨,我们则可稳操胜券,这是第七点。屯田可以避免长途阻击造成部队伤亡的危险,这是第八点。对内不损害国家威武形象,对外不让敌人有机可乘,这是第九点。又不惊动黄河以南的大开、小开,免去提防他们叛变的担忧,这是第十点。修建湟峡中间的道路桥梁,一直到达鲜水以控制西域,汉军扬威千里,行军犹如跨过枕席一样容易,这是第十一点。屯田可以节省大量经费,这样可以免除百姓的徭役,防止意外事变,这是第十二点。留下部队屯田有十二点好处,出兵就会失去这些好处。我才智低下,年事已高,没有远见,只希望陛下把奏章交给公卿议事大臣讨论决定。

宣帝回答赵充国:"皇帝问候后将军,你说的十二条好处,我都知道了,你说敌人虽没全歼,战争也可能在一年内结束,所谓一年内结束,是说今年冬天呢?还是什么时候?你难道没考虑到如果敌人听说我们撤回大批兵力,会不会中集中精壮人马,骚扰屯田部队和沿途驻军,杀掳人民,那时怎么制止。加上大开、小开过去曾经说过:"我向汉军报告了先零的动向,军队不去攻击,久久留在这里,会不会像五年前那样不分好歹连我们也一样打击。他们经常这样担心,现在军队不出击,他们会不会和先零联合反叛?将军考虑好再奏。"

赵充国又呈上奏章说：

我知道战争主要靠谋略，因此谋划周密的就能战胜谋划粗略的。先零精兵现在所剩不过七八千人，这些人失去土地，逃亡他乡，四处流散受冻挨饿。䍐、开、莫须等部落又时常掠夺他们的老幼人口和牲畜，他们中投诚的人接连不断，都知道天子捕贼有赏的命令。我认为敌人崩溃之期指日可待，最多不过明年。所以我说战争可预期一年结束。我看到北部边疆自敦煌到辽东有一万一千五百多里，守卫沿边要塞和烽火台的官兵只有几千人，敌人多次聚众攻打都没有给军造成大的伤亡。现在留下步兵一万人屯田，那一带地势平坦，四面有许多高山提供瞭望的方便。各部队相互呼应，修筑的战壕、营房和瞭望台连成一片，我们随时备好弓箭，擦亮兵器。只要烽火一举，马上就连成一片，战士们齐心协力，以逸待劳，这是军事上对我军最有利的条件。我认为实行屯田对国内来说有节省军费的好处，对外又有防守御敌的准备。我们虽然撤走骑兵，敌人看到仍然留下一万多人驻防屯田，采取一定要活捉他们的措施，他们土崩瓦解归顺汉朝，已为期不远了。从现在起不超过三个月，敌人马匹瘦弱，必定不敢把自己的妻子儿女放在别的部落中，远远的跋山涉水前来侵犯。又看到我们屯田部队精兵万人，始终不敢再携家带口冒着生命危险从远方回到故乡。这就是我实行屯田的计划，也是估计敌人一定会就地瓦解，让敌人自取灭亡的最好策略。至于小股敌人的骚扰，有时会杀我人民，这本来就是不可能马上禁止的。我知道如果战斗没有胜利的把握，就不再轻易交战；进攻不能取胜，就不要轻率出击。如果出兵，即使不能消灭先零，但也能禁止小股敌人的入侵，那么出兵是可以的。现在出兵与不出兵都只能达到一个目的，我们却要放弃克敌制胜的策略，采取非常冒险的计划，这样始终不会有什么好结果。反而会贬低我军的威望造成严重的损失，这不是向敌人示威的好办法。何况大部队一出发，回来后又不能再在这里停留，湟中地区防守力量又不能减弱。这样，不得不又向人民征发徭役。而且对匈奴不能不加防备，对乌桓不能不考虑。现在长期为前线承担繁重的运输，将所有战备储蓄全部用于一个地方，我认为这样做太不合算。校尉辛临众荣幸地承天子的威德，携带重金去安抚招降羌民，向他们晓以大义，羌人都积极响应。即使他们以前曾经说过"会不会像五年前一样"之类的话，只要对朝廷没别的想法，就用不着因为怀疑他们而出兵。我私下这样想过，我奉命出守边疆，率军出征。如果耗尽天子的精锐部队，把士兵和战车撒满山野，即使没能取得一丁点的胜利，却能够逃避苟安的嫌疑，更不会带来事后的批评和责任，但这样做是臣下最不忠心的个人打算，绝不是替圣明的君主和国家前途考虑。我非常荣幸地能率领精兵讨伐不义，却长期不能消灭敌患，实在是罪该万死。陛下宽厚仁爱，不忍加罪于我，还多次让我研究作战计划。现在我的计划已经制定好了，不想逃避死罪，拼着性命陈述我的计划，希望陛下考虑省察。

每次赵充国的奏章递上去就立即给公卿大夫和议政大臣们讨论。开始时同意他计划的只有十分之三，再次讨论就有十分之五的人同意，到最后则有十分之八的人同意。皇帝责问那些开始不同意的人，那些人都叩头称服。丞相魏相说："我愚笨，不懂军事上的利害，后将军长期筹划军事策略，他提出的计划很有道理，我担保他的计划一定行得通，完全可以采纳。"宣帝批准了赵充国的计划说："皇帝问候后将军，你上书阐述的战胜羌人的计划我已经知道了,将军的计划很好。请报上应该留守屯田的部队和应该撤回的兵马人数。将军你要多注意饮食、留心军事,多多保重!"皇帝又因为破羌和强弩二将军多次要求出兵,又考虑到赵充国部队屯田地区比较分散,担心敌人进犯,于是采纳双方计划。命令破羌,强弩二将军和中郎将赵卬领兵攻打敌人。战争结果:强弩将军收降敌人四千多,破羌将军杀敌二千人,中郎将赵卬杀死和招降敌人两千多人,而投降赵充国的又有五千多人。于是宣帝下令撤回大军,只有赵充国的部队留守屯田。

第二年五月,赵充国报告说:"羌人本来只有五万人马,被我们杀死的有七千六百人,投降的有三万一千二百人,淹死在黄河、湟水中以及饿死的有五六千人,确切计算逃跑和跟随煎巩、黄羝一齐逃亡的不过还有四千人。羌人首领靡忘等人保证一定捉拿他们。羌乱已经平息,请求撤回屯田部队。"报告得到批准。于是赵充国振军返回。

赵充国的好友浩星赐前往迎接并劝他说:"一般人都认为破羌和强弩二将军的出兵,杀死和收降了许多敌人,敌人因此崩溃。但是有见识的人都认为敌人已经是势单力竭,不用出兵也能让他们投降。将军如果见皇帝时,应该将功劳归于那两位将军的出击,说自己远远不及他们。这样说将军才不算失策。"赵充国说:"我年事已高,爵位已到了顶点,难道用得着为避免自我吹嘘的嫌疑而去欺骗圣明的君主吗?战争乃是一个国家举足轻重的大事,应当让后代有所效法才对。老臣我不利用自己的有生之年一再向陛下阐明军事上的利害得失,一旦突然死去了,还有谁能够再来提这件事呢?"最后,赵充国仍然按自己的意见向宣帝表述。宣帝同意他的观点,免去辛武贤破羌将军的职务,仍派他回去担任酒泉太守,赵充国仍然担任后将军和卫尉。

这年秋天，羌人首领若零、离留、且种、儿库共同杀了先零大首领犹非、杨玉的头，随同各部落首领弟泽、阻雕、良儿、靡忘一齐带领煎巩、黄羝部落的四千多人前来投降汉朝。朝廷封若零、弟泽二人为帅众王，离留、且种二人为侯，儿库为君，阳雕为言兵侯，良儿为君，靡忘为献牛君，开始设置金城属国来安排投降的羌民。

宣帝下诏推选可以担任护羌校尉的人，当时赵充国正在生病，丞相、御史、车骑将军、前将军等四府都推荐辛武贤的小弟弟辛汤。赵充国赶快上奏说："辛汤爱酗酒滋事，不能让他管理民族事务，还不如用他的哥哥辛临众。"当时辛汤已接受了任命，领了符节准备上任。命令下来后又改派辛临众，后来因为辛临众有病免职，五府又重新推荐了辛汤。辛汤到任后经常酗酒打骂当地的羌民，迫使羌民造反，事情终于不出赵充国当初的预料。

以前，破羌将军辛武贤曾经和中郎将赵卬饭后聊天。赵卬说："车骑将军张安世以前曾经惹恼皇帝，皇帝想杀他，我家老将军认为安世手提公文袋，头发上插着笔，勤勤恳恳地侍奉武帝几十年，可以说是忠心耿耿，小心谨慎，可以原谅他。张安世因此得以幸免。"等到赵充国班师回朝，和宣帝讨论用兵策略时，辛武贤被免去军职仍回酒泉郡任太守，于是怀恨上书告赵卬泄露禁中机密大事。赵卬因为违反禁令随意进入赵充国军府司马府扰乱屯田计划，被交给有关官吏治罪，自杀身亡。

赵充国请求退休，宣帝赐给他安车驷马，六十斤黄金，辞职回家。每逢朝廷商议有关四方民族的重大事务时，常常邀请他参与军事谋划，向他请教良策。活到八十六岁，甘露二年（公元前52年），去世，谥号壮侯。他的爵位从儿子一直传到孙子赵钦。赵钦娶尚敬武公主为妻。公主没有生孩子，就让赵钦的良人习氏假称自己有孕,把别人的小孩作为自己的儿子。赵钦死后,儿子赵岑继承爵位为侯,习氏做了太夫人。赵岑的亲生父母经常来索取钱财,怀恨上告。赵岑因为不是赵钦的亲生儿子而被免去爵位,收回封国。元始年中,朝廷查访功臣后代,重新赐封赵充国的曾孙赵伋为营平侯。

以前,赵充国因为功劳与霍光相等,为了表彰这些功臣,宣帝命人把他们的像画在未央宫麒麟阁上。到了成帝时代,西羌方面不断传来警报,成帝常常怀念前代的将帅大臣。为了纪念和颂扬赵充国的功绩,命令黄门侍郎杨雄在赵充国的画像旁题词歌颂他。说:

在圣明的宣帝时代,远方民族有先零羌。这先零羌人太猖狂,举兵侵犯我西北疆。朝廷挑选英武统帅,选中充国率兵征讨。他率领我浩荡大军,讨伐敌人威震四方。来到羌人占领区,好意劝告诸百姓。有太守要贪急功,认定将军难取胜。要求率领大部队,攻打敌盟小罕羌,天子命他快出征,和太守会师于鲜水。他忠心为国坚持主张,多次上奏劝考虑周详。他筹划方略料敌如神,他有勇有谋势不可挡。终于平息逞凶的西羌,高奏凯歌班师回朝。西北羌民以此归汉,汉朝得以治国安邦。昔日周朝有方叔召虎,征讨蛮夷屡建大功。昔人作诗歌功颂德,这事详记在《大雅》中。我们大汉中兴时代,也有充国雄壮威武。看他大智大勇气概,恰似今天的方叔召虎!

赵充国任后将军时,家迁徙杜陵。辛武贤从平定羌军回来后七年,又当上了破羌将军,征讨乌孙到达敦煌,后未出兵,皇上召他未到长安,病故。子庆忌至高官。

汉书卷七十一

隽疏于薛平彭传第四十一

于定国

于定国字曼倩,东海郯人也。其父于公为县狱吏、郡决曹,决狱平,罗文法者于公所决皆不恨。郡中为之生立祠,号曰于公祠。

东海有孝妇,少寡,亡子,养姑甚谨,姑欲嫁之,终不肯。姑谓邻人曰:"孝妇事我勤苦,哀其亡子守寡。我老,久累丁壮,奈何?"其后姑自经死,姑女告吏:"妇杀我母"。吏捕孝妇,孝妇辞不杀姑。吏验治,孝妇自诬服。具狱上府,于公以为此妇养姑十余年,以孝闻,必不杀也。太守不听,于公争之,弗能得,乃抱其具狱,哭于府上,因辞疾去。太守竟论杀孝妇。郡中枯旱三年。后太守至,卜筮其故,于公曰:"孝妇不当死,前太守强断之,咎党在是乎?"于是太守杀牛自祭孝妇冢,因表其墓,天立大雨,岁孰。郡中以此大敬重于公。

定国少学法于父,父死,后定国亦为狱史、郡决曹,补廷尉史,以选与御史中丞从事治反者狱,以材高举侍御史,迁御史中丞。会昭帝崩,昌邑王征即位,行淫乱,定国上书谏。后王废,宣帝立,大将军光领尚书事,条奏群臣谏昌邑王者皆超迁。定国由是为光禄大夫，平尚书事，甚见任用。数年，迁水衡都尉，超过廷尉。

定国乃迎师学《春秋》，身执经，北面备弟子礼。为人谦恭，尤重经术士，虽卑贱徒步往过，定国皆与钧礼，恩敬甚备，学士咸称焉。其决疑平法，务在哀鳏寡，罪疑从轻。加审慎之心。朝廷称之曰："张释之为廷尉，天下无冤民；于定国为廷尉，民自以不冤。"定国食酒至数石不乱，冬月请治谳，饮酒益精明。为廷尉十八岁，迁御史大夫。

甘露中，代黄霸为丞相，封西平侯。三年，宣帝崩，元帝立，以定国任职旧臣，敬重之。时陈万年为御史大夫，与定国并位八年，论议无所拂。后贡禹代为御史大夫，数处驳议，定国明习政事，率常丞相议可。然上始即位，关东连年被灾害，民流入关，言事者归咎于大臣。上于是数以朝日引见丞相、御史，入受诏，条责以职事，曰："恶吏负贼，妄意良民，至亡辜死。或盗贼发，吏不亟追而反系亡家，后不敢复告，以故浸广。民多冤结，州郡不理，连上书者交于阙廷。二千石选举不实，是以在位多不任职。民田有灾害，吏不肯除，收趣其租，以故重困。关东流民饥寒疾疫，已诏吏转漕，虚仓廪开府臧相振救，赐寒者衣，至春犹恐不赡。今丞相、御史将欲何施以塞此咎？悉意条状，陈朕过失。"定国上书谢罪。

永光元年，春霜夏寒，日青亡光，上复以诏条责曰："郎有从东方来者，言民父子相弃。丞相、御史案事之吏匿不言邪？将从东方来者加增之也？何以错缪至是？欲知其实。方今年岁未可预知也，即有水旱，其忧不细。公卿有可以防其未然，救其已然者不？各以诚对，毋有所讳。"定国惶恐，上书自劾，归侯印，乞骸骨。上报曰："君相朕躬，不敢怠息，万方大事，大录于君。能毋过者，其唯圣人。方今承周、秦之敝，俗化陵夷，民寡礼谊，阴阳不调，灾咎之发，不为一端而作，自圣人推类以记，不敢专也，况于非圣者乎！日夜惟思所以，未能尽明。经曰：'万方有罪，罪在朕躬。'君虽任职，何必颛焉？其勉察郡国守相群牧，非其人者毋令久贼民。永执纲纪，务悉聪明，强食慎疾。"定国遂称笃，固辞。上乃赐安车驷马、黄金六十斤，罢就第。数岁，七十余薨。谥曰安侯。

子永嗣。少时，耆酒多过失，年且三十，乃折节修行，以父任为侍中中郎将、长水校尉。定国死，居丧如礼，孝行闻。由是以列侯为散骑、光禄勋，至御史大夫。尚馆陶公主施。施者，宣帝长女，成帝姑也，贤有行，永以选尚焉。上方欲相之，会永薨。子恬嗣。恬不肖，薄于行。

始，定国父于公，其间门坏，父老方共治之。于公谓曰："少高大间门，令容驷马高盖车。我治狱多阴德，未尝有所冤，子孙必有兴者。"至定国为丞相，永为御史大夫，封侯传世云。

译文：

于定国，字曼倩，东海郡郯县人。他的父亲于公当过县里管理司法的狱吏、郡里的决曹，审判案子公平，犯法的人对于公的判决都无怨恨。郡中在他生前就为他建立了祠庙，叫作于公祠。

东海郡有一位孝妇，年轻守寡，没有儿子，侍养婆婆十分尽心。婆婆要她嫁人，她始终不肯。婆婆对邻人说："媳妇侍奉我劳苦，我可怜她没有儿子，年轻守寡。我已经老了，长久地拖累年轻人，怎么办？"后来，婆婆上吊自杀。婆婆的女儿向官吏控告："媳妇杀了我母亲。"官吏逮捕了媳妇，媳妇申辩说我没有杀害婆婆。官吏审讯时，媳妇又被迫承认犯罪。判决的全部案卷呈送郡的曹府，于公认为这个媳妇侍奉婆婆十余年，以孝敬老人闻名，一定不会杀死婆婆。郡太守不听从于公的意见，于公争辩，没能改变案件的判决，就抱着定罪材料，在郡的曹府痛哭。因此以病辞职而去。太守终于判决处死孝妇。郡中大旱三年。后来新任太守到，占卜大旱的原因。于公说："孝妇不应当被处死，前任太守强行断案，灾祸的原因或许就在这上面吧。"于是太守杀牛，亲自祭奠孝妇的坟，增修孝妇的墓，天立刻下了大雨，这年得到丰收。郡中由此十分敬重于公。

于定国少年时跟父亲学法律，父亲死后，于定国也任县的狱中、郡的决曹，担任朝廷的廷尉史。通过选择与御史中丞审理反叛案件，由于他才能高超举荐为侍御史，又升为御史中丞。适逢昭帝死，昌邑王被征召进京继承皇位，昌邑王荒淫无道，于定国上书规劝。后来昌邑王被废除，宣帝即位，大将军霍光领尚书事，分列条目奏请皇帝群臣中曾规谏昌邑王的都破格晋升官职，于定国由此升为光禄大夫，平尚书事，很受重用。数年后，改任水衡都尉，破格提拔为廷尉。

于定国就把师傅请到家教他学习《春秋》，手里拿着经书，面向北完全行弟子礼节。为人谦虚恭敬，尤其尊重通晓经学的人，即使地位卑贱，步行前来拜访的人，他都平等对待，礼敬十分周到，读书人都称赞他。他判决疑案，执法公正，总是同情鳏夫寡妇，案情有疑问的从轻处理，格外慎重。朝廷称赞他说："张释之为廷尉，天下没有被冤枉的人；于定国为廷尉，人们都自认为不冤枉。"于定国饮酒，饮至数石不醉。冬月审核疑难案件，饮酒后更加精明。他当了十八年廷尉，升任御史大夫。

宣帝甘露年间，于定国接替黄霸为丞相，封西平侯。三年后，宣帝死，元帝即位，因为于定国是在职的旧臣，敬重他。这时陈万年为御史大夫,和于定国共事八年,讨论事情没有相抵触的情况。后来,贡禹接任御史大夫,数次驳斥丞相意见。于定国对政事明了熟悉,皇帝一般都赞成丞相的意见。然而皇帝刚刚即位,关东连年遭受灾害,灾民进入关内,上书的人都把灾害的产生归咎于大臣。于是,皇帝几次在上朝的日子接见丞相、御史。他们入室接受皇帝的责备,皇帝就一件事一件事的指责他们,说:"凶恶的官吏恐因捕捉盗贼不力而遭责罚,胡乱猜疑善良的人,以致使他们无罪冤死。有的地方盗贼作案,官吏不紧急追捕,反而把失窃人家捆绑关押起来,后来失盗的人不敢再向官府报告,因此盗贼做案的地区越来越广。民间冤案积压很多,州郡不审理,接连上书的人聚集于京师朝廷。二千石举荐人才名不副实,因此在位的多不能胜任职务。老百姓田里庄稼受到灾害,官吏不肯免除田租,反而催收田租,因此更加重了灾民的困难。关东的流民挨受冻,身患疾病,已诏令官吏通过水陆运送粮食,把仓库里的全部粮食和府库所藏物资,都用来救济灾民,赐给受冻的人衣服穿,这样到春天恐怕还是不够用。如今丞相、御史打算要拿出什么办法来解决这些问题呢?认真列举情状,陈述朕的过失。"于定国上书认罪。

元帝永光元年,春天下霜,夏天寒冷,太阳变成青色没有光亮,皇帝再次下诏书分条责备说:"郎官有从东方来的,说那里的人民父子相弃,是丞相、御史考察情况的官吏隐瞒不报呢?还是从东方来的人夸大事实呢?为什么错谬到如此地步?我要知道真实情况。现在对收成好坏还不能预先知道,如发生水旱灾害,问题就不会小。公卿大臣有没有办法可以预防还没出现的灾害,抢救已经出现的灾害呢?你们各自都讲实话,不要有什么顾忌。"于定国惶恐,上书揭露自己错误,归还侯印,请求还乡养老。皇帝答复说:"你以丞相辅助我,不敢怠慢,万方的事情,由你总管。能无过失的人,只有圣人。如今汉朝承继了周、秦的弊病,社会风尚败坏,人民少有礼仪,阴阳不调和,灾害的发生,不是一个原因造成的。即使圣人也是根据情况,记载各类灾异原因,不敢一人担当责任,何况对于平常人呢?我日夜深思原因所在,没有能够完全明白。经书说:'万方有罪,罪在君主一人身上。'你虽担任丞相职务,何必自己一人承担责任呢?你应尽力考察郡守国相等官吏,凡是不合适的,不能让他们长久的残害人民。坚持执掌法制,务必尽你的全部聪明才智,你要多吃些饭,注意养病。"于定国还是强调自己身体病重,坚决辞官。于是,皇帝赏赐用四匹马拉的可以坐乘的安车,黄金六十斤。罢免官职,回到自己住宅。过了几年,七十余岁去世,谥号安侯。

他的儿子于永继承了侯爵。于永少年时,喜欢喝酒,多有过失。年将三十,即改变原来的志节行为,修养品德才能,凭借父亲的职位按制度任为侍中、中郎将、长水校尉。于定国死后,在家为父亲守丧,一切照丧礼的规定办,孝行出了名。由此以列侯为散骑、光禄勋,升至御史大夫。娶了馆陶公主刘施。刘施是宣帝长女,成帝的姑姑,贤良有德行,于永被选中娶了公主。皇帝正要任用他为丞相,不巧于永死了。儿子于恬继承爵位,恬不成器,品行不好。

当初,于定国的父亲于公时,里门坏了,乡里父老正要一起修理,于公对他们说:"把闾门修的再高大些,让它能过去四匹马拉的带有高盖的车。我办案子多暗中做好事积阴德,未曾使人蒙受冤屈,子孙必定有成就大业的。"到于定国丞相,于永为御史大夫,封侯传世,应了他所说的。

汉书卷八十七下

扬雄传第五十七下

明年,上将大夸胡人以多禽兽,秋,命右扶风发民入南山,西自褒斜,东至弘农,南驱汉中,张罗罔罴罘,捕熊罴、豪猪、虎豹、狖玃、狐菟、麋鹿,载以槛车,输长杨射熊馆。以罔为周阹,纵禽兽其中,令胡人手搏之,自取其获,上亲临观焉。是时,农民不得收敛。雄从至射熊馆,还,上《长杨赋》,聊因笔墨之成文章,故借翰林以为主人,子墨为客卿以风。其辞曰:

子墨客卿问于翰林主人曰:"盖闻圣主之养民也,仁沾而恩洽,动不为身。今年猎长杨,先命右扶风,左太华而右褒斜,椓(截)〔嶻〕嶭而为弋,纡南山以为置,罗千乘于林莽,列万骑于山隅,帅军踔阹,锡戎获胡。扼熊罴,拖豪猪,木雍枪累,以为储胥,此天下之穷览极观也。虽然,亦颇扰于农民。三旬有余,其廑至矣,而功不图,恐不识者,外之则以为娱乐之游,内之则不以为干豆之事,岂为民乎哉!且人君以玄默为神,淡泊为德,今乐远出以露威灵,数摇动以罢车甲,本非人主之急务也,蒙窃惑焉。"

翰林主人曰:"吁,谓之兹邪!若客,所谓知其一未睹其二,见其外不识其内者也。仆尝倦谈,不能一二其详,请略举凡,而客自览其切焉。"

客曰:"唯,唯。"

主人曰:"昔有强秦,封豕其士,窫窳其民,凿齿之徒相与摩牙而争之,豪俊麋沸云扰,群黎为之不康。于是上帝眷顾高祖,高祖奉命,顺斗极,运天关,横巨海,票昆仑,提剑而叱之,所麾城撕邑,下将降旗,一日之战,不可殚记。当此之勤,头蓬不暇疏,饥不及餐,鞯鍪生虮虱,介胄被沾汗,以为万姓请命乎皇天。乃展民之所诎,振民之所乏,规亿载,恢帝业,七年之间而天下密如也。

"逮至圣文,随风乘流,方垂意于至宁,躬服节俭,绨衣不敝,革鞜不穿,大厦不居,木器无文。于是后宫贱玳瑁而疏珠玑,却翡翠之饰,除雕琢之巧,恶丽靡而不近,斥芬芳而不御,抑止丝竹晏衍之乐,憎闻郑、卫幼眇之声,是以玉衡正而太阶平也。

"其后重黎作虐,东夷横畔,羌戎睚眦,闽越相乱,遐萌为之不安,中国蒙被其难。于是圣武勃怒,爰整其旅,乃命票、卫,汾沄沸渭,云合电发,飙腾波流,机骇蜂轶,疾如奔星,击如震霆,砰轒辒,破穹庐,脑沙幕,髓余吾。遂猎乎王廷。驱橐它,烧爛蠡,分梨单于,磔裂属国,夷坑谷,拔卤莽,刊山石,蹂尸舆厮,系累老弱,究鋋疲者、金镞淫夷者数十万人,皆稽颡树领,扶服蛾伏,二十余年矣,尚不敢惕息。夫天兵四临,幽都先加,回戈邪指,南越相夷,靡节西征,羌僰东驰。是以遐方疏俗殊邻绝党之域,自上仁所不化,茂德所不绥,莫不跂足抗手,请献厥珍,使海内淡然,永亡边城之灾,金革之患。

"今朝廷纯仁,遵道显义,并包书林,圣风云靡;英华沉浮,洋溢八区,普天所覆,莫不沾濡;士有不谈王道者则樵夫笑之。故意者以为事罔隆而不杀,物靡盛而不亏,故平不肆险,安不忘危。乃时以有年出兵,整舆竦戎,振师五柞,习马长杨,简力狡兽,校武票禽。乃萃然登南山,瞰乌弋,西厌月窟,东震日域。又恐后世迷于一时之事,常以此取国家之大务,淫荒田猎,陵夷而不御也,是以车不安轫,日未靡旃,从者仿佛,骫属而还;亦所以奉太宗之烈,遵文、武之度,复三王之田,反五帝之虞;使农不辍耰,工不下机,婚姻以时,男女莫违;出恺弟,行简易,矜劬劳,休力役;见百年,存孤弱,帅与之,同苦乐。然后陈钟鼓之乐,鸣鞀磬之和,建碣磍之虞,(桔)〔拮〕隔鸣球,掉八列之舞;酌允铄,肴乐胥,听庙中之雍雍,受神人之福祐;歌投颂,吹合雅。其勤若此,故真神之所劳也。方将俟元符,以禅梁甫之基,增泰山之高,延光于将来,比荣乎往号,岂徒欲淫览浮观,驰骋秔稻之地,周流梨栗之林,蹂践刍荛,夸诩众庶,盛狖玃之收,多麋鹿之获哉!且盲不见咫尺,而离娄烛千里之隅;客徒爱胡人之获我禽兽,曾不知我亦已获其王侯。"

言未卒,墨客降席再拜稽首曰:"大哉体乎!允非小子之所能及也。乃今日发矇,廓然已昭矣!"

哀帝时,丁、傅、董贤用事,诸附离之者或起家至二千石。时,雄方草《太玄》,有以自守,泊如也。或嘲雄以玄尚白,而雄解之,号曰《解嘲》。其辞曰:

客嘲扬子曰:"吾闻上世之士,人纲人纪,不生则已,生则上尊人君,下荣父母。析人之圭,儋人之爵,怀人之符,分人之禄,纡青拖紫,朱丹其毂。今子幸得遭明盛之世,处不讳之朝,与群贤同行,历金门上玉堂有日矣,曾不能画一奇,出一策,上说人主,下谈公卿。目如耀星,舌如电光,一从一衡,论者莫当，顾而作《太玄》五千文，支叶扶疏，独说十余万言，深者入黄泉，高者出苍天，大者含元气，纤者入无伦，然而位不过侍郎，擢才给事黄门。意者玄得毋尚白乎？何为官之拓落也？"

扬子笑而应之曰："客徒欲朱丹吾毂，不知一跌将赤吾之族也！往者周罔解结，群鹿争逸，离为十二，合为六七，四分五剖，并为战国。士无常君，国亡定臣，得士者富，失士者贫，矫翼厉翮，恣意所存，故士或自盛以橐，或凿坏以遁。是故驺衍以颉亢而取世资，孟轲虽连蹇，犹为万乘师。

"今大汉左东海，右渠搜，前番禺，后陶涂。东南一尉，西北一候。徽以纠墨，制以质铁，散以礼乐，风以《诗》《书》，旷以岁月，结以倚庐。天下之士，雷动云合，鱼鳞杂袭，咸营于八区，家家自以为稷、契，人人自以为咎繇，戴纵垂缨而谈者皆拟于阿衡，五尺童子羞比晏婴与夷吾，当涂者入青云，失路者委沟渠，旦握权则为卿相，夕失势则为匹夫；譬若江湖之雀，勃解之鸟，乘雁集不为之多，双凫飞不为之少。昔三仁去而殷虚，二老归而周炽，子胥死而吴亡，种、蠡存而粤伯，五羖入而秦喜，乐毅出而燕惧，范雎以折摺而危穰侯，蔡泽虽噤吟而笑唐举。故当其有事也，非萧、曹、子房、平、勃、樊、霍则不能安；当其亡事也，章句之徒相与坐而守之，亦亡所患。故世乱，则圣哲驰骛而不足；世治，则庸夫高枕而有余。

"夫上世之士，或解缚而相，或释褐而傅；或倚夷门而笑，或横江潭而渔；或七十说而不遇，或立谈间而封侯；或枉千乘于陋巷，或拥帚彗而先驱。是以士颇得信其舌而奋其笔，窒隙蹈瑕而无所诎也。当今县令不请士，郡守不迎师，群卿不揖客，将相不俯眉；言奇者见疑，行殊者得辟，是以欲谈者宛舌而固声，欲行者拟足而投迹。乡使上世之士处乎今，策非甲科，行非孝廉，举非方正,独可抗疏,时道是非,高得待诏,下触闻罢,又安得青紫?

"且吾闻之,炎炎者灭,隆隆者绝;观雷观火,为盈为实,天收其声,地藏其热。高明之家,鬼瞰其室。攫拏者亡,默默者存;位极者宗危,自守者身全。是故知玄知默,守道之极;爱清爱静,游神之廷;惟寂惟寞,守德之宅。世异事变,人道不殊,彼我易时,未知何如。今子乃以鸱枭而笑凤皇,执蝘蜓而嘲龟龙,不亦病乎!子徒笑我玄之尚白,吾亦笑子之病甚,不遭臾跗、扁鹊,悲夫!"

客曰:"然则靡《玄》无所成名乎?范、蔡以下何必《玄》哉?"

扬子曰:"范雎,魏之亡命也,折胁拉髂,免于徽索,翕肩蹈背,扶服入橐,激卬万乘之主,界泾阳抵穰侯而代之,当也。蔡泽,山东之匹夫也,颐折頞,涕唾流沫,西揖强秦之相,扼其咽,炕其气,附其背而夺其位,时也。天下已定,金革已平,都于雒阳,娄敬委辂脱挽,掉三寸之舌,建不拔之策,举中国徙之长安,适也。五帝垂典,三王传礼,百世不易,叔孙通起于枹鼓之间,解甲投戈,遂作君臣之仪,得也。《甫刑》靡敝,秦法酷烈,圣汉权制,而萧何造律,宜也。故有造萧何律于唐、虞之世,则悖矣;有作叔孙通仪于夏、殷之时,则惑矣;有建娄敬之策于成周之世,则缪矣;有谈范、蔡之说于金、张、许、史之间,则狂矣。〔夫〕萧规曹随,留侯画策,陈平出奇,功若泰山,向若砥礪,唯其人之赡知哉,亦会其时之可为也。故为可为于可为之时,则从;为不可为于不可为之时,则凶。夫蔺先生收功于章台,四皓采荣于南山,公孙创业于金马,骠骑发迹于祁连,司马长卿窃訾于卓氏,东方朔割(名)〔炙〕于细君。仆诚不能与此数公者并，故默然独守吾《太玄》。"

雄以为赋者，将以风也，必推类而言，极丽靡之辞，闳侈巨衍，竞于使人不能加也，既乃归之于正，然览者已过矣。往时武帝好神仙，相如上《大人赋》，欲以风，帝反缥缥有陵云之志。由是言之，赋劝而不止，明矣。又颇似俳优淳于髡、优孟之徒，非法度所存，贤人君子诗赋之正也，于是辍不复为。

而大潭思浑天，参摹而四分之，极于八十一。旁则三摹九据，极之七百二十九赞，亦自然之道也。故观《易》者，见其卦而名之；观《玄》者，数其画而定之。《玄》首四重者，非卦也，数也。其用自天元推一昼一夜阴阳数度律历之纪，九九大运，与天终始。故《玄》三方、九州、二十七部、八十一家、二百四十三表、七百二十九赞，分为三卷，曰一二三，与《泰初历》相应，亦有颛顼之历焉。撁之以三策，关之以休咎，絣之以象类，播之以人事，文之以五行，拟之以道德仁义礼知。无主知名，要合《五经》，苟非其事，文不虚生。为其泰曼漶而不可知，故有《首》《冲》《错》《测》《摛》《莹》《数》《文》《掜》《图》《告》十一篇，皆以解剥《玄》体，离散其文，章句尚不存焉。《玄》文多，故不著，观之者难知，学之者难成。客有难《玄》太深，众人之不好也，雄解之，号曰《解难》。其辞曰：

客难扬子曰："凡著书者，为众人之所好也，美味期乎合口，工声调于比耳。今吾子乃抗辞幽说，闳意眇指，独驰骋于有亡之际，而陶冶大炉，旁薄群生，历览者兹年矣，而殊不寤。亶费精神于此，而烦学者于彼，譬画者画于无形，弦者放于无声，殆不可乎？"

扬子曰："俞。若夫闳言崇议，幽微之涂，盖难与览者同也。昔人有观象于天，视度于地，察法于人者，天丽且弥，地普而深，昔人之辞，乃玉乃金。彼岂好为艰难哉？势不得已也。独不见夫翠虯绛螭之将登乎天，必耸身于仓梧之渊；不阶浮云，翼疾风，虚举而上升，则不能撠胶葛，腾九闳。日月之经不千里，则不能烛六合，耀八纮；泰山之高不嶕峣，则不能浡滃云而散歊烝。是以宓牺氏之作《易》也，绵络天地，经以八卦，文王附六爻，孔子错其象而象其辞，然后发天地之臧，定万物之基。《典》《谟》之篇，《雅》《颂》之声，不温纯深润，则不足以扬鸿烈而章缉熙。盖胥靡为宰，寂寞为尸；大味必淡，大音必希；大语叫叫，大道低回。是以声之眇者不可同于众人之耳，形之美者不可棍于世俗之目，辞之衍者不可齐于庸人之听。今夫弦者，高张急徽，追趋逐耆，则坐者不期而附矣；试为之施《咸池》，揄《六茎》，发（萧）〔箫〕韶〕，咏《九成》，则莫有和也。是故钟期死，伯牙绝弦破琴而不肯与众鼓；獿人亡，则匠石辍斤而不敢妄斲。师旷之调钟，俟知音者之在后也；孔子作《春秋》，几君子之前睹也。老聃有遗言，贵知我者希，此非其操与！"

雄见诸子各以其知舛驰，大氐诋訾圣人，即为怪迂。析辩诡辞，以挠世事，虽小辩，终破大道而或众，使溺于所闻而不自知其非也。及太史公记六国，历楚，汉，（记）〔讫〕麟止，不与圣人同，是非颇谬于经。故人时有问雄者，常用法应之，撰以为十三卷，象《论语》，号曰《法言》。《法言》文多不著，独著其目：

天降生民，倥侗颛蒙，恣于情性，聪明不开，训诸理。撰《学行》第一。

降周迄孔，成于王道，终后诞章乖离，诸子图微。撰《吾子》第二。

事有本真，陈施于亿，动不克咸，本诸身。撰《修身》第三。

芒芒天道，在昔圣考，过则失中，不及则不至，不可奸罔。撰《问道》第四。

神心㟅恍，经纬万方，事系诸道德仁谊礼。撰《问神》第五。

明哲煌煌，旁烛亡疆，逊于不虞，以保天命。撰《问明》第六。

假言周于天地，赞于神明，幽弘横广，绝于迩言。撰《寡见》第七。

圣人聪明渊懿，继天测灵，冠于群伦，经诸范。撰《五百》第八。

立政鼓众，动化天下，莫上于中和，中和之发，在于哲民情。撰《先知》第九。

仲尼以来，国君、将相、卿士、名臣参差不齐，一概诸圣。撰《重黎》第十。

仲尼之后，讫于汉道，德〔行〕颜、闵，股肱萧、曹，爰及名将尊卑之条，称述品藻。撰《渊骞》第十一。

君子纯终领闻，蠢迪检押，旁开圣则。撰《君子》第十二。

孝莫大于宁亲，宁亲莫大于宁神，宁神莫大于四表之欢心。撰《孝至》第十三。

赞曰：雄之自序云尔。初，雄年四十余，自蜀来至游京师，大司马车骑将军王音奇其文雅，召以为门下史，荐雄待诏，岁余，奏《羽猎赋》，除为郎，给事黄门，与王莽、刘歆并。哀帝之初，又与董贤同官。当成、哀、平间，莽、贤皆为三公，权倾人主，所荐莫不拔擢，而雄三世不徙官。及莽篡位，谈说之士用符命称功德获封爵者甚众，雄复不侯，以耆老久次转为大夫，恬于势利乃如是。实好古而乐道，其意欲求文章成名于后世，以为经莫大于《易》，故作《太》《玄》；传莫大于《论语》，作《法言》；史篇莫善于《仓颉》，作《训纂》；箴莫善于《虞箴》，作《州箴》；赋莫深于《离骚》，反而广之；辞莫丽于相如，作四赋：皆斟酌其本，相与放依而驰骋云。用心于内，不求于外，于时人皆曶之；唯刘歆及范逡敬焉，而桓谭以为绝伦。

王莽时，刘歆、甄丰皆为上公，莽既以符命自立，即位之后，欲绝其原以神前事，而丰子寻、歆子棻复献之。莽诛丰父子，投棻四裔，辞所连及，便收不请。时，雄校书天禄阁上，治狱使者来，欲收雄，雄恐不能自免，乃从阁上自投下，几死。莽闻之曰："雄素不与事，何故在此？"间请问其故，乃刘棻尝从雄学作奇字，雄不知情。有诏勿问。然京师为之语曰："惟寂寞，自投阁；爰清静，作符命。"

雄以病免，复召为大夫。家素贫，耆酒，人希至其门。时有好事者载酒肴从游学，而巨鹿侯芭常从雄居，受其《太玄》《法言》焉。刘歆亦尝观之，谓雄曰："空自苦！今学者有禄利，然尚不能明《易》，又如《玄》何？吾恐后人用覆酱瓿也。"雄笑而不应。年七十一，天凤五年卒，侯芭为起坟，丧之三年。时，大司空王邑、纳言严尤闻雄死，谓桓谭曰："子常称扬雄书，岂能传于后世乎？"谭曰："必传。顾君与谭不及见也。凡人贱近而贵远，亲见扬子云禄位容貌不能动人，故轻其书。昔老聃著虚无之言两篇，薄仁义，非礼学，然后〔世〕好之者尚以为过于《五经》，自汉文、景之君及司马迁皆有是言。今扬子之书文义至深，而论不诡于圣人，〔若使遭遇时君，更阅贤知，为所称善，〕则必度越诸子矣。"诸儒或讥以为雄非圣人而作经，犹春秋吴楚之君僭号称王，盖诛绝之罪也。自雄之没至今四十余年，其《法言》大行，而《玄》终不显，然篇籍具存。

译文：

扬雄完成《校猎赋》的第二年，即公元前十二年，当朝皇帝汉成帝准备向北方游牧的少数民族，夸耀汉朝也有很多各种各样的飞禽走兽，于是，在这年秋季，汉成帝命令右扶风（官名，亦行政区名）发遣该地区的百姓进入终南山区，西至褒斜，东到弘农，南抵汉中，在如此广大的范围内张网设罘，大肆捕捉在秋季正长得膘肥体壮的各种野生动物，像熊罴豪猪、虎豹狖玃，狐兔麋鹿。捕获这些动物之后，把它们装载在车厢四周围以封栏的专用以载猛兽的车子中，运送到皇帝的长扬宫射熊馆中，用结实严密的网圈围起来，再把这些禽兽畜放在里面，恢复它们的野性。然后让胡人进入网中，不带武器，空手捕兽，谁捕得归谁；汉成帝亲临现场，观看人与兽拼搏的惊心动魄的壮观场面。当时，为完成皇帝布置的任务，都不准农民去收获成熟的庄稼。扬雄随着汉成帝，从京城到了射熊馆，亲眼目睹了这些事情，一回到京城，就把《长扬赋》献给汉成帝。因为这文章是用笔沾墨而写成的，姑且假借翰林为主人，子墨为宾客，二者展开对话从而委婉地讽谏皇帝。原文说：

子墨客卿问于翰林主人曰："盖闻圣主之养民也，仁霑而恩洽，动不为身。今年猎长扬，先命右扶风，左太华而右褒斜、椓巀薛而为弋，纡南山以为罝，罗千乘于林莽，列万骑于山隅，帅军踔阹，锡戎获胡。扼熊罴，拕豪猪，木雍枪累，以为储胥，此天下之穷览极观也。虽然，亦颇扰于农民。三旬有余，其廑至矣，而功不图，恐不识者，外之则以娱乐之游，内之则不以为乾豆之事，岂为民乎哉！且人君以玄默为神，澹泊为德，今乐远出以露威灵，数摇动以罢车甲，本非人主之急务也，蒙窃或焉。"

翰林主人曰："吁，谓之兹邪！若客，所谓知其一未睹其二，见其外不识其内者也。仆尝倦谈，不能一二其详，请略举凡，而客自览其切焉。"

客曰："唯，唯。"

主人曰："昔有强秦，封豕其士，窦窳其民，凿齿之徒相与摩牙而争之，豪俊麋沸云扰，群黎为之不康。于是上帝眷顾高祖，高祖奉命，顺斗极，运天关，横巨海，票昆仑，提剑而叱之，所麾城撕邑，下将降旗，一日之战，不可殚记。当此之勤，头蓬不暇疏，饥不及餐，鞼鍪生虮虱，介胄被霑汗，以为万姓请命乎皇天。乃展民之所诎，振民之所乏，规亿载，恢帝业，七年之间而天下密如也。

"逮至圣文，随风乘流，方垂竟于至宁，躬服节俭，绨衣不敝，革鞜不穿，大夏不居，木器无文。于是后宫贱瑇瑁而疏珠玑，却翡翠之饰，除雕瑑之巧，恶丽靡而不近，斥芬芳而不御，抑止丝竹晏衍之乐，憎闻郑、卫幼眇之声，是以玉衡正而太阶平也。"

"其后熏鬻作虐，东夷横畔，羌戎睚眦，闽越相乱，遐萌为之不安，中国蒙被其难。于是圣武勃怒，爰整其旅，乃命票、卫，汾沄沸渭，云合电发，猋腾波流，机骇逢轶，疾如奔星，击如震霆，砰轒辒，破穹庐，脑沙幕，髓余吾。遂猎乎王廷。殴橐它，烧燫蠡，分梨单于，磔裂属国，夷坑谷，拔卤莽，刊山石，蹂尸舆厮，系累老弱，冘铤瘕者、金镞淫夷者数十万人，皆稽颡树颔，扶服蛾伏，二十余年矣，尚不敢惕息。夫天兵四临，幽都先加，回戈邪指，南越相夷，靡节西征，羌僰东驰。是以遐方疏俗殊邻绝党之域，自上仁所不化，茂德听不绥，莫不蹻足抗手，请献厥珍，使海内澹然，永亡边城之灾，金革之患。

"今朝廷纯仁，遵道显义，并包书林，圣风云靡；英华沈浮，洋溢八区，普天所覆，莫不沾濡，士有不谈王道者则樵夫笑之。故意者以为事罔隆而不杀，物靡盛而不亏，故平不肆险，安不忘危。乃时以有年出兵，整舆竦戎，振师五柞，习马长杨，简力狡兽，校武票禽。乃萃然登南山，瞰乌弋，西厌月窟，东震日域。又恐后世迷于一时之事，常以此取国家之大务，淫荒田猎，陵夷而不御也，是以车不安轫，日未靡旃，从者仿佛，骫属而还；亦所以奉太宗之烈，遵文武之度，夏三王之田，反五帝之虞；使农不辍耰，工不下机，婚姻以时，男女莫违；出恺弟，行简易，矜劬劳，休力役；见百年，存孤弱，帅与之同苦乐。然后陈钟鼓之乐，鸣鞉磬之和，建碣磍之虡，拮隔鸣球，掉八列之舞；酌允铄，肴乐胥，听庙中之雍雍，受神人之福祜；歌投颂吹合雅。其勤若此，故真神之所劳也。方将俟元符，以禅梁甫之基，增泰山之高，延光于将来，比荣乎往号，岂徒欲淫览浮观，驰骋粳稻之地，周流梨栗之林，蹂践刍荛，夸诩众庶，盛狖獿之收，多麋鹿之获哉！且盲不见咫尺，而离娄烛千里之隅；客徒爱胡人之获我禽兽，曾不知我亦已获其王侯。"

言未卒，墨客降席再拜稽首曰："大哉体乎！允非小子之所能及也。乃今日发矇，廓然已昭矣！"

哀帝时丁明、傅晏、董贤诸人专权，那些趋附于他们的人，有的官至二千石。当时扬雄正在起草《太玄》，用以自守，淡泊清

静,于是有人嘲讽雄作之不成,其色犹白,因此才没有禄位。扬雄对别人的嘲讽进行解释、辨难,因此名为《解嘲》。其文说:

客人嘲讽扬雄说:"我听说先代的士人,他们立身处世的准则是,不出生则罢了,生存于世上要尊重君主,下则使父母得到显耀。为官者服务于朝廷君主,受到君主的重用,可以得到富贵爵禄,佩青绶紫带,乘朱轮车,地位显要。今日你有幸碰到英明盛世,处在没有禁忌的朝廷,同在朝廷百官的行列,被作为卓异之士征召进金马门,在皇帝的玉堂殿已经时间很久了,你竟然没有谋划一奇计,提出一条策略向上劝说皇帝,对下与公卿大臣辨说,目光闪烁如星,舌动利索如电光,言辞锋利,纵横辨说,辩论者莫能抵挡。你不这样做,反而静默无声,写作了五千字的文章《太玄》,辞彩繁盛,那解说又达十余万言。《太玄》意蕴精深博大,无所不包,深者入黄泉,高者出苍天,大者含元气,细者入无间。但是你的职位很低,不超过侍郎,被提拔亦不过是给事黄门侍郎之官,掌管宫中奏章文书而已。想来黑色莫不是还是白色吧?否则为什么你的仕途那么落拓坎坷呢?"

扬雄笑着回答他说:"你只是希望我官运亨通,却不知道官场一失足将会造成全家被诛杀的严重后果。春秋战国时周王朝朝纲废弛,政权瓦解,诸侯纷争,逐鹿中原,先分立为十二个诸侯国,后吞并为七个诸侯国,四分五裂,称为战国时代。士人没有恒常稳定的君主,国家没有忠贞到底的坚强固定的大臣。得到贤士拥戴的则国强人富,失去贤士拥戴的则国弱人贫。其时士人展翼奋飞,任意止息,择君而事,来去自由。因此才发生了象范雎自己把自己装入袋中乘使者之车自魏入秦和颜阖不肯受鲁国之聘,为避鲁使者而凿屋墙而逃走这样的事情。因此,在当时的条件下邹衍凭借诡异的言论而为世所用，孟轲虽然遭遇坎坷而不失为诸侯之师。

"如今大汉王朝东接大海，西边远接渠搜之国，南抵番禺，北至椒涂，边境上既有都慰管理军事，又设候官以迎送宾客。武以绳索捆绑，铡刀制裁；文以诗书礼乐教化疏导，遵守礼教，间隔一定的岁月，构筑为父母守丧所住的简陋之宅。天下的士人如雷之震动，如云之聚合，如鱼鳞之相错杂聚集，在国土之内谋生。家家自以为圣比稷契，人人自认为贤边皋陶，头戴冠缨而高谈阔论的人都自比于阿衡，认为自己可以辅佐君主，甚至连五尺小儿自比作圣贤，深得王者之道，而羞言霸世之臣。当权的人官爵显耀，直上青云，仕途上受排挤者委弃沟渠，落难坎坷，无人问津；早晨还是权柄在握，为卿为相，旦夕之间时过势失，为匹夫草民。就像江湖之雀，渤解之鸟，群禽萃集，四雁集不为之增加，双凫飞不为之少，朝臣之上下下朝廷无损。当年二位贤人微子、箕子、比干愤而离去使殷商灭亡，伯夷、姜尚归于周文王，周为之兴，伍子胥死而吴亡，文种、范蠡活着则越国称霸一方，百里奚入秦国则秦穆公欢喜，乐毅出奔则燕王恐惧，范雎遭受折肋断齿之辱而发奋图强，离魏奔秦，受秦王重任，蔡泽深秦昭王重用，却以曲颐遭受唐举之嘲笑。因此，当天下发生动乱时，萧何、曹参、张良、陈平、周勃、樊哙、霍光就忙于政务；当天下安定之时，那些训释经书章名的儒生，坐在一起，守护这些东西，也没有什么着急之事。所以，社会动荡不安，那些具有超凡道德才智的人奔走往来，显得不够用；天下太平则到处是庸碌之辈，无所作为。

先代的士人中，有的由囚徒而为宰相；有的由一介草民而为宰相；有的潇洒大度，倚门而笑，深受重用；有的人政坛失意,遍游江潭,后沉江而亡;有的人游说七十多个国君而不遇一个明主,而有的人侃侃而谈,转瞬之间而致封侯之赏,有的人以其雄才大略使得国君委曲降尊,于陋巷中拜见之;更如邹衍,凭其才华,使得燕昭王亲手执帚,为其扫地除道。由此可见,这些士人遇到了良好的机遇,能够施展其雄辩的才能,展示其写作的水平,他们劝谏君王,补救时弊,士人的意见和才能得到充分发表。而如今县令不请求士人,郡守不迎接教师,朝廷中的百官不能礼贤下士,将相对人才不顺从,大小官员皆不求贤问师,贤士无用武之地,言语出奇的人猜疑,行为与众不同就认为犯罪,因此本来想抒发心胸的人闭口不言,只是重复别人的话,想走自己人生之路的人畏而却步,跟在凡庸之人后亦步亦趋。假使生活在上代的这些士人生活在今天,在策问考试上得不到上等甲科,他们的行为不会被举为孝廉方正贤良之士,只能向皇帝上书劝谏,论辩时政是非得失而已,好的是等待皇帝诏书,获得委任,不好者所上之书皇帝已经知道,意见不被采纳,这样又哪能获得高贵地位、优厚的俸禄?

"况且我还听说,火光炽盛终必熄灭,雷声轰隆终至消绝。人们看火光听雷声感觉光,雷似乎充实盛大,但是,瞬息之间天收其声,地吸其热,最后都熄灭绝断了,事物都是这样盛极必衰的。富贵达到顶点的家庭,连鬼神都要窥视其屋室,伺其灭亡。可见,一心钻营、争权夺势的人如尺蛾扑火,自取灭亡,恬淡寡欲,不求权利的人却能平安地活着。地位显耀的人遭遇的危险更大;自守其无为之道者可以全身远祸。因此,掌握了道家清静无为的人,无欲无怖忧,清静恬淡。寂寞淡泊是紧守人生的根基。世事沧桑,涨落无常,而为人处世的道理却是一样,把我们和古人调换一下生存的时间,结果并非目前这样的。现在你竟然不明大理,拿鸱枭嘲弄凤凰,拿蚰蜒小虫嘲弄神龟巨龙,不是有毛病了吗?你笑我求黑不成仍是白色,我由此笑你患病厉害,却没有遇到像俞跗、扁鹊这样的良医,你真可悲呀!"

客人听罢,又问:"照你这么说,没有你所阐述的那些道理就不能成名吗?范雎、蔡泽等人身居相位而为什么要用深妙的玄理呢?"

扬雄说:"范雎,本来是魏国的一个亡命之徒,他断肋折腰,幸免入狱,他缩肩躬腰藏匿于使者之车中逃离魏国,入秦之后又逃避穰侯之辱,最后用自己才智打动秦昭王,深受其宠信,又离间昭王与同母弟泾阳与昭王之关系,废掉穰侯相位而取而代之,他之所以获得成功是因为他遇到了适当的机会。蔡泽,本来是中原地区的一介匹夫,声名不显,地位不尊,下巴突出,鼻梁塌陷,长相丑陋,经常涕垂流沫,到秦国之后对相国范雎只行平揖之礼,结果却掐住范雎咽喉而断其气,抓住其要害,迫使他让出相位,这都是时机促成的。天下已经安定,战争已经结束,欲建都洛阳,这时候娄敬弃车脱辂,鼓动三寸不烂之舌,建树牢不可动的谋略,说服刘邦离开中原建都长安,获致高官厚禄,这也是遇到了适当的时机。古时五帝传下典章制度,三王制定礼仪规范,百代不变。叔孙通发迹于战争之中,解甲投戈之后,制定朝仪,深受宠爱,这也是得其时宜。周代刑法败坏,秦朝制定的刑法残酷苛刻,圣明的大汉王朝权时度势而制定法令、措施,萧何因时而需,制定《汉律》九章。反而言之,假若萧何造律于唐虞时代,那也是谬误不可行的;叔孙通于夏殷之时制定朝仪,也是错谬难行的;娄敬提出策略于周初,也是乖谬于时的;范雎、蔡泽若在今朝的权臣金日䃅、张安世、许广汉、史恭、史高之家中,则精神狂乱了。汉初萧何,制定法规,曹参执行而不改,张良谋划策略，陈平六出奇计，他们皆功若泰山，响若山崩，虽然他们的智慧超人是一原因，但他们得以成功，机会也是相当重要的。由此看来，做出能够做出的大事必须在可以做出大事的时代，那么这种作为才会顺利；没有遇到可以大有作为时间而去努力，后果并不好。像有些人取得成功就是这样：蔺相如舍生忘死，于秦廷之上完璧归赵；商山四皓隐居南山、修养德名而遭遇刘邦，终致荣耀，公孙弘出身贫贱，却从待召金马开始，青云直上，骠骑将军霍去病发迹于祁连战功，司马相如因为挑引卓文君而致巨资；东方朔给夫人割肉感动皇帝。我确实不能像以上诸人那样抓住机遇，立功扬名，只好淡泊无为，默默自守我的《太玄》而已。"

扬雄认为，赋是用来讽谏的。如果一味罗列堆砌，极尽华丽靡漫之辞，宏伟华贵，穷形极相，使人无以复加，然后才归于正道，这样做已使看的人越过正道了，但得其浮华，而无益于讽谏。当年汉武帝喜欢神仙之说，追求长生不老，司马相如献上《大人赋》，想以此讽劝武帝，结果汉武帝看过后反而更生了缥缥凌云成仙之志。由此可见，赋只能是鼓励而不可能禁止，这是很明显的。赋又很像俳优伶人淳于髡、优孟这类人，不是法度所能容存，非贤人君子咏诗作赋之更事雅正，由此扬雄不再写赋。

扬雄又深思天象，参摹而四分之，极于八十一；旁则三摹九据，极之七面二十九赞，都是自然本身的运行规则。所以，读《易》的人，看见其卦象而称之；读《玄》者，数其画而确定之。《玄》开始的四重，并不是卦象，而是数。其用法就是自天元推衍一画一夜阴阳数度律历纪，九九大运，与天相终始。因此，《玄》三方、九州、二十七部、八十一家、二百四十三表、七百二十九赞、共分三卷、名一二三，它与《泰初历》相应，也有颛顼历。以三策筮之，以凶吉关之，以象类杂之，以人事布之，以五行文之，以道德仁义礼智拟之。天主无名，其根本皆合乎《五经》，若非其事，文不虚生。因为它闳鸿不可解，故又写《首》《冲》《错》《测》《摛》《莹》《文》《掜》《图》《告》等十一篇，《玄》中之文，虽有章名，不过其旨深奥，尚不能尽存，故解剥而离散之。《玄》文太长，这里故不录，观之者难以知晓，学习它的人难以成功。因此，有人责难《玄》文太艰深，一般人不喜好，扬雄作文解释，辨难，故文号曰《解难》。原文说：

有位客人责难扬难说："大凡著书者都要迎合读者大众的爱好，就像美味佳肴希望能合乎人们口味，调谐乐器之声以使听众听之悦耳。如今你以高妙的言辞阐述幽微的道理，宏伟的思想，神秘的观点，你让你的思想驰骋于有无之际，如在大炉中陶冶一样，激荡磨砺而出，可是，看它已经有很长时间了，却仍然不晓其意。这只是浪费你的精神，又使学习者厌烦难懂，就像画画的人把画画于无形，乐者奏乐无声，你差不多是这样吧？"

扬雄回答说："你说得好。如果是精微的言论、伟大的思想，其幽微之外，大概很难使看的人具有共同的认识的。以前有人观天象，察地度，审人法，苍天著满星辰，大地广大深远，他的话亦因之贞实美丽，如金如玉，高深莫测，难道他喜欢故作艰深吗？形势迫使他那样的。你难道没有瞧见翠虬绛螭将要登天，必须先跳身到仓梧之深渊中；若不通过浮云，借助迅风，轻身飘举，冉冉上升，它们就不能拘上清之气，入于九天之门。日月若不运行千里，就不能照亮天地四方；泰若不高耸入云，顶摩苍天，就不能积聚浮云，散发去云气。因此，仪羲氏作《易》时，绵络天地，以八卦经纬之；文王重又附之以六爻；迄孔子又错其像而象其辞，这样之后才能够发天地之臧，定下万物的根基。若《典》《谟》这样的篇章，《雅》《颂》那样的正声雅音不是温纯深润，就不足以造化鸿大，发扬伟业，彰照光明。故相师以无为作宰，道化以寂寞无欲为主；大味必淡，大音希声；大语渺远，大道纤衍。因此，美妙的声音不可同于众人的耳朵，形体美好的东西不可能入于世俗之眼界，深广的言辞的不可能齐于庸人之听。就像现在的弹奏音乐，弓张音急，随着听众的嗜好而弹奏之，那么坐在远处的人情不自禁靠近了；假若对他们演奏《盛池》《六茎》《箫韶》《九成》，那么就没有应和的了。因此，钟子期一死，俞伯牙断弦破琴，不肯给众人演奏；矍人走，则匠石停下斤斧而不敢妄砍。师旷调制钟声，是希望扣世有知音；孔子写作《春秋》，希望贤人君子能看到前事，老聃留下遗训，说过知我的人少才知道自己珍贵；我的经历不正是他赞美的品行吗？"

扬雄看到先秦诸子思想各不相同，互相诤锋，其大旨皆非毁周孔之教，制造巧辩异辞以搅乱时政；虽然这些思想浅薄不深，但长期流传会影响大道，使一般人逐渐接受其影响而不知它本身是不合圣道的。到太史公司马迁记载六国之事，历楚、汉，记麟止，与圣人记载不同，对正确与错误的看法与经书颇不合。因此常常有人问扬雄有关这些问题，扬雄常模仿经典之言回答之，最后撰成文计十三卷，并模仿《论语》，名曰《法言》。《法言》文多不著录，这里只著录其纲目：

上天降下百姓，童蒙无知，任性而行，无知无识，于是告诉他们道理，撰《学行》第一。

自周公以降至孔子设教立法，皆帝王之道；其后浇漓，虚证益彰，乖于孔子后七十弟子所谋微妙之言，故撰《吾子》第二。

万事皆有根本，表现在各种事上，但并不都善，关键在于自己，故撰《修身》第三。

茫茫天道，成于圣人，超过了则失去中正，不及则又不到位，对圣道不可作奸诬罔。故撰《问道》第四。

神是神秘莫测的，冥冥之中经纬天地人事，凡事都体现道德仁义礼。故撰《问神》第五。

明哲光芒照人，烛照无边，他们常行逊顺，以备不虞。故撰《问明》第六。

至言周于天地，赞于神明，幽微宏大，绝于迩言，故撰《寡见》第七。

圣人聪明智慧，继天测灵，为群伦冠，经诸范。撰《五百》第八。

规划政策鼓动众人，化成天下，没有超过中和的原则的；发现中和，首先在于知民情。撰《先知》第九。

孔子以来，国君将相卿士名臣志业各不相同，以圣人大道均平之，故撰《重黎》第十。

孔子以后，迄于大汉，德行首推颜、闵，股肱大臣首推萧何、曹参，再推及名将尊卑，称引品定其品行文质，撰《渊骞》第十一。

君子之道能善于终而不失令名，动由隐括，旁开圣则，撰《君子》第十二。

孝没有超过尊严祖考，安其神灵的，宁神没有超过四表之欢心,撰《孝至》第十三。

赞说:"扬雄的自序如上。起初,扬雄四十多岁,从蜀来到京城游学,大司马车骑将军王音惊奇他的文章雅正,召他做门下史,又推荐给皇帝待诏。过了一年多,扬雄献《羽猎赋》,晋升做郎官,给事黄门,与王莽、刘歆并列。哀帝初年,又与董贤担任同样官职。当成帝、哀帝、平帝年间,王莽、董贤都皆为三公,权势压过皇帝,他们推荐的人皇帝没有不提拔任用的,而扬雄在三朝之中官职无变。到王莽篡汉自立,那些谈说之士依附王莽,假借符兆天命对王莽称功颂德从而获得封爵的人很多,扬雄没有封侯,以年老转为大夫,对权势名利很淡漠竟然到了如此境界。他这样做,实在是由于追怀古代、喜欢大道,他的用意是用文章成名于后代,他认为《经》书中没有超过《易》的重要性的,因此写了《太玄》;传没有超过《论语》的,故作《训纂》;箴没有比《虞箴》更好的,故模仿之,作《法言》;史书没有比《仓颉》篇更好的,故作《州箴》;赋没有比《离骚》更深邃的,反过来扩展之;文辞没有超过司马相如的,故模仿相如写作四篇大赋;他的创作都追溯每一文的根本,然后模仿它们而纵横驰骋,创作出来。扬雄心思用于内在,不求外在表面上的名利权势,故当时皆忽略他;只有刘歆和范逡敬重他,而桓谭以为扬雄特出,绝无伦匹。

王莽篡汉时,刘歆、甄丰皆为上公,王莽既然借假符兆命自立,其即位之后想掩饰其原貌以便使其前事神化,而甄丰之子甄寻、刘歆之子刘棻却不知王莽用心,复献出来,王莽因此诛甄丰父子,投刘棻于四裔,此事所及之人,立即收押不必奏请。当时扬雄正在天禄阁校书,办案使者来,想收治扬雄,扬雄担心无法逃过,于是从阁楼之上跳下,差点摔死。王莽听说此事,说:

"扬雄平常并不参与政事,什么原因这样做呢?"于是暗中派人查访其故,原来是刘棻曾经向扬雄学习过古文中之怪奇之字,扬雄不知道刘棻等人献符命之事。于是,王莽下诏勿究。但是整个京城因此而传语,说:"只因寂寞,才跳楼阁;说是清静,却作符命!"用扬雄《解嘲》中的话反讥他。

扬雄以病免职,复召为大夫。他的家向来贫寒,他又嗜酒,所以很少有人去他家。当时有好事者以车载酒、肴跟其学习,而巨鹿人侯芭一直跟随扬雄,和他生活地一块,接受了他的《太玄》《法言》。刘歆曾读过这些书,对扬雄说:"白白地苦自己!如今有利有禄的学者尚且不能明晓《易》,又哪能明晓《太玄》呢?我担心后人只会用它们盖酱坛。"扬雄笑而不答。扬雄活到七十一岁,于天凤五年卒;侯芭为他建坟,守丧三年。当时大司空王邑、纳言严尤听说扬雄死了,对桓谭说:"你曾赞美扬雄的著作,他的书真能传至后世吗?"谭回答说:"一定会流传后世的,只是你和我来不及看到罢了。大凡人把近前的东西都看得轻,对远东西看得重,亲眼看看,扬雄确实貌不惊人、仕途平平,因此便轻视他的著作。就如当年老聃写作无为思想的文章两篇,攻击仁义,非毁礼学,但是后代喜欢它的人仍然以为它比五经还好,从汉朝的文、景诸君到司马迁都讲过这样的话。如今扬雄的著作文义至深,而论点不违背圣人之教,若其遇到当政君王,并被贤人阅览,被他们称好,那么它的影响一定会超过先秦诸子的。"那些儒生中有人讥讽扬雄并非圣人而写作经书,就像春秋时吴、楚的国君僭号称王一样,应该定灭族绝后之罪。扬雄死后至今,已经过了四十多年,他的《法言》大行大世,而《太玄》始终未得彰昭,不过文章都还存在。

汉书卷八十八

儒林传第五十八

古之儒者,博学乎《六艺》之文。《六艺》者,王教之典籍,先圣所以明天道,正人伦,致至治之成法也。周道既衰,坏于幽、厉,礼乐征伐自诸侯出,陵夷二百余年而孔子兴,以圣德遭季世,知言之不用而道不行,乃叹曰:"凤鸟不至,河不出图,吾已矣夫!""文王既没,文不在兹乎?"于是应聘诸侯,以答礼行谊。西入周,南至楚,畏匡厄陈,奸七十余君。适齐闻《韶》,三月不知肉味;自卫反鲁,然后乐正,《雅》《颂》各得其所。究观古今篇籍,乃称曰:"大哉,尧之为君也!唯天为大,唯尧则之。巍巍乎其有成功也,焕乎其有文章(也)!"又(云)〔曰〕曰:"周监于二代,郁郁乎文哉!吾从周。"于是叙《书》则断《尧典》,称乐则法《韶舞》,论《诗》则首《周南》。缀周之礼,因鲁《春秋》,举十二公行事,绳之以文、武之道,成一王法,至获麟而止。盖晚而好《易》,读之韦编三绝,而为之传。皆因近圣之事,以立先王之教,故曰:"述而不作,信而好古";"下学而上达,知我者其天乎!"

仲尼既没,七十子之徒散游诸侯,大者为卿相师傅,小者友教士大夫,或隐而不见。故子张居陈,澹台子羽居楚,子夏居西河，子贡终于齐。如田子方、段干木、吴起、禽滑氂之属，皆受业于子夏之伦，为王者师。是时，独魏文侯好学。天下并争于战国，儒术既黜焉，然齐鲁之间学者犹弗废，〔至〕于威、宣之际，孟子、孙卿之列咸遵夫子之业而润色之，以学显于当世。

及至秦始皇兼天下，燔《诗》《书》，杀术士，六学从此缺矣。陈涉之王也，鲁诸儒持孔氏礼器（而）〔往〕往归之，于是孔甲为涉博士，卒与俱死。陈涉起匹夫，驱適戍以立号，不满岁而灭亡，其事至微浅，然而搢绅先生负礼器往委质为臣者何也？以秦禁其业，积怨而发愤于陈王也。

及高皇帝诛项籍，引兵围鲁，鲁中诸儒尚讲诵习礼，弦歌之音不绝，岂非圣人遗化好学之国哉？于是诸儒始得修其经学，讲习大射乡饮之礼。叔孙通作汉礼仪，因为奉常，诸弟子共定者，咸为选首，然后喟然兴于学。然尚有干戈，平定四海，亦未皇庠序之事也。孝惠、高后时，公卿皆武力功臣。孝文时颇登用，然孝文本好刑名之言。及至孝景，不任儒，窦太后又好黄老术，故诸博士具官待问，未有进者。

汉兴，言《易》自淄川田生；言《书》自济南伏生；言《诗》，于鲁则申培公，于齐则辕固生，燕则韩太傅；言《礼》，则鲁高堂生；言《春秋》，于齐则胡毋生，于赵则董仲舒。及窦太后崩，武安君田蚡为丞相，黜黄老、刑名百家之言，延文学儒者以百数，而公孙弘以治《春秋》为丞相，封侯，天下学士靡然乡风矣。

弘为学官，悼道之郁滞，乃请曰："丞相、御史言：制曰'盖闻导民以礼，风之以乐。婚姻者，居室之大伦也。今礼废乐崩，朕甚愍焉，故详延天下方闻之士，咸登诸朝。其令礼官劝学，讲议洽闻，举遗兴礼，以为天下先。太常议，予博士弟子，崇乡里之化,以厉贤材焉。'谨与太常臧、博士平等议,曰:闻三代之道,乡里有教,夏曰校,殷曰庠,周曰序。其劝善也,显之朝廷;其惩恶也,加之刑罚。故教化之行也,建首善自京师始,由内及外。今陛下昭至德,开大明,配天地,本人伦,劝学兴礼,崇化厉贤,以风四方,太平之原也。古者政教未洽,不备其礼,请因旧官而兴焉。为博士官置弟子五十人,复其身。太常择民年十八以上、仪状端正者,补博士弟子。郡国县官有好文学、敬长上、肃政教、顺乡里、出入不悖,所闻,令、相、长、丞上属所二千石。二千石谨察可者,常与计偕,诣太常,得受业如弟子。一岁皆〔辄〕课,能通一艺以上,补文学掌故缺;其高第可以为郎中,太常籍奏。即有秀才异等,辄以名闻。其不事学若下材,及不能通一艺,〔辄〕罢之,而请诸能称者。巨谨案诏书律令下者,明天人分际,通古今之谊,文章尔雅,训辞深厚,恩施甚美。小吏浅闻,弗能究宣,亡以明布谕下。以治礼掌故以文学礼义为官,迁留滞。请选择其秩比二百石以上及吏百石通一艺以上补左右内史、太行卒史,比百石以下补郡太守卒史,皆各二人,边郡一人。先用诵多者,不足,择掌故以补中二千石属,文学掌故补郡属,备员。请著功令。它如律令。"

制曰:"可。"自此以来,公卿大夫士吏彬彬多文学之士矣。

昭帝时举贤良文学,增博士弟子员满百人,宣帝末增倍之。元帝好儒,能通一经者皆复。数年,以用度不足,更为设员千人,郡国置《五经》百石卒史。成帝末,或言孔子布衣养徒三千人,今天子太学弟子少,于是增弟子员三千人。岁余,复如故。平帝时王莽秉政,增元士之子得受业如弟子,勿以为员,岁课甲科四十人为郎中,乙科二十人为太子舍人,丙科四十人补文学掌故云。

自鲁商瞿子木受《易》孔子,以授鲁桥庇子庸。子庸授江东䶒臂子弓。子弓授燕周丑子家。子家授东武孙虞子乘。子乘授齐田何子装。及秦禁学，《易》为筮卜之书，独不禁，故传受者不绝也。汉兴，田何以齐田徙杜陵，号杜田生，授东武王同子中、雒阳周王孙、丁宽、齐服生，皆著《易传》数篇。同授淄川杨何，字叔元，元光中征为太中大夫。齐即墨成，至城阳相。广川孟但，为太子门大夫。鲁周霸、莒衡胡、临淄主父偃，皆以《易》至大官。要言《易》者本之田何。

译文：

　　古代的儒者广泛学习《六艺》。所谓《六艺》，就是统治者施行教化的典籍，古圣贤用来让人们明晓支配人类命运的天神意志，规范君臣、父子等人际关系，达到最完美的政治的现成法度。周王朝的治国之道衰微了，罪在幽王、厉王，礼乐受到破坏，起自诸侯，逐渐衰微达二百余年，然后孔子应时而生。孔子根据圣贤之德遭逢末世，知道先圣之言被废置不用，而思想主张不能通行，于是叹息说："凤凰不飞来了，黄河也没有图画出现，我这一生恐怕是完了！""周文王死了以后，一切礼乐制度不都在我这里吗？"于是，应诸侯的聘约，有问礼和问品德、道义的，则予以回答和申明。他周游列国，向西进入周境，向南到达楚国，在匡被围困，险些被害，在陈国断绝了粮食，他前后谒见了七十多位各地的统治者。到齐国听到了舜乐《韶》，很多个月吃肉不知道味道；从卫国回到鲁国，然后音乐端正，《雅》《颂》各得其所了。孔子遍观古今的篇章典籍，称颂说："尧真是了不起！只有天最高最大，唯有尧能够学习天，他的功绩实在崇高，他的礼乐制度也真够美好！"又说："周朝的礼乐制度是依据夏商两代制定的，真是丰富多彩！我主张周朝的。"于是，他讲述《尚书》则起自《尧典》，称赞乐谱则效法《韶舞》，评论《诗经》则以《周南》为第一。他补缀周王朝的礼法，依据鲁国史官所编的《春秋》，列举鲁国十二公的事迹，以文王、武王的思想主张为标准，修订完成了《春秋》，成为周朝的王法，到获麟时绝笔。孔子晚年喜欢《易经》，时常阅读，使连缀竹简的皮带子断了多次，他为《易》作了《易传》。这一切，他都依据近世的圣贤之事，来确立先王的教化，所以他说："我阐述而不创作，我以相信的态度喜爱古代文化。""我学习一些平常的知识，却透澈了解很高的道理，知道我的，只是天吧！"

孔子死后，他的弟子七十多人分散游历于各诸侯国间，本事大的成为卿、相的太师、太傅，本事小的成为士大夫的师友，还有的稳居不仕。所以子张居住陈国，澹台子羽南游居住楚国，子夏到了西河，子贡最后死于齐国。像田子方、段干木、吴起、禽滑𨤲这些人，都曾从师子夏等学习过，成为王侯的老师。这个时期，只有魏文侯喜欢儒学，天下诸侯纷争，战事频繁，儒家学术已经被废置，但是齐国鲁国间的学者们还没有放弃，到了齐威王、齐宣王时，孟子、荀子这样的人都尊奉孔子的儒学，并发扬光大，他们凭儒学扬名于当时。

等到秦始皇统一天下，焚烧《诗》《书》，杀戮方士儒生，六艺之学从此不能完整传承。陈胜自立为王，鲁国的许多儒生带着孔子家传的礼器前去归顺他，于是，孔甲做了陈胜的博士，最后与陈胜一同死难。陈胜崛起于平民百姓，率领被流放和戍边的人，立了国号，不满一年而被灭亡，这样的事微不足道，但是，士大夫们背负礼器前去归顺愿做臣下，是为什么呢？是因为秦朝禁止了他们的书籍，积累怨恨，而依靠陈胜发愤雪恨。

等到汉高祖杀了项羽，领兵围攻鲁国时，鲁国中许多儒生还在讲诵经书,学习礼仪,弦乐歌声没有断绝,这难道不是圣人遗留下良好风尚,爱好礼乐的国家吗?从这时候起,儒生们开始能够研究学习他们崇尚的经典,讲习大射乡饮之礼。叔孙通制定汉朝礼仪制度,因此做了奉常,参与制定的诸位弟子,也都成为候补、候选的官员,于是他们感慨地说依靠儒学起了家。然而,这时国家还要征伐叛乱,平定四海,来不及兴办学校。汉惠帝、吕后时期,公卿都是征战勇武的功臣。文帝时,稍微选拔任用了一些儒生,但文帝本来喜欢法家刑名学说。到景帝时,不任用儒生,窦太后又喜欢黄老之术,所以诸多儒学博士只是虚设其官,以备咨询,而没有被提拔重用的。

汉朝建立,淄川田何传《易》;济南伏胜传《书》;鲁国申培,齐国辕固,燕王韩婴传《诗经》;鲁国高堂伯传《礼》;齐国胡毋生,赵国董仲舒传《春秋》。窦太后逝世以后,武安君田蚡做丞相,罢黜黄老、刑名等百家学说,延聘文学儒士数百人,而公孙弘由于精通《春秋》而做了丞相,封了侯,因而,天下的学士们学习儒术蔚然成风。

公孙弘做了掌管学校教育的教官,担心儒家学说的传播受到阻碍,于是奏请汉武帝说:"丞相和御史大夫说:诏书写道'人们都讲引导民众用礼,教化民众用乐。婚姻是男女关系的伦常大道。如今礼坏乐崩,我为此深感忧伤,所以广泛聘选见闻广博的人,都让他们进到朝廷来。应当命令礼官努力学习儒学,宣讲评议广博的见闻,搜求遗失的经典,建立新的礼制,成为天下的表率。太常主张,授予博士弟子,崇尚乡里的教化,来砥砺贤能的人才。'我谨与太常孔臧、博士平等商议,说:听说夏商周三代的制度,在乡里设有教育组织,这些组织,夏代叫校,商代叫庠,周代叫序。劝勉人们为善,就让他们显扬于朝廷;惩戒作恶的人,就施之以刑罚。所以教化通行,建立榜样从京城开始，由内向外。现在，陛下表彰崇高的道德，显示出日月般的光辉，媲美上天大地，推本人伦关系，劝勉从学，建立礼仪制度，崇尚文化教育，砥砺贤能人才，来教化天下之人，这是国泰民安的起点。过去，刑赏与教化没有普遍，礼仪制度也不完备，请求利用旧学官而建立起来。设博士官，选弟子五十人，免除其本人的徭役赋税。太常从民众中选择十八岁以上仪表端正的人，充当博士弟子。郡国县官如果有喜好文学、尊敬长上，遵守法纪，顺应乡里，举止行动不违背礼法的部属，听到这样的人，县令、诸侯国相、县长、县丞上报郡太守及王国相，郡太守及王国相仔细考察，认为可以的人，当随上计吏一道进京，到太常那里报到，可以像弟子一样从师学习。一年就都参加考试，能精通一种经书以上的，可以补充文学掌故的空缺，那些品第高可以担任郎中的，太常编选名册奏上。如果有才能优异，出类拔萃的人，就单独具名上奏。如果不重视学业，或者才能低下，以及不能精通一部经书的，就罢了他们，而最终聘选具备各种才能的人。我谨慎推敲诏书法令发布的目的，在于明辨天道与人事的相互关系，通晓古今的道理，陛下的诏书法令文辞纯正，教导的言辞意义深远，恩泽优厚。下级官吏学识浅薄，不能原原本本宣讲，没有办法明白晓谕民众。大行治礼丞、太常掌故依靠文学礼仪修养而做了官，应该提拔那些有修养而被积压不用的人才。请陛下选拔那些俸禄在比二百石以上，及俸禄一百石但能精通一部经书以上的人，充当左右内史卒史和大行卒史，比百石以下充当郡太守卒史，一般都是每郡二人，边郡一人。先任用大家公认的人，不够，再挑选掌故来充当中二千石的属官，文学掌故充当郡太守卒史，配足名额，勿使空缺。请陛下把这些规定写在功令上成为法令。其他的照原有法令执行。"

诏书批复说："可以。"从这时候开始，公卿大夫士吏都彬彬有礼，大多成为文章博学之士了。

昭帝时，推行贤良文学的选官制度，增加博士弟子生员超过一百人，宣帝末年加倍增加。元帝喜欢儒学，能精通一部经书的人都免除其本人的徭役赋税。几年以后，因为人才不够使用，改为设生员千人，郡国设置《五经》百石卒史。成帝末年，有人说孔子这样的平民养学生三千人，而今太学的弟子很少，于是增加弟子生员三千人。一年多后，又恢复原样。平帝时王莽执掌政权，增元士的子弟能够同博士弟子一样从师学习，但不把他们计入博士弟子的定员数中，岁课这样的考试制度，甲科可有四十人为郎中，乙科二十人为太子舍人，丙科四十人充当文学掌故。

自从鲁国商瞿（字子木）从师孔子学习了《易经》，把它传授给鲁国桥庇（字子庸）。子庸传授给江东馯臂（字子弓）。子弓传授给燕国周丑（字子家）。子家传授给东武孙虞（字子乘）。子乘传授给齐国田何（字子装）。到了秦朝，禁止儒学，《易经》作为卜筮之书，唯独没有被禁止，所以传授学习的人没有断绝。汉朝建立，田何因为是旧齐国的田氏而被迁徙到杜陵，号杜田生，他传授《易经》给东武王同（字子中）、洛阳周王孙、丁宽、齐国服生，这几人都著有《易传》数篇。王同传授给淄川的杨何，杨何，字叔元，元光中征召做太中大夫。齐国的即墨成，官至城阳相。广川的孟但，做太子门大夫。鲁国的周霸，莒县的衡胡、临淄的主父偃，都因为《易经》做了大官。精于解说《易经》的源于田何。

丁　宽

丁宽字子襄，梁人也。初，梁项生从田何受《易》，时宽为项生从者，读《易》精敏，材过项生，遂事何。学成，何谢宽。宽东归，何谓门人曰："《易》以东矣。"宽至雒阳，复从周王孙受古义，号《周氏传》。景帝时，宽为梁孝王将军距吴、楚，号丁将军，作《易说》三万言，训故举大谊而已，今《小章句》是也。宽授同郡砀田王孙。王孙授施雠、孟喜、梁丘贺。䌛是《易》有施、孟、梁丘之学。

译文：

丁宽，字子襄，梁国人。当初梁人项生从师田何学习《易经》时，丁宽是项生的追随者，研读《易经》精深敏锐，才能超过项生，就侍奉田何。学有所成，田何让他离去，丁宽向东归去，田何告诉门人说："《易经》传到东面去了。"丁宽到了洛阳，又从周王孙学习古义，号《周氏传》。景帝时，丁宽作梁孝王的将军，抗击吴楚七国叛军，号丁将军，写作《易说》三万字，他解释字句举出经义的要旨罢了，就是今天的《小章句》。丁宽传授同郡砀县的田王孙。田王孙传授施雠、孟喜、梁丘贺。因此《易经》有施、孟、梁丘之学。

孔安国

孔氏有古文《尚书》，孔安国以今文字读之，因以起其家逸《书》，得十余篇，盖《尚书》兹多于是矣。遭巫蛊，未立于学官。安国为谏大夫，授都尉朝，而司马迁亦从安国问故。迁书载《尧典》《禹贡》《洪范》《微子》《金縢》诸篇，多古文说。都尉朝授胶东庸生。庸生授清河胡常少子，以明《穀梁春秋》为博士、部刺史，又传《左氏》。常授虢徐敖。敖为右扶风掾，又传《毛诗》，授王璜、平陵涂恽子真。子真授河南桑钦君长。王莽时，（论）〔诸〕学皆立。刘歆为国师，璜、恽等皆贵显。世所传《百两篇》者，出东莱张霸，分析合二十九篇以为数十，又采《左氏传》《书叙》为作首尾，凡百二篇。篇或数简，文意浅陋。成帝时求其古文者，霸以能为《百两》征，以中书校之，非是。霸辞受父，父有弟子尉氏樊并。时，太中大夫平当、侍御史周敞劝上存之。后樊并谋反，乃黜其书。

译文：

　　孔氏传有古文《尚书》，孔安国用今文改写它，他因此被从家中征召出来授予官职。他得到失传的《尚书》十多篇，《尚书》大概从这时开始增多了。但遭逢巫蛊之狱。孔安国所献古文《尚书》没有立于学官。孔安国做了谏大夫，他传授都尉朝，而司马迁也曾从师他请求故实。司马迁的书中载有《尧典》《禹贡》《洪范》《微子》《金縢》诸篇，大多是古文的说法。都尉朝传授胶东的庸生，庸生传授清河的胡常（字少子），胡常靠通晓《穀梁春秋》做了博士、部刺使，胡常又传《左氏》。胡常传授虢地人徐敖。徐敖做了右扶风的属官，又传《毛诗》，他传授王璜、平陵人涂恽（字子真）。子真传授河南的桑钦（字君长）。王莽时期，以上诸门学说都立于学官。刘歆做国师，王璜、涂恽等人都因地位提高而显扬名声。社会上所传《百两篇》，出自东莱人张霸，张霸加以区分合并了二十九篇，认为是几十篇，又取《左氏传》《书叙》来作首尾，一共一百零二篇。一篇有的分成几简，文意见解狭隘。成帝时寻求古文，张霸靠能解说《百两篇》而被征召，用秘府藏书来校勘它，两者不一样。张霸的文辞从父亲那里学来，父亲有弟子尉氏人樊并。当时太中大夫平当、侍御史周敞劝皇上把张氏之学立于学官。后来樊并谋反，才废黜这本书。

汉书卷九十一

货殖传第六十一

昔先王之制，自天子、公、侯、卿、大夫、士至于皂隶、抱关、击柝者，其爵禄、奉养、宫室、车服、棺椁、祭祀、死生之制各有差品，小不得僭大，贱不得逾贵。夫然，故上下序而民志定。于是辩其土地、川泽、丘陵、衍沃、原隰之宜，教民种树畜养；五谷六畜及至鱼鳖、鸟兽、萑蒲、材干、器械之资，所以养生送终之具，靡不皆育。育之以时，而用之有节。草木未落，斧斤不入于山林；豺獭未祭，罝网不布于野泽；鹰隼未击，矰弋不施于徯隧。既顺时而取物，然犹山不茬蘖，泽不伐夭，蝝鱼麛卵，咸有常禁。所以顺时宣气，蕃阜庶物，蓄足功用，如此之备也。然后四民因其土宜，各任智力，夙兴夜寐，以治其业，相与通功易事，交利而俱赡，非有征发期会，而远近咸足。故《易》曰"后以财成辅相天地之宜，以左右民"，"备物致用，立成器以为天下利，莫大乎圣人"。此之谓也《管子》云古之四民不得杂处。士相与言仁谊于闲宴，工相与议技巧于官府，商相与语财利于市井，农相与谋稼穑于田野，朝夕从事，不见异物而迁焉。故其父兄之教不肃而成，子弟之学不劳而能，各安其居而乐其业，甘其食而美其服，虽见奇丽纷华，非其所习，辟犹戎翟之与於越，不相入矣。是以欲寡而事节，财足而不争。于是在民上者，道之以德，齐之以礼，故民有耻而且敬，贵谊而贱利。此三代之所以直道而行，不严而治之大略也。

及周室衰，礼法堕，诸侯刻桷丹楹，大夫山节藻棁，八佾舞于庭，《雍》彻于堂。其流至乎士庶人，莫不离制而弃本，稼穑之民少，商旅之民多，谷不足而货有余。

陵夷至乎桓、文之后，礼谊大坏，上下相冒，国异政，家殊俗，嗜欲不制，僭差亡极。于是商通难得之货，工作亡用之器，士设反道之行，以追时好而取世资。伪民背实而要名，奸夫犯害而求利，篡弑取国者为王公，圉夺成家者为雄桀。礼谊不足以拘君子，刑戮不足以威小人。富者木土被文锦，犬马余肉粟，而贫者短褐不完，含菽饮水。其为编户齐民，同列而以财力相君，虽为仆虏，犹亡愠色。故夫饰变诈为奸轨者，自足乎一世之间；守道循理者，不免于饥寒之患。其教自上兴，由法度之无限也。故列其行事，以传世变云。

译文：

古代先王的制度，从天子、公、侯、卿、大夫、士直到马夫、门丁、更夫，他们在爵位、俸禄、供养、居住、车马、服饰、棺椁、祭祀、养生送死的制度等，都各有不同的等级规定，下级不能僭越上级，卑贱者不能超过高贵者。唯有这样，才能上下有序而民心安定。于是辨别土地、河流、湖泊、丘陵、沃地、平原、低地等不同的地理条件，教导百姓种植和畜养技术；这样，人民用于生活和殡葬的用品，包括五谷、六畜、鱼、鳖、鸟、兽、柴草、木材、器械等各种物资，都生产出来了。生产要按照一定的时令，消费也要有所节制。在草木的叶子没有凋落时，不能进入山林砍伐；在农历正月前，不能到江湖打鱼；在农历九月前，不能到田野捕兽；在农历七月前，不能到小路边上捕射飞鸟。除了要顺应时令生产外，还不能在山里砍小树，在湖边割嫩草，不能捕捉幼小的虫、鱼、兽，不能采集鸟蛋。这是为了顺应时令气候，使各种生物得以繁殖兴旺。这样做就可以充分发挥自然的功效，使各种财物贮备富足。然后，士农工商各自依据所在地区的自然条件，充分发挥他们的智力和体力，早起晚睡，治理自己的产业，相互交换工作成果，满足了各自的需要。这样，并没有对于民间人力和物力的额外征发，而远近地区财物都很充足。所以，《周易》上说"君主用政令裁度自然的变化，辅助天地的所宜，教导万民从事生产"，"生产各种财物，用于各个方面，制成各种器具，使天下都能受益，这是圣人的伟大之处"，就是这个意思。《管子》说："古代的士、农、工、商四民，是不许杂居的。士人在学习读书的地方相互议论仁义，工匠在官府里相互议论技巧，商人在市场上相互议论财利，农民在田野中相互议论农事。他们从早到晚从事一种职业，不会见异思迁，所以，他们父兄的教导即便不严格，也能教好子弟；其子弟纵使不劳苦也能学会本领。"他们各安于自己所居住的地方，乐于从事自己的职业，虽然见到奇异和华丽的物品，因为不合于他们的习俗，也不会接受，这就好像西北地区戎族、狄族和东南吴越地区在风俗习惯上不能融合一样。在这种情况下，人们的欲望少而事情简单，财物充足而没有争夺。于是统治者再用道德来引导他们，用礼制来统一他们，所以庶民就有廉耻而且讲礼貌，重视仁义而轻视财利。这就是夏、商、周三代之所以能沿着正确的道路发展，不需采用严酷的政治而能治理国家的概要。

到周王室衰落时，礼法毁坏，鲁庄公违反周礼在其父桓公庙的椽子上雕刻，把柱子染红。鲁国大夫臧文仲违反周礼，把柱顶方木刻上山形，把梁上短柱画上水藻。鲁国的世卿季氏竟在家庙用八佾奏乐舞蹈，鲁国的孟孙、叔孙、季孙三家，在祭祀祖先时竟唱着《雍》这首诗来撤除祭品，这种风气流传到一般的士人和平民当中，大家无不背离圣王的制度，放弃本业，务农的民众减少，经商的百姓增多，粮食不足而奢侈品有余。

这种衰落的趋势发展到齐桓公、晋文公之后，礼仪大为破坏，上下互相冒犯，各国的政治差别很大，大夫们的风气各不相同，追逐欲利的活动不能遏制，破坏等级制度的行为没有止境。于是，商人贩卖奇珍异货，工匠生产没有实用价值的器具，士人进行歪门邪道的活动，以追逐时俗之所好而取得财货。诡诈的人违背事实诈骗取名，奸邪之民犯法害人求利，谋杀君主篡夺国家大权的人成为王公，抢夺大夫封地的人成了雄杰。礼仪不能够约束君子，刑罚杀戮不能使小民畏惧。富人用丝绸来装饰房屋、墙壁，犬马吃粮、食肉还有剩余，而穷人连粗衣都穿不上，经常吃豆子喝生水。他们都是编户平民，但因财力不同而地位有别，有人虽然成为奴仆，仍然没有怨愤。所以，玩弄权术而为非作歹的人，可以一辈子富足；遵循义理、固守正道的人却不能免受饥寒的威胁。这种风气是从社会上层兴起的，来源于法令制度的破坏。所以，列举这些事情，记载人世间的变化。

范　蠡

昔粤王勾践困于会稽之上，乃用范蠡、计然。计然曰："知斗则修备，时用则知物，二者形则万货之情可得见矣。故旱则资舟，水则资车，物之理也。"推此类而修之，十年国富，厚赂战士，遂报强吴，刷会稽之耻。范蠡叹曰："计然之策，十用其五而得意。既以施国，吾欲施之家。"乃乘扁舟，浮江湖，变名姓，适齐为鸱夷子皮，之陶为朱公。以为陶天下之中，诸侯四通，货物所交易也，乃治产积居，与时逐而不责于人。故善治产者，能择人而任时。十九年之间三致千金，再散分与贫友昆弟。后年衰老，听子孙修业而息之，遂至巨万。故言富者称陶朱。

译文：

从前越王勾践被吴兵围困在会稽山上时，才任用范蠡、计然佐理国政。计然说："知道要打仗，就会整顿防务；知道何时使用何物，就真正懂得了东西的价值。把时间变化与货物供求的关系搞清楚，那么，对于各种货物的行情就可以弄明白了。所以，天旱时就预买船只以备涝，水灾时就预办车辆以备旱，这样做符合事物发展变化的规律。"越国奉行计然的政策，治国十年，国家大为富裕，用重金奖赏战士，终于向吴国报了仇，洗刷了会稽被围的耻辱。范蠡感叹说："计然的计策有十条，越王只用了五条就实现了自己的志愿。既然能用来富国，我也想用来富家。"于是他乘着一叶扁舟，漂泊江湖，改名换姓，到齐国叫鸱夷子皮，到陶邑叫朱公。范蠡认为陶邑处在天下的中心，与诸侯各国四通八达，交易货物非常便利。于是治理产业，囤积居奇，随机应变，运用智巧取利，择人放债，债务不须追讨即可收回。所以善于生财致富的人，一要能够择人，二要善于把握时机。朱公在十九年里，三次赚来千金，两次分给了那些穷朋友和远房兄弟。后来年老体衰，听凭子孙们做主，子孙们都能继承家业并有所发展，终致家财万贯。所以，后世人们谈论富翁时，没有不称誉陶朱公的。

汉书卷九十三

佞幸传第六十三

汉兴，佞幸宠臣，高祖时则有籍孺，孝惠有闳孺。此两人非有材能，但以婉媚贵幸，与上卧起，公卿皆因关说。故孝惠时，郎侍中皆冠鵕䴊，贝带，傅脂粉，化闳、籍之属也。两人徙家安陵。其后宠臣，孝文时士人则邓通，宦者则赵谈、北宫伯子；孝武时士人则韩嫣，宦者则李延年，孝元时宦者则弘恭、石显；孝成时士人则张放、淳于长；孝哀时则有董贤。孝景、昭、宣时皆无宠臣。景帝唯有郎中令周仁。昭帝时，驸马都尉秺侯金赏嗣父车骑将军日䃅爵为侯，二人之宠取过庸，不笃。宣时，侍中中郎将张彭祖少与帝微时同席研书，及帝即尊位，彭祖以旧恩封阳都侯，出常参乘，号为爱幸。其人谨敕，无所亏损，为其小妻所毒薨，国除。

译文：

汉王朝建立以来，谄媚阿谀皇帝而获宠的佞幸宠世不断出现。高祖朝著名的有籍孺，孝惠帝朝有闳孺。这两个人并没有出众的才能，只是一味地媚附、取悦皇帝而获致富贵、宠幸，他们对皇帝跟前跟后，同出同入，关系非常亲近，甚至公卿大臣也通过他们在皇帝面前为自己美言，他们在当时影响非常大，所以惠帝时郎、侍中都用饰𫛢𫛢的羽毛装饰帽子，用海贝壳点缀衣带，涂脂抹粉，这种风气就是闳孺、籍孺这类人影响而成的。这两人在世都致富贵，迁家于安陵。以后的宠臣，文帝时有士人邓通，宦宦赵谈、北宫伯子；武帝时有士人韩嫣，宦官李延年；元帝时有宦官弘恭、石显；成帝时有士人张放、淳于长；哀帝时则有董贤。景帝、昭帝、宣帝时皆无宠臣。若宽泛地算，景帝时只有郎中令周仁是一宠臣；昭帝朝，驸马都尉秺侯金赏，继承其父车骑将军金日磾的爵位为侯，他们两人虽然受到超过常人的宠信，但并非特别受到宠信；宣帝时，侍中中郎将张彭祖很小的时候同地位很低微的、还未成为皇帝的宣帝同席研读诗书，待到后来宣帝即位为皇帝，彭祖便凭借当年的友情被皇帝封为阳都侯，出门时常常担任侍卫，号称为皇帝的爱幸，这个人比较谨慎严整，没有做有损于人的事，最后被其小妾毒死，其封国被去掉。

李延年

李延年，中山人，身及父母兄弟皆故倡也。延年坐法腐刑，给事狗监中。女弟得幸于上，号李夫人，列《外戚传》。延年善歌，为新变声。是时，上方兴天地祠，欲造乐，令司马相如等作诗颂。延年辄承意弦歌所造诗，为之新声曲。而李夫人产昌邑王，延年由是贵为协律都尉，佩二千石印绶，而与上卧起，其爱幸埒韩嫣。久之，延年弟季与中人乱，出入骄恣。及李夫人卒后，其爱弛，上遂诛延年兄弟宗族。

是后，宠臣大氐外戚之家也。卫青、霍去病皆爱幸，然亦以功能自进。

译文：

李延年，中山人，他和他的父母兄弟都是乐人。李延年遭受了腐刑，掌管天子之狗；他妹妹通过他得到皇帝宠信，封为李夫人。她的传记在《外戚传》中。李延年擅长歌唱，他唱的是新兴的曲调。当时武帝正在兴建祭天地的各个祠庙，正想造设音乐，就让司马相如等人作诗称颂。李延年然后秉承武帝之旨，谱曲并演唱这些诗，成为新变曲。李延年的妹妹被武帝纳为夫人之后，生下了昌邑王，李延年由此身价倍增，由贱而贵，当上了协律都尉，佩带了二千石的印绶，并且和皇帝一起起居，他所受到的宠爱可以等齐于韩嫣。时间长了，李延年的弟弟季和宫人淫乱，出入骄横跋扈。待李夫人死后，他们兄弟二人再也得不到武帝宠爱；武帝于是杀掉了李延年兄弟及其宗族。

从此以后的宠臣，基本上是外戚。卫青、霍去病虽然都被皇帝宠幸，但他们并非恃宠而骄，而是凭着自己真正的军功和才能升官的。

石　显

石显字君房，济南人；弘恭，沛人也。皆少坐法腐刑，为中黄门，以选为中尚书。宣帝时任中书官，恭明习法令故事，善为请奏，能称其职。恭为令，显为仆射。元帝即位数年，恭死，显代为中书令。是时，元帝被疾，不亲政事，方隆好于音乐，以显久典事，中人无外党，精专可信任，遂委以政。事无小大，因显白决，贵幸倾朝，百僚皆敬事显。显为人巧慧习事，能探得人主微指，内深贼，持诡辩以中伤人，忤恨睚眦，辄被以危法。初元中，前将军萧望之及光禄大夫周堪、宗正刘更生皆给事中。望之领尚书事，知显专权邪辟，建白以为："尚书百官之本，国家枢机，宜以通明公正处之。武帝游宴后庭，故用宦者，非古制也。宜罢中书宦官，应古不近刑人。"元帝不听，由是大与显忤。后皆害焉，望之自杀，堪、更生废锢，不得复进用，语在《望之传》。后太中大夫张猛、魏郡太守京房、御史中丞陈咸、待诏贾捐之皆尝奏封事，或召见，言显短。显求索其罪，房、捐之弃市，猛自杀于公车，咸抵罪，髡为城旦。及郑令苏建得显私书奏之，后以它事论死。自是公卿以下畏显，重足一迹。

显与中书仆射牢梁、少府五鹿充宗结为党友，诸附倚者皆得宠位。民歌之曰："牢邪石邪，五鹿客邪！印何累累，绶若若邪！"言其兼官据势也。

显见左将军冯奉世父子为公卿著名，女又为昭仪在内，显心欲附之，荐言昭仪兄谒者逡修敕宜侍（幄帷）〔帷幄〕。天子召见，欲以为侍中，逡请间言事。上闻逡言显颛权，天子大怒，罢逡归郎官。其后御史大夫缺，群臣皆举逡兄大鸿胪野王行能第一，天子以问显，显曰："九卿无出野王者。然野王亲昭仪兄，臣恐后世必以陛下度越众贤，私后宫亲以为三公。"上曰："善，吾不见是。"乃下诏嘉美野王，废而不用，语在《野王传》。

显内自知擅权事柄在掌握，恐天子一旦纳用左右耳目，有以间己，乃时归诚，取一信以为验。显尝使至诸官有所征发，显先自白，恐后漏尽宫门闭，请使诏吏开门。上许之。显故投夜还，称诏开门入。后果有上书告显颛命矫诏开宫门，天子闻之，笑以其书示显。显因泣曰："陛下过私小臣，属任以事，群下无不嫉妒欲陷害臣者，事类如此非一，唯独明主知之。愚臣微贱，诚不能以一躯称快万众，任天下之怨，臣愿归枢机职，受后宫扫除之役，死无所恨，唯陛下哀怜财幸，以此全活小臣。"天子以为然而怜之，数劳勉显，加厚赏赐，赏赐及赂遗訾一万万。

初，显闻众人匈匈，言己杀前将军萧望之。望之当世名儒，显恐天下学士姗己，病之。是时，明经著节士琅邪贡禹为谏大夫，显使人致意，深自结纳。显因荐禹天子，历位九卿，至御史大夫，礼事之甚备。议者于是称显，以为不妒谮望之矣。显之设变诈以自解免取信人主者，皆此类也。元帝晚节寝疾，定陶恭王爱幸，显拥祐太子颇有力。元帝崩，成帝初即位，迁显为长信中太仆，秩中二千石。显失倚，离权数月，丞相御史条奏显旧恶，及其党牢梁、陈顺皆免官。显与妻子徙归故郡，忧懑不食，道病死。诸所交结，以显为官，皆废罢。少府五鹿充宗左迁玄菟太守，御史中丞伊嘉为雁门都尉。长安谣曰："伊徙雁，鹿徙菟，去牢与陈实无贾。"

译文：

石显，字君房，济南人；弘恭，是沛地人，他们年轻时遭受过腐刑，后提任中黄门官职，又擢选为中尚书。在宣帝朝任中书官，弘恭熟谙法令旧事，善于请求、上奏，其才能足以称职。弘恭为中书令，石显为仆射。元帝即位后几年，弘恭死了，石显取而代之，提任中书令。当时，正赶上元帝生病，无法亲理朝政，正好听听音乐，因为石显久操此职，在宫中没有关系，精神专注值得信赖，于是元帝把各种政务都委之于石显。政事不论大小，都根据石显的话决定；石显的尊贵和受到的宠信权倾朝廷，百官都恭敬地侍奉着石显。石显为人机灵聪明，能够体会到皇帝心思，极其狡诈，常用各种莫明其妙的理由暗中打击别人，一点小事，他就治人以严法。初元年中，前将军萧望之和光禄大夫周堪、宗正刘更生都提任给事中。萧望之领尚书事，知道石显专权奸邪，陈述其意见说："尚书是百官的根本，国家政权的关键，应该让公正通明的人提任此职。武帝不理朝政，日夜游宴于后宫，所以重用宦官，这不符合旧的规定。不应该让宦官提任中书之职，响应古代礼制，不能让刑余之人接近皇帝。"元帝没有采纳萧望之的建议，石显身为宦官继续把持朝政，因此萧望之惹得石显非常恼怒。后来萧望之等人都遭到石显的迫害，萧望之被逼自杀而死，周堪、刘更生被废官禁锢，不再任用，有关这些内容见于《望之传》。后来太中大夫张猛、魏郡太守京房、御使中丞陈咸、待诏贾捐之等人都密上奏章，常在被皇帝召见时，揭发石显的短处。石显派人打探其事，定其罪过，京房、贾捐之被弃市，张猛自杀于公车署内，陈咸一人抵罪，被剃去头发，服城旦之刑，后来郑地长官苏建搞到石显私信把它奏给皇帝，石显后来便以别的理由判其死罪。从此以后，公卿以下的大臣官员都非常害怕石显，不敢轻举妄动。

石显又和中书仆射牢梁、少府五鹿充宗结成党羽，那些附逆于他们的人都可以获得高官显位。民间流传的歌唱道："牢梁呀石显呀，都是五鹿充宗家的常客呀！在他们的手中官印是多么多！他们身上佩的绶带是多么长！"这首民歌道出了他们狼狈为奸，反映了官位之显，权势之大。

石显看到左将军冯奉世父子身为公卿，非常有声望，冯奉世的女儿又是皇帝内官的昭仪，石显因此想巴结他、拉拢他，于是石显向皇帝推荐昭仪的哥哥谒者逡，说冯逡性情严整，可以在宫中服务。皇帝因此召见冯逡，想任命冯逡提任侍中，冯逡趁机要求秘密地对皇上讲一些事情。皇帝听到冯逡说石显专权，非常愤怒，立即罢冯逡之官；去当郎官。后来御史大夫位缺，群臣都举荐冯逡之兄大鸿胪野王品行才能无与伦比，皇帝以此问石显，石显说:"九卿之中没有谁能比野王更胜任此职的。不过,野王是昭仪的亲兄,我担心后代人认为陛下您不用众多贤才,亲近后宫妃宾的亲属,让其担任三公之职。"皇帝说:"好,我没有看到这一点。"于是下诏书赞美野王,事实上却废之而不重用他,有关这些情况见于《野王传》。

石显知道自己专擅权柄的事情广被人掌握,担心一旦皇帝手下人侦知自己的情况,所以常常向皇帝主动地表白自己的过错,显示自己,拿一封信为验证。石显曾出宫到官署征用民单位力财物,石显事先向皇帝说明,担心回迟宫门关闭不得进来,请求皇帝派人降诏让门吏届时开门。皇帝答应了。石显故意迟至夜深才回,称说是皇帝有诏让人开门而入。后来果然有人上书控告石显专权,伪造皇帝诏书,私开宫门,皇帝听说,笑着把那上书给石显看。石显趁机哭泣说:"陛下非常偏爱小人我,把政事交给我处理,下边大臣们无不嫉妒,他们老想陷害我;像这样上书害我的事肯定不止这一件,希望圣明的皇帝您要了解我的忠心和处境。我低微卑贱,确实没有能力让自己使万众都快乐起来,也随不下天下人的怒恨,我要求归还掌管国家枢机的重要官职,接受在后宫中打扫台阶的差役,死而无憾!希望陛下您哀怜我,这是我的盼望,也是我的幸运,让我干此差役,满足我的要求,使我能平安地活下去!"皇帝认为他讲的都属实,很同情他,多次慰劳、勉励石显,更增加赏赐。这样,石显得到的赏赐以及众朝臣巴结他而送的礼资多达一万万。

起初,石显听到众人愤愤洋平,对他很不满,说他杀了前将军萧望之。萧望之是当世大儒,很有影响;石显害怕天下饱学之士讥谤自己,因此如何处理这件事一直成为他的心病,这时,明经著节士琅邪贡禹担任谏大夫;石显趁机派人向贡禹问好,想拉拢贡禹。石显把贡禹推荐给皇帝,越过九卿,直接当上了御史大夫,礼节非常完备。喜欢评论的人因此称颂石显,认为石显并不嫉妒和讲萧望之的坏话。石显就像这样处心积虑玩弄阴谋诡计逃脱祸患,取信于皇帝的。元帝晚年睡觉时总不舒服,当时定陶共王很受元帝宠爱,但是石显拥护皇太子却非常积极有力。元帝死后,成帝一即位,即把石显调迁到长信宫作中太仆,官禄是中二千石。石显失去依靠之后,手中无权不几个月,丞相御史一条条地向皇帝列举石显以前的罪恶,他的旧党羽牢梁、陈顺都被免官。石显与其妻及儿子搬回故乡,一路上忧心难安,吃不下饭,死在路上。以前巴结石显,获得一官半职的人,都被罢免。少府五鹿充宗被降职做玄菟太守,御史中丞伊嘉降职为雁门都尉。京城长安又流传新的歌谣说:"伊徙雁,鹿徙菟,去牢与陈实无贾。"

汉书卷九十四上

匈奴传第六十四上

匈奴，其先夏后氏之苗裔，曰淳维。唐、虞以上有山戎、猃允、薰粥，居于北边，随草畜牧而转移。其畜之所多则马、牛、羊，其奇畜则橐佗、驴、骡、駃騠、騊駼、驒奚。逐水草迁徙，无城郭常居耕田之业，然亦各有分地。无文书，以言语为约束。儿能骑羊，引弓射鸟鼠，少长则射狐菟，肉食。士力能弯弓，尽为甲骑。其俗，宽则随畜田猎禽兽为生业，急则人习战攻以侵伐，其天性也。其长兵则弓矢，短兵则刀鋋。利则进，不利则退，不羞遁走。苟利所在，不知礼义。自君王以下咸食畜肉，衣其皮革，被旃裘。壮者食肥美，老者饮食其余。贵壮健，贱老弱。父死，妻其后母；兄弟死，皆取其妻妻之。其俗有名不讳而无字。

夏道衰，而公刘失其稷官，变于西戎，邑于豳。其后三百有余岁，戎狄攻太王亶父，亶父亡走于岐下，豳人悉从亶父而邑焉，作周。其后百有余岁，周西伯昌伐畎夷。后十有余年，武王伐纣而营雒邑，复居于酆镐，放逐戎夷泾、洛之北，以时入贡，名曰荒服。其后二百有余年，周道衰，而周穆王伐畎戎，得四白狼、四白鹿以归。自是之后，荒服不至。于是作《吕刑》之辟。

至穆王之孙懿王时，王室遂衰，戎狄交侵，暴虐中国。中国被其苦，诗人始作，疾而歌之，曰："靡室靡家，猃允之故"；"岂不日戒，猃允孔棘"。至懿王曾孙宣王，兴师命将以征伐之，诗人美大其功，曰："薄伐猃允，至于太原"；"出车彭彭"，"城彼朔方"。是时四夷宾服，称为中兴。

至于幽王，用宠姬褒姒之故，与申侯有隙。申侯怒而与畎戎共攻杀幽王于丽山之下，遂取周之地，卤获而居于泾、渭之间，侵暴中国。秦襄公救周，于是周平王去酆镐而东徙于雒邑。当时秦襄公伐戎至岐，始列为诸侯。后六十有五年，而山戎越燕而伐齐，齐釐公与战于齐郊。后四十四年，而山戎伐燕。燕告急齐，齐桓公北伐山戎，山戎走。后二十余年，而戎翟至雒邑，伐周襄王，襄王出奔于郑之氾邑。初，襄王欲伐郑，故取翟女为后，与翟共伐郑。已而黜翟后，翟后怨，而襄王继母曰惠后，有子带，欲立之，于是惠后与翟后、子带为内应，开戎翟，戎翟以故得入，破逐襄王，而立子带为王。于是戎翟或居于陆浑，东至于卫，侵盗尤甚。周襄王既居外四年，乃使使告急于晋。晋文公初立，欲修霸业，乃兴师伐戎翟，诛子带，迎内襄王于雒邑。

当是时，秦晋为强国。晋文公攘戎翟，居于西河圜、洛之间，号曰赤翟、白翟。而秦穆公得由余，西戎八国服于秦。故陇以西有绵诸、畎戎、狄獂之戎，在岐、梁、泾、漆之北有义渠、大荔、乌氏、朐衍之戎，而晋北有林胡、楼烦之戎，燕北有东胡、山戎。各分散溪谷，自有君长，往往而聚者百有余戎，然莫能相一。

自是之后百有余年，晋悼公使魏绛和戎翟，戎翟朝晋。后百有余年，赵襄子逾句注而破之，并代以临胡貉。后与韩、魏共灭知伯，分晋地而有之，则赵有代、句注以北，而魏有西河、上郡，以与戎界边。其后，义渠之戎筑城郭以自守，而秦稍蚕食之，至于惠王，遂拔义渠二十五城。惠王伐魏，魏尽入西河及上郡于秦。秦昭王时，义渠戎王与宣太后乱，有二子。宣太后诈而杀义渠戎王于甘泉，遂起兵伐灭义渠。于是秦有陇西、北地、上郡，筑长城以距胡。而赵武灵王亦变俗胡服，习骑射，北破林胡、楼烦，自代并阴山下至高阙为塞，而置云中、雁门、代郡。其后燕有贤将秦开，为质于胡，胡甚信之。归而袭破东胡，〔东胡〕却千余里。与荆轲刺秦王秦舞阳者，开之孙也。燕亦筑长城，自造阳至襄平，置上谷、渔阳、右北平、辽西、辽东郡以距胡。当是时，冠带战国七，而三国边于匈奴。其后赵将李牧时，匈奴不敢入赵边。后秦灭六国，而始皇帝使蒙恬将数十万之（物）〔众〕众北击胡，悉收河南地，因河为塞，筑四十四县城临河，徙適戍以充之。而通直道，自九原至云阳，因边山险，堑溪谷，可缮者缮之，起临洮至辽东万余里。又度河据阳山北假中。

当是时，东胡强而月氏盛。匈奴单于曰头曼，头曼不胜秦，北徙。十有余年而蒙恬死，诸侯畔秦，中〔国〕扰乱，诸秦所徙適边者皆复去，于是匈奴得宽，复稍度河南与中国界于故塞。

单于有太子，名曰冒顿。后有爱阏氏，生少子，头曼欲废冒顿而立少子，乃使冒顿质于月氏。冒顿既质，而头曼急击月氏。月氏欲杀冒顿，冒顿盗其善马，骑亡归。头曼以为壮，令将万骑。冒顿乃作鸣镝，习勒其骑射，令曰："鸣镝所射而不悉射者斩。"行猎兽，有不射鸣镝所射辄斩之。已而，冒顿以鸣镝自射善马，左右或莫敢射，冒顿立斩之。居顷之，复以鸣镝自射其爱妻，左右或颇恐，不敢射，复斩之。顷之，冒顿出猎，以鸣镝射单于善马，左右皆射之。于是冒顿知其左右可用，从其父单于头曼猎，以鸣镝射头曼，其左右皆随鸣镝而射杀头曼，尽诛其后母与弟及大臣不听从者。于是冒顿自立为单于。

冒顿既立，时东胡强，闻冒顿杀父自立，乃使使谓冒顿曰："欲得头曼时号千里马。"冒顿问群臣，〔群臣〕皆曰："此匈奴宝马也，勿予。"冒顿曰："奈何与人邻国爱一马乎？"遂与之。顷之，东胡以为冒顿畏之，使使谓冒顿曰："欲得单于一阏氏。"冒顿复问左右，左右皆怒曰："东胡无道，乃求阏氏！请击之。"冒顿曰："奈何与人邻国爱一女子乎？"遂取所爱阏氏予东胡。东胡王愈骄，西侵。与匈奴中间〔有〕弃地莫居千余里，各居其边为瓯脱。东胡使使谓冒顿曰："匈奴所与我界瓯脱外弃地，匈奴不能至也，吾欲有之。"冒顿问群臣，或曰："此弃地，予之。"于是冒顿大怒，曰："地者，国之本也，奈何予人！"诸言与者，皆斩之。冒顿上马，令国中有后者斩，遂东袭击东胡。东胡初轻冒顿，不为备。及冒顿以兵至，大破灭东胡王，虏其民众、畜产。既归，西击走月氏，南并楼烦、白羊河南王，悉复收秦所使蒙恬所夺匈奴地者，与汉关胡河南塞，至朝那、肤施，遂侵燕、代。是时，汉方与项羽相距，中国罢于兵革，以故冒顿得自强，控弦之士三十余万。

自淳维以至头曼千有余岁，时大时小，别散分离，尚矣，其世传不可得而次。然至冒顿，而匈奴最强大，尽服从北夷，而南与诸夏为敌国，其世姓官号可得而记云。

单于姓挛鞮氏，其国称之曰"撑犁孤涂单于"。匈奴谓天为"撑犁"，谓子为"孤涂"，单于者，广大之貌也，言其象天单于然也。置左右贤王、左右谷蠡、左右大将、左右大都尉、左右大当户、左右骨都侯。匈奴谓贤曰"屠耆"，故尝以太子为左屠耆王。自左右贤王以下至当户，大者万余骑，小者数千，凡二十四长，立号曰"万骑"。其大臣皆世官。呼衍氏、兰氏，其后有须卜氏，此三姓，其贵种也。诸左王将居东方，直上谷以东，接秽貉、朝鲜；右王将居西方，直上郡以西，接氐、羌；而单于庭直代、云中。各有分地，逐水草移徙。而左右贤王、左右谷蠡最大国，左右骨都侯辅政。诸二十四长，亦各自置千长、百长、什长、裨小王、相、都尉、当户、且渠之属。

岁正月，诸长小会单于庭，祠。五月，大会龙城，祭其先、天地、鬼神。秋，马肥，大会蹛林，课校人畜计。其法，拔刃尺者死，坐盗者没入其家；有罪，小者轧，大者死。狱久者不满十日，一国之囚不过数人。而单于朝出营，拜日之始生，夕拜月。其坐，长左而北向。日上戊己。其送死，有棺椁、金银、衣裳，而无封树丧服；近幸臣妾从死者，多至数十百人。举事常随月，盛壮以攻战，月亏则退兵。其攻战，斩首虏赐一卮酒，而所得卤获因以予之，得人以为奴婢。故其战，人人自为趋利，善为诱兵以包敌。故其逐利，如鸟之集，其困败，瓦解云散矣。战而扶舆死者，尽得死者家财。

后北服浑窳、屈射、丁零、隔昆、（龙）新犁之国。于是匈奴贵人大臣皆服，以冒顿为贤。

是时，汉初定，徙韩王信于代，都马邑。匈奴大攻围马邑，韩信降匈奴。匈奴得信，因引兵南逾句注，攻太原，至晋阳下。高帝自将兵往击之。会冬大寒雨雪，卒之堕指者十二三，于是冒顿阳败走，诱汉兵。汉兵逐击冒顿，冒顿匿其精兵，见其羸弱，于是汉悉兵（多步兵）三十二万，北逐之。高帝先至平城，步兵未尽到，冒顿纵精兵三十余万骑围高帝于白登，七日，汉兵中外不得相救饷。匈奴骑，其西方尽白，东方尽駹，北方尽骊，南方尽骍马。高帝乃使使间厚遗阏氏，阏氏乃谓冒顿曰："两主不相困。今得汉地，单于终非能居之。且汉主有神，单于察之。"冒顿与韩信将王黄、赵利期，而兵久不来，疑其与汉有谋，亦取阏氏之言，乃开围一角。于是高皇帝令士皆持满傅矢外乡，从解角直出，得与大军合，而冒顿遂引兵去。汉亦引兵罢，使刘敬结和亲之约。

是后，韩信为匈奴将，及赵利、王黄等数背约，侵盗代、雁门、云中。居无几何，陈豨反，与韩信合谋击代。汉使樊哙往击之，复收代、雁门、云中郡县，不出塞。是时，匈奴以汉将数率众往降，故冒顿常往来侵盗代地。于是高祖患之，乃使刘敬奉宗室女翁主为单于阏氏，岁奉匈奴絮缯酒食物各有数，约为兄弟以和亲，冒顿乃少止。后燕王卢绾复后，率其党且万人降匈奴，往来苦上谷以东，终高祖世。

孝惠、高后时，冒顿寖骄，乃为书，使使遗高后曰："孤偾之君，生于沮泽之中，长于平野牛马之域，数至边境，愿游中国。陛下独立，孤偾独居。两主不乐，无以自虞，愿以所有，易其所无。"高后大怒，召丞相平及樊哙、季布等，议斩其使者，发兵而击之。樊哙曰："臣愿得十万众，横行匈奴中。"问季布，布曰："哙可斩也！前陈豨反于代，汉兵三十二万，哙为上将军，时匈奴围高帝于平城，哙不能解围。天下歌之曰：'平城之下亦诚苦，七日不食，不能彀弩。'今歌吟之声未绝，伤痍者甫起，而哙欲摇动天下，妄言以十万众横行，是面谩也。且夷狄譬如禽兽，得其善言不足喜，恶言不足怒也。"高后曰："善。"令大谒者张泽报书曰："单于不忘弊邑，赐之以书，弊邑恐惧。退（日）〔而〕自图，年老气衰，发齿堕落，行步失度，单于过听，不足以自污。弊邑无罪，宜在见赦。窃有御车二乘，马二驷，以奉常驾。"冒顿得书，复使使来谢曰："未尝闻中国礼义,陛下幸而赦之。"因献马,遂和亲。

至孝文即位,复修和亲。其三年夏,匈奴右贤王入居河南地为寇,于是文帝下诏曰:"汉与匈奴约为昆弟,无侵害边境,所以输遗匈奴甚厚。今右贤王离其国,将众居河南地,非常故。往来入塞,捕杀吏卒,驱侵上郡保塞蛮夷,令不得居其故。陵轹边吏,入盗,甚骜无道,非约也。其发边吏车骑八万诣高奴,遣丞相灌婴将击右贤王。"右贤王走出塞,文帝幸太原。是时,济北王反,文帝归,罢丞相击胡之兵。

其明年,单于遗汉书曰:"天所立匈奴大单于敬问皇帝无恙。前时皇帝言和亲事,称书意合欢。汉边吏侵侮右贤王,右贤王不请,听后义卢侯难支等计,与汉吏相恨,绝二主之约,离昆弟之亲。皇帝让书再至,发使以书报,不来,汉使不至。汉以其故不和,邻国不附。今以少吏之败约,故罚右贤王,使至西方求月氏击之。以天之福,吏卒良,马力强,以灭夷月氏,尽斩杀降下定之。楼兰、乌孙、呼揭及其旁二十六国皆已为匈奴。诸引弓之民并为一家,北州以定。愿寝兵休(事)〔士〕养马,除前事,复故约,以安边民,以应古始,使少者得成其长,老者得安其处,世世平乐。未得皇帝之志,故使郎中系雩浅奉书请,献橐佗一,骑马二,驾二驷。皇帝即不欲匈奴近塞,则且诏吏民远舍。使者至,即遣之。"六月中,来至新望之地。书至,汉议击与和亲孰便,公卿皆曰:"单于新破月氏,乘胜,不可击也。且得匈奴地,泽卤非可居也,和亲甚便。"汉许之。

孝文前六年,遗匈奴书曰:"皇帝敬问匈奴大单于无恙。使系雩浅遗朕书,云'愿寝兵休士,除前事,复故约,以安边民,世世平乐',朕甚嘉之。此古圣王之志也。汉与匈奴约为兄弟,所以遗单于甚厚。背约离兄弟之亲者,常在匈奴。然右贤王事已在赦前，勿深诛。单于若称书意，明告诸吏，使无负约，有信，敬如单于书。使者言单于自将并国有功，甚苦兵事。服绣袷绮衣、长襦、锦袍各一，比疏一，黄金饬具带一，黄金犀毗一，绣十匹，锦二十匹，赤绨、绿缯各四十匹，使中大夫意、谒者令肩遗单于。"

后顷之，冒顿死，子稽粥立，号曰老上单于。

老上稽粥单于初立，文帝复遣宗人女翁主为单于阏氏，使宦者燕人中行说傅翁主。说不欲行，汉强使之。说曰："必我也，为汉患者。"中行说既至，因降单于，单于爱幸之。

初，单于好汉缯絮食物，中行说曰："匈奴人众不能当汉之一郡，然所以强之者，以衣食异，无仰于汉。今单于变俗好汉物，汉物不过什二，则匈奴尽归于汉矣。其得汉絮缯，以驰草棘中，衣裤皆裂弊，以视不如旃裘坚善也；得汉食物皆去之，以视不如重酪之便美也。"于是说教单于左右疏记，以计识其人众畜牧。

汉遗单于书，以尺一牍，辞曰"皇帝敬问匈奴大单于无恙"，所以遗物及言语云云。中行说令单于以尺二寸牍，及印封皆令广长大，倨骜其辞曰"天地所生、日月所置匈奴大单于，敬问汉皇帝无恙"，所以遗物言语亦云云。

汉使或言匈奴俗贱老，中行说穷汉使曰："而汉俗屯戍从军当发者，其亲岂不自夺温厚肥美赍送饮食行者乎？"汉使曰："然。"说曰："匈奴明以攻战为事，老弱不能斗，故以其肥美饮食壮健以自卫，如此父子各得相保，何以言匈奴轻老也？"汉使曰："匈奴父子同穹庐卧。父死，妻其后母；兄弟死，尽妻其妻。无冠带之节、阙庭之礼。"中行说曰："匈奴之俗，食畜肉，饮其汁，衣其皮；畜食草饮水，随时转移。故其急则人习骑射，宽则人乐无事。约束径，易行；君臣简，可久。一国之政犹一体也。父兄死，则妻其妻，恶种姓之失也。故匈奴虽乱，必立宗种。今中国虽阳不取其父兄之妻，亲属益疏则相杀，至到易姓，皆从此类也。且礼义之弊，上下交怨，而室屋之极，生力屈焉。夫力耕桑以求衣食，筑城郭以自备，故其民急则不习战攻，缓则罢于作业，嗟土室之人，顾无喋喋占占，冠固何当！"自是之后，汉使欲辩论者，中行说辄曰："汉使毋多言，顾汉所输匈奴缯絮米蘖，令其量中，必善美而已，何以言为乎？且所给备善则已，不备善而苦恶，则候秋孰，以骑驰蹂乃稼穑也。"日夜教单于候利害处。

孝文十四年，匈奴单于十四万骑入朝那萧关，杀北地都尉卬，虏人民畜产甚多，遂至彭阳。使骑兵入烧回中宫，候骑至雍甘泉。于是文帝以中尉周舍、郎中令张武为将军，发车千乘，十万骑，军长安旁以备胡寇。而拜昌侯卢卿为上郡将军，甯侯魏遫为北地将军，隆虑侯周灶为陇西将军，东阳侯张相如为大将军，成侯董赤为将军，大发车骑往击胡。单于留塞内月余，汉逐出塞即还，不能有所杀。匈奴日以骄，岁入边，杀略人民甚众，云中、辽东最甚，郡万余人。汉甚患之，乃使使遗匈奴书，单于亦使当户报谢，复言和亲事。

孝文后二年，使使遗匈奴书曰："皇帝敬问匈奴大单于无恙。使当户且渠雕渠难、郎中韩辽遗朕马二匹，已至，敬爱。先帝制，长城以北引弓之国受令单于，长城以内冠带之室朕亦制之，使万民耕织，射猎衣食，父子毋离，臣主相安，俱无暴虐。今闻渫恶民贪降其赸，背义绝约，忘万民之命，离两主之欢，然其事已在前矣。书云'二国已和亲，两主欢说，寝兵休卒养马，世世昌乐，翕然更始'，朕甚嘉之。圣者日新，改作更始，使老者得息，幼者得长，各保其首领，而终其天年。朕与单于俱由此道，顺天恤民，世世相传，施之无穷，天下莫不咸（嘉使）〔便〕。汉与匈奴邻敌之国，匈奴处北地，寒，杀气早降，故诏吏遗单于秫蘖金帛绵絮它物岁有数。今天下大安，万民熙熙，独朕与单于为之父母。朕追念前事，薄物细故，谋臣计失，皆不足以离昆弟之欢。朕闻天不颇覆，地不偏载。朕与单于皆捐细故，俱蹈大道（也），堕坏前恶，以图长久，使两国之民若一家子。元元万民，下及鱼鳖，上及飞鸟，跂行喙息蠕动之类，莫不就安利，避危殆。故来者不止，天之道也。俱去前事，朕释逃虏民，单于毋言章尼等。朕闻古之帝王，约分明而不食言。单于留志，天下大安，和亲之后，汉过不先。单于其察之。"

单于既约和亲，于是制诏御史："匈奴大单于遗朕书，和亲已定，亡人不足以益众广地，匈奴无入塞，汉无出塞，犯今约者杀之，可以久亲，后无咎，俱便。朕已许。其布告天下，使明知之。"

后四年，老上单于死，子军臣单于立，而中行说复事之。汉复与匈奴和亲。

军臣单于立岁余，匈奴复绝和亲，大入上郡、云中各三万骑，所杀略甚众。于是汉使三将军军屯北地，代屯句注，赵屯飞狐口，缘边亦各坚守以备胡寇。又置三将军，军长安西细柳、渭北棘门、霸上以备胡。胡骑入代句注边，烽火通于甘泉、长安。数月，汉兵至边，匈奴亦远塞，汉兵亦罢。后岁余，文帝崩，景帝立，而赵王遂乃阴使于匈奴。吴、楚反，欲与赵合谋入边。汉围破赵，匈奴亦止。自是后，景帝复与匈奴和亲，通关市，给遗单于，遣翁主如故约。终景帝世，时时小入盗边，无大寇。

武帝即位，明和亲约束，厚遇关市，饶给之。匈奴自单于以下皆亲汉，往来长城下。

汉使马邑人聂翁壹间阑出物与匈奴交易，阳为卖马邑城以诱单于。单于信之，而贪马邑财物，乃以十万骑入武州塞。汉伏兵三十余万马邑旁，御史大夫韩安国为护军将军，护国将军以伏单于。单于既入汉塞，未至马邑百余里，见畜布野而无人牧者，怪之，乃攻亭。时雁门尉史行徼，见寇，保此亭，单于得，欲刺之。尉史知汉谋，乃下，具告单于。单于大惊，曰："吾固疑之。"乃引兵还。出曰："吾得尉史，天也。"以尉史为天王。汉兵约单于入马邑而纵（兵），单于不至，以故无所得。将军王恢部出代击胡辎重，闻单于还，兵多，不敢出。汉以恢本建造兵谋而不进，诛恢。自是后，匈奴绝和亲，攻当路塞，往往入盗于边，不可胜数。然匈奴贪，尚乐关市，嗜汉财物，汉亦通关市不绝以中之。

自马邑军后五岁之秋，汉使四将各万骑击胡关市下。将军卫青出上谷，至龙城，得胡首虏七百人。公孙贺出云中，无所得。公孙敖出代郡，为胡所败七千。李广出雁门，为胡所败，匈奴生得广，广道亡归。汉囚敖、广，敖、广赎为庶人。其冬，匈奴数千人盗边，渔阳尤甚。汉使将军韩安国屯渔阳备胡。其明年秋，匈奴二万骑入汉，杀辽西太守，略二千余人。又败渔阳太守军千余人，围将军安国。安国时千余骑亦且尽，会燕救之，至，匈奴乃去，又入雁门杀略千余人。于是汉使将军卫青将三万骑出雁门，李息出代郡，击胡，得首虏数千。其明年，卫青复出云中以西至陇西，击胡之楼烦、白羊王于河南，得胡首虏数千，羊百余万。于是汉遂取河南地，筑朔方，复缮故秦时蒙恬所为塞，因河而为固。汉亦弃上谷之斗辟县造阳地以予胡。是岁，元朔二年也。

其后冬，军臣单于死，其弟左右蠡王伊稚斜自立为单于，攻败军臣单于太子於单。於单亡降汉，汉封於单为陟安侯，数月死。

伊稚斜单于既立，其夏，匈奴数万骑入代郡，杀太守共友，略千余人。秋，又入雁门，杀略千余人。其明年，又入代郡、定襄、上郡，各三万骑，杀略数千人。匈奴右贤王怨汉夺之河南地而筑朔方，数寇盗边，及入河南，侵扰朔方，杀略吏民甚众。

其明年春，汉遣卫青将六将军十余万人出朔方高阙。右贤王以为汉兵不能至，饮酒醉。汉兵出塞六七百里，夜围右贤王。右贤王大惊，脱身逃走，精骑往往随后去。汉将军得右贤王人众男女万五千人，裨小王十余人。其秋，匈奴万骑入代郡，杀都尉朱央，略千余人。

其明年春，汉复遣大将军卫青将六将军，十余万骑，仍再出定襄数百里击匈奴，得首虏前后万九千余级，而汉亦亡两将军，三千余骑。右将军建得以身脱，而前将军翕侯赵信兵不利，降匈奴。赵信者，故胡小王，降汉，汉封为翕侯，以前将军与右将军并军，介独遇单于兵，故尽没。单于既得翕侯，以为自次王，用其姊妻之，与谋汉。信教单于益北绝幕，以诱罢汉兵，徼极而取之，毋近塞。单于从之。其明年，胡数万骑入上谷，杀数百人。

明年春，汉使票骑将军去病将万骑出陇西，过焉耆山千余里，得胡首虏八千余级，得休屠王祭天金人。其夏，票骑将军复与合骑侯数万骑出陇西、北地二千里，过居延，攻祁连山，得胡首虏三万余级，裨小王以下十余人。是时，匈奴亦来入代郡、雁门，杀略数百人。汉使博望侯及李将军广出右北平，击匈奴左贤王。左贤王围李广，广军四千人死者过半，杀虏亦过当。会博望侯军救至，李将军得脱，尽亡其军。合骑侯后票骑将军期，及博望侯皆当死，赎为庶人。

其秋，单于怒昆邪王、休屠王居西方为汉所杀虏数万人，欲召诛之。昆邪、休屠王恐，谋降汉，汉使票骑将军迎之。昆邪王杀休屠王，并将其众降汉，凡四万余人，号十万。于是汉已得昆邪，则陇西、北地、河西益少胡寇，徙关东贫民处所夺匈奴河南地新秦中以实之，（西）〔而〕减北地以西戍卒半。明年春，匈奴入右北平、定襄各数万骑，杀略千余人。

其〔明〕年春，汉谋以为"翕侯信为单于计，居幕北，以为汉兵不能至"。乃粟马，发十万骑，私负从马凡十四万匹，粮重不与焉。令大将军青、票骑将军去病中分军，大将军出定襄，票骑将军出代，咸约绝幕击匈奴。单于闻之，远其辎重，以精兵待于幕北。与汉大将军接战一日，会暮，大风起，汉兵纵左右翼围单于。单于自度战不能与汉兵，遂独与壮骑数百溃汉围西北遁走。汉兵夜追之不得，行捕斩首虏凡万九千级，北至窴颜山赵信城而还。

单于之走，其兵往往与汉军相乱而随单于。单于久不与其大众相得，右谷蠡王以为单于死，乃自立为单于。真单于复得其众，右谷蠡乃去号，复其故位。

票骑之出代二千余里，与左王接战，汉兵得胡首虏凡七万余人，左王将皆遁走。票骑封于狼居胥山，禅姑衍，临翰海而还。

是后，匈奴远遁，而幕南无王庭。汉度河自朔方以西至令居，往往通渠置田官，吏卒五六万人，稍蚕食，地接匈奴以北。

初，汉两将大出围单于，所杀虏八九万，而汉士物故者亦万数，汉马死者十余万匹。匈奴虽病，远去，而汉马亦少，无以复往。单于用赵信计，遣使好辞请和亲。天子下其议，或言和亲，或言遂臣之。丞相长史任敞曰："匈奴新困，宜使为外臣，朝请于边。"汉使敞使于单于。单于闻敞计，大怒，留之不遣。先是，汉亦有所降匈奴使者，单于亦辄留汉使相当。汉方复收士马，会票骑将军去病死，于是汉久不北击胡。

数岁，伊稚斜单于立十三年死，子乌维立为单于。是岁，元鼎三年也。乌维单于立，而汉武帝始出巡狩郡县。其后汉方南诛两越，不击匈奴，匈奴亦不入边。

乌维立三年，汉已灭两越，遣故太仆公孙贺将万五千骑出九原二千余里，至浮苴井，从票侯赵破奴万余骑出令居数千里，至匈奴河水，皆不见匈奴一人而还。

是时，天子巡边，亲至朔方，勒兵十八万骑以见武节，而使郭吉风告单于。既至匈奴，匈奴主客问所使，郭吉卑体好言曰："吾见单于而口言。"单于见吉，吉曰："南越王头已悬于汉北阙下。今单于即能前与汉战，天子自将兵待边；即不能，亟南面而臣子汉。何但远走，亡匿于幕北寒苦无水草之地为？"语卒，单于大怒，立斩主客见者，而留郭吉不归，迁辱之北海上。而单于终不肯为寇于汉边，休养士马，习射猎，数使使好辞甘言求和亲。

汉使王乌等窥匈奴。匈奴法，汉使不去节、不以墨黥其面，不得入穹庐。王乌，北地人，习胡俗，去其节，黥面入庐。单于爱之，阳许曰："吾为遣其太子入质于汉，以求和亲。"

汉使杨信使于匈奴。是时，汉东拔濊貉、朝鲜以为郡，而西置酒泉郡以隔绝胡与羌通之路。又西通月氏、大夏，以翁主妻乌孙王，以分匈奴西方之援（国）。又北益广田至眩雷为塞，而匈奴终不敢以为言。是岁，翕侯信死，汉用事者以匈奴已弱，可臣从也。杨信为人刚直屈强，素非贵臣也，单于不亲。欲召入，不肯去节，乃坐穹庐外见杨信。杨信说单于曰："即欲和亲，以单于太子为质于汉。"单于曰："非故约。故约，汉常遣翁主，给缯絮、食物有品，以和亲，而匈奴亦不复扰边。今乃欲反古，令吾太子为质，无几矣。"匈奴俗，见汉使非中贵人，其儒生，以为欲说，折其辞辩；少年，以为欲刺，折其气。每汉兵入匈奴，匈奴辄报偿。汉留匈奴使，匈奴亦留汉使，必得当乃止。

杨信既归，汉使王乌等如匈奴。匈奴复谄以甘言，欲多得汉财物，绐王乌曰："吾欲入汉见天子，面相结为兄弟。"王乌归报汉，〔汉〕为单于筑邸于长安。匈奴曰："非得汉贵人使，吾不与诚语。"匈奴使其贵人至汉，病，服药欲愈之，不幸而死。汉使路充国佩二千石印绶使，送其丧，厚币直数千金。单于以为汉杀吾贵使者，乃留路充国不归。诸所言者，单于特空绐王乌，殊无意入汉、遣太子来质。于是匈奴数使奇兵侵犯汉边，汉乃拜郭昌为拔胡将军，乃浞野侯屯朔方以东，备胡。

乌维单于立十岁死，子詹师庐立，年少，号为儿单于。是岁，元封六年也。自是后，单于益西北，左方兵直云中，右方兵直酒泉、敦煌。

儿单于立，汉使两使，一人吊单于，一人吊右贤王，欲以乖其国。使者入匈奴，匈奴悉将致单于。单于怒而悉留汉使。汉使留匈奴者前后十余辈，而匈奴使来汉，亦辄留之相当。

是岁，汉使贰师将军西伐大宛，而令因杅将军筑受降城。其冬，匈奴大雨雪，畜多饥寒死，（而）〔儿〕单于年少，好杀伐，国中多不安。左大都尉欲杀单于，使人间告汉曰："我欲杀单于降汉，汉远，汉即来兵近我，我即发。"初汉闻此言，故筑受降城。犹以为远。

其明年春，汉使浞野侯破奴将二杅万骑出朔方北二千余里，期至浚稽山而还。浞野侯既至期，左大都尉欲发而觉，单于诛之，发兵击浞野侯。浞野侯行捕首虏数千人。还，未至受降城四百里，匈奴八万骑围之。浞野侯夜出自求水，匈奴生得浞野侯，因急击其军。军吏畏亡将而诛，莫相劝而归，军遂没于匈奴。单于大喜，遂遣兵攻受降城，不能下，乃侵入边而去。明年，单于欲自攻受降城，未到，病死。

儿单于立三岁而死。子少，匈奴乃立其季父乌维单于弟右贤王句黎湖为单于。是岁，太初三年也。

句黎湖单于立，汉使光禄〔勋〕徐自为出五原塞数百里，远者千里，筑城障列亭至卢朐，而使游击将军韩说、长平侯卫伉屯其旁，使强弩都尉路博德筑居延泽上。

其秋，匈奴大入云中、定襄、五原、朔方，杀略数千人，败数二千石而去，行坏光禄所筑亭障。又使右贤王入酒泉、张掖，略数千人。会任文击救，尽复失其所得而去。闻贰师将军破大宛，斩其王还，单于欲遮之，不敢，其冬病死。

句黎湖单于立一岁死，其弟左大都尉且鞮侯立为单于。

汉既诛大宛，威震外国，天子意欲遂困胡，乃下诏曰："高皇帝遗朕平城之忧，高后时单于书绝悖逆。昔齐襄公复九世之雠，《春秋》大之。"是岁，太初四年也。

且鞮侯单于初立，恐汉袭之，尽归汉使之不降者路充国等于汉。单于乃自谓："我儿子，安敢望汉天子！汉天子，我丈人行。"汉遣中郎将苏武厚币赂遗单于，单于益骄，礼甚倨，非汉所望也。明年，浞野侯破奴得亡归汉。

其明年，汉使贰师将军将三万骑出酒泉，击右贤王于天山，得首虏万余级而还。匈奴大围贰师，几不得脱。汉兵物故什六七。汉又使因杅将军出西河，与强弩都尉会涿邪山，亡所得。使骑都尉李陵将步兵五千人出居延北千余里，与单于会，合战，陵所杀伤万余人，兵食尽，欲归，单于围陵，陵降匈奴，其兵得脱归汉者四百人。单于乃贵陵，以其女妻之。

后二岁，汉使贰师将军六万骑、步兵七万，出朔方；强弩都尉路博德将万余人，与贰师会，游击将军说步兵三万人，出五原；因杅将军敖将骑万，步兵三万人，出雁门。匈奴闻，悉远其累重于余吾水北，而单于以十万待水南，与贰师接战。贰师解而引归，与单于连斗十余日，游击亡所得。因杅与左贤王战，不利，引归。

明年，且鞮侯单于死，立五年，长子左贤王立为狐鹿姑单于。是岁，太始元年也。

初，且鞮侯两子，长为左贤王，次为左大将，病且死，言立左贤王。左贤王未至，贵人以为有病，更立左大将为单于。左贤王闻之，不敢进。左大将使人召左贤王而让位焉。左贤王辞以病，左大将不听，谓曰："即不幸死，传之于我。"左贤王许之，遂立为狐鹿姑单于。

狐鹿姑单于立，以左大将为左贤王，数年病死，其子先贤掸不得代，更以为日逐王。日逐王者，贱于左贤王。单于自以其子为左贤王。

单于既立六年，而匈奴入上谷、五原，杀略吏民。其年，匈奴复入五原、酒泉，杀两部都尉。于是汉遣贰师将军七万人出五原，御史大夫商丘成将三万余人出西河，重合侯莽通将四万骑出酒泉千余里。单于闻汉兵大出，悉遣其辎重，徙赵信城北邸郅居水。左贤王驱其人民度余吾水六七百里，居兜衔山。单于自将精兵左安侯度姑且水。

御史大夫军至追（斜）〔邪〕径，无所见，还。匈奴使大将与李陵将三万余骑追汉军，至浚稽山合，转战九日，汉兵陷陈却敌，杀伤虏甚众。至蒲奴水，虏不利，还去。

重合侯军至天山，匈奴使大将偃渠与左右呼知王将二万余骑要汉兵，见汉兵强，引去。重合侯无所得失。是时，汉恐车师兵遮重合侯，乃遣闿陵侯将兵别围车师，尽得其王民众而还。

贰师将军将出塞，匈奴使右大都尉与卫律将五千骑要击汉军于夫羊句山狭。贰师遣属国胡骑二千与战，虏兵坏散，死伤者数百人。汉军乘胜追北，至范夫人城，匈奴奔走，莫敢距敌。会贰师妻子坐巫蛊收，闻之忧惧。其掾胡亚夫亦避罪从军，说贰师曰："夫人室家皆在吏，若还不称意，适与狱会，郅居以北可复得见乎？"贰师由是狐疑，欲深入要功，遂北至郅居水上。虏已去，贰师遣护军将二万骑度郅居之水。一日，逢左贤王左大将，将二万骑与汉军合战一日，汉军杀左大将，虏死伤甚众。军长史与决眭都尉煇渠侯谋曰："将军怀异心，欲危众求功，恐必败。"谋共执贰师。贰师闻之，斩长史，引兵还至速邪乌燕然山。单于知汉军劳倦，自将五万骑遮击贰师，相杀伤甚众。夜堑汉军前，深数尺，从后急击之，军大乱败，贰师降。单于素知其汉大将贵臣，以女妻之，尊宠在卫律上。

其明年，单于遣使遗汉书云："南有大汉，北有强胡。胡者，天之骄子也，不为小礼以自烦。今欲与汉闿大关，取汉女为妻，岁给遗我蘖酒万石，稷米五千斛，杂缯万匹，它如故约，则边不相盗矣。"汉遣使者报送其使，单于使左右难汉使者，曰："汉，礼义国也。贰师道前太子发兵反，何也？"使者曰："然。乃丞相私与太子争斗，太子发兵欲诛丞相，丞相诬之，故诛丞相。此子弄父兵，罪当笞，小过耳。孰与冒顿单于身杀其父代立，常妻后母，禽兽行也！"单于留使者，三岁乃得还。

贰师在匈奴岁余，卫律害其宠，会母阏氏病，律饬胡巫言先单于怒，曰："胡故时祠兵，常言得贰师以社，〔今〕何故不用？"于是收贰师，贰师（怒）〔骂〕曰："我死必灭匈奴！"遂屠贰师以祠。会连雨雪数月，畜产死，人民疫病，谷稼不熟，单于恐，为贰师立祠室。

自贰师没后，汉新失大将军士卒数万人，不复出兵。三岁，武帝崩。前此者，汉兵深入穷追二十余年，匈奴孕重惰殰，罢极苦之。自单于以下常有和亲计。

后三年，单于欲求和亲，会病死。初，单于有异母弟为左大都尉，贤，国人乡之，母阏氏恐单于不立子而立左大都尉也，乃私使杀之。左大都尉同母兄怨，遂不肯复会单于庭。又单于病且死，谓诸贵人："我子少，不能治国，立弟右谷蠡王。"及单于死，卫律等与颛渠阏氏谋，匿单于死，诈矫单于令，与贵人饮盟，更立子左谷蠡王为壶衍鞮单于。是岁，始元二年也。

壶衍鞮单于既立，风谓汉使者，言欲和亲。左贤王、右谷蠡王以不得立怨望，率其众欲南归汉。恐不能自致，即胁卢屠王，欲与西降乌孙，谋击匈奴。卢屠王告之，单于使人验问，右谷蠡王不服，反以其罪罪卢屠王，国人皆冤之。于是二王去居其所，未尝肯会龙城。

后二年秋，匈奴入代，杀都尉。单于年少初立，母阏氏不正，国内乖离，常恐汉兵袭之。于是卫律为单于谋："穿井筑城，治楼以藏谷，与秦人守之。汉兵至，无奈我何。"即穿井数百，伐材数千。或曰胡人不能守城，是遗汉粮也，卫律于是止，乃更谋归汉使不降者苏武、马宏等。马宏者，前副光禄大夫王忠使西国，为匈奴所遮，忠战死，马宏生得，亦不肯降。故匈奴归此二人，欲以通善意。是时，单于立三岁矣。

明年，匈奴发左右部二万骑，为四队，并入边为寇。汉兵追之，斩首获虏九千人，生得瓯脱王，汉无所失亡。匈奴见瓯脱王在汉，恐以为道击之，即西北远去，不敢南逐水草，发人民屯瓯脱。明年，复遣九千骑屯受降城以备汉，北桥余吾，令可度，以备奔走。是时，卫律已死。卫律在时，常言和亲之利，匈奴不信，及死后，兵数困，国益贫。单于弟左谷蠡王思卫律言，欲和亲而恐汉不听,故不肯先言,常使左右风汉使者。然其侵盗益希,遇汉使愈厚,欲以渐致和亲,汉亦羁縻之。其后,左谷蠡王死。明年,单于使犁污王窥边,言酒泉、张掖兵益弱,出兵试击,冀可复得其地。时汉先得降者,闻其计,天子诏边警备。后无几,右贤王、犁污王四千骑分三队,入日勒、屋兰、番和。张掖太守、属国都尉发兵击,大破之,得脱者数百人。属国千长义渠王骑士射杀犁污王,赐黄金二百斤,马二百匹,因封为犁污王。属国都尉郭忠封成安侯。自是后,匈奴不敢入张掖。

其明年,匈奴三千余骑入五原,略杀数千人,后数万骑南旁塞猎,行攻塞外亭(长)〔障〕,略取吏民去。是时,汉边郡烽火候望精明,匈奴为边寇者少利,希复犯塞。汉复得匈奴降者,言乌桓尝发先单于冢,匈奴怨之,方发二万骑击乌桓。大将军霍光欲发兵(要)〔邀〕击之,以问护军都尉赵充国。充国以为:"乌桓间数犯塞,今匈奴击之,于汉便。又匈奴希寇盗,北边幸无事。蛮夷自相攻击,而发兵要之,招寇生事,非计也。"光更问中郎将范明友,明友言可击。于是拜明友为度辽将军,将二万骑出辽东。匈奴闻汉兵至,引去。初,光诫明友:"兵不空出,即后匈奴,遂击乌桓。"乌桓时新中匈奴兵,明友既后匈奴,因乘乌桓敝,击之,斩首六千余级,获三王首,还,封为平陵侯。

匈奴由是恐,不能出兵。即使使之乌孙,求欲得汉公主。击乌孙,取车延、恶师地。乌孙公主上书,下公卿议救,未决。昭帝崩,宣帝即位,乌孙昆弥复上书言:"连为匈奴所侵削,昆弥愿发国半精兵人马五万匹,尽力击匈奴,唯天子出兵,哀救公主!"本始二年,汉大发关东轻锐士,选郡国吏三百石伉健习骑射者,皆从军。遣御史大夫田广明为祁连将军,四万余骑,出西河;度辽将军范明友三万余骑,出张掖;前将军韩增三万余骑,出云中；后将军赵充国为蒲类将军，三万余骑，出酒泉；云中太守田顺为虎牙将军，三万余骑，出五原：凡五将军，兵十余万骑，出塞各二千余里。及校尉常惠使护发兵乌孙西域，昆弥自将翕侯以下五万余骑从西方入，与五将军兵凡二十余万众。匈奴闻汉兵大出，老弱奔走，驱畜产远遁逃，是以五将少所得。

度辽将军出塞千二百余里，至蒲离候水，斩首捕虏七百余级，卤获马、牛、羊万余。前将军出塞千二百余里，至乌员，斩首捕虏，至候山百余级，卤马、牛、羊二千余。蒲类将军兵当与乌孙合击匈奴蒲类泽，乌孙先期至而去，汉兵不与相及。蒲类将军出塞千八百余里，西去候山，斩首捕虏，得单于使者蒲阴王以下三百余级，卤马、牛、羊七千余。闻虏已引去，皆不至期还。天子蒲其过，宽而不罪。祁连将军出塞千六百里，至鸡秩山，斩首捕虏十九级，获牛、马、羊百余。逢汉使匈奴还者冉弘等，言鸡秩山西有虏众，祁连即戒弘，使言无虏，欲还兵。御史属公孙益寿谏，以为不可，祁连不听，遂引兵还。虎牙将军出塞八百余里，至丹余吾水上，即止兵不进，斩首捕虏千九百余级，卤马、牛、羊七万余，引兵还。上以虎牙将军不至期，诈增卤获，而祁连知虏在前，逗留不进，皆下吏自杀。擢公孙益寿为侍御史。校尉常惠与乌孙兵至右谷蠡庭，获单于父行及嫂、居次、名王、犁污都尉、千长、将以下三万九千余级，虏马、牛、羊、驴、骡、橐驼七十余万。汉封惠为长罗侯。然匈奴民众死伤而去者，及畜产远移死（于）〔亡〕不可胜数。于是匈奴遂衰耗，怨乌孙。

其冬，单于自将万骑击乌孙，颇得老弱，欲还。会天大雨雪，一日深丈余，人民畜产冻死，还者不能什一。于是丁令乘弱攻其北，乌桓入其东，乌孙击其西。凡三国所杀数万级，马数万匹，牛、羊甚众。又重以饿死，人民死者什三，畜产什五，匈奴大虚弱，诸国羁属者皆瓦解，攻盗不能理。其后汉出三千余骑，为三道，并入匈奴，捕虏得数千人还。匈奴终不敢取当，兹欲乡和亲，而边境少事矣。

壶衍鞮单于立十七年死，弟左贤王立，为虚闾权渠单于。是岁，地节二年也。

虚闾权渠单于立，以右大将女为大阏氏，而黜前单于所幸颛渠阏氏。颛渠阏氏父左大且渠怨望。是时，匈奴不能为边寇，于是汉罢外城，以休百姓。单于闻之喜，召贵人谋，欲与汉和亲。左大且渠心害其事，曰："前汉使来，兵随其后，今亦效汉发兵，先使使者入。"乃自请与呼卢訾王各将万骑南旁塞猎，相逢俱入。行未到，会三骑亡降汉，言匈奴欲为寇。于是天子诏发边骑屯要害处，使大将军军监治众等四人将五千骑，分三队，出塞各数百里，捕得虏各数十人而还。时匈奴亡其三骑，不敢入，即引去。是岁也，匈奴饥，人民畜产死十六七。又发两屯各万骑以备汉。其秋，匈奴前所得西嗕居左地者，其君长以下数千人皆驱畜产行，与瓯脱战，所战杀伤甚众，遂南降汉。

其明年，西域城郭共击匈奴，取车师国，得其王及人众而去。单于复以车师王昆弟兜莫为车师王，收其余民东徙，不敢居故地。而汉益遣屯士分田车师地以实之。其明年，匈奴怨诸国共击车师，遣左右大将各万余骑屯田右地，欲以侵迫乌孙西域。后二岁，匈奴遣左右奥鞬各六千骑，与左大将再击汉之田车师城者，不能下。其明年，丁令比三岁入盗匈奴，杀略人民数千，驱马畜去。匈奴遣万余骑往击之，无所得。其明年，单于将十万余骑旁塞猎，欲入边寇。未至，会其民题除渠堂亡降汉言状，汉以为言兵鹿奚卢侯，而遣后将军赵充国将兵四万余骑屯缘边九郡备虏。月余，单于病呕血，因不敢入，还去，即罢兵。乃使题王都犁胡次等入汉，请和亲，未报，会单于死。是岁，神爵二年也。

虚闾权渠单于立九年死。自始立而黜颛渠阏氏，颛渠阏氏即与右贤王私通。右贤王会龙城而去，颛渠阏氏语以单于病甚，且勿远。后数日，单于死。郝宿王刑未央使人召诸王，未至，颛渠阏氏与其弟左大且渠都隆奇谋，立右贤王屠耆堂为握衍朐鞮单于。握衍朐鞮单于者，代父为右贤王，乌维单于耳孙也。

握衍朐鞮单于立，复修和亲，遣弟伊酋若王胜之入汉献见。单于初立，凶恶，〔尽〕杀虚闾权渠时用事贵人刑未央等，而任用颛渠阏氏弟都隆奇，又尽免虚闾权渠子弟近亲，而自以其子弟代之。虚闾权渠单于子稽侯狦既不得立，亡归妻父乌禅幕。乌禅幕者，本乌孙、康居间小国，数见侵暴，率其众数千人降匈奴，狐鹿姑单于以其弟子日逐王姊妻之，使长其众，居右地。日逐王先贤掸，其父左贤王当为单于，让狐鹿姑单于，狐鹿姑单于许立之。国人以故颇言日逐王当为单于。日逐王素与握衍朐鞮单于有隙，即率其众数万骑归汉。汉封日逐王为归德侯。单于更立其从兄薄胥堂为日逐王。

明年，单于又杀先贤掸两弟。乌禅幕请之，不听，心恚。其后左奥鞬王死，单于自立其小子为奥鞬王，留庭。奥鞬贵人共立故奥鞬王子为王，与俱东徙。单于遣右丞相将万骑往击之，失亡数千人，不胜。时单于已立二岁，暴虐杀伐，国中不附。及太子、左贤王数谗左地贵人，左地贵人皆怨。其明年，乌桓击匈奴东边姑夕王，颇得人民，单于怒。姑夕王恐，即与乌禅幕及左地贵人共立稽侯狦为呼韩邪单于，发左地兵四五万人，西击握衍朐鞮单于，至姑且水北。未战，握衍朐鞮单于兵败走，使人报其弟右贤王曰："匈奴共攻我，若肯发兵助我乎？"右贤王曰："若不爱人，杀昆弟诸贵人。各自死若处，无来污我。"握衍朐鞮单于恚，自杀。左大且渠都隆奇亡之右贤王所，其民众尽降呼韩邪单于。是岁，神爵四年也。握衍朐鞮单于立三年而败。

译文：

匈奴的祖先是夏后氏的后代，叫淳维。在唐尧虞舜之前有山戎、猃允、薰粥等分支，居住在中国北部边陲，随水草畜牧而转移。牧养的牲畜大多是马、牛、羊，奇异的牲畜有骆驼、驴、骡、駃騠、騊駼、騨騱。他们逐水草而迁徙，没有经常居住的城郭和农业，然而也有各自单独分别的牧地。没有文字书籍，只凭言语进行约束管理。男子小的时候都能骑羊，拉弓射鸟鼠学习射箭，稍稍长大后就射狐狸和兔子，多以肉为食。壮年男子力气大，能弯弓射箭，都当铁甲骑兵。匈奴的生活风俗，平时没有战事时，就一边放牧，一边猎获飞禽走兽，以此为谋生之道；遇有紧急战事，人们就练习战阵攻杀，侵夺他人，这是匈奴人的天性。他们的长兵器是弓箭，短兵器是刀矛。战斗时，顺利就进攻，不利就后退，不以逃跑为羞耻。如果有利可图，便会不顾礼仪。匈奴人从君王以下都吃畜肉，穿牲畜的皮革，披穿毡裘。壮健的年轻人吃肥美的食物，老年人吃剩下的。以健壮的人为贵，而轻视老弱的人。父亲死了，儿子便娶后母为妻；兄弟死了，活着的便娶了他们的妻子来做妻子。姓名方面的习俗是有名字，不避讳，没有表字。

夏朝衰落了，周的始祖公刘失去了农官，就在西戎改革变化其风俗，在豳建立都邑。那之后过了三百多年，戎狄攻击周太王亶父，亶父逃到岐山之下，豳人都跟随亶父来到岐山之下造屋定居，开始建立周国。那之后一百多年，周文王西伯姬昌攻打畎夷。以后十多年里，周武王攻伐纣王消灭了他，然后营建了洛邑，武王又回到丰京、镐京居住，把戎夷放逐到泾河、洛河的北边，要他们按时贡献礼物，把他们那里叫作"荒服"。这之后有二百多年，周王朝衰落了，而周穆王却去攻打犬戎，得到了四只白狼和四只白鹿回来了。从此以后，"荒服"那儿的人不再到周王朝进贡了。周王朝在那时制定了《吕刑》的法律。到了周穆王的孙子周懿王时，周王室衰落了，戎狄反复攻伐，蹂躏中原各国。中原人民深受其害，诗人开始唱出痛恨他们的诗歌："没有房屋没有家，这都是猃允的缘故。""哪天不去警戒防备？猃允攻来得实在很急。"到懿王的曾孙宣王时，派大将率领军队出征讨伐猃允，诗人赞美道："征伐猃允，直到太原"；"战车出动"，"在北方建筑城池"。那时周围的少数民族都臣服于周王朝，号称"中兴"。

到了周幽王，因他宠爱美妾褒姒的缘故，和王后申后的父亲申侯发生了矛盾。申侯十分愤怒，联合犬戎，一起攻打幽王，在郦山之下杀了他，占领了周王朝的卤获，居住在泾河、渭河之间，侵凌蹂躏中原人民。秦襄公派军队援救周朝，于是周平王离开了丰京、镐京，东迁到洛邑定都。当时秦襄公攻打犬戎一直到岐山，这时秦才开始被封为诸侯。六十五年后，山戎又越过燕国去攻打齐国，齐釐公率军队在齐国边境与山戎大战。四十四年后，山戎又攻打燕国。燕国向齐国告急求救，齐桓公率军队向北攻打山戎，山戎逃跑了。二十多年后，戎翟杀到洛邑，攻打周襄王，襄王出逃到郑国的汜邑。当初的时候，周襄王想攻打郑国，所以娶了戎翟之女为王后，与戎翟联合一起攻打郑国。不久后又废黜了翟后，翟后十分怨恨；襄王的继母叫惠后，有个儿子叫子带，惠后想立子带为王。于是惠后便与翟后、子带一起做内应，打开城门迎接戎翟，戎翟因此攻入城内，打败并赶跑了襄王，而立子带为周王。那时戎翟有的已居住在陆浑,东边到达了卫国,侵凌得更为厉害。周襄王在外流浪了四年,于是派使者到晋国告急。晋文公刚登王位,想要创立霸业,于是便发兵攻打戎翟,杀了子带,把周襄王又迎回到洛邑。

在这个时候,秦国、晋国十分强盛。晋文公攻打驱逐戎狄,戎狄住到了西河的圁河与洛河之间,叫作赤狄,白狄。而秦穆公得到了由余,西戎八国归服了秦国。所以在西有绵诸、犬戎、狄獂等戎族居住,在岐山、梁山、泾河、漆河以北有义渠、大荔、乌氏、朐衍等戎族,而晋国以北则有林胡、楼烦等戎族,燕国北面有东胡、山戎。他们分散居住在山谷里,各自有自己的首领,聚集而居的戎族部落有一百多个,然而不能统一起来。

这之后一百多年,晋悼公派魏绛去与戎狄议和,戎狄开始朝拜晋君。又过了一百多年,赵襄子率兵越过句注山而攻破、并吞了代国,逼临胡貉。后来赵襄子与韩、魏两家一起消灭了智伯,三家分占了晋国的土地。这样,赵国占领了代地、句注山以北的地方,而魏国则占有西河、上郡,与戎人毗邻。后来,义渠的戎人建筑城郭以自卫,而秦国则慢慢蚕食义渠之地,到了惠王,便攻取了义渠的二十五座城郭。秦惠王攻打魏国,魏国把西河、上郡的地方全献给了秦国。秦昭王的时候,义渠戎王与宣太后私通,生了两个儿子,宣太后欺骗了义渠戎王,并在甘泉杀了他,随后起兵攻打并消灭了义渠。因此,秦国占领了陇西、北地、上郡,修筑了长城来抵御胡人。而赵武灵王也变异本国风俗,穿用胡人的衣服,学习骑马射箭,向北攻破了林胡和楼烦,从代地沿阴山山麓一直到高阙作为自己的边塞。并设置了云中郡、雁门郡、代郡。后来燕国有一个贤将秦开,在胡地做人质,胡人十分信任他。回来后他率兵攻破了东胡,东胡退却了一千多里。后来和荆轲一起刺杀秦始皇的秦舞阳,就是秦开的孙子。燕国也修筑了长城,从造阳一直到襄平,设置了上谷、渔阳、右北平、辽西、辽东郡来抵御胡人。在那时候,文明发达的战国七雄中,有三个国家与匈奴接壤。后来赵国将军李牧在时,匈奴人不敢侵入赵国边境。后来秦始皇灭掉六国,派将军蒙恬率数十万大军向北攻打匈奴,完全收回了黄河以南的地方,凭借黄河为要塞,在黄河边上修筑了四十四座城池,发配那些因罪被罚守边的人去居住。又修通了从九原到云阳的直道;又沿着高山险堑,依傍溪谷修建长城,可以修补的地方予以修补,从临洮起到辽东共有一万多里。后来秦国又跨过黄河占据阳山北假地区。

当时,东胡、月氏都很强盛。匈奴单于名叫头曼,头曼抵挡不住秦国,就往北迁徙了。十多年后蒙恬死了,原先的诸侯后代反叛秦国,中原地区十分混乱,那些被秦王朝放逐守边的人又都离去了,于是匈奴的处境转好,又慢慢地渡过黄河,在南边又以原先的边塞与中原为邻了。

单于立有太子,名叫冒顿。后来单于宠爱的阏氏生了个儿子,头曼单于想废掉太子冒顿,立小儿子为太子,于是便派冒顿到月氏去做人质。冒顿到月氏做了人质后,头曼单于却立即发兵攻打月氏。月氏想要杀掉冒顿,冒顿便偷了月氏的良马,骑着它跑回了匈奴。头曼单于认为冒顿是条壮汉,就让他率领一万骑兵。于是,冒顿就制作了鸣镝(响箭),训练约束他的骑兵射箭,命令他们说:"我的鸣镝所射的东西,如果有人不跟随着尽力去射,就杀了他。"冒顿率人出去打猎,有不跟着射鸣镝所射目标的人立即杀掉。不久,冒顿自己用鸣镝射向自己的良马,身边的人有的不敢跟着射,冒顿立即斩杀这些人。又过了些日子,冒顿自己又用鸣镝射向自己的爱妻,身边的人有的非常害怕,不敢射箭,冒顿又把这些人杀了。不久，冒顿率人出去打猎，用鸣镝射向单于的良马，身边的人都跟着射去。于是冒顿知道自己身边的人已经可为己所用了，他跟随父亲头曼单于出去打猎时，用鸣镝射向头曼，他身边的人都跟着鸣镝射向头曼，射杀了单于。冒顿又把后母、弟弟和不听从自己的大臣们全杀了。于是冒顿自立为单于。

冒顿自立为单于时，东胡十分强盛，东胡听说冒顿杀父自立，就派使者对冒顿说："东胡想要得到头曼时那叫千里马的良马。"冒顿向大臣们询问，大臣们都说："这是匈奴的宝马，不能给他们。"冒顿说："怎么能与人家做邻国却怜惜一匹马呢？"于是便把千里马给了东胡。不久，东胡以为冒顿怕自己，又派使者对冒顿说："东胡想要得到单于一个阏氏。"冒顿又向大臣们询问，身边的人都十分愤怒，说："东胡人没道理，竟然向我们索要阏氏！请单于派兵攻打他们。"冒顿说："怎么能与人家为邻国却吝惜一个女子呢？"于是就把自己喜爱的阏氏给了东胡。东胡王更加骄横，向西侵略。在匈奴与东胡之间有一片荒地没人居住，有一千多里，匈奴与东胡各居一边设置观察哨所。东胡派使者对冒顿说："匈奴与我们边界之间观察哨所守望的那片荒弃的土地，匈奴到不了那里，我们想占据它。"冒顿向群臣询问，有的大臣说："这是荒弃的土地，给了他们吧。"冒顿听了大怒，说："土地是国家的根本，怎么能送给别人！"那些说可以送给东胡土地的人都被杀掉。冒顿跨上战马，命令国人，有后退的杀头，于是就向东攻打东胡。起初东胡轻视冒顿，不做防备。等到冒顿率兵打来了，彻底打败并消灭了东胡王，俘获了东胡的民众，掠夺了他们的牲畜和物产。回来后，又发兵向西赶走了月氏，向南吞并了楼烦和白羊河南王，又完全收复了秦国派蒙恬侵夺的匈奴的地方，与汉朝以原来的河南塞为界，到达了朝那、肤施,进而侵扰燕地、代地。那时刘汉正和项羽作战,中原被战争弄得疲惫不堪,所以冒顿才能够强盛起来,能弯弓骑射的战士有三十多万。

从淳维到头曼有一千多年,匈奴有时大、有时小,居住零散分离,年代太久远了,他们的世系传承没法按次序一一排列出来。然而到了冒顿做单于,是匈奴最强大的时候,北方各少数民族都服从他的统治,与南边的华夏各族为敌国,它的世系传承、姓氏官号在这时才可能记述下来。

单于姓挛鞮氏,他们的人民称君王为"撑犁孤涂单于"。匈奴人把"天"叫作"撑犁",把"子"叫作"孤涂",而"单于"的意思则是广大的样子,这称呼是说单于如天一样大,匈奴设置有左右贤王、左右谷蠡王、左右大将、左右大都尉、左右大当户、左右骨都侯。匈奴人把贤明叫作"屠耆",所以常由太子担任左屠耆王。从左右贤王以下到当户,大的率领一万多骑兵,小的率领数千骑兵,共有二十四个首领,设立"万骑"的称号。他们的大臣都是世袭官职。呼衍氏和兰氏,后来有须卜氏,这三姓是匈奴的显贵家族。那些左王左将都居于东方,面向上谷以东的地区,连接秽貉、朝鲜;那些右王右将居于西方,面向上郡以西,与氐、羌接壤;而单于王庭面对代郡、云中地区。他们各有分占的地区,随水草的好坏迁移。左右贤王、左右谷蠡所率部落最大,左右骨都侯辅佐政务。那二十四个首领也各自设置有千长、百长、什长、裨小王、相、都尉、当户、且渠之类的官职。

在每年的正月,各部首领在单于的王庭举行小集会,并进行春祭。每年五月份,在龙城进行盛大集会,并祭祀他们的祖先、天地、鬼神。每年秋天,草黄马肥的时候,在蹛林进行大会,统计人口、牲畜的数目以便征税。他们的法律是"拔刀伤人伤口到一尺的要处死，犯偷盗罪的要把他的全家人口财产没收入官；如果犯罪了，罪小的要轧碎他的骨节，罪大的要处死。坐牢时间长的不过十天，全国关押的犯人也不过几个。单于每天早晨走出营帐，礼拜刚升起的太阳；晚上则礼拜月亮。他们在起坐的规矩是：长者在左，面向北。崇尚戊日、己日。他们丧葬的习俗是：随葬有棺椁、金银、衣裳，却没有坟堆、墓树和服丧制度；如果单于死了，他身边亲近的臣妾殉葬的多达数十人、上百人。匈奴人兴兵打仗常随月亮的盈亏而变，月满时就攻战，月亏时就退兵。他们作战时，斩得敌人头颅的就赏赐一壶酒，而所掳获的战利品就归他所有，俘获了人便作为奴婢。所以他们作战时，人人都为了得利而奋勇向前，善于引诱敌人进入包围圈，然后歼灭。所以他们追逐利益时，就像鸟一样飞集一处；他们危险溃败时，便土崩瓦解、风流云散。打仗时谁用车把死者运回来，死者的家财便全归他所有。

后来冒顿单于又征服了北方的浑窳、屈射、丁零、隔昆、新犛等国。当时匈奴贵族大臣都很佩服冒顿，认为他贤明有才能。

这时汉朝刚刚平定下来，把韩王韩信迁到代地，建都马邑。匈奴大举围攻马邑，韩信投降了匈奴。匈奴得了韩信，便率军向南越过句注山，进攻太原，攻到了晋阳城下。汉高帝亲自率兵去抗击匈奴。正巧碰上冬天十分寒冷，下大雪，士卒们被冻掉手指的占十分之二三，于是冒顿便假装失败逃跑，引诱汉军。汉军追击冒顿，冒顿把精兵隐藏起来，把老弱的士兵暴露出来。于是汉军全军三十二万人——其中多为步兵——向北追击冒顿。汉高帝先率兵追到平城，步兵没有全到，冒顿派出三十多万精锐骑兵把汉高帝围困在平城白登山，共围了七天，汉军内外不能互相救济粮草。匈奴的骑兵，西边的全是白马，东方的全是青马，北方的全是黑马，南边的全是红马。高帝便派使者暗中送厚礼给阏氏，阏氏便对冒顿说："双方主帅不应困逼。现在我们得到汉的地盘，单于您终究不能在这里居住。况且汉主有神灵保佑，单于您要仔细考虑。"冒顿曾与韩信的部将王黄、赵利约好，而王、赵军队迟迟不到，冒顿怀疑他们与汉王有密谋，也就听取了阏氏的话，打开包围圈的一角。于是高皇帝便命令士兵都拉满弓，搭上箭，面朝外，从解围的一角一直冲出，终于和大军会合一起，而冒顿便率军退去了。汉王也率兵退去，派刘敬前去与匈奴和亲。

此后韩信做了匈奴的将军，和赵利、王黄等人屡次背叛汉匈和约，侵略代郡、雁门郡、云中郡。过了不久，陈豨反叛汉朝，与韩信合谋进攻代郡。汉朝派樊哙率兵去攻击他们，又收复了代郡、雁门郡、云中郡等郡县，没出边塞作战。当时匈奴因为汉朝将领多次率领部众前去投降，所以冒顿经常往来侵略代地。高祖深感忧虑，便派刘敬奉送皇族女儿冒称公主去做单于的阏氏，每年奉送匈奴一定数量的丝绵、绸绢、酒和食物，相约为兄弟，实行和亲，冒顿这才稍微停止了对中原的侵扰。后来燕王卢绾又反叛了汉朝，率领他的同伙将近一万人投降了匈奴，来来去去侵扰苦害上谷以东地区的人民，一直持续到高祖逝世。

在孝惠帝、吕太后时，冒顿渐渐骄横起来，竟然写了书信，派使者送给吕后，说："我是孤独无依的君主，生在潮湿的沼泽地，长在平旷的放牛放马的地方，我多次到边境上来，希望能到中原游玩一番。陛下您独立为君，也是孤独无依，单独居住。我们两个做君主的很不快乐，没有什么可供娱乐的。希望我们俩能以各自所有的，交换到各自所没有的。"吕太后看信后十分愤怒，把丞相陈平、樊哙、季布召来，商议杀掉匈奴的使者，发兵攻打匈奴。樊哙说："臣我愿意率领十万大军，到匈奴境内去横行冲击。"吕后询问季布,季布说:"可以杀了樊哙!以前陈豨在代地反叛,汉兵有三十二万,樊哙是上将军,当时匈奴把高帝围困在平城,樊哙不能冲破围困。天下百姓唱道:'平城下也太艰苦了!七天没能吃到食物,士兵们连弓都拉不开。'现在人们吟唱的声音还在耳畔,没有断绝,受创伤的人刚能站立起来,而樊哙却要让天下震动,胡说什么要带十万大兵到匈奴去横行,这是当面欺诳君主。况且这些少数民族就好比禽兽一样,听到了他们的好话儿不值得高兴,听到恶语也不值得生气。"吕太后说:"那好吧。"于是使命令大谒者张泽写信回报,说:"单于没有忘掉我们这破败的国家,以书信赏赐我们,我们很害怕。退朝后自己思虑,我年老气衰,头发、牙齿堕落,走路也走不稳,单于听别人错说了,不值得单于降低污辱了自己。敝国没有什么罪过,应该被宽恕。我有两辆御车,驾车的马八匹,奉送给您平常坐。"冒顿得到回信,又派使者来谢罪说:"我们没有听说过中原的礼节,陛下幸好宽恕了我们。"匈奴献上马匹,于是汉匈和亲了。

到孝文帝登位后,又修好和亲之事。第三年的夏天,匈奴右贤王进入黄河以南地区骚扰侵害,于是文帝发布诏书说:"汉朝与匈奴约为兄弟,不要侵害对方的边境,汉朝送给匈奴的丝绢粮食等物很多。现在右贤王离开他的国家,率部众侵占我们的黄河以南的地方,这是不符合以往的边界的。右贤王的人往来进入我们的关塞,捕杀我们的官吏士兵,驱赶侵害我们居住在上郡保护边塞的少数民族,使他们不能居住在原来的地方。匈奴人欺凌殴打我们边地的官吏,进行偷盗,非常傲横无道,这不是和约所要求的样子。命令派发八万边地的车兵和骑兵,到高奴去,派丞相灌婴率领,攻击右贤王。"右贤王被赶跑,逃出边塞,文帝到了太原视察。这时济北王反叛了,文帝就回到了京城,停止了丞相抗击匈奴的军事行动。

第二年,单于给汉朝来信说:"天所立匈奴大单于敬问皇帝平安无恙。先前的时候皇帝您说到和亲的事情,与来信的意思符合,双方都很高兴。汉朝的边境官吏侵犯侮辱右贤王,右贤王不向我请示,听从了后义庐侯难支的意见,与汉朝官吏结仇,断绝了我们两国君主的和约,割离了两国兄弟的情谊。皇帝您责备我们的书信两次送来,我派使者带信去回答,使者没有归来,汉朝的使者也不到匈奴来了。汉朝因为这缘故不与我们和好,我们作为邻国也不得归附。现在我因为小吏破坏了和约,所以便惩罚右贤王,派他到西方去寻找月氏予以攻击。靠了老天的保佑,将士精良,战马强壮,已经消灭了月氏,彻底斩杀、平定了他们。楼兰、乌孙、呼揭以及他们附近的二十六国都已经成了匈奴的一部分。各游牧民族合为一家,北方已经平定。我希望停止战事,让士兵得到休息,牧养马匹,消除以前不愉快的事,恢复过去的和约,以安定边民,以继承匈汉两族自古以来的友好传统,使年轻人得以成长,使老年人能安居乐业,世世代代和平欢乐。不知道皇帝您的意思怎么样,所以我派郎中系虖浅带书信去求见,并献上骆驼一匹,坐骑二匹,驾车之马八匹。皇帝如果不想让匈奴靠近边塞,那我就命令官吏百姓远离边塞居住。使者到后,请立即打发他们回来。"六月中旬,匈奴使者来到新望这地方,书信送到朝廷。汉朝商议攻打匈奴与和亲哪一种有利,公卿大臣都说:"单于刚刚攻破月氏,正在胜利势头上,不能跟他们打仗。况且就是夺得了匈奴的地方,那里都是盐碱地也不能居住,和亲十分便利。"于是汉朝答应了单于的请求。

孝文帝前元六年,汉朝送给匈奴的信中说道:"汉朝皇帝敬问匈奴大单于平安无恙。您派系雩浅送我书信,说:'希望罢战争,休养士卒,消除以前的误会,回复我们原来的和约,以安定边民,世世代代平安欢乐。'我十分欣赏你的说法。这是古代圣王的用心与志向。汉朝与匈奴约为兄弟,用来送给单于的礼物十分优厚。背叛盟约,使兄弟亲情疏远的责任,一般是在匈奴。然而右贤王那回事发生在大赦之前,请您不要过分追究责备他。单于如果能按来信中说的去做,明确地告诉官吏们,使他们不要背负盟约,讲求信义,我们会尊敬地按单于的书中所说的去做。使者说单于亲自率军作战,统一他国有功劳,作战十分辛苦。所以,现在有服绣袷绮衣、长袄、锦袍各一件,比疏一件,黄金装饰的腰中大带一条,黄金带钩一枚,彩绸十匹,锦缎二十匹,赤绨、绿缯各四十匹,派中大夫意、谒者令肩去敬赠给单于。"

后来不久,冒顿单于死了,他的儿子稽粥继位,称为老上单于。

老上稽粥单于继位不久,文帝又选派了皇族女儿冒称公主去给单于做阏氏,派宦官、燕地人中行说辅佐公主一起去。中行说不想去,汉朝强迫他去。中行说说:"如果一定要让我去,我就要为害汉朝。"中行说到了那里,就投降了单于,单于很喜欢他。

当初的时候,单于爱好汉朝的绸绢、丝棉和食物,中行说对单于说:"匈奴的人口比不上汉朝的一个郡,然而却很强大的原因,便是穿衣吃饭与汉人不同,没有什么需要仰赖汉朝的。现在单于您改变匈奴的习俗,喜爱汉朝的东西,汉朝给予匈奴的东西不过占其总数的十分之二,将会全部得到匈奴的部众。希望您把得到的汉朝棉布、丝绢,让人穿着在野草荆棘中奔驰,使衣服裤子都开裂破烂,以显示不如毡裘坚固;把得到的汉朝食物都扔掉,以显示不如乳酪方便好吃。"于是中行说教单于身边的人写字算数,来统计他们的人口和牲畜的数目。

汉朝送给单于书信,用一尺一寸长的木简,开头问候的话是"皇帝敬问匈奴大单于平安无恙",用来相送的东西和一些问候的话语等等。中行说教单于用一尺二寸长的木简给汉皇帝写回信,信的印章和封缄都搞得很长很大,言辞傲慢,说"天地所生、日月所置匈奴大单于敬问汉皇帝无恙",以及赠送的礼物及言语,等等。

汉朝使者有的说匈奴的风俗不好,轻视老年人。中行说诘问汉朝使者说:"你们汉朝的风俗,对那些要去守卫边防,从军作战正要出发的人,他们的父母亲难道有不自己让出暖衣美食来供给那些就要出发的人的吗?"汉朝使者说:"是这样。"中行说说:"匈奴人以攻击作战为正事,这是很明确的,老弱的人不能参加战斗,所以他们才把肥美的好食物给壮健的人吃,以便保卫自己,这样父子才能都安全无恙,怎么能说匈奴人轻视老年人呢?"汉朝使者说:"匈奴父亲与儿子住在一个帐篷里,父亲死了,儿子便娶后母为妻子;兄弟死了,活着的兄弟都娶死者的妻子做自己的妻子。而且没有帽子腰带的讲究和朝廷的礼仪。"中行说说:"匈奴人的风俗是吃牲畜的肉,喝它的奶汁穿它的皮革;牲畜吃草喝水,随着季节转移地点。所以在紧急的情况下人们就练习骑马射箭,平时无事人们就安居乐业。匈奴人的约束简单,容易施行;君臣间的关系也很简单直率,所以能够长久维持。整个国家的政务就好像一个人的事务一样。父亲兄长死了,儿子、弟弟就娶他们的妻子做自己的妻子,是怕本族本性没了后代。所以匈奴人虽然婚姻生活混乱,却一定要立本族的人传代。现在中原人虽然假装不娶自己父兄的妻子,亲属却逐渐疏远,以至于互相杀戮,以至于改姓改族,都是由这一类的事情引起的。况且由于礼仪的弊病很多,使得人们上下辈之间互相怨恨;而出于礼仪大肆营造宫殿，人民的活力都要用尽了。至于汉人努力耕田种桑以求衣食，修筑城郭以自我防卫，这就导致了在紧急情况下人民不会战斗，和平时就疲于生产。唉！你们这些住在土石房子里的人，就不要多说了，就不要显示你们的好衣服了，光是戴着高帽子显得高贵又有什么益处？"从此以后，汉朝使者有想要与之辩论的，中行说总是说："汉朝使者不要多说了，只要记着汉朝送给匈奴的绸绢丝棉，精米酒曲，使它们数量充足，并且保证质量好就行啦，何必说三道四？况且汉朝送来的东西十分好就算了，如果不是很好而是粗滥，那么就等到秋熟季节，我们派骑兵去践踏你们的庄稼好啦。"中行说不分日夜地教单于窥伺汉朝边境的要害之处。

孝文帝十四年，匈奴单于率领十四万骑兵攻入朝那、萧关，杀死了北地都尉孙卬，抢掠了许多人口、牲畜、财物。然后匈奴又到了彭阳，派骑兵突入回中宫，放火焚烧，匈奴的探马到了雍甘泉。于是文帝便任命中尉周舍、郎中令张武为将军，出动战车千辆，骑兵十万，在长安城附近驻防，以防备匈奴入侵。又任命昌侯卢卿为上郡将军，任命宁侯魏遬为北地将军，任命隆虑侯周灶为陇西将军，东阳侯张相如为大将军，成侯董赤为将军，出动大批战车、骑兵去攻打匈奴。单于在塞内停留了一月有余，汉军赶走了匈奴人也就回来了，没有斩杀敌人。匈奴日益骄横，每年都入侵边境，许多百姓被杀戮，以云中郡和辽东郡最严重，每郡被杀的有一万多人。汉朝十分忧虑，便派使者送给匈奴书信，单于也派当户来答谢，双方再次商议和亲之事。

孝文帝后文二年，汉朝派使者送书信给匈奴说："皇帝敬问匈奴大单于平安无恙。您派数当户且渠雕渠难、郎中韩辽送给我二匹马，已经送到了，我恭敬地接受了。我们的先帝规定：长城以北的游牧射箭民族由单于管辖,长城以内戴帽束带的人家,我来掌管,让百姓万民能够耕地种田,织布纺线,射猎野兽,谋衣谋食,父子不分离,君臣相安,都不要做横暴的恶事。现在我听说有邪恶之徒贪图不义之财,背叛信义,断绝和约,置百姓万民的性命于不顾,离间两国君主的友谊,然而这些都已是以前的事了。您的来信说:'我们两国已经和亲,两国君主对此都很高兴,以后要停止战争,休养士卒、放牧马匹,世代欢乐,安定的局面重新开始。'我对此十分赞赏。圣人每天都要更新自己,改弦更张,让老年人得以休养,年轻人能顺利长成,各保性命,终享天年。我与单于都遵循这道理,顺应天意,安抚万民,使我们的君位世代相传,以至无穷,天下人对这没有不称赞的。汉朝与匈奴是势均力敌的邻国,匈奴在北方居住,天气寒冷,冬天来得早,所以我命令我的官吏每年送给单于一定数量的秫糵、金帛、棉布等其他物品。现在天下十分安定,万民欢乐,只有我和单于您为民父母,做天下人的君长。我回忆思念以前的事,不过是为了一些小小的财物和小事情,加上谋臣计议失误造成的,这些都不足以离间我们兄弟间的友谊。我听说天不偏盖一方,地不偏载一方。我与单于您应该抛弃前嫌,都遵循天地大道,消除以前的嫌恶,以谋求长久的和平相处,使两国人民像一家的儿女一样。百姓万民,下及鱼鳖、上及飞鸟,直到跂行、喙息、蠕动的动物,没有不趋向平安有利而躲避危险的。所以对归来者不予制止,这是上天的大道。我们应完全消除以往的误会,我宽恕赦免逃跑到匈奴去的汉人,单于你也不要责怪章尼等人。我听说古代的帝王,订约分明而不翻悔。希望单于留意,天下安定,和亲之后,汉朝不先背约。希望单于仔细考虑这事。"

单于已经约定与汉朝和亲,于是汉文帝给御史下诏令说:

"匈奴大单于送给我书信,汉匈和亲局面已定,收留逃亡的人不足以增加人口,扩充土地,匈奴人不准入塞,汉朝人不许出塞,违犯现今和约的杀头,这样可以长期和平相亲,以后也没有灾祸,双方都便利。我已经答应了匈奴。现在布告天下,让天下吏民明确知道这事。"

四年后,老上单于死了,他的儿子军臣单于继位,中行说又侍奉军臣单于。汉朝也再次与匈奴和亲。

军臣单于继位一年多后,匈奴又断绝与汉朝的和亲关系,大举入侵上郡、云中郡,每郡去了有三万骑兵,被杀死的人很多,抢去了许多财物。在那时汉朝派了三位将军(张武、苏意、令勉)率军分别驻扎在北地郡、代地的句注山、赵地的飞狐口,沿边境居住的吏民也紧守险要以防备匈奴入侵。又设置三位将军(周亚夫、徐厉、刘礼)分别驻防在长安城西的细柳、渭河北岸的棘门和霸上,以防备匈奴。匈奴骑兵侵入代地的句注山边,汉军报警的烽火传到了甘泉、长安。几个月后,汉军开到了边塞,匈奴人也远离边塞而去,汉军也就撤回了。一年多以后,汉文帝死了,汉景帝继位,赵王刘遂竟暗中派使臣去匈奴。吴楚七国谋反时,匈奴就想与赵国合谋侵入汉朝边塞。汉军包围并攻破了赵国,匈奴人也就停止了行动。此后,景帝又派人与匈奴和亲,互通边境贸易,送给单于东西,嫁公主给单于,照以前的盟约办事。整个景帝时候,不时有匈奴人小规模的入侵抢劫,没有大的入侵事件。

汉武帝继位后,申明有关和亲的规定,在边境市场贸易中对待匈奴十分优厚,供给丰富。匈奴从单于以下的人都与汉人亲近,往来于长城下。

汉朝派马邑人聂翁壹带着货物私自出关与匈奴人交易,假装要把马邑城出卖给匈奴,以此引诱单于。单于相信了他的话,并贪求得到马邑城里的财物,于是便率领十万骑兵进入武州塞口。汉朝在马邑城边埋伏了三十多万军队,御史大夫韩安国担任护军将军,督率四位将军准备伏击单于。单于进入汉朝边塞后,离马邑城还有一百多里,看到牲畜遍布四野却无人牧放,感到很奇怪,便进攻一个哨所。当时一个雁门尉史巡逻防地,发现敌人,便去保卫这个哨所,单于抓住了他,想杀他。这个尉史知道汉军的计谋,便投降了,把汉军的情况全部告诉了单于。单于大吃一惊,说道:"我本来就有些怀疑这事。"于是便率军队回去了。出边塞后,单于说道:"我能得到尉史,这是天意啊。"便封尉史为"天王"。汉军本希望等单于按约进入马邑后纵兵攻击,单于却没有来,所以一无所得。将军王恢率领的军队从代地出发攻击匈奴的辎重后勤部队,听说单于率队回还,兵多势大,便不敢出击。汉朝因为马邑伏兵之谋本是王恢策划,而他却不出击,便杀了他。从此之后,匈奴便断绝了与汉朝的和亲关系,攻击扼守大道的要塞,经常侵入边境抢劫,不可胜数。但是匈奴人也很贪婪,还是喜欢边塞的贸易市场,爱好汉朝的货物,汉朝也还开放市场,以投其所好。

自从马邑伏兵之后第五年的秋天,汉朝派四位将军各率一万骑兵在边塞市场一带去攻打匈奴。将军卫青从上谷出击,到达龙城,杀死七百匈奴人。公孙贺从云中郡出击,一无所得。公孙敖从代郡出击,被匈奴杀死了七千人。李广从雁门出击,被匈奴打败,匈奴活捉了李广,李广在行军路上逃回汉朝。汉朝囚禁公孙敖、李广,他们赎罪做了平民。那一年冬天,匈奴有数千人侵扰边境,其中以渔阳受害最烈。汉朝便派将军韩安国驻扎在渔阳,防备匈奴入侵。第二年秋天,匈奴又有二万骑兵攻入边塞,杀死辽西太守，掳走二千多人。又打败渔阳太守的军队一千多人，包围了将军韩安国。当时韩安国率领的一千多骑兵也快打光了，正巧燕国来解救，救军到了，匈奴才撤去，匈奴又侵入雁门郡，杀掠一千多人。于是汉朝派将军卫青率领三万骑兵从雁门出击，李息从代郡出击，攻打匈奴，杀死匈奴数千人。第二年，卫青又率军从陇西郡的西部出发，打到陇西，攻击黄河以南的匈奴所属的楼烦、白羊王，杀死、俘虏了数千匈奴人，得到一百余万头羊。于是汉朝就占领了河南地区，修建了朔方城，又修复了原来秦国大将蒙恬修建的关塞，凭借黄河加固关防。汉朝也放弃了偏僻弯曲的造阳地方，给了匈奴。这一年是元朔二年。

后一年的冬天，军臣单于死了，他的弟弟左谷蠡王伊稚斜自立为单于，打败了军臣单于的太子於单。於单逃走，投降了汉朝，汉朝封於单为陟安侯，几个月后於单便死去了。

伊稚斜单于继位后，当年夏天，匈奴几万骑兵攻入代郡，杀死太守共友，抢走一千多人。这年秋天，又侵入雁门郡、定襄、上郡，每路有三万骑兵，杀死、抢走几千人。匈奴右贤王对汉朝夺取他们黄河以南的地区并修筑朔方城十分怨恨，多次侵扰边境，并攻入河南地区，攻击骚扰朔方城，杀掠了许多官民。

第二年的春天，汉朝派卫青率领六位将军和十多万军队从朔方、高阙出发，攻打匈奴。匈奴右贤王以为汉军来不了，喝醉了酒。汉军出塞六七百里，连夜包围了右贤王。右贤王大惊，脱身逃走了，匈奴的精锐骑兵大都随之逃走。汉朝将军俘获了右贤王的部众男女共一万五千人，裨小王十多人。那年秋天，匈奴一万骑兵侵入代郡，杀死都尉朱央，掠走一千多人。

第二年的春天，汉朝又派大将军卫青统率六位将军，十多万骑兵，仍从定襄出发，走了几百里，去攻打匈奴，前后共杀死匈奴一万九千多人，而汉朝也损失了二位将军，三千多骑兵。右将军苏建只身逃脱，而前将军翕侯赵信作战不利，投降了匈奴。赵信原来就是匈奴的一个小王，投降汉朝后，汉朝封他为翕侯，他作为前将军与右将军苏建合兵一处，单独碰上了单于的大部队，所以全军覆没。单于得到了翕侯，封他为仅次于单于的"自次王"，并把自己的姐姐嫁给他，与他一起商议如何对付汉朝。赵信教单于更往北去，越过大沙漠，以引诱拖垮汉军，务使汉军疲劳已极再去攻打，不要靠近边塞。单于听从了赵信的建议。第二年，匈奴几万骑兵侵入上谷，杀死几百人。

第二年春天，汉朝派骠骑将军霍去病统率一万骑兵从陇西出发，越过焉耆山一千多里，消灭匈奴八千多人，夺到了休屠王的祭天金人。那年夏天，骠骑将军霍去病又与合骑侯一起率领几万骑兵从陇西、北地出发，行军二千里，经过居延，攻打祁连山，消灭匈奴三万多人，裨小王以下十多人。那时，匈奴也侵入代郡、雁门郡，杀掠几百人。汉朝派博望侯张骞和李广将军从右北平出发，攻打匈奴左贤王。左贤王包围了李广，李广率领的四千汉军死者过半，杀死的敌人也超过了自己牺牲的人数。正好博望侯的救军来到，李将军才得脱身，军队都打完了。合骑侯公孙敖误了与骠骑将军霍去病约定的日期，他和博望张骞都被判处死刑，用爵位赎罪做了平民。

那年秋天，单于对驻扎在西方的昆邪王、休屠王被汉军消灭俘虏几万人这件事很生气，想把他们叫来杀掉。昆邪王、休屠王害怕了，商议投降汉朝，汉朝派骠骑将军前去迎接他们，昆邪王杀了休屠王，率领他的部众一起投降了汉朝，共有四万多人，号称十万人。这时汉朝得昆邪王投降，于是陇西、北地、河西这些地方受匈奴侵略更少了，便把关东的贫民迁到所夺得的匈奴河南新秦中地区居住，以充实边疆，而把驻守北地以西地区的军队减少了一半。第二春天，匈奴又分别以几万骑兵侵入右北平、定襄两郡，杀掠一千多人。

第二年春天，汉朝君臣商议："翕侯赵信给单于献计谋，迁居到大漠以北，认为汉军攻不到那里。"于是使用粮食喂马，出动十万骑兵，另有自带衣粮马匹志愿从军的共十四万人，运输粮食的车马没有计算在内。命令大将军卫青、骠骑将军霍去病各领一半部队，卫青从定襄出发，骠骑将军从代地出发，共同约定越过大漠攻打匈奴。单于听说这事，便把辎重粮草运到远方，率精兵在漠北迎战。与汉朝大将军卫青交战一天，正好天黑了，刮起了大风，汉军出动左右两翼军队包围了单于。单于自料打不过汉军，便单独与几百精锐骑兵一起突破汉军的包围，向西北逃走了。汉军连夜追击，没有抓到单于，追击途中俘虏、消灭匈奴一万九千多人，向北一直打到阗颜山赵信城才回来。

单于逃走时，匈奴兵常常与汉军混在一起追随着单于。单于很长时间没有能够与自己的大队人马相遇，右谷蠡王以为单于死了，便自立为单于。真单于后来又收集了自己的部众，右谷蠡王才去掉单于称号，回复原来的称号。

骠骑将军霍去病从代地出发，向北跨过二千多里，与左贤王交战，汉军斩杀俘虏匈奴共七万多人，左贤王和部将都逃走了。骠骑将军在狼居胥山上筑坛祭天，在姑衍山上辟场祭地，到达瀚海才回军。

此后匈奴逃得远远的，而漠南也就没有了单于王庭。汉人渡过黄河，从朔方往西直到令居，到处修渠开田，设置官吏，官吏、士兵有五六万人，慢慢蚕食匈奴地盘，土地连接到匈奴旧地以北。

当初的时候，汉朝卫青、霍去病两将军出兵围攻单于，杀死、俘获匈奴八九万人，而汉朝士兵死亡的也有几万人，汉军战马死去十多万匹。匈奴虽然疲惫，却逃得远远的，而汉军马匹缺乏，也无法追击。单于采纳赵信的建议，派使者来说好话求和亲。皇帝把这事下交给大臣们商议，大臣们有的说应该与匈奴和亲，有的说应该让他们称臣。丞相长史任敞说："匈奴新败，困乏疲惫，应该让他们做外臣，到边塞地带朝拜汉朝天子。"汉朝派任敞出使到单于那里，单于听说任敞的主意后，大发怒火，把任敞扣留，不让他回去。在此之前汉朝也招降了一些匈奴使者，单于也总是扣留汉朝的使者相抵偿。汉朝正在调集兵马，正巧骠骑将军霍去病死了，因此汉朝很久没有向北方攻击匈奴。

几年后，伊稚斜单于死了，在位十三年。他的儿子乌维继位做了单于。这年是元鼎三年。乌维单于继位后，汉武帝开始巡视各郡县。后来汉朝去讨伐南方的两越，没有攻击匈奴，匈奴也没有入侵边境。

乌维单于继位三年后，汉朝消灭了两越，便派遣原太仆公孙贺率领一万五千骑兵出九原二千多里，到达浮苴井；派遣从骠侯赵破奴率领一万多骑兵出令居几千里，到达匈奴河水，两路军队都没有遇见一个匈奴人，就回来了。

这时候汉武帝巡视边境，亲自到达了朔方城，统率十八万骑兵，以显示军威，同时派郭吉为使者去劝告单于。到达匈奴后，匈奴负责接待客人的官员询问郭吉出使的使命是什么，郭吉谦卑地说好话道："我想见了单于的面再亲口告诉他。"单于便接见了郭吉，郭吉说道："南越王的头颅已经悬挂在汉朝皇宫的北门下了，假如现在单于您能够前去与汉兵交战，那么汉朝天子正率兵在边境等候；假如你不能前去，就应该面向南方向汉朝称臣。

何必只是一味地向北逃跑,躲藏在大漠北边寒冷凄苦、没有水草的地方呢?"郭吉说完后,单于大怒,立即把负责接待的礼宾官给杀了,并把郭吉扣留下来,不放他回去,为辱郭吉,把他放逐到北海上。而单于到底也不敢到汉朝边境侵略,休养兵马,练习射猎,多次派使者到汉朝,甜言蜜语请求和亲。

汉朝派王乌为使前去窥探匈奴的虚实。匈奴法律规定,汉朝使者不放下符节,不用墨涂面的,不许入帐。王乌是北方边境人,了解匈奴的习俗,他去掉符节,用墨涂面,进了毡帐。单于喜欢王乌,假装答应王乌说:"我为你的缘故派太子到汉朝去做人质,以求与汉朝和亲。"

汉朝派杨信出使匈奴。这时汉朝攻取了在东方的秽貉、朝鲜,作为汉朝的郡;在西部设置了酒泉郡来隔绝匈奴与羌人交通的道路。汉朝又与西部的月氏、大夏交通,把公主嫁给乌孙王,以分化匈奴在西方的作为后援的友好国家。又向北进一步扩垦农田,一直到眩雷,作为汉朝的边塞,对这些匈奴始终不敢说什么。这年,翕侯赵信死了,汉朝执政者认为匈奴已经衰弱,可以让它臣服。杨信为人刚强正直倔强,向来不是显贵大臣,单于对待他不亲热。匈奴单于想召他进帐,杨信不肯去掉符节,于是单于只好在帐外接见杨信。杨信劝告单于说:"如果您打算与汉朝和亲,就把太子送到汉朝去做人质。"单于说:"这不是原先我们的盟约里规定的样子。原来的盟约规定,汉朝要常嫁公主给单于,送给我们一定数额的绸绢、丝棉、食物来和亲,而匈奴也不再去侵扰汉朝的边境。现在你们却要一反以往的规定,要我的太子去汉朝做人质,看来和亲没什么希望了。"匈奴的习惯做法是:见到使者不是汉皇帝宠爱的宦官,而是儒生,便认为是来游说的,就驳斥他们辩论的言辞;如果是年轻人,便认为是前来行刺的,就挫损他的锐气。每次汉军进入匈奴,匈奴都要报复。汉朝扣留匈奴使者,匈奴也要扣留汉朝的使者,一定要双方对等才罢休。

杨信回来后,汉朝派王乌等人出使匈奴。匈奴仍是用好话奉承他,只是想多得到汉朝送给的财物,欺骗王乌说:"我想到汉朝去拜见汉天子,当面相约结为兄弟。"王乌回来报告相廷,汉朝就为单于在长安修建了官邸。匈奴又说:"除非是汉朝显官达贵来做使者,我不给你们说实话。"匈奴派自己的贵人到汉朝出使,贵人病了,汉朝给他药物,想治好他,却不幸死去。汉朝让路充国佩带二千石的印绶,出使匈奴,为匈奴贵人送丧,丰厚的殡葬费达几千斤黄金。单于认为贵人是汉朝杀死的,于是便把路充国扣留下,不让他回来。单于几次说的话,只不过白白地欺骗王乌,根本没有诚意到汉朝来,也没派太子做人质。这时匈奴多次派奇兵侵犯汉朝边境。于是汉朝就拜郭昌为拔胡将军,派他与浞野侯一起驻扎在朔方以东,防备匈奴。

乌维单于在位十年死去,儿子詹师庐做了单于,因为年纪小,号为儿单于。这一年是元封六年。从此后,单于更向西北迁徙,左方军队面向云中郡,右方兵面向酒泉、敦煌。

儿单于继位后,汉朝派了两个使节,一个人去慰问单于,一个人去慰问右贤王,想以此分裂离间匈奴君臣。使者到匈奴后,匈奴人把他们都交给了单于。单于大怒,把他们全部扣留了。汉朝使者被扣留在匈奴的前后达十多批,而匈奴使者来到汉朝后,汉朝也总是扣留下来相抵偿。

这一年,汉朝派贰师将军李广利向西攻打大宛围,又派因杅将军公孙敖修筑受降城。那年冬天,匈奴那里下了大雪,牲畜大多被饿死、冻死,而单于年轻,好杀人打仗,国内人多不安心。左大都尉想杀掉单于,暗中派人告诉汉朝说:"我想杀了单于,投降汉朝。但汉朝离得太远，如果汉朝派兵来就近接应我，我就起事。"当初汉朝听到这话，所以才修筑了受降城，天子还认为离匈奴远了。

第二年春天，汉朝派浞野侯赵破奴率领二万骑兵出朔方西北二千多里，约定要到达浚稽山才回军。浞野侯按约定到达浚稽山回军了，左大都尉想要发难却被发觉，单于把他杀了，出动军队攻打浞野侯，浞野侯一边退军，一边捕捉、俘虏匈奴数千人。往回走到离受降城四百里的地方，被匈奴的八万骑兵包围了。浞野侯夜里自己出去找水，匈奴活捉了浞野侯，趁机急攻汉军。军中官吏害怕丢失了将军朝廷会诛杀自己，没有人相劝回归汉朝，于是汉军覆没于匈奴了。单于大喜，于是便派军队进攻受降城，没能攻下，便入侵骚扰边塞，然后离去了。第二年，单于想亲自率军进攻受降城，没有到达便病死了。

儿单于在位三年就死了。儿子还小，匈奴人便拥立他的叔父、乌维单于的弟弟右贤王句黎湖为单于。这一年是太初三年。

句黎湖单于继位后，汉朝派光禄徐自为出五原塞几百里，远到一千里，修筑城堡哨所，一直到庐朐；又派游击将军韩说、长平侯卫伉驻扎在它们附近，派强弩都尉路博德在居延泽边修筑城堡。

这年秋天，匈奴大举入侵云中、定襄、五原、朔方诸郡，杀掠几千人，打败了好几个二千石的官员，这才离去。在退军路上，破坏了光禄徐自为修筑的城堡哨所。又派右贤王侵入酒泉、张掖，掠走几千人。正巧任文将军率军队截击匈奴，解救汉人，右贤王又全部失去了所掳掠的财物、人马而退去了。匈奴听说贰师将军李广利攻破大宛国，杀了大宛国王回来了，单于便想在路上截击，最后没敢这样做，那年冬天单于便病死了。

句黎湖单于在位一年便死了，他的弟弟左大都尉且鞮侯继位做了单于。

汉朝消灭了大宛国,威震外国,汉武帝想进而击败匈奴,便颁布诏书说:"高皇帝留给我平城被围困的忧患,高后时单于来信十分大逆不道。从前齐襄公远报九代祖之仇,《春秋》予以赞扬。"这一年是太初四年。

且鞮侯单于刚继位,害怕汉朝袭击匈奴,便把汉朝使者中不肯投降的人如路充国等,全都放归汉朝。单于自己宣称:"我是儿辈,怎么敢与汉天子比!汉天子是我的长辈。"汉朝派中郎将苏武送厚礼给单于,单于更加骄横,礼节上十分倨傲,不是汉朝所希望的样子。第二年,浞野侯赵破奴逃出匈奴回到了汉朝。

第二年,汉朝派贰师将军李广利率三万骑兵从酒泉出发,在天山攻打右贤王,斩杀、俘获匈奴一万多人而还。匈奴大举围攻贰师将军,李广利几乎不得逃脱。汉兵死亡十分之六七。汉朝又派因杅将军公孙敖出西河郡,与强弩都尉路博德在涿邪山会合,没有得到什么。又派骑都尉李陵率领步兵五千人从居延北边出发,走了一千多里,跟单于遭遇了,双方交战,李陵杀死杀伤匈奴一万多人,自己方面的武器和食物都用完了,想要突围回来,单于包围了李陵,李陵投降了匈奴,他的部队得以逃脱回到汉朝的有四百人。单于尊崇李陵,把自己的女儿嫁给了他。

这之后第二年,汉朝派贰师将军李广利率六万骑兵,七万步兵,从朔方出发;派强弩都尉路博德率领一万多人,与贰师将军会师;派游击将军韩说率步兵三万人,从五原出发;派因杅将军公孙敖率一万骑兵,三万步兵,从雁门出发。匈奴听到消息后,把家口和财物都远远的运到余吾水以北,而单于率十万骑兵在余吾河南边等候汉军,与贰师将军交战。贰师将军便脱离接触率军队往回走,与单于作战十多天。游击将军韩说没有得到什么。因杅将军与左贤王交战，不顺利，率军队回来了。

第二年，且鞮侯单于死了，在位五年，他的长子左贤王继位，就是狐鹿姑单于。这一年是太始元年。

当初，且鞮侯单于有两个儿子，大儿子为左贤王，二儿子为左大将。且鞮侯单于病得快要死了，遗言立左贤王为单于。左贤王没有到来，匈奴贵人以为左贤王病了，变更为拥立左大将为单于。左贤王听说后，不敢到王庭来。左大将派人去召左贤王，要让位给他。左贤王借口自己有病推辞，左大将不接受哥哥的辞让，说："就是您不幸死了，再传位给我。"左贤王答应了，于是立左贤王为狐鹿姑单于。

狐鹿姑单于继位后，让弟弟左大将做了左贤王，几年后左贤王就病死了，他的儿子先贤掸没能代替为左贤王，而是另做了日逐王。日逐王比左贤王位置要低。狐鹿姑单于让自己的儿子做了左贤王。

狐鹿姑单于登位六年后，匈奴派兵入侵上谷、五原，杀掠汉朝官吏、人民。那年，匈奴又入侵五原、酒泉，杀死了两郡的都尉。于是汉朝派贰师将军李广利统率七万大军从五原出发；派御史大夫商丘成率领三万多人从西河出发；派重合侯莽通率领四万骑兵出酒泉一千多里。单于听说汉朝出动了大部队，便把辎重粮草完全运到赵信城北边的郅居水去了。左贤王驱率匈奴的部众渡过余吾水，走了六七百里，居住在兜衔山。单于亲自率领精兵与左安侯一起渡过姑且水。

御史大夫的部队到达了追邪径，没有遇见匈奴人，便回来了。匈奴派大将与李陵一起率领三万多骑兵追击汉军，到浚稽山包围了汉军，双方反复交战九天，汉军冲锋陷阵，打退敌人，杀死了大批匈奴人。到了蒲奴水，匈奴作战不利，便退去了。

重合侯莽通率领的军队到达了天山,匈奴派大将偃渠与左呼知王、右呼知王率领两万骑兵拦截汉军,见汉军强大,率军退去了。重合侯没有什么得失。这时候,汉朝怕匈奴在车师的部队拦截重合侯,便派闿陵侯率领军队包围了车师城,攻破城后完全俘获了匈奴的王爷和部众归来了。

贰师将军李广利快出边塞的时候,匈奴派右大都尉和卫律一起,率领五千骑兵在夫羊句山的狭隘处拦截攻击汉军。贰师将军派自己属国的二千匈奴兵与卫律交战,卫律的士兵溃散了,死伤了几百人。汉军乘胜追击逃跑的敌人,追到了范夫人城,匈奴人纷纷逃走,没人敢抗拒汉军。正巧这时贰师将军的妻子、儿子犯巫蛊事被收捕了,李广利听说后十分担忧害怕。李广利的掾吏胡亚夫也为逃罪而在军队中,他劝说李广利道:"一个人的家室子女都被官吏收捕了,要是他回去后不能如愿解救他们,却正好与他们在狱中相会,那时候,再想见到郅居以北的地方(指投降匈奴)还可能吗?"因此贰师将军犹豫不决,想深入匈奴,取得战功,于是便率军向北进发,到了郅居水边。匈奴人已经逃去了,贰师将军便派护军率领二万骑兵渡过郅居水。有一天,碰上了左贤王和左大将,率领二万骑兵与汉军交战了一天,汉军杀死了左大将,匈奴人死伤惨重。汉军长史与决眭都尉煇渠侯商议道:"李将军有了二心,他是想让大家处于危险而自己邀功名,恐怕一定会失败。"二人商量着一起抓起李广利来。李广利听说了,便杀了长史,率领军队回到速邪乌燕然山。单于知道汉军已经很疲劳了,就亲自率领五万骑兵拦截攻击贰师将军,双方交战,死伤都很惨重。匈奴夜里在汉军前部挖了几尺深的壕沟,从汉军背后发起猛攻,汉军大乱,溃败了,贰师将军投降了匈奴。单于一向知道李广利是汉朝的大将贵臣,便把自己的女儿嫁给他,对他的尊宠在卫律之上。

第二年,单于派使者送给汉朝书信说:"南方有大汉朝,北方有强盛的匈奴。'胡'的意思是'天之骄子',不为小的礼节自寻烦恼。现在我们想与汉朝大开边界,娶汉朝的女儿做妻子,每年汉朝送给我们一万石酒,五千斛粮食,各种布绢一万匹,其他方面像以前约定的那样,那么我们就不侵扰汉朝边界了。"汉朝派使者回报并送回匈奴的使者,单于让身边的人向汉朝使者问难,说:"汉朝,是讲礼仪的国家。可贰师将军李广利说前太子起兵反叛,这是为什么呢?"汉朝使者回答道:"是有这么回事。只是那件事是丞相个人与太子争斗,太子起兵想杀了丞相,丞相诬告太子,所以要杀了丞相。这是儿子玩一玩父亲的军队,按罪应当鞭打他一顿,也只是小过错罢了。与冒顿单于亲自射杀生父,自立为单于,娶后母为妻子相比怎么样呢?那是禽兽的行为!"单于扣留了这个使者,三年才让他回来。

贰师将军李广利留在匈奴一年多了,卫律对李广利受宠十分忌妒,正巧单于的母亲病了,卫律命令匈奴的巫者,让她说已故单于发怒了,说"我们过去祭兵,经常说抓住贰师将军要把他杀了祭祀宗庙,现在抓到了,为什么不用他祭庙?"因此单于便收捕了贰师将军,李广利大骂道:"我死了一定要让匈奴毁灭!"于是便杀了贰师将军祭庙。正巧匈奴连着下了几个月的大雪,牲畜都冻死了,人们也害瘟疫得病,庄稼不能成熟,单于害怕了,便为贰师将军李广利建立了祭祀的庙祠。

自从贰师将军覆没于匈奴,汉朝损失了大将军和士兵有几万人,因此没有再出兵。过了三年,汉武帝死了。在这以前,汉军深入匈奴,苦苦追击匈奴二十多年,匈奴人怀孕的流产,家庭破败,十分厌苦这种生活。从单于往下的人都希望与汉朝和亲。

又过了三年，单于想求汉朝和亲，正巧得病死了。当初的时候，单于有一个异母弟做左大都尉，很贤明，匈奴人都很敬佩他。单于的母亲怕单于不立儿子而立左大都尉，便私下派人杀了左大都尉。左大都尉的哥哥对此十分怨恨，便再也不肯参加单于王庭的朝会。另外，单于快病死的时候，对匈奴贵人们说："我的儿子太小，不能治理国家，立我弟弟右谷蠡王为单于。"等到单于死后，卫律等人与颛渠阏氏商议，把单于的死隐瞒起来，假托单于的命令，与匈奴贵人饮酒盟誓，立颛渠阏氏的儿子左谷蠡王为壶衍鞮单于。这一年是始元二年。

壶衍鞮单于继位后，似不经意地对汉使者说想和汉朝和亲。匈奴左贤王、右谷蠡王因未被立为单于，十分怨恨，想率领自己的部众归降汉朝。恐怕自己到达不了汉朝，就胁迫庐屠王，要他和自己一起投降西方的乌孙国，商议攻击匈奴。庐屠王告发了这事，单于便派人查问，右谷蠡王不认罪，反而把罪名推到庐屠王身上，匈奴的人们都认为庐屠王冤枉。于是左贤王、右谷蠡王便回到了自己的地方，再也不肯到单于的龙城去了。

二年后的秋天，匈奴侵入代郡，杀了都尉。单于年轻，又刚刚继位，他的母亲行为不正，国内人心涣散，常常害怕汉军来袭击他们。于是卫律便给单于出主意"凿水井，修筑城池，盖高楼用来藏储谷物，与以前逃入匈奴的秦人的子孙一起守卫。汉军即使攻来，对我们也无可奈何。"于是就挖了几百眼井，砍伐了数千棵木材。有人说匈奴人不能固守城池，这样做是送粮食给汉朝军队，卫律便停止了，又出主意放归不肯投降的汉朝使者苏武、马宏等人。马宏以前与副光禄大夫王忠出使西域诸国，被匈奴人拦截，王忠战死了，马宏被活捉，也不肯投降。所以匈奴放这二人回汉朝，想让他们带去匈奴和解的好意。这个时候，单于继位已三年了。

第二年，匈奴派发左部与右部的二万骑兵，编为四队，一起侵入边境进行骚扰。汉军追击他们，杀死、俘获了九千人，活捉了瓯脱王，汉朝没有什么损失。匈奴见瓯脱王被俘在汉朝，担心汉朝会让他引路来袭击自己，于是便向西北远远的迁去，不敢再向南随水草放牧，并派人在瓯脱驻防。第二年，又派九千骑兵驻扎在受降城以防备汉军，在北边的余吾水上架桥，使人可以渡过，以预备在危急的时候可以逃走。那个时候，卫律已经死去。卫律活着时，经常谈论与汉朝和亲的好处，匈奴人不相信，等卫律死后，匈奴军队多次被围困，国家更加贫穷。单于的弟弟左谷蠡王回想卫律说的话，觉得有道理，便想与汉朝和亲，又担心汉朝不肯，所以自己也不愿先说，经常让身边的人旁敲侧击，与汉朝使者谈论此事。然而对汉朝边境侵扰更少了，对待汉朝使者更礼遇优厚，想以此慢慢地与汉朝和亲，汉朝也对其采取怀柔政策。后来左谷蠡王死了。第二年，单于派犁污王偷偷查看汉朝边界，回来后报告单于说酒泉、张掖的汉军更薄弱了，如果派军队去攻击，也许有希望再收复那些地方。当时汉朝先得到了投降的人，知道了匈奴的计谋，汉朝天子下诏命令边境上的汉军警惕匈奴入侵。后来不久，匈奴右贤王、犁污王率领四千骑兵分作三队，侵入日勒、屋兰、番和。张掖太守、属国都尉派军队攻击匈奴，大败敌人，匈奴得以逃脱的只有几百人。属国千长义渠王的骑士射杀了犁污王，汉朝赐给他黄金二百斤，马二百匹，就封他做了犁污王。属国都尉郭忠被封为成安侯。从此以后，匈奴人不敢侵入张掖了。

第二年，匈奴派三千多骑兵攻入五原，杀掠几千人，后来又派几万骑兵向南沿着边塞打猎骚扰，一边走一边进攻汉朝在塞外的城堡、哨所，掳去官吏、人民。那时汉朝边塞各郡的报警烽火十分精明，观望仔细，入侵边境的匈奴人很少顺利的，因此很少再入侵边塞。汉朝又得到了投降的匈奴人，说乌桓曾经挖掘已故匈奴单于的坟墓，匈奴怨恨乌桓，现在正派发了二万骑兵去攻打乌桓。大将军霍光想发兵拦截攻击匈奴，就这事询问护军都尉赵充国。赵充国认为"乌桓以前曾多次入侵汉朝边境，现在匈奴去攻击他们，这对汉朝是便利之事。另外匈奴很少犯边，北部边境幸好没有战争。蛮夷自相攻击，而汉朝发兵拦击，招惹匈奴，多生事端，这不是好主意。"于是霍光又向中郎将范明友征求意见，范明友说可以攻击他们。于是汉朝任命范明友为度辽将军，率领二万骑兵从辽东出击。匈奴听说汉军到了，便撤退了。当初汉军出发前，霍光告诫范明友："军队不要白出去一趟，就跟随匈奴，然后攻击乌桓。"乌桓当时刚被匈奴军队挫伤，范明友紧随匈奴之后，便趁隙攻击乌桓，杀死乌桓六千多人，还杀死乌桓三位王爷，率军返回，汉朝封范明友为平陵侯。

　　匈奴因此十分害怕，不敢再出兵。就派使者到乌孙国，想得到嫁到乌孙的汉朝公主。又攻打乌孙国，攻取了车延、恶师等地。嫁到乌孙的汉公主上书汉天子求救，汉朝把这事下交给公卿大臣们商议，没能决定怎么办。这时，昭帝死了，汉宣帝继位，乌孙国首领昆弥又上书汉天子，说："我们接连被匈奴侵伐削弱，我愿意把国中一半的精兵共有五万人马都拿出来，尽全力反击匈奴，希望汉天子派兵，救救公主！"在本始二年，汉朝派发大批关东中原的精兵强将，选拔各郡国三百石以上的将吏，凡勇敢强健，善于骑射的，一律从军。任命御史大夫田广明为祁连将军，率领四万多骑兵，从西河郡出发；派度辽将军范明友率三万多骑兵，从张掖出发；派前将军韩增率三万多骑兵，从云中郡出发；任命后将军赵充国为蒲类将军，率三万多骑兵，从酒泉出发；任命云中郡太守田顺为虎牙将军，率三万多骑兵，从五原出发：一共派出五位将军，十多万骑兵，从边塞出发分别行军二千多里。以及出使护卫公主的校尉常惠从乌孙西域发兵，乌孙昆弥亲自率领翕侯以下的五万多骑兵从西方攻入匈奴，与五位汉朝将军一起共有二十多万军队。匈奴听到汉朝派出了大批军队，老人病弱者急急逃奔，赶着牲畜，带着财物向远处逃走了，所以五将军没有多大收获。

度辽将军范明友出边塞一千二百多里，到达蒲离候水，斩杀、俘虏匈奴七百多人，掳获马牛羊一万多头。前将军韩增出边塞一千二百多里，到达了乌员，斩杀、俘虏匈奴人，到候山才一百多人，掳获马牛羊二千多头。蒲类将军赵充国按约应当与乌孙国军队在蒲类泽围击匈奴，乌孙军队比约定日期早到并离去了，汉军没能与乌孙军队会合。蒲类将军出边塞一千八百多里，向西到了候山，斩杀、俘虏匈奴人，共获得单于使者蒲阴王以下三百多人，掳获马牛羊七千多头。听说匈奴人已逃走了，这几位将军都没按约定的日期先回来了。天子减轻他们的罪过，宽恕而不惩罚他们。祁连将军田广明出边塞一千六百多里，到达了鸡秩山，斩杀俘虏匈奴十九人，获得牛马羊一百多头。路途中碰上了从匈奴回来的汉朝使者冉弘等人，说鸡秩山的西边有大批的匈奴，田广明便告诫冉弘，让他回去后说没有匈奴人，想率兵回汉朝。御史属公孙益寿劝告田广明，认为不能这样做，祁连将军田广明不听从劝告，便率军返回了。虎牙将军田顺出边塞八百多里，到达了丹余吾水边，就停住军队，不往前走了，斩杀、俘获匈奴一千九百多人，掳获马牛羊七万多头，率军队返回了汉朝。皇帝因为虎牙将军田顺没有到约定的期限便回来了，还欺骗皇帝,增加自己俘获人畜的数量;而祁连将军明知匈奴就在前边,却停住军队不向前进击,就把他们都交给狱吏审讯,后来他们自杀了。提升公孙益寿为侍御史。校尉常惠与乌孙国的军队到达右谷蠡王的王庭,俘获了单于的父辈以及嫂辈、居次、名王、犁污都尉、千长、将军以下三万九千多人,抢得马、牛、羊、驴、骡、骆驼共七十多万头。汉朝因此封常惠为长罗侯。匈奴部队连死带伤而减去的人数,以及因远途迁徙而死亡的牲畜,不可胜数。因此匈奴便衰败损耗了,十分怨恨乌孙国。

那年冬天,单于亲自率领一万骑兵攻打乌孙国,稍微抓获了一些老弱之人,便想回军。这时正巧天降大雪,一天下一丈多深,部众及牲畜冻死了很多,活着回来的不到十分之一。于是丁零国乘匈奴衰弱从北边攻打它,乌桓国从东边攻打它,乌孙国从西边攻打它。这三个国家共杀死匈奴几万人,抢夺了几万马匹,以及很多牛羊。再加上饿死了许多,匈奴的人民死了有十分之三,牲畜死了有十分之五,匈奴国势大衰,那些匈奴的附属国纷纷背叛离去,互相攻伐侵扰,没人治理。后来汉朝派出三千多骑兵,分为三路,一起攻入匈奴,抓获俘虏了几千人回来。匈奴最终也不敢报复汉朝以抵偿损失,只是更加想与汉朝和亲,而汉朝边境从此也平静少事了。

壶衍鞮单于在位十七年死了,他的弟弟左贤王继立为单于,这就是虚闾权渠单于。这一年是地节二年。

虚闾权渠单于继位后,把右大将的女儿立为阏氏,废黜了已故单于宠幸的颛渠阏氏。颛渠阏氏的父亲左大且渠十分怨恨。那时因为匈奴不敢再来侵略边境,因此汉朝放弃了边塞上的城池,让在那里防守的百姓得以休养生息。单于听说这事后高兴了,把匈奴贵人召来商议,想与汉朝和亲。左大且渠心中妒忌这事,便对单于说:"以前汉朝派使者来,军队紧跟着就开来攻打我们。现在我们也可以仿效汉朝那样出动军队,而先派使者去朝拜汉天子。"于是就向单于要求允许自己与呼庐訾王分别率领一万骑兵向南方沿着汉朝的边塞打猎,碰面后一起攻入边塞。还没走到边塞,正巧有三个匈奴骑兵逃走投降了汉朝,说匈奴要来入侵了。于是汉天子便下诏令派边塞上的骑兵驻扎在要害地方,派大将军军监治众等四人率领五千骑兵,分做三路,分别出边塞几百里,各抓获匈奴几十人回来了。当时匈奴逃走了三个骑兵,便不敢入侵边塞,率军退去了。这一年匈奴闹饥荒,百姓、牲畜死去有十分之六七。匈奴又派发两屯各一万骑兵防备汉军的攻击。这年秋天,以前归属匈奴的居住在左部地带的西嗕部落,从他们的君主往下的几千人一起驱赶着牲畜逃离匈奴,与匈奴在瓯脱地区打起来,战斗中死、伤许多人,便向南投降了汉朝。

第二年,西域各国的军队一起攻打匈奴,攻占了车师国,俘获了车师国王和部众离去了。单于又任命车师王的弟弟兜莫为车师王,收集剩余的部众向东迁徙,不敢再居住在原来的地方。而汉朝则进一步派遣屯田的士兵分别在车师各地屯田,充实那里的力量。第二年,匈奴因为怨恨西域各国一起攻打车师,便派遣左、右大将分别率领一万骑兵在右地屯田,想以此压迫并侵扰乌孙和西域各国。二年以后,匈奴派左、右奥鞬分别率领六千骑兵,与左大将一起再次攻打在车师城屯田的汉军,没能攻取。第二年,丁令国连续三年频繁地入侵匈奴,杀掠匈奴几千人,赶走马匹牲畜。匈奴派一万多骑兵去攻打丁令国,没有什么收获。第二年,单于率领十多万骑兵沿边塞打猎,想伺机入侵边塞。还没走到,正巧匈奴人题除渠堂投降了汉朝,说明了情况,汉朝封他为言兵鹿奚庐侯,派后将军赵充国率领四万多骑兵驻扎在沿边塞的九个郡,以防备匈奴人。一个多月后,单于病得吐了血,因而匈奴不敢入侵,回去了,汉朝也撤回了军队。匈奴派题王都犁胡次等人来汉朝,请求与汉朝和亲,还没有回去报告消息,正巧单于死了。这一年是神爵二年。

虚闾权渠单于在位九年后死去。虚闾权渠单于刚即位就废黜了颛渠阏氏,颛渠阏氏便与右贤王私下通奸。右贤王在参加龙城大会后离去时,颛渠阏氏告诉他单于病得很厉害,暂时不要远去。几天后,单于死了。郝宿王刑未央派人去召集各部王爷,还没有到来,颛渠阏氏与自己的弟弟、左大且渠都隆奇商议,拥立右贤王屠耆堂为握衍朐鞮单于,他曾代替他父亲袭位右贤王,是乌维单于的远代孙子。

握衍朐鞮单于继位后,又与汉朝修好和亲,派自己的弟弟伊酉若王胜之到汉朝献礼朝见。单于刚刚即位,十分凶恶,把在虚闾权渠单于时当政的贵人刑未央等人全都杀了,而任用颛渠阏氏的弟弟都隆奇,又把间权渠单于的子弟近亲全都免去官职,而任用自己的子弟代替他们。虚闾权渠单于的儿子稽侯狦没能被立为单于,逃到了岳父乌禅幕那里。乌禅幕本来是乌孙与康居之间的一个小国,屡受侵凌,于是便率领部众几千人归降了匈奴,狐鹿姑单于把自己弟弟的儿子日逐王的姐姐嫁给乌禅幕的首领,让他率领自己的部众居住在右地。日逐王先贤掸的父亲左贤王本应被立为单于,让给了狐鹿姑单于,因此狐鹿姑单于答应将来立先贤掸为单于。因而匈奴人大多认为日逐王应当做单于。日逐王一向就与握衍朐鞮单于有矛盾,便率领自己的部众几万人马归降了汉朝。汉朝封日逐王为归德侯。单于便重新立自己的表兄薄胥堂为日逐王。

第二年,握衍朐鞮单于又杀害了先贤掸的两个弟弟。乌禅幕请求单于不要杀他们，单于不听从，乌禅幕心中很愤怒。后来左奥鞬王死了，单于自己立自己的小儿子为奥鞬王，把他留在王庭。奥鞬王的贵人共同拥立奥鞬王的儿子为王，和他一起向东迁徙。单于派右丞相率领一万骑兵前去追击他们，丢失了几千人，没有打胜。这时单于已经即位二年，杀了许多人，十分残暴，国中人民与单于离心离德。又有太子、左贤王屡次说左地贵人的坏话，左地贵人都十分怨恨。第二年，乌桓攻打匈奴东边的姑夕王，掳获许多人口，单于对姑夕王十分生气。姑夕王害怕了，便与乌禅幕以及左地贵人一起拥立稽侯狦为呼韩邪单于，出动左地的军队四五万人，向西攻打握衍朐鞮单于，到达了姑且水的北边。还没交战，握衍朐鞮单于的军队就败阵逃走了，他派人向弟弟右贤王报信求救说："匈奴人一起攻打我，你肯派兵帮助我吗？"右贤王说："你不爱惜人民，杀害弟弟和其他贵人，你自己在那儿死了算了，别来玷污我。"握衍朐鞮单于很愤怒，便自杀。左大且渠都隆奇逃到右贤王那里，其部众都归降了呼韩邪单于。这一年是神爵四年。握衍朐鞮单于在位三年便垮台了。

汉书卷九十四下

匈奴传第六十四下

呼韩邪单于归庭数月，罢兵使各归故地，乃收其兄呼屠吾斯在民间者立为左谷蠡王，使人告右贤贵人，欲令杀右贤王。其冬，都隆奇与右贤王共立日逐王薄胥堂为屠耆单于，发兵数万人东袭呼韩邪单于。呼韩邪单于兵败走，屠耆单于还，以其长子都涂吾西为左谷蠡王，少子姑瞀楼头为右谷蠡王，留居单于庭。

明年秋，屠耆单于使日逐王先贤掸兄右奥鞬王为乌藉都尉各二万骑，屯东方以备呼韩邪单于。是时，西方呼揭王来与唯犁当户谋，共谗右贤王，言欲自立为乌藉单于。屠耆单于杀右贤王父子，后知其冤，复杀唯犁当户。于是呼揭王恐，遂畔去，自立为呼揭单于。右奥鞬王闻之，即自立为车犁单于。乌藉都尉亦自立为乌藉单于。凡五单于。屠耆单于自将兵东击车犁单于，使都隆奇击乌藉。乌藉、车犁皆败，西北走，与呼揭单于兵合为四万人。乌藉、呼揭皆去单于号，共并力尊辅车犁单于。屠耆单于闻之，使左大将、都尉将四万骑分屯东方，以备呼韩邪单于，自将四万骑西击车犁单于。车犁单于败，西北走，屠耆单于即引西南，留闟敦地。

其明年，呼韩邪单于遣其弟右谷蠡王等西袭屠耆单于屯兵，杀略万余人。屠耆单于闻之,即自将六万骑击呼韩邪单于,行千里,未至嚊姑地,逢呼韩邪单于兵可四万人,合战。屠耆单于兵败,自杀。都隆奇乃与屠耆少子右谷蠡王姑瞀楼头亡归汉,车犁单于东降呼韩邪单于。呼韩邪单于左大将乌厉屈与父呼速累乌厉温敦皆见匈奴乱,率其众数万人南降汉。封乌厉屈为新城侯,乌厉温敦为义阳侯。是时,李陵子复立乌藉都尉为单于,呼韩邪单于捕斩之,遂复都单于庭,然众裁数万人。屠耆单于从弟休旬王将所主五六百骑,击杀左大且渠,并其兵,至右地,自立为闰振单于,在西边。其后,呼韩邪单于兄左贤王呼屠吾斯亦自立为郅支骨都侯单于,在东边。其后二年,闰振单于率其众东击郅支单于。郅支单于与战,杀之,并其兵,遂进攻呼韩邪。呼韩邪破,其兵走,郅支都单于庭。

呼韩邪之败也,左伊秩訾王为呼韩邪计,劝令称臣入朝事汉,从汉求助,如此匈奴乃定。呼韩邪议问诸大臣,皆曰:"不可。匈奴之俗,本上气力而下服役,以马上战斗为国,故有威名于百蛮。战死,壮士所有也。今兄弟争国,不在兄则在弟,虽死犹有威名,子孙常长诸国。汉虽强,犹不能兼并匈奴,奈何乱先古之制,臣事于汉,卑辱先单于,为诸国所笑!虽如是而安,何以复长百蛮!"左伊秩訾曰:"不然。强弱有时,今汉方盛,乌孙城郭诸国皆为臣妾。自且鞮侯单于以来,匈奴日削,不能取复,虽屈强于此,未尝一日安也。今事汉则安存,不事则危亡,计何以过此!"诸大人相难久之。呼韩邪从其计,引众南近塞,遣子右贤王铢娄渠堂入侍。郅支单于亦遣子右大将驹于利受入侍。是岁,甘露元年也。

明年,呼韩邪单于款五原塞,愿朝三年正月。汉遣车骑都尉韩昌迎,发过所七郡,郡二千骑,为陈道上。单于正月朝天子于甘泉宫，汉宠以殊礼，位在诸侯王上，赞谒称臣而不名。赐以冠带衣裳、黄金玺盭绶、玉具剑、佩刀、弓一张、矢四发、棨戟十、安车一乘、鞍勒一具、马十五匹、黄金二十斤、钱二十万、衣被七十七袭、锦绣绮縠杂帛八千匹、絮六千斤。礼毕，使使者道单于先行，宿长平。上自甘泉宿池阳宫。上登长平，诏单于毋谒，其左右当户之群臣皆得列观，及诸蛮夷君长王侯数万，咸迎于渭桥下，夹道陈。上登渭桥，咸称万岁。单于就邸，留月余，遣归国。单于自请愿留居光禄塞下，有急保汉受降城。汉遣长乐卫尉高昌侯董忠、车骑都尉韩昌将骑万六千，又发边郡士马以千数，送单于出朔方鸡鹿塞。诏忠等留卫单于，助诛不服，又转边谷米糒，前后三万四千斛，给赡其食。是岁，郅支单于亦遣使奉献，汉遇之甚厚。明年，两单于俱遣使朝献，汉待呼韩邪使有加。明年，呼韩邪单于复入朝，礼赐如初，加衣百一十袭，锦帛九千匹，絮八千斤。以有屯兵，故不复发骑为送。

始，郅支单于以为呼韩邪降汉，兵弱不能复自还，即引其众西，欲攻定右地。又屠耆单于小弟本侍呼韩邪，亦亡之右地，收两兄余兵得数千人，自立为伊利目单于，道逢郅支，合战，郅支杀之，并其兵五万余人。闻汉出兵、谷助呼韩邪，即遂留居右地。自度力不能定匈奴，乃益西近乌孙，欲与并力，遣使见小昆弥乌就屠。乌就屠见呼韩邪为汉所拥，郅支亡虏，欲攻之以称汉，乃杀郅支使，持头送都护在所，发八千骑迎郅支。郅支见乌孙兵多，其使又不反，勒兵逢击乌孙，破之。因北击乌揭，乌揭降。发其兵西破坚昆，北降丁令，并三国。数遣兵击乌孙，常胜之。坚昆东去单于庭七千里，南去车师五千里，郅支留都之。

元帝初即位，呼韩邪单于复上书，言民众困乏。汉诏云中、五原郡转谷二万斛以给焉。郅支单于自以道远，又怨汉拥护呼韩邪，遣使上书求侍子。汉遣谷吉送之，郅支杀吉。汉不知吉音问，而匈奴降者言闻瓯脱皆杀之。呼韩邪单于使来，汉辄簿责之甚急。明年，汉遣车骑都尉韩昌、光禄大夫张猛送呼韩邪单于侍子，求问吉等，因赦其罪，勿令自疑。昌、猛见单于民众益盛，塞下禽兽尽，单于足以自卫，不畏郅支。闻其大臣多劝单于北归者，恐北去后难约束，昌、猛即与为盟约曰："自今以来，汉与匈奴合为一家，世世毋得相诈相攻。有窃盗者，相报，行其诛，偿其物；有寇，发兵相助。汉与匈奴敢先背约者，受天不祥。令其世世子孙尽如盟。"昌、猛与单于及大臣俱登匈奴诺水东山，刑白马，单于以径路刀金留犁挠酒，以老上单于所破月氏王头为饮器者共饮血盟。昌、猛还奏事，公卿议者以为："单于保塞为藩，虽欲北去，犹不能为危害。昌、猛擅以汉国世世子孙与夷狄诅盟，令单于得以恶言上告于天，羞国家，伤威重，不可〔得〕行。宜遣使往告祠天，与解盟。昌、猛奉使无状，罪至不道。"上薄其过，有诏昌、猛以赎论，勿解盟。其后呼韩邪竟北归庭，人众稍稍归之，国中遂定。

郅支既杀使者，自知负汉，又闻呼韩邪益强，恐见袭击，欲远去。会康居王数为乌孙所困，与诸翕侯计，以为匈奴大国，乌孙素服属之，今郅支单于困厄在外，可迎置东边，使合兵取乌孙以立之，长无匈奴忧矣。即使使至坚昆通语郅支。郅支素恐，又怨乌孙，闻康居计，大说，遂与相结，引兵而西。康居亦遣贵人，橐它驴马数千匹，迎郅支。郅支人众中寒道死，余财三千人到康居。其后，都护甘延寿与副陈汤发兵即康居诛斩郅支，语在延寿、汤传。

郅支既诛，呼韩邪单于且喜且惧，上书言曰："常愿谒见天子，诚以郅支在西方，恐其与乌孙俱来击臣，以故未得至汉。

今郅支已伏诛,愿入朝见。"竟宁元年,单于复入朝,礼赐如初,加衣服锦帛絮,皆倍于黄龙时。单于自言愿婿汉氏以自亲。元帝以后宫良家子王墙字昭君赐单于。单于欢喜,上书愿保塞上谷以西至敦煌,传之无穷,请罢边备塞吏卒,以休天子人民。天子令下有司议,议者皆以为便。郎中侯应习边事,以为不可许。上问状,应曰:周、秦以来,匈奴暴桀,寇侵边境,汉兴,尤被其害。臣闻北边塞至辽东,外有阴山,东西千余里,草木茂盛,多禽兽,本冒顿单于依阻其中,治作弓矢,来出为寇,是其苑囿也。至孝武世,出师征伐,斥夺此地,攘之于幕北。建塞徼,起亭隧,筑外城,设屯戍以守之,然后边境得用少安。幕北地平,少草木,多大沙,匈奴来寇,少所蔽隐,从塞以南,径深山谷,往来差难。边长老言匈奴失阴山之后,过之未尝不哭也。如罢备塞戍卒,示夷狄之大利,不可一也。今圣德广被,天覆匈奴,匈奴得蒙全活之恩,稽首来臣。夫夷狄之情,困则卑顺,强则骄逆,天性然也。前以罢外城,省亭隧,今裁足以候望通烽火而已。古者安不忘危,不可复罢,二也。中国有礼义之教、刑罚之诛,愚民犹尚犯禁,又况单于,能必其众不犯约哉!三也。自中国尚建关梁以制诸侯,所以绝臣下之凯欲也。设塞徼,置屯戍,非独为匈奴而已,亦为诸属国降民,本故匈奴之人,恐其思旧逃亡,四也。近西羌保塞,与汉人交通,吏民贪利,侵盗其畜产、妻子,以此怨恨,起而背畔,世世不绝。今罢乘塞,则生嫚易分争之渐,五也。往者从军多没不还者,子孙贫困,一旦亡出,从其亲戚,六也。又边人奴婢愁苦,欲亡者多,曰"闻匈奴中乐,无奈候望急何!"然时有亡出塞者,七也。盗贼桀黠,群辈犯法,如其穷急,亡走北出,则不可制,八也。起塞以来百有余年,非皆以土垣也,或因山岩石,木柴僵落,溪谷水门,稍稍平之，卒徒筑治，功费久远，不可胜计。臣恐议者不深虑其终始，欲以一切省徭戍，十年之外，百岁之内，卒有它变，障塞破坏，亭隧灭绝，当更发屯缮治，累世之功不可卒复，九也。如罢戍卒、省候望，单于自以保塞守御，必深德汉，请求无已。小失其意，则不可测。开夷狄之隙，亏中国之固，十也。非所以永持至安，威制百蛮之长策也。

对奏，天子有诏："勿议罢边塞事。"使车骑将军口谕单于曰："单于上书愿罢北边吏士屯戍，子孙世世保塞。单于乡慕礼义，所以为民计者甚厚，此长久之策也，朕甚嘉之。中国四方皆有关梁障塞，非独以备塞外也，亦以防中国奸邪放纵，出为寇害，故明法度以专众心也。敬谕单于之意，朕无疑焉。为单于怪其不罢，故使大司马车骑将军嘉晓单于。"单于谢曰："愚不知大计，天子幸使大臣告语，甚厚！"

初，左伊秩訾为呼韩邪画计归汉，竟以安定。其后或谮伊秩訾自伐其功，常鞅鞅，呼韩邪疑之。左伊秩訾惧诛，将其众千余人降汉，汉以为关内侯，食邑三百户，令佩其王印绶。及竟宁中，呼韩邪来朝，与伊穆訾相见，谢曰："王为我计甚厚，令匈奴至今安宁，王之力也，德岂可忘！我失王意，使王去不复顾留，皆我过也。今欲白天子，请王归庭。"伊秩訾曰："单于赖天命，自归于汉，得以安宁，单于神灵，天子之祐也，我安得力！既已降汉，又复归匈奴，是两心也。愿为单于侍使于汉，不敢听命。"单于固请不能得而归。

王昭君号宁胡阏氏，生一男伊屠智牙师，为右日逐王。呼韩邪立二十八年，建始二年死。始，呼韩邪嬖左伊秩訾兄呼衍王女二人。长女颛渠阏氏，生二子，长曰且莫车，次曰囊知牙斯。少女为大阏氏，生四子，长曰雕陶莫皋，次曰且麋胥，皆长于且莫车，少子咸、乐二人，皆小子囊知牙斯。又它阏氏子十余人。颛渠阏氏贵，且莫车爱。呼韩邪病且死，欲立且莫车，其母颛渠阏氏曰："匈奴乱十余年，不绝如发，赖蒙汉力，故得复安。今平定未久，人民创艾战斗，且莫车年少，百姓未附，恐复危国。我与大阏氏一家共子，不如立雕陶莫皋。"大阏氏曰："且莫车虽少，大臣共持国事，今舍贵立贱，后世必乱。"单于卒从颛渠阏氏计，立雕陶莫皋，约令传国与弟。呼韩邪死，雕陶莫皋立，为复株絫若鞮单于。

复株絫若鞮单于立，遣子右致卢儿王醯谐屠奴侯入侍，以且糜胥为左贤王，且莫车为左谷蠡王，囊知牙斯为右贤王。复株絫单于复妻王昭君，生二女，长女云为须卜居次，小女为当于居次。

河平元年，单于遣右皋林王伊邪莫演等奉献朝正月。既罢，遣使者送至蒲反。伊邪莫演言："欲降，即不受我，我自杀，终不敢还归。"使者以闻，下公卿议。议者或言宜如故事，受其降。光禄大夫谷永、议郎杜钦以为："汉兴，匈奴数为边害，故设金爵之赏以待降者。今单于诎体称臣，列为北藩，遣使朝贺，无有二心，汉家接之，宜异于往时。今既享单于聘贡之质，而更受其逋逃之臣，是贪一夫之得而失一国之心，拥有罪之臣而绝慕义之君也。假令单于初立，欲委身中国，未知利害，私使伊邪莫演诈降以卜吉凶，受之亏德沮善，令单于自疏，不亲边吏；或者设为反间，欲因而生隙，受之适合其策，使得归曲而直责。此诚边境安危之原，师旅动静之首，不可不详也。不如勿受，以昭日月之信，抑诈谖之谋，怀附亲之心，便。"对奏，天子从之。遣中郎将王舜往问降状。伊邪莫演曰："我病狂妄言耳。"遣去。归到，官位如故，不肯令见汉使。

明年，单于上书愿朝。河平四年正月，遂入朝，加赐锦绣缯帛二万匹，絮二万斤，它如竟宁时。

复株絫单于立十岁，鸿嘉元年死。弟且糜胥立，为搜谐若鞮单于。

搜谐单于立，遣子左祝都韩王朐留斯侯入侍，以且莫车为左贤王。搜谐单于立八岁，元延元年，为朝二年发行，未入塞，病死。弟且莫车立，为车牙若鞮单于。

车牙单于立，遣子右於涂仇掸王乌夷当入侍，以囊知牙斯为左贤王。车牙单于立四岁，绥和元年死。弟囊知牙斯立，为乌珠留若鞮单于。

乌珠留单于立，以第二阏氏子乐为左贤王，以第五阏氏子舆为右贤王，遣子右股奴王乌鞮牙斯入侍。汉遣中郎将夏侯藩、副校尉韩容使匈奴。时帝舅大司马票骑将军王根领尚书事，或说根曰："匈奴有斗入汉地，直张掖郡，生奇材木，箭竿就羽，如得之，于边甚饶，国家有广地之实，将军显功，垂于无穷。"根为上言其利，上直欲从单于求之，为有不得，伤命损威。根即但以上指晓藩，令从藩所说而求之。藩至匈奴，以语次说单于曰："窃见匈奴斗入汉地，直张掖郡。汉三都尉居塞上，士卒数百人塞苦，候望久劳。单于宜上书献此地，直断阏之，省两都尉士卒数百人，以复天子厚恩，其报必大。"单于曰："此天子诏语邪，将从使者所求也？"藩曰："诏指也，然藩亦为单于画善计耳。"单于曰："孝宣、孝元皇帝哀怜父呼韩邪单于，从长城以北匈奴有之。此温偶駼王所居地也，未晓其形状所生，请遣使问之。"藩、容归汉。后复使匈奴，至则求地。单于曰："父兄传五世，汉不求此地，至知独求，何也？已问温偶駼王，匈奴西边诸侯作穹庐及车，皆仰此山材木，且先父地，不敢失也。"藩还，迁为太原太守。单于遣使上书，以藩求地状闻。诏报单于曰："藩擅称诏从单于求地，法当死，更大赦二，今徙藩为济南太守，不令当匈奴。"明年，侍子死，归葬。复遣子左於駼仇掸王稽留昆入侍。

至哀帝建平二年，乌孙庶子卑援疐翕侯人众入匈奴西界，寇盗牛畜，颇杀其民。单于闻之，遣左大当户乌夷泠将五千骑击乌孙，杀数百人，略千余人，驱牛畜去。卑援疐恐，遣子趋逯为质匈奴。单于受，以状闻。汉遣中郎将丁野林、副校尉公乘音使匈奴，责让单于，告令还归卑援疐质子。单于受诏，遣归。

建平四年，单于上书愿朝五年。时哀帝被疾，或言匈奴从上游来厌人，自黄龙、竟宁时，单于朝中国辄有大故。上由是难之，以问公卿，亦以为虚费府帑，可且勿许。单于使辞去，未发，黄门郎扬雄上书谏曰：

臣闻《六经》之治，贵于未乱；兵家之胜，贵于未战。二者皆微，然而大事之本，不可不察也。今单于上书求朝，国家不许而辞之，臣愚以为汉与匈奴从此隙矣。本北地之狄，五帝所不能臣，三王所不能制，其不可使隙甚明。臣不敢远称，请引秦以来明之。

以秦始皇之强，蒙恬之威，带甲四十余万，然不敢窥西河，乃筑长城以界之。会汉初兴，以高祖之威灵，三十万众困于平城，士或七日不食。时奇谲之士石画之臣甚众，卒其所以脱者，世莫得而言也。又高皇后尝忿匈奴，群臣庭议，樊哙请以十万众横行匈奴中，季布曰："哙可斩也，妄阿顺指！"于是大臣权书遗之，然后匈奴之结解，中国之忧平。及孝文时，匈奴侵暴北边，候骑至雍甘泉，京师大骇，发三将军屯细柳、棘门、霸上以备之，数月乃罢。孝武即位，设马邑之权，欲诱匈奴，使韩安国将三十万众徼于便地，匈奴觉之而去，徒费财劳师，一虏不可得见，况单于之面乎！其后深惟社稷之计，规恢万载之策，乃大兴师数十万，使卫青、霍去病操兵，前后十余年。于是浮西河，绝大幕，破寘颜，袭王庭，穷极其地，追奔逐北，封狼居胥山，禅于姑衍，以临翰海，虏名王贵人以百数。自是之后，匈奴震怖，益求和亲，然而未肯称臣也。

且夫前世岂乐倾无量之费，役无罪之人，快心于狼望之北哉？以为不一劳者不久佚，不暂费者不永宁，是以忍百万之师以摧饿虎之喙，运府库之财填卢山之壑而不悔也。至本始之初，匈奴有桀心，欲掠乌孙，侵公主，乃发五将之师十五万骑猎其南，而长罗侯以乌孙五万骑震其西，皆至质而还。时鲜有所获，徒奋扬威武，明汉兵若雷风耳。虽空行空反，尚诛两将军。故北狄不服，中国未得高枕安寝也。逮至元康、神爵之间，大化神明，鸿恩溥洽，而匈奴内乱，五单于争立，日逐、呼韩邪携国归（死）〔化〕，扶伏称臣，然尚羁縻之，计不颛制。自此之后，欲朝者不距，不欲者不强。何者？外国天性忿鸷，形容魁健，负力怙气，难化以善，易隶以恶，其强难诎，其和难得。故未服之时，劳师远攻，倾国殚货，伏尸流血，破坚拔敌，如彼之难也；既服之后，尉荐抚循，交接赂遗，威仪俯仰，如此之备也。往时尝屠大宛之城，蹈乌桓之垒，探姑缯之壁，藉荡姐之场，艾朝鲜之旃，拔两越之旗，近不过旬月之役，远不离二时之劳，固已犁其庭，扫其闾，郡县而置之，云彻席卷，后无余灾。唯北狄为不然，真中国之坚敌也。三垂比之悬矣，前世重之兹甚，未易可轻也。

今单于归义，怀款诚之心，欲离其庭，陈见于前，此乃上世之遗策，神灵之所想望，国家虽费，不得已者也。奈何距以来厌之辞，疏以无日之期，消往昔之恩，开将来之隙！夫款而隙之，使有恨心，负前言，缘往辞，归怨于汉，因以自绝，终无北面之心，威之不可，谕之不能，焉得不为大忧乎！夫明者视于无形，聪者听于无声，诚先于未然，即蒙恬、樊哙不复施，棘门、细柳不复备，马邑之策安所设，卫、霍之功何得用，五将之威安所震？不然，一有隙之后，虽智者劳心于内，辩者毂击于外，犹不若未然之时也。且往者图西域，制车师，置城郭都护三十六国，费岁以大万计者，岂为康居、乌孙能逾白龙堆而寇西边哉？乃以制匈奴也。夫百年劳之，一日失之，费十而爱一，臣窃为国不安也。唯陛下少留意于未乱未战，以遏边萌之祸。

书奏，天子寤焉，召还匈奴使者，更报单于书而许之。赐雄帛五十匹，黄金十斤。单于未发，会病，复遣使愿朝明年。故事，单于朝，从名王以下及从者二百余人。单于又上书言："蒙天子神灵，人民盛壮，愿从五百人入朝，以明天子盛德。"上皆许之。

元寿二年，单于来朝，上以太岁厌胜所在，舍之上林苑蒲陶宫。告之以加敬于单于，单于知之。加赐衣三百七十袭，锦绣缯帛三万匹，絮三万斤，它如河平时。既罢，遣中郎将韩况送单于。单于出塞，到休屯井，北度车（曰）〔田〕卢水，道里回远。况等乏食，单于乃给其粮，失期不还五十余日。

初，上遣稽留昆随单于去，到国，复遣稽留昆同母兄右大且方与妇入侍。还归，复遣且方同母兄左日逐王都与妇人侍。是时，汉平帝幼，太皇太后称制，新都侯王莽秉政，欲说太后以威德至盛异于前，乃风单于令遣王昭君女须卜居次云入侍太后，所以常赐之甚厚。

会西域车师后王（句姑）〔姑句〕、去胡来王唐兜皆怨恨都护校尉，将妻子人民亡降匈奴，语在《西域传》。单于受置左谷蠡地，遣使上书言状曰："臣谨已受。"诏遣中郎将韩隆、王昌、副校尉甄阜、侍中谒者帛敞、长水校尉王歙使匈奴，告单于曰："西域内属，不当得受，今遣之。"单于曰："孝宣、孝元皇帝哀怜，为作约束，自长城以南天子有之，长城以北单于有之。有犯塞，辄以状闻；有降者，不得受。臣知父呼韩邪单于蒙无量之恩，死遗言曰：'有从中国来降者，勿受，辄送至塞，以报天子厚恩。'此外国也，得受之。"使者曰："匈奴骨肉相攻，国几绝，蒙中国大恩，危亡复续，妻子完安，累世相继，宜有以报厚恩。"单于叩头谢罪，执二虏还付使者。诏使中郎将王萌待西域恶都奴界上逆受。单于遣使送到国，因请其罪。使者以闻，有诏不听，会西域诸国王斩以示之。乃造设四条：中国人亡入匈奴者，乌孙亡降匈奴者，西域诸国佩中国印绶降匈奴者，乌桓降匈奴者，皆不得受。遣中郎将王骏、王昌、副校尉甄阜、王寻使匈奴，班四条与单于，杂函封，付单于，令奉行，因收故宣帝所为约束封函还。时，莽奏令中国不得有二名，因使使者以风单于，宜上书慕化，为一名，汉必加厚赏。单于从之，上书言："幸得备藩臣，窃乐太平圣制，臣故名囊知牙斯，今谨更名曰知。"莽大说，白太后，遣使者答谕，厚赏赐焉。

汉既班四条，后护乌桓使者告乌桓民，毋得复与匈奴皮布税。匈奴以故事遣使者责乌桓税，匈奴人民妇女欲贾贩者皆随往焉。乌桓距曰："奉天子诏条，不当予匈奴税。"匈奴使怒，收乌桓酋豪，缚到悬之。酋豪昆弟怒，共杀匈奴使及其官属，收略妇女马牛。单于闻之，遣使发左贤王兵入乌桓责杀使者，因攻击之。乌桓分散，或走上山，或东保塞。匈奴颇杀人民，驱妇女弱小且千人去，置左地，告乌桓曰："持马畜皮布来赎之。"乌桓见略者亲属二千余人持财畜往赎，匈奴受，留不遣。

王莽之篡位也，建国元年，遣五威将王骏率甄阜、王飒、陈饶、帛敞、丁业六人，多赍金帛，重遗单于，谕晓以受命代汉状，因易单于故印。故印文曰"匈奴单于玺"，莽更曰"新匈奴单于章"。将率既至，授单于印绂，诏令上故印绂。单于再拜受诏。译前，欲解取故印绂，单于举掖授之。左姑夕侯苏从旁谓单于曰："未见新印文，宜且勿与。"单于止，不肯与。请使者坐穹庐，单于欲前为寿。五威将曰："故印绂当以时上。"单于曰："诺。"复举掖授译。苏复曰："未见印文，且勿与。"单于曰："印文何由变更！"遂解故印绂奉上，将率受。著新绂，不解视印，饮食至夜乃罢。右率陈饶谓诸将率曰："乡者姑夕侯疑印文，几令单于不与人。如令视印，见其变改，必求故印，此非辞说所能距也。既得而复失之，辱命莫大焉。不如椎破故印，以绝祸根。"将率犹与，莫有应者。饶，燕士，果悍，即引斧椎坏之。明日，单于果遣右骨都侯当白将率曰："汉赐单于印，言'玺'，不言'章'，又无'汉'字。诸王已下乃有'汉'，言'章'。今即去'玺'加'新'，与臣下无别。愿得故印。"将率示以故印，谓曰："新室顺天制作，故印随将率所自为破坏。单于宜承天命，奉新室之制。"当还白，单于知已无可奈何，又多得赂遗，即遣弟右贤王舆奉马牛随将率入谢，因上书求故印。

将率还到左犁汗王咸所居地，见乌桓民多，以问咸。咸具言状，将率曰："前封四条，不得受乌桓降者，亟还之。"咸曰："请密与单于相闻，得语，归之。"单于使咸报曰："当从塞内还之邪，从塞外还之邪？"将率不敢颛决，以闻。诏报，从塞外还之。

单于始用夏侯藩求地有距汉语，后以求税乌桓不得，因寇略其人民，衅由是生，重以印文改易，故怨恨。乃遣右大且渠蒲呼卢訾等十余人将兵众万骑，以护送乌桓为名，勒兵朔方塞下。朔方太守以闻。

明年，西域车师后王须置离谋降匈奴，都护但钦诛斩之。置离兄狐兰支将人众二千余人，驱畜产，举国亡降匈奴，单于受之。狐兰支与匈奴共入寇，击车师，杀后成长，伤都护司马，复还入匈奴。

时，戊己校尉史陈良、终带、司马丞韩玄、右曲候任商等见西域颇背叛，闻匈奴欲大侵，恐并死，即谋劫略吏卒数百人，共杀戊己校尉刀护，遣人与匈奴南犁汗王南将军相闻。匈奴南将军二千骑入西域迎良等，良等尽胁略戊己校尉吏士男女二千余人入匈奴。玄、商留南将军所，良、带径至单于庭，人众别置零吾水上田居。单于号良、带曰乌桓都将军，留居单于所，数呼与饮食。西域都护但钦上书言匈奴南将军右伊秩訾将人众寇击诸国。莽于是大分匈奴为十五单于，遣中郎将蔺苞、副校尉戴级将兵万骑，多赍珍宝至云中塞下，招诱呼韩邪单于诸子，欲以次拜之。使译出塞诱呼右犁汗王咸、咸子登、助三人，至则胁拜咸为孝单于，赐安车鼓车各一，黄金千斤，杂缯千匹，戏戟十；拜助为顺单于，赐黄金五百斤；传送助、登长安。莽封苞为宣威公，拜为虎牙将军；封级为扬威公，拜为虎贲将军。单于闻之，怒曰："先单于受汉宣帝恩，不可负也。今天子非宣帝子孙，何以得立？"遣左骨都侯、右伊秩訾王呼卢訾及左贤王乐将兵入云中益寿塞，大杀吏民。是岁，建国三年也。

是后，单于历告左右部都尉、诸边王，入塞寇盗，大辈万余，中辈数千，少者数百，杀雁门、朔方太守、都尉，略吏民畜产不可胜数，缘边虚耗。莽新即位，怙府库之富欲立威，乃拜十二部将率，发郡国勇士，武库精兵，各有所屯守，转委输于边。议满三十万众，赍三百日粮，同时十道并出，穷追匈奴，内之于丁令，因分其地，立呼韩邪十五子。

莽将严尤谏曰：

臣闻匈奴为害，所从来久矣，未闻上世有必征之者也。后世三家周、秦、汉征之，然皆未有得上策者也。周得中策，汉得下策，秦无策焉。当周宣王时，猃允内侵，至于泾阳，命将征之，尽境而还。其视戎狄之侵，譬犹蚊虻之螫，驱之而已。故天下称明，是为中策。汉武帝选将练兵，约赍轻粮，深入远戍，虽有克获之功，胡辄报之，兵连祸结三十余年，中国罢耗，匈奴亦创艾，而天下称武，是为下策。秦始皇不忍小耻而轻民力，筑长城之固，延袤万里，转输之行，起于负海，疆境既完，中国内竭，以丧社稷，是为无策。今天下遭阳九之厄，比年饥馑，西北边犹甚。发三十万众，具三百日粮，东援海代，南取江淮，然后乃备。计其道里，一年尚未集合，兵先至者聚居暴露，师老械弊，势不可用，此一难也。边既空虚，不能奉军粮，内调郡国，不相及属，此二难也。计一人三百日食，用糒十八斛，非牛力不能胜；牛又当自赍食，加二十斛，重矣。胡地沙卤，多乏水草，以往事揆之，军出未满百日，牛必物故且尽，余粮尚多，人不能负，此三难也。胡地秋冬甚寒，春夏甚风，多赍釜鍑薪炭，重不可胜，食糒饮水，以历四时，师有疾疫之忧，是故前世伐胡，不过百日，非不欲久，势力不能，此四难也。辎重自随，则轻锐者少，不得疾行，虏徐遁逃，势不能及，幸而逢虏，又累辎重，如遇险阻，衔尾相随，虏要遮前后，危殆不测，此五难也。大用民力，功不可必立，臣伏忧之。今既发兵，宜纵先至者，令臣尤等深入霆击，且以创艾胡虏。

莽不听尤言，转兵谷如故，天下骚动。

咸既受莽孝单于之号，驰出塞归庭，具以见胁状白单于。单于更以为于粟置支侯，匈侯贱官也。后助病死，莽以登代助为顺单于。

厌难将军陈钦、震狄将军王巡屯云中葛邪塞。是时，匈奴数为边寇，杀将率吏士，略人民，驱畜产去甚众。捕得虏生口验问，皆曰孝单于咸子角数为寇。两将以闻。四年，莽会诸蛮夷，斩咸子登于长安市。

初，北边自宣帝以来，数世不见烟火之警，人民炽盛，牛马布野。及莽挠乱匈奴，与之构难，边民死亡系获，又十二部兵久屯而不出，吏士罢弊，数年之间，北边虚空，野有暴骨矣。

乌珠留单于立二十一岁，建国五年死。匈奴用事大臣右骨都侯须卜当，即王昭君女伊墨居次云之婿也。云常欲与中国和亲，又素与咸厚善，见咸前后为莽所拜，故遂越舆而立咸为乌絫若鞮单于。

乌絫单于咸立，以弟舆为左谷蠡王。乌珠留单于子苏屠胡本为左贤王，以弟屠耆阏氏子卢浑为右贤王。乌珠留单于在时，左贤王数死，以为其号不祥，更易命左贤王曰"护于"。护于之尊最贵，次当为单于，故乌珠留单于授其长子以为护于，欲传以国。咸怨乌珠留单于贬贱己号，不欲传国，及立，贬护于为左屠耆王。云、当遂劝咸和亲。

天凤元年，云、当遣人之西河虏猛制虏塞下，告塞吏曰欲见和亲侯。和亲侯王歙者，王昭君兄子也。中部都尉以闻。莽遣歙、歙弟骑都尉展德侯飒使匈奴，贺单于初立，赐黄金衣被缯帛，绐言侍子登在，因购求陈良、终带等。单于尽收四人及手杀校尉刀护贼芝音妻子以下二十七人，皆械槛付使者，遣厨唯姑夕王富等四十人送歙、飒。莽作焚如之刑，烧杀陈良等，罢诸将率屯兵，但置游击都尉。单于贪莽赂遗，故外不失汉故事，然内利寇掠。又使还，知子登前死，怨恨，寇虏从左地入，不绝。使者问单于，辄曰："乌桓与匈奴无状黠民共为寇入塞，譬如中国有盗贼耳！咸初立持国，威信尚浅，尽力禁止，不敢有二心。"

天凤二年五月，莽复遣歙与五威将王咸率伏黯、丁业等六人，使送右厨唯姑夕王，因奉归前所斩侍子登及诸贵人从者丧，皆载以常车。至塞下，单于遣云、当子男大且渠奢等至塞迎。咸等至，多遗单于金珍，因谕说改其号，号匈奴曰"恭奴"，单于曰"善于"，赐印绶。封骨都侯当为后安公，当子男奢为后安侯。单于贪莽金币，故曲听之，然寇盗如故。咸、歙又以陈良等购金付云、当，令自差与之。十二月，还入塞，莽大喜，赐歙钱二百万，悉封黯等。

单于咸立五岁，天凤五年死，弟左贤王舆立，为呼都而尸道皋若鞮单于。匈奴谓孝曰"若鞮"。自呼韩邪后，与汉亲密，见汉谥帝为"孝"，慕之，故皆为"若鞮"。

呼都而尸单于舆既立，贪利赏赐，遣大且渠奢与云女弟当（户）〔于〕居次子醯椟王俱奉献至长安。莽遣和亲侯歙与奢等俱至制虏塞下，与云、当会，因以兵迫胁，将至长安。云、当小男从塞下得脱，归匈奴。当至长安，莽拜为须卜单于，欲出大兵以辅立之。兵调度亦不合，而匈奴愈怒，并入北边，北边由是坏败。会当病死，莽以其庶女陆逮任妻后安公奢，所以尊宠之甚厚，终为欲出兵立之者。会汉兵诛莽，云、奢亦死。

更始二年冬,汉遣中郎将归德侯飒、大司马护军陈遵使匈奴,授单于汉旧制玺绶,王侯以下印绶,因送云、当余亲属贵人从者。单于舆骄,谓遵、飒曰:"匈奴本与汉为兄弟,匈奴中乱,孝宣皇帝辅立呼韩邪单于,故称臣以尊汉。今汉亦大乱,为王莽所篡,匈奴亦出兵击莽,空其边境,令天下骚动思汉,莽卒以败而汉复兴,亦我力也,当复尊我!"遵与相掌距,单于终持此言。其明年夏,还。会赤眉入长安,更始败。

赞曰:《书》戒"蛮夷猾夏",《诗》称"戎狄是膺",《春秋》"有道守在四夷",久矣,夷狄之为患也!故自汉兴,忠言嘉谋之臣曷尝不运筹策相与争于庙堂之上乎?高祖时则刘敬,吕后时樊哙、季布,孝文时贾谊、朝错,李武时王恢、韩安国、朱买臣、公孙弘、董仲舒,人持所见,各有同异,然总其要,归两科而已。缙绅之儒则守和亲,介胄之士则言征伐,皆偏见一时之利害,而未究匈奴之终始也。自汉兴以至于今,旷世历年,多于春秋,其与匈奴,有修文而和亲之矣,有用武而克伐之矣,有卑下而承事之矣,有威服而臣畜之矣,诎伸异变,强弱相反,是故其详可得而言也。

昔和亲之论,发于刘敬。是时,天下初定,新遭平城之难,故从其言,约结和亲,赂遗单于,冀以救安边境。孝惠、高后时遵而不违,匈奴寇盗不为衰止,而单于反以加骄倨。逮至孝文,与通关市,妻以汉女,增厚其赂,岁以千金,而匈奴数背约束,边境屡被其害。是以文帝中年,赫然发愤,遂躬戎服,亲御鞍马,从六郡良家材力之士,驰射上林,讲习战陈,聚天下精兵,军于广武,顾问冯唐,与论将帅,喟然叹息,思古名臣。此则和亲无益,已然之明效也。

仲舒亲见四世之事，犹复欲守旧文，颇增其约。以为："义动君子，利动贪人。如匈奴者，非可以仁义说也，独可说以厚利，结之于天耳。故与之厚利以没其意，与盟于天以坚其约，质其爱子以累其心，匈奴虽欲展转，奈失重利何，奈欺上天何，奈杀爱子何！夫赋敛行赂不足以当三军之费，城郭之固无以异于贞士之约，而使边城守境之民父兄缓带，稚子咽哺，胡马不窥于长城，而羽檄不行于中国，不亦便于天下乎！"察仲舒之论，考诸行事，乃知其未合于当时，而有阙于后世也。当孝武时，虽征伐克获，而士马物故亦略相当；虽开河南之野，建朔方之郡，亦弃造阳之北九百余里。匈奴人民每来降汉，单于亦辄拘留汉使以相报复，其桀骜尚如斯，安肯以爱子而为质乎？此不合当时之言也。若不置质，空约和亲，是袭孝文既往之悔，而长匈奴无已之诈也。夫边城不选守境武略之臣，修障隧备塞之具，厉长戟劲弩之械，恃吾所以待边寇而务赋敛于民，远行货赂，割剥百姓，以奉寇雠。信甘言，守空约，而几胡马之不窥，不已过乎！

至孝宣之世，承武帝奋击之威，直匈奴百年之运，因其坏乱几亡之厄，权时施宜，覆以威德，然后单于稽首臣服，遣子入侍，三世称藩，宾于汉庭。是时，边城晏闭，牛马布野，三世无犬吠之警，黎庶亡干戈之役。

后六十余载之间，遭王莽篡位，始开边隙，单于由是归怨自绝，莽遂斩其侍子，边境之祸构矣。故呼韩邪始朝于汉，汉议其仪，而萧望之曰："戎狄荒服，言其来服荒忽无常，时至时去，宜待以客礼，让而不臣。如其后嗣遁逃窜伏，使于中国不为叛臣。"及孝元时，议罢守塞之备，侯应以为不可，可谓盛不忘衰，安必思危，远见识微之明矣。至单于咸弃其爱子，昧利不顾，侵掠所获，岁巨万计，而和亲赂遗，不过千金，安在其不弃质而失重利也？仲舒之言，漏于是矣。

夫规事建议，不图万世之固，而偷恃一时之事者，未可以经远也。若乃征伐之功，秦、汉行事，严尤论之当矣。故先王度土，中立封畿，分九州，列五服，物土贡，制外内，或修刑政，或昭文德，远近之势异也。是以《春秋》内诸夏而外夷狄，夷狄之人贪而好利，被发左衽，人面兽心，其与中国殊章服，异习俗，饮食不同，言语不通，辟居北垂寒露之野，逐草随畜，射猎为生，隔以山谷，雍以沙幕，天地所以绝外内地。是故圣王禽兽畜之，不与约誓，不就攻伐；约之则费赂而见欺，攻之则劳师而招寇。其地不可耕而食也，其民不可臣而畜也，是以外而不内，疏而不戚，政教不及其人，正朔不加其国；来则惩而御之，去则备而守之。其慕义而贡献，则接之以礼让，羁縻不绝，使曲在彼，盖圣王制御蛮夷之常道也。

译文：

呼韩邪单于回到王庭几个月后，停止战事让大家回到自己原来的地方去，召来自己做老百姓的哥哥呼屠吾斯，立他为左谷蠡王，又派人告知右贤的贵人，想让他们杀了右贤王。那年冬天，都隆奇与右贤王共同拥立日逐王薄胥堂为屠耆单于，出动军队几万人向东攻打呼韩邪单于。呼韩邪单于的军队溃败逃跑了，屠耆单于回到了匈奴王庭，立自己的儿子都涂吾西为左谷蠡王，立自己的小儿子姑瞀楼头为右谷蠡王，把他们留在单于王庭。

第二年秋天，屠耆单于任命日逐王先贤掸的哥哥右奥鞬王为乌藉都尉，让二人分别率领二万骑兵，驻扎在东边以防备呼韩邪单于。这时，西部的呼揭王来和唯犁当户谋划，一起向屠耆单于进谗言，诋毁右贤王，说他想自立为乌藉单于。于是屠耆单于便杀了右贤王父子,后来屠耆单于知道了右贤王是被冤枉了,就又把唯犁当户杀了。因此呼揭王十分害怕,便背叛屠耆单于逃走了,并自立为呼揭单于。右奥鞬王听说了,便自立为车犁单于。乌藉都尉也自立为乌藉单于。这样匈奴便有了五个单于。屠耆单于亲自率兵向东攻打车犁单于,派都隆奇去攻打乌藉单于。乌藉单于、车犁单于都被打败了,向西北逃去、与呼揭单于的军队会合,共有四万人。乌藉王与呼揭王都去掉了自己的单于称号,共同合力辅佐车犁单于。屠耆单于听说了,便派左大将、都尉率四万骑兵分别驻扎在东部,以防备呼韩邪单于,屠耆单于自己亲自率领四万骑兵向西攻打车犁单于。车犁单于被打败,向西北逃去,屠耆单于便率军队向西南走,屯住在阗敦这个地方。

第二年,呼韩邪单于派自己的弟弟右谷蠡王等人率兵向西袭击屠耆单于屯住在阗敦的军队,杀掠一万多人。屠耆单于听说了,便亲自率领六万骑兵去攻打呼韩邪单于,走了有近千里路,还没到嗕姑地方,便与呼韩邪单于的近四万军队遭遇了。双方交战,屠耆单于兵败自杀。都隆奇便与屠耆单于的小儿子右谷蠡王姑瞀楼头一起逃走,归降了汉朝,车犁单于向东投降了呼韩邪单于。呼韩邪单于的左大将乌厉屈与父亲呼遬累乌厉温敦看到匈奴这么混乱,便率领部众几万人向南投降了汉朝。汉朝封乌厉屈为新城侯,封乌厉温敦为义阳侯。这时李陵的儿子又拥立乌藉都尉为单于,呼韩邪单于派人捕杀了他们,于是呼韩邪单于又回到了匈奴王庭,然而部众却减去了有几万人。屠耆单于的表弟休旬王率领自己手下的五六百骑兵,攻打并杀死了左大且渠,吞并了他的军队,到达了右地,自立为闰振单于,居住在匈奴西部。后来,呼韩邪单于的哥哥左贤王呼屠吾斯也自立为郅支骨都侯单于,居住在匈奴东部。二年以后,闰振单于率领部众向东攻打郅支单于。郅支单于迎战闰振单于，杀了他，吞并了他的部队，然后就向呼韩邪单于进攻，呼韩邪被攻破，军队败走，郅支单于建都王庭。

呼韩邪单于败走的时候，左伊秩訾王替呼韩邪单于谋划，劝他向汉朝称臣，去侍奉汉天子，从而从汉朝那里求得帮助，这样才能安定匈奴。呼韩邪单于与大臣们商议，向他们询问，大臣们都说："不能这样做。我们匈奴人的习俗，向来是崇尚勇敢、力量，而轻视向他人称臣服侍他人，凭在战马上与人争战来建立自己的国家，所以在众多少数民族中有着崇高的威望。战死沙场，这是壮士的豪举。现在你们兄弟两个争夺君位，胜利者不是哥哥就是弟弟，就是战死了也还留下了雄威的好名声，你们的子孙也还可以在各国中称雄，做他们的君长，汉朝即使十分强盛，也还不能够兼并匈奴，我们怎么能搅乱祖上定下的制度，向汉朝称臣，玷污先单于的名声，被各国所嘲笑呢！就是我们这样做了，安定了匈奴，又怎么能再称雄各少数民族，做他们的君长？"左伊秩訾说："你们说的不对。那时强，这时弱，不可同日而语，现在汉朝正在兴盛的时候，西域那些筑城而居的国家——比如像乌孙那样，都向汉朝称臣。自从且鞮侯单于以来，匈奴国土逐日侵削，我们却无力恢复，虽然勉强还在这儿逞强，却没有一天安静日子过。现在的情势是：如果我们臣事汉朝，就能平安生存，否则只有灭亡。还有什么好计策能超过这个！"那些匈奴大臣辩论了许久，最后呼韩邪单于听从了左伊秩訾王的建议，率领部众向南走，接近汉朝边塞，派自己的儿子右贤王铢娄渠堂入朝侍奉汉天子。而郅支单于也派儿子右大将驹于利受入侍汉天子。这年是甘露元年。

第二年，呼韩邪单于到达了五原塞，希望在第三年正月来汉朝朝拜汉天子。汉朝派车骑都尉韩昌前去迎接，命令呼韩邪单于要经过的七个郡出动二千骑兵，布置在路旁担任警卫。呼韩邪单于正月在甘泉宫朝见汉天子，汉朝天子以特殊隆重的礼节相待，单于地位在诸侯王之上，单于参见朝拜时只称"臣"，不用自报姓名。汉朝天子赐给呼韩邪单于汉朝的官服，还赐给他：饰以戾草染绶带的黄金玺，用玉装饰剑鼻的宝剑，佩刀一把，弓一张、箭十二支，带罩衣的戟十杆，安车一辆，马鞍、马辔一套，十五匹马，二十斤黄金，钱二十万，衣被七十七套，锦绣绮缎以及杂帛共八千匹，粗丝棉六千斤。朝礼完毕之后，派使者引导单于先行，住在长平。皇帝从甘泉宫到了池阳宫，住在那里。皇帝登上长平山坡，诏令单于不要来拜谒，左、右当户那些大臣都被允许列队参见，还有各蛮夷部落的首领王侯有几万人，都在渭桥下迎接皇帝，夹道排列。皇帝登上渭桥，人们都山呼万岁。单于住在馆驿，停留了有一个多月，天子派他回国去了。单于自己请求希望能允许自己留下来屯住在光禄塞下，有危急情况时可以保卫汉朝的受降城。汉朝派长乐卫尉高昌侯董忠、车骑都尉韩昌率领一万六千骑兵，又出动成千的边塞州郡的人马，护送呼韩邪单于出朔方城的鸡鹿塞。天子命令董忠等人就留在那里保卫单于，帮助他讨伐叛逆不服的人，又前后转运了三万四千斛粮米到边塞，送给匈奴人吃。这年，郅支单于也派使者到汉朝进贡献礼，汉朝对待这使者十分优厚。第二年，两位单于都派使者入汉朝晋见皇帝，贡献礼品，汉朝对待呼韩邪单于的使者更加优厚一些。第二年，呼韩邪单于又入朝晋见汉天子，汉天子仍像当初那样优礼相加，赏赐如旧，并增加了一百一十套衣服，锦帛九千匹，粗丝棉八千斤。因为已经有军队驻扎在匈奴，所以没有再派军队护送。

起初郅支单于以为呼韩邪单于投降了汉朝，兵力单薄，不会再回来了，便率领军队向西进发，想攻打平安右地。另外，屠耆单于的小弟弟本来是侍奉呼韩邪单于的，现在也逃到了右地，收集两位兄长的部众，得到几千人，自立为伊利目单于，在路上碰上了郅支单于，双方交战，郅支单于打败并杀掉了伊利目单于，吞并了他的军队有五万多人。听说汉朝出兵出粮帮助呼韩邪单于，便索性留下来，屯居在右地了。郅支单于考虑到自己的力量还不能平定匈奴，便进一步向西走，接近乌孙国，想与乌孙联合，派使者去见小昆弥乌就屠。乌就屠见呼韩邪单于受到汉朝礼遇与帮助，郅支单于则是逃亡奔走，便想攻击郅支，迎合汉朝，便杀了郅支的使者，把头送到汉朝西域都护那里，出动八千骑兵迎击郅支。郅支单于见乌孙兵多，自己的使者又没能回来，便率军队迎击乌孙，打败了乌孙。趁机向北攻击乌揭，乌揭投降了。又派自己的军队向西攻破了坚昆，向北打败了丁令，吞并了这三个国家。郅支单于多次派军队攻打乌孙国，经常得胜。坚昆东距单于王庭七千里，南距车师五千里，郅支留在那里，并在那里建都。

元帝刚刚即位，呼韩邪单于又上书汉天子，说匈奴人民很贫乏困顿。汉朝下诏命令云中郡、五原郡转运二万斛谷物供给匈奴。郅支单于因为自己的居住地离汉朝道路遥远，又对汉朝支持帮助呼韩邪单于十分怨恨，便派使者到汉朝上书，要求接回入侍的儿子。汉朝派谷吉送他回去，郅支单于却杀了谷吉。汉朝不知道谷吉的音讯，匈奴来汉朝投降的人报告说，曾经听瓯脱的匈奴人说谷吉已被杀了。呼韩邪单于派使者来朝见，汉朝总是十分着急地发文书责求谷吉的音讯。第二年，汉朝派车骑都尉韩昌、光禄大夫张猛护送呼韩邪单于入侍的儿子回匈奴，又打听谷吉等人的消息，并宣布赦免匈奴的罪过，以免他们担心汉朝会讨伐自己。韩昌、张猛看到匈奴部众人丁兴旺，塞下禽兽都被猎尽，单于的力量已经足以保卫自己，不再害怕郅支。韩、张二人听说不少匈奴大臣劝单于回到原来居住的北方去，担心匈奴北归以后不好管辖，韩昌、张猛就与单于订立盟约，说："从今往后，汉朝与匈奴就是一家人了，世世代代不许互相欺骗、互相攻击。有盗窃抢掠对方的事发生，双方要互相通报，惩罚为盗的人，赔偿损失的财物；有敌人侵犯时，要出兵互相救助。汉朝与匈奴如果谁敢先背叛盟约，愿意接受上天的惩罚。让他们的后代子子孙孙都像盟约上说的那样，遭到灾难。"韩昌、张猛与呼韩邪单于、他手下的大臣一起登上匈奴的诺水东山，杀了白马，单于用径路刀和金留犁（镶金的饭刀）搅和掺马血的酒，用老上单于破杀的月氏王的头颅做酒杯，一起饮血酒为盟。韩昌、张猛回到汉朝后报告这事，大臣们议论说"单于已经答应我们愿意做藩属保护边塞，即使想回到北方去，也并不对汉朝构成威胁与妨害。韩昌、张猛擅自行事，拿汉朝世代子孙的未来与匈奴赌咒立盟，使得单于能够用恶言恶语告诉上天，使汉朝蒙羞辱，有损国威，绝不能这样做。应该派使者前去上告于天，与匈奴解除前盟。韩昌、张猛奉命出使，不成体统，罪行至为大逆不道。"皇帝减轻他们的罪过，下诏对韩昌、张猛可以赎罪论处，不解除与匈奴的盟约。后来呼韩邪单于终于回北方的单于王庭去了，匈奴人渐渐归附于他，国内安定下来了。

　　郅支单于杀了汉朝的使者，自己也明白辜负了汉朝，又听说呼韩邪日益强盛，担心遭到袭击，想往远方迁徙。正巧这时康居王因为屡次被乌孙国围困，与手下的翕侯们商量，认为匈奴是强大的国家，乌孙国一向附属于它，现在郅支单于流落困顿在外，可以迎接他来，居住在东部，双方合力攻破乌孙，让郅支单于在那里称王，这样便永远没有来自匈奴的忧患了。便派使者到坚昆把这些话告诉了郅支单于。郅支单于常常担心受到呼韩邪的侵袭，又怨恨乌孙，听到康居王的计谋，十分高兴，于是便与康居联合，率军队向西进发。康居也派贵人带着几千匹骆驼、驴、马，去迎接郅支。郅支的部众不少人在路上冻饿而死，最后才剩了三千人到达康居。后来，都护甘延寿与副都护陈汤出动军队到康居诛杀了郅支单于，这些记载在甘延寿、张汤的传记中。

郅支单于被杀后，呼韩邪单于又高兴又害怕，向汉天子上书说："我常常希望能够去拜见陛下，实在是因为郅支单于居住在西方，我担心他会与乌孙一起来攻打我，因此才没能去朝见天子。现在郅支已服罪被杀，希望允许我入朝拜见。"竟宁元年，呼韩邪单于又来到汉朝，汉朝对他的礼遇和赏赐，还像以前一样，并增加衣服、锦帛、粗丝棉的赏赐，都比黄龙年间增加一倍。单于自己说愿意做汉朝的女婿，以亲近汉朝。汉元帝把后宫仆人的良家女子王嫱（字昭君）赐给单于为妻。单于十分高兴，向天子上书，说自己愿意保护上谷以西至敦煌的汉朝边塞，并永远传下去，请天子撤回边塞上守卫的官吏士兵，好让天子的臣民得以休养生息。天子把这事下交给大臣们商议，主管大臣们都认为这样做十分便利。郎中令侯应熟谙边塞之事，认为不能这样答应匈奴。汉元帝询问他其中缘故，侯应回答说："自从周、秦以来，匈奴就十分凶暴桀骜，侵扰边塞，汉朝建立后，尤其受害严重。我听说我们北边的边塞一直到辽东，外面是阴山山脉，东西长有一千多里，草木茂盛，禽兽众多。这里本来是冒顿单于凭恃的地方，他在里面打造弓箭，训练军队，进出阴山来侵扰我们，阴山便是他们养禽兽的苑囿。到了孝武皇帝的时候，派兵攻打、夺取了这块地方，把他们驱赶到大漠以北。筑起边界要塞，建起哨所小路，修起塞外城池，设置了军队驻守在那里，然后边境上才因此稍稍安定下来。大漠以北地势平坦，草木稀少，多是沙石，匈奴来侵袭时，没什么可做隐蔽的。从边塞往南的地方，深山小路，来往艰难。边境上的老年人说匈奴人自从失去阴山之后，每次经过时没有不哭的。现在如果我们撤回守卫边塞的士兵，把这么好的有利条件展示给他们，这是不能这样做的第一条。现今皇帝您普施恩泽，您的恩德像上天一样笼盖着匈奴，匈奴人蒙汉朝救命之恩，才前来叩首称臣。那些匈奴人的性情，是在危难的时候便谦卑恭顺，强盛的时候就骄横悖逆，这是他们的天性使然。前些时候汉朝已经撤销了塞外城池，削减了驻守哨卡要路的军队，现在的人数才够观望情况、点烽火通信罢了。古人就说要居安思危，汉军不能再撤，这是第二条。中原有礼仪方面的教育，有刑罚作为惩罚的手段，一些愚民还是敢犯法违禁，又何况单于？能一定做到不让他的部从违反盟约吗？这是第三条，从开始中国就重视修建关隘来控制诸侯，这样是为了断绝臣子的非分之想。建起边界要塞，设置驻守的军队，不只是为了防备匈奴，也是为了有那些附属国和归降的人，他们有的本来是匈奴人，我们担心他们会思念故里而逃跑，这是第四条。近世西羌保护汉朝的边塞，与汉朝人交往，一些官吏、百姓贪图小利，去侵袭、抢夺人家的牲畜、财产和妻儿，因此引起西羌人的怨恨，起来背叛汉朝，这样的情况世代不断。现在撤销了边塞的保卫军队，那么慢慢地必然会导致互相侮辱欺凌，这是第五条。以前参军去匈奴作战的人有不少失落在那里没有回来，他们的子孙很贫困，一旦逃出去了，去跟随他们的亲人，也不回来了，这是第六条。另外，边塞上给人做奴婢的人十分愁苦，想要逃走的人很多，听说匈奴那里很好，只是哨兵看得很紧，没有办法。然而也还不时有逃出边塞的,这是第七条。强盗小偷十分狡猾,常成群结伙犯法为盗,如果他们被逼急了,逃出北边的关塞,就没法约束惩罚他们了,这是第八条。建立边塞以来有一百多年了,并不是只用土筑起墙垣,有时凭借着山势,清除枯死跌落的大木头,填平山谷水道,士兵、徒隶筑城治水,花费的工夫很多,时间很长。简直不能计算。我担心商议此事的大臣不仔细地考虑事情的前前后后,只想以现时的情况和目前的计较就减少徒隶和守卫的士兵。十年以后,百年之内,一旦有紧急变故,城池关塞已经毁坏,哨卡小路被湮没,只好再出动人马去驻扎修缮,几代积累而成的东西是不可能一下子修复的,这是第九条。如果我们撤回守卫的士兵,减少瞭望哨,单于便会自以为为汉朝保卫守御边塞,觉得对汉朝有莫大的功劳,便会发生不可知晓的祸端。这样为匈奴开方便之门,削弱中国守卫力量的稳固,这是不能这样做的第十条。因此,这不是永远保持边塞安定,控制其他少数民族国家的上等计策。"

侯应的对答上奏皇帝后,皇帝下诏说:"不要讨论撤销边防的事了。"并派车骑将军许嘉向单于传达口谕,说:"单于上书说希望汉朝撤回守卫北部边塞的官吏士兵,让匈奴人来世代保卫。单于崇尚礼仪,你这样为百姓着想十分好,这也是汉匈和好的长久之计,我十分赞赏。中国的四面边界都有关口桥梁,并不是单单要防备塞外,也是为了防备中国的强盗坏人猖獗,跑出边塞去为害匈奴,所以才申明法度,以惩戒众心。我已明白单于的心意,这毫无疑心。我担心单于怪我不撤边防,所以派大司马车骑将军许嘉去告诉单于其中缘故。"单于称谢说:"我不了解天子的深远思虑,多亏天子派大臣来告诉我,我十分感谢。"

当初,左伊秩訾王替呼韩邪单于出谋划策,让他归顺汉朝,后来匈奴终于因此而安定下来。后来有人谗毁伊秩訾自我炫耀功绩，经常不高兴，心怀不满，呼韩邪便对他有了怀疑。左伊秩訾王怕被杀掉，便率领自己手下的一千多人投降了汉朝，汉朝让他做了关内侯，食邑三百户，让他还佩带原来王的印绶。到了竟宁年中，呼韩邪单于到汉朝来拜见汉天子，遇见了伊秩訾王，单于谢罪说："王爷您当初替我谋划，恩义深厚，使我们匈奴到今天还安定宁静，这些都是王爷您的功劳啊，您的仁德我怎么能忘记？是我做错了，失去王爷的青睐，使得王爷离去，不愿再留在匈奴，这些都是我的过错。现在我想跟天子说说，请您回匈奴王庭。"伊秩訾说道："单于您靠了上天的安排，自己归顺汉朝，匈奴得以安宁，单于神明，是天子的福佑，我有什么功劳！现在我既然已经投降了汉朝，如果又回归匈奴，就是三心二意了。我愿意做您的使臣，留在汉朝，如果让我回去，恕不听命。"单于又一再坚决请求，终不能使左伊秩訾王回心转意，便回匈奴去了。

王昭君的封号是宁胡阏氏（意思是说得到王昭君才使匈奴安宁），生了一个儿子名叫伊屠智牙师，被立为右日逐王。呼韩邪单于在位二十八年，建始二年死去。起初呼韩邪单于很宠爱左伊秩訾哥哥呼衍王的两个女儿。大女儿是颛渠阏氏，生了两个儿子，大儿子叫且莫车，二儿子叫囊知牙斯。呼衍王的二女儿是大阏氏，生了四个儿子，老大叫雕陶莫皋，老二叫且麋胥，都比且莫车年纪大；两个小儿子是咸、乐，都比囊知牙斯小。还有其他阏氏生的儿子有十多个。颛渠阏氏尊贵，且莫车也受单于宠爱。呼韩邪单于病得快要死了，想让且莫车继位，他母亲颛渠阏氏说："匈奴混乱了十多年了，这种状况像头发一样不能断绝，幸亏靠了汉朝的帮助，匈奴才得以安定，现在国内平定的时间还不长,百姓打仗死伤很多。且莫车年纪还小,老百姓未能归心于他,如果让他即位,恐怕会再次使匈奴处于险境。我与大阏氏是亲姊妹,生的儿子都一样,不如立雕陶莫皋为单于。大阏氏说:"且莫车虽然年纪小,有大臣们帮着处理国家大事,如果现在舍弃尊贵的,拥立卑贱的,恐怕以后还会出乱子。"呼韩邪单于最后还是听从了颛渠阏氏的建议,立雕陶莫皋为单于,立下约令,要他将来把国家传给弟弟。呼韩邪死后,雕陶莫皋即位,称为复株絫若鞮单于。

复株絫若鞮单于即位后,派儿子右致卢儿王醯谐屠奴侯到汉朝侍奉天子,任命且麋胥为左贤王,任命且莫车为左谷蠡王,囊知牙斯为右贤王。复株絫若鞮单于又以王昭君为妻子,生了两个女儿,大女儿是顺卜居次,二女儿是当于居次。

河平元年,单于派右皋林王伊邪莫演等人来汉朝进献贡品,参加正月朝拜。大朝完毕,汉朝派使者护送伊邪莫演等人到了蒲反。伊邪莫演说:"我想投降汉朝。如果不答应我,我就自杀,怎么我也不回匈奴了。"汉朝使者回来报告,天子把这事交给大臣们讨论商议,有的人说应该像以前那样,接受投降的人。光禄大夫谷永、议郎杜钦认为"汉朝建立以来,匈奴屡次犯边为害,所以我们才设立封爵位赏金钱的厚遇,招徕投降的匈奴人。现在单于十分卑顺,向汉朝称臣,被列为北部的藩国,派使者到汉朝朝拜祝贺,没有二心,因此汉朝对待投降的人,应该与以往有所不同。现在既然我们接受了单于忠诚的聘问与贡品,却又接受他们叛逃的大臣,这样做是贪求得一人,却失去一国人的忠心,礼遇支持有罪的臣子,而抛弃向慕仁义的国君。假如是因为单于刚刚即位,想亲近汉朝,到汉朝来朝拜,而不知道汉朝的态度如何,对自己是好是坏,暗地里派伊邪莫演来假投降,看看将来的吉凶如何,如果我们接受了投降的人,那便破坏了善行,于德有亏,使单于自己疏远我们,不亲近我们边塞上的官吏;或者是有人使反间之计,想借此在我们之间制造嫌隙,如果我们接受了投降的人,就正好中了他的计策,使匈奴人能够指责我们做得不对,责备我们理亏。这实在就是导致我们边境安危与否的根源,军队出动与否——和平还是战争的起始,是不能稀里马虎,掉以轻心的。不如不接受归降的人,向匈奴昭示我们如日月般不可变异的信用,抑制欺诈奸邪的阴谋,爱护那归附亲近汉朝的人,这才是便利之策。"天子听了他们二人的对答,听从了他们的建议。并派遣中郎将王舜前去询问归降人的情况。伊邪莫演说:"那是我犯了狂病,胡说一气罢了。"汉朝便派他回去了。伊邪莫演回到匈奴后,官位与原来一样,并且不肯让他再见汉朝使者。

第二年,复株儿单于上书皇帝,希望在河平四年正月来朝拜汉天子,之后便入朝拜见,汉朝额外赏赐给他锦绣缯帛两万匹,粗丝绵两万斤,其他赏赐如竟宁年间一样。

复株絫单于在位十年,鸿嘉元年死去。传位给弟弟且糜胥,称为搜谐若鞮单于。

搜谐单于即位后,派儿子左祝都韩王朐留斯侯入朝侍奉汉天子,任命且莫车为左贤王。搜谐单于在位八年后,元延元年为到汉朝参加第二年正月的大朝,从匈奴出发,还没进入边塞就得病死了。他的弟弟且莫车继位为单于,这就是车牙若鞮单于。

车牙单于即位后,派儿子右於涂仇掸王乌夷当入朝侍奉汉天子。任命囊知牙斯为左贤王。车牙单于在位四年,绥和元年死去。传位给弟弟囊知牙斯,称为乌珠留若鞮单于。

乌珠留单于即位后,立与第二阏氏生的儿子乐为左贤王,立与第五阏氏生的儿子舆为右贤王,派儿子右股奴王乌鞮牙斯入朝侍奉汉天子,汉朝派中郎将夏侯藩、副校尉韩容出使匈奴。当时皇帝的舅父大司马骠骑将军王根主管尚书省事务,有人劝说王根说:"匈奴有一座陡峭挺拔的高山接近汉朝的地方,面对着张掖郡,山上生长奇异的木材,添上鹫羽非常适合做箭竿。如果我们能够得到它,可以富饶边塞,国家可以收到扩展土地的实利,将军您也可以显示功绩,永远流传下去。"王根向皇帝说了要这座山的好处,皇帝也正想向单于要这座山,只是怕匈奴不答应,有损皇帝的尊严。王根就把皇帝的意思告诉了夏侯藩,让他以个人的身份向单于要求。夏侯藩到了匈奴,等待时机拿话劝告单于说:"我见到匈奴有一座峭拔的山峰连接并进入汉朝地方,面对着张掖郡,汉朝有三个都尉率领几百士兵驻扎在塞上,十分寒苦,值班当哨长久辛劳。单于您应该上书汉天子,贡献出这块地方,直接送给边吏,这样会省去汉朝守卫的两个都尉和几百士兵,以报答汉天子对匈奴的厚恩,汉朝的回报必定十分厚重。"单于问道:"这是汉天子的诏令呢,还是使者您的请求呢?"夏侯藩说:"这是天子的旨意,不过我也是为单于您着想,出个好主意罢了。"单于说道:"孝宣皇帝、孝元皇帝可怜我父亲呼韩邪单于,答应长城以北归匈奴。他们要的这块地方是温偶䮣王居住的地方,我不知道那里生长些什么、是什么样子,请让我派使者去询问一下。"夏侯藩、韩容回到汉朝。后来二人又出使到匈奴,到那里就向单于要那块地方。单于说:"我父亲、哥哥相传已有五代,汉朝也不要这块地方,只是到我做单于了才来要,是为什么呢?我已派人问温偶䮣王,匈奴西部诸侯国做毡帐和车辆,都要靠这座山上的木材。况且它是匈奴先辈留下的地方,我不敢丢失。"夏侯藩回来后,升迁为太原太守。单于派使者来汉朝上书,把夏侯藩向匈奴索要土地的情况告诉皇帝。汉天子下诏报知单于说:"夏侯藩擅自假托天子诏旨向单于索要土地,按法应当处死,经过两次大赦,现在把夏侯藩迁为济南太守,不让他再驻扎在面向匈奴的地方。"第二年,单于入朝侍奉的儿子死了,归葬匈奴。单于又派儿子左於驗仇掸王稽留昆入朝侍奉。

到哀帝建平二年,乌孙国的庶子卑援疐翕侯的部众入侵匈奴西部边界,抢夺牛羊牲畜,杀了不少匈奴人。单于听说后,派左大当户乌夷泠率领五千骑兵攻击乌孙国,杀死了几百人,掳掠了一千多人,把牛羊赶回去了。卑援疐害怕了,派儿子趋逮到匈奴做人质。单于接受了,把情况报告了汉朝。汉朝派中郎将丁野林、副校尉公乘音出使匈奴,责备单于,告诉他要把卑援疐做人质的儿子送回去。单于接受了诏令,把人放回去了。

建平四年,单于上书希望能参加第五年正月的大朝。当时哀帝正患病,有的大臣说匈奴人从中国的上游来,会带来祸祟,自从黄龙、竟宁年以来,单于每次到中国来朝拜后都会有皇帝国戚亡故。皇帝因此感到很为难,就这事向大臣们征求意见,大臣们也认为如果让单于来朝拜,只会空费钱财,可以暂且不要答应单于的要求。单于的使者告辞要回匈奴了,还没有走,黄门郎扬雄上书皇帝劝谏说:

我听说《六经》上谈论的治国之道,推崇在没有混乱之前就进行治理;军事家对于胜利,推崇在没有交战之前就已经战胜敌人。这两种说法的道理都十分精妙,然而处理国家大事的根本原则,却不能不明察。现在单于上书要求朝见陛下,陛下不允许而予以推辞,恕我愚昧我认为汉朝与匈奴从此便要发生矛盾了。本来北方那些少数民族,就是五帝也不能让他们臣服,三王也不能有效地控制,因而不能使我们的关系出现裂痕是很明显的事。我

不敢说得太远,请允许我援引秦朝以来的事例加以说明:

凭秦始皇的强盛,蒙恬的威猛,统率带甲之士四十多万,然而却不敢窥视(侵入)西河,只是筑起了长城作为分界。正当汉朝刚刚建立,凭高祖皇帝的圣威,三十多万军队被围困在平城,有的人七天都没吃饭。当时高祖身边有许多奇谲善变的谋士、善于谋划的臣子,然而高祖等人最后才所以得以逃脱,却是靠了人们不愿说的方法。另外高皇后也曾经对匈奴十分气愤,召集大臣们在朝廷商议,樊哙请求率领十万骑兵攻打,横行匈奴,季布却说:"应该杀了樊哙,这么愚妄地阿谀奉承皇后的旨意!"于是由大臣们予以权变,顺着来信的言辞写了回信,然后与匈奴的矛盾才解决了,威胁中国的忧患才得以平息。到了孝文帝时,匈奴入侵北部边境,探马一直到了雍甘泉,京城震动,皇帝派三位将军率军分别驻扎在细柳、棘门、霸上以防备匈奴,几个月后匈奴才退去。孝武皇帝即位,在马邑设谋埋伏,想诱歼匈奴,派韩安国率领三十万军队在边地截击,匈奴发觉后退去了,汉朝白白浪费了资财,军队的辛劳也白费一场,一个匈奴人也没有见到,何况是单于!后来孝武皇帝深切思虑国家大计,规划宏大长远的方案,于是大批地出动军队几十万人,派卫青、霍去病统率,前后征战十多年。于是汉军渡过西河,越过大沙漠,攻破寘颜,袭击单于王庭,到达了匈奴最远的地方,追歼败逃的敌人,在狼居胥山上设坛祭天,在姑衍山上祭地(报告成功),到达了瀚海才回来,掳获的匈奴王公贵人数以百计。从此之后,匈奴人感到十分震惊恐怖,更迫切地要求与汉朝和亲,然而也还是不肯向汉朝称臣。

况且前朝皇帝难道愿意花费无数的钱粮让无罪的人去当差从军,攻打到狼望之北才感到高兴?是认为不彻底辛劳一次就不能得到长久的平安逸乐，不暂时费人费力打败匈奴就没有长久的安宁，所以才忍心出动百万军队，冒如同饿虎口里拔牙那样的危险，前去攻打匈奴；如同拿去填塞庐山山壑那样，把国家府库积累的钱粮运去打仗而不后悔。到本始初年，匈奴又生桀骜不驯之心，想攻掠乌孙国，危害嫁到那里的汉朝公主，于是汉朝出动五位将军率领十五万骑兵攻打匈奴的南部，长罗侯率乌孙国五万骑兵攻打匈奴的西部，都是按预先约定到期限就回来了。当时各路人马所获甚少，只不过是发武扬威，表明汉军如迅雷巨风那样威猛罢了。虽然是空手而去，空手而归，还是伤了两位将军。所以北方的匈奴如果不臣服，那么中国就永远不能高枕无忧。等到元康、神爵年间，皇帝神明，国家大治，恩泽广施，而匈奴却发生内乱，五个单于争位，日逐王、呼韩邪单于率部众投归文明之帮，向汉天子俯伏称臣，然而天子还是只施行笼络、怀柔政策，认为还是不适宜把他们当作臣子与奴仆对待。从此以后，匈奴单于有要来朝拜的不予拒绝，有不想来的也不勉强。为什么呢？匈奴人生性桀骜不驯，身体魁伟，凭恃自己的力气大，很难用仁善教化他们，却容易用暴力使他们屈从，他们的倔强难以屈服，他们的和顺却是难能可贵。因此，在他们没有臣服的时候，不惜出动军队到远方去攻打他们，全国拿出财力支持战争，死伤军卒，攻破城池，打败敌人，那是多么艰难；在他们臣服之后，对他们慰问安抚，使者往来，给钱给物，恩威并施，如此的完备。以往的时候，我们也曾攻拔大宛国的城池，踏上乌桓的堡垒，探看姑缯的军垒，践踏荡姐的地方，斩拔朝鲜、两越的军旗，征服这些地方花费的时间，短的不过十天半月，长的不过半年，必然已经在其庭中耕地，扫清了他们的里门，在那里设郡置县，如云撤去，如席卷起，干净完全，再也没有后患。只有匈奴的情况不一样，真是中国的劲敌，其他三面边境的情势与此相比差得远了，前朝皇帝也更是十分重视，不是可以掉以轻心的。

现在单于向慕仁义，有至诚的心意，想离开王庭，到汉天子面前朝见，这是前世流传下来的方略，是先帝神灵所希望的事情，国家虽然要破费些钱财，也是不得已的事情。怎么能用会带来祸祟的话予以拒绝，用没有期限的日子去疏远他，断绝了往日的恩义，造成将来矛盾的起端！现在慢待他，疏远他，使他怀恨在心，背叛了以前说的话，使单于用往昔我们说过的和好的话来埋怨我们，因此自绝于汉朝，最后再也不肯有臣服之心，不可用暴力压服，又不能用好话使他明白，怎么能不成为我们的大忧患！眼明的人能在近乎没有形状的地方看到东西，耳尖的人能在近乎没有声音的情形下听到些什么，如果真能在事情还没有发生以前就已预先料到了，那么蒙恬、樊哙就不再有用，棘门、细柳不再设防，马邑那样的计策还在哪里设伏？卫青、霍去病那样的功绩又有什么用？去乌孙的五位将军那样的雄威又去震惊谁去？不然的话，一旦两国有了矛盾之后，即使有足智多谋的谋士在朝廷内劳神费心，出谋划策；有能言善辩的说客整日在外奔走游说，说客多得常互相撞车，也还是不如在事情还没有发生之前就预做准备。况且以往我们谋取西域，控制车师，建设城郭，设置都护，统领保护三十六国，一年花费的钱财数以百万计，难道是为了害怕康居、乌孙越过白龙堆而侵略西部边境？是为了制服匈奴啊。百年的劳苦功绩，一天之内就全部丧失掉，花费了十钱却吝惜一钱，我真为国家担忧不安。希望陛下能稍微考虑一下事情没有混乱、没有发生战争以前该采取的策略，从而遏制边境上就要萌生的灾祸。"

奏章上达，皇帝看过之后明白过来了，派人召回了匈奴使者，再次答复了单于的来信，允许单于入朝拜见。赏赐给扬雄帛五十匹，黄金十斤。正巧单于还没有出发便病了，又派使者来说希望能在明年来入朝晋见。过去的旧例是，单于来朝拜，允许自名王以下以及侍从的人二百多人跟随入朝。单于又上书皇帝说："承蒙天子神灵保佑，匈奴人民强壮众多，希望能允许我带五百人去朝见天子，以昭明天子的盛大仁德。"皇帝全都答应了单于的要求。

元寿二年，单于来汉朝晋见，皇上因为主凶兆的太岁和可以诅咒制人的厌胜在那里的缘故，便让单于住在上林苑蒲陶宫。并派人告知单于，这是对他表示的格外尊重，单于也明白了。这次单于来朝，皇帝增加给的赏赐物有三百七十套衣服，三万匹锦绣缯帛，三万斤粗丝棉，其他赏赐与河平年间一样。正月大朝完后，汉朝派中郎将韩况，护送单于回匈奴。单于出了边塞，到达休屯井，向北度过车田庐水，道路曲折遥远。韩况等粮食短缺，单于就供给他们，过了期限五十多天韩况等人才回来。

当初，皇帝派稽留昆跟随单于一起回去，单于回到王庭后，又派稽留昆同自己的娘舅右大且方及妻子入朝侍奉天子。这次朝拜回去后，又派右大且方的同母哥哥左日逐王及妻子入朝侍奉。这个时候，汉平帝年纪小，太皇太后临朝称制，新都侯王莽主持朝政，王莽想借称颂太后威德至盛来取悦于太后，便让人从侧面告诉单于，要他派王昭君的女儿须卜居次云入朝侍奉皇太后，用来赏赐的东西十分丰厚。

正巧这时西域的车师后王句姑、去胡来王唐兜二人都怨恨都护校尉，率领妻儿部众逃走，归降了匈奴，事情记载在西域传里。单于接受了投降的人，把他们安置在左谷蠡地方，派使者上书汉朝报告情况说:"我已全部接受下了。"朝迁诏令派中郎将韩隆和王昌、副校尉甄阜、侍中谒者帛敞、长水校尉王歙出使匈奴,告知单于说:"西域归属汉朝管辖,单于不应当接受投降的人,要你放回他们。"单于说:"孝宣皇帝、孝元皇帝哀怜我们,与我们约定,从长城以南归汉朝天子所有,从长城往北归单于所有。如果有侵扰边塞的,要互相通报情况;有来投降的,不得接受。我的父亲呼韩邪单于蒙受汉朝无量的大恩大德,临死时留下话说:"如果有从中国来投降匈的人,不许接受,要把他送回边塞,送还汉朝,以报答汉天子的厚恩。'而这次投降来的人是长城以外的国家的人,我可以接受。"汉朝使者说:"当初匈奴骨肉亲人之间互相攻击,国家几乎绝灭,承蒙中国的大恩,扶助单于,使危亡的匈奴得以延续下来,家室妻儿得以保全平安,世代相传,对汉朝的大恩,匈奴应该有所报答。"单于听后,对使者磕头谢罪,把归降的两个王爷抓来交给了汉朝使者。汉朝诏令派中郎将王萌到西域的恶都奴边界上迎接并接受归还的人。单于派使者护送到汉朝,并向皇帝请求饶恕罪过。使者报告朝廷,朝廷下诏不予饶恕,并会集西域各国国王,杀了句姑和唐兜,昭示其罪。重新制定了四条规约:中国人逃入匈奴的、乌孙国逃亡归降匈奴的人、佩带中国印绶由汉朝朝任命官员的一些西域国家投降匈奴的人、乌桓国投降匈奴的人,匈奴都不得接受。汉朝派中郎将王骏和王昌、副校尉甄阜和王寻出使匈奴,向单于颁布四条规约,规约与玺书混封在一函之内,交给了单于,要求他奉行,并就此收回以前汉宣帝与匈奴制定的规约,装在信函中回来了。当时王莽奏请皇后批准,命令中国人不许有两个字的名字,并派使者去匈奴用托词婉言劝说单于,应该上书朝廷,追求汉朝文明教化,只用一个字的名字,汉朝一定会加倍赏赐。单于听从了使者的劝告，上书朝廷说："我有幸成为汉朝的外臣，喜爱汉朝的太平圣明的礼制。我原来的名字是囊知牙斯，现在我愿意把名字改为知。"王莽十分高兴，告诉了太后，派使者去予以答复，赏赐十分丰厚。

汉朝颁布与匈奴的四条规约后，都护乌桓的使者告诉乌桓的百姓，不要再向匈奴交纳皮布税。匈奴按旧例派使者去乌桓征税，匈奴一些想做买卖的贩子及妇女都随使者一起去了。乌桓的人拒绝说："我们听从汉天子的诏令，不许我们向匈奴纳税。"匈奴使者十分愤怒，把乌桓的首领收捕，吊了起来。首领的弟弟生气了，一起杀了匈奴的使者以及跟随来的官员，把来贩卖东西的妇女和他们的牛马扣留没收。单于听说了，派使者去命令左贤王出兵攻入乌桓，指责他们杀了匈奴使者，并攻打他们。乌桓被打散，有人跑上了山，有人到东边去凭堡垒自保。匈奴杀了不少人，把乌桓的近千妇女、老人、小孩驱赶走了，把他们留置在左地，派人告诉乌桓说："拿马匹畜皮和布匹来赎你们的人。"乌桓派被抢去的人的亲属二千多人带着财物、牲畜去赎人，匈奴接受了财物，把人也扣留了。

王莽篡夺了汉朝江山，建国元年，派五威将军王骏率领甄阜、王飒、陈饶、帛敞、丁业六个人，带着许多金银、布帛，送给单于，向单于通报王莽受命于天，代替汉室的情况，并换回单于原来的玺印。原来的玺印文是"匈奴单于玺"，王莽更换做"新匈奴单于章"。将军们到了匈奴后，代表朝廷授给单于玺印和绶带，并宣诏命令单于把原来的玺印绶带交上来。单于二次叩拜，接受诏书。翻译走上前来，想解下原来的玺印绶带，单于举起胳膊让他解。这时左姑夕侯苏在旁边对单于说："还没有见到新的玺印文字，应当暂且别给他。"单于就放下胳膊不让摘了。

单于请使者在毡帐落坐,单于想走上前去为皇上祝贺长寿,五威将军王骏说:"原来的玺印与绶带应当按时交上来。"单于说:"好吧。"就又举起胳膊让翻译来解取。左姑夕侯苏又说道:"还没看见玺印文字,暂且别给他。"单于回答道:"印文怎么会变呢!"于是便解下原来的玺印绶带呈送上去,将军们接受了。单于佩带上新的印绶,也不解下来看看玺印,一直吃喝到夜里才散席。右将军陈饶对其他将军们说:"前边的时候左姑夕侯对印文有怀疑,差点儿不让单于把旧玺印交给我们。如果他让单于看了玺印,见到印文变了,一定会来要原来的印,这样的话我们便没法用言辞予以拒绝。既已得到故玺,又再次失去,太有辱使命。不如毁掉原来的印玺,断绝这个祸根。"将军们都很犹豫不决,没有人应和。陈饶,他是燕地人,果敢骁勇,就拿起斧子砍坏了旧玺印。第二天,单于果然派右骨都侯当来对将军们说:"汉朝赏赐给单于玺印,上面用'玺'字,不用'章'字,而且那旧印上没有'汉'字,因为只有汉朝王以下的印才有'汉'字、'章'字。现在的印上面去掉了'玺'字,加上了'新'字,这便与你们的臣子没有什么区别了。单于希望能得到原来的玺印。"将军们把原来的印拿给他看,对他说:"新王朝顺天承运,允许我们这些将帅随意破坏旧玺印。单于您应当顺应天意,奉行新莽王室的礼制。"右骨都侯当回去报告了单于事情的经过,单于知道已是无可奈何,况且又得了不少金银,于是便派弟弟、右贤王舆带着马牛等礼物随新朝将帅入朝称谢,并上书朝廷要求得到像原来那样的玺印。

将帅们回去的路上走到了左犁汗王咸居住的地方,看见有许多乌桓的百姓,便问咸这是怎么回事。咸详细谈了事情的经过,将帅们说:"前边我们与匈奴有过四项规约,不许匈奴接受乌桓投降的人，赶快把他们送还。"左犁汗王说："请让我偷偷的跟单于说一下，得了回话，就放他们回去。"后来单于派左犁汗王回报说："这些投降的人是应当从塞内送还，还是从塞外送还呢？"将帅们不敢立刻决定，把事报告朝廷。朝廷下诏，要他们从塞外送还。

单于起初因为夏侯藩向匈奴索要土地自己拒绝了，后来因为向乌桓征税不成，于是就侵略乌桓的部众，矛盾由此产生，再加上印文被改变，所以很怨恨。于是派右大且渠蒲呼庐訾等十多人率领一万骑兵，以护送乌桓被俘的人为名，驻军在朔方边塞下。朔方太守向朝廷报告了此事。

第二年，西域的车师后王须置离图谋投降匈奴，都护但钦诛杀了他。置离的哥哥狐兰支率领部众二千多人，驱赶着牲畜，全国逃亡投降了匈奴，单于接受了。狐兰支与匈奴一起入侵，攻打车师，杀了后成的首领，杀伤了都护司马，又回匈奴去了。

当时戊己校尉史陈良和终带、司马丞韩玄、右曲侯任商等人见西域许多人背叛中原，又听说匈奴要大举入侵，担心会被一起杀死，就共同商议，劫持了官吏、士兵几百人，一起杀死了戊己校尉刁护，派人通知匈奴南犁汗王南将军。匈奴南将军率二千骑兵进入西域迎接陈良等人，陈良等人把戊己校尉属下的官吏士兵男女共二千多人悉数劫持到匈奴。韩玄、任商留在了南将军那里，陈良、终带直接到了单于王庭，带去的人另外安置在零吾水边种田。单于赐号陈良、终带，叫作乌桓都将军，把他们留在单于王庭，屡次把他们召来饮酒吃饭。西域都护但钦向朝廷上书，报告匈奴的南将军右伊秩訾率兵入侵西域诸国。于是王莽把匈奴的单于封号数目大大提高，达到十五个，派中郎将蔺苞、副校尉戴级率领一万骑兵，带着许多珍珠宝器到了云中郡的边塞旁，通过引诱手段把呼韩邪单于的几个儿子招来,想依次封他们为单于。派翻译到边塞外引诱招呼右犁汗王咸、咸的儿子登、助等三人,到朝廷后王莽就强迫他接受孝单于的封号,并赏赐给他安车、鼓车各一辆,黄金一千斤,杂缯一千匹,带旗的戏戟十杆;封他儿子助为顺单于,赏赐给黄金五百斤;派驿车送助、登到长安。王莽又封蔺苞为宣威公,任命为虎牙将军;封戴级为扬威公,任命为虎贲将军。单于听到这些事,愤怒地说:"先单于受汉宣帝的恩遇,对汉朝不能背负。现在的天子不是宣帝的子孙,怎么做了天子?"派左骨都侯、右伊秩訾王呼庐訾以及左贤王乐率兵入侵云中郡的益寿塞,杀了许多官吏和百姓。这一年是建国三年。

此后,单于多次派左右部都尉、边塞上的那些封王侵入边塞杀掠,规模大的有一万多人,中等规模的有几千人,少的几百人,杀了雁门、朔方的太守和都尉,劫掠官吏、百姓和牲畜财产不可胜数,边塞上因而大为虚弱。王莽刚做天子,想凭恃国家府库的富有建立自己的威望,便封了十二部将帅,出动各郡县封国的勇士,拿出武器库的精良兵器,命他们各自驻扎在一方,逐渐向边塞输送。商议的计划是等达到三十万人的规模,带足够三百天吃的粮食,分十路同时出击,对匈奴穷追猛打,把他们赶到丁令去,并划分匈奴的地盘,立呼韩邪的十五个儿子为单于。

王莽的大将严尤劝谏他说:

我听说匈奴为害中原,从开始到现在已经很久了,没听说前代一定要去征伐的事。后代的周、秦、汉三朝去征伐了,然而没有一朝称得上是得上等策略的。周朝可以说是得中策,汉朝得下策,秦朝就是毫无策略了。在周宣王的时候,獫允向内地入侵,到达了泾阳，周宣王派将军前去征伐，攻到边境就回来了。周朝对待戎狄的入侵，就好像对待蚊虻咬人一样，赶跑就算了。所以天下人都称赞这是明智之举，这是中策。汉武帝选拔将领，训练士兵，约好少带粮食，轻装深入匈奴，把匈奴赶得远远的，虽然获胜，俘获不少，匈奴却总是予以报复，兵连祸接三十多年，结果中国疲惫虚耗，匈奴也深受创伤，天下人把这称为武勇，这是下策。秦始皇不肯忍受匈奴入侵的小耻辱，轻易征用百姓，修筑坚固的长城，绵延上万里，运输砖石，从海边建起，长城沿边境建完了，中国国力也衰竭了，并因此丢掉了社稷江山，这便是无策。现在中原各地遭了大旱灾，几年来都发生饥荒，西北边境尤其受害严重。如果我们出动三十万军队，准备好够三百天用的粮草，向东面搜求于海代之地，向南面征取于江淮之地，然后才能完备。考虑一下要走的路程，一年时间还不能集合起来，先开到的军队屯聚在一起，暴露在野外，军队疲惫，枪械损坏，必定没有战斗力而不可再用，这是第一个难处。边境上已经十分空虚，不能供应军粮，在内地各郡县封国征集，又供应不上去，这是第二个难处。计算一下用粮数，一个人三百天需要粮食十八斛，不用牛是担负不了的；牛又要吃草料，也要带上，又得加上二十斛，已是十分沉重了。匈奴地方多是沙地，又缺水缺草，按过去的经验推测，军队出动还不满一百天，牛一定会快死光了，剩了的粮食还有很多，人又背不动，这是第三个难处。匈奴那里秋冬季十分寒冷，春夏季常刮大风，只有多带大锅木炭才能应付，然而又嫌太重，不可担负。吃干粮、喝白水，从而度过一年四季，军队有发生瘟疫的危险，所以前代攻打匈奴，不过一百天，不是不想延长时间，是情况不允许，力量达不到，这是第四方面的难处。粮草辎重跟随着军队，必然减少轻锐部队的数量，不能迅速行军，匈奴慢慢着就能逃去，必然追不上他们，即使有幸与匈奴人遭遇，我们又有辎重粮草拖累。如果碰到狭路险径，行军时只好马首边连马尾，拉长队伍。如果匈奴人截断我们，前后袭击我们，那危险真不可预料，这是第五个难处。大肆征用百姓，打败匈奴的军功却不一定能够获得，我感到十分担忧。现在既然朝廷已经出动军队，就应当让先到达的军队出击，让我和别的将军率军队深入匈奴，迅速攻击他们，使匈奴受到损失与创伤。

王莽不听从严尤的建议，还像开始那样调兵运粮，结果搅得全国一片混乱。

匈奴右犁汗王咸接受了王莽孝单于的封号后，跑出边塞回到王庭，把被胁迫的情况仔细地告诉了单于。单于更换他的官职，让他做了於粟置支侯，这是匈奴低贱的官职。后来咸的儿子助病死了，王莽让他的另一个儿子登代替做顺单于。

厌难将军陈钦，震狄将军王巡驻扎在云中郡的葛邪塞。这时，匈奴多次入侵边塞，杀死将帅士兵，抢掠走百姓人口，赶走了许多牲畜。后来抓到了匈奴俘虏审问，都说孝单于咸的儿子角多次率军入侵。陈、王二位将军把情况报告了朝廷。建国四年，王莽会集各少数民族首领，在长安市斩杀了咸的儿子登。

当初的时候，北部边境从宣帝以来，几代没有见过烽火，没经过战事，百姓人口旺盛，牛马遍野，等到王莽搅动了匈奴，与匈奴结仇，边境上的人民或死亡、或被掳走；再加上王莽征集的十二部兵马长久驻扎在这里，而不出击，将士疲惫，几年之间，北部边境就空了，原野上可见到暴露的白骨。

乌珠留单于在位二十一年，建国五年死去。匈奴执政的大臣右骨都侯须卜当，就是王昭君女儿伊墨居次云的女婿。云经常希望能与中国和亲，平常又与咸关系很好，她看到咸前后受到王莽的任命,于是便越过舆,立咸为乌絫若鞮单于。

乌絫单于咸即位后,让弟弟舆做了左谷蠡王。乌珠留单于的儿子苏屠明本来是左贤王,让弟弟屠耆阏氏的儿子庐浑做右贤王。乌珠留单于活着的时候,被封为左贤王的人屡次死去,于是以为这个封号不吉祥,于是把左贤王的封号改为"护于"。护于是匈奴最尊贵的官职,按次序以后是要做单于的,所以乌珠留单于把护于的封号赐给自己的长子,想把国家传给他。咸怨恨乌珠留单于当初贬低自己的封号,不想把国家传给自己。等咸做了单于,就把护于贬为左屠耆王。云和须卜当就劝咸与中原和亲。

天凤元年,云、须卜当派人到西河郡虎猛县的制虏塞下,告诉关塞上的官吏说想会见和亲二侯。和亲侯王歙是王昭君哥哥的儿子。中部都尉上报朝廷。王莽便派王歙和他的弟弟骑都尉展德侯王飒出使匈奴,祝贺单于新登大位,赏赐给黄金、衣被、缯帛,欺骗单于说他入侍的儿子登还在中原,并给钱要求单于把陈良、终带等人交给朝廷。单于把陈良等四人全部抓来,还有杀死校尉刀护的贼人芝音的妻儿以下共二十七人,全部捆好关闭囚车里交给了使者,并派厨唯姑夕富等四十人护送王歙、王飒回朝。王莽制作了焚如之刑,烧杀了陈良等人,把驻扎在边塞的将帅及士兵撤回原地,只设置游击都尉。单于贪求王莽送的财宝,所以外表上仍按汉朝时的旧例行事,但暗地里却喜欢侵略边塞以得利。并且使者回到匈奴后,单于知道儿子登前边已经被王莽杀死了,十分怨恨,便派兵从左地入侵,掳掠不绝。王莽的使者责问单于,匈奴人总是回答说:"乌桓对待匈奴不像样子,匈奴的奸黠之民一起结伙入侵边塞,就好像中国有盗贼一样!单于咸刚刚即位,主持国政,威信还不高,费尽全力去禁止这类事情,并不敢有二心。"

天凤二年五月，王莽又派王歙与五威将军王咸，率领伏黯、丁业等六人，护送右厨唯姑夕王回匈奴。同时把以前斩杀的单于的儿子登，以及被害的跟随登的匈奴贵人的灵柩奉还匈奴，都用常车装载。到了塞下，单于派云、须卜当的儿子大且渠奢等人到边塞迎接。王咸等人到王庭以后，送给单于许多金宝珍珠，并劝说单于改变国号，改匈奴为"恭奴"，改单于为"善于"，赏赐给印绶。封骨都侯须卜当为后安公，封须卜当的儿子奢为后安侯。单于贪求王莽的金银珠宝，所以都委曲听从了，然而还像以前一样侵略寇盗。王咸、王歙又把朝廷购求陈良等人的金钱交给云和须卜当，让他们分别赐给下级。十二月份王咸等回到塞内，王莽十分高兴，赏赐给王歙钱二百万，伏黯等人都被封官。

乌累若鞮单于咸在位五年，天凤五年死去，他的弟弟左贤王舆继位，称为呼都而尸道皋若鞮单于。匈奴称呼"孝"为"若鞮"。自呼韩邪单于之后，匈奴与汉朝关系亲密，看到汉朝皇帝的谥号称为"孝"，十分羡慕，所以单于都加上"若鞮"。

呼都而尸单于舆继位后，贪图王莽的金银赏赐，派大且渠奢与云的妹妹当于居次的儿子醢椟王一起到长安向王莽奉献贡品。王莽派和亲侯王歙与匈奴大且渠奢一起到达制虏塞下，与云、须卜当约请相会，然后便以武力相胁迫，把他们带到了长安。云和须卜当的小儿子从塞下逃走了，回到了匈奴。须卜当到了长安，王莽拜他为须卜单于，想出动大军辅佐他在匈奴做单于。但是王莽的军队却调动不起来，而这也更惹恼了匈奴，各部一起向北部边境入侵，北部边塞因此破败不堪。这时正巧须卜当病死了，王莽把自己庶出的女儿陆逯任嫁给后安公奢做妻子，对他十分尊宠，目的终究还是为了想出兵扶立他做单于。这时正好汉兵攻杀王莽，云、奢也一起被杀死了。

更始二年冬天，汉朝派中郎将归德侯飒、大司马护军陈遵出使匈奴，授给单于汉朝原来式样的玺绶，授给王侯以下的人印绶，同时把跟从云和须卜当来中原的、没死而剩下的亲属、贵人送回匈奴。单于舆十分骄横，对陈遵、王飒说："匈奴与汉朝本来是兄弟，匈奴中间的时候发生内乱，孝宣皇帝帮助呼韩邪单于登位，所以我们向汉朝称臣，以示尊敬。现在汉朝也发生了内乱，皇位被王莽篡夺，我们匈奴也出兵攻打了王莽，使他边境空虚，使汉朝百姓骚动，人心思汉，使王莽终于失败而汉朝得以复兴，这也是靠了我们匈奴的力量，汉朝应当重新尊敬我们！"陈遵与单于抗拒辩论，单于一直坚持这样的说法。第二年夏天，王飒、陈遵回到汉朝。这时正好赤眉军攻入长安，刘玄失败了。

赞说：《书经》告诫"蛮夷少数民族扰乱中原"，《诗经》称赞"勇敢地面对戎狄"，《春秋》上说"有诮之君四边的少数民族也拥护"，夷狄为害中原由来已久。所以自从汉朝建立，那些忠言直谏、计谋深远的大臣们，何尝不是费尽心机、出谋划策，在朝廷上争论如何对付夷狄？高祖时有刘敬，吕后时有樊哙、季布，孝文帝时有贾谊、朝错，孝武帝时有王恢、韩安国、朱买臣、公孙弘、董仲舒，人们坚持己见，有相同的、有不同的，然而归纳起来，也就是两种意见。缙绅儒士坚持与匈奴和亲，披甲戴胄的武士则坚持讨伐攻打匈奴，都是只顾某一时期有利或有害的偏执之见，却没有深入考察匈奴自始至终的历史。从汉朝建立直到现在，经历了多少年代，比《春秋》纪年还多，汉朝与匈奴的关系，既有崇尚文治而实行和亲的时候，也有使用武力征伐攻斗的时候；既有谦卑恭顺侍奉匈奴的时候，也有用武力征服而把他们当臣子奴才对待的时候。有屈有伸，变化不同，或我强、或你弱,地位相反,所以我们可以谈论一下其中详情。

以往提倡与匈奴和亲的言论,是由刘敬开始的。当时天下刚刚安定,汉朝刚经历了在羊城被匈奴围困的灾难,所以皇帝听从了他的建议,与匈奴商议和亲,送给单于金银粮棉,希望能够使边境安定。孝惠帝、高后的时候听从匈奴的,不敢违抗,匈奴的侵略却一点儿也没减少或停止,而单于反而更加骄狂。到了孝文帝时,与匈奴互通贸易,开放边境市场,把汉朝公主嫁给单于,增加送给匈奴的财物,每年要花一千金子,匈奴却屡次违反和约,汉朝边境屡遭侵害。所以文帝到了中年以后,发愤图强,亲自穿起戎装,骑上战马,率领六郡的精壮勇猛的战士,在上林苑练习骑马射箭,演练战阵,调集天下的精兵强将,驻扎在广武城。文帝向冯唐询问,和他谈论将帅,感叹思慕古代的名臣。因此与匈奴和亲毫无益处,已然是十分明了的了。

董仲舒亲眼见到了汉初四朝的那些事情,却还是想遵从过去的章程,大大增重与匈奴的规约。他认为"仁义能够感动君子,利益能够鼓动贪婪的小人,像匈奴人那样的,是不能用宣教仁义来使他们明白的,只能用厚利金钱使他们高兴,和他们向天发誓,结下盟约。所以应该多送给他们金银财物以消靡他们凶暴的攻击意识,与他们对天盟誓从而使双方缔结的盟约更牢固,让单于的爱子来汉朝做人质从而使他下决心时受到牵累。即使匈奴想要辗转边塞,攻击汉朝,也没有办法不顾及要失去金钱厚利、会欺骗上天、爱子会被杀死,从而无法举措。为向匈奴送礼而征收的钱财,比不上出动三军征伐匈奴所花费的军费多;防御匈奴的坚固的城郭的效用,与派行为贞正的人与匈奴订立的盟约的效用也没有什么两样。而这样做,却能够使边塞城池中防卫边境的人们解下铠甲,得以轻松,使他们的孩子能够平安地吃口饭。使匈奴的骑兵不再窥视侵袭汉朝的长城，刀枪弓箭不再在中原流行，对于天下人民来说不是很便利的事情吗！"然而考察一下，董仲舒的言论，与当时的事实情势比较一下，就会知道他说的那些在当时是不合时宜的，对后世来说也有不正确的地方。在孝武帝的时候，虽然攻打匈奴，所获甚多，然而士兵、战马死去的数目与获得的也大致差不多；虽然开辟了河套以南的原野，建筑了朔方郡，可是也抛弃了造阳以北的地方九百多里。匈奴的百姓时时来投降汉朝，单于也总是扣留汉朝使者作为报复，他们桀骜不驯的性格还是原来那样，又怎么肯把自己的爱子交给汉朝做人质呢？这就是董仲舒言论不合当时时宜的地方。如果不能做到让匈奴人来做人质，和亲的盟约就是白纸一张，这就承袭了孝文帝过去做过的已经后悔的事情，重犯孝文帝过去的错误，而助长匈奴没完没了的欺诈行为。不选拔能够保国境的武将驻守边境上的城池；不修亭障、筑小路，准备保卫边塞的手段；不把长戟磨锋利、把劲弓准备好，使我们有所凭借、有所依靠，却一味向百姓横征暴敛，跑了好远去赂遗匈奴，剥夺百姓的财产，去送给我们的敌人。相信虚假的好话，信守空无一用的盟约，却期望匈奴人不来入侵，这傻得也太过分了吧！

到孝宣帝的时候，上承武帝奋勇攻击匈奴的余威，正碰上匈奴百年不遇的厄运，趁机利用他们的国内混乱，几乎亡国的灾祸，灵活地对待当时的情况，采取相适宜的方法，再加上对匈奴恩威并用，然后单于才向天子叩头，表示臣服，派儿子入朝侍奉，三代人做汉朝的外藩之臣，宾服于汉朝廷。当时边境城市安宁，牛马遍野，三代没有狗儿狂叫之类的警报，百姓不服兵役。

以后的六十多年的时间里，汉朝被王莽篡夺了江山，王莽开始挑起了边境争端，单于因此埋怨新朝，与中原断绝关系。王莽杀了单于入侍的儿子，边境上的祸端就这样开始了。所以呼韩邪单于起初到汉朝朝拜的时候，汉朝商议对待他的礼仪方式，萧望之就说："戎狄荒服，说的就是匈奴人来臣服于汉朝荒忽不定，没有常规，时而来了，时而去了，应当以待客人的礼节对待他，予以辞让，不让他做臣子。如果他的后代背叛了汉朝，远远地逃走了，也可以使这种情况对于汉朝来说不成为臣子背叛。"到了孝元帝时，朝廷商议撤销边塞上守卫的军队，侯应认为那是不可以的。他的见解可以称得上是在兴盛时不忘将来衰落时，居安思危，看得细，有远见之明。到单于咸的时候，抛弃了他在汉朝的爱子，贪得重利，不顾其他，侵盗掠夺所得到的财物，一年里就数以万计，可是和亲所带来的金钱，不过一千，他怎么会不抛弃做人质的儿子而去追逐重利呢？董仲舒的言论，从这里可以看出很大漏洞。

考虑事情，提供建议，不从谋求万世之固的眼光出发，而苟且地依赖某一时的情势，那样的建议是不能够用来治理长远以后的事情的。至于用武力征伐匈奴的功效，秦朝汉朝为对付匈奴所做的事情的长短，严尤的议论是很正确的。所以先王规划度量国土，在中国地带设立王畿国都，天下划分为九州，王畿京都周围的地方划分为五服，向朝廷上贡各地物产，因五服的远近差异而制定不同的制度。在有的地方尚用刑法，有的地方昭明文治，是因为地理位置的远近，情势不同所决定的。因此《春秋》中说接纳中原各族，排斥边远的夷狄。夷狄的人贪婪好利，年散着头发，衣襟向左开，人面兽心。他们与中原人服饰制度不同，风俗也不一样，吃的东西也不同，言语不通；居住在偏僻的北部边陲，暴露于荒野寒露之中，逐水草而放牧，随牲畜而迁徙，以射鸟猎兽为生计；被山谷分隔开，被沙漠所壅塞，这是天地自然把他们与中原断绝开,外内不同啊。所以圣明的君王像对待禽兽一样对待他们,不与他们立约盟誓,也不去从事战争,攻打他们;与他们立盟约就会既花费钱财贿赂,又被欺骗,攻打他们就会使军队疲惫,又招来他们的侵袭。他们那里的土地不能耕种从而提供食物,他们的人民不能作为臣子从而抚养他们,所以要排斥而不接纳他们,疏远而不亲近他们,政治教化不顾及他们的百姓,正朔历法不对他们使用;他们来进攻就杀伤、抵御他们,他们离去就防备他们,守住边塞。他们向慕仁义,来朝拜天子贡献礼品,那么就按礼节接待他们,笼络他们,不主动与他们断绝关系,使理亏的一方在他们那一边,这大概就是圣明的君王制服、驾驭匈奴蛮夷的平常之道。

汉书卷九十五

西南夷两粤朝鲜传第六十五

西南夷

南夷君长以十数,夜郎最大。其西,靡莫之属以十数,滇最大。自滇以北,君长以十数,邛都最大。此皆椎结,耕田,有邑聚。其外,西自桐师以东,北至叶榆,名为嶲、昆明,编发,随畜移徙,亡常处,亡君长,地方可数千里。自嶲以东北,君长以十数,徙、莋都最大。自莋以东北,君长以十数,冉駹最大。其俗,或土著,或移徙。在蜀之西。自駹以东北,君长以十数,白马最大,皆氐类也。此皆巴、蜀西南外蛮夷也。

始,楚威王时,使将军庄蹻将兵循江上,略巴、黔中以西。庄蹻者,楚庄王苗裔也。蹻至滇池,方三百里,旁平地肥饶数千里,以兵威定属楚。欲归报,会秦击夺楚巴、黔中郡,道塞不通,因乃以其众王滇,变服,从其俗以长之。秦时尝破,略通五尺道,诸此国颇置吏焉。十余岁,秦灭。及汉兴,皆弃此国而关蜀故徼。巴、蜀民或窃出商贾,取其莋马、僰僮、髦牛,以此巴、蜀殷富。

建元六年,大行王恢击东粤,东粤杀王郢以报。恢因兵威使番阳令唐蒙风晓南粤。南粤食蒙蜀枸酱,蒙问所从来,曰:"道西北牂柯江,江广数里,出番禺城下。"蒙归至长安,问蜀贾人,独蜀出枸酱,多持窃出市夜郎。夜郎者,临牂柯江,江广百余步,足以行船。南粤以财物役属夜郎,西至桐师,然亦不能臣使也。蒙乃上书说上曰:"南粤王黄屋左纛,地东西万余里,名为外臣,实一州主。今以长沙、豫章往,水道多绝,难行。窃闻夜郎所有精兵可得十万,浮船牂牁,出不意,此制粤一奇也。诚以汉之强,巴、蜀之饶,通夜郎道,为置吏,甚易。"上许之。乃拜蒙以郎中将,将千人,食重万余人,从巴苻关入,遂见夜郎侯多同。厚赐,谕以威德,约为置吏,使其子为令。夜郎旁小邑皆贪汉缯帛,以为汉道险,终不能有也,乃且听蒙约。还报,乃以为犍为郡。发巴、蜀卒治道,自僰道指牂柯江。蜀人司马相如亦言西夷邛、莋可置郡。使相如以郎中将往谕,皆如南夷,为置一都尉,十余县,属蜀。

当是时,巴、蜀四郡通西南夷道,载转相饷。数岁,道不通,士罢饿馁,离暑湿,死者甚众。西南夷又数反,发兵兴击,耗费亡功。上患之,使公孙弘往视问焉。还报,言其不便。及弘为御史大夫,时方筑朔方,据河逐胡,弘等因言西南夷为害,可且罢,专力事匈奴。上许之,罢西夷,独置南夷两县一都尉,稍令犍为自保就。

及元狩元年,博望侯张骞言使大夏时,见蜀布、邛竹杖,问所从来,曰:"从东南身毒国,可数千里,得蜀贾人市。"或闻邛西可二千里有身毒国。骞因盛言大夏在汉西南,慕中国,患匈奴隔其道,诚通蜀,身毒国道便近,又亡害。于是天子乃令王然于、柏始昌、吕越人等十余辈间出西南夷,指求身毒国。至滇,滇王当羌乃留为求道。四岁余,皆闭昆明,莫能通。滇王与汉使言："汉孰与我大？"及夜郎侯亦然，各自以一州王，不知汉广大。使者还，因盛言滇大国，足事亲附。天子注意焉。

及至南粤反，上使驰义侯因犍为发南夷兵。且兰君恐远行，旁国虏其老弱，乃与其众反，杀使者及犍为太守。汉乃发巴、蜀罪人当击南粤者八校尉击之。会越已破，汉八校尉不下，中郎将郭昌、卫广引兵还，行诛隔滇道者且兰，斩首数万，遂平南夷为牂牁郡。夜郎侯始倚南粤，南粤已灭，还诛反者，夜郎遂入朝，上以为夜郎王。南粤破后，及汉诛且兰、邛君，并杀莋侯，冉駹皆震恐，请臣置吏，以邛都为粤嶲郡，莋都为沈黎郡，冉駹为文山郡，广汉西白马为武都郡。

使王然于以粤破及诛南夷兵威风谕滇王入朝。滇王者，其众数万人，其旁东北劳深、靡莫皆同姓相杖，未肯听。劳、莫数侵犯使者吏卒。元封二年，天子发巴、蜀兵击灭劳深、靡莫，以兵临滇。滇王始首善，以故弗诛。滇王离西夷，滇举国降，请置吏入朝，于是以为益州郡，赐滇王王印，复长其民。西南夷君长以百数，独夜郎、滇受王印。滇，小邑也，最宠焉。

后二十三岁，孝昭始元元年，益州廉头、姑缯民反，杀长吏。牂牁、谈指、同并等二十四邑，凡三万余人皆反。遣水衡都尉发蜀郡、犍为奔命万余人击牂牁，大破之。后三岁，姑缯、叶榆复反，遣水衡都尉吕辟胡将郡兵击之。辟胡不进，蛮夷遂杀益州太守，乘胜与辟胡战，士战及溺死者四千余人。明年，复遣军正王平与大鸿胪田广明等并进，大破益州，斩首捕虏五万余级，获畜产十余万。上曰："钩町侯亡波率其邑君长人民击反者，斩首捕虏有功，其立亡波为钩町王。大鸿胪广明赐爵关内侯，食邑三百户。"后间岁，武都氐人反，遣执金吾马适建、龙額侯韩增与大鸿胪广明将兵击之。

至成帝河平中，夜郎王兴与钩町王禹、漏卧侯俞更举兵相攻。牂柯太守请发兵诛兴等，议者以为道远不可击，乃遣太中大夫蜀郡张匡持节和解。兴等不从命，刻木象汉吏，立道旁射之。杜钦说大将军王凤曰："太中大夫匡使和解蛮夷王侯，王侯受诏，已复相攻，轻易汉使，不惮国威，其效可见。恐议者选耎，复守和解，太守察动静，有变乃以闻。如此，则复旷一时，王侯得收猎其众，申固其谋，党助众多，各不胜忿，必相殄灭。自知罪成，狂犯守尉，远臧温暑毒草之地，虽有孙、吴将，贲、育士，若入水火，往必焦没，知勇亡所施。屯田守之，费不可胜量。宜因其罪恶未成，未疑汉家加诛，阴敕旁郡守尉练士马，大司农豫调谷积要害处，选任职太守往，以秋凉时入，诛其王侯尤不轨者。即以为不毛之地，亡用之民，圣王不以劳中国，宜罢郡，放弃其民，绝其王侯勿复通。如以先帝所立累世之功不可堕坏，亦宜因其萌牙，早断绝之，及已成形然后战师，则万姓被害。"

大将军凤于是荐金城司马陈立为牂柯太守。立者，临邛人，前为连然长，不韦令，蛮夷畏之。及至牂柯，谕告夜郎王兴，兴不从命，立请诛之。未报，乃从吏数十人出行县，至兴国且同亭，召兴。兴将数千人往至亭，从邑君数十人入见立。立数责，因断头。邑君曰："将军诛亡状，为民除害，愿出晓士众。"以兴头示之，皆释兵降。钩町王禹、漏卧侯俞震恐，入粟千斛，牛、羊劳吏士。立还归郡，兴妻父翁指与兴子邪务收余兵，迫胁旁二十二邑反。至冬，立奏募诸夷与都尉长史分将攻翁指等。翁指据厄为垒，立使奇兵绝其饷道，纵反间以诱其众。都尉万年曰："兵久不决，费不可共。"引兵独进，败走，趋立营。立怒，叱戏下令格之。都尉复还战，立引兵救之。时天大旱，立攻绝其水道。蛮夷共斩翁指，持首出降。立已平定西夷，征诣京师。会巴郡有盗贼，复以立为巴郡太守，秩中二千石居，赐爵左庶长。徙为天水太守，劝民农桑为天下最，赐金四十斤。入为左曹卫将军、护军都尉，卒官。

王莽篡位，改汉制，贬钩町王以为侯。王邯怨恨，牂牁大尹周钦诈杀邯。邯弟承攻杀钦，州郡击之，不能服。三边蛮夷愁扰尽反，复杀益州大尹程隆。莽遣平蛮将军冯茂发巴、蜀、犍为吏士，赋敛取足于民，以击益州。出入三年，疾疫死者什七，巴、蜀骚动。莽征茂还，诛之。更遣宁始将军廉丹与庸部牧史熊大发天水、陇西骑士，广汉、巴、蜀、犍为吏民十万人，转输者合二十万人，击之。始至，颇斩首数千，其后军粮前后不相及，士卒饥疫，三岁余死者数万。而粤嶲蛮夷任贵亦杀太守枚根，自立为邛谷王。会莽败汉兴，诛贵，复旧号云。

译文：

西南夷的首领，以十计算，数夜郎的势力最大；它的西面，靡莫这一类，以十计算，数滇力最大；从滇往北，首领以十计算，数邛都的势力最大，这些夷国的人，都结着椎形的发髻，他们耕种田地，有自己的小城镇和村落。他们的外面，西从桐师往东，北到叶榆，这一带的夷人叫嶲、昆明，他们都结发为辫，随着放牧的牲畜四处迁徙，没有固定的居地，也没有首领，活动范围大约有好几千里。从嶲夷的居地往东北，首领以十计算，数徙和筰都势力最大。从筰都夷的住地再往东北，首领以十计算，数冉駹的势力最大，那里的习俗，有的定居，有的迁徙。在蜀郡以西，从冉駹东北的地区首领以十计算，白马最大，这一带的夷人全是氐族的同类。以上这些，都是巴郡、蜀郡西南部以外的蛮夷。

当初，楚威王派遣将军庄蹻带领军队沿长江而上，夺取了巴郡和黔中郡以西的地区。庄蹻是楚庄王的后代。庄蹻到达滇池。滇池方圆三百里，池旁是平地，肥沃富饶，方圆几千里。庄蹻依恃军队的威势平定了这一带，使它归属楚国。庄蹻打算回楚国报告，却碰上秦国进攻楚国，夺取了楚国的巴郡和黔中郡，道路被阻塞，回不去，于是就依靠他的军队在滇称王。庄蹻改变自己的服饰。顺从那里的习俗，以便于统治那里的夷人。秦朝时，曾经攻占了这一带，大略开通了五尺道，给这里的一些国家设置了官吏。过了十余年，秦朝就灭亡了。到汉朝兴起，全部舍弃了这些国家而以蜀地原来的边界为关塞。巴郡、蜀郡的百姓，有的暗中出关在这一带作买卖，换取莋都的马、僰族的奴婢和牦牛，巴郡、蜀郡因此兴旺富庶起来。

汉武帝建元六年，大行令王恢进攻东粤，东粤人将他们已杀死东粤王郢的事告诉王恢。王恢乘借军威让番阳令唐蒙将汉王朝出师的意图委婉地告知南粤。南粤人用蜀地的枸酱款待唐蒙，唐蒙询问枸酱的来历。回答说："由西北的牂柯江运来。牂柯江宽好几里，流经番禺城下。"唐蒙回到长安，又询问蜀地的商人，才知道只有蜀地出产枸酱，许多蜀人偷偷拿出去卖给夜郎。夜郎靠近牂柯江，江宽百余步，可行船，南粤人用财物使夜郎归附，南粤的影响，西面直达桐师。但是，还是不能够像对待臣属那样使唤夜郎。于是，唐蒙上书汉武帝说："南粤王乘黄屋饰左纛，占据的地盘东西一万多里，名义上是属国藩臣，实际上是一州之主。如今由长沙国、豫章郡前去征讨，水路大多断绝，难以通航。我听说夜郎的精兵可能有十万，乘船沿牂柯江而下，出其不意，这是制服南粤的一条奇计。如果凭借汉朝的强盛和巴、蜀二郡的富庶，开通去夜郎的道路，为那些地方设置官吏，将会很容易。"皇上同意了唐蒙的建议。于是委任唐蒙为郎中将,率领一千兵士和携带粮食、辎重的役夫万余人。从巴苻关进入夜郎,随即拜见了夜郎侯多同。唐蒙重重地赏赐了多同,同时将利害关系告诉了他,并与多同约定给夜郎委派官吏,让多同的儿子和担任类似县令的官职。夜郎附近的小国都贪图汉朝的丝绸,又认为汉朝来这里的道路艰险,终究不能占有他们,于是暂且接受了多同与唐蒙的盟约。唐蒙回奏朝廷,朝廷就把夜郎和这些小国的所在地作为犍为郡。汉王朝征调巴郡、蜀郡的步兵修筑道路,从僰道修到牂柯江。蜀郡人司马相如也上书说西夷的邛都、莋都地区可以设郡。于是汉武帝让司马相如也以郎中将的身份前往西夷地区,将朝廷的意图告诉西夷人。其情形和南夷一样,朝廷给那里委派了一个郡都尉,设置了十多个县,划归蜀郡管理。

这时,巴、蜀、广汉、汉中四郡修筑通往西南夷地区的道路,修路所需的粮饷运输艰难。经过几年,道路没修通。修路的士卒由于疲乏饥饿,遭受暑气潮湿,死了很多,西南夷又多次发生叛乱,调兵攻打叛乱者,却疲费财力而不见功效。这些情况使皇上很忧虑,于是派公孙弘到那些地方去察看了解。公孙弘回来汇报,说在那里置县设官没什么好处。到公孙弘担任御史大夫时,朝廷正修筑朔方郡城,凭据黄河逐斥匈奴。公孙弘等人趁机陈述通西南夷所带来的损害,认为可以暂时停止通西南夷,以便集中精力对付匈奴。皇上同意这些建议,撤销了在西夷地区设置的官吏,只在南夷地区设置两县、一都尉,让犍为郡自保并逐渐完善其郡县建制。

到元狩元年,博望侯张骞谈到,他出使大夏时,看到蜀地出产的细布和邛山出产的竹杖,向人家打听是从哪里来的,回答说:"从东南方的身毒国来的,身毒国离这里大约有好几千里,从那儿的蜀地商人手中买的。"他又听人说邛山西面大约二千里的地方有身毒国。张骞趁机宣称大夏就在汉朝西南方,它羡慕中国,苦于匈奴阻隔它与汉朝交往的通道,如果能开通蜀地的道路,身毒国与汉朝交往取道就近便,于汉朝有利无害。于是,皇上就命令王然于、柏始昌、吕越等十多人,寻求小路,从西夷地区出发,去寻找身毒国。他们到了滇国,为滇王当羌的挽留,当羌派人往西面为他们寻找道路。经过一年多,探路的人全被昆明夷所阻拦,没有一个人能通过。滇王询问汉朝使者说:"汉朝与我们滇国相比哪个大?"汉朝使者到了夜郎,夜郎侯也是这样问。这些王侯都自以为是一州之王,一点不知道汉朝疆域的广大。使者回来后,就极力宣称滇是那里的大国,完全可以招致它亲附。天子也就注意留心这件事了。

到南粤叛乱,皇上就命令驰义侯通过犍为郡征发南夷的军队,且兰的首领担心自己的军队应征远去,附近的国家乘机掠抢本国年老体弱的人,于是就和他的部众发动叛乱,杀死汉王朝的使者和犍为郡太守。汉王朝就调遣本来应当进攻南粤的巴郡、蜀郡的罪犯和八校尉所部出击且兰。恰好赶上南越已被击败,汉朝的八校尉就没有按原部署沿牂柯江而下,中郎将郭昌、卫广率领所部返回,乘行军之便惩罚了隔绝汉朝通往滇国道路的且兰,杀人好几万,接着就平定南夷,以其地作为牂柯郡。夜郎侯当初依仗南粤,南粤灭亡后,汉王朝的军队返回时又惩罚了反叛的国家,夜郎侯就入京朝见皇上,皇上便封他为夜郎王。南粤灭亡后,到汉朝诛杀且兰和邛都君,并杀掉了莋都侯,冉駹夷的首领都震惊恐慌,请求臣属汉朝并让汉朝委派官吏。于是,汉朝把邛都夷住地作为粤巂郡,莋都夷住地作为沈黎郡,冉駹夷住地作为文山郡,广汉郡西南的白马夷住地作为武都郡。

皇上命令王然于以灭亡东粤及征服南夷的这种军事形势劝诱滇王入朝。滇王有几万部众，它的东北方有劳深、靡莫，他们与滇都是同姓，相互依仗，不听从有关滇王入朝的劝导。劳深、靡莫多次触犯汉朝的使者、官吏、士卒。元狩二年，天子征调巴郡、蜀郡的军队攻灭了功深、靡莫，兵临滇国。由于当初滇王本来与汉王朝友好，所以汉王朝就没有诛杀他。滇王与西夷脱离关系。举国降服汉王朝，请求汉王朝委派官吏，并入京朝见皇上。于是汉王朝把那里作为益州郡，赐给滇王王印，让他依旧统治他的民众。西南夷的首领数以百计，唯独夜郎和滇的首领承受了王印。滇是个小国，最受汉朝宠爱。

这以后二十三年，也就是汉昭帝始元元年，益州廉头、姑缯民众反叛，杀了长吏。牂柯、谈指、同并等二十四国共三万多人也都起来反叛。汉朝派遣水衡都尉征调蜀郡、犍为郡急速奔赴前方的士卒一万多人进击牂柯，彻底击败反叛者。过了三年，姑缯、叶榆再次反叛，汉朝派遣水衡都尉吕辟胡率领郡的军队攻打反叛者。吕辟胡军尚未行进到叶榆、姑缯，蛮夷就杀了益州太守，并乘胜与吕辟胡作战，汉朝的士兵战死和溺死者的有四千多人。第二年，再派遣军正王平与大鸿胪田广明等一同进攻，彻底击败益州的反叛者，俘、杀五万多人，俘获牲畜十余万头。皇上说："钩町侯亡波率领他所统辖的小国首领、民众攻打反叛者，俘、杀有功，立亡波为钩町王，赏赐大鸿胪田广明以关内侯的爵位，食邑三百户。"过了一年，武都郡氐族反叛。艘荒轾武都郡氐族反叛。朝廷派遣执金吾马适建、龙额侯韩增与大鸿胪田广明率军进击反叛者。

到汉成帝河平中期，夜郎王兴与钩町王禹、漏卧侯俞又举兵互相攻伐。牂柯太守请求讨伐夜郎王兴等人。商讨调兵的人认为道路遥远不可出击。于是朝廷派遣蜀郡人张匡持节和解蛮夷王侯的矛盾。夜郎王兴等不听从汉朝官吏的命令，雕刻象汉朝官吏的木人，立在路边射击。杜钦对大将军王凤说："太中大夫张匡出使和解蛮夷王侯的纠纷，王侯接受了汉王朝的诏令，却又进一步互相攻杀，轻视汉朝使者，不畏惧国威，由此可见和解的效果。担心商议出兵的人懦弱，再坚持和解，而太守观察蛮夷的动静，发生了变故才向上报告。像这样，就会再耽误几个月，蛮夷王侯就能够收拾整顿自己的部众，顽固不化地坚持自己的谋略，他们党徒众多，又都愤怒至极，一定会互相杀伐消灭。自己知道已经构成罪过，就会徒起狂悖之心而杀太守，都尉。远行深入暑热潮湿、毒草丛生之地，虽然有像孙武、吴起一样的将帅，孟贲、夏育一样的勇士，也等于投入水火之中，前往必定会被烧焦、淹没，智谋勇气都无法施展。屯田防守他们，费用又太大。适宜趁他们的罪行尚未形成，还不怀疑汉王朝要加以讨伐的时候，暗中诏令附近的郡太守、都尉选择兵士、战马，大司农预先调拨粮食运往关键之处，挑选称职的太守前往，在秋凉之际进入那里，诛杀王侯中最不守法的。如果认为圣贤的君王不以不毛之地、无用之民来劳累中国，就应当撤销那里郡的建制，放弃那里的人民，断绝与那里王侯的关系，不再和他们来往。假如因为先帝所创立的累世功绩不能毁坏，也应当趁祸患萌芽时加以铲除，等到祸患已经酿成，然后才出师攻战，就会有亿万人受害。"

大将军王凤在这时推荐金城司马陈立为牂柯郡太守。陈立，是临邛人，以前曾任连然县县长、不韦县县令，蛮夷畏惧他。等陈立到达牂柯，就将朝廷的意图告诉夜郎王兴，兴不服从命令。陈立请求讨伐他。还没得到批复，陈立就随同几十个官吏到下面县里去，到了夜郎国的且同亭，召见夜郎王兴，夜郎王兴带领几千人前去，到达且同亭，夜郎王兴就与邑君几十人进去见陈立。陈立谴责、数落他们，并趁机杀掉夜郎王。随从夜郎王的邑君们说："将军诛杀了不守法的无礼之人，为民除害，希望把夜郎王兴的头拿出去示众。"以夜郎王的头示众，夜郎王的部众都放下武器投降。钩町王禹、漏卧侯俞惊恐万状，于是交纳了一千斛粟和一些牛羊犒劳汉朝的官兵。陈立返回牂柯郡，夜郎王兴的岳父翁指和他的儿子邪务就收拾残余兵士，胁迫二十二邑反叛。到冬天，陈立奏请招募众夷，与都尉、长史分路率军攻打翁指他们。翁指凭借险峻的地形为堡垒，陈立用奇兵截断翁指他们运输粮饷的道路，派出反间者诱惑翁指的部众。都尉万年说："军队长期不决战，费用供给跟不上。"于是就单独率军进攻。进攻失败，就逃跑到陈立的军营。陈立愤怒，在主将大旗之下训斥万年，命令他抵御敌人。都尉万年返回再战，陈立率军援救他。这时天大旱，陈立进攻断绝翁指他们的水道。于是蛮夷一起斩杀了翁指，拿着翁指的头出来投降。陈立已经平定西夷，皇上征召前往京城。赶上巴郡有盗贼，再以陈立为巴郡太守，以中二千石居官位，朝廷赏赐他以左庶长的爵位。后来又调他任天水郡太守，他鼓励百姓致力农桑，是天下最突出的，朝廷奖赏他黄金四十斤，他到中央当左曹卫将军、护军都尉，卒于任上。

王莽篡夺皇位，改变汉朝的制度，贬钩町钩町侯。钩牂柯郡大尹周钦以欺诈的手段杀了邯。邯弟承就攻杀周钦，州郡出兵反击钩町夷，不能制服他们。三边蛮夷忧虑侵扰，都起兵反叛，又杀益州郡大尹程隆。王莽派遣平蛮将军冯茂调动巴郡、蜀郡、犍为郡的官吏、兵士，从老百姓那里征收足够的赋税，以便进击益州蛮夷。出征三年，因疾病瘟疫死的人占十分之七，巴郡、蜀郡因此骚动不安。王莽召回冯茂诛杀了他。改派宁始将军廉丹与庸部州牧史熊，大力调动天水、陇西郡的骑兵和广汉、巴、蜀、犍为郡的官吏、百姓十万人，加上转运军需的人总共二十万，进击反叛者。刚到时，斩杀了好几千人。到后来，军粮运输跟不上，兵士饥饿染疾，三年多死了几万人。而且越巂郡蛮任贵还杀了太守牧根，自立为邛谷王。赶上王莽失败，汉光武中兴，就诛杀了任贵，恢复原有的称号。

南　粤

南粤王赵佗，真定人也。秦并天下，略定扬粤，置桂林、南海、象郡，以适徙民与粤杂处。十三岁，至二世时，南海尉任嚣病且死，召龙川令赵佗语曰："闻陈胜等作乱，豪桀叛秦相立，南海辟远，恐盗兵侵此。吾欲兴兵绝新道，自备侍诸侯变，会疾甚。且番禺负山险阻，南北东西数千里，颇有中国人相辅，此亦一州之主，可为国。郡中长吏亡足与谋者，故召公告之。"即被佗书，行南海尉事。嚣死，佗即移檄告横浦、阳山、湟溪关曰："盗兵且至，急绝道聚兵自守。"因稍以法诛秦所置吏，以其党为守假。秦已灭，佗即击并桂林、象郡，自立为南粤武王。

高帝已定天下，为中国劳苦，故释佗不诛。十一年，遣陆贾立佗为南粤王，与剖符通使，使和辑百粤，毋为南边害，与长沙接境。

高后时，有司请禁粤关市铁器。佗曰："高皇帝立我，通使物，今高后听谗臣，别异蛮夷，隔绝器物，此必长沙王计，欲倚中国，击灭南海并王之，自为功也。"于是佗乃自尊号为南武帝，发兵攻长沙边，败数县焉。高后遣将军隆虑侯灶击之，会暑湿，士卒大疫，兵不能逾领。岁余，高后崩，即罢兵。佗因此以兵威财物赂遗闽粤、西瓯骆，役属焉。东西万余里。乃乘黄屋左纛，称制，与中国侔。

文帝元年，初镇抚天下，使告诸侯四夷从代来即位意，谕盛德焉。乃为佗亲冢在真定置守邑，岁时奉祀。召其从昆弟，尊官厚赐宠之。召丞相平举可使粤者，平言陆贾先帝时使粤。上召贾为太中大夫，谒者一人为副使，赐佗书曰："皇帝谨问南粤王，甚苦心劳意。朕，高皇帝侧室之子，弃外奉北藩于代，道里辽远，壅蔽朴愚，未尝致书。高皇帝弃群臣，孝惠皇帝即世，高后自临事，不幸有疾，日进不衰，以故悖暴乎治。诸吕为变故乱法，不能独制，乃取它姓子为孝惠皇帝嗣。赖宗庙之灵，功臣之力，诛之已毕。朕以王侯吏不释之故，不得不立，今即位。乃者闻王遗将军隆虑侯书，求亲昆弟，请罢长沙两将军。朕以王书罢将军博阳侯，亲昆弟在真定者，已遣人存问，修治先人冢。前日闻王发兵于边，为寇灾不止。当其时，长沙苦之，南郡尤甚，虽王之国，庸独利乎！必多杀士卒，伤良将吏，寡人之妻，孤人之子，独人父母，得一亡十，朕不忍为也。朕欲定地犬牙相入者，以问吏，吏曰'高皇帝所以介长沙土也'，朕不得擅变焉。吏曰：'得王之地不足以为大，得王之财不足以为富，服领以南，王自治之。'虽然，王之号为帝。两帝并立，亡一乘之使以通其道，是争也；争而不让，仁者不为也。愿与王分弃前患，终今以来，通使如故。故使贾驰谕告王朕意，王亦受之，毋为寇灾矣。上褚五十衣，中褚三十衣，下褚二十衣，遗王。愿王听乐娱忧，存问邻国。"

陆贾至，南粤王恐，乃顿首谢，愿奉明诏，长为藩臣，奉贡职。于是下令国中曰："吾闻两雄不俱立，两贤不并世。汉皇帝贤天子。自今以来，去帝制黄屋左纛。"因为书称："蛮夷大长老夫臣佗昧死再拜上书皇帝陛下：老夫故粤吏也，高皇帝幸赐臣佗玺，以为南粤王，使为外臣，时内贡职。孝惠皇帝即位，义不忍绝，所以赐老夫者厚甚。高后自临用事，近细士，信谗臣，别异蛮夷，出令曰：'毋予蛮夷外粤金铁田器；马、牛、羊即予，予牡，毋与牝。'老夫处辟，马、牛、羊齿已长，自以祭祀不修，有死罪，使内史藩、中尉高、御史平凡三辈上书谢过，皆不反。又风闻老夫父母坟墓已坏削，兄弟宗族已诛论。吏相与议曰：'今内不得振于汉。外亡以自高异。'故更号为帝，自帝其国，非敢有害于天下〔也〕。高皇后闻之大怒，削去南粤之籍，使使不通。老夫窃疑长沙王谗臣，故敢发兵以伐其边。且南方卑湿，蛮夷中西有西瓯，其众半赢，南面称王；东有闽粤，其众数千人，亦称王；西北有长沙，其半蛮夷，亦称王。老夫故敢妄窃帝号，聊以自娱。老夫身定百邑之地，东西南北数千万里，带甲百万有余，然北面而臣事汉，何也？不敢背先人之故。老夫处粤四十九年，于今抱孙焉。然夙兴夜寐，寝不安席，食不甘味，目不视靡曼之色，耳不听钟鼓之音者，以不得事汉也。今陛下幸哀怜，复故号，通使汉如故，老夫死骨不腐，改号不敢为帝矣！谨北面因使者献白璧一双，翠鸟千，犀角十，紫贝五百，桂蠹一器，生翠四十双，孔雀二双。昧死再拜，以闻皇帝陛下。"

陆贾还报，文帝大说。遂至孝景时，称臣遣使入朝请。然其居国，窃如故号；其使天子，称王朝命如诸侯。

至武帝建元四年，佗孙胡为南粤王。立三年，闽粤王郢兴兵南击边邑。粤使人上书曰："两粤俱为藩臣，毋擅兴兵相攻击。今东粤擅兴兵侵臣，臣不敢兴兵，唯天子诏之。"于是天子多南粤义，守职约，为兴师，遣两将军往讨闽粤。兵未逾领，闽粤王弟余善杀郢以降，于是罢兵。

天子使严助往谕意，南粤王胡顿首曰："天子乃兴兵诛闽粤，死亡以报德！"遣太子婴齐入宿卫。谓助曰："国新被寇，使者行矣。胡方日夜装入见天子。"助去后，其大臣谏胡曰："汉兴兵诛郢，亦行以惊动南粤。且先王言事天子期毋失礼，要之不可以怵好语入见。入见则不得复归，亡国之势也。"于是胡称病，竟不入见。后十余岁，胡实病甚，太子婴齐请归。胡薨，谥曰文王。

婴齐嗣立，即臧其先武帝、文帝玺。婴齐在长安时，取邯郸摎氏女，生子兴。及即位，上书请立摎氏女为后，兴为嗣。汉数使使者风谕，婴齐犹尚乐擅杀生自恣，惧入见，要以用汉法，比内诸侯，固称病，遂不入见。遣子次公入宿卫。婴齐薨，为明王。

太子兴嗣立，其母为太后。太后自未为婴齐妻时，曾与霸陵人安国少季通。及婴齐薨后，元鼎四年，汉使安国少季谕王、王太后入朝，令辩士谏大夫终军等宣其辞，勇士魏臣等辅其决，卫尉路博德将兵屯桂阳，待使者。王年少，太后中国人，安国少季往，复与私通，国人颇知之，多不附太后。太后恐乱起，亦欲倚汉威，劝王及幸臣求内属。即因使者上书，请比内诸侯，三岁一朝，除边关。于是天子许之，赐其丞相吕嘉银印，及内史、中尉、太傅印，余得自置。除其故黥、劓刑，用汉法。诸使者皆留填抚之。王、王太后饬治行装重赍，为入朝具。

相吕嘉年长矣，相三王，宗族官贵为长吏七十余人，男尽尚王女，女尽嫁王子弟宗室，及苍梧秦王有连。其居国中甚重，粤人信之，多为耳目者，得众心愈于王。王之上书，数谏止王，王不听。有畔心，数称病不见汉使者。使者注意嘉，势未能诛。王、王太后亦恐嘉等先事发，欲介使者权，谋诛嘉等。置酒请使者，大臣皆侍坐饮。嘉弟为将，将卒居宫外。酒行，太后谓嘉："南粤内属，国之利，而相君苦不便者，何也？"以激怒使者。

使者狐疑相杖、遂不敢发。嘉见耳目非是，即趋出。太后怒，欲鏠嘉以矛，王止太后。嘉遂出，介弟兵就舍，称病，不肯见王及使者。乃阴谋作乱。王素亡意诛嘉，嘉知之，以故数月不发。太后独欲诛嘉等，力又不能。

天子闻之，罪使者怯亡决。又以为王、王太后已附汉，独吕嘉为乱，不足以兴兵，欲使庄参以二千人往。参曰："以好往，数人足；以武往，二千人亡足以为也。"辞不可，天子罢参兵。郏壮士故济北相韩千秋奋曰："以区区粤，又有王应，独吕嘉为害，愿得勇士三百人，必斩嘉以报。"于是天子遣千秋与王太后弟樛乐将二千人往。入粤境，吕嘉乃遂反，下令国中曰："王年少。太后中国人，又与使者乱，专欲内属，尽持先王宝入献天子以自媚，多从人，行至长安，虏卖以为僮。取自脱一时利，亡顾赵氏社稷为万世虑之意。"乃与其弟将卒攻杀太后、王，尽杀汉使者。遣人告苍梧秦王及其诸郡县，立明王长男粤妻子术阳侯建德为王。而韩千秋兵之入也，破数小邑。其后粤直开道给食，未至番禺四十里，粤以兵击千秋等，灭之。使人函封汉使节置塞上，好为谩辞谢罪，发兵守要害处。于是天子曰："韩千秋虽亡成功，亦军锋之冠。封其子延年为成安侯。樛乐，其姊为王太后，首愿属汉，封其子广德为龙侯。"乃赦天下，曰："天子微弱，诸侯力政，讥臣不讨贼。吕嘉、建德等反，自立晏如，令粤人及江淮以南楼船十万师往讨之。"

元鼎五年秋，卫尉路博德为伏波将军，出桂阳，下湟水；主爵都尉杨仆为楼船将军，出豫章，下横浦；故归义粤侯二人为戈船、下濑将军，出零陵，或下离水，或抵苍梧；使驰义侯因巴、蜀罪人，发夜郎兵，下牂柯江；咸会番禺。

六年冬，楼船将军将精卒先陷寻狭，破石门，得粤船粟，因推而前，挫粤锋，以粤数万人待伏波将军。伏波将军将罪人，道远后期，与楼船会乃有千余人，遂俱进。楼船居前，至番禺，建德、嘉皆城守。楼船自择便处，居东南面，伏波居西北面。会暮，楼船攻败粤人，纵火烧城。粤素闻伏波，莫，不知其兵多少。伏波乃为营，遣使招降者，赐印绶，复纵令相招。楼船力攻烧敌，反驱而入伏波营中。迟旦，城中皆降伏波。吕嘉、建德以夜与其属数百人亡入海。伏波又问降者，知嘉所之，遣人追。故其校司马苏弘得建德，为海常侯；粤郎都稽得嘉，为临蔡侯。

苍梧王赵光与粤王同姓，闻汉兵至，降，为随桃侯。及粤揭阳令史定降汉，为安道侯。粤将毕取以军降，为郲侯。粤桂林监居翁谕告瓯骆四十余万口降，为湘城侯。戈船、下濑将军兵及驰义侯所发夜郎兵未下，南粤已平。遂以其地为儋耳、珠崖、南海、苍梧、郁林、合浦、交阯、九真、日南九郡。伏波将军益封。楼船将军以推锋陷坚为将梁侯。

自尉佗王凡五世，九十三岁而亡。

译文：

南粤王赵佗，真定县（今河北正定县南）人。秦统一天下后，又平定了扬粤（今我国东南部），设置了桂林郡（治今广西桂平县西南）、南海郡（治今广东广州市）和象郡（治今广西崇左县），把被罚罪的百姓迁徙到那里，与粤人杂居。过了十三年，到秦二世时，南海郡尉任嚣得病将死，召来龙川县（今广东龙川县西南）县令赵佗，对他说："我听说陈胜等起兵作乱，豪杰叛秦，相立为王。南海郡处于偏远之地，恐怕盗贼军队会攻占这里。我想发兵截断新道，进行自卫，并观察诸侯的动向，不巧病重，番禺（今广东广州市）地区背靠山岭，地势险要，方圆几千里，又有很多中原人辅助，也可成一州之主，能够立国。郡中官吏当中没有值得我与之谋事的人，所以把您请来，告诉您我的想法。"当即把有关文书颁发给赵佗，让他代行南海郡尉之职。任嚣死后，赵佗立即发布檄文，通知横浦（今广东北江东源洭水）、阳山（今东阳山县东南）、湟溪关（今广东连县西北）等地说："盗贼的军队就要打过来了，请马上断绝通道，聚兵自守！"于是利用法律手段逐渐诛杀秦朝所置的官吏，而任用自己的亲信代行其职。秦朝灭亡后，赵佗便进攻吞并了桂林郡、象郡，自立为南粤武王。

汉高祖平定天下之后，由于中原连年战乱，百姓劳苦，所以放过了赵佗，不予诛讨。高祖十一年（公元前196年），汉朝派陆贾追立赵佗为南粤王，与他剖符通使，让他协调安辑百越，不要在南部边境为患。南粤与汉朝长沙国（治今湖南长沙市）接境。

高后时，有关部门的官吏奏请禁止南粤国在关市上购买铁器。赵佗说："高皇帝立我为南粤王，双方互通使节、物品，现在高后听信谗臣之言，视蛮夷为异类，断绝器物的流通，这一定是长沙王的计策，他想凭仗汉朝，消灭南粤、吞掉南海郡而一并统治之，自谋功利。"于是，赵佗便自加尊号为南粤武帝，发兵攻打长沙国的边境地区，打败了好几个县。高后派将军隆虑侯周灶前往还击，正赶上酷暑阴雨的天气，士兵中很多人染上瘟疫，军队不能越过山岭。过了一年多，高后去世，汉朝便停止军事行动。赵佗趁机对闽粤、西瓯骆进行武力威胁和财物贿赂，从而役使他们，并使他们归属南粤。这样，南粤国东西达万余里。于是，赵佗乘坐黄屋左纛，自称皇帝，与汉朝天子相抗衡。

汉文帝元年（公元前179年），皇帝刚开始统治天下，派出使者遍告诸侯和四夷君长自己从代国（治今河北蔚县东北）入朝即皇帝位之后的打算，使大家知道皇上的圣德。于是，为在真定的赵佗父母的坟墓设置守墓的民居，按时供奉祭祀。召请赵佗的堂兄弟，封官加赏以笼络他们。又下诏命令陈平举荐可以出使南粤的人，陈平说陆贾在高皇帝时曾经出使过南粤。文帝召请陆贾，任命他为太中大夫，又任命一个谒者作为副使，文帝给赵佗的信上说："皇帝恭敬地问候南粤王——以最诚挚的心情。我不是高皇帝的嫡子，被派到外地，治理北边的代国，由于路途遥远和我本人的孤僻愚陋，因此不曾与南粤互通使节。高皇帝去世，离开了群臣孝惠皇帝即位，吕后亲掌朝政，不幸患病，病情日益严重，因此政治苛暴，不合常轨。吕氏作乱，故意破坏法纪，他们不能独自进行统治，就把别人的孩子当作孝惠皇帝的继承人，实行傀儡政治。依靠宗庙神灵的保佑和功臣们的努力，现在吕氏已被诛灭。我一再辞让帝位，群臣不允许，因此我不得不立为皇帝，现在已经即位。从前我听说您给将军隆虑侯周灶写信，请求寻找您在真定的兄弟，并撤回在长沙国的两位将军。我已按照您信中的要求，撤回将军博阳侯陈濞，您在真定的兄弟，我也已派人抚慰，并修缮了您先人的坟墓。以前我听说您发兵攻打边境，不断制造祸患。那时长沙国遭了殃，南郡（治今湖北江陵县）受害更重，即使您的南粤国，就唯独能得到好处吗？一定要牺牲大批士兵，伤害优良的将领和官吏，使百姓妻子失去丈夫，儿子失去父亲，父母失去儿子，得一亡十，这是我所不忍心做的。我想把汉与南粤边境犬牙交错的地方划归南粤，以此询问有关官吏，官吏说'这个边界线是高皇帝用以划定长沙国土地的'，因此我不能擅自变更。官吏说：'得南粤王的土地不足以使汉朝广大，得南粤王的财物不足以使汉朝富裕，服领以南，由南粤王统治。'尽管如此,您号称皇帝,两帝并立,您竟然没有派出一辆通使的车,这是互相争位;相争而不谦让,有仁德的人是不这样做的。我希望与您共弃前嫌,从今以后直到永远,双方像原来一相互通使者。所以我派陆贾乘车快速去向您表明我的想法,希望您接受我的意见,不要再制造边患。现将厚绵衣五十件,中绵衣三十件,薄绵衣二十件,赠送给您,希望您多欣赏乐舞以求欢娱,解除忧愁,并抚慰闽粤和瓯骆等邻国。"

陆贾到达南粤,南粤王十分惊恐,于是叩头谢罪,愿意遵奉汉天子的命令,永远做汉朝的藩臣,履行贡纳之职。同时下令国中,说:"我听说两雄不俱立,两贤不并世。汉朝皇帝是贤明的天子。从今以后,南粤国废除帝号和黄屋左纛。"又给汉文帝写信说:"蛮夷大长、老夫臣佗昧死再拜上书皇帝陛下:我是过去粤地的官吏,高皇帝幸而赐给我玺印,策立我为南粤王,使我作为国外之臣,按时贡纳尽职。孝惠皇帝即位,以仁义之心不忍摒弃我,对我的赏赐非常优厚。高后亲理国政后,接近小人,听信谗臣之言,视蛮夷为异类,发布命令说:"不给蛮夷之南粤国铁器等金属农具;如果给马、牛、羊,则只给雄的,不给雌的。'我住在偏僻之地,马、牛、羊都已经老了,自知不进行祭祀活动有死罪,所以派内史藩、中尉高和御史平先后三次上书谢过,都无回音,又听传言说我父母的坟墓已被破坏,兄弟宗族也已被定罪诛杀。官吏们互相议论说:'现在您在内地不能兴起于汉朝,在外面也没有什么表明自己高贵。'所以我改称号为皇帝,但只在南粤国内称帝,不敢加害于天下。高皇后听说我改称皇帝,非常气愤,开除南粤于藩臣名籍,断绝了双方使者的往来。我私下怀疑长沙王进了谗言,所以敢发兵攻打长沙国的边境。况且南方低下潮湿,蛮夷当中西边有西瓯,那里的人半裸露着身体,竟然南面称王；东边的闽粤才有几千人，也号称为王；西北面的长沙国有一半人是蛮夷，也称王。所以我敢狂妄地窃取帝号，聊以自乐。我亲自平定了百邑之地，方圆几千里上万里，铠甲之士百万有余，可是我为什么对汉称臣呢？因为我不敢违背我的先人。我在粤地已有四十九年，现在已经抱上孙子了。然而我早起晚卧，觉睡不好，饭吃不香，目不敢视华丽之色，耳不敢听钟鼓之音，这一切都是因为不能臣事汉朝造成的。现在天子幸而可怜我，恢复我原来的王号，使我像原来一样与汉朝通使，我死也瞑目了，从今改号，再也不敢称帝了！恭敬地以臣礼通过使者献上白璧一对，翠鸟千只，犀角十个，紫贝五百枚，桂蠹一瓶，翡翠四十对，孔雀两对。昧死再拜，向皇帝陛下表明自己的心意。"

陆贾回来报告，文帝非常高兴。直到孝景帝时，赵佗称臣，派使者按时朝拜天子。然而南粤王在其国内窃用皇帝名号如故；只是使者朝拜天子时称王，像一般诸侯王一样接受天子之命。

到汉武帝建元四年（公元前137年），赵佗的孙子赵胡立为南粤王。第三年，闽粤王郢兴兵攻打南粤边境的城邑。南粤王派人向汉朝上书说："南粤和闽粤都是天子的藩臣，不能擅自发兵互相攻击。现在东粤擅自兴兵进攻南粤，我不敢发兵，请天子下诏指示。"于是武帝赞许南粤忠义，恪守臣职，不违约制，为之发兵，派遣两名将军前往讨伐闽粤。汉朝军队还没越过山岭，闽粤王弟余善便杀死郢，投降汉朝，于是两将军罢兵。

汉武帝派严助去向南粤王说明朝廷的旨意，南粤王赵胡叩头说："天子竟能为臣发兵诛讨闽粤，臣虽死也无法报答天子的恩德！"派太子赵婴齐入朝宿卫。赵胡对严助说："南粤国新遭寇击，贵使者请先行一步，我正日夜整装，准备入朝拜见天子。"严助走后，南粤国的大臣劝谏赵胡说："汉朝发兵诛讨闽粤，也借此威吓南粤。况且先王说过,侍奉天子只求不失臣礼,重要的是不能被汉朝使者的好话迷惑而入朝拜见天子,入朝拜见天子,就不能再回来了,这是亡国的情势啊。"于是赵胡假称有病,最终没有入朝拜见天子。过了十多年,赵胡确实得了重病,太子赵婴齐请求归国。赵胡死后,加谥号为文王。

赵婴齐继立为南粤王,就把其先人僭称武帝、文帝的玺印收藏起来。赵婴齐在长安(今陕西西安市)时,娶邯郸(今河北邯郸市西南)樛姓女子为妻,生下儿子赵兴。等到他即位后,就上书汉朝,请立樛姓女子为王后,赵兴为王位继承人。汉朝多次派使者委婉地劝说赵婴齐入朝拜见天子,但他仍然喜欢独揽生杀之权,为所欲为,害怕入朝拜见天子后,会像内地的诸侯那样,受到汉朝法律的约束,因此坚持推说自己有病,一直不肯入朝拜见天子,只是派自己的儿子赵次公入朝宿卫。赵婴齐去世后,加谥号为明王。

太子赵兴即位,他的母亲樛氏为太后。樛太后在未做赵婴齐的妻子以前,曾经与霸陵县(今陕西西安市东北)的安国少季私通。赵婴齐死后,元鼎四年(公元前113年),汉朝派安国少季前往劝说南粤王和王太后入朝拜见天子,又派辩士、谏大夫终军等同往陈述其辞,勇士魏臣等辅助决策,卫尉路博德率兵屯驻桂阳郡(治今湖南郴县)等待使者。南粤王赵兴年少,樛太后是中原人,安国少季这次出使,又与太后私通,南粤国人颇知其事,多不依附太后。太后恐怕发生变乱,也想凭借汉朝的威力,劝说南粤王和宠幸大臣请求内属汉朝。于是通过使者上书,请求比照内地诸侯,三年入朝拜见天子一次,除去边境关防。当时天子批准了这一请求,赐给南粤丞相吕嘉银印,以及内史、中尉、太傅印,其余官职南粤可自己选置,汉朝不赐给印绶。废除南粤国原来的黥、劓等肉刑，改用汉朝的法律。汉朝的使者留下来镇抚南粤。南粤王和王太后整治行装和贵重礼物，为入朝做准备。

丞相吕嘉年纪很大了，他先后担任三代国王的丞相，宗族当中有七十多人身居要职，吕家男子都娶王女为妻，女子尽嫁王室子弟，又与苍梧（今湘、粤、桂交界地区）秦王联姻。吕嘉在南粤国中权力很大，粤人信赖他，多为其耳目，比南粤王更得人心。南粤王上书汉朝，吕嘉多加劝阻，但王不听从。于是，吕嘉有反叛之心，屡次托词有病不见汉朝使者。使者们都注视着吕嘉，但当时形势不便杀他。南粤王和王太后也害怕吕嘉等人先发难，想通过汉朝使者的权威，谋杀吕嘉等人。于是设酒宴邀请汉朝使者，南粤大臣都奉陪坐饮。吕嘉的弟弟为将军，率领军队在宫外守候。依次斟过了酒，太后对吕嘉说："南粤内属汉朝，是对国有利的，而丞相您嫌其不利，是什么原因呢？"想以此激怒汉朝使者。使者犹豫不决，互相观望始终没敢动手。吕嘉发现宴席上气氛不同往常，当即起身出去。太后大怒，想用矛刺杀吕嘉，被南粤王阻止。于是吕嘉出来，在他弟弟所带军队的保护下回到自己府中，声称有病，不肯会见王及汉使者。于是阴谋作乱。南粤王一向无意诛杀吕嘉，吕嘉也知道这一点，所以过了好几个月也没发难。只有太后想杀掉吕嘉，又无力办成。

汉武帝听到此事，怪罪使者怯懦不能决断。又认为南粤王和王太后已经依附汉朝，只有吕嘉作乱，不值得发兵，打算派庄参带二千人前往应付。庄参说："如果抱着友好的目的去，有几个人就够了；如果为了打仗而去，二千人是办不成什么事的。"认为不可行而推辞，汉武帝便不叫庄参前去。郏县（今河南郏县）壮士、原济北国（治今山东泰安县东南）相韩千秋奋然说："以区区南粤，又有南粤王为内应，只有吕嘉为乱，我愿得到三百名勇士，必斩吕嘉回报。"于是汉武帝派韩千秋和南粤王太后的弟弟摎乐带二千人前往南粤。汉朝军队开入南粤境内后，吕嘉终于发动叛乱，下令南粤国中说："国王年少，太后是中原人，又与汉朝使者私通，一心想要内属汉朝，把先王的所有宝器都奉献给汉朝天子以自作谄媚，还多带随从人员，到长安后，全都掠卖为奴。太后为自己一时之利，却不顾赵氏社稷和为子孙万代作长远打算。"于是，吕嘉和他弟弟带兵杀死太后、王，又杀死所有汉朝使者。派人通知苍梧秦王及其诸郡县，立明王婴齐长男、粤妻所生之子术阳侯赵建德为王。韩千秋等所带军队进入南粤境后，攻下几个小城。以后南粤干脆让开道路，为他们提供饮食，当他们到达距番禺大约四十里的地方时，南粤便发兵攻打韩千秋的军队，把他们歼灭了。吕嘉派人把汉朝使者的符节用匣子封装好，放到边塞上，又假装友好地讲了一些骗人的话表示谢罪，同时发兵驻守要害之地。于是武帝说："韩千秋虽然没有成功，也是军锋之冠，封他的儿子韩延年为成安侯。摎乐，他的姐姐是南粤王太后，首先愿意归属汉朝，封摎乐的儿子摎广德为龙亢侯。"接着颁布特赦诏书说："天子微弱，诸侯互相争战，《春秋》讥刺人臣不为君讨伐反贼。吕嘉、赵建德等反叛，心安理得地自立自封，现命令粤人和长江、淮河以南的楼船水师十万人前往讨伐他们。"

元鼎五年（公元前112年）秋天，卫尉路博德为伏波将军，从桂阳郡出发，下湟水（今广东连江）；主爵都尉杨仆为楼船将军，从豫章郡（治今江西南昌市）出发，下横浦；原归顺汉朝被封为侯的两名南粤人分别为戈船、下濑将军，从零陵郡（治今广西全州县西南）出发，一下离水（今广西漓江），一抵苍梧；派驰义侯利用巴郡（治今四川重庆市北）、蜀郡（治今四川成都市）被赦罪人，调发夜郎军队，下牂柯江（今云、贵境内北盘江及其下游）：各路兵马都到番禺会师。

元鼎六年冬天楼船将军杨仆率精兵首先攻下寻狭（今广东英德浈阳陕），击破石门（今广东广州市西北），获得南粤的船只和粮食，乘胜向前推进，挫败了南粤的先头部队，以数万名粤人组成的军队，等待伏波将军路博德前来会师。伏波将军统领被赦的罪人，因路途遥远而误了军期，与楼船将军会师的才一千多人，于是一起进军。楼船将军在前头，到达番禺城时，赵建德和吕嘉都在守卫此城。楼船将军自择有利地形，驻扎在城的东南面，伏波将军驻扎在城的西北面。正巧到了晚上，楼船将军打败了南粤的军队，放火烧城。南粤人久闻伏波将军的威名，因天黑也不知他带了多少兵。伏波将军便安置军营，派使者招降南粤人，投降的赐给印绶，再把他们放回，让他们招降其他南粤将士。楼船将军奋力攻烧敌军，反而把他们驱赶到伏波将军营中。到第二天黎明，城中吏民都投降了伏波将军。吕嘉、赵建德及其随从几百人趁夜色逃到海上。伏波将军查问投降的人，知道吕嘉等人逃到了什么地方，派人去追。原校尉、司马苏弘抓获了赵建德，而因功被册封为海常侯；南粤郎官都稽活捉了吕嘉，因功被册封为临蔡侯。

苍梧王赵光与南粤王同姓，听说汉朝军队来了，便投降了汉朝，因而被封为随桃侯。南粤揭阳县（今广东揭阳县西北）县令史定投降汉朝，被封为安道侯。南粤将军毕取率部投降，被封为剸侯。南粤桂林郡监御史居翁，劝说瓯骆四十多万人投降，被封为湘城侯。戈船，下濑将军的军队和驰义侯所调发夜郎的军队还没有南下，南粤已经平定了。于是汉朝就在那里设置了儋耳（治今海南儋县西北）、珠崖（治今海南琼山县东南）、南海、苍梧（治今广西梧州市）、郁林（治今广西桂平县东南）、合浦（治今广东徐闻县南）、交趾（治今越南河内市西北）、九真（治今越南清化省清化西北）、日南（治今越南广治省甘露河与广治河合流处）九个郡。伏波将军路博德增加封邑。楼船将军杨仆以其能冲锋陷阵、勇于攻坚而被封为将梁侯。

从南海郡尉赵佗立南粤王开始，共历五代、九十三年，南粤国灭亡了。

闽　粤

闽粤王无诸及粤东海王摇，其先皆粤王勾践之后也，姓驺氏。秦并天下，废为君长，以其地为闽中郡。及诸侯畔秦，无诸、摇率粤归番阳令吴芮，所谓番君者也，从诸侯灭秦。当是时，项羽主命，不王也，以故不佐楚。汉击项籍，无诸、摇帅粤人佐汉。汉五年，复立无诸为闽粤王，王闽中故地，都冶。孝惠三年，举高帝时粤功，曰闽君摇功多，其民便附，乃立摇为东海王，都东瓯，世号曰东瓯王。

后数世，孝景三年，吴王濞反，欲从闽粤，闽粤未肯行，独东瓯从。及吴破，东瓯受汉购，杀吴王丹徒，以故得不诛。

吴王子驹亡走闽粤，怨东瓯杀其父，常劝闽粤击东瓯。建元三年，闽粤发兵围东瓯，东瓯使人告急天子。天子问太尉田蚡，蚡对曰："粤人相攻击，固其常，不足以烦中国往救也。"中大夫严助诘蚡，言当救。天子遣助发会稽郡兵浮海救之，语具在《助传》。汉兵未至，闽粤引兵去。东粤请举国徙中国，乃悉与众处江、淮之间。

六年，闽粤击南粤，南粤守天子约，不敢擅发兵，而以闻。上遣大行王恢出豫章，大司农韩安国出会稽，皆为将军。兵未逾领，闽粤王郢发兵距险。其弟余善与宗族谋曰："王以擅发兵，不请，故天子兵来诛。汉兵众强，即幸胜之，后来益多，灭国乃止。今杀王以谢天子，天子罢兵，固国完。不听乃力战，不胜即亡入海。"皆曰："善。"即鏦杀王，使使奉其头致大行。大行曰："所为来者，诛王。王头至，不战而殒，利莫大焉。"乃以便宜案兵告大司农军，而使使奉王头驰报天子。诏罢两将军兵，曰："郢等首恶，独无诸孙繇君丑不与谋。"乃使郎中将立丑为粤繇王，奉闽粤祭祀。

余善以杀郢，威行国中，民多属，窃自立为王，繇王不能制。上闻之，为余善不足复兴师，曰："余善首诛郢，师得不劳。"因立余善为东粤王，与繇王并处。

至元鼎五年，南粤反，余善上书请以卒八千从楼船击吕嘉等。兵至揭阳，以海风波为解，不行，持两端，阴使南粤。及汉破番禺，楼船将军仆上书愿请引兵击东粤。上以士卒劳倦，不许。罢兵，令诸校留屯豫章梅领待命。

明年秋，余善闻楼船请诛之，汉兵留境，且往，乃遂发兵距汉道，号将军驺力等为"吞汉将军"，入白沙、武林、梅领，杀汉三校尉。是时，汉使大司农张成、故山州侯齿将屯，不敢击，却就便处，皆坐畏懦诛。余善刻"武帝"玺自立，诈其民，为妄言。上遣横海将军韩说出句章，浮海从东方往；楼船将军仆出武林，中尉王温舒出梅领，粤侯为戈船、下濑将军出如邪、白沙，元封元年冬、咸入东粤。东粤素发兵距险，使徇北将军守武林，败楼船军数校尉，杀长史。楼船军卒钱唐榹终古斩徇北将军，为语儿侯。自兵未往。

故粤衍侯吴阳前在汉，汉使归谕余善，不听。及横海军至，阳以其邑七百人反，攻粤军于汉阳。及故粤建成侯敖与繇王居（服）〔股〕谋，俱杀余善，以其众降横海军。封居股为东成侯，万户；封敖为开陵侯；封阳为卯石侯，横海将军说为按道侯，横海校尉福为缭嫈侯。福者，城阳王子，故为海常侯，坐法失爵，从军亡功，以宗室故侯。及东粤将多军，汉兵至，弃军降，封为无锡侯。故瓯骆将左黄同斩西于王，封为下鄘侯。

于是天子曰"东粤狭多阻，闽粤悍，数反复"，诏军吏皆将其民徙处江、淮之间。东粤地遂虚。

译文：

闽粤王无诸和粤东海王摇，他们的先人都是粤王句践的后代，姓驺。秦统一天下后，把他们废为君长，把他们的地盘划为闽中郡（治今福建福州市）。待到诸侯背叛秦朝，无诸和摇率领粤人投靠了番阳县（今江西波阳县东北）县令吴芮——就是所谓的"番君"，跟随诸侯推翻了秦朝的统治。当时，项羽把持号令诸侯之权，不立无诸和摇为王，所以他们也不归附项羽。汉攻项羽，无诸和摇率领粤人帮助汉。汉高祖五年（公元前202年），重新立无诸为闽粤王，统辖原闽中郡故地，建都于冶（今福建福州市）。孝惠帝三年（公元前192年），列举汉高祖刘邦时粤人的功劳，认为闽君摇功劳很大，建都于东瓯（今浙江温州市），人们称摇为"东瓯王"。

此后过了若干代，到孝景帝三年（公元前154年），吴（治今江苏州市）王刘濞发动叛乱，想联合闽粤，闽粤不肯，只有东瓯追随吴国。吴国被击败后，东瓯接受了汉朝的收买，在丹徒（今江苏镇江市西南）杀死吴王刘濞，以功赎罪，因此东瓯没有受到汉朝的诛伐。

吴王刘濞的儿子刘驹逃亡到闽粤，怨恨东瓯杀死他的父亲，经常怂恿闽粤攻打东瓯。建元三年（公元前138年），闽粤发兵围攻东瓯，东瓯派人向天子告急。汉武帝向太尉田蚡征求意见，田蚡回答说:"粤人互相攻击,这本来是常事,不值得烦劳汉朝前往救助。"中大夫严助反驳田蚡,认为应当救助,汉武帝派严助调发会稽郡(治今江苏苏州市)的军队从海上救助东瓯,详细情况见《严助传》。汉朝军队还没到达东瓯,闽粤已经撤兵。东瓯请求举国迁往内地,得到允许,于是东瓯尽迁其众,住在江淮之间。

建元六年(公元前135年),闽粤进攻南粤,南粤遵守天子的约束,不敢擅自发兵,而把情况上报给汉朝廷。武帝派大行王恢从豫章出发,大司农韩安国从会稽出发,二人都担任将军。汉朝军队还没越过山岭,闽粤王郢已发兵占据了险要之处进行抵御。郢的弟弟余善与宗族商量说:"闽粤王郢因为擅自发兵,不请示天子,所以天子派兵来诛伐。汉朝军队人多势众,即使我们侥幸取胜,后面来的会更多,直到把闽粤国消灭才会停止。现在把王杀死以向天子谢罪,如果天子罢兵,固然保全了闽粤一国。如果天子不听许,我们就全力抗战,失败了就逃到海上。"大家都说:"好!"当即用矛把王刺死,派使者把他的头送到大行王恢那里。大行说:"我们来的目的,就是诛杀闽粤王。闽粤王的头已经送来,未经交战就达到了目的,没有比这更有利的了。"于是趁势停止军事行动,并通知大司农韩安国的军队,同时派使者持闽粤王的头颅飞奔禀报汉武帝。武帝下诏书命令两将军罢兵,说:"闽粤王郢首先作恶,唯独无诸的孙子繇君丑没有参与其事。"于是派郎中将前往立丑为粤繇王,供奉闽粤祖先的祭祀。

余善因为杀郢而在闽粤国中很有威信,百姓多依附于他,他就暗中自立为王,繇王丑控制不了局势。汉武帝听说此事,觉得不值得因为余善而再度发兵,就说:"余善首先带头杀郢,使军队免于战斗撕杀之劳。"于是立余善为东粤王,与繇王丑并立而处。

到元鼎五年(公元前112年)时,南粤反叛汉朝,余善上书天子,请求允许他带领八千士兵随楼船将军杨仆攻打南粤相吕嘉等。东粤军队到达揭阳后,就以海上风浪大为由,停止前进,首鼠两端,持观望态度,暗中派人与南粤联系。等到汉朝军队攻破番禺城之后,楼船将军杨仆就上书汉武帝,表示愿意率军讨伐东粤。武帝认为士卒很劳累,没有答应杨仆的请求,命令罢兵,留下各营兵马,屯驻在豫章梅岭(今五岭之大瘐岭)待命。

第二年秋天,余善听说楼船将军杨仆请求讨伐他,汉朝军队就驻扎在边境地区,将要进攻东粤,于是发兵扼守汉朝军队前进的道路,给将军骆力等加号为"吞汉将军",派他们进攻白沙(今江西波阳县西)、武林(今江西余干县东北之武陵山)、梅岭,杀死汉朝的三个校尉。当时,汉朝所派遣的大司农张成、原山州侯齿就带兵屯驻在那里,却不敢出兵迎击,反而退却到安全的地方,二人都以怯懦畏敌之罪被处死。余善自刻了有"武帝"字样的玺印,自立为帝,欺骗他的国人,散布狂妄自大的言论。汉武帝派横海将军韩说从句章(今浙江余姚东南)出兵,渡海从东方进攻;楼船将军杨仆从武林出兵,中尉王温舒从梅岭出兵,以归降汉朝后被封侯的粤人严、甲分别为戈船、下濑将军从如邪(今浙江绍兴市南)、白沙出兵。元封元年(公元前110年)冬,各路兵马都攻入东粤。东粤原来已发兵扼守险要之地,派徇北将军守卫武林,打败了楼船将军的好几个校尉,杀死一些官吏。楼船将军的士兵钱塘(今浙江杭州市西)人榡终古斩杀徇北将军,被封为语儿侯。楼船将军自己没有率军前往武林。

原东粤衍侯吴阳此前在汉朝,汉朝派他回去劝说余善,余善不听。等到横海将军韩说率军到达东粤时,吴阳便带领他封邑中的七百人反叛余善，进攻在汉阳城（今福建浦城县北）的东粤军队。又有原东粤建成侯敖与繇王居股策划，共杀余善，带着他的部众向横海将军投降。因而汉朝册封居股为东成侯，食邑一万户；册封敖为开陵侯；册封吴阳为卯石侯；册封横海将军韩说为按道侯，横海校尉刘福为缭嫈侯。刘福是城阳（治今山东莒县）共王刘喜的儿子，原来被封为海常侯，因犯法而被夺爵，他从军也没立什么功，只因为是皇家宗族成员，所以被封为侯。还有东粤将军多军，汉朝军队攻进来的时候弃军投降，被册封为无锡侯。原瓯骆左将军黄同斩杀西于王，被册封为下鄜侯。

这时，汉武帝说："东粤之地狭窄而多险阻，闽粤强悍，反复无常。"下令军吏尽把粤人迁徙到江淮之间。于是，东粤之地空无人迹。

朝　鲜

朝鲜王满，燕人。自始燕时，尝略属真番、朝鲜，为置吏筑障。秦灭燕，属辽东外徼。汉兴，为远难守，复修辽东故塞，至浿水为界，属燕。燕王卢绾反，入匈奴，满亡命，聚党千余人，椎结蛮夷服而东走出塞，渡浿水，居秦故空地上下障，稍役属真番、朝鲜蛮夷及故燕、齐亡在者王之，都王险。

会孝惠、高后天下初定，辽东太守即约满为外臣，保塞外蛮夷，毋使盗边；蛮夷君长欲入见天子，勿得禁止。以闻，上许之，以故满得以兵威财物侵降其旁小邑，真番、临屯皆来服属，方数千里。

传子至孙右渠，所诱汉亡人滋多，又未尝入见；真番、辰国欲上书见天子，又雍阏弗通。元封二年，汉使涉何谯谕右渠，终不肯奉诏。何去至界，临浿水，使驭刺杀送何者朝鲜裨王长，即渡水，驰入塞，遂归报天子曰"杀朝鲜将"。上为其名美，弗诘，拜何为辽东东部都尉。朝鲜怨何，发兵袭攻，杀何。

天子募罪人击朝鲜。其秋，遣楼船将军杨仆从齐浮勃海，兵五万，左将军荀彘出辽东，诛右渠。右渠发兵距险。左将军卒多率辽东士兵先纵，败散。多还走，坐法斩。楼船将齐兵七千人先至王险。右渠城守，窥知楼船军少，即出击楼船，楼船军败走。将军仆失其众，遁山中十余日，稍求收散卒，复聚。左将军击朝鲜浿水西军，未能破。

天子为两将未有利，乃使卫山因兵威往谕右渠。右渠见使者，顿首谢："愿降，恐将诈杀臣；今见信节，请服降。"遣太子入谢，献马五千匹，及馈军粮。人众万余持兵，方度浿水，使者及左将军疑其为变，谓太子已服降，宜令人毋持兵，太子亦疑使者左将军诈之，遂不度浿水，复引归。山报，天子诛山。

左将军破浿水上军乃前至城下，围其西北。楼船亦往会，居城南。右渠遂坚城守，数月未能下。

左将军素侍中，幸，将燕、代卒，悍，乘胜，军多骄。楼船将齐卒，入海已多败亡，其先与右渠战，困辱亡卒，卒皆恐，将心惭，其围右渠，常持和节。左将军急击之，朝鲜大臣乃阴间使人私约降楼船，往来言，尚未肯决。左将军数与楼船期战，楼船欲就其约，不会。左将军亦使人求间隙降下朝鲜，不肯，心附楼船。以故两将不相得。左将军心意楼船前有失军罪，今与朝鲜和善而又不降，疑其有反计，未敢发。天子曰："将率不能前，乃使卫山谕降右渠，不能颛决，与左将军相误，卒沮约。今两将围城又乖异，以故久不决。"使故济南太守公孙遂往正之，有便宜得以从事。遂至，左将军曰："朝鲜当下久矣，不下者，楼船数期不会。"具以素所意告遂曰："今如此不取，恐为大害，非独楼船，又且与朝鲜共灭吾军。"遂亦以为然，而以节召楼船将军入左将军军计事，即令左将军麾下执缚楼船将军，并其军。以报，天子（许）〔诛〕遂。

左将军已并两军，即急击朝鲜。朝鲜相路人、相韩陶、尼溪相参、将军王唊相与谋曰："始欲降楼船，楼船今执，独左将军并将，战益急，恐不能与，王又不肯降。"陶、唊、路人皆亡降汉。路人道死。元封三年夏，尼溪相参乃使人杀朝鲜王右渠来降。王险城未下，故右渠之大臣成已又反，复攻吏。左将军使右渠子长、降相路人子最，告谕其民，诛成已。故遂定朝鲜为真番、临屯、乐浪、玄菟四郡。封参为澅清侯，陶为秋苴侯，唊为平州侯，长为几侯。最以父死颇有功，为沮阳侯。左将军征至，坐争功相嫉乖计，弃市。楼船将军亦坐兵至列口当待左将军，擅先纵，失亡多，当诛，赎为庶人。

赞曰：楚、粤之先，历世有土。及周之衰，楚地方五千里，而勾践亦以粤伯。秦灭诸侯，唯楚尚有滇王。汉诛西南夷，独滇复宠。及东粤灭国迁众，繇王居股等犹为万户侯。三方之开，皆自好事之臣。故西南夷发于唐蒙、司马相如，两粤起严助、朱买臣，朝鲜由涉何。遭世富盛，动能成功，然已勤矣。追观太宗填抚尉佗，岂古所谓"招携以礼，怀远以德"者哉！

译文：

朝鲜王卫满，是原燕国（治今北京市西南）人。当初的燕国，就曾攻夺真番、朝鲜（二地均在今朝鲜北部），使之臣服，并在那里设置官吏，修筑防御堡垒。秦灭燕国后，朝鲜则成为辽东郡（治今辽宁辽阳市）的外缘属地。汉朝建立后，因为朝鲜地远难守，便重修了东郡原有的边塞城堡，东到浿水（今朝鲜清川江）为界，浿水以西属于汉朝的燕国。燕王卢绾背叛汉朝，逃入匈奴，卫满也逃亡，聚集了一千多名部众，梳着椎髻，穿着蛮夷的衣服，向东逃过边塞，渡过浿水，住在原秦朝空虚之地的上下城堡中，逐渐役使、统治真番、朝鲜的蛮夷部落和从原来的燕、齐两国逃亡到那里的人，在他们当中称王，建都于王险城（今朝鲜平壤市）。

孝惠帝、吕后时，天下刚刚平定，辽东郡太守就约定卫满作为外臣，管理塞外的蛮夷部落，不让他们骚扰边境地区；蛮夷君长有要入朝拜见天子的，不要进行阻挠。太守把这个约定上报给天子，天子表示同意，因此卫满能利用武力和财物去侵占、降服周围的蛮夷小国，真番、临屯都来归服，方圆几千里都受卫满控制。

卫满死后，王位经由儿子而传到孙子卫右渠手中，朝鲜所招诱的汉朝流民日益增多，朝鲜王又没曾入朝拜见过天子，真番、辰国（今朝鲜境内）的君长要上书参见天子，又受朝鲜的阻挠，不予放行。元封二年（公元前109年），汉朝派涉何责让、晓告右渠，右渠始终不肯接受天子的诏令。涉何离开朝鲜，走到边界，来到浿水岸边时，命令车夫刺杀护送自己的朝鲜小王长，然后立即渡过浿水，驰车跑入塞内，于是回朝报告汉武帝，说："我杀了朝鲜的一位将军"。武帝认为涉何有杀敌之美名，不予责难，任命涉何为辽东郡东部都尉。朝鲜怨恨涉何，发兵袭击，杀死了涉何。

武帝募集在押的罪犯，赦其罪，让他们攻打朝鲜。这一年秋天，汉朝派楼船将军杨仆带五万士卒，从齐郡治（今山东淄博市东北）出发，横渡渤海，左将军荀彘从辽东出兵，共同讨伐卫右渠。右渠派军队扼守险要之地，左将军手下一个叫多的卒正带领辽东兵打头阵，兵败溃散。多转身逃跑，被依军法斩首。楼船将军率领骑兵七千人先到王险城。右渠指挥守城，探知楼船将军兵少，就出城攻打楼船将军的部队，楼船将军的部队大败而逃。将军杨仆失去了部众，逃到山中，过了十多天，渐渐寻找、收拢逃散的兵众，重新聚集起来。左将军攻打浿水以西的朝鲜军队，不能取胜。

因为两将军作战不利，汉武帝就派卫山借着兵威去朝鲜劝右渠投降。右渠见到汉朝使者，叩头谢罪，说："我愿意归降，恐怕那两位将军用欺骗的手段杀害我；现在看到真正的符节，请允许我归降。"派太子入朝谢罪，奉献五千匹马，并向在朝鲜的汉军赠送军粮。朝鲜派一万士兵手持兵器护送太子，正要渡过浿水，使者卫山和左将军荀彘怀疑朝鲜军队要作乱，就说："太子既然已经归降，就应该命令前来护送的兵众不要携带兵器。"太子也怀疑使者和左将军设诈杀他，便不渡浿水，又率兵众返回了。卫山回来向天子汇报，天子杀掉了卫山。

左将军荀彘打败了守卫在浿水的朝鲜军队，向前进军，开到王险城下，包围城的西北面，楼船将军也前往会师，驻扎在城的南面。于是，右渠坚守城池，一连几个月汉朝军队没能攻克王险城。

左将军荀彘原来是侍中，得到皇帝的宠幸，他率领的燕、代（今潭北蔚县东北）士兵非常强悍，又刚刚取得浿水之战的胜利，军中许多将士骄傲轻敌。楼船将军杨仆所率领的骑兵，渡海时已有很多人逃亡，他又先与右渠交战，遭到惨败，又损失了不少士卒，兵众恐惧畏敌，将领心中惭愧，因此他围攻右渠，常抱着讲和的目的。左将军猛攻王险城，朝鲜大臣就暗中派人私自约定向楼船将军投降，往来传话，还没最后决定。左将军多次与楼船将军约定攻城的时间，而楼船将军则想尽快实现他与朝鲜大臣约定的事情，因此总是不与左将军会师。左将军也派人寻找机会使朝鲜降服，但朝鲜大臣不肯向左将军投降，而愿意归附楼船将军，因此杨、荀两将军不能协调相处。左将军怀疑楼船将军先有丢失军队之罪，现在与朝鲜方面交好而朝鲜又不投降，可能有背叛汉朝的阴谋，只是还没付诸行动。汉武帝说："将帅不能破敌进军，我才派卫山前去规劝右渠投降，卫山不能专断，而与左将军一起把事情搞糟，最终破坏了右渠归降之约。现在两位将军围攻王险城，又不能同心协力，因此很长时间还没有把问题解决。"于是派原济南郡（治今山东章丘县西北）太守公孙遂前往纠正两将军之误，可根据情况灵活行事。公孙遂到了朝鲜，左将军荀彘说："朝鲜早就该攻下来了，攻不下来的原因在于楼船将军屡次不按期会师。"并把自己一直怀疑楼船将军要谋反的想法详细讲给公孙遂听，还说："现在情况这样严重，不把他抓起来，恐怕会成为大害，楼船将军不只是要反叛汉朝，他还将与朝鲜联合共同消灭我们的军队。"公孙遂也认为是这样，便以"商议军事"为名，用符节把楼船将军请到左将军的营帐中，随即命令左将军的部下把他抓了起来，把他的军队合并到左将军手下。公孙遂将此事上报给汉武帝，武帝杀了公孙遂。

左将军已并统两军后，立即猛攻朝鲜军队。朝鲜相路人、韩陶、尼溪相参、将军王唊互相商量说："原来我们要向楼船将军投降，现在楼船将军已被抓起来，只有左将军并统两军，战斗更加激烈，我们恐怕不是他的对手，而我们的王又不肯投降。"于是韩陶、王唊、路人都逃到汉朝军营里投降。路人死在半路上。元封三年（公元前108年）夏天，尼溪相参便派人刺杀朝鲜王，来到汉营投降。王险城还未攻下，原来右渠的大臣成已又造起反来，并攻打不服从的官吏。左将军荀彘派右渠的儿子卫长、归降汉朝的朝鲜相路人的儿子路最，前去晓告朝鲜的百姓，杀死了成已,因而终于平定了朝鲜,在那里设置了真番(治今朝鲜黄海南道信川郡西湖里)、临屯(治今朝鲜江原南道江陵)、乐浪(治今朝鲜平壤市南)、玄菟(治今朝鲜咸镜南道咸兴)四个郡。汉朝以功册封参为澅清侯、韩陶为秋苴侯,王唊为平州侯,卫长为几侯。路最因为其父路人在降汉途中死,很有功劳,被封为沮阳侯。左将军荀彘被召回朝廷,以争功妒能、违反军事计划之罪,被斩首示众。楼船将军杨仆也以率军到达列口(今朝鲜黄海南道殷栗)之后应该等待左将军,而他擅自抢先进攻,损失严重之罪,被判死刑,他出钱赎罪,免死而为平民。

赞说:楚、粤的先人,世代都有封土。到周朝衰落时,楚国之地方圆五千里,而勾践也以粤国称霸诸侯。秦吞灭诸侯,唯独楚国还保留着一个滇王。汉朝诛伐西南夷,只有滇国再度得到恩宠。待到东粤国灭从迁,繇王居股等仍被封为万户侯。三方之开拓,都是由好事之臣发起的。所以开拓西南夷始于唐蒙、司马相如的鼓吹,开拓南粤起于严助、朱买臣的倡议,开拓朝鲜由于涉何的引发。正值国富兵强之时,所以每次行动都能取得成功,然而也付出了相当大的代价。回顾太宗汉文帝抚慰赵佗之事,岂不如同古人所说的"以礼召集有二心的人,以德招来恃险远的人"的圣王之举吗!

汉书卷九十六上

西域传第六十六上

小宛国

小宛国，王治扜零城，去长安七千二百一十里。户百五十，口千五十，胜兵二百人。辅国侯、左右都尉各一人。西北至都护治所二千五百五十八里，东与婼羌接，辟南不当道。

译文：

小宛国，国王治扜零城，东到长安七千二百一十里。有户一百五十，人口一千五十，军队二百人。有辅国侯、左和右都尉各一人。西北到西域都护治所乌垒城二千五百五十八里，东与婼羌相接，偏南，不在大道上。

大月氏国

大月氏国，治监氏城，去长安万一千六百里。不属都护。户十万，口四十万，胜兵十万人。东至都护治所四千七百四十里，西至安息四十九日行，南与罽宾接。土地风气，物类所有，民俗钱货，与安息同。出一封橐驼。

大月氏本行国也，随畜移徙，与匈奴同俗。控弦十余万，故强轻匈奴。本居敦煌、祁连间，至冒顿单于攻破月氏，而老上单于杀月氏，以其头为饮器，月氏乃远去，过大宛，西击大夏而臣之，都妫水北为王庭。其余小众不能去者，保南山羌，号小月氏。

大夏本无大君长，城邑往往置小长，民弱畏战，故月氏徙来，皆臣畜之，共禀汉使者。有五翎侯：一曰休密翎侯，治和墨城，去都护二千八百四十一里，去阳关七千八百二里；二曰双靡翎侯，治双靡城，去都护三千七百四十一里，去阳关七千七百八十二里；三曰贵霜翎侯，治护澡城，去都护五千九百四十里，去阳关七千九百八十二里，四曰肸顿翎侯，治薄茅城，去都护五千九百六十二里，去阳关八千二百二里；五曰高附翎侯，治高附城，去都护六千四十一里，去阳关九千二百八十三里。凡五翎侯，皆属大月氏。

译文：

大月氏国，治监氏城（今阿富汗东北），东到长安一万一千六百里。不属于西域都护。有户十万，人口四十万，军队十万人。东到西域都护治所乌垒城四千七百四十里，西至安息有四十九天的行程，南与罽宾相接。土地、气候、物产、民俗、钱币，与安息国相同。产一个峰的骆驼。

大月氏本来是游牧的国家，随牲畜迁徙，与匈奴的风俗相同。有能射箭的战士十余万人，所以以为自己强大而轻视匈奴。原来居住在敦煌（今甘肃敦煌县西）和祁连山之间。到匈奴冒顿单于时，大败月氏。冒顿之子老上单于（？—前161年）又杀月氏王，并以王头做碗，月氏人被迫西逃，过大宛，又西击并臣服大夏，在妫水以北建立国都。有一小部分月氏人没有离开，就依靠于南山（昆仑山）羌族，称为小月氏。

大夏人本来没有统一的国君，各城邑自立小酋长，人民软弱，害怕战斗。所以月氏人迁来，都降服了。大月氏和大夏都受汉朝的节度。大夏分为五部，各有翎侯：一为休密翎侯，治和墨城，东到西域都护治所乌垒城二千八百四十一里，到阳关七千八百二里；二为双靡翎侯，治双靡城，东到都护治所三千七百四十一里，到阳关七千七百八十二里；三为贵霜翎侯，治护澡城，东到都护治所五千九百四十里，到阳关七千九百八十二里；四为肸顿翎侯，治薄茅城，东到都护治所五千九百六十二里，到阳关八千二百二里；五为高附翎侯，治高附城，东到都护治所六千四十一里，到阳关九千二百八十三里。共五个翎侯，都属大月氏。

莎车国

莎车国，王治莎车城，去长安九千九百五十里。户二千三百三十九，口万六千三百七十三，胜兵三千四十九人。辅国侯、左右将、左右骑君、备西夜君各一人，都尉二人，译长四人。东北至都护治所四千七百四十六里，西至疏勒五百六十里，西南至蒲犁七百四十里。有铁山，出青玉。

宣帝时，乌孙公主小子万年，莎车王爱之。莎车王无子，死，死时万年在汉。莎车国人计欲自托于汉，又欲得乌孙心，即上书请万年为莎车王。汉许之，遣使者奚充国送万年。万年初立，暴恶，国人不说。莎车王弟呼屠征杀万年，并杀汉使者，自立为王，约诸国背汉。会卫候冯奉世使送大宛客，即以便宜发诸国兵击杀之，更立它昆弟子为莎车王。还，拜奉世为光禄大夫。是岁，元康元年也。

译文：

莎车国，国王治莎车城，东到长安九千九百五十里。有户二千三百三十九，人口一万六千三百七十三，军队三千四十九人。有辅国侯、左和右将、左和右骑君、备西夜君各一人，都尉二人，译长四人。东北到西域都护治所乌垒城四千七百四十六里，西到疏勒五百六十里，西南到蒲犁七百四十里。有铁矿山，产青玉石。

汉宣帝时，乌孙公主的小儿子万年深受莎车王的喜爱。莎车王无子，他死的时候，万年正在汉朝的长安。莎车国的人想依托于汉朝，又想得到乌孙国的欢心，就上书给汉宣帝请求让万年当莎车国王。宣帝同意，就派遣使者奚充国送万年到莎车。万年刚当国王，很暴虐，莎车人很不喜欢。已故莎车王之弟呼屠征杀死万年，并杀死汉朝的使者，自立为国王，联合附近诸国背叛汉朝。适逢汉朝的卫侯冯奉世作为使者送大宛客人，就以汉朝名义发附近诸国兵击杀呼屠征，另立呼屠征的侄儿为莎车王，冯奉世回到长安，宣帝封他为光禄大夫。这一年是元康元年（公元前65年）。

汉书卷九十七上

外戚传第六十七上

自古受命帝王及继体守文之君，非独内德茂也，盖亦有外戚之助焉。夏之兴也以涂山，而桀之放也用末喜；殷之兴也以有娀及有莘，而纣之灭也嬖妲己；周之兴也以姜嫄及太任、太姒，而幽王之禽也淫褒姒。故《易》基《乾》《坤》，《诗》首《关雎》，《书》美釐降，《春秋》讥不亲迎。夫妇之际，人道之大伦也。礼之用，唯昏姻为兢兢。夫乐调而四时和，阴阳之变，万物之统也，可不慎与！人能弘道，末如命何。甚哉妃匹之爱，君不能得之臣，父不能得之子，况卑下乎！既欢合矣，或不能成子姓，成子姓矣，而不能要其终，岂非命也哉！孔子罕言命，盖难言之。非通幽明之变，恶能识乎性命！

汉兴，因秦之称号，帝母称皇太后，祖母称太皇太后，适称皇后，妾皆称夫人。又有美人、良人、八子、七子、长使、少使之号焉。至武帝制婕妤、娙娥、傛华、充依，各有爵位，而元帝加昭仪之号，凡十四等云。昭仪位视（承）〔丞〕相，爵比诸侯王。婕妤视上卿，比列侯。娙娥视中二千石，比关内侯。傛华视真二千石，比大上造。美人视二千石，比少上造。八子视千石，比中更。充依视千石，比左更。七子视八百石，比右庶长。良人视八百石，比左庶长。长使视六百石，比五大夫。少使视四百石，比公乘。五官视三百石。顺常视二百石。无涓、共和、娱灵、保林、良使、夜者皆视百石。上家人子、中家人子视有秩斗食云。五官以下，葬司马门外。

译文：

自古受天之命的开国帝王和继嗣王位遵守成法的君主，不只凭借个人品德高尚，而且也有外戚的辅助。夏朝的兴起是依靠涂山氏，而夏桀的流放是由于宠幸了末喜；殷朝的兴起是依靠有娀氏及有莘氏，而殷纣的灭亡是因为宠幸妲己；周朝的兴起是依靠姜嫄和太任、太姒，而周幽王的被俘是因为淫乱于褒姒。所以《易经》从《乾》《坤》开始，《诗经》以《关雎》为首篇，《尚书》赞美尧把两个女儿下嫁给舜，《春秋》讽刺鲁隐公娶妻而不亲自迎娶。夫妇之间的和睦关系是人们道德规范的根本准则。礼制的实行，只有婚姻需要小心谨慎。乐声和谐就四季调和，阴阳的变化是万物的根本，能不慎重吗！人们能弘扬人伦大道，对天命却无可奈何。夫妇之爱如此高尚，君主不能从臣子那里夺走，父亲不能从儿子那里得到，何况处于卑贱地位的人！即使男女合欢了，有的还不能繁衍子孙；即使生育了子孙，有的还不能寿终正寝，这难道不是天命吗！孔子很少谈天命，大概是因为很难说清楚。不通晓阴阳明暗的变化，怎么能认识人性与天命呢！

汉朝建立，沿着秦朝的称号，皇帝的母亲称皇太后，祖母称太皇太后，正妻称皇后，妾都称夫人。又有美人、良人、八子、七子、长使、少使等称号。到武帝时，设置婕妤、娙娥、傛华、充依，各有爵位。元帝又增加昭仪的称号，共十四等。昭仪官位与丞相相同，爵位与诸侯王相同。婕妤官位与上卿相同，爵位与列侯相同。娙娥官位与中二千石相同，爵位与关内侯相同。傛华官位与真二千石相同，爵位与大上造相同。美人官位与二千石相同，爵位与少上造相同。八子官位与千石相同，爵位与中更相同。充依官位与千石相同，爵位与左更相同。七子官位与八百石相同，爵位与右庶长相同。良人官位与八百石相同，爵位与左庶长相同。长使官位与六百石相同，爵位与五大夫相同。少使官位与四百石相同，爵位与公乘相同。五官官位与三百石相同，顺常官位与二百石相同。无涓、共和、娱灵、保林、良使、夜者的官位都与百石官相同。上家人子、中家人子的官位与有秩斗食等佐史相。五官以下的，死后葬在帝陵司马门以外。

高祖吕皇后

高祖吕皇后，父吕公，单父人也，好相人。高祖微时，吕公见而异之，乃以女妻高祖，生惠帝、鲁元公主。高祖为汉王，元年封吕公为临泗侯，二年立孝惠为太子。

后汉王得定陶戚姬，爱幸，生赵隐王如意。太子为人仁弱，高祖以为不类己，常欲废之而立如意，"如意类我"。戚姬常从上之关东，日夜啼泣，欲立其子。吕后年长，常留守，希见，益疏。如意且立为赵王，留长安，几代太子者数。赖公卿大臣争之，及叔孙通谏，用留侯之策，得无易。

吕后为人刚毅，佐高帝定天下，兄二人皆为列将，从征伐。长兄泽为周吕侯，次兄释之为建成侯，逮高祖而侯者三人。高祖四年，临泗侯吕公薨。

高祖崩，惠帝立，吕后为皇太后，乃令永巷囚戚夫人，髡钳衣赭衣，令舂。戚夫人舂且歌曰："子为王，母为虏，终日舂薄幕,常与死为伍!相离三千里,当谁使告女?"太后闻之大怒,曰:"乃欲倚女子邪?"乃召赵王诛之。使者三反,赵相周昌不遣。太后召赵相,相征至长安。使人复召赵王,王来。惠帝慈仁,知太后怒,自迎赵王霸上,入宫,挟与起居饮食。数月,帝晨出射,赵王不能蚤起,太后伺其独居,使人持鸩饮之。迟帝还,赵王死。太后遂断戚夫人手足,去眼熏耳,饮喑药,使居鞠域中,名曰"人彘"。居数月,乃召惠帝视"人彘"。帝视而问,知其戚夫人,乃大哭,因病,岁余不能起。使人请太后曰:"此非人所为。臣为太后子,终不能复治天下!"以此日饮为淫乐,不听政,七年而崩。

太后发丧,哭而泣不下。留侯子张辟强为侍中,年十五,谓丞相陈平曰:"太后独有帝,今哭而不悲,君知其解未?"陈平曰:"何解?"辟强曰:"帝无壮子,太后畏君等。今请拜吕台、吕产为将,将兵居南北军,及诸吕皆军,居中用事。如此则太后心安,君等幸脱祸矣!"丞相如辟强计请之,太后说,其哭乃哀。吕氏权由此起。乃立孝惠后宫子为帝,太后临朝称制。复杀高祖子赵幽王友、共王恢及燕王建子。遂立周吕侯子台为吕王,台弟产为梁王,建城侯释之子禄为赵王,台子通为燕王,又封诸吕凡六人皆为列侯,追尊父吕公为吕宣王,兄周吕侯为悼武王。

太后持天下八年,病犬祸而崩,语在《五行志》。病困,以赵王禄为上将军居北军,梁王产为相国居南军,戒产、禄曰:"高祖与大臣约,非刘氏王者,天下共击之。今王吕氏,大臣不平。我即崩,恐其为变,必据兵卫宫,慎毋送丧,为人所制。"太后崩,太尉周勃、丞相陈平、朱虚侯刘章等共诛产、禄、悉捕诸吕男女,无少长皆斩之。而迎立代王,是为孝文皇帝。

译文：

　　高祖吕皇后，父亲叫吕公，是单父人，喜欢相面。刘邦微贱时，吕公见到他很奇怪他的长相，就把女儿嫁给他，生了惠帝和鲁元公主。刘邦为汉王时，汉元年，封吕公为临泗侯。二年，立孝惠帝为太子。

　　后来刘邦得到定陶戚姬，很喜爱，生了赵隐王如意。太子为人仁弱，高祖认为不像自己，常想废掉他另立如意为太子，认为"如意像我"。戚姬常随高祖到关东，日夜啼哭，想立她的儿子。吕后年纪大，常留在关中，很少见到高祖，与高祖日益疏淡。高祖暂立如意为赵王，留在长安，好几次要代替为太子。幸亏公卿大臣们力争，叔孙通劝说，又用张良的计策，才未换太子。

　　吕后为人性格刚强，帮助高祖平定天下，有两个哥哥都是将军，跟随征战。大哥吕泽封周吕侯，二哥吕释之封建成侯，高祖时，吕氏三人封侯。高祖四年（公元前203年），临泗侯吕公死。

　　高祖死，惠帝立，吕后为皇太后，命永巷（监狱）囚禁了戚夫人，用剃头发、颈上加铁圈的刑罚（髡钳），穿着红褐色的囚衣，罚她舂粮食。戚夫人一边舂一边唱歌说："儿子为王，母亲为奴，从日出舂到日暮，天天与死为伍！与你相隔三千里，谁能去告你？"吕太后听说此事大怒，说："你想靠你的儿子呀？"就要把赵王如意叫到长安杀死。吕太后派了三批使者去召赵王，赵国丞相周昌就是不放赵王。吕太后又召周昌，周昌到了长安。吕太后再使人去召赵王，赵王来了。惠帝很仁慈，知道吕太后对戚夫人很生气，就亲自迎接赵王到霸上（今陕西西安市东），接入宫中，带着他起居饮食。几个月后的一天，惠帝早上出外射猎，赵王不能早起，吕太后乘他一个人，就派人给他灌了毒酒。等惠帝回来时，赵王已死。吕太后遂后又砍断戚夫人的手脚，挖去眼珠，熏聋耳朵，灌哑药，关在地下室，叫作"人猪"。过了几个月，吕太后让惠帝看"人猪"。惠帝看了问是谁，知道是戚夫人，就大哭，因之生病，一年多不能起床。惠帝派人对吕太后说："这不是人干的事。我是太后之子，不能再治理天下了！"从此一天到晚喝酒玩乐，不理政事，过了七年就死了。

吕太后给惠帝发丧，哭时没有眼泪。留侯张良的儿子辟强为侍中，十五岁，他对丞相陈平说："太后只有惠帝一个独生子，现在哭并不悲哀，你知道不知道是什么原因？"陈平问："是什么原因？"辟强说："惠帝没有大一些的儿子，太后怕你们。现在如果封吕台、吕产为将，率兵据守南北军，太后娘家姓吕的都封官，在官中任事。只有这样，太后才心安，你们也能幸免于难。"陈丞相就按照辟强的计谋请准太后，太后很高兴，哭声也悲哀了。吕氏掌权从这里开始。太后立惠帝姬妾所生的儿子为帝，自己临朝称制。又杀高祖的儿子赵幽王友、共王恢和燕王建的儿子，又立周吕侯的儿子吕台为吕王，台的弟弟吕产为梁王，建成侯吕释之的儿子吕禄为赵王，吕台的儿子吕通为燕王，又封姓吕的六人为列侯，追尊太后父吕公为宣王，大哥周吕侯吕泽为悼武王。

吕太后主持朝政八年，在出外祝祷除灾的路上，看见一只青色的狗扑来咬她的腋下，从此病重。她用赵王吕禄为上将军，驻北军；梁王吕产为相国，驻南军。并警告吕产、吕禄说："高祖和大臣们立下盟约，不姓刘而称王的，天下都要讨伐他。今天封吕氏为王，大臣们心内不平。我马上要死了，恐怕他们会发动政变，你们必须率兵保卫宫廷，一定要慎重，不要立即发丧，以免遭别人挟制。"吕太后死，太尉周勃、丞相陈平、朱虚侯刘章等共同诛杀了吕产、吕禄，全部逮捕了吕氏男女，不管老小都斩首。迎接代王刘恒为帝，这就是孝文皇帝。